SILVIO GESELL • GESAMMELTE WERKE • BAND 11

SILVIO GESELL

GESAMMELTE WERKE

BAND 11 • 1920

Die Natürliche Wirtschaftsordnung
durch Freiland und Freigeld

4. letztmalig vom Autor überarbeitete Auflage

Bibliografische Information der Deutschen Bibliothek:

Die Deutsche Bibliothek verzeichnet diese Publikation in der Deutschen Nationalbibliografie, detaillierte bibliografische Daten sind im Internet über http://dnb.ddb.de abrufbar.

SILVIO GESELL - GESAMMELTE WERKE BAND 11
Neuauflage 2004 – neu gesetzt in der Officina Sans. Bei allen früheren Auflagen handelte es sich um einen Reprint der Originalausgabe von 1920 in der damals verwendeten Frakturschrift.

© 1991 Gauke GmbH | Verlag für Sozialökonomie
Postfach 1320, D-24319 Lütjenburg
Telefax: [+49]04381-7013
eMail: info@gauke.de | Internet: www.sozialoekonomie.de

Herausgegeben von der "Stiftung für Reform der Geld- und Bodenordnung", Hamburg

Lektorat: Dipl. Ökonom Werner Onken

Druck: Schmidt & Klaunig, Kiel

ISBN 3-87998-410-7 (Gesamtausgabe Band 1-18 *ohne* Register)
ISBN 3-87998-421-8 (Band 11)
ISBN 3-87998-971-0 (Band 11 als inhaltlich identische Studien-Ausgabe)

ISBN-GESAMTÜBERSICHT:
ISBN 3-87998-410-7 (Gesamtausgabe Band 1-18 *ohne* Register)
ISBN 3-87998-411-5 (Band 1)
ISBN 3-87998-412-3 (Band 2)
ISBN 3-87998-413-1 (Band 3)
ISBN 3-87998-414-X (Band 4)
ISBN 3-87998-415-8 (Band 5)
ISBN 3-87998-416-6 (Band 6)
ISBN 3-87998-417-4 (Band 7)
ISBN 3-87998-418-2 (Band 8)
ISBN 3-87998-419-0 (Band 9)
ISBN 3-87998-420-4 (Band 10)
ISBN 3-87998-421-2 (Band 11)
ISBN 3-87998-422-0 (Band 12)
ISBN 3-87998-423-9 (Band 13)
ISBN 3-87998-424-7 (Band 14)
ISBN 3-87998-425-5 (Band 15)
ISBN 3-87998-426-3 (Band 16)
ISBN 3-87998-427-1 (Band 17)
ISBN 3-87998-428-X (Band 18)
ISBN 3-87998-429-8 (Register)

Übersicht

Zum Geleit — VI
Silvio Gesell
Foto aus der Zeit um 1918/1919 — XII
Die Natürliche Wirtschaftsordnung durch Freiland und Freigeld
Rehbrücke bei Berlin: Freiland-Freigeld-Verlag, 1920 — XIII

Anhang

Vorwort von Paulus Klüpfel zur 2. Auflage 1916 — 392
Vorwort zur 5. Auflage (1922) — 396
Vorwort zur 6. Auflage (1923) — 397
Fragment eines Vorworts zur 7. Auflage (1930) — 401
Nachwort der 1. englischen bzw. 8. deutschen Auflage (1929 bzw. 1938) — 402
Willy Hess, Die Wandlungen der 3. – 9. Auflage der NWO — 404

Anmerkungen zu dieser Neuauflage:

Bei dieser Ausgabe handelt es sich um die letzte von Silvio Gesell selbst überarbeitete und durchgesehene Auflage aus dem Jahr 1920. Die seinerzeit verwendete Frakturschrift wurde 1991 als Reprint in den Band 11 der "Gesammelten Werke" übernommen. Da sich die Frakturschrift für jüngere Leserinnen und Leser als ungünstig erwies, haben wir das Werk im Rahmen unserer Vorbereitungen einer CD-ROM mit Gesells "Gesammelten Werken" in einer besser lesbaren Schrift neu erstellt. Die frühere Rechtschreibung wurde beibehalten. Wir haben lediglich einige Schreibfehler und technische Mängel behoben und Abbildungen verkleinert, um sie aus dem Querformat in eine lesefreundlichere Position zu bringen. Am Inhalt wurde nichts verändert. Mit Rücksicht auf die Seitenangaben im Registerband musste die Textverteilung auf die einzelnen Seiten exakt beibehalten werden. Hierdurch ergab sich auf manchen Seiten die Notwendigkeit, Zeilen- und Zeichenabstände zu verkleinern oder zu vergrößern. Für das dadurch beeinträchtigte Erscheinungsbild bitten wir um Nachsicht.
Um auch auf neuere Veröffentlichungen hinweisen zu können, wurde als Geleitwort die erweiterte Fassung aus dem Buch "Silvio Gesell und die Natürliche Wirtschaftsordnung" von Werner Onken (Lütjenburg 1999) verwendet.

Der Verlag

Zum Geleit

Abgesehen von den beiden Ausgaben innerhalb der "Gesammelten Werke" erlebte Silvio Gesells Hauptwerk "Die Natürliche Wirtschaftsordnung durch Freiland und Freigeld" zehn Auflagen in deutscher Sprache. Die Gesamtauflage dürfte bei 50 000 Exemplaren liegen.[1] Weitere Auflagen erschienen in englischer, französischer und spanischer Sprache. Ende der 20er Jahre liefen Vorbereitungen für tschechische und russische Übersetzungen. Eine um 1960 abgeschlossene Esperanto-Übersetzung ging verloren, bevor sie erscheinen konnte.[2]

Gegenüber der 2. und 3. Auflage der NWO hat Gesell die 4. Auflage nochmals überarbeitet und diese Fassung dann unverändert in die 1922 und 1923 erschienene 5. bzw. 6. Auflage übernommen. Die nach seinem Tod erschienenen Auflagen enthalten Kapitelumstellungen und Zusätze von fremder Hand, die im Rahmen der Gesammelten Werke nicht maßgeblich sein können. Im Band 11 der "Gesammelten Werke" befindet sich deshalb die 4. Auflage der NWO als die letztmalig von Gesell selbst geänderte Fassung. In einem Anhang sind die Vorworte zur 2., 5. und 6. Auflage sowie die Hinweise von Willy Hess auf die Unterschiede zwischen der 3. bis 9. Auflage hinzugefügt.

Nach einer längeren vergeblichen Suche nach einem amerikanischen Verleger ließ Gesell die von seinem irischen Freund Philip Pye angefertigte englische Übersetzung der NWO 1929 in einem eigens dafür eingerichteten NEO-Verlag in Berlin erscheinen. (NEO war eine Abkürzung für "Natural Economic Order".) In Zusammenarbeit mit Philip Pye nahm er noch einige Änderungen gegenüber der 4. bis 6. deutschen Auflage vor und widmete diese englische Ausgabe "Mose, Spartacus, Henry George and all those, who have striven to create an adequate economic basis for peace and goodwill among men and nations". Nach einer weiteren stilistischen Überarbeitung konnte Pye die "Natural Economic Order" 1958 nochmals veröffentlichen, und zwar im Verlag "Peter Owen Ltd." in London. Dazwischen gab Hugo Fack 1934 in San Antonio/Texas noch eine weitere Ausgabe der "Natural Economic Order" heraus, in der das Kapitel 1 (Distribution) stark gekürzt und das Kapitel 2 (Free-Land) eigenmächtig fortgelassen wurden.

Friedrich Landmann erhielt nach Gesells Tod (1930) den Auftrag, eine 7. Auflage der NWO herauszugeben. In Gesells Nachlaß fand er ein Fragment eines für diese Auflage entworfenen Vorworts, das hier ebenfalls im Anhang wiedergegeben ist. Nach Landmanns frühzeitigem Tod brachte schließlich Hans Timm 1931 die 7. Auflage in seinem "Stirn-Verlag" in Erfurt heraus.[3] Nach dieser 7. deutschen Auflage ließ Silvio Gesells in Argentinien lebender Sohn Ernesto die NWO in die spanische Sprache über-

---

1 Die ersten sechs Auflagen umfaßten insgesamt 24 000 Exemplare. ("Neue Zeitung der Arbeit" 4. Jg. 1925, S. 4) Die Höhe der 8., in der Schweiz erschienenen Auflage gab Fritz Schwarz mit 4000 Exemplaren an. ("Freiwirtschaftliche Zeitung" Nr. 103-104/1937, S. 3.) Über die Höhen der 7., 9. und 10. Auflage liegen keine Zahlen vor. Im Rahmen der "Gesammelten Werke" wurde die NWO 600 mal (Band 9) und 1800 mal (Band 11) aufgelegt.
2 Vgl. SGW Band 18, S. 319-320 und 352 sowie die Zeitschrift "Informationen für Kultur, Wirtschaft und Politik" Nr. 9/1960, S. 27. Diese Übersetzung war von Felix Swinné, der die NWO auch ins Französische übertragen hat, unter mehreren Übersetzern erstellt worden.
3 Die 7. Auflage erhält als neues 14. Kapitel auch einen Text "'Bargeldloser' Zahlungsverkehr?", den Landmann für ein noch unveröffentlichtes Fragment hielt. Fritz Schwarz übernahm diesen Text auch in die 8. Auflage. Karl Walker hat ihn in der von ihm herausgegebenen 9. Auflage als "inhaltlich anfechtbar" bezeichnet.

setzen. "El Orden Económico Natural por Libremoneda y Libretierra" wurde in drei Teilen herausgegeben. Die Teile 1 und 2 erschienen 1936 in Buenos Aires und der Teil 3 folgte 1945.

Da im nationalsozialistischen Deutschland keine öffentliche Verbreitung von Gesells Theorien mehr möglich war, besorgte Fritz Schwarz eine 8. Auflage der NWO in der Schweiz. In Anlehnung an die erste englische Ausgabe erfolgten zahlreiche Änderungen, ohne daß besondere Hinweise auf Art und Umfang dieser Bearbeitung im Buch selbst erfolgt wären. Stattdessen hat Fritz Schwarz dazu in der "Freiwirtschaftlichen Zeitung" einige Einzelheiten mitgeteilt. Es seien "eine Menge Kleinigkeiten" geändert worden. Größere Änderungen habe die "Robinsonade" erfahren, und neu aufgenommen worden sei ein für die englische Ausgabe verfaßtes Nachwort.[4]

Nach dieser 8. Auflage hat der Brüsseler Kaufmann Felix Swinné die NWO während des Zweiten Weltkriegs in die französische Sprache übertragen. Diese Übersetzung mit dem Titel "L'ordre économique naturel" erschien 1948 in Bern, Paris und Brüssel. Die beiden Vorträge "Gold und Frieden?" und "Freiland – die eherne Forderung des Friedens" – die in der 8. Auflage fehlen! – erschienen hier nur in einem Anhang.

Als Herausgeber der 1949 im "Zitzmann Verlag" in Lauf bei Nürnberg erschienenen 9. deutschen Auflage der NWO hat Karl Walker die nach Gesells Tod vorgenommenen Änderungen wieder rückgängig gemacht. Dabei entfernte er jedoch auch das besagte Nachwort wieder aus dem Buch. Es ist ebenfalls in den Anhang zum Band 11 der "Gesammelten Werke" aufgenommen worden. Als unveränderter Nachdruck der 9. Auflage erschien 1984 eine 10. Auflage der NWO im "Zitzmann Verlag", der zwei Jahre später auch noch eine Kurzausgabe herausbrachte. Sie ist nicht identisch mit der von Richard Batz und Walter Hanke redigierten Kurzausgabe, die 1950 im "Logos-Verlag" in Lüdenscheid erschien.

In den frühen 20er Jahren wurde Silvio Gesells Hauptwerk in wissenschaftlichen Kreisen noch kaum zur Kenntnis genommen. Nur vereinzelt äußerten sich bürgerliche und marxistische Autoren ablehnend dazu. In den "Sozialistischen Monatsheften" trat Conrad Schmidt Gesells Kritik an der Goldwährung entgegen und verhöhnte seine Geldreformvorschläge als "utopistische Welterlösungsideen" nach Art von "Proudhons schnurrigen Phantasien."[5] Kaum fundierter war die in sozialistischen und gewerkschaftlichen Organen abgedruckte Kritik von Emil Lederer, die Gesell im Vorwort zur 6. Auflage der NWO wiedergab. Dort erwähnte er auch die "Enquete

---

(Lauf bei Nürnberg 1949, S. 11). Er entfernte den Abschnitt aus dem Haupttext und verlegte ihn in einen Anhang – zusammen mit zwei Aufsätzen Gesells aus den Jahren 1921 und 1923, in denen Gesell nach Walkers Ansicht das Problem des bargeldlosen Zahlungsverkehrs schlüssiger in seine Lehre eingearbeitet hat als in diesem nachträglichen Zusatz zur NWO. Diese beiden Aufsätze "Unterliegen die Bankdepositen dem Einfluß des Freigeldes?" und "Der bargeldlose Verkehr und das Freigeld" wurden in die Bände 12 und 14 aufgenommen. Die Herausgeber der 7.-9. (10.) Auflagen haben jedoch allesamt übersehen, daß es sich bei dem nachträglich in die NWO eingeführten Aufsatz "'Bargeldloser' Zahlungsverkehr?" nicht um ein unveröffentlichtes Manuskriptfragment handelte, sondern um einen Aufsatz, den Gesell bereits in der Zeitschrift "Die Freiwirtschaft durch Freiland und Freigeld" veröffentlicht hatte (2. Jg. Dezember 1920, S. 33-36). Dieser Aufsatz wurde in den Band 12 aufgenommen.

4 Fritz Schwarz, Die Natürliche Wirtschaftsordnung, in: "Freiwirtschaftliche Zeitung – Organ des Schweizer Freiwirtschaftsbundes" 15. Jg. 1937, Nr. 103-104, S. 3.

5 Conrad Schmidt, Rezensionen der NWO in den "Sozialistischen Monatsheften" Jg. 1917, S. 214, und Jg. 1920, S. 546-547. Vgl. auch Conrad Schmidt, Geld und Schwundgeldzauberei Silvio Gesells Erlösungsbotschaft, Berlin 1924.

über die Freigeldlehre" von Karl Diehl, Robert Liefmann, Heinrich Sieveking und anderen im Jahrgang 1920 der "Zeitschrift für schweizerische Statistik und Volkswirtschaft". Diese Enquete war eine Antwort auf einen Aufsatz von Theophil Christen in derselben Zeitschrift. Die Redaktion hatte auch die Nationalökonomen Gustav Cassel, Georg Friedrich Knapp und Vilfredo Pareto zu einer Stellungnahme zu Gesells Theorien eingeladen, doch folgten diese der Einladung nicht. Auf diese Enquete reagierte Gesell 1921 mit der Broschüre "Die Stellung der Wissenschaften zu den Bestrebungen des Schweizer Freiland-Freigeld-Bundes".[6] In einer weiteren Kritik bemängelte Richard Kerschagl, daß Silvio Gesell sich nicht an das Prinzip der Wertfreiheit der Wissenschaft hielt und politische Konsequenzen aus seinen Theorien ableitete. Allerdings fehle es "... bei aller Verworrenheit und allen logischen Seitensprüngen" auch nicht an einigen "guten Gedanken".[7]

An der Universität Halle entstand 1922 die erste Dissertation, in der Gesells Theorien positiv dargestellt und ihre Überlegenheit gegenüber dem Marxismus begründet wurde. Ihr folgten 1925 und 1926 zwei negativ urteilende Dissertationen von Hans Langelütke und Franz Haber an den Universitäten Freiburg und München, deren kritische Einwände eine ausführliche Antwort verdient gehabt hätten.[8] Im weiteren Verlauf der 20er und 30er Jahre mehrten sich die kritischen Stimmen. Doch gab es auch eine langsam steigende Zahl von namhafteren Befürwortern. So bekannten sich der Chemie-Nobelpreisträger Frederic Soddy und der Mediziner August Forel ebenso zu Gesells Zielen wie der katholische Theologe Johannes Ude und der evangelische Theologe Leonhard Ragaz, der Dichter H. G. Wells oder der Friedenskämpfer Paul von Schönaich.[9] Und nicht zuletzt erfuhr Silvio Gesell Anerkennung durch den amerikanischen Geldtheoretiker Irving Fisher und durch John Maynard Keynes, den wohl bekanntesten Ökonomen des 20. Jahrhunderts. Keynes würdigte Gesell ausführlich in seiner "Allgemeinen Theorie der Beschäftigung, des Zinses und des Geldes" und sprach die Erwartung aus, daß "... die Zukunft mehr vom Geiste Ge-

---

6 Vgl. Theophil Christen, Zur Kritik der absoluten Währung, in: "Zeitschrift für schweizerische Statistik und Volkswirtschaft" 56. Jg. 1920, S. 61-66; Notiz der Redaktion über die Empfänger der Einladung zur Kritik an Gesell S. 66 und die einzelnen Beiträge zur "Enquete..." S. 67-97.
7 Richard Kerschagl, Rezension der NWO in der "Zeitschrift für Volkswirtschaft und Sozialpolitik" Neue Folge 1. Band 1921, S. 133-135. – Vgl. auch Richard Kerschagl, Die Lehre vom Gelde in der Wirtschaft, Wien 1922, S. 40-49.
8 Hans-Joachim Tuercke, Marxismus und Gesells Freiwirtschaftslehre, Dissertation Halle 1922. – Hans Langelütke, Tauschbank und Schwundgeld als Wege zur zinslosen Wirtschaft, Jena 1925. – Franz Haber, Untersuchungen über Irrtümer moderner Geldverbesserer, Jena 1926. (Hans Langelütke, der spätere Präsident des IFO-Instituts, promovierte bei Karl Diehl, Franz Haber bei Adolf Weber und Otto von Zwiedineck-Südenhorst.)
9 Frederic Soddy, Wealth, Virtual Wealth and Debt, 1926, S. 170. – August Forel, Der wahre Sozialismus der Zukunft, Berlin 1926. – Johannes Ude, Soziologie: Leitfaden der natürlich vernünftigen Gesellschafts- und Wirtschaftslehre im Sinne der Lehre des hl. Thomas von Aquin, 3. Auflage Schaan 1931. – Johannes Ude, Das Geld – sein Einfluß auf Gesellschaft, Wirtschaft und Kultur, Gams/St. Gallen 1935. – Leonhard Ragaz, Die Bibel – eine Deutung Band 2, Zürich 1947, S. 133 und 134. – H. G. Wells, Arbeit Wohlstand und das Glück der Menschheit, Berlin und Wien 1932, S. 461 ff. (Die Zustimmung von Wells zu Gesells Vorschlägen war freilich nicht ungeteilt.) – Paul von Schönaich, Mein Finale, Flensburg und Hamburg 1947. – In der freiwirtschaftlichen Literatur wurde gelegentlich auch Albert Einstein eine zustimmende Äußerung über Gesell zugeschrieben. Als Quelle wurde dafür Einsteins "Mein Weltbild" genannt. Doch hat sich Einstein darin lediglich für einen Übergang von der Goldwährung zu einer am Preisindex ausgerichteten Papierwährung ausgesprochen.

sells als von jenem von Marx lernen (werde)."[10] Auch die amerikanischen Ökonomen Dudley Dillard und Lawrence Klein sowie der französische Ökonom Maurice Allais beurteilten Gesells Theorien positiv[11]; dennoch ging die weitere Entwicklung in der Fachwissenschaft in der Zeit nach dem Zweiten Weltkrieg in eine ganz andere, nämlich wachstumstheoretische Richtung. Erst im letzten Quartal unseres Jahrhunderts nimmt das Interesse an Silvio Gesells Werk wieder zu.[12] –

In der Vergangenheit hat Silvio Gesells "Natürliche Wirtschaftsordnung" immer zwischen den vorherrschenden ökonomischen Lehrmeinungen des kapitalistischen Westens und des kommunistischen Ostens gestanden. Dabei gab es – wie Karl Walker in seiner Einführung zur 9. Auflage der NWO zum Ausdruck brachte – für Gesell und seine Nachfolger "... nur eine Möglichkeit: kompromißlos und dem Widerspruch von beiden Seiten trotzend das zu entfalten, was in ihr steckt."[13] Die Idee der Natürlichen Wirtschaftsordnung ist gleichsam ein geistiges Samenkorn, das das Urbild einer zukünftigen sozial gerechteren und friedlicheren Welt bereits in allen seinen Facetten in sich trägt. Es bedarf aber noch vielfältiger klärender Gedankenarbeit, um zu seiner Entwicklung und Reife zu kommen. Für alle Bemühungen um eine Entfaltung dessen, 'was in dieser Idee steckt', sollte jenes Leitmotiv gelten, welches Silvio Gesell dem Vorwort zur 3. Auflage seiner NWO vorangestellt hat:

---

10 John Maynard Keynes, Allgemeine Theorie der Beschäftigung, des Zinses und des Geldes, 5. Auflage Berlin 1974, S. 300. – Irving Fisher, Stamp Scrip, New York 1933. – Irving Fisher, Feste Währung – Zur Entwicklungsgeschichte der Idee. Uchtdorf, Weimar und Leipzig 1937.
11 Dudley Dillard, Proudhon, Gesell and Keynes: An Investigation of some "anti-marxian socialist" Intecedents of Keynes´ 'General Theory', University of California: unveröffentlichte Dissertation, 1940. – Dudley Dillard, Silvio Gesells Monetary Theory of Social Reform, in: American Economic Review Vol. XXXII (Juni 1942), Nr. 2, S. 348-352. – Lawrence Klein, The Keynesian Revolution, 2. Auflage London 1968, S. 149 und 152. – Maurice Allais, Economie et Intérêt, Paris 1947, S. 613.
12 Joachim Starbatty, Eine kritische Würdigung der Geldordnung in Silvio Gesells utopischem Barataria (Billigland), in: "Fragen der Freiheit" 21. Jg. 1977, 129. Heft, S. 5-31. – Oswald Hahn, In memoriam Silvio Gesell, in: Zeitschrift für das gesamte Kreditwesen 33. Jg. 1980, Nr. 6, S. 5. – Michel Herland, Perpetuum mobile et crédit gratuit, in: Revue économique November 1977, S. 938-971. – Hans Chr. Binswanger, Arbeit ohne Umweltzerstörung, Frankfurt 1983, S. 246-248. – Dieter Suhr, Geld ohne Mehrwert – Entlastung der Marktwirtschaft von monetären Transaktionskosten, Frankfurt 1983. – Dieter Suhr und Hugo Godschalk, Optimale Liquidität, Frankfurt 1986. – Dieter Suhr, The Capitalistic Cost-Benefit Structure of Money – An Analysis of Money's Nonneutrality and its Effects on the Economy, Berlin und New York, 1989. – Luise Rinser, Im Dunkeln singen: 1982-1985, Frankfurt 1985, S. 243. – Ezra Pound, Usura-Cantos XLV und LI (hrsg. von Eva Hesse), Zürich 1985, S. 107. – Ulrich Duchrow, Grenzenloses Geld für wenige oder Leben für alle in den Grenzen des Wachstums, Bremen 1988, S. 7 und 30. – Ulrich Duchrow, Kirchen, Christen, Wirtschaftssysteme, Bremen 1988, S. 18. (Beide Arbeiten von Duchrow sind Sonderdrucke aus der Zeitschrift "Junge Kirche".) – Peter Knauer, Wer bezahlt den Jokervorteil? – Über Dieter Suhrs Vorschläge zur besseren Nutzung des Geldes, in: "Die Neue Gesellschaft – Frankfurter Hefte" 36. Jg. 1989, Nr. 1, S. 41-49. Hinweise auf weitere Resonanzen zu Gesells Theorien finden sich bei Werner Onken, Die Ökonomie am Vorabend ihrer zweiten Revolution, in: "Zeitschrift für Sozialökonomie" 21. Jg. 1984, 60. Folge, S. 10-22. – Zur gesamten Sekundärliteratur vgl. die Kataloge der beiden Freiwirtschaftlichen Bibliotheken in der Schweiz und in Deutschland. – Die in Anmerkung 11 erwähnte Dissertation von Dudley Dillard ist 1997 im Angela Hackbarth Verlag, Postfach 1221, D-78112 St. Georgen/Schwarzwald erschienen. – William Darity jr., Keynes' Political Philosophy: The Gesell Connection, in: Eastern Economic Journal Vol. 21. No. 1, Winter 1995, p. 27-41; dt. Übers. unter dem Titel "Keynes' politische Philosophie – Die Verbindung mit Gesell", in: Zeitschrift für Sozialökonomie 116. Folge (1998), S. 3-12. – Mario Seccareccia, Early Twentieth-Century Heterodox Monetary Thought and the Law of Entropy, in: A. Cohen, H. Hagemann und J. Smithin, Money, Financial Institutions and Macroeconomics, Boston 1997.
13 Karl Walker in seiner Einführung zur 9. Auflage der NWO, 1949, S. 9.

"Großes Hoffen gibt große Ruh!" Mag es auch noch so schwer sein, zusehen zu müssen, wie andere, mit Macht und Einfluß ausgestattete Menschen die Welt in Unglücke führen, so lassen sich aus diesem "großen Hoffen" nicht nur Ruhe, sondern auch Toleranz, Geduld und das Vertrauen schöpfen, daß neben allen geistigen Anstrengungen auch die Zeit für diese Idee arbeitet. So sind mit dem Niedergang des Kommunismus in Osteuropa in jenem denkwürdigen Herbst 1989 viele Einwände entkräftet worden, die von marxistischer Seite jahrzehntelang gegen Gesell vorgebracht wurden. Der moderne Kapitalismus erwies sich zwar als dem Kommunismus überlegen. Aber die mit ihm verbundenen sozialen Ungerechtigkeiten, seine innere Friedlosigkeit und seine Aggressivität gegenüber der Dritten Welt und der Natur zeigen, daß er keine ewig gültige Form der Ordnung des menschlichen Zusammenlebens ist. Um so notwendiger ist die Entwicklung einer freiheitlichen Alternative zur kapitalistisch verfälschten Marktwirtschaft und zu den neoklassischen und keynesianischen Lehren der Ökonomie geworden.

In den Vorworten zur 5. und 6. Auflage der "Natürlichen Wirtschaftsordnung" schrieb Silvio Gesell, er habe bis dahin keine Veranlassung gehabt, "irgendetwas an diesen Theorien zu ändern". Für ihren Kern mag dies auch heute noch gelten. Dennoch ist nicht zu übersehen, daß dieses Buch zahlreiche Passagen enthält, die – wie die langatmigen Auseinandersetzungen mit den Verfechtern der damaligen Goldwährung – heute nicht mehr zum Verständnis dieses dauerhaften Kerns erforderlich sind. Sie könnten sogar den Eindruck erwecken, als sei die NWO insgesamt aus heutiger Sicht veraltet. Gesell hat selbst seit den frühen 20er Jahren erwogen, sein Hauptwerk systematisch umzuarbeiten und zu kürzen.[14] Doch ließen Auseinandersetzungen mit dem damaligen Zeitgeschehen, innere Konflikte in den freiwirtschaftlichen Organisationen und ein letzter längerer geschäftlicher Aufenthalt in Argentinien (1924/25) ihm dafür nicht die nötige Muße. Die beiden später von fremder Hand erstellten Kurzausgaben der NWO sind ihrem heutigen Verständnis nicht förderlich.

Hinzu kommt, daß in den vergangenen Jahrzehnten sowohl bei Gesells Nachfolgern als auch in den Wirtschaftswissenschaften die Entwicklungen weitergegangen sind. Auch aus diesem Grund bleibt nur die eine Möglichkeit, die NWO als historischen Quellentext unverändert zu lassen und sodann auf ihr aufbauend kritische Einwände aufzuarbeiten, später gewonnene Erkenntnisse mit der NWO in Verbindung zu bringen und noch offene Fragen zu klären – in der Hoffnung, daß sich in den Kreisen derjenigen Menschen, die Silvio Gesells "große Hoffnung" auf eine Lösung der sozialen Frage zu ihrer eigenen Hoffnung machen, jemand ein neues, zeitgemäßes Werk verfaßt, das den Kern der NWO im Zusammenhang mit aktuellen Entwicklungen der (Welt-)Wirtschaft neu formuliert.

Im Geiste des eindrucksvollen Vorworts, das Paulus Klüpfel zur 2. Auflage von Gesells Hauptwerk verfaßt hatte, hat Karl Walker begonnen, Gesells Werk kritisch zu sichten, Zeitbedingtes von Dauerhaftem zu trennen und unter Beachtung der Weiterentwicklung in der Ökonomie auch über Gesell hinauszudenken.[15] So hat Walker zum Beispiel Gesells pauschale Ablehnung der Werttheorie als "Hirngespinst" und "Wahngebilde" (die wohl im Hinblick auf die Goldwährung angebracht war) kritisch hinterfragt und – ähnlich wie in der Ökonomie Piero Sraffa und andere

---

14 Vorwort zur 5. Aufl., in: Gesammelte Werke Band 11, S. 397.
15 Karl Walker, Ausgewählte Werke, Lütjenburg 1995.

Neoricardianer – auf die klassische Arbeitswertlehre von Adam Smith und David Ricardo zurückgegriffen, um verteilungstheoretische Aussagen zu untermauern.[16] Auch in anderer Hinsicht sollte eine ideengeschichtliche Verknüpfung der NWO mit den Klassikern nachgeholt werden. Und zwar wurde es versäumt, die Freilandtheorie mit David Ricardos Differentialrententheorie und dessen Gedanken über eine Grundsteuer gedanklich in Beziehung zu setzen und von hier aus dem weiteren Umgang der Ökonomie mit dem Bodenproblem nachzugehen.[17]

Inzwischen gibt es im Rahmen ihrer Kritik an der Wachstumsökonomie Ansätze bei Gesells Nachfolgern, neben der sozialen auch die ökologische Seite des Bodenproblems zu berücksichtigen. Es gibt Überlegungen, neben einem Entgelt für die Nutzung von Bodenoberflächen (das für eine soziale Grundsicherung von Frauen und Kindern verwendet werden soll) auch Gebühren für die Nutzung von den darunter liegenden Ressourcen und der darüber befindlichen Atmosphäre zu erheben und damit Umweltschutzmaßnahmen zu finanzieren.[18] Völlig vernachlässigt worden ist bislang allerdings die Aufgabe, die Landwirtschaft, den Städtebau, die Raumplanung, die Architektur sowie die Energie- und Verkehrspolitik im Zusammenhang mit der Boden-/Ressourcen- und Geld-/Zinsproblematik näher zu untersuchen.

In dem in die 4. NWO-Auflage eingefügten Vortrag "Freiland – die eherne Forderung des Friedens", den Gesell 1917 vor dem "Weltfriedensbund" in Zürich gehalten hatte, war auf eindrucksvolle Weise die Notwendigkeit dargelegt, die allgemeinen Menschenrechte auf ein für alle Menschen gleiches Recht auf den Zutritt zum Boden und seinen Schätzen zu gründen. "Punkt eins der Menschenrechte" war für ihn, daß Gott die Erde allen Menschen ohne Unterschied ihrer Herkunft, ihrer Hautfarbe und ihres Glaubens gegeben habe.[19] Demgegenüber hat das Vorwort zur 3. Auflage mit dem in darwinistischer Sprache formulierten Gedanken einer "Hochzucht des Menschengeschlechts" in jüngerer Vergangenheit den Eindruck erweckt, daß Gesell rassistische und sozialdarwinistische Auffassungen vertreten haben könnte. Dieser Eindruck ist

---

16 Vgl. Karl Walker (wie Anm. 15), S. 292-304, 355-381. – Zu Gesells Polemiken gegen die Werttheorie vgl. zum Beispiel die NWO im Band 11 der Gesammelten Werke, S. 121-126. – Zu Ricardo und den Neoricarianern vgl. Piero Sraffa, Production of Commodities by Means of Commodities, Cambridge 1960 sowie editorische Notizen von Heinz Kurz in: David Ricardo, Über Grundsätze der Politischen Ökonomie und der Besteuerung, Marburg 1994, S. VII-IX, XI-LVII.
17 Vgl. David Ricardo (wie Anm. 16), S. 57-74, 153-161, 277-286. – Franz Oppenheimer, David Ricardos Grundrententheorie – Darstellung und Kritik, Berlin 1909; wiederabgedruckt in Oppenheimers Gesammelten Schriften Band 1, Berlin 1995, S. 469-613. – Wolfgang Dietrich Winterhager, Bodeneigentum und Bodenrente in der ökonomischen Theorie, in: Zeitschrift für Sozialökonomie 114. Folge (1997), S. 3-13. – Zu Henry George, dem Gesell die englische Ausgabe seiner NWO widmete, vgl. Robert Andelson, Land Value Taxation around the World, New York 1997, sowie die Aufsätze von Werner Onken, Eckhard Behrens und Fritz Andres zum 100. Todestag von Henry George in der Nr. 245 (1997) der Schriftenreihe "Fragen der Freiheit".
18 Eckhard Grimmel, Geowissenschaftliche Grundlagen eines umweltverträglichen Rohstoffrechts, sowie Johannes Jenetzky, Öko-Abgaben – erforderliche, aber nicht hinreichende Instrumente einer zukunftsorientierten Wirtschaftspolitik, beide in: Zeitschrift für Sozialökonomie 109. Folge (1996), S. 3-14 und 15-24. – Dirk Löhr, Urmonopole, intertemporale soziale Kosten und nachhaltiges Wirtschaften, in: Zeitschrift für Sozialökonomie 113. Folge (1997), S. 13-27. – Dirk Löhr und Johannes Jenetzky, Neutrale Liquidität – Zur Theorie und praktischen Umsetzung, Frankfurt 1996. – Andreas Rams und Norman Ehrenreich, Arbeitslosigkeit – wie kann sie überwunden werden ? – Eine Kritik an den herrschenden Arbeitsmarkt- und Wachstumstheorien und ein Ansatz zu ihrer Weiterentwicklung, Lütjenburg 1996. – Bernd Senf, Der Nebel um das Geld – Zinsproblematik, Währungssysteme, Wirtschaftskrisen, 5. Auflage Lütjenburg 1998.
19 Silvio Gesell, Die Natürliche Wirtschaftsordnung, in: SGW Band 11, S. 62-65.

aufgrund der zwischenzeitlichen Erfahrungen mit der nationalsozialistischen Diktatur verständlich, aber bei näherem Hinsehen erweist er sich als nicht zutreffend. Gegen ihn sprechen Gesells Warnungen vor jeglicher Art von Rassenpolitik und seine Kritik an Einschränkungen der Freiheit eines jeden Menschen, sich überall anzusiedeln oder unkontrolliert ein- und auszuwandern.[20] Und gegen einen solchen Eindruck sprechen auch Gesells Ablehnung von nationalem Autarkiestreben, nationalem Handelsprotektionismus und dem Streben nach kolonialen Eroberungen sowie seine Vorschläge für ein Weltwährungssystem, das die Völker der Erde friedlich miteinander verbindet. An sein Konzept einer "Internationalen Valuta-Assoziation" wurde erst in jüngster Zeit im Rahmen einer Kritik am Euro wieder erinnert. Gerade in der gegenwärtigen Epoche der Globalisierung der kapitalistisch verzerrten Märkte sollte dieses Konzept zusammen mit dem Bancor-Plan von John Maynard Keynes verstärkt in die Diskussion gelangen.[21]

Hartnäckig hält sich in der Öffentlichkeit noch immer das Vorurteil, Gesell hätte das Zinsnehmen verbieten oder abschaffen wollen. Dem hat er selbst mit der plakativen Formulierung, "den Zins in einem Meer von Kapital zu ersäufen"[22], Vorschub geleistet. Dabei enthält das 5. und letzte Kapitel der NWO eine eindeutige Unterscheidung zwischen den verschiedenen Bestandteilen des Zinses: dem problematischen "Urzins", der berechtigten Risikoprämie und der Bankvermittlungsgebühr sowie dem bei Erreichen von Preisniveaustabilität entbehrlich werdenden Inflationsausgleich.[23] Obwohl die Urzinstheorie in Keynes' Liquiditätspräferenztheorie Eingang gefunden hat, spielt sie noch immer nicht die Rolle, die ihr eigentlich zukäme. Außerdem könnten Gesells Ausführungen zur Übertragung des Kapitalcharakters vom Geld auf die Produktionsanlagen sehr hilfreich für das Verständnis von wirtschaftlichen Konzentrationsprozessen sein. Die Urzinstheorie sollte also zu einer Wettbewerbs- und Konzentrationstheorie erweitert werden. Ebenso wichtig wäre es, die Folgen zu erforschen, die eine Überwindung des Urzinses und eine Dezentralisierung von Produktionsmitteln für die Arbeitswelt haben könnten.[24]

---

20 Zum tatsächlichen Rassismus und seinen Vorläufern vgl. Peter Weingart, Züchtungsutopien – Zur Geschichte der Verbesserung des Menschen, in: Kursbuch Nr. 128/1997, S. 111-126. – Vgl. auch Werner Onken, Silvio Gesells kritische Distanz zum Rechtsextremismus in der Weimarer Republik, in: Zeitschrift für Sozialökonomie 106. Folge (1995), S. 2-17; ders., Natürliche Wirtschaftsordnung unter dem Hakenkreuz, Lütjenburg 1997; ders., Natürliche Wirtschaftsordnung unter kommunistischer Herrschaft und nach der Wende vom Herbst 1989, Lütjenburg 1998; ders., Umrisse einer weiblichen und männlichen Ökonomie, Lütjenburg 1998.
21 Thomas Betz, Was der Euro soll und was eine internationale Währung wirklich sollte, in: Zeitschrift für Sozialökonomie 117. Folge (1997), S. 35-43. – Hugo Godschalk, Keynes' Bancor Plan 1944 und der IVA-Plan Silvio Gesells – Grundlagen einer Europäischen Währungsordnung?, in: Fragen der Freiheit Nr. 206/1990, S. 35-46. – Zum IVA-Plan vgl. Gesells Gesammelte Werke Band 12, S. 149-195. – John Maynard Keynes, Vorschläge für eine Union für den internationalen Zahlungsverkehr (International Clearing Union), in: Stefan Leber (Hg.), Wesen und Funktion des Geldes, Stuttgart 1989, S. 323-349.
22 Silvio Gesell, Die Natürliche Wirtschaftsordnung, in: SGW Band 11, S. 241.
23 Kapitel V in der NWO, in: Band 11, S. 319-380. – Vgl. außerdem Werner Onken, Der Zins als Angelpunkt von Wirtschaft und Moral – Eine Auseinandersetzung mit Otmar Issing, in: Fragen der Freiheit Nr. 226/1994, S. 42-51.
24 Michael Grimminger, Konzentrationsgrad und Wettbewerbsintensität in der BRD, in: Zeitschrift für Sozialökonomie 85. Folge (1990), S. 25-30 und 87. Folge (1990), S. 13-20. – Dirk Löhr, Das Verhältnis von Freiwirtschafts- und Gewerkschaftsbewegung, in: Zeitschrift für Sozialökonomie 111. Folge (1996), S. 19-28.

Die natürliche Wirtschaftsordnung

durch Freiland und Freigeld

Von

Silvio Gesell

——— Vierte Auflage ———

1920

Freiland-Freigeldverlag, Rehbrücke bei Berlin.

Auslieferung für den Buchhandel durch: Bernhard Hermann, Leipzig.
Für die Schweiz: Schweizer. Freiland-Freigeld-Bund, Bern.

Silvio Gesell ca.1918/19

Vorwort zur 3. Auflage.

Großes Hoffen gibt große Ruh'!

Die Wirtschaftsordnung, von der hier die Rede ist, kann nur insofern eine natürliche genannt werden, als sie der Natur des Menschen angepaßt ist. Es handelt sich also nicht um eine Ordnung, die sich etwa von selbst, als Naturprodukt einstellt. Eine solche Ordnung gibt es überhaupt nicht, denn immer ist die Ordnung, die wir uns geben, eine Tat, und zwar eine bewußte und gewollte Tat.

Den Beweis, daß eine Wirtschaftsordnung der Natur des Menschen entspricht, liefert uns die Betrachtung der menschlichen Entwicklung. Dort, wo der Mensch am besten gedeiht, wird auch die Wirtschaftsordnung die natürlichste sein. Ob eine in diesem Sinne sich bewährende Wirtschaftsordnung zugleich die technisch leistungsfähigste ist und dem Ermittlungsamt Höchstzahlen liefert, ist eine Frage minderer Ordnung. Man kann sich ja heute leicht eine Wirtschaftsordnung vorstellen, die technisch hohe Leistungen aufweist, bei der aber Raubbau am Menschen getrieben wird. Immerhin darf man wohl blindlings annehmen, daß eine Ordnung, in der der Mensch gedeiht, sich auch in bezug auf Leistungsfähigkeit als die bessere bewähren muß. Denn Menschenwerk kann schließlich nur zusammen mit dem Menschen zu Höhe streben. "Der Mensch ist das Maß aller Dinge", darum auch Maß seiner Wirtschaft.

Wie bei allen Lebewesen, so hängt auch das Gedeihen des Menschen in erster Linie davon ab, daß die Auslese nach den Naturgesetzen sich vollzieht. Diese Gesetze aber wollen den Wettstreit. Nur auf dem Wege des Wettbewerbs, der sich überwiegend auf wirtschaftlichem Gebiete abspielt, kann es zur förderlichen Entwicklung, zur Hochzucht kommen. Wer darum die Zuchtgesetze der Natur in ihrer vollen, wundertätigen Wirksamkeit erhalten will, muß die Wirtschaftsordnung darauf anlegen, daß sich der Wettbewerb auch wirklich so abspielt, wie es die Natur will, d. h. mit der von ihr gelieferten Ausrüstung, unter gänzlicher Ausschaltung von Vorrechten. Der Erfolg des Wettstreites muß ausschließlich von angeborenen Eigenschaften bedingt sein, denn nur so wird die Ursache des Erfolges auf die Nachkommen vererbt und zur allgemeinen Menscheneigenschaft. Nicht dem Geld, nicht verbrieften Vorrechten, sondern der Tüchtigkeit, der Kraft, der Liebe, der Weisheit der Eltern müssen die Kinder ihre Erfolge verdanken. Dann darf man hoffen, daß mit der Zeit die Menschheit von all dem Minderwertigen erlöst werden wird, mit dem die seit Jahrtausenden vom Geld und Vorrecht geleitete Fehlzucht sie belastet hat, daß die Herrschaft den Händen der Bevorrechteten entrissen werden und die Menschheit unter der Führung der Edelsten den schon lange unterbrochenen Aufstieg zu göttlichen Zielen wieder aufnehmen wird.

Die Wirtschaftsordnung, von der hier die Rede ist, erhebt aber noch in anderer Hinsicht Anspruch auf ihre Bezeichnung "die natürliche".

Damit der Mensch gedeihe, muß es ihm möglich gemacht sein, sich in allen Lagen so zu geben, wie er ist. Der Mensch soll sein, nicht scheinen. Er muß immer erhobenen Hauptes durchs Leben gehen können und stets die lautere Wahrheit sagen dürfen, ohne daß ihm daraus Ungemach und Schaden erwachse. Die Wahrhaftigkeit soll kein Vorrecht der Helden bleiben. Die Wirtschaftsordnung muß derart gestaltet sein, daß der wahrhaftige Mensch auch wirtschaftlich vor allen am besten gedeihen kann. Die Abhängigkeiten, die das Gesellschaftsleben mit sich bringt, sollen nur die Sachen, nicht die Menschen betreffen.

Soll sich der Mensch seiner Natur entsprechend gebärden dürfen, so müssen ihn Recht, Sitte und Religion in Schutz nehmen, wenn er bei seinem wirtschaftlichen Tun dem berechtigten Eigennutz, dem Ausdruck des naturgegebenen Selbsterhaltungstriebes, nachgeht. Widerspricht solches Tun religiösen Anschauungen, trotzdem der Mensch dabei sittlich gedeiht, so sollen solche Anschauungen einer Nachprüfung unterzogen werden, in der Erwägung, daß es kein schlechter Baum sein kann, der gute Früchte bringt. Es darf uns nicht ergehen wie etwa dem Christen, den seine Religion in folgerichtiger Anwendung zum Bettler macht und im Wettstreit entwaffnet, worauf er dann mitsamt seiner Brut im Auslesevorgang der Natur vollends zermalmt wird. Die Menschheit hat keine Vorteile davon, wenn die Besten immer gekreuzigt werden. Die Hochzucht verlangt eher das umgekehrte Verfahren. Die Besten müssen gefördert werden; nur so kann man hoffen, daß die Schätze einst ausgeschüttet werden, die im Menschen schlummern – unermeßliche Schätze!

Die natürliche Wirtschaftsordnung wird darum auf dem Eigennutz aufgebaut sein. Die Wirtschaft stellt an die Willenskraft schmerzhafte Anforderungen bei der Überwindung der natürlichen Trägheit. Sie braucht darum starke Triebkräfte, und keine andere Anlage vermag diese in der nötigen Stärke und Regelmäßigkeit zu liefern, als der Eigennutz. Der Volkswirtschaftler, der mit dem Eigennutz rechnet und auf ihn baut, rechnet richtig und baut feste Burgen. Die religiösen Forderungen des Christentums dürfen wir darum nicht auf die Wirtschaft übertragen; sie versagen hier und schaffen nur Heuchler. Die geistigen Bedürfnisse beginnen dort, wo die körperlichen befriedigt sind; die wirtschaftlichen Arbeiten sollen aber die körperlichen Bedürfnisse befriedigen. Es hieße die Reihenfolge auf den Kopf stellen, wollte man die Arbeit mit einem Gebet oder Gedicht beginnen. "Die Mutter der nützlichen Künste ist die Not, die der schönen der Überfluß." (Schopenhauer.) Mit anderen Worten: Man bettelt, solange man hungrig ist, und betet, wenn man satt ist.

Solche auf dem Eigennutz errichtete Wirtschaftsordnung stellt sich dabei in keiner Weise den höheren, arterhaltenden Trieben in den Weg. Im Gegenteil, sie liefert dem Menschen nicht nur die Gelegenheit zu uneigennützigen Taten, sondern auch die Mittel dazu. Sie stärkt diese Triebe durch die Möglichkeit, sie zu üben. Hingegen in einer Wirtschaft, wo jeder seinen in Not geratenen Freund an die Versicherungsgesellschaft verweist, wo man die kranken Familienangehörigen ins Siechenhaus schickt, wo der Staat jede persönliche Hilfeleistung überflüssig macht, da müssen, scheint mir, zarte und wertvolle Triebe verkümmern.

Mit der auf Eigennutz aufgebauten natürlichen Wirtschaft soll jedem der eigene volle Arbeitsertrag gesichert werden, mit dem er dann nach freiem Ermessen verfahren kann. Wer eine Befriedigung darin findet, seine Einnahmen, den Lohn, die Ernte mit Bedürftigen zu teilen, – der kann es tun. Niemand verlangt es von ihm, doch wird es ihm auch niemand verwehren. Irgendwo in einem Märchen heißt es, daß die größte Strafe, die dem Menschen auferlegt werden kann, die ist, ihn in eine Gesellschaft von Hilfsbedürftigen zu bringen, die die Hände nach ihm ringen, und denen er nicht helfen kann. In diese schreckliche Lage bringen wir uns aber gegenseitig, wenn wir die Wirtschaft anders als auf dem Eigennutz aufbauen, wenn nicht jeder über den eigenen Arbeitsertrag nach freiem Ermessen verfügen kann. Hierbei wollen wir zur Beruhigung der menschenfreundlichen Leser uns noch erinnern, daß Gemeinsinn und Opferfreudigkeit dort am besten gedeihen, wo mit Erfolg gearbeitet wird. Opferfreudigkeit ist eine Nebenerscheinung persönlichen Kraft- und Sicherheitsgefühls, das dort aufkommt, wo der Mensch auf seine Arme bauen kann. Auch sei hier noch bemerkt, daß Eigennutz nicht mit Selbstsucht verwechselt werden darf. Der Kurzsichtige ist selbstsüchtig, der Weitsichtige wird in der Regel bald einsehen, daß im Gedeihen des Ganzen der eigene Nutz am besten verankert ist.

So verstehen wir also unter Natürlicher Wirtschaft eine Ordnung, in der die Menschen den Wettstreit mit der ihnen von der Natur verliehenen Ausrüstung auf vollkommener Ebene auszufechten haben, wo darum dem Tüchtigsten die Führung zufällt, wo jedes Vorrecht aufgehoben ist und der einzelne, dem Eigennutz folgend, geradeaus auf sein Ziel lossteuert, ohne sich in seiner Tatkraft durch Rücksichten ankränkeln zu lassen, die nicht zur Wirtschaft gehören, und denen er außerhalb ihrer immer noch genug Frondienste leisten kann.

Die eine Voraussetzung dieser natürlichen Ordnung ist in unserer heutigen, so verschrieenen Wirtschaft bereits erfüllt. Diese ist auf dem Eigennutz aufgebaut, und ihre technischen Leistungen, die niemand verkennt, bürgen dafür, daß sich auch die Neue Ordnung bewähren wird. Die andere Voraussetzung aber, die den wichtigsten Pfeiler der Natürlichkeit in der Wirtschaftsordnung bildet – die gleiche Ausrüstung aller für den Wettstreit, die gilt es zu schaffen. Auf dem Wege zielstrebiger Neugestaltung gilt es, alle Vorrechte, die das Ergebnis des Wettbewerbs fälschen könnten, spurlos zu beseitigen. Diesem Zwecke dienen die beiden hier nun zu besprechenden, grundstürzenden Forderungen: Freiland und Freigeld.

Diese natürliche Wirtschaftsordnung könnte man auch als "Manchestertum" bezeichnen, jene Ordnung, die den wahrhaft freien Geistern immer als Ziel vorgeschwebt hat – eine Ordnung, die von selber, ohne fremdes Zutun steht und nur dem freien Spiel der Kräfte überlassen zu werden braucht, um alles das, was durch amtliche Eingriffe, durch Staatssozialismus und behördliche Kurzsichtigkeit verdorben wurde, wieder ins richtige Lot zu bringen.

Von diesem "Manchestertum" darf man heute freilich nur noch vor Leuten reden, die an ihrer Erkenntnis nicht durch fehlerhaft ausgeführte Versuche irre gemacht werden können, denen Fehler in der Ausführung nicht auch zugleich Beweise für Mängel des Planes an sich sind. Doch der großen Menge genügt das, was man bisher als Manchestertum kennen gelernt hat, um die ganze Lehre in Grund und Boden zu verfluchen.

Die Manchesterschule war auf dem richtigen Wege, und auch das, was man von Darwin her später in diese Lehre hineintrug, war richtig. Nur hatte man die erste und wichtigste Voraussetzung des Systems ungeprüft gelassen und sich nicht um die Kampfbahn gekümmert, auf der nun die Kräfte frei sich messen sollten. Man nahm an (nicht alle taten es harmlos), daß in der gegebenen Ordnung, mit Einschluß der Vorrechte des Grundbesitzes und des Geldes, die Bürgschaft für einen genügend freien Wettstreit liege, vorausgesetzt, daß sich der Staat nicht weiter in das Getriebe der Wirtschaft mischen würde.

Man vergaß oder wollte es nicht einsehen, daß, wenn es natürlich zugehen sollte, man auch dem Proletariat das Recht einräumen müsse, sich den Boden mit denselben Mitteln zurück zu erobern, mit denen er ihm entwendet worden war. Statt dessen riefen die Manchesterleute denselben Staat zur Hilfe, der durch sein Dazwischentreten das freie Spiel bereits verdorben hatte, damit er sich mit seinen Gewaltmitteln vollends der Schaffung eines wirklich freien Spieles der Kräfte entgegenstellen solle. So gehandhabt, entsprach des Manchestertum in keiner Weise seine Lehre. Volksbetrüger hatten sich, zum Schutze von Vorrechten, dieser Lehre bemächtigt, die jedes Vorrecht verneinte. Das war Betrug und Heuchelei.

Um die ursprüngliche Manchesterlehre gerecht zu beurteilen, darf man nicht von ihrer späteren Handhabung ausgehen. Die Manchesterleute erwarteten vom freien Spiel der Kräfte in erster Linie ein allmähliches Sinken des Zinsfußes bis auf Null. Diese Erwartung gründete sich auf die Tatsache, daß in England, wo der Markt verhältnismäßig am besten mit Geld versorgt war, auch der Zinsfuß am niedrigsten stand. Man brauchte also nur die wirtschaftlichen Kräfte zu entfesseln, sie dem freien Spiel zu überlassen, um das Geldangebot zu vermehren und dadurch den Zins, diesen ärgsten Schandfleck der seitherigen Wirtschaftsordnung, auszutilgen. Es war den Bekennern dieser Lehre noch unbekannt, daß gewisse innere Fehler unseres Geldwesens (das die Manchesterleute unbesehen in ihre Wirtschaftsordnung übernahmen) solcher geldmachtfeindlichen Entwicklung unübersteigbare Hindernisse in den Weg legen.

Nach einem weiteren Glaubenssatz der Manchesterlehre sollte, als Folge der Erbschaftsteilungen und der natürlichen wirtschaftlichen Minderwertigkeit der im Reichtum aufwachsenden Geschlechter, der Großgrundbesitz zerstückelt und die Grundrente auf diese Weise selbsttätig zu einem allgemeinen Volkseinkommen werden. Dieser Glaube mag uns heute etwas leichtfertig erscheinen; soweit war er aber doch gerechtfertigt, daß die Grundrenten um den Betrag der Schutzzölle durch den von den Manchesterleuten geforderten Freihandel hätten sinken müssen. Dazu kam die mit der Dampfschiffahrt und dem Eisenbahnwesen damals erst zur Tatsache gewordenen Freizügigkeit der Arbeiter, durch die in England der Lohn sich auf Kosten der Grundrente auf den Stand des Arbeitsertrages der auf kosten- und lastenfreiem amerikanischem Boden siedelnden Auswanderer ("Freiländer") hob, während zu gleicher Zeit die Ernteerträge dieser Freiländer die Preise der englischen landwirtschaftlichen Erzeugnisse senkten, – wieder auf Kosten der englischen Grundrentner. (In Deutschland und Frankreich wurde diese natürliche Entwicklung durch den Übergang zur Goldwährung derart verschärft, daß es hier zu einem Zusammenbruch gekommen wäre, wenn der Staat die Folgen seines Eingriffs (Goldwährung) nicht durch einen zweiten Eingriff (Getreidezölle) wieder ausgeglichen hätte.)

Man kann also wohl verstehen, daß die Manchesterleute, die mitten in dieser rasch vor sich gehenden Entwicklung standen, ihre Bedeutung überschätzend, die Beseitigung des zweiten Schandflecks ihrer Wirtschaftsordnung durch das freie Spiel der Kräfte glaubten erwarten zu dürfen.

Ihr dritter Glaubenssatz lautete, daß, wenn es bereits möglich gewesen war, dank der Anwendung ihres Grundsatzes, dank dem freien Spiel der Kräfte, Herr der natürlichen örtlichen Hungersnöte zu werden, es doch auch möglich sein müsse, auf demselben Wege durch Verbesserung der Verkehrsmittel, der Handelseinrichtungen, des Bankwesens usw. die Ursache der Wirtschaftsstörungen zu beseitigen. Denn wie die Hungersnot sich als Folge schlechter örtlicher Verteilung der Lebensmittel erwies, so dachte man sich auch die Wirtschaftstockung als Folge schlechter Warenverteilung. Und fürwahr, wer sich bewußt ist, wie sehr die kurzsichtige Zollpolitik all der Völker den natürlichen Gang der Volks- und Weltwirtschaft stört, der wird es verzeihen, wenn ein Freiländer, ein Manchestermann, der noch keine Ahnung hatte von den gewaltigen Störungen, die die Mängel des herkömmlichen Geldwesens auszulösen vermögen, die Beseitigung der Wirtschaftstockungen einfach vom Freihandel erwarten konnte.

So dachten also die Manchesterleute weiter: wenn wir durch den allgemeinen Weltfreihandel die Volkswirtschaft dauernd in Vollbetrieb erhalten können, wenn als Folge solcher stockungsfreien, ununterbrochenen Arbeit eine Überproduktion an Kapital sich einstellt, die auf den Zins drückt und ihn schließlich ganz beseitigt, wenn auch noch das zutrifft, was wir vom freien Spiel der Kräfte für die Grundrente erwarten, dann muß die Steuerkraft des ganzen Volkes derartig wachsen, daß sämtliche Staats- und Gemeindeschulden in kürzester Zeit in der ganzen Welt getilgt werden können. Damit wäre dann auch der vierte und letzte Schandfleck unserer Wirtschaftsordnung spurlos getilgt und der dieser Ordnung zugrunde liegende freiheitliche Gedanke vor der ganzen Welt gerechtfertigt; die neidischen, böswilligen und vielfach unehrlichen Tadler dieser Ordnung wären zum Schweigen gebracht.

Wenn von all diesen schönen Manchesterhoffnungen bis zum heutigen Tage keine Spur der Verwirklichung sich zeigt, die Mängel der Wirtschaftsordnung dagegen je länger desto ärger sich breit machen, so muß die Ursache in dem von den Manchesterleuten aus Unkenntnis der Dinge unbesehen aus dem Altertum übernommenen Geldwesen gesucht werden, das einfach versagt, sobald dich die Wirtschaft im Sinne der manchsterlichen Erwartungen entwickelt. Man wußte nicht, daß das Geld den Zins zur Bedingung seiner Betätigung macht, daß die Wirtschaftsstockungen, der Fehlbetrag im Haushaltsplan der erwerbenden Klasse, die Arbeitslosigkeit einfach Wirkungen des herkömmlichen Geldes sind. Die manchesterlichen Hoffnungen und die Goldwährung waren unvereinbar.

Die natürliche Wirtschaftsordnung wird nun durch Freiland und Freigeld von all den häßlichen, störenden und gefährlichen Begleiterscheinungen des Manchestertums befreit werden und alle Vorbedingungen für ein wirklich freies Spiel der Kräfte schaffen; dann soll es sich erweisen, ob solche Ordnung nicht doch noch besser ist, als der neumodische Götze, der alles Heil vom Bienenfleiß des Beamten, von seiner Pflichttreue, seiner Unbestechlichkeit und seiner menschenfreundlichen Gesinnung erwartet.

Entweder Eigen- oder Staatswirtschaft – ein Drittes gibt es nicht. Man kann, wenn man weder die eine noch die andere will, für die gesuchte Ordnung noch so anheimelnde und vertrauenerweckende Namen ersinnen: Genossenschaften, Gemeinwesen, Vergesellschaftung usw. – sie können die Tatsache nicht verschleiern, daß es sich im Grunde immer um denselben Schrecken, um den Tod der persönlichen Freiheit, Unabhängigkeit, Selbstverantwortung, d. h. um Behördenherrschaft handelt.

Mit den in dieser Schrift gemachten Vorschlägen stehen wir jetzt zum ersten Male am Scheideweg. Wir müssen wählen, uns entschließen. Gelegenheit zu solcher Wahl hatte bisher noch kein Volk. Jetzt zwingen uns die Tatsachen zur Entscheidung. Es geht einfach nicht weiter, so wie es ging. Wir haben zu wählen zwischen der Beseitigung der Baufehler unserer alten Wirtschaftsweise und dem Kommunismus, der Gütergemeinschaft. Ein andere Ausweg ist nicht da.

Es ist von höchster Bedeutung, mit Bedacht zu wählen. Es handelt sich nicht mehr um Kleinigkeiten, etwa um die Frage, ob Fürstenherrschaft oder Volksherrschaft, oder darum, ob der Wirkungsgrad der Arbeit in der Staatswirtschaft größer ist, als in der Eigenwirtschaft. Um höheres handelt es sich diesmal. Wir stehen vor der Frage, wem die Fortzucht des Menschengeschlechtes anvertraut werden soll; ob die mit unerbittlicher Folgerichtigkeit waltende Natur die Auslese vollziehen soll, oder ob die irrende Vernunft des Menschen, und noch dazu des heutigen, heruntergekommenen Menschen, der Natur diese Aufgabe abnehmen soll. Das ist es, worüber wir zu entscheiden haben.

Die Auslese durch den freien, von keinerlei Vorrecht mehr gefälschten Wettstreit wird in der Natürlichen Wirtschaftsordnung vollständig von der persönlichen Arbeitsleistung geleitet, wird also zu einem Sichauswirken der Eigenschaften des einzelnen Menschen. Denn die Arbeit ist die einzige Waffe des gesitteten Menschen in seinem "Kampfe ums Dasein". Durch immer bessere, höhere Leistungen sucht sich der Mensch im Wettbewerb zu behaupten. Von diesen Leistungen hängt es allein ab, ob und wann er eine Familie gründen, wie er die Kinderpflege üben, die Fortpflanzung seiner Eigenschaften sichern kann. Man darf sich diesen Wettstreit nicht als Ringkampf, wie bei den Tieren der Wüste vorstellen, noch auch etwa als Totschlag. Diese Art der Auslese hat beim

Menschen, dessen Macht von rohen Kräften ja nicht mehr abhängig ist, keinen Sinn. Man müßte auch schon sehr weit in der Entwicklungsgeschichte des Menschen zurückgreifen, um dort etwa auf Führer zu stoßen, die ihre Stellung roher Kraft verdankten. Darum hat der Wettstreit für die Unterliegenden auch nicht die grausamen Folgen wie dort. Entsprechend ihren geringeren Leistungen stoßen sie bei der Familiengründung, bei der Kinderpflege auf größere Hemmungen, die sich in eine geringere Nachkommenschaft umsetzen müssen. Solches wird im Einzelfall nicht immer festzustellen sein; Zufälle wirken mit. Doch steht es außerhalb jedes Zweifels, daß der freie Wettbewerb den Tüchtigen begünstigt und seine stärkere Fortpflanzung zur Folge hat. Das aber genügt, um die Fortpflanzung der Menschheit in aufsteigender Linie zu verbürgen.

Diese so wiederhergestellte natürliche Auslese wird in der Natürlichen Wirtschaftsordnung noch dadurch besonders unterstützt, daß auch die Vorrechte bei den Geschlechtern aufgehoben sind, indem als Entgelt für die aus der Kinderpflege entstehende Mehrbelastung die Grundrente unter die Mütter nach der Zahl der Kinder verteilt wird. (In der Schweiz etwa 40 Franken im Monat für jedes Kind.) Das dürfte genügen, um die Frauen wirtschaftlich so weit unabhängig zu machen, daß sie keine Ehe aus Not einzugehen, auch nicht eine bereits geschlossene gegen ihr Empfinden fortzuführen, oder nach einem "Fehltritt" in das Dirnentum zu versinken brauchen. So wird in der Natürlichen Wirtschaftsordnung der Frau das freie Wahlrecht verbürgt, und zwar nicht das inhaltleere politische Wahlrecht, sondern das große Zuchtwahlrecht, dieses wichtigste Sieb bei der Auslesetätigkeit der Natur.

Damit ist dann die natürliche Auslese in ihrer vollen wundertätigen Wirksamkeit wiederhergestellt. Je stärker der Einfluß der ärztlichen Kunst auf die Erhaltung und Fortpflanzung der fehlerhaft geborenen Menschen wird, umso mehr Gewicht muß darauf gelegt werden, daß die allgemeinen, großen Auslesevorrichtungen der Natur in voller Wirksamkeit bleiben. Dann können wir uns dem menschlich-christlichen Empfinden, das zur Anwendung solcher Kunst treibt, unbesorgt weiter hingeben. Soviel Krankhaftes auch der Auslesebetätigung der Natur durch die Fortpflanzung der Fehlerhaften zugeführt wird, sie wird es bewältigen. Die ärztliche Kunst kann dann die Hochzucht nur verlangsamen, nicht aufhalten.

Würden wir uns hingegen für die Staatswirtschaft entscheiden, so schalteten wir die Natur in der Auslese vollends aus. Zwar ist damit dem Staate noch nicht die Zucht dem Namen nach ausgeliefert, aber tatsächlich übt er die oberste Aufsicht darüber aus. Von ihm hängt es ab, wann der Mann an die Gründung einer Familie gehen, und welche Pflege ein jeder seinen Kindern angedeihen lassen kann. Wie der Staat seine Beamten schon heute verschieden hoch entlohnt und dadurch in die Fortpflanzung der einzelnen Angestellten in stärkster Weise eingreift, – so dann allgemein. Der Menschenschlag, der den Maßgebenden im Staate gefällt, – der herrscht dann vor. Dann erobert sich der Mensch seine Stellung nicht mehr kraft seiner persönlichen Fähigkeiten, nicht mehr durch sein Verhältnis zur Menschheit und zur Welt; sein Verhältnis zu den herrschenden Parteihäuptlingen gibt dann vielmehr die Entscheidung. Er erschleicht seine Stellung, und die besten Schleicher hinterlassen dann die stärkste Nachkommenschaft, – die gesetzmäßig auch die Eigenschaften der Eltern erbt. So züchtet der Staatsbetrieb die Menschen, wie der Wechsel der Kleidermode dazu führt, daß mehr schwarze oder weiße Schafe gezüchtet werden. Die Behörde, die aus den geschicktesten Schleichern besteht, "ernennt" den Mann, hebt ihn oder setzt ihn zurück. Wer nicht mitmachen will, kommt ins Hintertreffen; seine Art geht zurück und verschwindet schließlich ganz. Die Staatsschablone formt den Menschen. Eine Fortentwicklung über diese Schablone hinaus wird unmöglich.

Eine Beschreibung des Gesellschaftslebens, wie es sich im Staatsbetrieb abspielen würde, will ich dem Leser ersparen. Aber erinnern möchte ich daran, wieviel Freiheit das freie Spiel der Kräfte, sogar in der gründlich verpfuschten Ausgabe, die wir vor dem Kriege kennen gelernt haben, großen Kreisen des Volkes bot. Eine größere Unabhängigkeit als die war, deren sich die Leute erfreuten, die Geld hatten, läßt sich wohl gar nicht vorstellen. Sie hatten eine vollkommen freie Berufswahl, arbeiteten nach freiem Ermessen, lebten wie sie wollten, reisten frei bald hierhin bald dorthin, die staatliche Bevormundung lernten sie überhaupt nicht kennen. Niemand fragte, woher sie das Geld nähmen. Mit keinem anderen Gepäck als einem "Tischlein deck dich!" in Form eines Scheckbuches reisten sie um die ganze Welt! Wahrhaftig, ein für die Betreffenden musterhafter Zustand, der nur von denjenigen nicht als das goldene Zeitalter anerkannt wurde, die von diesen Freiheiten infolge der Baufehler unserer im Grundgedanken richtigen Wirtschaft keinen Gebrauch machen konnten, – von den Proletariern. Sind aber diese Klagen der Proletarier, sind die Baufehler in unserer Wirtschaft nun ein Grund, um diese selbst zu verwerfen und dafür ein Neues einzuführen, das diese Freiheiten allen rauben und das ganze Volk in die allgemeine Gebundenheit stürzen soll? Wäre es nicht im Gegenteil vernünftiger, die Baufehler zu beseitigen, die klagende Arbeiterwelt zu erlösen und dadurch allen Menschen, restlos allen, die wunderbare, im Grundplan liegende Freiheit zugänglich zu machen? Darin kann doch nicht die Aufgabe liegen, wie wir alle Menschen unglücklich machen sollen, sondern darin, allen Menschen die Quellen der Lebensfreude zugänglich zu machen, die allein durch das freie Spiel der Kräfte der Menschheit erschlossen werden können.

Vom Standpunkt des Wirtschaftsbetriebs, also vom Wirkungsgrad der Arbeit, ist die Frage, ob Eigen- oder Staatswirtschaft, gleichbedeutend mit der Frage, ob wir als allgemeine bewegende Kraft für die Überwindung der von den Mühseligkeiten der Berufsarbeit ausgehenden Hemmungen den Selbst- oder den Arterhaltungstrieb* einsetzen sollen.

Diese Frage dürfte ihrer unmittelbar fühlbaren Bedeutung wegen manchen

---

*) Als solchen bezeichnen wir den in jedem Menschen mehr oder weniger stark entwickelten Trieb, der auf die Erhaltung des Ganzen, der Art – Gemeinde, Volk, Rasse, Menschheit – gerichtet ist.

vielleicht näher angehen, als der mit unermeßlichen Zeiträumen rechnende Vorgang der Auslese. So wollen wir auch dieser Frage einige Worte widmen.

Es ist eine eigentümliche Erscheinung, daß der Regel nach der Kommunist, der Anhänger der Gütergemeinschaft, die anderen – sofern sie ihm persönlich unbekannt sind – für uneigennütziger hält als sich selbst. Und so kommt es, daß die echtesten Selbstlinge (Egoisten), die in erster Linie an sich denken und oft nur an sich, zugleich in der Theorie begeisterte Vertreter jener Lehre sind. Wer sich hiervon überzeugen will, der braucht nur in einer Versammlung von Kommunisten den gewiß echt kommunistischen Vorschlag der Wohngemeinschaft, des Lohnausgleichs zu machen. Sie sind dann alle plötzlich still, dieselben, die noch vorher die Gütergemeinschaft in allen Tonarten verherrlichten. Sie sind still, weil sie ausrechnen, ob die Lohngemeinschaft ihnen vorteilhaft sein würde. Die Führer lehnen diesen Ausgleich glatt ab, unter den nichtigsten Vorwänden. Tatsächlich steht solcher Lohngemeinschaft nichts anderes im Wege, als der Eigennutz der Kommunisten. Niemand hindert die Arbeiter einer Fabrik, einer Gemeinde, einer Gewerkschaft daran, die Löhne zusammenzulegen, um die Summe dann nach den Bedürfnissen der einzelnen Familien zu verteilen und sich auf diese Weise jetzt schon auf diesem schwierigen Gebiet zu üben. Das wäre ein Vorgehen, mit dem sie ihre kommunistische Gesinnung vor aller Welt bezeugen und alle die Zweifelsüchtigen glatt widerlegen könnten, die da sagen, der Mensch sei kein Kommunist. Solchen kommunistischen Versuchen steht wirklich niemand im Wege, – der Staat nicht, die Kirche nicht, das Kapital nicht. Sie brauchen dazu kein Kapital, keine bezahlten Beamten, keine verwickelte Einrichtung. Sie können jeden Tag, in jedem beliebigen Umfang damit beginnen. Aber so gering erscheint das Bedürfnis nach wahrer Gemeinwirtschaft unter den Kommunisten, daß wohl noch niemals ein Versuch dazu gemacht wurde. Dabei verlangt die Lohngemeinschaft, die sich innerhalb des Kapitalismus abspielt, zunächst nur, daß der gemeinsame Arbeitsertrag unter alle, nach den persönlichen Bedürfnissen jedes einzelnen verteilt werde. Für den auf Gütergemeinschaft aufgebauten Staat dagegen müßte noch der Beweis erbracht werden, daß diese Grundlage keinen nachteiligen Einfluß auf die Arbeitsfreudigkeit des einzelnen ausübt. Auch diesen Nachweis könnten die Kommunisten mit dem genannten Lohnausgleich erbringen. Denn wenn nach Einführung der Lohngemeinschaft, die jeden persönlichen Sondergewinn für persönlichen Fleiß aufhebt, die Ausdauer nicht nachläßt, namentlich bei der Stücklohnarbeit nicht, wenn der Gesamtarbeitslohn durch die Lohngemeinschaft nicht leidet, wenn die tüchtigsten unter den Kommunisten ihren oft doppelten und dreifachen Lohn ebenso freudigen Herzens in die gemeinsame Lohnkasse stecken, wie heute in die eigene Tasche, – dann wäre der Beweis lückenlos erbracht. Daß die gemeinwirtschaftlichen Versuche, die man zahlreich auf dem Gebiete der Gütererzeugung ausgeführt hat, sämtlich fehlschlugen, beweist die Unmöglichkeit des Kommunismus bei weitem nicht so schlagend, wie die einfache Tatsache, daß der Vorschlag der Lohngemeinschaft immer rundweg abgelehnt worden ist. Denn die Gemeinwirtschaft in der Gütererzeugung bedarf besonderer Einrichtungen, verlangt Unterordnung, eine technische und kaufmännische Leitung, und dazu noch die Arbeitsmittel. Mißerfolge können also auf vielerlei Art erklärt werden; sie sprechen nicht unbedingt gegen die Sache an sich, gegen den Mangel am richtigen Geist der Gemeinwirtschaft, am Gefühl der Zusammengehörigkeit. Bei der Lohngemeinschaft fehlt dagegen solche Ausrede vollständig; ihre Ablehnung zeugt unmittelbar wider den kommunistischen Geist und dafür, daß er Arterhaltungstrieb nicht ausreicht, um die Mühseligkeiten der Berufsarbeit zu überwinden.

Und es nützt nichts, daß gegen diese Folgerungen auf den Kommunismus, die Gemeinwirtschaft der Alten hingewiesen wird, sowie auf die Zeit des Urchristentums. Die Urchristen, die, wie es scheint, nur die Einkommensgemeinschaft, aber nicht die viel schwierigere Gemeinwirtschaft der Gütererzeugung kannten, handelten aus religiösen Anschauungen heraus. Die anderen aber, die den Familien- oder Gemeindekommunismus übten, standen unter der Befehlsgewalt des Patriarchen, des Erzvaters; sie arbeiteten im Banne des Gehorsams, nicht dem eigenen Triebe folgend. Die Not zwang sie, sie hatten keine andere Wahl. Und hier handelte es sich auch nicht um Warenerzeugung und Arbeitsteilung, wobei der Unterschied in der Leistung des Einzelnen sofort meßbar in die Augen fällt. Die Alten zogen zusammen aufs Feld, auf die Jagd, auf den Fischfang; sie zogen alle an demselben Seil, und da fällt es nicht auf, ob einer mehr oder weniger zieht. Maßstäbe gab es nicht und brauchte man nicht. So vertrug man sich. Mit der Warenerzeugung und Arbeitsteilung hörte das auf. Da sah jeder sogleich, wieviel Ellen, Pfund und Scheffel der einzelne dem gemeinsamen Arbeitserzeugnis zutrug, und da war es mit der Friedfertigkeit bei der Verteilung auch aus. Jeder wollte nun über sein eigenes Arbeitserzeugnis verfügen, und zwar vor allem die, die am tüchtigsten waren, die höchsten Leistungen aufzuweisen hatten, und die darum auch in der Gemeinschaft das höchste Ansehen genossen. Die Führer erstrebten die Sprengung des gemeinwirtschaftlichen Verbandes, und ihnen schlossen sich alle die an, deren Leistung den Durchschnitt überstieg. Sobald die Möglichkeit der Eigenwirtschaft gegeben war, mußte die Gemeinwirtschaft zerfallen. Nicht weil sie von außen angegriffen worden wäre, nicht, weil fremde Mächte sie fürchteten, zerfiel die Gemeinwirtschaft, der Kommunismus. Nein, sie erlag dem "inneren Feind", der in diesem Falle sich aus den Tüchtigsten immer wieder ergänzte. Wenn der Gedanke der Gütergemeinschaft auf einem stärkeren Triebe, als dem des Eigennutzes aufgebaut wäre, auf einem allen gemeinsamen Triebe, so hätte er sich auch behaupten können. Von selbst hätten die Anhänger der Gemeinwirtschaft, so oft sie durch irgend ein Ereignis auseinandergetrieben worden wären, immer wieder zueinandergestrebt.

Aber der in der Gemeinwirtschaft wirksame Trieb, der Arterhaltungstrieb (Gemeinsinn, Altruismus), ist nur eine verwässerte Lösung des Selbsterhaltungstriebes, der zur Eigenwirtschaft führt, und er steht diesem an Kraft in demselben Maße nach, wie die Verwässerung zunimmt. Je größer die Gemeinschaft (Kommune), umso größer die Verwässerung, umso schwächer der

Trieb, zur Erhaltung der Gemeinschaft durch Arbeit beizutragen. Wer mit einem Genossen arbeitet, ist schon weniger ausdauernd, als derjenige, der die Frucht der Arbeit allein genießt. Sind es 10–100–1000 Genossen, so kann man den Arbeitstrieb auch durch 10–100–1000 teilen; soll sich gar die ganze Menschheit in das Ergebnis teilen, dann sagt sich jeder: auf meine Arbeit kommt es überhaupt nicht mehr an, sie ist, was ein Tropfen für das Meer ist. Dann geht die Arbeit nicht mehr triebmäßig vonstatten; äußerer Zwang wird nötig!

Darum ist es auch richtig, was der Neuenburger Gelehrte Ch. Secrétan sagt: "Der Eigennutz soll in der Hauptsache den Antrieb zur Arbeit geben. Darum muß alles, was diesem Antrieb mehr Kraft und Bewegungsfreiheit geben kann, unterstützt werden. Alles, was diesen Antrieb hemmt oder schwächt, muß als schädlich verurteilt werden. Dies ist der Grundsatz, von dem man ausgehen und den man mit unerschütterlicher Folgerichtigkeit anwenden muß, unter Verachtung kurzsichtiger philanthropischer Entrüstung und der kirchlichen Verdammnis."

So können wir also mit gutem Grunde auch denen, die an den Hochzielen der Natürlichen Wirtschaftsordnung sich unbeteiligt glauben, nur Gutes von dieser Ordnung versprechen; sie werden sich eines besser gedeckten Tisches, schönerer Gärten, besserer Wohnungen erfreuen. Die Natürliche Wirtschaftsordnung wird auch technisch der heutigen und der kommunistischen überlegen sein.

Im Herbst 1918.

Silvio Gesell.

Vorwort zur 4. Auflage.

Der eifrigen Werbetätigkeit der nun schon zahlreichen und weitverbreiteten Freunde der N.W.-O. ist es zuzuschreiben, daß der dritten, bereits starken Auflage, diese vierte so schnell folgen mußte.

In bezug auf den Inhalt ist zu sagen, daß der Krieg mir nichts Neues zeigte, daß ich in keinem Punkt noch Pünktchen umzulernen brauchte, daß die Kriegs- und Umsturzereignisse restlos alles bestätigt haben, was ich vor dem Kriege schrieb. Dies betrifft nicht nur den theoretischen Inhalt, sondern auch die politische Bewertung dieser Theorien. Den Kapitalisten, den Kommunisten, den Marxisten hat der Krieg manches zu denken gegeben. Viele, die meisten sind an ihrem Programm irre geworden, sind gar völlig entwurzelt und ratlos. Die meisten wissen überhaupt nicht mehr, welcher Partei sie sich anschließen sollen. Das alles bestätigt die Richtigkeit der Lehrsätze, die zu dieser N.W.-O. geführt haben.

Den Parteien, samt und sonders, fehlt das wirtschaftliche Programm; zusammengehalten werden sie alle nur durch Schlagworte. Aus dem Kapitalismus müssen wir heraus, das erkennen sogar die Kapitalisten selbst. Der Bolschewismus oder Kommunismus mag für unentwickelte Kulturzustände, wie man sie

noch vielfach auf dem Lande in Rußland antrifft, möglich sein, aber für eine
hochentwickelte, auf Arbeitsteilung eingerichtete Volkswirtschaft sind solche vor-
geschichtlichen Wirtschaftsformen nicht anwendbar. Der Europäer ist den von dem
Kommunismus untrennbaren Gebundenheiten entwachsen. Er will frei sein, nicht
allein frei von der kapitalistischen Ausbeutung, sondern auch frei von den behördlichen Eingriffen, die sich doch beim Zusammenleben in einer auf Kommunismus
eingerichteten Gemeinschaft nicht vermeiden lassen. Aus dem gleichen Grunde werden wir mit der jetzt versuchten Verstaatlichung nur schwere Mißerfolge erleben.

Steht der in Gütergemeinschaft lebende Kommunist am äußersten rechten Flügel,
am Ausgangstor der gesellschaftlichen Entwicklung, bedeutet darum die kommunistische Forderung den letzten reaktionären Schritt, so muß die N.W.-O. als Programm
der Aktion, des Fortschrittes des äußersten linken Flügelmannes angesprochen
werden. Alles, was dazwischen liegt, sind nur Entwicklungsstationen.

Die Entwicklung vom Herdenmenschen, vom Teilmenschen zum selbständigen
Vollmenschen, zum Individuum und Akraten, also zum Menschen, der jede Beherrschung durch andere ablehnt, setzt mit den ersten Anfängen der Arbeitsteilung ein.
Sie wäre längst vollendete Tatsache, wenn diese Entwicklung nicht durch Mängel in
unserem Bodenrecht und Geldwesen unterbrochen worden wäre – Mängel, die den
Kapitalismus schufen, der zu seiner eigenen Verteidigung wieder den Staat aus-
baute, wie er heute ist und ein Zwitterding darstellt zwischen Kommunismus und
Freiwirtschaft. In diesem Entwicklungsstadium können wir nicht stecken bleiben;
die Widersprüche, die den Zwitter zeugten, würden mit der Zeit auch unseren
Untergang herbeiführen, wie sie bereits den Untergang der Staaten des Altertums
herbeigeführt hatten. Heute heißt es: "durch – oder Untergang", nicht Stillstand,
nicht Rückschritt, sondern durch den Hohlweg des Kapitalismus, in dem wir stecken
blieben, hinaus ins Freie.

Die N.W.-O. ist keine neue Ordnung, sie ist nicht künstliche zusammengestellt.
Der Entwicklung der Ordnung, die die Arbeitsteilung zum Ausgangspunkt nimmt, sind
nur die aus den organischen Fehlern unseres Geldwesens und Bodenrechtes entstehenden Hemmungen aus dem Wege geräumt worden. Mehr ist nicht geschehen. Sie
hat mit Utopien, mit unerfüllbaren Schwärmereien, nichts gemein. Die N.W.-O., die
ohne irgendwelche gesetzlichen Maßnahmen von selber steht, die den Staat, die
Behörden, jede Bevormundung überflüssig macht und die Gesetze der uns gestalten-
den natürlichen Auslese achtet, gibt dem strebenden Menschen die Bahn frei zu
vollen Entfaltung des "Ich", zu der von aller Beherschtheit durch andere befreiten,
sich selbst verantwortlichen Persönlichkeit, die das Ideal Schillers, Stirners, Nietz-
sches, Landauers darstellt.

5. Mai 1920. **Silvio Gesell.**

Inhalt

Vorwort zur 3. Auflage — XV
Vorwort zur 4. Auflage — XXV

I. Teil: Die Güterverteilung
Einleitung — 3
1. Ziel und Weg — 9
2. Was ist der volle Arbeitsertrag? — 10
3. Der Abzug am Arbeitsertrag durch die Grundrente — 13
4. Abhängigkeit des Lohnes und der Grundrente von den Frachtsätzen — 16
5. Einfluß der Lebensverhältnisse auf Lohn und Rente — 20
6. Genauere Bestimmung des Begriffes Freiland — 22
7. Der Begriff Freiland drittes Grades — 23
8. Einfluß des Freilandes dritten Grades auf Grundrente und Lohn — 25
9. Einfluß von Betriebsverbesserungen auf Lohn und Rente — 28
10. Einfluß wissenschaftlicher Entdeckungen auf Rente und Lohn — 31
11. Gesetzliche Eingriffe in Lohn und Rente — 31
12. Zölle, Lohn und Rente — 36
13. Der Ausgangspunkt für die ganze Lohnstaffel ... — 41
14. Einfluß des Kapitalzinses auf Lohn und Rente — 43
15. Übersicht über das bisherige Ergebnis dieser Untersuchung — 46
16. Die Rohstoff- und Baugrundrente und ihre Beziehung zum allgemeinen Lohngesetz — 47
17. Erster allgemeiner Umriß des Lohngesetzes — 51

II. Teil: Freiland
Einleitung: Freiland, die eherne Forderung des Friedens — 55
1. Der Sinn des Wortes Freiland — 72
2. Die Freiland-Finanzen — 73
3. Freiland im wirklichen Leben — 76
4. Wie die Bodenverstaatlichung wirkt — 89
5. Wie läßt sich die Forderung der Bodenverstaatlichung begründen? — 95
6. Was Freiland nicht kann! — 106

III. Teil: Metall- und Papiergeld. Das Geld wie es ist.
Einleitung — 111
1. Wie sich uns das Dasein des Geldes offenbart — 114
2. Die Unentbehrlichkeit des Geldes ... — 118
3. Der sogenannte Wert (des Geldes) — 121
4. Warum man aus Papier Geld machen kann — 126
5. Die Sicherheit und Deckung des Papiergeldes — 143
6. Welchen Preis soll das Geld erzielen? — 153
7. Wie läßt sich der Preis des Geldes mit Genauigkeit vermitteln? — 155
8. Wie kommt der Preis des Papiergeldes zustande? — 162
9. Einflüsse, denen Angebot und Nachfrage unterliegen — 166
10. Das Angebot des Geldes — 172
11. Das Gesetzmäßige im Umlauf des heutigen Geldes — 178
12. Die Wirtschaftskrisen und wie sie zu verhüten sind — 194

13. Die Neuordnung der Notenausgabe (Emissionsreform) — 195
14. Der Maßstab für die Güte des Geldes — 205
15. Warum die sogenannte rohe Quantitätstheorie dem Gelde gegenüber versagt — 208
Gold und Frieden? — 210
Ist der Bürger- und Völkerfrieden vereinbar mit der Goldwährung?
(Vortrag des Verfassers, gehalten in Bern am 28. April 1916.) — 212

IV. Teil: Freigeld. Das Geld wie es sein sollte.
Einleitung — 237
1. Freigeld. (Mit Mustern und Erklärung des Freigeldes.) — 238
2. Wie der Staat das Freigeld in Umlauf setzt — 246
3. Wie das Freigeld verwaltet wird — 248
4. Das Gesetzmäßige im Umlauf des Freigeldes — 249
5. Zusammenfassung — 253
6. Wie das Freigeld beurteilt wird — 255
   Der Krämer — 255
   Der Kassenbeamte — 258
   Der Ausfuhrhändler — 261
   Der Unternehmer — 264
   Der Wucherer — 267
   Der Wucherspieler (Spekulant) — 269
   Der Sparer — 272
   Der Genossenschaftler — 276
   Der Gläubiger — 278
   Der Schuldner — 280
   Im Versicherungsamt gegen Arbeitslosigkeit — 282
   Der Vertreter der Gegenseitigkeitslehre — 286
   Der Zinstheoretiker — 289
   Der Krisen-Theoretiker — 295
   Der Wert-Theoretiker — 303
   Der Lohn-Theoretiker — 303
   Der Bankmann — 305
   Der Wechselagent — 312
7. Der Weltwährungsverein (Internationale Valuta-Assoziation — 314

V. Teil: Die Freigeld-Zins- oder Kapitaltheorie.
1. Robinsonade, als Prüfstein für diese Theorie — 319
2. Der Urzins — 324
3. Die Übertragung des Urzinses auf die Ware — 336
4. Die Übertragung des Urzinses auf das Realkapital (Sachgut) — 338
5. Vervollständigung der Freigeld-Zinstheorie — 341
6. Wie man den Kapitalzins bisher zu erklären versuchte — 361
7. Bestandteile des Brutto-Zinses — 369
8. Der reine Kapitalzins, eine eherne Größe — 373

Anhang: Parallelismus zwischen Zinsfuß und Preisbewegung.
(Zwei Tafeln mit Erläuterungen) — 377
Namenweiser — 381
Sachweiser — 382

I. Teil.

Die Güterverteilung
und die sie beherrschenden wirtschaftlichen Umstände.

Einleitung.

"Wenn den Unternehmern das Geldkapital zur Hälfte des jetzigen Zinses angeboten würde, so müßte auch bald der Zinsertrag aller übrigen Kapitalien um die Hälfte heruntergehen. Wenn z.B. ein Haus mehr Miete abwirft, als dem Unternehmer das Baugeld an Zins kostet, wenn der Zins des für das Roden eines Waldes ausgegebenen Geldes weniger ausmacht als die Pacht eines gleich guten Kulturbodens, so wird der Wettbewerb unfehlbar eine Herabsetzung der Mieten und Pachten auf die Höhe des herabgesetzten Geldzinses herbeiführen (also den Mehrwert schmälern), denn das sicherste Mittel, um ein aktives Kapital (Haus, Acker) zu entwerten (also um den Mehrwert zu Gunsten der Löhne zu beschneiden), besteht doch darin, neben ihm andere, neue Kapitalien zu schaffen und in Betrieb zu setzen. Nach allen wirtschaftlichen Gesetzen vermehrt eine größere Erzeugung auch die Masse des den Arbeitern angebotenen Kapitals, hebt die Löhne und muß schließlich den Zins (Mehrwert) auf Null bringen."

Übersetzt aus Proudhon. Was ist Eigentum! (Qu'est-ce que la propriété? Paris, E. Flamarion, Neue Ausgabe, S. 235.)

Die Beseitigung des arbeitslosen Einkommens, des sogenannten Mehrwertes, auch Zins und Rente genannt, ist das unmittelbare wirtschaftliche Ziel aller sozialistischen Bestrebungen. Zur Erreichung dieses Zieles wird allgemein der Kommunismus, die Verstaatlichung der Gütererzeugung mit all ihren Folgen verlangt, und mir ist nur ein einziger Sozialist bekannt – P. J. Proudhon – dessen Untersuchungen über das Wesen des Kapitals ihm auch eine andere Lösung der Aufgabe möglich erscheinen ließen. Die Forderung einer allgemeinen Verstaatlichung sämtlicher Erzeugung wird mit der Natur, d. h. mit den Eigenschaften der Produktionsmittel begründet. Man sagt es harmlos, wie man Selbstverständlichkeiten auszusprechen pflegt, daß der Besitz der Produktionsmittel beim Kapitalisten bei den Lohnverhandlungen den Arbeitern gegenüber unter allen Umständen ein Übergewicht verschaffen muß, dessen Ausdruck eben der Mehrwert oder Kapitalzins ist und immer sein wird. Man kann es sich einfach nicht vorstellen, daß das heute auf seiten des Besitzes liegende Übergewicht einfach dadurch auf die Besitzlosen (Arbeiter) übergehen kann, daß man den Besitzenden neben jedes Haus, jede Fabrik noch ein Haus, noch eine Fabrik baut.

Der den Sozialisten von P. J. Proudhon bereits vor fünfzig Jahren gezeigte Weg, das Kapital mit unverdrossener, fleißiger, scharfsinniger und ungehemmter Arbeit bewußt anzugreifen und zur Strecke zu bringen, ist ihnen heute unverständlicher noch als damals. Man hat Proudhon zwar nicht ganz vergessen, aber niemand hat ihn recht verstanden. Sonst gäbe es heute kein Kapital mehr. Weil Proudhon sich im Wege (Tauschbanken) irrte, glaubte man überhaupt seiner Lehre nicht mehr – wohl der beste Beweis, daß man sie nie wirklich begriffen hatte. Man läßt eine Sache nicht fahren, die man einmal als richtig erkannt hat; man läßt sich von Fehlschlägen nicht entmutigen.

Warum es der Marxschen Lehre vom Kapital gelang, die Proudhonsche Lehre zu verdrängen und die sozialistische Bewegung zur Alleinherrschaft zu bringen? Warum spricht man in allen Zeitungen der Welt von Marx und seiner Lehre? Einer meinte, das läge an der Hoffnungslosigkeit und entsprechenden Harmlosigkeit der Marxschen Lehre. Kein Kapitalist fürchte diese Lehre, wie auch kein Kapitalist die christliche Lehre fürchtet. Es wäre geradezu vorteilhaft für das Kapital, möglichst viel und breit von Marx und Christus zu reden. Marx würde ja dem Kapital niemals etwas anhaben können, weil er die Natur des Kapitals falsch beurteilt. Bei Proudhon dagegen, da heißt es aufpassen. Besser ist es, ihn totzuschweigen. Er ist ein gefährlicher Bursch, denn es ist einfach unbestreitbar, was er sagt, daß, wenn die Arbeiter ungestört, ungehemmt, unu̇nterbrochen arbeiten dürften, das Kapital bald in einer Kapital-Überproduktion (nicht mit Warenüberproduktion zu verwechseln) ersticken würde. Das, was Proudhon zur Bekämpfung des Kapitals empfiehlt, kann heute unmittelbar in Angriff genommen werden, ist also gefährlich. Spricht doch das Marxsche Programm selber von der gewaltigen Produktionskraft des mit den neuzeitlichen Werkzeugen ausgerüsteten, modernen, geschulten Arbeiter. Marx kann mit dieser gewaltigen Produktionskraft durchaus nichts anfangen; in den Händen Proudhons wird sie zu einer Waffe allererster Ordnung gegen das Kapital. Darum: redet viel und breit von Marx, so wird man Proudhon vielleicht ganz vergessen.

Mir scheint, daß der Mann, der so redete, recht hat. Ging es nicht auch so mit Henry George und der deutschen sogenannten Bodenreformbewegung, mit Damaschkes großer "Wahrheit"? Weil die Grundbesitzer bald herausfanden, daß es sich um ein Schaf in Wolfskleidern* handelte, daß eine Besteuerung der Grundrente wirksam nicht durchzuführen ist, so brauchte man den Mann und die Reform nicht zu fürchten. Also durfte die Presse frei von Henry Georges Schwärmerei reden. – Die Bodenreformer waren in der guten Gesellschaft überall gern gesehen. Jeder Agrarier, jeder Kornzollspekulant wurde Bodenreformer. Der Löwe hatte ja doch keine Zähne, also durfte man mit ihm spielen – wie so viele in den Sälen der vornehmen Welt mit dem Christentum spielen. Georges Buch erlebte die größte Auflage, die ein Buch je erlebt hat. Alle Zeitungen brachten Besprechungen!

Marx' Untersuchung des Kapitals schlägt von Anfang an den verkehrten Weg ein. Wie es der erste beste Bauer macht, so betrachtet auch Marx das

---

*) Ernst Frankfurth: Das arbeitslose Einkommen. Verlag Junginger, Arosa.

Kapital als ein Sachgut. Für Proudhon dagegen ist der Mehrwert nicht Produkt eines Sachgutes, sondern eines wirtschaftlichen Zustandes, eines Marktverhältnisses. Marx sieht im Mehrwert einen Raub, die Frucht des Mißbrauches einer Macht, die der Besitz gibt. Für Proudhon unterliegt der Mehrwert dem Gesetz von Angebot und Nachfrage. Für Marx ist der positive Mehrwert selbstverständlich, für Proudhon mußte auch die Möglichkeit eines negativen Mehrwertes in den Kreis der Betrachtung gezogen werden (positiv = der Mehrwert auf Seiten des Angebots, d. i. der Kapitalisten, negativ = Mehrwert auf Seiten der Nachfrage, d. i. der Arbeiter). Marx' Ausweg ist die durch Organisation zu schaffende politische Übermacht der Besitzlosen; Proudhons Ausweg ist die Beseitigung des Hindernisses, das uns von der vollen Entfaltung unserer Produktionskraft abhält. Für Marx sind Streik, Krisen willkommene Ereignisse, und das Mittel zum Zweck ist die schließlich gewaltsame Enteignung der Enteigner. Proudhon dagegen sagt: Laßt euch unter keiner Bedingung von der Arbeit abhalten, nichts stärkt das Kapital mehr als der Streik, die Krise, die Arbeitslosigkeit; nichts kann das Kapital schlechter vertragen als unverdrossene Arbeit. – Marx sagt: Der Streik, die Krise nähern euch dem Ziele, durch den großen Kladderadatsch werdet ihr ins Paradies eingeführt. Nein, sagt Proudhon, es ist nicht wahr, es ist Schwindel, – alle diese Mittel entfernen euch vom Ziel. Nie wird dem Zins dadurch auch nur 1 % abgeluchst werden. Marx sieht im Privateigentum eine Kraft und Übermacht. Proudhon erkennt hingegen, daß diese Übermacht im Geld ihren Stützpunkt hat und daß unter anderen Verhältnissen die Kraft des Eigentums sich sogar in eine Schwäche verwandeln kann.

Ist, wie Marx sagt, das Kapital ein Sachgut, auf dessen Besitz die Übermacht der Kapitalisten beruht, so müßte mit jeder Vermehrung dieser Sachgüter das Kapital entsprechend gestärkt werden. Wiegt ein Bündel Stroh, eine Schubkarre voll Weltliteratur 2 Zentner, so wiegen zwei Bündel, zwei Schubkarren überall, zu allen Zeiten, genau 4 Zentner. Und wirft ein Haus 1000 Mark Mehrwert ab im Jahr, so müssen 10 Häuser, die daneben erbaut werden, immer und selbstverständlich 10 × 1000 Mark abwerfen – die Richtigkeit vorausgesetzt, daß das Kapital als Sachgut zu betrachten ist.

Wir wissen aber, daß man das Kapital nicht wie die Sachgüter zusammenzählen kann, daß im Gegenteil sehr oft das neu hinzukommende Kapital vom bereits bestehenden abgezogen werden muß. Das kann man alle Tage beobachten. Unter Umständen gelten 10 Zentner Fische auf dem Markt mehr als 1000 Zentner. Wie teuer würde die Luft sein, wenn sie nicht so massenhaft vertreten wäre. Jetzt erhält sie jeder umsonst.

Als, nicht lange vor Ausbruch des Krieges, die verzweifelten Hausbesitzer in den Vororten Berlins auf den Niedergang der Mieten – also des Mehrwertes – hinwiesen und in den bürgerlichen Zeitungen allen Ernstes von der

                       Bauwut* der Arbeiter und Unternehmer,
von der
                       Baupest*, die im Häuserkapital herrsche,

---

*) Ausdrücke aus dem "General-Anzeiger von Groß-Lichterfelde".

gesprochen wurde, da konnte jeder die wahre Natur des Kapitals in ihrer ganzen Erbärmlichkeit sehen. Das von den Marxisten so gefürchtete Kapital stirbt an der Baupest, reißt von der Bauwut der Arbeiter aus! Wenn Proudhon und Marx damals gelebt hätten! Hört auf zu bauen, hätte Marx gesagt, klagt, bettelt, jammert über Arbeitslosigkeit, streikt obendrein, denn jedes Haus, das ihr baut, mehrt die Macht der Kapitalisten, wie 2 + 2 = 4 ist. Die Macht des Kapitals wird gemessen am Mehrwert, und dieser am Zinsfuß. Je höher der Mehrwert, der Zins des Hauses, um so mächtiger ist zweifellos das Kapital. Darum empfehle ich euch, laßt ab von dieser ungefesselten Bauwut, verlangt den acht-, den sechsstündigen Arbeitstag, denn je mehr ihr Häuser baut, desto größer ist selbstverständlich der Mehrwert, und Wohnungsmiete ist – Mehrwert! Also Schluß mit der Baupest; je weniger ihr baut, um so billigere Wohnungen werdet ihr vorfinden.

Vielleicht hätte Marx sich gehütet, solchen Unsinn auszusprechen, aber so denken und handeln die Arbeiter doch heute auf Grund der Marxschen Lehre, die das Kapital als Sachgut behandelt.

Dagegen Proudhon. Immer drauf los! Her mit der Bauwut, her mit der Baupest! hätte er gesagt. Arbeiter, Unternehmer, laßt euch unter keiner Bedingung die Maurerkelle aus der Hand winden. Schlagt sie tot, die euch von der Arbeit abhalten. Das sind eure Erbfeinde. Mann bringe die vor meine Augen, die von Baupest, von Wohnungsüberproduktion reden, solange die Wohnungsmieten noch Spuren von Mehrwert, von Kapitalzins zeigen! Das Kapital soll an der Baupest zugrunde gehen! Seit etwa 5 Jahren hat man euch ohne Aufsicht eurer Bauwut überlassen, und schon spüren es die Kapitalisten, schon schreien sie über den Niedergang des Mehrwertes; schon ist der Hauszins von 4 auf 3 % gefallen – also um ein volles Viertel. Noch 3 × 5 Jahre ungestörter Arbeit, und ihr werdet in mehrwertfreien Häusern euch breit machen, wirklich einmal "wohnen" können. Das Kapital stirbt, ihr seid dabei und auf dem Wege, es mit eurer Arbeit zu vernichten!

Die Wahrheit ist faul wie ein Krokodil im Schlamm des ewigen Nils. Die Zeit gilt für sie nicht; es kommt ihr auf ein Menschenalter nicht an; sie ist ja ewig.

Aber die Wahrheit hat einen Impresario, der, sterblich wie der Mensch, es immer eilig hat. Ihm ist Zeit Geld, immer ist er rührig und aufgeregt. Dieser Impresario heißt "Irrtum".

Der Irrtum kann nicht faul im Grab die Ewigkeiten an sich vorbeiziehen lassen. Er stößt überall an und wird überall gestoßen. Allen liegt er überall im Wege. Niemand läßt ihn ruhen. Er ist der wahre Stein des Anstoßes.

Darum kommt es gar nicht darauf an, daß man Proudhon totschweigt. Sein Gegner selbst, Marx, sorgt mit seinen Irrtümern schon dafür, daß die Wahrheit zutage gefördert wird. Und in diesem Sinne kann man sagen: Marx ist zum Impresario Proudhons geworden. Proudhon hat sich noch nie im Grabe umgedreht; er ruht. Seine Worte haben ewigen Wert. Aber Marx hat es eilig. Er hat keine Ruhe, bis Proudhon erwacht und ihm die ewige Ruhe im Museum menschlicher Irrungen gibt.

Und wäre Proudhon wirklich totgeschwiegen worden, die Natur des Kapitals ändert sich doch nicht. Ein anderer findet die Wahrheit. Auf den Namen des Finders kommt es ihr nicht an.

Der Verfasser dieses Buches ist auf die gleiche Wege geraten, die Proudhon wandelte, und kam auch zu denselben Schlusse. Vielleicht war es sogar ein Glück, daß er nichts von der Proudhonschen Kapitaltheorie wußte, denn so konnte er unbefangen an die Arbeit gehen. Und Unbefangenheit ist die beste Vorbereitung für die Forschung.

Der Verfasser hat mehr Glück als Proudhon gehabt. Er fand nicht nur das, was Proudhon bereits vor fünfzig Jahren entdeckte, d. i. die wahre Natur des Kapitals, er fand oder erfand darüber hinaus noch den gangbaren Weg zu dem Proudhonschen Ziele. Und auf diesen kommt es schließlich an.

Proudhon fragte: warum haben wir zu wenig Häuser, Maschinen und Schiffe? Er gab darauf auch die richtige Antwort: weil das Geld den Bau nicht gestattet! Oder um seine eigenen Worte zu gebrauchen: "weil das Geld eine Schildwache ist, die, an den Eingängen der Märkte aufgestellt, die Losung hat, niemand durchzulassen. Das Geld, so meint ihr, sei ein Schlüssel des Marktes (worunter hier der Austausch der Erzeugnisse zu verstehen ist) – es ist nicht wahr – das Geld ist ein Riegel". Das Geld läßt es einfach nicht zu, daß neben jedes Haus noch ein zweites gebaut werde. Sobald das Kapital den herkömmlichen Zins nicht mehr abwirft, streikt das Geld und unterbricht die Arbeit. Das Geld wirkt also tatsächlich wie ein Schutzmittel gegen Baupest und Arbeitswut. Es nimmt das Kapital (Häuser, Fabriken, Schiffe) in seinen Schutz gegen jede Kapitalvermehrung.

Als Proudhon diese Riegel- oder Sperrnatur des Geldes erkannt hatte, stellte er die Forderung: Bekämpfen wir dies Vorrecht des Geldes, indem wir die Ware und Arbeit zu barem Gelde erheben! Denn zwei Vorrechte heben sich gegenseitig auf, wenn sie einander gegenübertreten. Hängen wir dasselbe Übergewicht des Geldes auch der Ware an, so heben sich beide Übergewichte gegenseitig auf!

Das war Proudhons Gedanke und Vorschlag, und um diesen auszuführen, gründete er die Tauschbanken. Sie schlugen bekanntlich fehl.

Und doch ist die Lösung der Aufgabe, die Proudhon nicht glücken wollte, einfach genug. Man braucht dazu nur einmal den gewohnten Standpunkt des Geldbesitzers zu verlassen und sich die Aufgabe vom Standpunkt der Arbeit und des Warenbesitzers anzusehen. Dann findet man die Lösung sofort. Die Ware ist die wahre Grundlage der Volkswirtschaft, nicht das Geld. Aus Waren und ihren Zusammensetzungen bestehen 99 % unseres Reichtums, nur 1 % besteht aus Geld. Betrachten und behandeln wir also die Ware, wie man Grundmauern betrachtet, d. h., rühren wir nicht daran; lassen wir die Waren so, wie sie auf dem Markte erscheinen. Wir können ja doch nichts daran ändern. Fault, bricht, vergeht die Ware, gut, so lassen wir sie vergehen. Es ist ja ihre Natur. Mögen wir Proudhons Tauschbanken noch so sehr verbessern, wir können es nicht verhindern, daß die Zeitung, die morgens um 6 Uhr von Schnelläufern ausge-

---

*) Gustav Landauer († 1919): "Der Sozialist".

schrieen wird, zwei Stunden danach schon zum Ausschußpapier geworfen werden muß, wenn sie keinen Käufer fand. Auch müssen wir beachten, daß das Geld allgemein als Sparmittel gebraucht wird; daß alles Geld, das als Tauschmittel dem Handel dient, in die Sparkassen mündet und dort liegen bleibt, bis es vom Zins herausgelockt wird. Wie wollen wir aber auch für die Sparer die Waren auf die Rangstufe des baren Geldes (Gold) erheben? Wie wollen wir es machen, daß die Sparer, statt Geld zu sparen, ihre Sparbüchsen oder Sparkammern mit Stroh, Büchern, Speck, Tran, Häuten, Guano, Dynamit, Porzellan usw. füllen? Und das ist es doch, was Proudhon eigentlich erstrebte, wenn er Waren und Geld auf gleiche Rangstufe setzen, sie vollkommen gleichwertig machen wollte. Proudhon hatte übersehen, daß das heutige Geld nicht nur Tauschmittel, sondern auch Sparmittel ist, und daß für die Vorratskammern der Sparer Geld und Kartoffeln, Geld und Kalk, Geld und Tuch niemals und in keinem Verhältnis als Dinge gleichen Wertes angesehen werden. Ein Jüngling, der für seine alten Tage spart, wird eine einzige Goldmünze dem Inhalte des größten Warenhauses vorziehen.

Also lassen wir die Waren in Ruhe. Sie sind das Gegebene, die Welt, der sich der Rest zu fügen hat. Sehen wir uns dafür einmal das Geld näher an. Hier können wir schon eher Änderungen vornehmen. Muß das Geld so sein, wie es ist? Muß das Geld als Ware besser sein als die Waren, denen es als Tauschmittel dienen soll? Muß bei einer Feuersbrunst im Warenhaus, bei einer Überschwemmung, bei einer Krise, einem Modenwechsel, einem Krieg usw. das Geld allein vor Schaden bewahrt bleiben? Warum muß das Geld besser sein als die Waren, denen es als Tauschmittel dienen soll? Und ist dieses "Bessersein" nicht eben das Vorrecht, dessen Bestehen wir als die Ursache des Mehrwertes erklären, dessen Beseitigung Proudhon erstrebte? Also weg mit den Vorrechten des Geldes! Das Geld soll als Ware für niemand, auch für den Sparer, Spekulanten und Kapitalisten nicht, besser sein als der Inhalt der Märkte, Läden, Eisenbahnschuppen. Das Geld soll also, wenn es den Waren gegenüber keine Vorrechte haben darf, wie die Waren verrosten, verschimmeln, verfaulen; es soll zerfressen werden, erkranken, davonlaufen, und wenn es verendet, soll der Besitzer noch den Lohn des Abdeckers bezahlen. Dann erst werden wir sagen können, Geld und Ware ständen auf gleicher Rangstufe und wären vollkommen gleichwertige Dinge – so wie es Proudhon haben wollte.

Geben wir dieser Forderung eine kaufmännische Formel. Wir sagen: die Besitzer der Waren erleiden durchweg während der Lagerzeit einen Verlust an Menge und Güte der Waren. Daneben sind die Lagerkosten (Miete, Versicherungen, Wartung und so weiter) zu zahlen. Wieviel macht das aufs Jahr berechnet und im Durchschnitt? Sagen wir einmal 5 % – was eher zu niedrig als zu hoch gegriffen ist.

Wieviel hat aber ein Bankhaus, ein Kapitalist, ein Sparer von seinem Gelde abzuschreiben, das er zu Hause oder in der Sparkasse aufbewahrt? Um wieviel war der Kriegsschatz im Juliusturm zu Spandau in den 44 Jahren, die er dort lagerte, weniger geworden? Um keinen Pfennig war der Schatz kleiner geworden!

Ist das aber so, so haben wir auch schon die Antwort auf unsere Frage: wir hängen dem Geld den gleichen Verlust an, den die Waren auf Lager erleiden! Denn ist das Geld nicht mehr besser als die Ware, dann ist es für jeden einerlei, ob er Geld oder Waren besitzt oder spart, dann sind Geld und Ware vollkommen gleichwertig, dann ist Proudhons Rätsel gelöst, seine Seele aus dem Fegefeuer befreit; die Fesseln sind zerschnitten, die die Menschheit seit jeher an der Entfaltung ihrer Kräfte hinderten.

Die Ausgestaltung dieser Untersuchung zu einem sozialpolitischen Programm (die natürliche Wirtschaftsordnung) brachte es mit sich, daß ich die Lösung des in Rede stehenden Rätsels erst im 3.–5. Teil bringe und den Teil "Freiland" vorausschicke. Durch diese Anordnung wurde die Übersichtlichkeit gehoben, das Ziel, die natürliche Wirtschaftsordnung, besser enthüllt. Wem es aber darauf ankommt, vor allem zu erfahren, wie Proudhons Problem nun gelöst worden ist, der beginne mit Teil 3–5 und lese zum Schlusse Teil 1 und 2.

1. Ziel und Weg.

Wie schon in der Einleitung gesagt, ist Beseitigung des arbeitslosen Einkommens, des sogenannten Mehrwertes, auch Zins und Rente genannt, das unmittelbare wirtschaftliche Ziel aller sozialistischen Bestrebungen. Zur Erreichung dieses Zieles wird allgemein die Verstaatlichung der gesamten Gütererzeugung mit allen ihren Folgerungen verlangt und als unerläßlich erklärt.

Diese allgemeine Forderung der Besitzlosen wird durch die wissenschaftlichen Untersuchungen gestützt, die Marx über die Natur des Kapitals angestellt hat, wonach der Mehrwert als eine untrennbare Begleiterscheinung der Privatindustrie und des Privateigentums an den Erzeugungsmitteln anzusehen ist.

Hier wird nun gezeigt werden, daß diese Lehre von falschen Voraussetzungen ausgeht und daß ihre Richtigstellung zu vollkommen entgegengesetzten Ergebnissen führt. Diese Ergebnisse lehren uns, daß wir im Kapital kein Sachgut zu erblicken haben, sondern ein von Nachfrage und Angebot unbeschränkt beherrschtes Marktverhältnis – wie das übrigens der Sozialist Proudhon, der Gegner Marx', schon vor 50 Jahren den Arbeitern gesagt und bewiesen hatte.

In völliger Übereinstimmung mit dieser Richtigstellung der Kapitallehre zeigt sich dann, daß, wenn wir gewisse künstliche Hemmungen beseitigen, die von unserem verkehrten Bodenrecht und unserem ebenso verkehrten Geldwesen herrühren, und wir dadurch erst unserer heutigen Wirtschaftsordnung zur vollen Entfaltung ihres urgesunden Grundgedankens verhelfen, die Arbeiter es ganz in der Hand haben, durch ihre Arbeit die Marktverhältnisse in kürzester Zeit (10–20 Jahre) für das Kapital so zu gestalten, daß der Mehrwert restlos verschwindet und die Produktionsmittel die Kapitaleigenschaft einbüßen. Das Privateigentum an den Arbeitsmitteln bietet dann keinen anderen Vorteil mehr als den, den etwa der Besitzer einer Sparbüchse von seinem Eigentum hat. Diese wirft ihm auch keinen Mehrwert oder Zins ab, doch kann er den Inhalt nach und nach aufzehren. Die dann in den Arbeitsmitteln angelegten Ersparnisse oder sonstigen Gelder würden den Eigentümern nach Maßgabe der mit den natürlichen Zerfall oder Verbrauch des Produktionsmittels (Haus, Schiff, Fabrik) schritthaltenden jährlichen Abschreibungen zum persönlichen Verbrauch zur Verfügung stehen. Durch weiter nichts als durch ungehemmte, fleißige, von den neuzeitlichen Produktionsmitteln unterstützte Arbeit würde der große Wau-Wau, das angestaute und gefürchtete Kapital zur harmlosen Rolle verurteilt werden, die die tönerne Sparbüchse heute bei den Kindern spielt, die auch noch nie Mehrwert abgeworfen hat, und zu deren Inhalt man gelangt, indem man sie zerschlägt.

In diesem 1. und 2. Teil, die vom Boden handeln, wird gezeigt, wie man ohne Kommunismus mehrwertfreie Landwirtschaft und ebensolche Bau- und Bergwerksindustrie betreiben kann. Im weiteren Teil, der die neue Theorie des Kapitals enthält, wird das Rätsel gelöst, wie man ohne Verstaatlichung der übrigen Produktionsmittel den Mehrwert vollends aus unserer Wirtschaftsordnung beseitigen, das Recht auf den vollen Arbeitsertrag schaffen kann.

2. Was ist der volle Arbeitsertrag?

Als Arbeiter im Sinne dieser Abhandlung gilt jeder, der vom Ertrag seiner Arbeit lebt. Bauern, Handwerker, Lohnarbeiter, Künstler, Geistliche, Soldaten, Offiziere, Könige sind Arbeiter in unserem Sinne. Einen Gegensatz zu all diesen Arbeitern bilden in unserer Volkswirtschaft einzig und allein die Rentner, denn ihr Einkommen fließt ihnen vollkommen unabhängig von jeder Arbeit zu.

Wir unterscheiden: Arbeitserzeugnis, Arbeitserlös, und Arbeitsertrag. Das Arbeitserzeugnis ist das, was aus der Arbeit hervorgeht. Der Arbeitserlös ist das Geld, das der Verkauf des Arbeitserzeugnisses oder der Lohnvertrag einbringt. Der Arbeitsertrag ist das, was man mit dem Arbeitserlös kaufen und an den Ort des Verbrauchs schaffen kann.

Die Bezeichnungen: Lohn, Honorar, Gehalt anstelle von Arbeitserlös wendet man an, wenn das Arbeitserzeugnis nicht gegenständlicher Natur ist, wie etwa das Straßenkehren, das Dichten, das Regieren. Ist das Arbeitserzeugnis greifbar, wie ein Stuhl, und zugleich Eigentum des Arbeiters, so spricht man nicht mehr vom Lohn und Honorar, sondern vom Preis des verkauften Stuhles. Bei all diesen Bezeichnungen handelt es sich immer um dasselbe Ding, um den Gelderlös der verrichteten Arbeit.

Der Unternehmergewinn und der Handelsprofit sind, sofern man die in ihnen meistens enthaltenen Kapitalzinsen oder Grundrenten in Abzug bringt, ebenfalls als Arbeitserlös anzusprechen. Der Direktor einer Bergwerks-Aktiengesellschaft bezieht sein Gehalt ausschließlich für die von ihm geleistete Arbeit. Ist der Direktor gleichzeitig Aktionär, so erhöhen sich seine Einnahmen um den Betrag der Dividenden. Er ist dann Arbeiter und Rentner in einer Person. Meistens besteht das Einkommen der Bauern, Kaufleute und Unternehmer aus Arbeitserlös und Renten (bzw. Zinsen). Ein Bauer, der mit geliehenem Kapital auf gepachtetem Boden arbeitet, lebt ausschließlich vom Ertrag seiner Arbeit. Was nach Zahlung von Pachten und Zinsen vom Arbeitserzeugnis übrig bleibt, ist auf seine Tätigkeit zurückzuführen und unterliegt den allgemeinen Gesetzen, die den Lohn bestimmen.

Zwischen dem Arbeitserzeugnis (oder der Leistung) und dem Arbeitsertrag liegen die verschiedenen Handelsverträge, die wir täglich beim Einkauf der Waren abschließen. Von diesen Verträgen wird der Arbeitsertrag stark beeinflußt. Täglich kommt es vor, daß Leute, die die gleichen Arbeitserzeugnisse zu Markt führen, dennoch ungleich große Arbeitserträge heimbringen. Das liegt daran, daß diese Leute als Arbeiter wohl gleichwertig sind, nicht aber als Händler. Die einen verstehen es besser, ihre Erzeugnisse zu guten Preisen zu verkaufen und beim Einkauf der Bedarfsgegenstände die Spreu von den Körnern zu sondern. Bei den für den Markt verfertigten Waren gehören der Tausch, der Handel und die hierfür nötigen Kenntnisse genau so zum Erfolg der Arbeit (Arbeitsertrag) wie die technischen Kunstgriffe. Der Tausch des Erzeugnisses ist als Schlußhandlung der Arbeit zu betrachten. Insofern ist jeder Arbeiter auch Händler.

Hätten die Gegenstände des Arbeitserzeugnisses und des Arbeitsertrages eine gemeinsame Eigenschaft, mit der sie sich vergleichen und messen ließen, so könnte der Handel, der das Arbeitserzeugnis in Arbeitsertrag verwandeln soll, wegfallen. Sofern man dann nur richtig messen, zählen oder wägen würde, müßte der Arbeitsertrag immer ohne weiteres gleich dem Arbeitserzeugnis sein (abzüglich Zins oder Rente), und den Beweis, daß eine Übervorteilung nicht stattgefunden hat, könnte man unmittelbar an den Gegenständen des Arbeitsertrages liefern. Genau wie man zu Hause auf der Waage nachwägen kann, ob die Waage des Apothekers richtig wiegt oder nicht. Solche gemeinsame Eigenschaft fehlt jedoch den Waren. Stets wird der Tausch durch den Handel bewerkstelligt, niemals durch den Gebrauch irgend eines Maßes. Auch der Gebrauch des Geldes enthebt uns nicht der Notwendigkeit, den Tausch durch den Handel zu vollziehen. Der Ausdruck "Wertmesser", den man noch manchmal in rückständigen volkswirtschaftlichen Schriften auf das Geld anwendet, ist irreführend. Keine einzige Eigenschaft eines Kanarienvogels, einer Pille, eines Apfels läßt sich mit einem Geldstück messen.

Darum müssen wir es aber als eine Unmöglichkeit bezeichnen, mit einem unmittelbaren Vergleich zwischen Arbeitserzeugnis und Arbeitsertrag eine Klage auf Grund des Rechtes auf den vollen Arbeitsertrag rechtlich zu begründen. Das Recht auf den vollen Arbeitsertrag, sofern darunter das Recht des einzelnen auf seinen vollen Arbeitsertrag gemeint ist, müssen wir sogar geradezu als Hirngespinst bezeichnen.

Ganz anders verhalten sich jedoch die Dinge in Bezug auf den gemeinsamen vollen Arbeitsertrag. Dieser verlangt nur, daß die Arbeitserzeugnisse restlos unter die Arbeiter verteilt werden. Es dürfen keine Arbeitserzeugnisse an Rentner für Zinsen und Renten abgegeben werden. Das ist die einzige Bedingung, die die Verwirklichung des Rechtes auf den gemeinsamen, vollen Arbeitsertrag stellt.

Das Recht auf den gemeinsamen vollen Arbeitsertrag verlangt von uns nicht, daß wir uns noch um den Arbeitsertrag des einzelnen Arbeiters kümmern. Was der eine Arbeiter heute weniger erhält, empfängt der andere mehr. Die Verteilung unter die Arbeiter geschieht nach wie vor nach den Gesetzen des Wettbewerbs, in der Regel so, daß der Wettbewerb um so schärfer, der persönliche

Arbeitsertrag um so geringer ist, je leichter und einfacher die Arbeit ist. Diejenigen Arbeiter, die die höchste Umsicht bei der Arbeit brauchen, sind dem Wettbewerb der Massen am wirksamsten entzogen und können darum für ihre Leistung die höchsten Preise erzielen. Manchmal ersetzt auch einfach körperliche Veranlagung (bei Sängern z.B.) den Scharfsinn bei der Ausschaltung des Massenwettbewerbs. Wohl dem, der bei seinen Leistungen den Wettbewerb der anderen nicht zu fürchten braucht.

Die Verwirklichung des Rechtes auf den vollen Arbeitsertrag kommt allen Einzelarbeitserträgnissen in einem gleichmäßigen, nach Prozenten bestimmten Aufschlag auf die heutigen Arbeitserträgnisse zustatten. Die Arbeitserträge werden vielleicht verdoppelt, aber nicht geebnet. Das Gleichmachen der Arbeitserträgnisse ist Sache der Kommunisten. Hier aber handelt es sich um das Recht auf den vollen, durch den Wettbewerb, den Wettkampf zugemessenen Arbeitsertrag. Zwar werden als Nebenwirkung der Neuerungen, die das Recht auf den gemeinsamen vollen Arbeitsertrag verwirklichen sollen, die heutigen, oft ungeheuren Unterschiede in den Einzelarbeitserträgnissen, namentlich im Handel, auf ein vernünftiges Maß zurückgeführt werden, doch handelt es sich hier nur um eine Nebenwirkung. Zu dem Rechte, das wir verwirklichen wollen, gehört aber solches Gleichmachen, wie gesagt, nicht. Demnach werden fleißige, tüchtige, umsichtige Arbeiter einen ihrer größeren Arbeitsleistung genau entsprechenden größeren Arbeitsertrag heimbringen. Dazu kommt die allgemeine Hebung des Lohnes durch den Fortfall des arbeitslosen Einkommens.

Übersicht über das bisher Gesagte:

1. Das Arbeitserzeugnis, der Arbeitserlös und der Arbeitsertrag sind nicht unmittelbar vergleichbar. Es gibt für diese drei Größen keinen gemeinsamen Maßstab. Die Überführung des einen in den anderen geschieht nicht durch Messen, sondern durch Vertrag, durch Handelsvertrag.
2. Der Nachweis, ob der Arbeitsertrag des einzelnen Arbeiters voll oder nicht voll ist, läßt sich nicht erbringen.
3. Der volle Arbeitsertrag läßt sich nur als gemeinsamer (kollektiver) Arbeitsertrag begreifen und nachmessen.
4. Der volle gemeinsame Arbeitsertrag macht die restlose Ausmerzung allen arbeitslosen Einkommens, also des Kapitalzinses und der Grundrente, zur Bedingung.
5. Sind Zins und Rente restlos aus der Volkswirtschaft ausgemerzt, so ist erwiesen, daß das Recht auf den vollen Arbeitsertrag verwirklicht, daß der gemeinsame Arbeitsertrag gleich dem gemeinsamen Arbeitserzeugnis ist.
6. Die Beseitigung des arbeitslosen Einkommens hebt, verdoppelt oder verdreifacht die Einzelarbeitserträgnisse. Ein Gleichmachen findet nicht oder nur teilweise statt. Die Unterschiede im Einzelarbeitserzeugnis kommen im Einzelarbeitsertrag voll zu Geltung.
7. Dieselben allgemeinen Gesetze des Wettbewerbes, die die verhältnismäßige Höhe der Einzelarbeitsertrages bestimmen, bleiben bestehen. Dem Tüchtigsten der höchste Arbeitsertrag, über den er frei verfügen kann.

Heute erleidet der Arbeitsertrag in Gestalt von Grundrenten und Kapitalzinsen Abzüge. Diese werden natürlich nicht willkürlich bemessen, sondern von den Marktverhältnissen bestimmt. Jeder nimmt so viel, wie ihm die Markverhältnisse zu nehmen gestatten.

Wie diese Marktverhältnisse zustandekommen, wollen wir jetzt untersuchen. Zunächst in Bezug auf die Grundrente.

3. Der Abzug am Arbeitsertrag durch die Grundrente.

Der Grundbesitzer hat es in der Hand, seinen Boden bebauen zu lassen oder es nicht zu tun. Die Erhaltung seines Besitzes ist von der Bebauung unabhängig. Der Boden verdirbt nicht unter der Brache, im Gegenteil, er wird dadurch besser; bot doch die Brache unter der Dreifelderwirtschaft die einzige Möglichkeit, den erschöpften Boden wieder fruchtbar zu machen.

Ein Grundbesitzer hat also gar keine Ursache, seinen Besitz (Acker, Bauplatz, Erz- oder Kohlenlager, Wasserkraft, Wald usw.) anderen ohne Entgelt zur Benutzung zu überlassen. Wird dem Grundbesitzer für solche Benutzung keine Vergütung (Pachtzins) angeboten, so läßt er den Boden brach. Er ist vollständig Herr über seinen Besitz.

Darum wird auch jeder, der Boden braucht und sich an die Grundbesitzer wendet, sich regelmäßig und selbstverständlich zu einer Leistung (Pachtzins) bequemen müssen. Und wenn wir die Erdoberfläche und ihre Fruchtbarkeit vervielfältigten –, es würde doch keinem Grundbesitzer einfallen, ohne Entgelt den Boden anderen zu überlassen. Im äußersten Fall kann er seine Besitzung in Jagdgründe verwandeln oder als Park benutzen. Der Zins ist eine selbstverständliche Voraussetzung jeder Pachtung, weil der Druck des Wettbewerbs im Angebot von Pachtland niemals bis zur Unentgeltlichkeit des Bodens reichen kann.

Wieviel wird nun der Grundbesitzer fordern können? Wenn die ganze Erdoberfläche für die Ernährung der Menschen nötig wäre, wenn in der Nähe und Ferne überhaupt kein freies Land mehr zu finden, die gesamte Erde in Besitz und Bebauung genommen, und auch durch Anstellung von mehr Arbeitern, durch sogenannte dichte oder Sparlandkultur kein Mehr an Erzeugnissen zu erzielen wäre, dann würde die Abhängigkeit der Besitzlosen von ihren Grundherren eine ebenso unbedingte sein, wie zur Zeit der Leibeigenschaft, und dementsprechend würden auch die Grundbesitzer ihre Forderungen bis zur Grenze des überhaupt Erreichbaren hinaufschrauben, d. h., sie würden das volle Arbeitserzeugnis, die volle Ernte für sich beanspruchen und davon dem Arbeiter, wie einem gemeinen Sklaven, so viel abtreten, wie zu seiner Erhaltung und Fortpflanzung nötig ist. In diesem Falle wäre die Voraussetzung erfüllt für das unbedingte Walten des sogenannten "ehernen Lohngesetzes". Der Bauer wäre auf Gnade und Ungnade den Grundbesitzern ausgeliefert, und der Pachtzins wäre gleich dem Ertrag des Ackers, abzüglich der Ernährungskosten für den Bauern und die Zugtiere und abzüglich des Kapitalzinses.

Diese unentbehrliche Voraussetzung für den ehernen Lohn trifft jedoch nicht zu, denn die Erde ist größer, sogar sehr viel größer und fruchtbarer, als zur

Erhaltung ihrer heutigen Bewohner nötig ist. Sogar bei der jetzigen Sparhand-Bewirtschaftung[1] ist sicherlich kaum ein Drittel der Fläche ausgenutzt, das übrige ist brach und vielfach herrenlos. Ginge man überall zur Sparlandbebauung[2] über, so würde vielleicht ein Zehntel der Erdoberfläche schon genügen, um die Menschheit mit dem Maß von Lebensmitteln zu versorgen, das den Arbeitern heute durchschnittlich zur Verfügung steht. Neun Zehntel der Erdoberfläche könnten in diesem Falle brachliegen. (Was allerdings nicht bedeuten soll, daß man danach verfahren würde. Wenn jeder sich satt essen will, und sich nicht mit Kartoffeln begnügt, wenn jeder ein Reitpferd halten will, einen Hof mit Pfauen, Tauben; wenn er einen Rosengarten, einen Teich zum Baden haben will, dann könnte unter Umständen die Erde noch zu klein sein.)

Die Sparlandbebauung[3] umfaßt: Entsumpfung, Berieselung, Bodenmischung, Rigolen, Sprengung von Felsen, Mergelung, Anwendung künstlicher Düngemittel, Wahl der Kulturpflanzen, Veredelung der Pflanzen und Tiere, Vernichtung von Schädlingen bei Obstbäumen, Weinbergen; Verfolgung der Wanderheuschrecken, Ersparnis an Arbeitstieren durch Eisenbahnen, Kanäle, Kraftwagen, bessere Ausnutzung der Futterstoffe durch Austausch; Einschränkung der Schafzucht durch Baumwollanbau, Vegetarismus usw usw.

Durch völligen Mangel an Boden ist also heute niemand gezwungen, sich an die Grundbesitzer zu wenden, und weil dieser Zwang fehlt (aber nur darum), ist auch die Abhängigkeit der Grundbesitzlosen vom Grundbesitzer begrenzt. Nur haben die Grundbesitzer das Beste des Bodens in Besitz, und in der Nähe wenigstens sind nur solche Striche noch herrenlos, deren Urbarmachung sehr viel Arbeit kostet. Auch fordert die Sparlandbebauung beträchtlich mehr Mühe, und nicht jedermann Sache ist es, auszuwandern, um die herrenlosen Länder in der Wildnis zu besiedeln; ganz abgesehen davon, daß die Auswanderung Geld kostet und daß die Erzeugnisse jener Ländereien nur mit großen Unkosten an Fracht und Zoll auf den Markt gebracht werden können.

Das alles weiß der Bauer, das alles weiß aber auch der Grundherr. Ehe also der Bauer sich zur Auswanderung entschließt, oder ehe er das in der Nähe liegende Moor entsumpft und urbar macht, ehe er zur Gartenwirtschaft übergeht, fragt er den Grundherrn, was dieser an Pachtzins für seinen Acker fordern würde. Und ehe der Grundherr diese Frage beantwortet, überlegt er und berechnet den Unterschied zwischen dem Ertrag der Arbeit auf seinem Acker und dem Ertrag[4] der Arbeit auf Ödland, Gartenland und herrenlosem Lande in Afrika, Amerika, Asien und Australien. Denn diesen Unterschied will er für sich haben, den kann er als Pacht für seinen Acker fordern. Aller Regel nach wird jedoch nicht viel gerechnet. Man geht hier vielmehr erfahrungsmäßig vor. Irgend ein übermütiger Bursche wandert aus, und wenn

---

1 Sparhandbebauung (extensive Kultur), wo man mit der Arbeit spart.
2 Sparlandbebauung (intensive Kultur), wo man mit dem Boden spart.
3 Die Sparhandbebauung braucht viel Boden, die Sparlandbebauung viele Arbeiter.
4 Man beachte hier wohl den Unterschied zwischen Arbeitserzeugnis und Arbeitsertrag. Oft kommt es vor, daß das Arbeitserzeugnis (die Erntemenge) des Auswanderers zehnmal größer ist, ohne daß sein Arbeitsertrag sich bessert.

er günstig berichtet, folgen andere. Dadurch geht in der Heimat das Angebot von Arbeitskräften zurück, und die Folge ist eine allgemeine Erhöhung der Lohnsätze. Dauert die Abwanderung an, so steigt der Lohn bis zu einem Punkte, wo der Auswanderer wieder im Zweifel ist, ob er bleiben oder ziehen soll. Dieser Punkt bedeutet den Ausgleich in den Arbeitserträgen hier und drüben. Manchmal kommt es auch vor, daß der Auswanderer über sein Tun sich Rechenschaft geben will, und es mag darum angebracht sein, sich einmal eine solche Rechnung anzusehen:

1. Rechnung des Auswanderers:

Reisegeld für sich und seine Familie	1000 M.
Unfall- und Lebensversicherung während der Reise	200 M.
Krankenversicherung für die Eingewöhnung, d. h. die Summe, welche die Krankenversicherung für die besondere Gefahr des Klimawechsels berechnen würde	200 M.
Besitznahme, Abgrenzung	600 M.
An Betriebskapital wird die gleiche Summe vorausgesetzt, die der Bauer in Deutschland braucht; es ist also nicht nötig, diese hier anzuführen	— M.
Kosten der Ansiedlung	2000 M.

Diese Kosten des Auswanderers, die der Pächter in Deutschland spart, werden dem Betriebsgeld zugerechnet, dessen Zinsen als Betriebsunkosten verrechnet werden:

5 % von 2000 M. =	100 M.

Nehmen wir nun an, daß der Ansiedler mit gleicher Arbeit dieselben Erzeugnisse hervorbringt wie auf dem heimischen Boden, dessen Wettbewerb hier in Betracht steht, so muß berücksichtigt werden, daß es der Bauer, wie jeder Arbeiter, gar nicht auf die Erzeugnisse selbst abgesehen hat, sondern auf das, was er mit seinen Erzeugnissen an Gebrauchsgütern eintauschen kann, also auf den Arbeitsertrag. Dieser geht ihn allein an; um sich diesen zu beschaffen, arbeitet er. Der Ansiedler muß also seine Erzeugnisse auf den Markt bringen, und den Gelderlös muß er wieder in Waren umsetzen und diese nach Hause bringen. Der Markt für diesen Austausch der Erzeugnisse ist in der Regel weit ab; nehmen wir an, es wäre Deutschland, wo ja große Massen landwirtschaftlicher Erzeugnisse eingeführt werden müssen, so hat der Auswanderer zu zahlen:

Fracht für Fuhrwerk, Bahn, Seeschiff und Kahn	200 M.
Einfuhrzoll in Deutschland	400 M.
Fracht für Kahn, Seeschiff, Bahn und Fuhrwerk auf die eingetauschten Gebrauchsgüter	200 M.
Zoll darauf bei der Einfuhr in seiner neuen Heimat	100 M.
Insgesamt:	1000 M.

Die gewöhnlich auf dem Handelsweg erfolgende Umwandlung des Arbeitserzeugnisses in Arbeitsertrag kostet dem Auswanderer nach obiger Rechnung an Fracht, Zoll und Handelsunkosten die Summe von M. 1000,–, die der Bebauer deutschen Bodens spart. Wenn letzterer also für einen Acker, der das gleiche Arbeitserzeugnis verspricht wie die Heimstätte des Auswanderers, M. 1000,– an Pacht zahlt, so steht sein Arbeitsertrag auf gleicher Höhe mit dem des Auswanderers.

Der gleiche wirtschaftliche Unterschied zugunsten des obigen im Wettbewerb stehenden Ackers ergibt sich, wenn Ödland in Deutschland urbar gemacht werden soll, nur treten hier anstelle der Fracht- und Zollkosten die Zinsen für das in der Urbarmachung aufgewendete Kapital (Entwässerung des Moores, Mischung der verschiedenen Bodenschichten, Entsäuerung mit Kalk und Düngung). Bei der Sparlandbebauung treten an die Stelle von Zinsen und Frachten höhere Anbaukosten.

Der Pachtzins wirkt also in der Richtung, den Arbeitsertrag (nicht das Arbeitserzeugnis) überall auf die gleiche Höhe herabzusetzen. Das, was der altgepflegte heimische Boden landwirtschaftlich vor der Lüneburger Heide und, der Marktlage nach, vor dem herrenlosen Land in Kanada voraus hat, das beansprucht der Grundherr restlos für sich, als Grundrente, oder beim Verkauf des Bodens in kapitalisierter Form als Preis. Alle Unterschiede des Bodens in Bezug auf Fruchtbarkeit, Klima, Marktnähe, Zölle, Frachten usw. werden durch die Grundrente ausgeglichen. (Man beachte, daß ich die Arbeitslöhne hier nicht anführe; es geschieht mit Bedacht.)

Die Grundrente verwandelt in wirtschaftlicher Beziehung den Erdball in eine für den Pächter, Unternehmer, Kapitalisten (soweit er nicht Bodenbesitzer ist) durchaus gleichartige, eintönige Masse. So sagt Flürscheim: "Wie alle Unebenheiten des Meeresbodens durch das Wasser zu einer glatten Fläche umgewandelt werden, so ebnet die Rente den Boden." Und zwar setzt sie (und das ist das Merkwürdige) den Ertrag der Arbeit für alle Bebauer des Bodens gleichmäßig auf den Ertrag herab, den man vom Ödland in der Heimat oder vom herrenlosen Boden in der fernen Wildnis erwarten kann. Die Begriffe fruchtbar, unfruchtbar, lehmig, sandig, sumpfig, mager, fett, gut und schlecht gelegen, werden durch die Grundrente in wirtschaftlicher Beziehung wesenlos. Die Grundrente macht es für alle Arbeiter völlig gleichgültig, ob sie Heideland in der Eifel, Gartenboden in Berlin oder Weinberge am Rhein bearbeiten.

4. Abhängigkeit des Lohnes und der Grundrente von den Frachtsätzen.

Vom Arbeitsertrag auf Frei-, Öd-, Sumpf- und Heideland hängt es ab, wieviel der Grundbesitzer an Lohn zahlen muß, wieviel er an Pacht erheben kann. Soviel, wie der Arbeitsertrag auf Freiland beträgt, so viel verlangt selbstverständlich der Knecht als Lohn, da es ihm ja frei steht, Freiland (diesen Begriff werden wir noch näher bestimmen) in Besitz und Arbeit zu nehmen. Dabei ist es durchaus nicht nötig, daß jeder Knecht bei den Lohnverhandlungen mit der Auswanderung droht. Familienvätern z.B., die mit Kindern gesegnet sind, würde eine solche Drohung nicht viel einbringen, insofern als der Grundbesitzer ja weiß, daß der Drohung die Tat nicht folgen wird. Für die genannte Wirkung genügt es vollkommen, daß durch die Auswanderung der Jugend ein allgemeiner Mangel an Arbeitskräften entsteht. Der durch die Auswanderung hervorgerufene Arbeitermangel steift dem durch Familienrücksichten oder sonstwie festgehaltenen Arbeiter bei den Lohnverhandlungen ebenso den Rücken, wie es eine bereits gelöste Schiffskarte tun könnte.*

So viel aber, wie der Arbeitsertrag der Freiländer und des Lohnarbeiters beträgt, muß auch dem Pächter nach Abzug der Pacht und des Zinses des von ihm benötigten Kapitals übrigbleiben. So wird also auch die Pacht vom Arbeitsertrag auf Freiland bestimmt. Mehr als diesen Freilandarbeitsertrag braucht der Grundbesitzer bei der Pachtbemessung nicht übrig zu lassen, mit weniger braucht sich der Pächter nicht zu begnügen.

Schwankt der Arbeitsertrag auf Freiland, so überträgt sich die Schwankung auch auf den Lohn und die Pacht.

Zu den Umständen, die den Arbeitsertrag auf Freiland beeinflussen, müssen wir in erster Linie die Entfernung rechnen zwischen dem herrenlosen Boden und dem Orte, wo die Erzeugnisse verbraucht, die eingetauschten Gebrauchsgegenstände erzeugt oder von allen Teilen der Welt zusammengebracht werden. Wie wichtig die Entfernung ist, sehen wir am besten am Preisunterschied zwischen einem Acker in der Nähe der Stadt und einem gleich guten weit ab vom Markte. Worin liegt der Preisunterschied begründet? In der Entfernung.

Handelt es sich z.B. um die kanadische Weizengegend, wo noch heute gutes Heimstättenland zur freien Verfügung steht, so muß das Getreide zuerst vom Felde mittels Fuhrwerks auf grundlosen Straßen nach der mehr oder weniger entfernten Bahn gebracht werden, die es nach Duluth befördert, wo die Umladung auf Binnenschiffe stattfindet. Diese bringen das Getreide nach Montreal, wo eine neue Umladung auf Seeschiffe stattfindet. Von hier geht die Reise nach Europa, etwa nach Rotterdam, wo wieder eine Umladung auf

---

*) Wie stark der Lohn unter dem Einfluß der Auswanderer und Wanderarbeiter stehen muß, ersieht man aus folgenden Zeilen, die einer Rede Wilsons vom 20. Mai 1918 entnommen sind. (N.Z.Z. Nr. 661):
"Als der Kriegsminister in Italien weilte, wurden ihm von einem Mitgliede der italienischen Regierung die mannigfachen Gründe genannt, aus denen sich Italien den Vereinigten Staaten nahe verbunden fühlt. Der italienische Minister bemerkte dann folgendes:
"Wenn Sie eine interessante Erfahrung machen wollen, so begeben Sie sich in irgend einen Truppenzug und fragen die Soldaten auf englisch, wie mancher von ihnen in Amerika gewesen sei. Das weitere werden Sie sehen."
Unser Kriegsminister stieg in der Tat in einen Truppenzug und fragte die Leute, wie viele von ihnen schon in Amerika gewesen seien. Es scheint, daß über die Hälfte der Mannschaften aufstand.
Die italienischen Grundrentner hatten also diese Leute nach Amerika, und die amerikanischen Grundrentner hatten sie wieder nach Hause getrieben. Weil es ihnen in Amerika ebenso schlecht ging, wie in der Heimat – darum wanderten dies armen Teufel ruhelos hin und her.
Wilson fügte obigem bei: "Ein Teil von amerikanischen Herzen war in dieser italienischen Armee!!" – Wir wissen es besser: Fluchend verließen die Wanderarbeiter ihre Heimat, und fluchend verließen sie Amerika.

Rheinschiffe nach Mannheim, und von hier auf Bahnwagen nötig wird, um den Markt (Stuttgart, Straßburg, Zürich usw.) zu erreichen, wo es nach der Verzollung zu denselben Preisen verkauft werden muß, wie die an Ort und Stelle gewachsene Frucht. Es ist eine lange Reise, und sie kostet viel Geld, aber das, was nun von dem Marktpreis nach Abzug von Zöllen, Fracht, Versicherung, Wassergebühren, Stempel, Zinsen des Geldvorschusse, Säcken usw. usw. übrig bleibt, das ist erst der Arbeitserlös, mit dem den Ansiedlern in der Einöde von Sascachevan aber nicht gedient wäre. Dieser Gelderlös muß nun in Gebrauchsgegenstände umgesetzt werden – Salz, Zucker, Tuch, Waffen, Maschinen, Bücher, Kaffee, Möbel usw. usw., und erst, nachdem alle diese Gegenstände glücklich im Hause des Ansiedlers eingetroffen und die Frachtkosten bezahlt sind, kann der Arbeiter sagen, das ist mein Arbeitsertrag nebst Zins meines Kapitals. (Hat sich der Arbeiter das nötige Geld zur Auswanderung und Ansiedlung geborgt, so muß er vom Arbeitserzeugnis auch noch den Zins dieses Geldes abziehen. Dasselbe muß er tun, wenn er mit eigenem Kapital arbeitet.)

Wie sehr nun dieser Arbeitsertrag von den Frachtsätzen abhängig sein muß, geht aus obiger Darstellung klar hervor.

Diese Frachtsätze sind andauernd herabgegangen, wie folgende Angaben zeigen:
Frachtkosten für 1000 kg Getreide von Chicago nach Liverpool:
1873 = M. 67,–
1880 = M. 41,–
1884 = M. 24,– *

Das sind also schon von Chicago bis Liverpool 43 M. Frachtersparnis für jede Tonne Weizen, 1/6 des damaligen, 1/4 des jetzigen Preises. Aber die Strecke Chicago – Liverpool ist nur eine Teilstrecke der Reise Sascachevan – Mannheim, also sind obige 43 M. auch nur ein Teil der wirklichen Frachtersparnis.

Diese Ersparnis kommt aber auch der Rückfracht zustatten. Das Getreide war das Arbeitserzeugnis, die 240 M. für die Weizentonne waren der Arbeitserlös, und die Rückfracht umfaßt die Gegenstände des Arbeitsertrages, auf den es dem Ansiedler bei der Weizenerzeugung eigentlich ankommt. Man muß sich nämlich klar sein, daß die Arbeiter in Deutschland, die kanadischen Weizen essen, diesen immer mit ihren Erzeugnissen bezahlen müssen, die sie unmittelbar oder mittelbar nach Kanada schicken, für die darum ebenfalls Fracht zu zahlen ist. So verdoppelt sich also die Ersparnis an der Frachtverbilligung und hebt sich der Arbeitsertrag des Ansiedlers auf Freiland, der den allgemeinen Arbeitslohn in Deutschland unmittelbar bestimmt.

Nun wäre es aber dennoch falsch, wen man annehmen wollte, daß eine Frachtersparnis von etwa 200 M. sich für den Ansiedler in einen dieser Summe genau entsprechenden höheren Arbeitsertrag umsetzen muß. In Wirklichkeit wird der Arbeitsertrag nur um etwa die Hälfte der Frachtersparnis steigen, und das verhält sich so: der steigende Arbeitsertrag des Freiländers hebt den Lohn der landwirtschaftlichen Arbeiter in Deutschland. Warum, ist gesagt. Der steigende Lohn des Landarbeiters und des Freiländers lockt diesen Erwerbszweig Arbeiter aus der Industrie zu. Das bestehende Verhältnis in der Er-

---

*) Mulhall, Dictionary of Statistics.

zeugung landwirtschaftlicher und industrieller Güter und damit auch ihr Tauschverhältnis wird gestört. Der Ansiedler muß für die Gegenstände seines Arbeitsertrages (Industrieerzeugnisse) höhere Preise zahlen. Die Menge dieser Industrieerzeugnisse (Arbeitsertrag) wächst also nicht im Verhältnis zu dem um die Frachtersparnis erhöhten Arbeitserlös. Den Unterschied nehmen nach den Gesetzen des freien Wettbewerbs die Industriearbeiter vorweg. Es geht also hier zu wie dort, wo eine neue Technik die Erzeugungskosten der Waren vermindert (Dampfmaschine z. B.). Erzeuger und Verbraucher teilen sich in den Gewinn.

Auch hier wieder wird es sich lohnen, einmal zahlenmäßig den Einfluß zu erfassen, den eine Frachkostenveränderung auf den Arbeitsertrag des Freiländers, auf die Grundrente und auf den allgemeinen Arbeitslohn ausübt:

I. Der Arbeitsertrag eines Freilandbauers in Kanada bei einem Frachtsatz von M. 67,– (v. Jahre 1873).

Arbeitserzeugnis: 10 t Weizen nach Mannheim verladen und dort zu 250 M. verkauft	2500 M.
ab 10 mal 67 an Fracht	670 M.
Arbeitserlös	1830 M.
Dieser Arbeitserlös (Geld) wird in Deutschland zum Ankauf von Gebrauchsgütern benutzt, die, nach Kanada verschifft, die gleichen Unkosten an Verpackung, Fracht, Zöllen, Bruch usw. verursachen mögen, wie der Weizen auf der Heimreise	670 M.
Arbeitsertrag im Hause des Ansiedlers	1160 M.

II. Derselbe im Jahre 1884 bei einem Frachtsatz von 24 M.

Arbeitserzeugnis: 10 t Weizen	2500 M.
ab 10 mal 24 an Fracht	240 M.
Arbeitserlös	2260 M.

Dieser Arbeitserlös, der um 430 M. größer ist als bei I, soll nun in Arbeitsertrag umgewandelt werden, d.h. in gewerbliche Erzeugnisse, deren Tauschverhältnis zu den landwirtschaftlichen Erzeugnissen sich (aus den angegebenen Gründen) gehoben hat und zwar (immer schematisch) um die Hälfte des Mehrerlöses von 430 M., also um 215 M. Daher bleibt der Arbeitsertrag, nach den Preisen von I gemessen, um 215 M. gegen den Arbeitserlös zurück   215 M.

2045 M.

Hiervon geht nun noch die Rückfracht ab, die wir höher bemessen müssen, weil die Frachtgüter um den Betrag der Frachtersparnis angewachsen sind, statt 240 M.   245 M.

Arbeitsertrag   1800 M.

Ist nun infolge der Frachtkosten-Ermäßigung der Arbeitsertrag des Freilandbauers von 1160 M. auf 1800 M. gestiegen, so erhöhen sich damit auch von selbst die Lohnforderungen der deutschen Landarbeiter, und ebenso verlangen auch die Pächter vom Produkt ihrer Arbeit einen größeren Anteil für sich. In demselben Verhältnis gehen auch die Grundrenten zurück.

War in Deutschland der Preis von 10 t Weizen	2500 M.
und betrugen die Lohnausgaben	1160 M.
so warfen 10 t Land* an Pachtzins oder Grundrente ab	1340 M.

Steigen die Lohnforderungen auf 1800 M., so fällt die Grundrente auf 700 M., nämlich 1340 ab 640 Lohnerhöhung.

Also das, was der Freilandbauer an Frachten zahlen muß, das geht von seinem Arbeitsertrag ab, das kann in Deutschland der Grundbesitzer als Pachtzins fordern, den Arbeitern vom Arbeitserzeugnis als Grundrente abziehen. Die Frachtausgaben des Freilandbauers sind die Einnahmen des Grundbesitzers.

5. Einfluß der Lebensverhältnisse auf Lohn und Rente.

Die Kosten der Bahn- und Seeverladung sind natürlich nicht die einzigen Einflüsse, denen der Arbeitsertrag des Freiländers und der von diesem abhängige Lohn des deutschen Landarbeiters unterworfen sind. Zunächst müssen wir bemerken, daß der Mensch nicht allein von und für seinen Arbeitsertrag lebt, daß dieser nicht allein entscheidend bei der Frage der Auswanderung ist. Die staatlichen und bürgerlichen Verhältnisse des Landes, das der Auswanderer verläßt, und des Landes, das er aussucht, greifen oft stark und bestimmend ein; mancher Mann begnügt sich zu Hause mit einem geringeren Arbeitsertrag und erblickt den Ausgleich im Besitz des Lorbeerkranzes, den er als Kaninchenzüchter davongetragen hat, oder im Gesang der Buchfinken, der nach seiner Meinung nirgends so schön sein kann wie in seiner Heimat. Aber gerade diese (und viele andere) anziehenden oder auch abstoßenden Kräfte unterliegen einen ständigen Wandel, fördern oder hemmen die Auswanderung. Von Rußland z. B. wandern viele deutschen Bauern wieder aus, nicht in der Hoffnung eines höheren Arbeitsertrages, sondern weil ihnen die Zustände nicht mehr ganz zusagen. Das alles hemmt den Ausgleich zwischen dem rein sachlichen Arbeitsertrag des Auswanderers und dem des zurückbleibenden Landarbeiters. Nehmen wir einmal an, wir beschlössen, in Deutschland den Arbeitern das Leben freundlicher zu gestalten, wozu uns z. B. das Verbot von Rauschgetränken die Mittel liefern würde. Abgesehen davon, daß das Alkoholverbot an sich schon das Leben der Arbeiter und namentlich das ihrer Frauen verschönern würde, könnten wir die Milliarden, die die Rauschgetränke dem Volke unmittelbar und namentlich mittelbar kosten, für einen kräftigen Mutterschutz in Form einer monatlichen Reichszulage zu den Aufzuchtkosten jedes Kindes verwenden. Oder auch für

---

*) Dänisches Ackermaß. Bedeutet so viel Land, wie nötig, um eine Tonne Getreide zu ernten. Eine Tonne Land bedeutet also je nach Güte des Bodens eine größere oder kleinere Fläche Land.

bessere Schulen, zahlreiche öffentliche Lesehallen, Theaterbeihilfen, Kirchenbauten, staatliche Freikonditoreien, Volksfeste, Versammlungshallen usw.. Dann würde bei der Frage der Auswanderung nicht mehr allein der stoffliche Arbeitsertrag erwogen werden, und viele Frauen würden ihre Männer zum Bleiben veranlassen, viele bereits Ausgewanderte würden zurückkehren. Welche Folgen das aber wieder auf den Lohn und auf die Grundrente haben würde, ist klar. Der Grundbesitz würde seine Forderungen so weit erhöhen, bis die aus dem Alkoholverbot erwachsenden Auswanderungshemmungen ausgeglichen wären. Der Kuchen, den der Staat den Frauen in den Freikonditoreien zum besten gibt, würde von der Grundrente den Männern am Lohne abgezogen werden.

Die Grundrente nimmt eben alle Vorteile, die Deutschland für die Arbeit, für das geistige und gesellige Leben bietet, für sich in Anspruch, sie ist die in Kapital verwandelte Dichtung, Kunst, Religion und Wissenschaft. Sie macht alles zu barem Gelde, den Kölner Dom, die Bächlein der Eifel, das Gezwitscher der Vögel im Laube der Buchen. Die Grundrente erhebt von Thomas a Kempis, von den Reliquien Kevelaars, von Goethe und Schiller, von der Unbestechlichkeit unserer Beamten, von unseren Zukunftsträumen, kurz, von allem und jedem eine Steuer, die sie regelmäßig bis auf den Punkt hinaufschraubt, wo sich der Arbeiter fragt: soll ich bleiben und zahlen – oder soll ich auswandern und alles preisgeben? Geschenkt wird niemandem etwas. Stets befindet sich das arbeitende Volk auf dem Goldpunkt. (Im Außenhandel derjenige Zustand in der Zahlungsbilanz, wo man nicht weiß, ob man noch mit Wechseln oder mit barem Gold zahlen soll. Die Kosten der Goldausfuhr sind die "Grundrenten" des Wechselmaklers.) Je mehr Freude der Bürger am Staat und Volk hat, um so höheren Preis fordert die Grundrente für diese Freude. Die Abschiedstränen eines möglichen Auswanderers sind goldene Perlen für die Grundrente. Und so sehen wir auch oft die Grundbesitzer in den Städten damit beschäftigt, durch Verschönerungsvereine und sonstige Veranstaltungen das Leben in der Stadt zu erheitern, um erstens den Abschied schwerer, zweitens den Zuzug leichter zu machen. So können sie von den Bauplätzen höhere Grundrenten erheben. Im Heimweh steckt die Pfahlwurzel der Grundrente.

Lebt der deutsche Landarbeiter nicht allein vom Brot, so natürlich auch der Freiländer nicht. Der stoffliche Arbeitsertrag ist nur ein Teil von dem, was der Mensch zur Lebensfreude braucht. Mußte der Auswanderer lange kämpfen, ehe er die heimatlichen Anziehungskräfte überwunden hatte, so findet er nun in seiner neuen Heimat manches Neue, was ihn anzieht oder auch abstößt. Das Anziehende mehrt die Gründe, die ihm den Arbeitsertrag als genügend erscheinen lassen (ähnlich wie man auch bereit ist, eine angenehmere Arbeit für geringeren Lohn zu verrichten), das Abstoßende mindert sie. Wiegen die abstoßenden Umstände (Klima, Unsicherheit des Lebens und des Eigentums, Ungeziefer usw.) schwerer als die anziehenden, so muß der Unterschied zwischen beiden durch einen entsprechend größeren Arbeitsertrag ausgeglichen werden, falls der Eingewanderte bleiben und seine zurückgebliebenen Brüder zur Nachahmung seines Beispiels aufmuntern soll. Darum wird alles, was das Leben, die Zufriedenheit des Freiländers beeinflußt, auch unmittelbar die Zufriedenheit der deutschen Arbeiter beeinflussen und auf ihre Lohnforderungen einwirken.

Dieser Einfluß beginnt schon mit der Reisebeschreibung. Verlief die Reise ohne Seekrankheit, war das Leben, die Kost an Bord erträglich, so wirkt das schon sehr aufmunternd auf die Zurückgebliebenen. Berichtet der Freiländer von der großen Freiheit, die er genießt, von der Jagd, von seinem Reitpferd, von den großen Lachszügen und Büffelherden, von dem Verfügungsrecht über alles, was die Natur bietet, auch wie er überall nicht mehr als Knecht und Besitzloser, sondern als ebenbürtiger, freier Bürger angesehen und behandelt wird, so wird der Knecht zu hause ganz selbstverständlich bei den Lohnverhandlungen den Kopf höher halten, als wenn sein Bruder nur von Indianereinfällen, von Klapperschlangen, von Ungeziefer und harter Arbeit zu erzählen weiß.

Das wissen auch die Grundherren, und läuft einmal solch ein Jammerbrief ein, so wird er natürlich nach allen Regeln der Kunst ausgeschlachtet. In allen Blättern wird er veröffentlicht, während den Zeitungen unter Anwendung von Drohmitteln Auftrag gegeben wird, erfreuliche, aufmunternde Berichte der Ausgewanderten mit größtem Fleiß totzuschweigen. Derselbe Verein, der die Heimat verschönern, ihre Anziehungskraft stärken soll, hat auch die Aufgabe, das Freiland nach Möglichkeit herabzusetzen. Jeder Schlangenbiß, Indianerskalp, Heuschreckenschwarm, jedes Schiffsunglück verwandelt sich, indem dadurch der Arbeiter bescheidener gemacht, die Auswanderungslust vermindert wird, in Grundrente, in Bargeld für die Grundherren. Und umgekehrt natürlich.

6. Genauere Bestimmung des Begriffes Freiland.

Wenn von Freiland die Rede ist, so denkt man in erster Linie wohl an die weiten Flächen unbebauten Landes in Nord- und Südamerika. Dieses Freiland ist bequem und mit verhältnismäßig geringen Kosten zu erreichen. Das Klima ist zuträglich für den Europäer, die gesellschaftlichen Verhältnisse für viele anlockend, die Sicherheit für Leben und Geld nicht schlecht. Der Ankömmling wird im Einwanderer-Gasthaus auf Kosten des Staates 8–14 Tage bewirtet, und in einigen Staaten erhält er auf der Eisenbahn freie Fahrt bis an die äußerste Grenze des besiedelten Gebietes. Hier steht es ihm frei, sich gleich anzusiedeln. Er kann sich das ihm zusagende Land aussuchen: Viehweide, Ackerland, Wald. Die Heimstätte, auf die er rechtlichen Anspruch hat, ist für die volle Ausnutzung der Arbeitskraft selbst der größten Familie reichlich bemessen. Hat der Ansiedler seine vier Grenzpfosten eingeschlagen und das Landamt benachrichtigt, so kann er schon mit der Arbeit beginnen. Niemand verwehrt es ihm, niemand fragt ihn, wer ihm eigentlich erlaubt habe, die Erde zu bearbeiten und die Früchte seines Fleißes einzuheimsen. Er ist Herr auf dem Boden zwischen jenen vier Grenzpfosten.

Land dieser Art nennen wir Freiland ersten Grades. Solches Freiland findet man allerdings nicht mehr in besiedelten Gegenden, sondern nur dort, wo nur erst wenig Menschen sind. In den bereits besiedelten Strichen findet man aber noch weite, oft riesige Flächen, die nicht bebaut sind, die aber durch irgend einen Mißbrauch der Machtmittel des Staates in das Privateigentum irgend eines an irgend einem Orte der Welt wohnenden Menschen gelangt sind. Ich wette, in Europa gibt es viele Tausende von Männern, die zusammen hunderte von Millionen Hektar solchen in Amerika, Afrika, Australien und Asien gelegenen Landes ihr Eigentum nennen. Wer ein Stückchen dieses Bodens haben will, muß sich mit den Eigentümern verständigen. In der Regel kann man das Gewünschte für eine kaum nennenswerte Summe erhalten oder pachten. Ob man für den Hektar Ackerland, den man zu bearbeiten gedenkt, 10 Pf. Pacht bezahlt, kann dem Arbeitsertrag so gut wie nichts abtragen. Solches bedingt freie Land nennen wir Freiland zweiten Grades.

Freiland ersten und zweiten Grades gibt es in allen Weltteilen noch in gewaltigen Strecken. Nicht immer ist es Boden erster Güte. Vieles ist mit Wald schwer bedeckt, bedarf langwieriger Ausrodungsarbeiten. Große Strecken leiden unter Wassermangel und können nur durch kostspielige Bewässerungsanlangen fruchtbar gemacht werden. Anderes Land wieder, vielfach gerade der an sich beste Boden, muß entsumpft werden, noch andere Strecken oder Täler bedürfen der Zufuhrstraßen, ohne die der Austausch der Erzeugnisse unmöglich wäre. Freiland dieser Art kommt nur für geld- oder kreditkräftige Auswanderer in Betracht. Für die Lehre von der Grundrente und vom Lohne ist es jedoch gleichgültig, ob eine kapitalistische Gesellschaft oder ob die Auswanderer unmittelbar das Freiland in Anbau nehmen. Von Belang ist das nur für das Kapital und seinen Zins. Nimmt der Freiländer solches durch Be- und Entwässerungsbauten, also durch Kapitalanlage erschlossene Land in Arbeit, so muß er für die Benutzung dieser Bauten den regelrechten Kapitalzins zahlen und diesen Zins seinen Erzeugungskosten zuzählen.

Für diejenigen aber, Einzelpersonen und Gesellschaften, die selber die für größere Aufschließungsarbeiten nötigen Mittel haben, ist heute sozusagen noch die halbe Welt Freiland. Das beste Land in Kalifornien und entlang dem Felsengebirge war bis vor kurzem noch Wüste. Jetzt ist es ein Garten von gewaltigem Umfang. Die Engländer haben Ägypten durch die Nilsperre wieder bewohnbar gemacht für Millionen und Abermillionen Menschen. Die Zuidersee, Mesopotamien und viele andere Wüsten wird man ebenso der Bebauung erschließen. So kann man sagen, daß solches Freiland zweiten Grades noch für unabsehbare Zeiten zur Verfügung der Menschen steht.

7. Der Begriff Freiland dritten Grades.

Das wichtigste Freiland aber, das auch für die Theorie des Lohnes und der Grundrentenbegrenzung höchste Bedeutung besitzt, und das wir überall in nächster Nähe zu unserer Verfügung finden, ist das Freiland dritten Grades. Der Begriff dieses Freilandes ist jedoch nicht so einfacher Natur, wie bei dem bisher beschriebenen Freiland und erfordert einige Überlegung.

Einige Beispiele werden es jedoch jedem sichtbar machen.

Beispiel 1. In Berlin darf nach der Bauordnung nur bis zu vier Stockwerken hoch gebaut werden. Wären es nur zwei Stockwerke, so würde die Stadt die doppelte Bodenfläche bedecken müssen, um dieselbe Einwohnerzahl zu beherbergen. Das Land, das durch den dritten und vierten Stock gespart wurde, ist also heute noch unbebautes, freies Bauland.

Wenn man in Berlin die amerikanische Bauart zuließe, – also 40 Stockwerke anstelle von 4 –, so würde der zehnte Teil der heutigen Grundfläche Berlins genügen. Der Rest wäre überschüssig und würde jedem Bauunternehmer zu wenig mehr als dem Ertragswert eines Kartoffelackers angeboten werden. Das Freiland für Bauzwecke ist also vom vierten Stockwerk ab nach den Wolken hin überall, selbst im Innern jeder deutschen Großstadt, in unbegrenzter Menge vorhanden.

Beispiel 2. In der Republik "Agraria" wird durch Gesetz der Gebrauch jeglichen künstlichen Düngers verboten, angeblich, weil er gesundheitsschädlich sein soll, in Wirklichkeit aber, um die Erzeugung von Getreide knapp, die Getreidepreise hochzuhalten. Die agrarianischen Grundherren glauben, daß wenig und teuer für sie besser sei, als viel und billig. Infolge dieses Verbotes und der geringen Ernten, sowie der teuern Preise, und weil außerdem die Auswanderung verboten ist, hat man in Agraria alles Öd-, Sumpf- und Heideland in Anbau genommen und es erreicht, daß die Ernten den Bedarf des Volkes decken. Trotzdem aber ist das Volk sehr unzufrieden und verlangt die sofortige gänzliche Aufhebung des Verbotes, und man erwartet dort allgemein, daß ähnlich wie in Deutschland die Bodenerträge durch den Gebrauch des künstlichen Düngers sich verdreifachen werden.

Was wird die Folge für die Grundrente und den Lohn sein? Wird da nicht in bezug auf die Äcker dasselbe eintreten, was in der Stadt geschieht, wenn eine neue Bauordnung jedem erlaubt, die bisherige Zahl der Stockwerke zu verdreifachen? Mit den künstlichen Düngern wird der Boden der Republik plötzlich dreimal größere Ernten geben als die jetzt lebende Bevölkerung braucht. Das wird bewirken, daß man von je drei Hektar zwei brach liegen lassen wird zur Verfügung künftiger Geschlechter. In derselben Republik, wo man jede Ecke Land, jeden Sumpf in Anbau genommen hatte, wird man infolge der Freigabe der künstlichen Dünger plötzlich von gewaltigen Strecken Freiland sprechen. Und dieses Freiland wird man vorläufig als Jagdgründe benutzen und es zum Jagdpachtertrag jedem anbieten, der es in Arbeit nehmen will.

Diese Beispiele aus dem Baugewerbe und der Landwirtschaft zeigen uns, wie Neuland, Freiland dritten Grades, entstehen kann und als Folge der täglich sich häufenden Entdeckungen ständig neu entsteht. Der Hirt braucht 100 Hektar Land, um seine Familie zu ernähren, der Landwirt braucht 10, und der Gärtner einen oder weniger.

Nun wird aber die gesamte Ackerfläche Europas noch sehr oberflächlich bebaut, und die Bevölkerung, selbst in Deutschland, ist noch so spärlich, daß, wenn man allgemein zur Gartenwirtschaft überginge, die Hälfte der Ackerfläche brach gelassen werden müßte, erstens, weil für solche Mengen von Lebensmitteln die Käufer, zweitens, weil für so dichte Bearbeitung des Bodens die Arbeiter fehlen würden.

Wir können also Deutschland durchweg noch als solches Freiland dritten Grades betrachten. Für die Bodenerträge, die der Landwirt bei dichter Bebauung über die Erträge des Jägers, des Hirten, der weitläufig bebauenden Landwirte hinaus einheimst, kann man den Ackerboden ebenso als Freiland betrachten, wie der Amerikaner den Raum über den bereits stehenden Stockwerken bis zu den Wolken hinaus als freien Baugrund ansieht.

Wenden wir das Gesagte auf die Grundrenten und die Lohntheorie an. Deutschland ist in dem oben beschränkten Sinne noch Freiland. Der Landarbeiter kann zu jeder Zeit auf dieses Freiland flüchten, wenn er nicht mit seinem Lohne einverstanden ist. Unter den Ertrag, den die Arbeit auf solchem Freiland dritten Grades abwirft, kann der Lohn des Landarbeiters dauernd ebenso wenig fallen, wie unter den Ertrag der Arbeit auf Freiland ersten Grades. Hier hat der Landarbeiter bei den Lohnverhandlungen einen Rückhalt, der nie versagt. Wieviel wird nun der Arbeiter als Lohn, der Grundherr als Pacht verlangen können?

8. Einfluß des Freilandes dritten Grades auf Grundrente und Lohn.

Nehmen wir an, daß zur landläufigen, der Sparhandbebauung* von 100 ha 12 Mann nötig seien und daß die Ernte 600 t betrage, also 50 t auf jeden Mann oder 6 auf den ha.

Nehmen wir weiter an, daß für die Sparlandbebauung** derselben Bodenfläche 50 Mann nötig seien und daß die Ernte dann 2000 t betrage. Es entfallen dann auf den Kopf jetzt 40 t statt 50, und auf den ha 20 statt 6 t.

Das Erzeugnis der Sparlandbebauung steigt also nach Hektar gemessen, geht jedoch nach Arbeit gemessen zurück. Bei Sparhandbebauung lieferten unsere

12 Männer je 50, also _____ 600 t,
und in Sparlandbebauung je 40, also nur _____ 480 t.
Der Unterschied von _____ 120 t

ist also auf die große Landfläche von 100 ha, die den 12 Mann diese Handspar-, d. h. geringere Arbeit heischende Bebauung gestattet, zurückzuführen. Steht ihnen die Landfläche zur Sparhandbebauung nicht zur Verfügung, so müssen sie zur Sparlandbebauung übergehen und sich dann mit einem geringeren Arbeitserzeugnis begnügen. Stellt ihnen jemand aber die zur Sparhandbebauung nötige Ackerfläche zur Verfügung, so sind sie selbstverständlich bereit, für den Vorteil, der ihnen daraus erwächst, zu bezahlen, d. h. der Besitzer dieser Ackerfläche wird eine Rente erheben können, die dem Unterschied entspricht, der zwischen dem Arbeitserzeugnis bei Sparhand- und Sparlandbebauung erfahrungsgemäß zu gunsten ersterer besteht. In unserem Beispiel also eine Rente im Betrag von 120 t von 100 ha.

Die Landwirtschaft neigt in Bezug auf Arbeitsersparnis nach der weitläufigen und in bezug auf Bodenersparnis nach der dichten Bebauung. Aus der Spannung, die sich hieraus ergibt, entspringt die Grundrente, und aus dem Grade dieser Spannung (Erfahrungssache) ergibt sich die Verteilung der Ackererzeugnisse nach Grundrente und Lohn.

---

*) Sparhand = weitläufige Bebauung (extensive Kultur).
**) Sparland = dichte Bebauung (intensive Kultur).

Warum die weitläufige Bebauung höhere Arbeitserträge und geringere Bodenerträge gibt, brauchen wir hier nicht zu erklären; das ist eine landwirtschaftliche Fachangelegenheit. Uns genügt die Tatsache, daß es sich so in der Landwirtschaft verhält, daß es in der Natur der Sache begründet liegt. Lägen die Sachen umgekehrt, etwa so, daß die weitläufige Bebauung 40 t, die dichte aber 50 t eintrüge, so würde allen Boden, für den die vorhandenen Arbeiter nicht aufzutreiben wären, einfach brach liegen lassen, weil, wie gesagt, die etwa noch vorhandenen Arbeiter durch noch gründlichere Bearbeitung des Kulturbodens größere Ernten einbringen würden als durch Bebauung von Brachland.

Die Bevölkerungslehre, die uns sagt, daß die Volkszahl den Lebensmitteln entspricht, steht mit obigem Satz nicht in Widerspruch. Die Bevölkerung vermehrt sich entsprechend der Vermehrung der Lebensmittel. Sie läuft der Sparlandbebauung nach, nicht voraus.

Durch ein Beispiel wollen wir die rechnerische Verteilung des Ackererzeugnisses zwischen Lohn und Grundrente noch schärfer beleuchten:

A. 12 Genossen bewirtschaften in dort üblicher Sparhandbebauung 100 ha eigenen Bodens und ernten 480 t, also 40 t auf den Mann.

B. 60 Genossen bewirtschaften in Sparlandbebauung ebenfalls 100 ha eigenen Bodens gleicher Güte und ernten 900 t, also 15 t auf den Mann.

1. Gegenüber den 12 Genossen haben die 60 auf den Kopf einen Minderertrag von 25 t, nämlich 40 − 15 = 25.
2. Dieser Minderertrag ist allein darauf zurückzuführen, daß die Sparhandbebauung, die A betreiben können, nach der Kopfzahl der Arbeiter berechnet, mehr Ernte ergibt.
3. Will darum einer der 60 B. mit einem der 12 A. tauschen, so muß er ihn für den Unterschied im Arbeitserzeugnis – also 25 t – entschädigen. Wollen die 12 Mann tauschen, so erhalten diese 12 auch 12 mal 25 t, zusammen also 300 t.
4. Diese 300 t, da sie auf die größere je Genosse bearbeitete Landfläche zurückzuführen sind, sind Grundrente. Jedoch nur ein Teil der wirklichen Grundrente.
5. Würden nämlich von den 60 B. 48 wegziehen, so hätten die übrigbleibenden 12 B: ebenfalls dasselbe Arbeitserzeugnis der 12 Genossen A. (480). Die 12 B. hätten dann auf den Mann 40 statt 15 t, das sind 300 t für die 12 B. oder 25 t auf den Mann mehr.
6. Den Austritt aus der Genossenschaft dieser 48 B. können die Zurückbleibenden durch eine Abfindung von 300 : 48 = 6,25 je Kopf und Jahr erlangen.
7. Wollen die Zurückbleibenden 12 B. die ausgetretenen 48 Genossen durch andere Genossen ersetzen, so muß jeder von diesen seine Beteiligung mit jährlich 6,25 t erkaufen. Wollen sie als Lohnarbeiter mitwirken, so werden ihnen die 6,25 t vom Arbeitserzeugnis (15) abgezogen. Dann bleiben als Lohn 8,75 t.

8. Die volle Rente der 100 ha ist also 60 mal 6,25 oder 375 t. Lohn und Rente verteilen sich somit wie folgt:

60 mal	6,25 = 375	für Renten-Abzug vom Erzeugnis der Sparland-Arbeit;
60 mal	8,75 = 525	Lohn, der übrigbleibt nach Abzug der Grundrente;
60 mal	15 = 900	Erzeugnis der dichten oder Sparlandbebauung
12 mal	8,75 = 105	Lohn – wie oben.
	375	Rente – wie oben.
	480	Erzeugnis der weiten oder Handsparbebauung.

Die Verteilung des Erzeugnisses durch die Rentner und Arbeiter ermittelt man wie folgt:
1. durch Feststellung des Unterschieds im Arbeitserzeugnis bei dichter und bei weiter Bebauung (40 – 15 = 25) und durch Vervielfältigung dieses Unterschieds mit der Zahl der weitläufig Wirtschaftenden. 12 mal 25 = 300 (Das Ergebnis dürfte man passend mit Rentenunterschied bezeichnen.)
2. durch Abziehen der weitläufig Wirtschaftenden (60 – 12 = 58) und Teilen des Rentenunterschieds (300) durch diese Zahl (300 : 48 = 6,25).
3. diese so gewonnene Zahl mit der Gesamtzahl der dicht Bebauenden vervielfältigt, gibt die Rente des Bodens, auf den sich die benutzten Zahlen beziehen. (60 mal 6,25 = 375).
4. zieht man die auf den Kopf der Arbeiter entfallende Rente (6,25) vom Arbeitserzeugnis (15) ab, so hat man den Lohn (15 – 6,25 = 8,75).

Unter weitläufiger oder Handspar-Wirtschaft verstehen wir diejenige Bodenbebauung, bei der sämtliche sich anbietenden Arbeitskräfte herangezogen werden müssen, um die ganze verfügbare Bodenfläche zu bewirtschaften, ganz einerlei, welches Gepräge diese Wirtschaft sonst haben mag – Jagd, Viehzucht, Dreifelderwirtschaft, Heideland, oder auch die heute gebräuchliche, vergleichsweise hoch entwickelte Landwirtschaft.

Unter Landspar-Wirtschaft (dichter Bebauung) verstehen wir diejenige Bodenbebauung, bei der, wenn sie größeren Umfang annimmt, sich ein allgemeiner Arbeitermangel einstellen muß.

Handspar- und Landspar-Wirtschaft sind also bedingt aufzufassen. Der Hirt ist dem Jäger gegenüber der Landsparwirtschaftende. Hirtenvölker werden darum auch regelmäßig Rente für die Überlassung des Bodens (Jagdgebiet) anbieten müssen und auch anbieten können.

Die Sparhandbebauung gibt das höchste Arbeitsprodukt (Lohn und Rente), die Sparlandbebauung das höchste Ackerprodukt. Der Grundeigentümer möchte beides vereinigen und sucht natürlich Sparlandbebauung zu betreiben. Das kann er aber nicht, ohne den Sparhandwirtschaftenden die Arbeiter zu nehmen und dadurch Land brach zu legen. (Freiland 3.) Daß die Eigentümer ihren Boden aber wieder nicht ohne weiteres brach liegen lassen wollen und darum die Arbeiter durch Lohnaufbesserung an ihren Boden zu fesseln suchen werden, ist auch wieder selbstverständlich; auch daß sie mit der Lohnaufbesserung bis hart an die Grenze der Einträglichkeit (Auflösung der Rente in Lohnerhöhungen) gehen werde, ist klar. Ein Grundbesitzer wird für den ha Land als Pacht immer noch lieber 1 Mark nehmen als gar nichts.

Freiland 3 wirkt somit als Lohn- und Renten-Ausgleicher. Freiland 3 schließt jede Willkür bei der Bemessung des Lohnes aus. Der Grundbesitzer zahlt nicht so viel, wie ihm behagt, und der Arbeiter fordert nicht soviel er Lust hat, sondern beide "nehmen nie mehr, als sie bekommen können".

9. Einfluß von Betriebsverbesserungen auf Rente und Lohn.

Fachliche Verbesserungen erhöhen das Arbeitserzeugnis. Unter der Bedingung, daß die Verbesserungen gleichmäßig das Arbeitserzeugnis wie bei der Sparland-, so auch bei der Sparhandbebauung erhöhen, steigen Lohn und Rente auch gleichmäßig. Wir wollen das hier nachrechnen:

A. 12 Genossen ernten auf 10 ha 480 t, je Mann 40 t.

B. 60 Genossen ernten auf 100 ha 900 t, je Mann 15 t. Nach den Berechnungen S. 26/27 beträgt die Rente der 100 ha 375 t und der Lohn 8,75 t.

Durch eine Betriebsverbesserung wird das Arbeitserzeugnis gleichmäßig um 1/4 gehoben, bei A. von 480 auf 600 t oder von 40 auf 50 je Kopf, und bei B. von 900 auf 1125 t, je Kopf von 15 auf 18.75 t.

Nach Anweisung S. 26/27 gelangen wir zu folgendem Ergebnis:
Rente: 50 – 18,75 = 31,25 mal 12 = 375 : 48 = 7,81 mal 60 = 468,60.
Lohn: 18,75 – 7,81 = 19,94.

A. 12 mal 10,94 = 131,34 Lohn
                  468,66 Rente
                  600,00 Produkt

B. 60 mal 10,94 = 656,40 Lohn
                   468,60 Rente
                   1125,00 Produkt.

Demnach ist die Rente von 375 auf 468,50 = 25 % gestiegen, und ebenso hat sich der Lohn von 9,75 auf 10,94 = 25 % erhöht.

Das Verteilungsverhältnis ist also unbeeinflußt geblieben. Der Rentner zieht aus der Betriebsverbesserung in diesem angenommen Fall denselben Vorteil wie der Arbeiter.

Jedoch kommen die Betriebsverbesserungen nur selten beiden Bebauungsarten, Sparhand und Sparland, zustatten, und noch seltener kommen sie beiden Bebauungsarten gleichmäßig zustatten. Was macht der Sparlandbauer z. B. mit einem 10 scharigen Motorpflug oder mit einem Säe-Pflugzeug? Eine solche Maschine läßt sich nur bei großen Flächen verwenden. Für die Sparlandbebauung ist sie vollkommen nutzlos, so etwa wie der Löwe für die Mäusejagd nutzlos ist.

Für Freiland 3 kommt der Motorpflug nicht in Frage, um so mehr aber für Freiland 1 und 2, in den weiten Ebenen Amerikas. Dort wendet ein einziger Motorpflug* die Äcker von 50 und mehr Bauern, und war wendet er sie

---

*) Der Motorpflug ist zuweilen Eigentum der Bauerngenossenschaft, in der Regel aber eines Unternehmers, des Hufschmieds, der auch die Instandsetzungen vornimmt.

Einfluß von Betriebsverbesserungen auf Rente und Lohn.

gut und billig. Natürlich vergrößert sich das Arbeitserzeugnis dieser Freiländer dadurch außerordentlich. Vom Arbeitserzeugnis aber hängt der Arbeitsertrag ab, und dieser Arbeitsertrag des Freiländers bestimmt den Lohn der Arbeiter auf dem Rentenland überall. Wenn nun alle Umstände, die bei der Umwandlung des Arbeitserzeugnisses in Arbeitsertrag mitspielen, unverändert bleiben, so müßte der Lohn allgemein im demselben Verhältnis steigen, wie durch den Motorpflug das Arbeitserzeugnis gestiegen ist. Jedoch bleiben diese Umstände nicht unverändert, und hier zeigt es sich wieder, wie nötig unsere zu Anfang gemachte Unterscheidung zwischen Arbeitserzeugnis und Arbeitsertrag war. Denn der Arbeitsertrag, nicht das Arbeitserzeugnis bestimmt die Löhne allgemein.

Wenn der Arbeitsertrag des Freiländers nun wächst, so steigt ohne weiteres auch der Arbeitsertrag der Industriearbeiter. Wenn das nicht wäre, so würden die Industriearbeiter zur Landwirtschaft, zum Freiland 1, 2 und 3 zurückfluten. Dieses Steigen der Industriearbeitslöhne geschieht durch eine Verschiebung im Tauschverhältnis zwischen den Erzeugnissen des Freiländers und denen der Industrie. Statt 10 Sack Weizen muß der Freiländer 12 Sack hergeben für einen Phonographen, eine Flinte, eine Hausapotheke. So verliert der Freiländer bei der Umwandlung des Arbeitserzeugnisses in Arbeitsertrag einen Teil des Mehrproduktes an den Industriearbeiter. Der Motorpflug treibt also den Lohn auf der ganzen Linie aufwärts.

Jedoch ist das, was die Lohnarbeiter durch den Motorpflug gewinnen, größer als das, was der Motorpflug an Erzeugnissen mehr schafft. Der Motorpflug mag 100 Millionen Tonnen mehr schaffen, aber auf alle Arbeiter verteilt, wäre das eine sehr geringe Summe, die in gar keinem Verhältnis steht zur Arbeitsertragssteigerung der Freiländer. Und das verhält sich so:

Erhöht sich der Arbeitsertrag der Freiländer 1 und 2, so steigt auch der Lohn der Arbeiter auf europäischem Rentenboden, und zwar ohne daß das Arbeitserzeugnis wächst (weil ja hier der Motorpflug sich nicht, oder nur in sehr beschränkterem Maße anwenden läßt.) Die Lohnsteigerung geschieht hier also auf Kosten der Grundrente. Die Mittel für die Lohnerhöhung kommen also nur zum kleinsten Teil aus dem Mehrerzeugnis der Freiländer. Suchen wir dies ebenfalls rechnungsmäßig zu erfassen.

Das Arbeitserzeugnis des Freiländers 1 und 2 wächst infolge Erfindung leistungsfähiger Maschinen, und zwar nach Abzug der Zinsen und Unterhaltungskosten dieser Maschinen, um 20 %. Der Arbeitsertrag wächst nur um 10 %, weil, wie wir gezeigt haben, der Industriearbeiter für seine Erzeugnisse mehr fordert und auch mehr fordern kann. Das Tauschverhältnis der gewerblichen zu den landwirtschaftlichen Erzeugnissen verschiebt sich um 10 % zugunsten der ersteren. Bleiben also von den 20 nur 10 % übrig, die sich auf den allgemeinen Arbeitslohn übertragen.

So müssen unsere Grundherren in die Grundrente greifen, um die erhöhten Forderungen der Arbeiter zu befriedigen, da das Erzeugnis ihres Ackers nicht gestiegen ist. Betrug also die Rente von 100 ha 375 t, die Zahl der Arbeiter 12, der Lohn 8,75, so werden die Lohnausgaben jetzt 8,75 + 10 % = 9,62 mal 12 = 115,44, statt 12 mal 8.75 = 105 t betragen. Von der Rente gehen 10,44 t ab, sie beträgt jetzt 364,55 t. Doch beschränkt sich der Verlust des Grundherrn nicht auf den in t ausgedrückten Rückgang seiner Rente. Mit der Rente in Gestalt von Tonnen landwirtschaftlicher Erzeugnisse ist ihm ebensowenig gedient, wie dem Freiländer mit dem Arbeitserzeugnis. Beim Tausch aber der 364,56 t gegen gewerbliche Erzeugnisse verliert er infolge der beschriebenen Verschiebung im Tauschverhältnis wieder 10 %, so daß die Rente jetzt 364,56 − 10 % = 328,10 beträgt. In Prozent ausgedrückt beträgt der Gesamtverlust $12^1/_2$ %. Je kleiner die Rente im Verhältnis zu den Lohnausgaben ist, um so fühlbarer wird die Lohnsteigerung für den Rentner sein. Da es aber wieder nicht angeht, daß dem Grundherrn aus der Anstellung von Arbeitern ein Verlust erwächst, daß also der weitläufig wirtschaftende Grundherr mehr Rente aus dem Boden schlägt als der gedrängt wirtschaftende Grundherr, so vollzieht sich eine rückwärtige Bewegung von der dichten zur weitläufigen Bebauung. Es werden Arbeiter frei, die auf den Lohn drücken und ihn unter seine regelrechte Höhe (d. i. der um 10 % gehobene Arbeitsertrag des Freiländers 1 und 2) herabsetzen. Dann wächst die Auswanderung, bis das Gleichgewicht der Löhne hier und des Arbeitsertrages dort wieder hergestellt ist.

Nun haben wir noch die Teilung des Produkts in Lohn und Rente für den Fall zu berechnen, daß die Betriebsverbesserung der Sparhandbebauung zugute kommt, der Sparlandbebauung jedoch nicht.

Das Arbeitserzeugnis der 12 Genossen A. steigt von 480 auf 600 t, das der 60 Genossen B. bleibt auf 900 stehen. Auf den einzelnen Mann berechnet entfallen auf die Genossen A. jetzt 50 t und auf die Genossen B. immer noch 15 t. Der Unterschied steigt von 25 auf 35 t.

Nach unserer Anweisung S. 26/27 berechnet, beträgt nun die Rente 525 statt 375 und der Lohn 6,25 statt 8,75.

35 mal 12 = 420 : 48 = 8,75 mal 60 = 525 t, das ist die Rente.
15 − 8,75 = 6,25, das ist der Lohn.

12 mal 6,25 =   75 Lohnausgaben   60 mal 6,35 = 375 Lohn
                  525 Rente   525 Rente
                  600 Produkt   900 Produkt

Wir erkennen aus diesen Beispielen, daß der Einfluß von Betriebsverbesserungen sich sehr ungleich bei der Verteilung der Bodenerzeugnisse fühlbar macht, daß es sehr darauf ankommt, wem die Neuerungen in erster Linie dienen, ob dem Freiland 1 und 2 oder dem Freiland 3, oder gar der Sparhandbebauung.

Wir erkennen aber auch, daß die Arbeiter in früherer Zeit nicht immer fehlgingen, als sie die Einführung der Maschinen als Nachteil für sich empfanden und ihre Zerstörung forderten. Es kann ja vorkommen, wie das in dem zuletzt berechneten Falle geschieht, daß die Rente bei Betriebsverbesserungen nicht nur das Mehr an Erzeugnissen für sich beansprucht, sondern noch darüber hinaus den Lohn herabsetzt. So stieg in dem zuletzt angenommenen Fall das Erzeugnis der Sparhandbebauung von 480 auf 600 t = 25 %, die Rente aber stieg von 375 auf 525 t = 40 %. Und trotz des vermehrten Arbeitserzeugnisses (50 statt 40) ging der Lohn herunter von 8,75 auf 6,25 t.

10. Einfluß wissenschaftlicher Entdeckungen auf Rente und Lohn.

Mehr noch als den Maschinen ist es wissenschaftlichen Entdeckungen zu verdanken, daß die deutschen Äcker in den letzten Jahrzehnten ihren Ertrag verdreifacht haben. Ich erwähne hier nur kurz die Entdeckung der Dungkraft der Kalisalze und der Thomasschlacke, die Stickstoff sammelnden Pflanzen, die künstliche Herstellung von Stickstoffdünger (Kalkstickstoff), die Bekämpfung der Pflanzen- und Tierseuchen usw.*

Diese Entdeckungen haben jedoch nicht gleichmäßig den Boden befruchtet. Weitaus den größten Vorteil aus diesen Entdeckungen haben die bisher als vollkommen unfruchtbar geltenden Heide-, Moor- und Sandböden gezogen. Hier kann man nicht nur von einer Verdreifachung des Ertrages reden, sondern von einer Schöpfung neuen Bodens, da der Sand und die Heide ja bis dahin überhaupt nicht bebaut werden konnten. Ein kleiner Teil dieser Ödländereien gab durch Abbrennen des Heidekrauts alle 15 Jahre eine dürftige Ernte. Jetzt geben diese Ländereien regelmäßig alle Jahre reiche Ernten. Die an sich, von Natur aus fruchtbaren Äcker können selbstverständlich ihre ohnehin schon reichen Erträge nicht noch einmal verdreifachen. Sie liefern selbst die zur ewigen Verjüngung nötigen Düngestoffe, wenn, wie das die Regel ist, Ackerbau und Viehzucht Hand in Hand gehen. Darum spielen hier die künstlichen Düngestoffe eine bedeutend geringere Rolle als auf den von Natur aus unfruchtbaren Heiden. Noch weniger Einfluß haben die künstlichen Düngestoffe auf die Erträge des Freilands 1 und 2. Diese jungfräulichen Äcker brauchen in der Regel überhaupt noch keine Düngung; außerdem sind die künstlichen Düngstoffe nur mit hohen Frachtkosten dorthin zu schaffen.

So wirken also die wissenschaftlichen Entdeckungen, je nach dem Boden, auf dem sie Anwendung finden, verschieden auf Lohn und Rente, und es ist darum genau wie bei den Maschinen unmöglich, allgemein von ihnen zu sagen, daß sie den Lohn oder die Rente heben oder senken. Um im Einzelfall klar zu sehen, ist eine umfassende, mit Vor- und Umsicht geführte Untersuchung aller Dinge nötig, die hier eingreifen. Hat man sie alle in die Rechnung eingestellt, so kann man nach unserer Anweisung S. 26/27 verfahren. Hat man nichts vergessen, alles richtig eingeschätzt, so kommt man zu sicheren Ergebnissen. Darum können wir auch darauf verzichten, die Sache hier, ähnlich wie im vorigen Abschnitt, durch Rechenbeispiele zu erklären.

11. Gesetzliche Eingriffe in Lohn und Rente.

Der Einfluß der Gesetzgebung auf die Verteilung des Arbeitserzeugnisses unter die Rentner und Arbeiter ist mannigfach und weitreichend. Oft hört man sogar sagen, daß die Politik der Hauptsache nach in nichts anderem bestehe, als in Angriffen auf Lohn und Rente, und in deren Abwehrmaßregeln. In der

---
*) Der Physiker Lodge erzielte durch Elektrisierung der Felder um 30 – 40 % höhere Ernteerträge.

Regel geht man hier gefühlsmäßig vor. Man durchschaut die Zusammenhänge nicht völlig, oder wenn man sie durchschaut, so gebietet die Klugheit, sie nicht aufzudecken. Um den wissenschaftlichen Nachweis, daß die Mittel, die man mit Eifer und Leidenschaft verteidigt, auch das gesteckte Ziel treffen werden, müht man sich nicht viel ab. Politik und Wissenschaft passen nicht zu einander; oft besteht das Ziel der Politik gerade darin, den Durchbruch einer wissenschaftlichen Erkenntnis zu verhindern oder wenigstens zu verzögern. Was hat man nicht alles von den Zöllen behauptet?! Sie schützen und fördern die Landwirtschaft, sagen diejenigen, die den unmittelbaren Vorteil in die Tasche stecken; Brotwucher und Raub heißen sie bei denen, die den Zoll an der Kleinheit der Brote wahrnehmen. Den Zoll bezahlen die Ausländer, sagen die einen, und ihnen antworten die anderen, es sei nicht wahr, der Zoll würde vielmehr auf die Verbraucher abgewälzt. So streitet man über einen rein menschlichen Vorgang, der sich vor unseren Augen abspielt, seit fünfzig Jahren, und noch sind sie alle so klug wie zuvor. Es wird sich darum wohl lohnen, den Einfluß der Gesetzgebung auf die Verteilung der Waren rechnungsmäßig darzulegen.

Wenn ein Kaufmann eine Ladung Tabak bestellt und weiß, daß er an der Grenze 100 Mark Zoll für den Ballen zu zahlen haben wird, so wird jedermann zugeben, daß der Kaufmann überzeugt sein muß, den Zoll, mit Zins und Gewinn belastet, auf den Preis des Tabaks schlagen zu können. Der Zoll ist ein wesentlicher Bestandteil des Kapitals für den Kaufmann, der die Zollrechnung bei der Bestandsaufnahme ins Haben bucht, genau wie die Kisten, Säcke und Ballen:

100 Tonnen Java-Tabak	200 000 M.
Fracht und Zoll	50 000 M.
	250 000 M.
10 % erwarteter Gewinn	25 000 M.
Kapital	275 000 M.

So machts der Kaufmann mit den Zöllen. Warum könnte es nun unser Grundbesitzer nicht auch mit dem Gelde so machen, das der Staat von ihm als Grundsteuer erhebt? Daß dies so geschehe, wird ja auch vielfach behauptet. Grundbesitzer selbst sind es, die sagen, sie würden jede Steuer einfach, mit Zins und Gewinn belastet, auf die Pächter und Mieter abwälzen, und letzten Endes fände die Grundsteuer im kargen Lohn des Arbeiters ihre letzte Ruhestatt. Wenn das aber der Fall ist, so folgern diese Grundbesitzer, so ist es doch viel besser, die Grundsteuer in eine Kopfsteuer, in eine Lohnsteuer oder Einkommensteuer zu verwandeln. Die Arbeiter sparen dann wenigstens den Gewinn und Zins, den der Grundherr auf die Steuern schlägt!

Um nun diesen Fall näher untersuchen zu können, ist es unerläßlich, eine Frage zu beantworten, die Ernst Frankfurth in seiner lichtvollen kleinen Schrift "Das arbeitslose Einkommen" * gestellt hat: Was geschieht mit dem Ertrag der Grundsteuer? Es kann doch für das weitere Geschick der Grundsteuer nicht einerlei sein, ob der Staat die Steuereingänge dazu verwendet, um dem Grundherrn neue Straßen durch seine Ländereien zu bauen, um das Schulgeld

---

*) Physiokratischer Verlag, Berlin-Lichterfelde.

für die Kinder seiner Pächter zu ermäßigen, oder etwa um Einfuhrpämien für ausländisches Getreide zu bezahlen. Solange wir das nicht wissen, können wir auch die Frage nicht beantworten, wer die Grundsteuer letzten Endes bezahlt. So sagt Ernst Frankfurth.

Es gibt Grundbesitzer, die nicht warten, daß der Staat sie besteuert, um ihnen mit dem Geld eine Straße zu bauen, die für die Bewirtschaftung ihrer Ländereien nötig geworden ist. Sie bauen sie selber. Die Kosten bilden eine Kapitalanlage, ähnlich wie das Ausroden, die Entwässerung usw. Der Grundbesitzer erwartet von der Straße Vorteile, die den Zins des dazu aufzuwendenden Geldes aufwiegen. Wenn trotzdem in der Regel der Staat die Straßen baut und die Grundbesitzer dafür besteuert, so liegt das einfach daran, daß zum Bau von Straßen, die der Regel nach das Gebiet mehrerer Grundbesitzer mit entgegengesetzten Belängen durchschneiden müssen, Enteignungsrechte nötig sind, die nur dem Staate zustehen. Aber auch wenn der Staat die Straße baut, ist die hierfür erhobene Grundsteuer eine Kapitalanlage, deren Zins der Grundherr in voller Höhe wieder einzuholen hofft. Und diese Eigenschaft haben die Steuern fast allgemein. Wenn der Staat eine Grundsteuer erhebt, um die Grenze gegen den Einfall der Wilden zu schützen, so spart der Grundherr den Betrag dieser Steuer an der Versicherung gegen den Einfall der Kosaken und Amerikaner.

Wenn also der Staat die Erträge der Grundsteuer zugunsten der Grundherren verwendet, so sind diese Steuern einfach als Kapitalanlage zu betrachten. Sie bedeuten die Entlohnung des Staates für Dienste, die er geleistet hat. Der Grundherr kann diese Steuern dort buchen, wo er den Lohn seiner Arbeiter bucht. Verpachtet er den Boden, so schlägt er die Steuer auf den Pachtzins, in voller Höhe, wenn der Staat billig und gut arbeitet, mit Gewinn sogar, wenn der Staat bei seiner Arbeit den Witz eines tüchtigen Bauunternehmers entwickelt hat.

Wie verhalten sich aber die Dinge, wenn der Staat den Grundherrn besteuert, um mit dem Ertrag den Pächter oder die Arbeiter etwa vom Schulgeld zu befreien? Kann der Grundherr dann auch noch die Grundsteuer als einträgliche Auslagen betrachten? Nehmen wir an, es wäre nicht so, der Grundherr könne vielmehr weder dem Pächter den Pachtzins um den Betrag des von diesem gesparten Schulgeldes erhöhen, noch könne er den Lohn der Arbeiter herabsetzen. Pächter und Lohnarbeiter hätten also einen um den Betrag des beseitigten Schulgeldes erhöhten Arbeitsertrag. Warum soll aber der Grundherr den Arbeitsertrag der Pächter und Arbeiter erhöhen? Etwa weil er selbst besteuert wird? Dazu läge aber kein Grund vor, da der Arbeitsertrag des Pächters und Lohnarbeiters ja vom Arbeitsertrag auf Freiland 1, 2 und 3 bestimmt wird. Käme die Verwendung der Grundsteuererträgnisse auch den Freiländern 3 zustatten, etwa ebenfalls in Form einer Schulgeldermäßigung, dann allerdings wäre das Gleichgewicht zwischen dem Arbeitsertrage des Lohnarbeiters und Pächters und dem der Freiländer ungestört, und dem Grundherrn wäre es unmöglich, die Grundsteuer auf Pacht und Lohn abzuwälzen. Im anderen Falle aber sagt er dem Pächter: "Zu den sonstigen Vorteilen, die mein Acker dir bietet, kommt auch die freie Schule für deine Kinder. Fetter Lehmboden, gesundes Klima, schöne Aussicht auf den See, die Nähe des Marktes, freie Schulen –

alles zusammengerechnet – du hast mir 100 M. Pacht für den Hektar zu zahlen." Und dem Lohnarbeiter sagt der Grundherr: "Du kannst ja wegziehen, wenn du mit dem Lohnabzug nicht einverstanden bist. Rechne nach, ob du mit dem Lohn, den ich dir zahle, bei der freien Schule für deine Kinder und den sonstigen sozialen Einrichtungen du dich nicht ebenso gut stehst, wie wenn du Freiland 1, 2 und 3 bebaust. Rechne nach, ehe du wegziehst!"

Man sieht, daß die Grundsteuer in voller Höhe abgewälzt wird, sobald ihr Ertrag nicht auch dem Freiländer, namentlich dem Freiländer 3 zugute kommt. Wird der Ertrag der Grundsteuer dagegen in irgend einer Form der Sparlandbebauung zugeführt, so überträgt sich die Erhöhung des Arbeitsertrages der Freiländer 3 auf den Lohn der in der Sparhandbebauung beschäftigten Arbeiter, und die Grundsteuer ist in diesem Falle nicht nur nicht abwälzbar, sondern sie belastet sogar die Grundrente zweifach, einmal um den vollen Betrag der Steuer, das andere Mal in Gestalt der erhöhten Forderungen der Arbeiter.

Diese merkwürdige Erscheinung wollen wir auch rechnungsmäßig zu belegen suchen: Grundrentner A. hat von seiner Rente von 525 t die Hälfte an Steuern zu entrichten. Der Ertrag der Grundsteuern wird den Freiländern 3, also der Sparlandbebauung, in irgend einer Form zugeführt. Das Produkt der Freiländer 3 steigt von 900 t auf etwa 1200 t.

Wir wenden hier unsere Lohn- und Rentenberechnungsweise an und erhalten folgende Rechnung:

Bisher:
Sparhandbebauung A. 100 ha, 12 Arbeiter 480 t, je Mann 40 t.
Sparlandbebauung B. 100 ha, 60 Arbeiter 900 t, je Mann 15 t,
laut Rechnung s. 26/27 ist die Rente 375 t, der Lohn 8,75 t.

Jetzt:
Sparhandbebauung   A. 100 ha, 12 Arbeiter 480 t,   je Mann   40 t.
Sparlandbebauung   B. 100 ha, 60 Arbeiter 1200 t, je Mann   20 t,
                                                   Unterschied 20 t.

Ausrechnung:
20 mal 12 = 240 : 48 = 5 mal 60 = 300 t Rente (bisher 375), 20 – 5 = 15 t Lohn (bisher 8.75).

A. 12 mal 15 t Lohn = 180
    Rente   300
    Produkt   480

B. 60 mal 15 =   900 Lohn
                     300 Rente
    Produkt   1200

Durch die Art der Steuerverwendung geht also die Rente von 375 auf 300 zurück, wovon dann der Betrag der Steuer 50 % von 375 = 187,50 abzuziehen wäre, so daß von der ursprünglichen Rente von 375 nur mehr 112,50 t übrigbleiben. Der Steuersatz von 50 % verwandelt sich also durch die lohntreibende Verwendung des Steuerertrages in einen Rentenrückgang von 70 %.
375 – 112,50 = 262,50 : 375 = 70 %.

Man sieht also, wie sehr Frankfurth recht hatte, als er fragte, was mit dem Ertrag der Grundsteuer gemacht wird, und wie unvernünftig es ist, an die Beantwortung der Frage, ob die Grundsteuer abwälzbar sei oder nicht, heranzutreten, ohne die dazu nötigen Vorarbeiten vollendet zu haben. Auch mag man jetzt schon ahnen, wie oft die von den Sozialpolitikern empfohlenen Mittel ihr Ziel verfehlen, wie oft sie auch das Gegenteil von dem Erstrebten bewirken mögen. Man sieht aber auch, welche Macht der Staat bei der Verteilung der Arbeitserzeugnisse ausüben kann.

Nur um uns etwas Übung in der Beurteilung sozialpolitischer Vorschläge zu verschaffen, wollen wir auch noch den Fall untersuchen, daß der Staat zur Abwechslung statt der Kornzölle eine Korneinfuhrprämie einführt und daß er sich die dazu nötigen Mittel durch eine Grundrentensteuer verschafft. Der Staat nimmt also den Grundbesitzern einen Teil ihres Getreides und gibt es denen, die Getreide einführen, mittelbar oder unmittelbar, also den Freiländern 1 und 2, aber nicht den Freiländern 3.

Wir gehen von den Verhältnissen aus, die wir S. 26/27 unserer Rechnung zugrunde legten. Dem in Deutschland geltenden Lohnsatz von 8,75 t entspricht der Ertrag der Arbeit auf Freiland 1 und 2. Das heißt, das Arbeitserzeugnis des Freiländers, das 30 t betragen mag, schrumpft durch Frachtkosten und Zölle auf 15 t zusammen und geht bei der Umwandlung des Erlöses dieser 15 t in die Gegenstände des Arbeitsertrages (Gebrauchsgüter des Freiländers) durch die Frachtkosten, die diese Rückfracht belasten, weiter zurück, so daß zuletzt bei der Ankunft im Hause des Freiländers auch nur 8,75 t als Arbeitsertrag übrigbleiben.

Nun sollen in Deutschland die Kornzölle in Korneinfuhrprämien umgewandelt werden, nach dem Grundsatz: waren die Kornzölle den Rentnern recht, so sind jetzt den Arbeitern die Einfuhrprämien billig. Infolgedessen braucht der Freiländer nicht nur keinen Zoll mehr zu bezahlen, sondern er erhält noch aus den Renten der deutschen Grundbesitzer für je 10 t, die er ins Reich einführt, noch etwa 3 t als Prämie ausgeliefert. So daß er jetzt 18 statt 15 t zum Verkauf bringt, und sein Arbeitsertrag mag jetzt betragen 8,75 mal 18:15=10,50.

Erhöht sich der Arbeitsertrag der Freiländer, so steigt auch der Lohn der deutschen Arbeiter. Das Ergebnis ist dasselbe wie im vorangehenden Fall; der Grundherr muß Steuern zahlen, deren Ertrag dem Lohn zukommt, so daß die Steuer nicht nur nicht abwälzbar ist, sondern über die eigne Größe hinaus auf die Grundrente drückt. Das gestörte Gleichgewicht ist mit diesem Rentenrückgang noch nicht wieder hergestellt. Die Erhöhung der Löhne im Landbau auf Freiland 1, 2 und 3 bewirkt, daß Industriearbeiter zur Landwirtschaft zurückkehren, daß mehr landwirtschaftliche, weniger gewerbliche Erzeugnisse auf den Markt geworfen werden, daß das Tauschverhältnis sich zugunsten der Industrieerzeugnisse und sonstigen Leistungen verschiebt, und daß der Rentner nun noch für sein schon stark geschwächtes Rentenprodukt (Weizen) noch außerdem einen geringeren Rentenertrag (alles, was der Rentner zum Leben braucht) eintauscht.

Selbstverständlich wirkt diese Verschiebung im Tauschverhältnis der landwirtschaftlichen und gewerblichen Erzeugnisse auch zurück auf den erhöhten Arbeitsertrag der Freiländer 1, 2 und 3, sowie auf den Lohn der Landarbeiter, bis auch dort das Gleichgewicht im Arbeitsertrag aller gefunden ist.

12. Zölle, Lohn und Rente.

Mancher wird nun geneigt sein, ohne weiteres anzunehmen, daß, da der Einfuhrzoll das Gegenteil der Einfuhrprämie ist, mit den Zöllen die Dinge einfach umgekehrt verlaufen müssen. Der Zoll müsse also die Grundrenten in doppelter Weise heben, einmal unmittelbar durch die dem Zoll entsprechende besondere Preiserhöhung der Landerzeugnisse, das andere Mal durch den Druck auf den Lohn, der von dem um die Zollasten verminderten Arbeitsertrag der Freiländer 1 und 2 ausgeht. Untersuchen wir, ob das stimmt.

Zunächst sei hier bemerkt, daß der Schutzzoll sich grundsätzlich von anderen Zöllen und Steuern dadurch unterscheidet, daß der Einfluß dieses Zolles den Grundbesitzer viel stärker berührt als den Staat, der ihn erhebt. Auf 100 Millionen, die der Staat von der Getreideeinfuhr erheben mag, kommen 1000 Millionen*, die die Grundbesitzer durch erhöhte Brotpreise von den Brotverbrauchern erheben. Darum nennt man das Ding auch Schutzzoll, denn es soll die Renten der Grundbesitzer schützen und mehren, den Pfandbriefen und Hypotheken neue Sicherheiten gewähren. Wenn es sich nur um staatsschatzliche Zölle handelt, so wird, wie es z.B. beim Tabak geschieht, nicht nur die eingeführte Ware, sondern auch die im eigenen Lande gewachsene Ware versteuert. Wer z. B. in Deutschland mehr als eine Tabakpflanze im Garten hat, muß dies der Steuerbehörde melden, und in Spanien ist oder war mit Rücksicht auf die Staatseinnahmen der Tabakbau geradezu verboten. Ist aber der Zoll beim Getreide für die Staatskasse so nebensächlich, so ist für das, was wir zeigen wollen, auch die Frankfurthsche Frage nach der Verwendung der Zollerträge in diesem Falle nur von untergeordneter Bedeutung. Die gezahlten Kornzölle wollen wir darum ganz außer Betracht lassen und unsere Aufmerksamkeit den unter den Schutz der Zölle gestellten Grundrenten zuwenden.

Bei der Teilung der Produkte zwischen Grundrentnern und Arbeitern geht es nicht willkürlich zu, sondern nach den in den Dingen liegenden Gesetzen. Künstliche Eingriffe in diese Verteilung müssen unter Benutzung dieser Gesetze, nicht aber gegen sie erfolgen, da sie sonst scheitern müssen. Jedoch, wenn auch der Versuch scheitert, so dauert es doch gewöhnlich eine geraume Zeit, bis das gestörte Gleichgewicht der Kräfte wieder hergestellt ist, und in der Zwischenzeit mag es oft zugehen wie bei einem Pendel, das durch einen Stoß aus der Ruhelage gebracht wird. Der Teilungspunkt im Arbeitserzeugnis pendelt dann zwischen Rente und Lohn, bis er seine alte Stellung wieder einnimmt.

Wenn nun der Gedanke des Schutzzolles den wirtschaftlichen Gesetzen, die die Verteilung des Produktes zwischen Lohn und Rente beherrschen, widersprechen sollte, so müßte er Zoll auch an seinem Ziel vorbeischießen und das, was man mit ihm beabsichtigt, die Hebung der Rente auf Kosten der Löhne, dürfte allenfalls nur vorübergehend eintreten, nämlich bis das durch gesetzlichen Eingriff gestörte Gleichgewicht der Kräfte sich von selbst wiederherstellt.

---

*) Der genaue Betrag in jedem Lande ergibt sich aus dem Verhältnis der Einfuhr zur inländischen Erzeugung.

Wir wollen diesen Dingen nur so weit nachspüren, wie nötig, um ein ganz allgemeines Bild von den wirtschaftlichen Vorgängen zu gewinnen, die durch den Zoll entstehen. Wenn wir uns für die in der Privatwirtschaft und sonstwie eintretenden Einzelfälle ein nutzbares Urteil bilden wollten, z. B. über die Frage, um wieviel ein Zollsatz von 20 Mark den Verkaufspreis eines bestimmten Rittergutes hinauftreiben würde, so müßten wir diese Untersuchung weit über den Rahmen dieser Schrift ausdehnen.

Was uns am Zoll zunächst angeht, ist sein Einfluß auf den Arbeitsertrag der Freiländer, und zwar der Freiländer 1 und 2, von dem der Lohn auf den zollgeschützen Böden abhängig ist. Vom Arbeitsertrag der Freiländer 3, dessen Arbeitserzeugnis durch den Zoll ebenfalls "geschützt" wird, reden wir nachher.

Der Freiländer 1 und 2 betrachtet mit Recht den Zoll als ein Last, wie jede andere Last, die den Austausch seines Arbeitserzeugnisses gegen die Gegenstände seines Arbeitsertrages verteuert. Ob diese Verteuerung von erhöhten Frachtsätzen, von erhöhten Sackpreisen, von Seeräuberei oder Unterschleifen oder von Zöllen herrührt, ist für ihn so weit ganz einerlei. Das, was der Verbraucher für sein Arbeitserzeugnis (Weizen) bezahlt, das betrachtet der Freiländer als seinen Arbeitserlös, und diesen Erlös schmälern Zoll und Fracht. Sein Arbeitsertrag ist entsprechend kleiner. Büßte er bisher von seinem Arbeitserlös etwa 30 % an Frachtausgaben ein, so mag dieser Satz durch den Zoll auf 50 bis 60 % steigen.

Die Fracht von den argentinischen Seehäfen nach Hamburg dreht sich gewöhnlich um 15 Mark für die Tonne von 1000 Kilo. Hierzu kommt die Bahnfracht von der Erzeugungsstätte bis zum Hafen, die das Mehrfache beträgt, im ganzen etwa 50 Mark. Der deutsche Einfuhrzoll beträgt 55 Mark für 1000 Kilo. Zusammen also 105 Mark bei einem Preise von etwa 240 Mark.

Unmittelbar infolge der Zölle sinkt also der Arbeitsertrag der Freiländer 1 und 2, und da von diesem Arbeitsertrag der Lohn der Arbeiter auf dem zollgeschützten Boden abhängig ist, so geht auch hier der Lohn zurück, wenn auch zunächst vielleicht nur mittelbar durch höhere Lebensmittelpreise bei gleichen Geldlöhnen. Der Zoll gestattet also dem Grundbesitzer, höhere Preise für die Erzeugnisse zu fordern, ohne daß er das Mehr seiner Einnahmen in höheren Löhnen auszugeben oder höhere Preise für die von ihm persönlich benötigten Industrieprodukte zu zahlen braucht, denn infolge des Rückganges des Arbeitsertrages der Freiländer 1 und 2 läßt sich eine Lohnerhöhung oder Abwälzung der Zollasten auch von den Industriearbeitern nicht durchsetzen, deren Lohnkämpfe ja ebenfalls auf dem Boden des Arbeitsertrages der Freiländer ausgefochten werden. Für die Industriearbeiter ist somit die Zollast ebenso unabwälzbar, wie für die Landarbeiter und die Freiländer 1 und 2. Der Zoll ist, solange sich die noch zu besprechenden, langsam einsetzenden Rückwirkungen nicht fühlbar machen, in seiner vollen Höhe ein glattes Geschenk an die Grundrentner – wobei hier unter Zoll nicht das gemeint ist, was an der Grenze in die Reichskasse fließt, sondern das, was auf allen Märkten des Landes für die heimischen Erzeugnisse wegen der Zollsperre in erhöhten Preisen von jedem Brot, jedem Ei, jedem Schinken, jeder Kartoffel von dem Verbraucher erhoben wird und in die Tasche der Grundrentner fließt. (Soll der Boden verpachtet werden, so erhöht sich das Pachtgeld unmittelbar um den Zoll; wird der Boden verkauft, so wird der Zoll zum Vermögen geschlagen, also mit 10 oder 25 vervielfältigt und dem gewöhnlichen Bodenpreis hinzugefügt.)

Der Zoll, sagen die Politiker, wird vom Ausland bezahlt. Und es stimmt, es stimmt vollkommen. Das, was an der Grenze in die Kasse des Reiches an Zollabgaben fließt, das Häufchen Geld wird allerdings von dem im Auslande angesiedelten Freiländer (vielfach deutsche Auswanderer) bezahlt. Das geht von seinem Arbeitsertrag ab. Aber kann man denn im Ernste dem deutschen Arbeiter die Zölle dadurch schmackhafter machen, daß man sagt: der Freiländer zahlt das, was an Zöllen an der Grenze eingeht. Ein netter Trost, wenn der Arbeitsertrag des Freiländers maßgebend ist für den Lohn des deutschen Arbeiters! Ein netter Trost für den Arbeiter, der die von den deutschen Grundbesitzern um die volle Höhe der Zollsätze erhöhten Preise der Lebensmittel aus seiner Tasche zahlen muß!

Der Glaube, die Hoffnung und die zuversichtliche Behauptung, daß der Kapitalzins einen Teil der Zollasten tragen wird, sind, wie wir noch zeigen werden, irrig. Den Zins kann man nicht besteuern, namentlich das neue, anlagesuchende Kapital nicht. Es ist frei und unabhängig von jeder Zollpolitik.

Jedoch bleibt der Zoll nicht ohne Rückwirkungen. Langsam aber ebenso sicher machen sie sich fühlbar. Das geht folgendermaßen zu: Der Freiländer in Manitoba, der Mandschurei oder in Argentinien schreibt seinem Freunde in Berlin: "Von dem, was du in Berlin für mein Getreide bezahlst, geht mehr als die Hälfte für Fracht und Zoll für mich verloren, und von dem, was ich für deine Waren (Werkzeuge, Bücher, Arzneien usw.) hier zahlen muß, büßest du ebenfalls die Hälfte und mehr an Fracht und Zoll ein. Wären wir Nachbarn, so würden wir diese Unkosten sparen; wir sähen, du und ich, unseren Arbeitsertrag verdoppelt. Ich kann meine Äcker nicht zu dir bringen, aber du kannst deine Werkstätte, deine Fabrik hierher verlegen. Komm her, und ich liefere dir an Lebensmitteln das, was du brauchst, um die Hälfte des Preises, den du jetzt zahlst, und du lieferst mir deine Erzeugnisse um die Hälfte des Preises, den ich zahlen muß."

Diese Rechnung stimmt, wenn auch die Ausführung des Vorschlages durch manches gehemmt wird. Die Industrie kann in der Regel nur dort gut bestehen, wo möglichst alle Industrien vertreten sind, weil fast alle Industriezweige mehr oder weniger von einander abhängig sind. Die Auswanderung der Industrie kann darum nur ganz allmählich vor sich gehen und beginnt mit den ihrer Natur nach selbständigsten Betrieben: Ziegeleien, Sägewerken, Mühlen, Druckereien, Möbel- und Glasfabriken usw., überhaupt mit Betrieben, deren Erzeugnisse besonders viel an Fracht- und Zollasten verursachen. Doch ist die Übersiedlung der einzelnen Industriezweige immer nur von Berechnungen abhängig, und da ist es der Zoll, der neben den Frachtsätzen sehr oft den Ausschlag zugunsten der Industrieauswanderung gibt. Je höher der Getreidezoll, um so öfter wird es sich lohnen, die Geräte einzupacken, um die Werkstatt in der Nähe des Freiländers aufzuschlagen. Und mit jeder neuen Industrie, die sich in der

Nähe des Freiländers ansiedelt, steigt dessen Arbeitsertrag, und dieser steigende Arbeitsertrag wirkt zurück auf den Lohn im zollgeschützten Lande! Die Vorteile des Zolles lösen sich also für den Grundbesitzer früh oder spät wieder in Lohnerhöhungen auf. Die, die das wissen, richten sich denn auch rechtzeitig darauf ein; sie verkaufen den Acker, ehe die Rückwirkungen sich fühlbar, machen und überlassen es ihrem Nachfolger, bei der unfehlbar* wiederkehrenden neuen "Not der Landwirtschaft" sich um Hilfe an den Reichstag zu wenden.

Die Rückwirkungen des Zollschutzes beschränken sich jedoch nicht auf das Verhalten der Freiländer 1 und 2. Wir müssen auch beachten, wie es unserem Freiländer 3 mit dem Zoll ergeht. Hier verhält es sich gerade umgekehrt wie bei den Freiländern 1 und 2. Zahlen diese den Zoll aus ihrer Tasche, so beteiligt sich der Freiländer 3 unter dem Schutze des Zolles und nach Maßgabe dessen, was er an Erzeugnissen über seinen eigenen Bedarf hinaus auf den Markt bringen kann, an dem Segen des Schutzzolles, an der "Plünderung" der Verbraucher. Statt 6 Mark bekommt er der Zölle wegen jetzt 8 Mark für das Kaninchen, den Honig verkauft er für 1,35 Mark statt für 1,10 Mark, kurz, für alles bekommt er höhere Preise, ohne daß er selbst für das, war er kauft, höhere Preise zu zahlen braucht. – Der Arbeitsertrag des Freiländers 3 steigt also, während sich gleichzeitig die Lohnarbeiter über den Rückgang ihres Arbeitsertrages zu beklagen haben. Der Arbeitsertrag des Freiländers 3 steigt somit in doppeltem Sinne – einmal an sich wegen der höheren Preise, ein andermal verglichen mit den weichenden Löhnen. Dabei ist aber wieder der Arbeitsertrag der Freiländer 3 auch maßgebend für die Höhe des allgemeinen Arbeitslohnes! Das Mißverhältnis kann denn auch nicht lange bestehen bleiben. Sobald es sich herumgesprochen hat, daß das Kaninchen für 8 Mark, der Honig für 1,35 Mark, die Kartoffeln für 5 Mark und die Ziegenmilch für 20 Pf. verkauft werden, bekommen die Lohnarbeiter auch schon den Mut zu neuen Lohnforderungen. Unter Berufung auf den erhöhten Arbeitsertrag des Freiländers 3 fordern sie auch höheren Lohn und drohen damit, in die Heide, ins Moor, aufs Ödland zu ziehen, wenn ihren Forderungen nicht entsprochen wird.

Die Lohnerhöhung geht also nicht nur vom Freiland 1 und 2 aus, sondern auch vom Freiland 3 und kommt zum Stillstand erst beim völligen Ausgleich der Zölle.

Weiter ist auch zu beachten, daß die durch die Zölle herbeigeführte besondere Erhöhung der Preise aller landwirtschaftlichen Erzeugnisse und die damit gestiegenen Grundrenten zu neuen Anstrengungen auf dem Gebiete

---

*) Der Rückgang der Grundrente infolge Steigerung der Löhne tritt unfehlbar ein, obschon dies nicht immer zahlenmäßig ersichtlich wird. Denn es ist möglich, daß gleichlaufend mit der gekennzeichneten Entwicklung eine der häufigen, durch Goldfunde oder Papiergeld verursachten Währungsverwässerung stattfindet, die, wie z. B. in der Zeit von 1890–1916, dem Grundbesitzer das wiedererstattet, was er an Renten einbüßt. Das gilt allerdings nur für den verschuldeten Grundbesitzer. Dieser muß freilich auch mit der umgekehrten Möglichkeit rechnen (mit dem Niedergang der Preise, wie in den Jahren 1873–1890).

der dichteren Bebauung ermuntern müssen und daß, wenn der Zoll den Arbeitsertrag der Landsparbauern erhöht, dies weiter auf die Löhne und dadurch auf die Grundrenten zurückwirkt.

Um die ausgleichenden Rückwirkungen der Schutzzölle auch von dieser Seite kennen zu lernen, wollen wir uns eines Rechenbeispiels bedienen.

Vor Einführung des Zolles sei der Pachtpreis von 100 Morgen Land 2000 Mark gewesen, und der Preis der Bodenerzeugnisse 50 Mark der Zentner. Die Ernte der 100 Morgen betrüge bei Handsparbebauung (die für die Pacht maßgebende sogenannte weitläufige Bebauung) 300 Zentner, und bei Landsparbebauung (dichte Bebauung) das Doppelte – also 600 Zentner zu 50 = 30 000 Mark.

Durch den Zoll ist der Preis des Geernteten von 50 auf 70 gestiegen, für die 300 Zentner der Landsparbebauung von 15 000 auf 21 000. Nehmen wir an, daß der Unterschied (6000) ganz auf die Rente übergeht (daß sich also noch keine ausgleichenden Kräfte bemerkbar gemacht haben) und daß somit für die 100 Morgen statt 2000 jetzt 8000 an Rente gefordert werden. (2000 + 6000.)

Für die Landsparbauern (dichte Bebauung) ergibt sich dann folgendes: sie ernten nach wie vor 600 Zentner und verkaufen diese infolge der Zölle zu 70 (statt 50), also für 42 000. Davon gehen an Pacht statt 2000 jetzt 8000 ab. Somit bleiben 42 000 weniger 8000 = 34 000, statt 30 000.

Als Wirkung des Zolles ist also der Arbeitserlös dieser Landsparbauern gestiegen, und da die Zölle vorerst noch keine Wirkung auf die Industrieerzeugnisse ausüben konnten, so ist auch der Arbeitsertrag der Landsparbauern infolge der Zölle gestiegen.

Steigt aber der Arbeitsertrag der Landsparbauern, so muß auch der Lohn steigen – denn der Arbeitsertrag der Landsparbauern ist maßgebend für den Lohn.

Wir können also, soweit wir die Untersuchung hier vorgenommen haben, ganz allgemein folgern, daß der Grundrenten-Schutzzoll infolge seiner unmittelbaren Einwirkung auf den Arbeitsertrag der Freiländer früher oder später sich selbst wieder auflöst; daß es sich also immer nur um einen vorübergehenden Schutz handelt.

Für die, die die Zollasten "vorübergehend" zu zahlen haben, mag das ein Trost sein, wie auch die, die die Vorteile der Zölle genießen, ihre Vergänglichkeit als Sorge empfinden mögen. Ganz schlimm ist es aber, wenn die vorübergehende Rentensteigerung beim Kauf des Bodens oder bei der Erbschaftsteilung den das Grundstück erwerbenden kurzsichtigen Bauer verleitet, die Steigerung als etwas Dauerndes anzusehen. Was weiß der Bauer von der Grundrenten- und Lohntheorie? Er läßt sich ganz von der Erfahrung leiten. Er sieht die Ernte, kennt die Preise der Erzeugnisse, weiß auch, wieviel man den Arbeitern an Löhnen heute zahlt, und schon ist seine Rechnung fertig. Der Kauf wird abgeschlossen. Man zahlt die übliche Summe in bar und den Rest in einer Grundbeleihung. Diese Bodenverpfändung ist aber keine "vorübergehende" Erscheinung, sie überdauert ganz gewiß die Rückwirkungen der Zölle auf die Löhne, sie wankt nicht, wenn die Arbeiter ohne Rücksicht auf die gleichbleibenden Verkaufspreise der Erzeugnisse mit neuen Lohnforderungen an den Bauer herantreten. Dann jammert der Bauer wieder über die "Not der Landwirtschaft".

13. Der Ausgangspunkt für die ganze Lohnstaffel bis herauf zu den höchsten Gehältern ist der Arbeitsertrag der Freiländer.

Wenn der Grundrentner 1000 Mark an Pacht aus seinem Boden herausschlagen kann, so wird er sich mit weniger sicher nicht begnügen wollen, falls er statt dessen den Boden mit Hilfe von Lohnarbeitern selbst bewirtschaften will. Wenn diese eigene Bewirtschaftung nach Abzug der Lohnausgaben nicht mindestens 1000 Mark erbrächte, so würde der Grundbesitzer die Arbeiter entlassen, um den Boden dann für 1000 Mark zu verpachten.

Dem Lohnarbeiter wird also unter keinen Umständen die Arbeit mehr einbringen als diese dem Pächter oder dem Ansiedler auf herrenlosem Boden einträgt, auch schon darum nicht, weil der Pächter (oder Ansiedler) sonst lieber als Tagelöhner arbeiten würde.

Anderseits aber wird der Lohnarbeiter nicht um geringeren Lohn oder Ertrag arbeiten, als der ist, den er als Pächter oder Ansiedler verdienen könnte, denn sonst würde er sich ein Stück Boden pachten oder auswandern. Zwar fehlt es ihm wohl oft an eigenem Geld zur Bewirtschaftung oder Auswanderung, aber dieses Geld, ob eigenes oder geborgtes, muß er auf alle Fälle mit 4 oder 5 % verzinsen und diesen Zins sorgfältig vom Produkt seiner Arbeit abziehen. Denn das, was dem Ansiedler nach Verzinsung seines Kapitals noch übrig bleibt, das allein gehört ihm als Arbeiter.

Ist der Rohertrag der Arbeit des Ansiedlers auf Freiland 1, 2 oder 3 = 1000 Mark, der Zins des Wirtschaftskapitals 200 Mark, so ist der Reinertrag 800 Mark, und um diesen Punkt herum wird sich also der allgemeine Lohnsatz drehen. Höher kann der Lohn des Tagelöhners nicht steigen, denn sonst verwandeln sich die Ansiedler in Tagelöhner, niedriger kann er nicht sinken, sonst findet die umgekehrte Bewegung statt.

Und daß der Lohn der Industriearbeiter von diesem allgemeinen Lohnsatz beherrscht wird, liegt auf der Hand. Denn wäre der Arbeitsertrag in der Industrie größer als der Ertrag der Arbeit auf herrenlosem Boden, so würden sich die Landarbeiter der Industrie zuwenden, die Erzeugnisse der Landwirtschaft würden mangeln und im Preise steigen, während die Erzeugnisse der Industrie, im Übermaß angeboten, im Preise fallen würden. Die Preissteigerung dort und der Preisfall hier würden zu Lohnverschiebungen führen, bis sich der Ausgleich gebildet hätte. Und dieser Ausgleich müßte bei der großen Anzahl von Wanderarbeitern, denen es gleich ist, ob sie Zuckerrüben bauen oder Kohlen schaufeln, sehr bald eintreten.

Es ist also unbestreitbar, daß, wenn der Arbeitsertrag des Arbeiters auf Freiland den Arbeitsertrag des Landarbeiters bestimmt, auch der Arbeitslohn im allgemeinen vom Arbeitsertrag auf Freiland bestimmt wird.

Darüber hinaus kann der Lohn nicht steigen, denn das Freiland ist ja die einzige Stütze, die der Landarbeiter oder Pächter bei den Lohn- und Pachtverhandlungen mit dem Grundherrn hat. Nimmt man ihm diese Stütze (etwa durch Aufhebung der Freizügigkeit), so muß er sich auf Gnade und Ungnade ergeben. Weil aber das Freiland die einzige Stütze ist, so können andere Umstände den Lohnsatz auch nicht unter diesen Ertrag drücken.

Der Ertrag der Arbeit auf Freiland ist darum gleichzeitig das Höchst- und Mindestmaß des allgemeinen Arbeitslohnes.

Dabei widersprechen die bestehenden starken Unterschiede in den Arbeitserträgen dieser allgemeinen Regel in keiner Weise. Ist einmal die Verteilung des Arbeitserzeugnisses zwischen Grundrentnern und Arbeitern erledigt, so ist das, was dem Arbeiter übrig bleibt, auf vollkommen natürliche, der Willkür entrückte, feste Grundlagen gestellt. Und so läßt dann auch die unterschiedliche Entlohnung keinerlei Willkür zu. Sie erfolgt restlos nach den Gesetzen des Wettbewerbes, nach Angebot und Nachfrage. Je schwieriger oder unangenehmer die Arbeit, um so höher der Lohn. Wie kann man den Menschen veranlassen, die schwierigere oder unangenehmere von zwei Arbeiten zu wählen? Nur durch die Aussicht auf einen höheren Arbeitsertrag (der aber durchaus nicht immer in barem Gelde, sondern auch in anderen Vorteilen und Vorrechten bestehen kann). Brauchen somit die Arbeiter einen Lehrer, einen Seelsorger, einen Förster, und finden sie diesen nicht, so bleibt ihnen nichts anderes übrig, als in die Tasche zu greifen und Löhne für diese Ämter zu bewilligen, die ihren eigenen Arbeitsertrag oft weit überragen. Nur so können sie den einen oder den anderen veranlassen, seine Söhne für solchen Beruf vorzubereiten und die Kosten zu bezahlen. Genügt dann das Angebot von Lehrern usw. noch nicht, so erhöhen sie nochmals den Lohn. Haben sie über das Ziel hinweggeschossen, übersteigt das Angebot von Lehrkräften die Nachfrage, so setzen sie den Lohn wieder herab. Und so geht es durchweg mit allen Berufen, die eine besondere Ausbildung erfordern. Umgekehrt liegt es, wenn die Arbeiter einen Schäfer, eine Gänsehirtin, einen Feldhüter brauchen. Wenn sie für diese mußevollen Arbeiten ihren eigenen, mit harter Arbeit erworbenen Arbeitsertrag bewilligen wollten, so würden sich alle Bürger, Lehrer, Pastoren, Bauern für diese Stellen melden. Für das Gänsehüten wird also ein Mindestlohn angesetzt, und man erhöht diesen Mindestlohn so lange, bis sich jemand für diese Arbeit meldet. Die Arbeiter brauchen auch einen Kaufmann, der ihre Erzeugnisse kauft und ihnen das verkauft, was sie selber benötigen. Auch diesem Arbeiter (Kaufmann) müssen sie in Form von Handelsgewinn einen Lohn bewilligen, der irgend einen geeigneten Mann veranlaßt, sich diesem sorgenreichen Erwerbszweig zu widmen.

Der Ausgangspunkt für die verschiedene Gestaltung aller Arbeitslöhne ist also immer der Arbeitsertrag auf Freiland. Er ist die Grundlage, auf der das ganze Gebäude feinster Unterschiede in der Gestaltung der Arbeitsertäge bis hinauf zu den höchsten Spitzen errichtet ist. Alle Schwankungen dieser Grundlage übertragen sich auf alle Äste und Zweige, wie ein Erdbeben sich bis zum Hahn des Kirchturms fühlbar macht.

Zwar ist hier die Erklärung noch nicht vollständig, warum die Lehre des "ehernen Lohngesetzes" nicht richtig sein kann, denn es ist noch nicht gezeigt, daß die Rolle, die der Grundbesitz für solches Lohngesetz nicht durchführen konnte, nicht vielleicht vom Kapital zu Ende gespielt werden kann. Daß jedoch das Kapital diese Macht auch nicht besitzt, beweisen die öfter eintretenden Lohnschwankungen*, und warum es diese Macht nicht hat, werden wir später zeigen (s. Kapital-Zinstheorie). Hätte das Kapital die Macht, den Arbeits-

---

*) Ein wirklich "eherner" Lohn schwankt nicht.

ertrag des Arbeiters auf Freiland auf das den "ehernen Lohnsatz" ausmachende Mindestmaß herabzusetzen, so müßte der im Zinsfuß sich ausdrückende Kapitalertrag die Schwankungen mitmachen, die das Produkt der Arbeit auf Freiland aufweist. Und das ist nicht der Fall, denn wie wir später zeigen werden (s. Zinstheorie), ist der hier in Frage kommende reine Zins (s. d.) eine außerordentlich unbewegliche Größe, und zwar so auffallend unbeweglich, daß man durchaus von einer ehernen Einträglichkeit des Kapitals sprechen kann. Wäre also neben der ehernen Größe des Kapitalzinses auch noch der Lohn eine eherne Größe, wo wäre dann, wenn die Grundrente ihre eigenen Wege geht, die Sammelstelle, um die Ertragsunterschiede des Arbeitserzeugnisses aufzunehmen?

14. Einfluß des Kapitalzinses auf Lohn und Rente.

Der Ansiedler auf Freiland muß, wenn er sich Rechenschaft gibt, sein Betriebskapital verzinsen. Und zwar ohne Rücksicht darauf, ob dieses Kapital sein Eigentum ist, oder ob er es vom Kapitalisten geborgt hat; den Zins muß er vom Ertrag seiner Arbeit trennen – der Zins hat mit der Arbeit nichts zu tun, er unterliegt ganz anderen Gesetzen.

Diese Trennung des Kapitalzinses vom Ertrag seiner Arbeit und von der Grundrente muß aber auch der grundbesitzende Landwirt vornehmen – wie wir das übrigens in den beiden Rechnungen im vorigen Abschnitt getan haben.

Wenn nun sowohl die Ansiedler auf Freiland, wie auch die Pachtlandbauern den gleichen Zinsfuß für das benötigte Kapital zu zahlen haben, so könnte man annehmen, daß die Grundrente in keinem Zusammenhange mit dem Zinsfuß stehe. Doch ist das ein Irrtum. Mit Arbeit und dem, was dazu gehört, kann man beliebig viel neues Land schaffen, oft sogar in der nächsten Nähe der Städte. Und je niedriger der Zinsfuß, um so leichter wird es sein, wüste Strecken urbar zu machen. Der Unternehmer verlangt von dem urbar gemachten Boden nur so viel Zins, wie ein mit gleichem Kapitalaufwand gekaufter Acker an Rente abwirft. Wenn beim Freiland 1 und 2 die Frachtausgaben zuweilen den größten Teil des Arbeitserzeugnisses verschlingen, so wird bei Urbarmachung von Ödland der Zins die erwartete Rente des Bodens beanspruchen. Handelt es sich z. B. um die kürzlich beschlossene Trockenlegung der Zuidersee, um die Entsumpfung der Moore, um das Ausroden von Urwäldern, um die Berieselung von Wüsten, um das Abtragen und Sprengen von Felsen, so wird man zuerst fragen, wieviel Zins die Kapitalaufwendung verschlingen wird, und dann wird man diese Summe vergleichen mit dem, was man für gleichen Boden an Pacht zahlen muß. Steht nun der Zinsfuß hoch, so wird der Vergleich ungünstig ausfallen, und man wird das Moor unberührt lassen; steht der Zinsfuß dagegen niedrig, so wird das Unternehmen gewinnbringend. Fiele nun der Zinsfuß von 4 auf 1 % z. B., so würden sogleich eine Menge von Bodenverbesserungen einträglich, die man heute nicht unternehmen kann.

Zu 1 % würde es sich lohnen, das Nilwasser nach Arabien abzulenken, die Ostsee abzudeichen und auszupumpen, die Lüneburger Heide für Kakao und Pfeffer unter Glas zu legen. Zu 1 % kann der Bauer auch daran denken, Obstgärten anzulegen. Heute kann er es nicht, denn dazu müßte er in Erwartung künftiger Ernten das nicht unbedeutende Anlagekapital 5-10 Jahre mit 5 % verzinsen. Kurz, zu 1 % Zins würde alles Ödland, würden die großen Wasserflächen mit Gewinn in gepflegten Boden verwandelt werden können. (Diese Einzelheiten sind selbstredend nicht wörtlich aufzufassen.)

Ein Sinken des Zinsfußes würde aber nicht allein die Anbaufläche vergrößern, sondern es auch ermöglichen, von der bereits vorhandenen Ackerfläche durch ausgedehnteren Gebrauch der Maschinen, durch Anlage von Wegen, Ersatz der Hecken durch Zäune, Anlage von Pumpstationen für Bewässerung trockener Wiesen, Tiefgraben des Bodens, Anlage von Obstgärten, Frostschutzvorrichtungen und tausend andere Verbesserungen dem Boden doppelte und dreifach Erträge abzugewinnen, wodurch wiederum eine entsprechende Verringerung der Anbaufläche notwendig würde und das für die Rente so gefährliche Freiland auf Schußweite herangerückt käme.

Die Herabsetzung des Zinses würde auch bewirken, daß die für Beförderung des Weizens aus dem Auslande nötigen Anlagen (Häfen, Kanäle, Seeschiffe, Eisenbahnen, Getreidespeicher) entsprechend niedrige Gebühren einführen könnten und daß dann auch wieder die Frachtkosten für die Erzeugnisse des Freilandes sinken würden. Und jede Mark, die hier gespart wird, reißt eine gleich große Lücke in die Grundrente. Die Zinsen des in den Fördermitteln angelegten Geldes bilden aber einen sehr bedeutenden Teil der Frachtkosten, und zwar verhielten sich bei den europäischen Eisenbahnen bei einer durchschnittlichen Verzinsung von 3,8 % die eigentlichen Frachtkosten im Jahre 1888 (Unterhaltung der Bahn, Beamten, Kohlen usw.) zu den Zinsen wie 135 zu 115. Die Zinsen (115) erreichen also fast die Höhe der Betriebskosten (135), so daß eine Herabsetzung des Zinsfußes von 4 auf 3 % eine Herabsetzung der Frachtsätze um fast $1/_8$ gestatten würde.

Betriebskosten gleich 4, die Kapitalzinsen gleich 4, Frachtsatz = 8
" " 4, " " " 3, " = 7
" " 4, " " " 2, " = 6
" " 4, " " " 1, " = 5
" " 4, " " " 0, " = 4

d.h., bei 0 Zins würden die Bahnfrachten um die Hälfte herabgesetzt werden können. Bei den Seefrachten ist das Verhältnis der Betriebskosten zu den Kapitalzinsen nicht das gleiche; immerhin spielt auch hier der Kapitalzins eine bedeutende Rolle. Die Schiffe, das Betriebskapital, die Hafenanlagen, die Kanäle (Panama, Suez), die Kohlenbahnen und Grubeneinrichtungen usw., alles verlangt den regelrechten Zins, und dieser Zins belastet die Frachten, belastet den Arbeitsertrag des Freiländers 1 und 2, der für den Lohn und die Rente von ausschlaggebender Bedeutung ist.

Ein Senken oder gar ein völliges Beseitigen des Zinses würde also die Frachtkosten um die Hälfte herabsetzen, und dadurch wieder würde die Grenze des Freilandes wirtschaftlich um 50 % näher gerückt, der Wettbewerb des ausländischen Getreides entsprechend verschärft werden.

Wo bliebe aber dann wieder die Grundrente, wenn auf diese Weise die Ackerfläche über den Bedarf hinaus ganz in der Nähe vervielfältigt würde; wenn das den Lohn bestimmende Freiland beliebig vermehrt werden könnte,

Einfluß des Kapitalzinses auf Lohn und Rente.

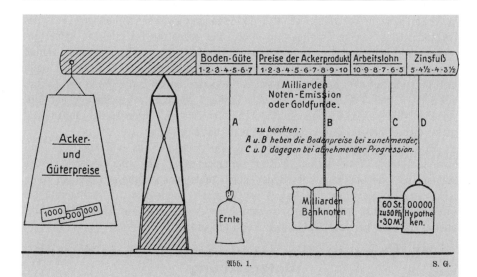

Abb. 1.

und zwar ganz in der Nähe, wo also die Spannung zwischen Arbeitserzeugnis des Freiländers und seinem Arbeitsertrag infolge der gesparten Frachtkosten immer geringer wird? Warum dann noch weit nach Kanada, nach Manitoba ziehen, warum von dort mit großen Frachtkosten das Getreide nach Holland verfrachten, wenn man Getreide auf dem Boden der heutigen Zuidersee bauen kann? Wenn der Zinsfuß auf 3, 2, 1 und 0 % sinkt, können alle Länder ihre heutige Bevölkerung mit Brot versehen. Die Landsparbebauung findet nur im Zins eine Grenze. Der Boden wird um so dichter bebaut werden können, je mehr der Zins fällt.

Man sieht hier die innige Verbindung, die zwischen Zins und Rente besteht. Solange Ödland, Wasserflächen, Wüsten vorhanden sind, die urbar gemacht werden können, solange überhaupt der Boden durch Neuerungen verbessert werden kann, ist hoher Zins nicht nur das Ziel des Kapitalisten, sondern auch das Bollwerk der Grundrentner. Fällt der Zins ganz, so verschwindet zwar die Grundrente nicht ganz, aber es wäre der härteste Schlag, der sie treffen könnte.*

15. Übersicht über das bisherige Ergebnis dieser Untersuchung.

1. Der Arbeitslohn des Durchschnittsarbeiters ist gleich dem Arbeitsertrag des Durchschnittsfreiländers und ist diesem durchaus unterworfen. Jede Veränderung im Arbeitsertrag des Freiländers überträgt sich auf den Arbeitslohn, einerlei, ob diese Veränderungen durch Betriebsverbesserungen, durch wissenschaftliche Entdeckungen oder durch Gesetze herbeigeführt werden.

2. Das sogenannte Gesetz des ehernen Lohnes kann hiernach nicht mehr sein als eine Redensart. Im Einzelfall pendelt der Lohn um den unter 1 genannten Schwerpunkt. Er kann je nach der Tüchtigkeit sowohl über diesen Schwerpunkt steigen, wie er auch darunter bleiben und auch oft unter die Grenzen des Mindestmaßes an Lebensunterhalt sinken kann.

3. Die ganze Lohnabstufung für sogenannte Wertarbeit bis in die höchsten Höhen hat den Arbeitsertrag des Freiländers als Ausgangspunkt.

4. Die Grundrente ist das, was vom Erzeugnis des Bodens nach Abzug des Lohnes (und des Kapitalzinses) übrigbleibt. Da die Größe dieses Abzuges (Lohn) vom Arbeitsertrag auf Freiland bestimmt wird, so wird die Grundrente auch vom Arbeitsertrag des Freiländers mitbestimmt.

---

*) Bei der Baugrundrente wirkt der Zinsrückgang nach entgegengesetzten Richtungen. Weil der Zins des Baukapitals die Mieter ungleich schwerer belastet als die Grundrente (auf dem Lande und in kleinen Städten beträgt der auf die Grundrente entfallende Bestandteil der Mieten oft nicht 5 %, während der Kapitalzins hier 90 % der Mieten beansprucht), würde der Rückgang des Kapitalzinses auf 1 % oder 0 eine gewaltige Verbilligung der Mieten bedeuten, was natürlich sehr stark auf den Raumbedarf der einzelnen Familien zurückwirken würde. Die Masse des Volks, die sich heute infolge der durch den Zins hochgetriebenen Mieten mit ganz ungenügenden Räumen behilft, würde größere Wohnungen verlangen und dafür zahlen können. Größere Wohnungen beanspruchen aber größere Bauflächen – und treiben die Grundrente aufwärts. Anderseits würde der Rückgang des Zinsfußes die Fahrpreise der Stadtbahnen ermäßigen und so, den Verkehr mehr nach außen lenkend, der städtischen Grundrente entgegenwirken.

5. Der Kapitalzins unterstützt die Grundrente.

6. Man kann nicht schlechtweg behaupten, daß alle Fortschritte der Technik der Grundrente zugute kommen. Oft tritt das Gegenteil ein. Fortschritt und Armut sind nur bedingsweise verkuppelt. Fortschritt und wachsender allgemeiner Wohlstand gehen ebenso oft Hand in Hand.

7. Man kann auch nicht schlechtweg sagen, daß die Grundsteuern abwälzbar oder nicht abwälzbar seien. Diese Frage kann erst dann restlos beantwortet werden, wenn gesagt ist, was in jedem Fall mit dem Grundsteuerertrag geschieht. Die Grundsteuer kann die Rente sowohl doppelt treffen (Steuer und Lohnerhöhung), wie sie auch oft der Rente über die eigene Größe hinaus zugute kommen kann.

8. Benutzt man die Ergebnisse der Grundrentensteuer zum Wohle der Freiländer, etwa zur Zahlung von Getreideeinfuhrprämien, als Zuschuß für die Urbarmachung von Ödland usw., so kann man, wenn man will, auf diesem Wege die Grundrenten restlos einziehen. So verwendet, sind die Grundrentensteuern unabwälzbar.

16. Die Rohstoff- und Baugrundrente und ihre Beziehung zum allgemeinen Lohngesetz.

Ob der Weizen aus Kanada, aus Argentinien, aus Sibirien oder vom Felde des Nachbarn kommt, ob es zollbelasteter Weizen der geplagten deutschen Auswanderer ist oder zollgeschützter Weizen des behäbigen pommerschen Gutsbesitzers – was fragt der Müller danach? Ist die Beschaffenheit gleich, so ist auch der Preis gleich.

Ebenso verhält es sich mit allen übrigen Dingen. Niemand erkundigt sich nach den Kosten der Waren, jedem ist es einerlei, woher die den Käufer umwerbenden Waren kommen. Ob der eine Erzeuger dabei reich geworden, der andere zugrunde gegangen ist – ist die Güte gleich, so ist auch der Preis gleich. Am klarsten sieht man das an den Münzen. Wer erkundigt sich danach, wo, wie und wann das Gold gewonnen wurde, aus dem die einzelnen Münzen gemacht sind? An den einen klebt das Blut der erschlagenen und beraubten Feinde, an den anderen der Schweiß des Erzschürfers, alle jedoch laufen unterschiedslos um.

So ungleich auch die Kosten sein mögen, die auf den einzelnen in Wettbewerb stehenden Waren lasten, der Preis ist immer der gleiche.

Das weiß jeder, der Rohstoffe braucht, das weiß auch wieder der Besitzer des Bodens, auf dem die Rohstoffe gefunden oder gewonnen werden können.

Wenn also, z. B. die Stadt Pflastersteine für eine neue Straße braucht, so berechnet der Besitzer der zunächst liegenden Steinbruchs sogleich, wie weit es von der neuen Straße bis zur nächsten freien Fundstätte gleicher Steine ist. Dann berechnet er die Fuhrkosten, die von dort zur Verbrauchsstätte erwachsen würden, und der Preis ist fertig. Und diesen Preis wird die Stadt bezahlen müssen, denn erst von diesem Preise ab kann der Wettbewerb einsetzen, durch den doch der Preis bestimmt wird. (Der Arbeitslohn im Steinbruch, da er als gleich für beide Steinbrüche angenommen wird, kann hier weggelassen werden.)

Fehlt jedoch der Wettbewerb ganz, d. h., fehlt eine freie Fundstätte in erreichbarer Entfernung, und verlangt infolgedessen der Steinbruchbesitzer überhohe Preise für seine Pflastersteine, dann springen entweder die Ersatzmittel ein, in diesem Falle also Holzpflaster, Makadam, Kies, Asphalt, Eisenbahn usw., oder man unterläßt den Bau der Straße. In letzterem Falle wäre also der Nutzen, den die Stadt von dem Bau der neuen Straße erwartet, der erste und letzte Nebenbuhler des Steinbruchbesitzers.

Und wie es sich hier mit den Pflastersteinen verhält, so auch mit allen anderen Roh- stoffen ohne Ausnahme. Braucht ein Unternehmer Ton für eine Zementfabrik, Lehm für eine Ziegelei, Lohe für die Gerberei, Kohlen, Eisenerze, Holz, Wasser, Bausteine, Kalk, Sand, Erdöl, Mineralwasser, Luft für seine Windmühle, Sonne für seine Heilstätte, Schatten für sein Sommerhaus, Wärme für seine Reben, Kälte für seine Eisbahn, so wird sich der in dieser Beziehung bevorzugte Grundbesitzer diese Gaben der Natur ebenso bezahlen lassen wie der Besitzer obigen Steinbruches, und zwar immer nach genau den gleichen Grundsätzen.

Die Umstände mögen in jedem einzelnen Falle andere sein, der Wettbewerb der Ersatzstoffe mag der Gewinnsucht des Grundbesitzers hier eine engere Grenze setzen als dort, schließlich bricht immer und überall das nämliche Gesetz durch, wonach der Grundbesitzer alle Vorteile, die die Erzeugnisse, die Lage, die Natur seines Besitzes bieten, so ausbeutet, daß der Käufer für seine eigene Arbeit nur so viel anrechnen kann, wie wenn er die Stoffe vom Wüst-, Öd- und Freiland herbeischaffen müßte.

Es ergibt sich aus dieser Betrachtung der für das allgemeine Lohngesetz sehr wichtige Satz:

Das Erzeugnis der schlechtesten, entferntesten und darum oft herrenlosen Fundstätte von Rohstoffen, belastet mit allen Frachtkosten und mit denselben Löhnen, die die anderen Fundstätten zahlen müssen, ist bestimmend für die Preisbildung dieser Stoffe. Was die Besitzer der bevorzugten Fundstätten an Förderungskosten sparen, ist Rente.

Der Verbraucher muß alle Erzeugnisse der Erde, alle Rohstoffe immer so bezahlen, wie wenn sie mit schweren Unkosten auf Ödland erzeugt, vom herrenlosen Lande herangeschleppt worden wären.

Wenn das Erzeugnis der schlechtesten Erde übereinstimmte mit dem Mindestmaß dessen, was der Mensch zum Lebensunterhalt braucht, so wären mit dem Privatgrundbesitz alle Voraussetzungen für das Walten des "ehernen" Lohngesetzes erfüllt; aber wie schon gesagt, ist das nicht der Fall. Deshalb, aber auch allein deshalb kann sich der Lohn von diesem Mindestmaß entfernen.

Genau demselben Grundsatze folgend, wenn auch von anderen Umständen bestimmt, gestaltet sich die städtische Grundrente, deren Höhe in den Industriestaaten der Neuzeit fast an die der ländlichen Grundrente heranreicht.

So ist z. B. der Boden, auf dem Berlin gebaut ist, im Jahre 1901 auf 2911 Millionen geschätzt worden (s. Deutsche Volksstimme 12, 1904), was zu 4% einer Grundrente von 116 Millionen entspricht. Diese Summe, auf die 4 Millionen Hektar der Provinz Brandenburg verteilt, gibt für sich allein schon etwa 30 Mark Rente für den Hektar. Rechnet man noch die Grundrente der übrigen Städte der Provinz hinzu, so erreicht man vielleicht 40 Mark für den Hektar, eine Summe, die bei der Dürftigkeit des Bodens und den großen Wasser-, Sumpf- und Waldflächen der Provinz das Mittel der ländlichen Grundrente vielleicht schon übersteigt. Freilich nimmt die Provinz Brandenburg mit ihrem mageren Boden einerseits und der Hauptstadt des Reiches andererseits eine Ausnahmestellung ein, aber diese Zahlen zeigen doch, welche Bedeutung die städtische Grundrente heute erlangt hat.

Diese Zahlen werden manchen gewiß überraschen, und wie irgend jemand ganz richtig bemerkte, ist es heute zweifelhaft, ob der nach dem Zinsertrag gemessene Großgrundbesitz noch in Schlesien und nicht etwa schon in Berlin zu suchen sei.

Wie erklärt sich diese eigentümliche Erscheinung; wodurch wird die Höhe der Baugrundrente bestimmt; wie verhält sich diese zum allgemeinen Lohngesetz?

Zunächst ist hier die Frage zu beantworten, was die Menschen veranlaßt, sich trotz der hohen Grundrente in den Städten zusammenzurotten, warum sie sich nicht auf das Land verteilen. Nach obigen Angaben berechnet, beträgt die Grundrente für die Bewohner Berlins 58 Mark auf den Kopf der Bevölkerung, für Familien von 5 Personen im Durchschnitt also 290 Mark jährlich, eine Ausgabe, die auf dem Lande so gut wie ganz wegfällt, denn die ländliche Grundrente, die für die Wohnung hier in Anrechnung kommt, ist allein mit den Düngestoffen der Familie reichlich bezahlt. Ganz abgesehen von den gesundheitlichen Vorteilen des Landlebens und den trotz hoher Kosten dennoch erbärmlichen Wohnungsverhältnissen in der Stadt. Es müssen also gewichtige Gründe sein, die der Stadt den Vorzug geben.

Wenn wir die gesellschaftlichen "Vorzüge" der Stadt durch ihre Nachteile (schlechte Luft, Staub, Lärm und die sonstigen endlosen Beleidigungen unserer Sinne) als ausgeglichen und bezahlt erachten, so bleiben nur noch die mit der Stadt verbundenen wirtschaftlichen Vorteil übrig, um Deckung für das Mehr der Ausgaben einer Berliner Familie zu liefern. Das Ineinandergreifen der einzelnen Industrien, die gegenseitige Unterstützung, die ein Teil dem anderen gewährt, muß dem abgesonderten Gewerbetreibenden auf dem Lande gegenüber Vorteile aufweisen, die die 116 Millionen an Grundrente aufwiegen. Wenn das nicht wäre, so bliebe die Ausdehnung unerklärlich, die die Städte erfahren haben.

Auf dem Lande kann sich kein Gewerbe entwickeln, das für die Hauptgeschäftszeit (Saison) arbeitend, heute viele, morgen wenige oder gar keine Arbeiter beschäftigt – denn der Arbeiter muß das ganze Jahr arbeiten. In der Stadt gleicht sich der wechselnde Bedarf an Arbeitern der einzelnen Gewerbe mehr oder weniger aus, so daß, wenn der eine Betrieb Arbeiter entläßt, der andere solche wieder anwirbt. Dadurch hat der Arbeiter in der Stadt eine größere Sicherheit gegen Arbeitslosigkeit als auf dem Lande.

Auf dem Lande fehlt dem Unternehmer der Gedankenaustausch, die Anregung, die der Verkehr mit den anderen Gewerbetreibenden mit sich bringt; auch die Arbeiter selber, die in den verschiedenen Betrieben die verschiedensten Arbeitsverfahren kennen lernen und deren Vorteile ausbeuten, gewähren dem Unternehmer einen bedeutenden Vorsprung seinem Wettbewerber vom Lande gegenüber. Dieser, der ganz auf sich selbst angewiesen ist, und dessen Arbeiter den Verkehr anderer Arbeiter, aus anderen Betrieben, aus anderen Ländern entbehren müssen, verharrt also leicht in der Übung altväterlicher Vorschriften. Auch fehlt ihm nur zu oft die Absatzgelegenheit, die die Stadt dem Unternehmer in ungleich höherem Maße bietet, weil die Käufer hierher aus allen Teilen des Reiches und der Welt zusammenströmen, weil sie hier auf gedrängtem Raume alles finden, was sie brauchen. Der Unternehmer in der Stadt erhält den Besuch der Käufer aus allen Ländern; diese machen ihn auf die Wünsche der Verbraucher aufmerksam, geben ihm wertvolle Auskünfte über die Marktverhältnisse, Preise usw.. Dies alles entbehrt der Wettbewerber auf dem Lande. Statt den Besuch der Käufer zu erhalten, muß er sich selbst auf Reisen begeben und Zeit und Geld opfern, um die Kundschaft zu besuchen; auf Umwegen, die oft viel an Zuverlässigkeit zu wünschen übrig lassen, zieht er die Erkundigungen ein über den Preisstand der Rohstoffe, über die Marktverhältnisse im Auslande, über die Zahlungsfähigkeit der Kundschaft usw..

Dann muß er von allen Stoffen, die er verarbeitet, bedeutend größere Posten auf Lager nehmen als sein Wettbewerber in der Stadt, der hier alles nach Bedarf kaufen kann, und wenn dem Landbewohner aus Unachtsamkeit ein Stoff, manchmal nur eine Schraube, ausgeht, so ruht leicht der ganze Betrieb, bis aus der "Stadt" das Fehlende angekommen ist. Ist etwas an der Maschine in Unordnung, so muß aus der "Stadt" wieder ein Mann mit Werkzeugen bestellt werden, und bis dieser ankommt, ruht wieder der Betrieb.

Kurz, der Nachteile gibt es so viele beim Betriebe, bei der Arbeiterschaft, beim Einkauf der Rohstoffe, beim Absatz der fertigen Ware, daß der Unternehmer vom Lande, der doch mit der Stadt im Wettbewerb treten muß, unmöglich dieselben Löhne wie diese bezahlen kann, so daß alles das, was er und seine Arbeiter an der Grundrente sparen, wieder vom Arbeitsertrag abgeht.

Und so sehen wir denn auch auf dem Lande sich nur solche Industrien entwickeln, bei denen der Raumbedarf so groß ist, daß die erwähnten Nachteile durch die Grundrentenersparnis ausgeglichen werden, oder die ihrer Natur nach überhaupt nicht in der Stadt betrieben werden dürfen (Sägewerke, Ziegeleien, Walzwerke), oder die dort aus Gesundheitsrücksichten polizeilich verboten wurden (Kalköfen, Pulvermühlen, Gerbereien usw.), oder deren Betrieb so einfach ist, daß dieser die Anwesenheit des Besitzers nicht erfordert, der daher die kaufmännische Leitung nach der Stadt verlegt. Sonst aber hat die Stadt allgemein den Vorrang.

Woher also die Mittel kommen, um die 116 Millionen Grundrenten der Stadt Berlin zu bezahlen, wissen wir, und wo die Grenze für die Entwicklung der Städte ist, wissen wir auch. Die Vorteile der Gesellschaftsarbeit sind hier in Geld umgerechnet und von den Grundrentnern für sich eingezogen worden.

Wächst die Stadt, so wachsen ihre wirtschaftlichen Vorteile, und so wächst auch die Grundrente; steigt die Grundrenten im Mißverhältnis zu den Vorteilen der Stadt, so wird das Wachstum der Stadt unterbrochen.

Willst du die Vorteile genießen, die die Stadt für dein Gewerbe bietet, so bezahle diese Vorteile den Grundrentnern; sonst, wenn du diese Kosten sparen willst, kannst du deine Werkstelle, deinen Laden, dein Tanzlokal draußen im Walde, auf dem Felde errichten. Rechne nach, was dir vorteilhafter ist und handle danach. Niemand hindert dich daran, draußen vor den Toren dich niederzulassen. Kannst du es erreichen, daß deine Kundschaft den langen Weg zu dir durch Schnee, Staub, Morast und Regen zurücklegt, um dort draußen denselben Preis zu bezahlen wie mitten in der Stadt, um so besser für dich. Hältst du das für unwahrscheinlich, so zahle die Grundrente und siedle dich in der Stadt an. Du kannst es aber auch anders versuchen – verkaufe deine Waren draußen billiger. Es werden dann immer noch etliche Leute zu dir kommen der billigen Preise wegen, aber wo bleibt der Vorteil der Rentenersparnis, wenn du diese an den billigeren Preisen zusetzest?

Also immer das gleiche Gesetz. Genau wie bei der landwirtschaftlichen und Rohstoffgrundrente. Alle Vorteile der Stadt (worunter die Arbeitsteilung noch zu erwähnen ist), der gesellschaftlichen Arbeit, werden vom Grundbesitz eingezogen. Wie der deutsche Weizen zu Preisen verkauft wird, als ob er in Sibirien gewachsen und an der Grenze verzollt worden wäre, so müssen die in der Stadt erzeugten Güter wieder zu Preisen ausgetauscht werden, wie wenn sie mit all den in Geld umgerechneten Nachteilen einer über das ganze Land verzettelten Erzeugung belastet wären.

Die ländliche Grundrente nimmt alle Vorteile der Lage und der Natur vorweg, sie läßt dem Bebauer Wüst- und Ödland zurück; die städtische Grundrente nimmt alle Vorteile der Gesellschaft, des Hand-in-Handgehens, der feineren Lebensweise, des Staates in Anspruch; sie setzt die Ertragsfähigkeit der städtischen Industrie und des Handels auf die Rangstufe des abgesonderten Gewerbes auf dem Lande herab.

17. Erster allgemeiner Umriß des Lohngesetzes.

Das, was nach Abzug der Rente und des Kapitalzinses an Erzeugnissen übrig bleibt, bildet den Lohnschatz, in den sich alle Arbeiter (Tagelöhner, Geistliche, Kaufleute, Ärzte, Knechte, Könige, Handwerker, Künstler usw. usw.) zu teilen haben. Die Verteilung geschieht bei freier Berufswahl nach Maßgabe der persönlichen Fähigkeiten durch Nachfrage und Angebot. Wäre die Berufswahl vollkommen frei (sie ist es nicht, könnte es aber sein), so würde bei der Verteilung tatsächlich jeder das "größte" Stück erhalten. Denn jeder sucht doch das größte Stück zu erwischen, und über die Größe der Stücke entscheiden "Nachfrage und Angebot", in letzter Linie also die Berufswahl.

Die vergleichsmäßige Größe des Lohnes hängt also von der Berufswahl, von der Person ab; die wirkliche Größe des Lohnes ist dagegen hiervon unabhängig und wird von der Größe des Lohnschatzes bestimmt. Je größer die Beiträge der einzelnen Arbeiter zum Lohnschatz sind, um so größer wird auch der Anteil eines jeden ausfallen. Die Anzahl der Arbeiter ist dabei gleichgültig. Denn mit der Zahl wächst zwar die wirkliche Größe des Lohnschatzes, aber gleichzeitig auch die Zahl der Anteilberechtigten.

Wie groß nun heute die Beiträge der einzelnen Gattungen von Arbeitern zum Lohnschatz sind, wissen wir:

1. Der Beitrag der Landwirte ist gleich der Summe von Erzeugnissen, die eine gleichgroße Anzahl Landwirte auf Ödland bauen, vom Freiland in Sibirien auf den Markt schaffen können – abzüglich Fracht, Zins und Zoll, die wir hier unmittelbar in Erzeugnisse umgerechnet uns vorzustellen haben.

2. Der Beitrag der sonstigen Rohstofferzeuger ist gleich der Summe von Erzeugnissen, die diese von den schlechtesten, entlegensten und darum herrenlosen Fundstätten dem Markte zuführen können, – abzüglich Zins.

3. Der Beitrag der Industriearbeiter, der Kaufleute, der Ärzte, Künstler usw. ist gleich der Summe von Erzeugnissen, die diese ohne die Vorteile des städtischen Gesellschaftsbetriebes in abgesonderten, zerstreuten und verstreuten Betrieben erzeugen könnten, – abzüglich Zins.

Werfen wir alle diese Erzeugnisse zusammen und verteilen sie nach der heutigen Lohnabstufung, so erhält jeder genau das, was er heute tatsächlich mit dem Betrage seines Lohnes auf den Märkten und in den Läden an Waren erlangen kann.

Der volle Unterschied zwischen diesem Betrag und dem wirklichen Erzeugnis der Gesamtarbeit bildet die Grundrente und den Kapitalzins.

Was können nun die Arbeiter (immer im weitesten Sinne zu verstehen) tun, um den Lohnschatz zu vergrößern, um die wirkliche Lohnerhöhung, eine Lohnerhöhung auf der ganzen Linie, die auch nicht durch Preiserhöhungen zunichte gemacht werden kann, zu erreichen?

Die Antwort ist leicht zu geben. Sie sollen ihren Lohnschatz besser als bisher abdichten, besser vor Schmarotzern schützen. Die Arbeiter sollen ihren Lohnschatz verteidigen, wie die Bienen und Hamster den ihrigen verteidigen. Das ganze Arbeitserzeugnis ohne irgend welchen Abzug für Grundrenten und Kapitalzins soll in den Lohnschatz ausgeschüttet und restlos unter die Schaffenden verteilt werden. Wie das geschehen kann, sagt die Freiland- und Freigeldlehre.

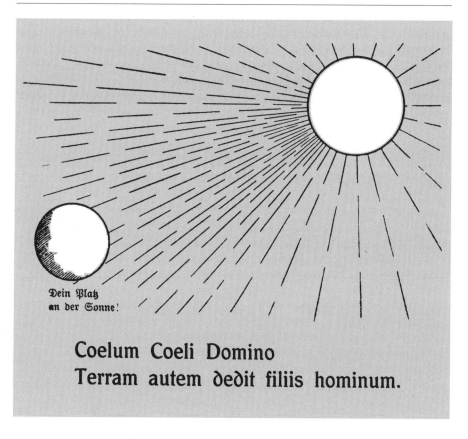

II. Teil.

Freiland

Einleitung.
Freiland, die eherne Forderung des Friedens.
Vortrag gehalten in Zürich am 5. Juli 1917

> "Daß der Mensch zum Menschen werde,
> Stift er einen ewgen Bund,
> Gläubig mit der frommen Erde,
> Seinem mütterlichen Grund."
>
> *Schiller*

Bürger- und Völkerfriede entstammen demselben Geist, haben die gleichen Ursachen. Zwischen Staaten, die innerlich gesund sind, d. h. sich wahren Bürgerfriedens erfreuen, kann es gar nicht zum Kriege kommen, wie auch umgekehrt zwischen denselben Staaten kein wahrer Friede Fuß fassen kann, solange in ihnen der Klassenkampf tobt. Wer darum den Völkerfrieden will, muß wissen, daß er ihn nur vom Altar des Bürgerfriedens holen kann. Der Bürgerfriede ist die Keimzelle des Völkerfriedens. Was dem Bürgerfrieden geopfert werden muß, gehört auch restlos in den Opferstock des Völkerfriedens. Ja, die Dinge verhalten sich so, daß wir uns um den Völkerfrieden überhaupt nicht mehr zu kümmern brauchen, sobald wir einmal dem Bürgerfrieden alles geopfert haben, was ihm unbedingt geopfert werden muß.

Einsichtige Männer sagten gleich zu Beginn dieses Völkerkrieges voraus, daß er in einen allgemeinen Bürgerkrieg ausarten und dort sein Ende finden würde. Das mag stimmen, doch ist der Ausdruck "ausarten" hier nicht am Platze. Nicht der Völkerkrieg artet in Bürgerkrieg aus, sondern umgekehrt ist es der in den Eingeweiden aller Kulturvölker wühlende Bürgerkrieg, auch Klassenkampf genannt, der durch Gewaltmittel am offenen Ausbruch verhindert, im Völkerkrieg einen Ausweg sucht, dort also "ausartet". Der Völkerkrieg ist eine Nebenerscheinung der Schichtung des Volkes in einzelne Klassen, des Kampfes dieser Klassen gegeneinander, des bürgerlichen Wirtschaftskrieges.

Die Ursache des in allen Kulturstaaten herrschenden bürgerlichen Kriegszustandes ist wirtschaftlicher Natur. Die durch naturwidrige menschliche Einrichtungen gesetzmäßig sich einstellende Klassenschichtung der Kulturvölker ist der Wirkung nach mit Kriegszustand gleichbedeutend. Haben doch in früheren Zeiten die Kriege und Sklavenjagden nie etwas anderes bezweckt, als genau denselben Zustand gewaltsam zu schaffen, den wir heute als "bürgerliche Ordnung" bewundern, nämlich die Schaffung eines besonderen Arbeiterstandes, auf den die herrschende Schicht alle Mühseligkeiten des Lebens abwälzen konnte! Diese Zweiteilung des Volkes in Rentner und Lasttiere ist widernatürlich und kann

darum nur durch Gewaltmittel, körperliche und seelische, aufrecht erhalten werden. Gewalt aber fordert Gewalt heraus; sie ist der Krieg.
Ist die Wirtschaft in Ordnung, so ist auch der Friede gesichert. Gegensätze aus der geistigen Welt stören niemals ernsthaft den Frieden. Selbst die sogenannten Religionskriege hatten recht nüchterne wirtschaftliche Beweggründe. Auch Rasse und Sprache veranlassen keinen Krieg, wie denn überhaupt der Krieg nichts mit den Lebenserscheinungen zu tun hat. Schon allein der Umstand, daß sich die Krieger künstlich (Uniformen) als Freund und Feind kennzeichnen müssen, daß eine Schlacht zwischen nackten Bataillonen undenkbar ist, sagt genug in der Beziehung.

Die wirtschaftlichen Einrichtungen, die das Zerfallen der Völker in verschiedene Klassen bedingen und zum Bürgerkrieg treiben, sind in allen Kulturstaaten von Anfang an bis auf den heutigen Tag dieselben gewesen: das Bodenrecht und das Metallgeld, (bzw. das diesem nachgeäffte Papiergeld), uralte Einrichtungen, soziale Spaltpilze und Sprengkörper, die schon die Staaten des Altertums in Trümmer legten und auch wieder mit unserer Kultur fertig werden, wenn wir uns nicht rechtzeitig davon befreien. Solange wir mit unseren Neuerungsbestrebungen und Umwälzungen vor den genannten beiden wirtschaftlichen Einrichtungen Halt machen, ist kein Friede möglich, weder nach innen noch nach außen. Das hat uns deutlich genug die "große" französische Revolution gezeigt. Trotz Volksvertretung, trotz sogenannter Demokratie, hat damals der Zerfall in Klassen in Frankreich mit erneuter Kraft eingesetzt und ist heute vielleicht wieder nirgendwo so weit getrieben wie gerade dort. Ehedem waren es die Kirche und der Staat, die das Volk bis aufs Blut ausplünderten; jetzt sind die Rentner an ihre Stelle getreten. Gerade die beiden Einrichtungen, auf denen der Zerfall in Klassen beruht, hatte der Umsturz geschont – das Privatgrundeigentum und das damit untrennbar verbundene Proletariat sind unvereinbar mit wahrer Demokratie. Ja, das Königtum ist nichts anderes als die folgerichtige Wirkung des Privatgrundeigentums. Der Grundeigentümer strebt zwangsläufig nach einer Zentralgewalt, von der allein er Schutz vor den begehrlichen Griffen der aufsässigen Massen erwarten zu können glaubt. Anderseits wirkt auch unser herkömmliches Geld dadurch, daß es den Zins als Bedingung seines Wirkens fordert und so die gesamte Volkswirtschaft auf die Zinsentrichtung einstellt, nach der gleichen Richtung, volkszersetzend, klassenbildend, friedenfeindlich. Seitdem man das Privatgrundeigentum eingeführt und die Edelmetalle zum Tauschmittel der Arbeitserzeugnisse erhoben, hat es nie wahren Frieden gegeben, und solange wir bei diesen uralten, barbarischen Staatseinrichtungen verharren, wird es auch nie Frieden geben – weder nach innen noch nach außen. Krieg ist der einzig mögliche Zustand zwischen Rentnern und Arbeitern.

Der Friede ist ein großes Unternehmen, und der Größe des Unternehmens müssen die Mittel entsprechen. Sonst gibt es nur Enttäuschungen. Keine Menschenopfer fordert der Friede, aber "Geldopfer unerhört"! Daneben das Opfern künstlicher Vorrechte, liebgewonnener Vorurteile, völkischer Bestrebungen und Lebensanschauungen. Wahrhaftig, die Dinge verhalten sich so, daß wenn wir dem Vielfraß, genannt Friede, alles geopfert haben werden, was ihm unbedingt geopfert werden muß, große Kreise des Volkes in allen Ländern mit Überzeugung ausrufen werden: lieber Krieg als Frieden! Wie es ja auch heute oft genug vorkommt, daß Leute, die ihr Vermögen in einem Börsenkrach verlieren, sogleich entschlossen in den Tod gehen.

Es ist ein Fehler aller Friedensfreunde gewesen, mit Ausnahme allein der Urchristen, daß sie die Größe der Aufgabe bei weitem unterschätzten und darum mit völlig unzureichender Rüstung das Ziel zu erreichen trachteten. Wirklich, oft sieht es aus, als ob der Friede im Kaufhaus zu holen wäre. Es wird vielleicht nützlich sein, die Dinge einmal sich näher anzusehen, die man bisher großmütig unserem Vielfraß zu opfern bereit war. Da sind zunächst die Vegetarier und Abstinenten, die ausrufen: Krieg ist ein krankhafter Geisteszustand, der von einem krankhaften körperlichen Zustand herrührt. Folge des Fleischessens, des Tabaks, des Alkohols und der damit zusammenhängenden Syphilis. Opfert den Alkohol, so werdet ihr klug wie die Schlangen, opfert den Fleischgenuß, so werdet ihr sanft wie die Lämmer.

Es ist Wahres, viel Wahres sogar, in diesen Worten, aber den Frieden werden uns diese kleinen Opfer nicht bringen. Es gab Kriege, lange bevor die Völker in Trunk und Tabak entarteten. Außerdem müssen wir ja dann auch warten, bis die Menschen durch Vegetarismus und Abstinenz, also durch den langwierigen Ausleseprozeß "besser" geworden sein werden. (Moses läßt die Menschen erst im 4. Geschlecht an den Sünden der Väter aussterben.) Und da ist es fraglich, ob die heranziehenden Kräfte der Kriege nicht größere Schritte machen als die auf Hochzucht eingestellte Natur des Menschen, ob also im Wettkampf dieser Kräfte der Krieg nicht die Oberhand behalten wird!

Ein anderes, mit Überzeugung empfohlenes Mittel ist der Gebärstreik. Keine Geburten = keine Soldaten = keine Kriege. Das Mittel ist allerdings unfehlbar. Wer aber würde sich des Segens solchen Friedens noch erfreuen? Doch nur die Kinder der Streikbrecherinnen. Für diese sollen sich also die anderen opfern!

Man empfiehlt auch die Dienstverweigerung. Auch dieses Mittel ist unfehlbar, vorausgesetzt, daß alle es tun. Wie überhaupt vieles zu erreichen wäre, wenn wir alle Helden wären. Wo aber sind denn diese Helden? In vielen hundert Jahren gab es nur einen Arnold von Winkelried, nur einen Giordano Bruno, nur einen Huß. Wer solchen Opfersinn anruft, der verlangt die Überwindung des Selbsterhaltungstriebes, der glücklicherweise noch größer ist als die Sehnsucht nach Frieden. Es ist ja gerade dieser Selbsterhaltungstrieb, der uns friedlich stimmt.

Ein anderer Vorschlag lautet: Als Bürgschaft für den Frieden soll jeder Staat eine Summe Gold irgendwo hinterlegen. Erklärt ein Volk dem Nachbar den Krieg, so verliert der Friedensstörer das Hinterlegte! Wie hübsch das ist, wie einfach und vor allem wie billig!

Wieder ein anderer schlägt vor: das Alleinrecht auf Herstellung von Sprengstoffen einem neutralen Staat zu übertragen. Kein Pulver = kein Krieg – auch das ist wirklich ein recht billiges Mittel zur völligen Sicherung des Friedens. Wie leicht wäre es dann aber dem Friedensstörer gemacht, heimlich sich für den Krieg vorzubereiten und über den völlig wehrlosen Nachbarn herzufallen! Wie einfach doch in manchen Köpfen die Friedensfrage sich lösen läßt.

Am einfachsten löst ja der Kriegsmann diese Fragen. Man wirft den Feind zu Boden, stemmt ihm den Fuß auf die Brust und fragt ihn, ob er Frieden machen will. Bei dieser Art Frieden bleibt eigentlich alles bestehen, was die Gegner zum Kriege getrieben hat. An die Stelle des alten tritt ein frischer Zankapfel. Der Sieger ist zufrieden, der Besiegte sinnt auf Vergeltung. Eines Tages bricht er den Streit vom Zaun und fällt über seinen Gegner her. Wenn's glückt, wechseln die Rollen, und der Zankapfel ist wieder frischer und anmutender denn je. Der Frieden, der hier geschlossen wird, ist immer nur vorläufiger Art und dient zu nichts anderem als zur Sammlung neuer Kriegskräfte, zur Gewinnung des Übergewichts, wobei zu beachten ist, daß der Sieg den Sieger stolz macht und der Stolz vor dem Fall kommt, so daß schon aus solchem Grunde das Übergewicht nie lange oder dauernd auf einer Seite bleibt. Der Soldatenfrieden ist seiner ganzen Natur nach unhaltbar.

Solchem auf dem Übergewicht der Kräfte errichteten Frieden stellen die Staatsmänner den aus dem Gleichgewicht der Kräfte sich ergebenen Ruhezustand als Frieden gegenüber. Sind die Kräfte der Parteien derart ausgewogen, daß keiner bestimmt mit dem Siege rechnen kann, so wird auch keiner mehr den Mut haben, den Frieden, diesen Frieden zu stören. So sagen die Staatsmänner. Und solange das Gleichgewicht der Kräfte nicht gestört wird, rührt sich der Kriegsengel nicht, ähnlich wie Burians Esel sich auch nicht rührte, solange die Heuhaufen ausgeglichen waren.

Zur Feststellung des Gleichgewichts bedienen sich die Staatsmänner in der Hauptsache der Meßkunst. Sie schnipseln so lange an den Landesgrenzen herum, bis sie das Gleichgewicht der Kräfte herbeigeführt zu haben wähnen.

Aber die Kräfte, die man hier ins Gleichgewicht zu bringen sucht, sind nicht nur zur Meßkunst gehörig. Oft steht die Kraft der Staaten sogar im umgekehrten Verhältnis zur Größe der Landfläche. Das aber, was an der Wehrkraft unabhängig von der Landesgröße ist, ist keine feste Größe. Der Bevölkerungszuwachs, die sozialen Verhältnisse, die militärische Technik, die wirtschaftlichen Hilfsmittel, kurz alles, was die Verteidigungskraft entscheidend beeinflußt, ist in stetigem Fluß. Wie ist die Macht Englands durch das Unterseeboot so außerordentlich geschwächt worden! Wäre es darum auch ursprünglich den Staatsmännern gelungen, ein vollkommenes Gleichgewicht herzustellen, so unterliegt diese Friedensbürgschaft (!) doch ständig den genannten und tausend anderen störenden Einflüssen. So genügt schon allein ein Unterschied in den Geburten, um das Gleichgewicht zu stören. Wird in einem Lande die Säuglingssterblichkeit erfolgreicher bekämpft als in dem anderen, so ist das Gleichgewicht auch wieder aufgehoben. In Ägypten suchte z. B. Pharao das Gleichgewicht dadurch aufrecht zu erhalten, daß er die neugeborenen Kinder Abrahams ertränken ließ. Wer auf diese Weise das Gleichgewicht zwischen Deutschland und Frankreich sicher stellen will, muß entweder zum Verfahren Pharaos in Deutschland greifen, oder in Frankreich die Geburten auf die deutsche Höhe heben. Indessen ist die Zahl der Menschen oft ebensowenig allein maßgebend für jenes Gleichgewicht, wie die Größe des Landes. Nicht selten steht die militärische Kraft im umgekehrten Verhältnis zu Zahl. Entscheidender als die Menge erweist sich oft genug die Güte, die militärische Brauchbarkeit. Der Alkoholismus und die Abstinenz genügen an sich, um manches Kräfteverhältnis über den Haufen zu

Freiland, die eherne Forderung des Friedens.

werfen. Vor 10 Jahren brachte der Alkohol die russische Revolution um den Erfolg; die seit drei Jahren geübte Enthaltsamkeit gab den Revolutionären Kraft. Dulden die Gleichgewichtspolitiker in einem Lande den Alkohol, so müssen sie seinen Genuß in allen anderen erzwingen, sonst zerfällt auch das bestausgewogene Gleichgewicht.

Es erübrigt sich, andere Forderungen der Gleichgewichtslehre anzuführen. Das Gesagte zeigt, wohin man mit diesem Diplomatenfrieden kommen würde.

Einen ähnlichen Frieden erstreben die Vertreter der Abrüstungslehre. Sie sagen, das Gleichgewicht der Kräfte sei da, sobald alle ihre Waffen niederlegen. Sie sagen, 100 unbewaffnete Männer seien nicht mächtiger als 10; der unbewaffnete Mann sei militärisch eine Null. Die Macht liege in den Waffen, und die Übermacht an Waffen reize zum Krieg. Freilich gehen sich nicht so weit, auch die Schutzleute entwaffnen zu wollen. Wahrscheinlich denken sie dabei an die Notwendigkeit der Rüstung zur Aufrechterhaltung des inneren "Friedens". Das ist aber schon ein recht verdächtiges Zugeständnis an die Rüstung, denn wie viele Armeekorps würde man dem Zaren zur Aufrechterhaltung der Ordnung auf dem Abrüstungskongreß zugestanden haben? *

Bei der Abrüstungsforderung als Friedensbürgschaft übersieht man vollkommen, daß zur Rüstung schließlich jedes Ding brauchbar ist, das härter ist als der Soldatenschädel. Den Kampfwert der Rüstung kann man durch Vergleich mit der Rüstung des Gegners feststellen. Das Schwert des einen braucht nur etwas weniger stumpf zu sein als das des Gegners, um ein vorzügliches Schwert zu sein. Im deutschen Bauernkrieg wurde die Rüstung der Ritter mit Dreschflegeln zerschlagen. In der Pariser Kommune waren Pflastersteine die einzige Waffe. Kain erschlug seinen Bruder mit einer Keule, und Herkules in der Wiege erwürgte einfach die Riesenschlange.

Wie denkt man sich unter solchen Verhältnissen die Abrüstung? Die italienische Polizei verbietet das Tragen von Taschenmessern, um auf diese Weise die Abrüstung in die Wirklichkeit zu übersetzen. Sollen wir nun den Besitz von Dreschflegeln verbieten? Soll es keine Jagdgewehre mehr geben? Schon gut; verbietet man jedoch das alles, so erwürgen sich die Gegner, wie im Kriege die Soldaten im "Handgemenge" jedesmal dann tun, wenn sich sich verschossen haben, also "abgerüstet" sind. Die Faust gibt in letzter Linie den Ausschlag. Kommt es zu völligen Abrüstung, ohne daß man die Kriegsursachen beseitigt, so bereitet man den Boden für den fürchterlichsten aller Kriege, für die Schlacht im Handgemenge (Teutoburgerwald, Lechfeld, Sempach).

Und haben wir nicht erlebt, wie schnell der Fiedelbogenfabrikant umlernt und seine Werkstätte für Kriegsbedarf umbaut? Das jetzt im Felde stehende Rüstzeug stammt nur zu einem verschwindend kleinen Teil nach aus der Friedensrüstung. Gleich nach Ausbruch des Krieges traten Schiffsladungen frisch bereiteter amerikanischer Granaten auf dem Kriegsmarkt auf! Was soll da die Abrüstung? Ich verstehe den Sinn dieser Forderung nicht.

Im Kampfe gegen England ist der deutsche Pflug, der deutsche Misthaufen, die eigentliche Rüstung Germaniens. Korn ist Rüstung, Guano ist Rüstung,

---

*) Wilsons Friedensprogramm Juni 1918: "Herabsetzung der Heere auf das äußerste Maß, das noch zur Aufrechterhaltung der inneren Sicherheit als notwendig erachtet wird." Die Vorgänger Wilsons hatten danach gehandelt – und ohne Heer trat Wilson in den Krieg!

Schafe sind Rüstung. Mit Salpeter füllt man Granaten und düngt man die Felder! Soll man zum Zwecke der Abrüstung auch die technischen Hochschulen eingehenlassen, weil man dort zeigt, wie man den Salpeter aus der Luft gewinnt für die Landwirtschaft und für den Krieg? Aus den Tiegeln deutscher Farbwerke kommt Pulver oder Ostereierfarbe zum Vorschein, je nachdem man den Hahn A oder B dreht.

Ja, sagen die Franzosen, die allgemeine Abrüstung, die möchte den hinterlistigen Deutschen gefallen. Sie haben Eisen und Kohle, sie haben eine starke Industrie, sie haben alles, was zur schnellen Herstellung einer Rüstung nötig ist. Aber die anderen Völker, die ihre Rüstung im Frieden vom Auslande bezogen, um sie für den Kriegsfall zur Hand zu haben, was sagen diese zur Abrüstungsfrage? Wie wollen die sich rüsten, wenn sie einmal abgerüsteter gewesen wären? Durch Umschaltung ihrer gewaltigen Industrie würden sich die Deutschen im Handumdrehen gepanzert, gewaffnet, gerüstet haben und wären den mit Schlafmützen und Dreschflegeln anrückenden Franzosen und Russen mit neuen Geschützen entgegengetreten!

Der Mensch kommt gerüstet zur Welt. Wie er von Uranfang an im Kampfe mit den gerüsteten Mordgesellen der Natur, den Höhlenbären und Tigern, gerade wegen seiner vollkommenen Abrüstung sich als der Stärkere erwies, so ist er auch seinen Artgenossen gegenüber immer gerüstet. Geist und Schulbildung stellen letzten Endes die wirksamte Rüstung dar. Abrüstung ist Unsinn.

Damit soll nicht gesagt sein, daß die Rüstung den Frieden sichert. Die Nutzlosigkeit der Abrüstung beweist noch nicht die Richtigkeit des Satzes: wer den Frieden will, rüste sich für den Krieg. Man mag immerhin abrüsten und das so gesparte Geld zur Aussteuer neuer Rentner, von 100 000 neuen Millionären benutzen – schaden kann es nicht, nützen auch nicht. Der Friede hat aber mit Rüstung und Abrüstung durchaus nichts zu tun.

Ein anderer Friede, von dem man sich in Amerika besonders viel verspricht, ist der Polizeifriede. Tafts Staatenbund zur Erzwingung des Friedens! Taft stellt wirklich recht bescheidene Ansprüche an den Frieden. Dieser Gewaltfriede, erinnert er nicht an die Ruhe, die in den Staaten herrscht, wo man die Unzufriedenen mit den Polizeimitteln an der Empörung hindert? Übrigens ist dieses Taftsche Fiedensideal bereits heute überall in bezug auf den inneren Frieden durchgeführt. Vielleicht waren es die Pinkertonschen Bataillone, die Taft auf den geistreichen Gedanken brachten, den Völkerfrieden durch Polizeimacht zu erzwingen. Wir werden ja übrigens bald genug in Amerika sehen, wie sich der Zwangsfriede bewährt, wenn einmal die Arbeiterklasse sich gegen die große kapitalistische Krake erheben wird. Ob da wohl Mr. Taft, falls die Pinkertonsche Bataillone nicht ausreichen, seinen Friedenerzwingungsbund (league for the enforcemant of peace) aufrufen wird, um die ausgebeuteten und aufrührerischen Arbeiter niederzuknallen? Solche gegenseitige Hilfe bei inneren Unruhen hatte man sich wohl auch seinerzeit beim Abschluß der "heiligen Allianz" vertragsmäßig zugestanden.

Der am meisten besprochene Vorschlag zur Schaffung des Friedens, von dem seine Freunde bisher das meiste erwarteten, ist der auf Völkerrecht aufzubauende Friede. Nach Ansicht der Friedensfreunde braucht das Völkerrecht nur ausgebaut und auf irgend eine Weise von Angriffen gesichert zu werden. Über die Art dieser Sicherung ist man sich nicht recht klar. Immerhin glaubt man, daß es gelingen wird, das Völkerrecht mit der Zeit zu einer Art unantastbaren Heiligtums auszugestalten, zu einem Rechtsgötzen, so daß niemand es noch wagen wird, es anzutasten. Dieses Völkerrecht soll seine Erleuchtung in der "Gerechtigkeit", in der Moral, in der Freiheit suchen. Was unter Völkergerechtigeit, Staatsmoral zu verstehen ist, darüber hält man sich vorläufig nicht auf. Man nimmt einfach als selbstverständlich an, daß die Gerechtigkeit eine Sache für sich sei, ein Ding, das allen Menschen immer in derselben gleichen Erscheinung entgegentritt, so daß, wenn z. B. heute bei sämtlichen 500 Millionen englischen Untertanen über die Zulässigkeit des Unterseebootskrieges eine ganz andere Ansicht herrscht als bei den 70 Millionen Deutschen, dieses nur darin begründet sein kann, daß eine der beiden Parteien die Sache falsch sieht oder entgegen besserem Wissen, gegen ihr Gewissen aussagt. Nehmen wir aber an, das Ding "Gerechtigkeit" bestehe wahrhaftig und wäre immer und überall dasselbe – in London, wie in Berlin, früher, jetzt und in Zukunft dasselbe – also von ewiger unveränderlicher Verfassung, so berührt es doch recht eigentümlich, daß die Friedensfreunde bei den Gewalthabern unserer Klassenstaaten ohne weiteres ein ausreichendes Maß solcher Gerechtigkeit voraussetzen und auf Grund dessen glauben, die Beziehungen von Staat zu Staat in Ruhe auf solcher Gerechtigkeit aufbauen zu können. Was in aller Welt berechtigt uns zu solcher Voraussetzung? Ist es vielleicht der jüngste Krieg? Ist es das Innenleben der Völker vor dem Krieg? Herrscht in allen unseren lieben Klassenstaaten ein so starker Gerechtigkeitssinn? Ist die Seele dieser Klassenstaaten nichts als Liebe und Gerechtigkeit? Kann man das öffentliche Leben in allen Klassenstaaten als Hochschule der Gerechtigkeit und Menschenliebe betrachten? Veredelt die Politik, die in den Volksvertretungen getrieben wird, wirklich dermaßen die Gesinnung? Kommen die jungen Beamten, die man zur Ausbildung nach Südwest, nach dem Kongo, nach Indien schickt, wirklich als feinfühlige, gerechtigkeitstriefende Männer heim? Führt etwa der ständige Klassenkampf, der zwischen Arbeiter und Unternehmer jahraus jahrein tobt, dazu, im ganzen Volk den Sinn für Gerechtigkeit und Nächstenliebe zu heben?

Unsere Gewalthaber beobachten unerschüttert das Säuglingsmassensterben in Neuyork, Berlin, London, Paris, dem allein in Deutschland alljährlich 300 000 zum Opfer fallen, also fast so viel, wie der jetzige Krieg Männer verschlingt, und mehr als die Metzeleien in Armenien gekostet haben. Sie wissen ganz gut, daß diese Säuglinge zumeist nur darum ins Massengrab wandern, weil die Not den Müttern nicht die gehörige Kinderpflege gestattet – die Not in denselben Staaten, wo 100 000 Millionäre nicht mehr wissen, was sie aus Übermut treiben sollen! Hat sich einer dieser Gewalthaber je dagegen empört, ein einziger? Und bei diesen Männern sollen wir nun plötzlich soviel Gerechtigkeitsliebe voraussetzen, daß sie sich sofort entrüsten und empören sollen, wenn dahinten weit in der Türkei die Völker aufeinander schlagen? Daß sie alle, gleichwie die Krähen beim Erscheinen eines Raubvogels, von allen Seiten zuhilfe eilen? Wer sich in der Gerechtigkeitspflege üben will, der übe sie zunächst am eigenen Herd, in der Gemeinde, im eigenen Volk. Hat man erst Frieden im eigenen Staat, tiefen, echten Bürgerfrieden, ist der Klassenstaat in den Staub geworfen und zertreten – dann können wir nach weiteren Eroberungen auf dem Gebiete der Gerechtigkeit uns umsehen und versuchen, uns mit den Fremden auf diesem Boden zu vertragen. Solange das nicht geschehen ist, bleibt uns nichts anderes übrig, als alles, was zu Reibungen zwischen den Völkern führen kann, alle Zankäpfel so gründlich wie möglich zu vertilgen.

Ganz recht, werden hier die Friedensfreunde sagen, das ist ja, was auch wir wollen – durch Völkerrecht wollen wir die Zankäpfel beseitigen – deshalb erstreben wir ja gerade die Erweiterung und Sicherung des Völkerrechtes. Das Selbstbestimmungsrecht der Völker soll unbeschränkt sein, ebenso auch die Staatshoheit.

Ich aber sage: die Rechte der Völker, das Massenrecht, sind schon zu groß, viel zu groß. die Rechte der Massen können niemals eng genug begrenzt werden. – Dafür müssen aber die Rechte der Menschheit umsomehr erweitert werden. Wenn die Völker schon ihre jetzigen Rechte mißbrauchen, wieviel mehr Mißbrauch werden sie mit den erweiterten Rechten treiben. Nein, hier betreten wir Holzwege – die Rechte der Völker müssen beschränkt und, soweit es sich um die Staatshoheit der Völker über den von ihnen besetzen Boden handelt, sogar restlos abgeschafft werden. Völkerrecht ist Krieg – Menschenrecht ist Frieden. Die Entwicklung des Völkerrechtes nennt man Fortschritt. Das ist nicht richtig, es wiederspricht der Geschichte. Zuerst war das Gewaltrecht, das Massenrecht, das sogenannte Völkerrecht. Aus ihm entwickelt sich langsam das Menschenrecht, das Recht des einzelnen Menschen. Der Fortschritt geht also vom Massenrecht zum Recht des Einzelmenschen.

Die Völker sind im Vergleich zu ihren Bestandteilen immer minderwertig. Der Mensch gewinnt nicht, wo er die Verantwortung für alles Tun und lassen auf die Masse abwälzt: in der Gemeinschaft handelt der Mensch schäbiger als einzeln. Swift sagte schon: ich habe immer die Staaten und Gemeinden gehaßt – meine Liebe geht auf den Einzelmenschen. Darum müssen wir dem Einzelmenschen mehr Recht zugestehen als den Völkern; er wird diese weniger mißbrauchen, trägt er doch selbst die Verantwortung. Das Völkerrecht, Massenrecht kann man aber nur auf Kosten der Menschheit ausbauen. Das Recht des einen kann man sich nur als das Unrecht des anderen vorstellen – wie ja auch die Freiheit des einen in der Unfreiheit des anderen besteht, – nur Menschheitsrechte machen hier eine Ausnahme. Jedes Sonderrecht muß wie ein Wechsel von irgend jemand bezahlt werden, und im Völkerrecht ist dieser Jemand der Mensch. Stärken wir durch das Völkerrecht die Völker, so schwächen wir uns alle als Einzelmenschen. Die Bestrebungen, die auf einen Völkerrechtsfrieden hinauslaufen, wirken dann notwendigerweise zweckwidrig.

Der Inbegriff aller Völkerrechte ist die Staatshoheit über das von den Völkern besetzte Land. Hier sind auch die Reibungsflächen, die Zankäpfel zu suchen. Mit Hilfe dieser Staatshoheit ist es möglich geworden, daß dem Menschen die Welt willkürlich verkleinert wird; – schließlich so verkleinert, daß er verhungert, verdurstet, erfriert.

Laut diesem Völkerrecht gab Er die Erde – nicht den Menschenkindern, wie es doch in der Bibel heißt – sondern den Völkern. Und welchen Mißbrauch treiben die Völker mit den, wie es heißt, noch nicht weit genug getriebenen Hoheitsrechten! Da sehen wir uns einmal Amerika an! Entdeckte Columbus etwa jenen Weltteil für die Nordamerikaner? Sicher nicht; für die Menschheit entdeckte er das Land, zum mindesten aber für seine Landsleute. Und diesen seinen Landsleuten verweigern die Amerikaner heute die Landung unter dem Vorwand, - sie seien des Schreibens unkundig oder hätten kein Geld in der Tasche! Führte etwa Colombus soviel Geld mit sich, und konnten seine Mannen etwa lesen und schreiben? Auch die Aussätzigen, die Zigeuner, die Blinden, Lahmen und Greise weisen die Amerikaner ab - und stützen sich dabei auf ihre Hoheitsrechte, auf das Völkerrecht, auf das Selbstbestimmungsrecht - das man jetzt erweitern und sichern will? "Amerika für die Amerikaner" sagen sie dabei verächtlich. Ja, sie gehen noch weiter und sagen: "Amerika für die amerikanische Rasse" und verweigern damit dem Hauptstamm des Menschengeschlechtes, dem ältesten und zahlreichsten, den Mongolen, den Zutritt in ihr Land - auf Grund des Völkerrechtes, auf Grund der Staatshoheitsrechte. Und dieses verderbte Recht sollen wir zum Zwecke des Friedens ausbauen und vor Vergewaltigung sichern! Machen wir uns doch einmal klar, was das heißt. Die Rassenpolitik der Amerikaner kann sich ja auch einmal gegen die Europäer richten, auch kann in dieser amerikanischen Rassenpolitik der schwarze Bestandteil, können die Neger eines Tages die Oberhand gewinnen!

Getreu ihrem Schlagwort "Amerika für die Amerikaner" erreichten die Amerikaner rings um das gewaltige Gebiet, das Columbus der Menschheit schenkte, eine Zollgrenze - und vertreiben durch willkürlich hochgeschraubte Sperrzölle die Europäer von ihren Märkten. Heute ist es die Einfuhr, die sie treffen wollen, morgen wird es die Ausfuhr sein, so daß die Europäer ständig mit der Möglichkeit rechnen müssen, daß die Erde für sie eines Tages um den ganzen amerikanischen Erdteil, mindestens aber um die Vereinigten Staaten kleiner sein wird. Der europäischen Bevölkerung kann es aber wahrhaftig nicht gleichgültig sein, ob ein Erdteil wie der amerikanische von der Weltkarte gestrichen wird. Für sie bewirkt der wirtschaftliche Verlust eines Erdteils genau dasselbe, wie wenn dieser vom Meere verschlungen würde.

Bis jetzt haben sich die Europäer das alles gefallen lassen; sie treiben es den anderen Völkern gegenüber übrigens auch so. Wie die Amerikaner, so sagt jedes hergelaufene, von irgend einem Gewaltherrscher zusammengefegte Volk: "unser Land, unser ausschließliches Eigentum"! Wir wirtschaften darauf auf Grund der uns durch Völkerrecht verbürgten Staatshoheit nach Gutdünken und Willkür. So versagen die Australier den Japanern ganz unbedingt den Zutritt in ihr Land, obschon das Land äußerst dünn besetzt ist und die Japaner kaum wissen, wohin sie den Volksüberschuß schicken sollen. So wurde in den polnischen Teilen Preußens mit Staatsgeld Land gekauft, um dieses an Nichtpolen zu verpachten! Das alles nennt sich Völkerrecht! "Mögen doch die Völker mit zu dichter Bevölkerung in der Bibel bei Pharao nachlesen, wie man es mit den Säuglingen machen soll! Mögen die Mongolen ihre Säuglinge ertränken" - so sagen die für "Humanität" sich begeisternden Amerikaner, Preußen und Australier!

Wie gesagt, die Mongolen, Europäer und Afrikaner haben sich bis heute solche Behandlung gefallen lassen. Aber wie lange noch? Richtet sich die amerikanische Rüstung, die jetzt mit Hochdruck betrieben wird, wirklich nur gegen die

Mittelmächte, oder hält man diese Rüstung nicht auch sonst für nötig, um die dort betriebene Rassenpolitik durchführen zu können? Wie kann man diesen gewaltigen, ungeheuren Zusammenprall vermeiden? Lächerlich wäre es, von einem einfachen Völkerrechtsvertrag, der die amerikanischen Hoheitsrechte achtet, eine Schlichtung dieses Streites zu erwarten. Dieser wird im Gegenteil um so größeren Umfang nehmen, um so tieferen Völkerhaß ausbrüten, je mehr das Völkerrecht an ihm herum zu doktern versucht. Der Mongole wird eines Tages mit der eisernen Faust an das goldene Tor schlagen, und dann wird, gestützt auf dasselbe Völkerrecht, das wir heute erweitern sollen, die weiße Rasse zurück in den Atlantischen Ozean gedrängt werden.

Vom Standpunkt der Völker und ihrer Staaten läßt sich solcher Streit nicht schlichten; Rassenpolitik darf nicht an Staaten, an Landesgrenzen, an Staatsgesetze gebunden werden. Rassenpolitik ist ureigene Angelegenheit jedes einzelnen Menschen. Das einzige Volk, das seit Jahrtausenden beharrlich Rassenpolitik betreibt, die Juden, hat überhaupt kein eigenes Land, und kennt die Staatshoheit nicht. Um also solche Kriegsmöglichkeiten zu verhüten, müssen wir einen höheren Standpunkt einnehmen, von tieferer Erkenntnis ausgehen. Hier müssen wir auf die Zelle aller Staaten, auf den Einzelmenschen zurückgreifen. Menschenrechte, nicht Völkerrechte, müssen wir hier verkünden. Und zwar als Punkt Eins aller Menschenrechte: "Die Erde gab Er den Menschenkindern". Er gab die Erde nicht den Amerikanern und den Mongolen; den Menschen, der Menschheit, auch den Schreibunkundigen gab Er sie. In dieser Frage müssen wir einen bedingungslosen Standpunkt einnehmen; entweder gehört die Erde allen Menschen, und dann ist kein Platz für Hoheitsrechte der Völker, oder aber wir anerkennen das Völkerrecht auf den Boden mit allen seinen Folgerungen. Das heißt mit dem Krieg, der diesem Recht anhaftet wie die Pest den indischen Hadern. Ein Mittelding gibt es hier nicht.

Ehe Moses, Attila, Garibaldi ihre Volksgenossen in zu großer Enge verkommen lassen, schauen sie über die Grenze; und entdecken sie dort noch Boden, der weniger dicht bebaut wird, so ziehen sie hin und schlagen die nieder, die ihnen den Weg zur Erde unter Hinweis auf Völkerrechte und Papierfetzen verwehren wollen. Dem Hoheitsrecht der Völker stellen sie das Menschenrecht entgegen, und in solchem Kriege soll die Menschheit über alle Völker und ihre Rechte den Sieg davontragen.

Doch sehen wir uns diese auf Völkerrecht gegründete Staatshoheit über den Boden nochmal von einer anderen Seite – nämlich von der Seite der Bodenschätze, sagen wir der Steinkohle, an. Wir werden dann vielleicht unmittelbarer noch die Hoffnungslosigkeit des Völkerrechtsfriedens einsehen. Solange die Amerikaner nur den Ärmsten unter den Armen gegenüber es wagen, ihre Grenze zu sperren und eine Rassenpolitik zu treiben, die uns vorläufig nicht unmittelbar berührt, empfinden wir den Schimpf, der durch solches Tun der Menschheit zugefügt wird, nicht persönlich genug, um uns zu entrüsten. Wir sagen: "Mögen sich die, die es angeht, mögen sich die Chinesen empören, mögen die Blinden, Lahmen, Schreibunkundigen sich einen Garibaldi wählen und mit Gewalt die amerikanische Grenzsperre beseitigen. Uns als derbe Dickhäuter geht das nichts an." – Wenn wir aber hören werden, daß England und Deutschland sich verständigt haben, um die Steinkohle mit einem Ausfuhrzoll zu belasten*, der die Seereisen und Seefrachten verdoppelt und verdreifacht, wenn die Bewohner kohlenarmer Länder, wie etwa die Schweiz, den Winter zähneklappern in ungeheizten Zimmern zubringen müssen – dann werden wir an die Chinesen, an die Schreibunkundigen, an die Greise denken und mit ihnen ausrufen: ist das eigentlich erlaubt, gehört das auch zum Völkerrecht, ist das kein Mißbrauch der Staatshoheit, des Selbstbestimmungsrechtes der Völker? Ist das die gerühmte Freiheit der See? Was nützt uns das Völkerrecht, der papierne Völkerfriede – wenn wir dabei erfrieren und verhungern? Wir brauchen die Seefreiheit, und ohne die Freiheit der Steinkohle ist diese Seefreiheit hohl. Die Staatshoheit Englands und Deutschlands über die Kohlenschätze muß nachgeprüft werden. Der Menschheit, allen Völkern, jedem Menschen gehören offenbar diese Steinkohlen, von denen wir heute alle ebenso abhängig sind, wie von der Sonne, wie von der Luft. So werden wir reden, sobald wir einmal frieren werden, sobald wir persönlich unter den Folgen der Staatshoheit und des Völkerrechts zu leiden haben.

Dem Boden und seinen Schätzen gegenüber gibt es keine Völkerrechte, kein Massenrecht, keine Staatshoheitsrechte. Das Völkerrecht darf sich nur auf das beziehen, was Menschenhand geschaffen. Sobald wir den Völkern Rechte einräumen, die über das Recht des Einzelmenschen hinausgehen, verwandelt sich solches Recht in Krieg. Alle Menschen, jeder einzelne Mensch, hat auf den Boden, auf den ganze Erdball die gleichen, unveräußerlichen Rechte, und jede Einschränkung dieses Urrechtes bedeutet Gewalt, bedeutet Krieg. Darum wiederhole ich: will man den Völkerfrieden, so muß dieser ersten Forderung genügt werden, allen Menschen, restlos allen Menschen gehört die Erde, und weg mit dem Massenrecht, weg mit der Staatshoheit, die dieses Unrecht antastet!

* * *

Das angeführte Beispiel aus der Welt der Bodenschätze möge genügen für das, was ich begründen wollte. Mehr oder weniger spielt ja jeder Rohstoff im Leben der Menschheit die gleiche Rolle wie die Kohle. So würde z. B. ein amerikanischer Ausfuhrzoll auf Baumwolle für die 500 000 deutschen Weber und Spinner ebenso tödlich wirken, wie ein Ausfuhrzoll auf Kohle für die italienische, spanische und schweizerische Industrie tödlich ist. Die Steinkohle hat uns zweierlei gezeigt: 1. die Unmöglichkeit, auf Grund von Völkerrechten den dauernden Frieden herbeizuführen; 2. die überragende Rolle, die die Erde und ihre Schätze in den Beziehungen der Völker zueinander spielen. Die auf den Boden und seine Schätze ausgedehnten Massenrechte, Hoheitsrechte, Selbstbestimmungsrechte sind es, die den Völkern das für gerechtes Urteilen so unentbehrliche Gefühl der Sicherheit rauben und Unruhe in die Volksseele tragen. Die mit diesen Völkerrechten in unlösbare Verbindung gebrachte Möglichkeit, daß ein Volk von unentbehrlichen Rohstoffquellen ausgeschlossen werde, ist es, die letzten Endes die verantwortlichen Staatsmänner, die Unternehmer und schließlich sogar die Arbeiterführer auf herrschsüchtige Gedanken drängt.** Sie sagen sich: wir müssen damit rechnen, daß das englische Weltreich, daß die

---

*) Ist inzwischen geschehen.
**) So waren Lassalle, Liebknecht, Bebel keine grundsätzlichen Gegner des Zolles. (Sozialdemokratie und Zollpolitik. M. Erzberger, Volksvereins-Verlag, München-Gladbach 1908.)

Vereinigten Staaten, daß Mitteleuropa uns eines Tages auf Grund der Staatshoheitsrechte von diesen gewaltigen Rohstoffquellen ausschließen können.* Darum kann allein eine eigene, möglichst umfassende Oberherrschaft unserem Volke die Entwicklungsmöglichkeit sichern. Ganz bestimmt haben in den heutigen, die Weltherrschaft anstrebenden Staaten solche Erwägungen eine bedeutend größere Rolle gespielt als einfach Raublust, Gewinnsucht und Herrschsucht. Ich bin überzeugt, daß, wenn man den englischen, deutschen, amerikanischen Unternehmern und Arbeitern den Bezug der Rohstoffe und den Absatz der Erzeugnisse auf andere Weise sichern könnte, sie alle herzlich gern auf den kolonialen Plunder, und überhaupt auf die Erweiterung der Staatsgrenzen verzichten würden.

Die auf den Boden und seine Schätze ausgedehnten Hoheitsrechte der sogenannten Völker, die Völkerrechte, verwandeln zwangsläufig den ganzen Erdball in einen Zankapfel, von dem jeder nicht etwa nur das größte Stück, sondern jeder das Ganze will und übrigens auch durchaus braucht. Und dafür, daß dieser Zankapfel nicht im Geiste der Verständigung, der Vernunft, der Liebe und Menschlichkeit behandelt wird – dafür sorgt wieder das in allen Staaten geltende Bodenrecht, dafür sorgt der Geist der Gewalt, der Unterdrückung, des Luges und des Truges, den unser auf dem Privateigentum sich aufbauender Klassenstaat aus allen Poren schwitzt. Menschen, die unter Herren und Knechten Genießern und Besitzlosen aufgewachsen sind, bringen notwendigerweise ihre vergiftete Denkweise mit zu allen zwischenstaatlichen Verhandlungen und schließen jede Verständigung von vornherein aus. Jeder Nadelstich verwandelt sich in diesem Geiste in ein Pulverfaß. Um uns davon zu überzeugen, müssen wir uns den leitenden Gedanken aller Staatsgründungen und der Staatserhaltung näher ansehen.

Rousseau sagte: Wer den ersten Zaunpfahl in die Erde rammte und dazu sagte, dieses Land ist mein, und Dumme fand, die es glaubten, der legte den Grund zu den heutigen Staaten.

Damit sagte er, daß die Errichtung des Sondereigentum am Boden den Geist des Staates durchtränkt, daß die mit dem Einrammen des Zaunpfahls einsetzende Grundrente die eigentliche Seele des Staates ist. Der Staat rankt am Zaunpfahl, ähnlich wie die Bohnenstaude an der Stange, wie das Efeu am Gemäuer. Ist die Stange krumm, so ist auch die Bohnenstaude krumm. Reißt man die Stange aus, so hat die Ranke keine Stütze mehr und stürzt. Ist das Bodenrecht gesund, so wird auch das Volksleben, der Staat gesund sein. Ist dieses Recht Ausfluß der Gewalt, so wird auch der Staat nur mit Gewalt aufrecht zu erhalten sein. Das ist es, was Rousseau sagte.

Wie der Geist der Gewalt, der Ausbeutung, der Unaufrichtigkeit sich am Geiste des Zaunpfahles ausbildet, das erkennt man gleich, wenn man sich die Frage stellt, wie dieser Zaunpfahl eigentlich gegen die Strumböcke der durch ihn enterbten Volksmassen geschützt werden kann. Daß hierzu die rohe Gewalt nicht ausreicht, ist klar. Denn die rohe Gewalt ist ja die Gewalt der Masse, ein Vorrecht der Enterbten, der Besitzlosen. Nein, zum Schutze des Zaunpfahles

---

*) Die Vereinigten Staaten fördern 50 % der Welterzeugung an Kupfer, 40 % an Eisen, 45 % an Kohlen, 60 % an Baumwolle, 65 % an Erdöl.

braucht man höhere Kräfte: Blendwerk, Vollmachten, Rechtsgötzendienst, und um das alles richtig planmäßig einzurichten, baut man den Staat aus, wie er heute ist. Zur Bildung dieses Staates und seiner Rechtsgrößen bemächtigt sich der Grundeigentümer durch Schul- und Kirchenzwang der gesamten Jugendausbildung, nach dem Grundsatz: was ein Häkchen werden soll, krümme man bei Zeiten. Was gelehrt, was unterdrückt, verheimlicht werden soll, das bestimmt er, der Grundeigentümer. Die Aufsicht über Schule und Kirche haben die weitschauenden Staatsmänner immer als das wichtigste Amt ihrer Staatsleitung bezeichnet. Lehrer, Geistliche, Geschichtsschreiber werden am Zaunpfahl auf ihre Pflichten vereidigt. Wer sich nicht fügt, darf verhungern, wenn er nicht gar gerädert, verbrannt, nach Sibirien verbannt wird. Und so widerstand der Zaunpfahl allen Angriffen, selbst der großen französischen Revolution, bis auf den heutigen Tag. Ein erziehliches Meisterstück allerersten Ranges. Wie ist es möglich, so fragt man sich verwirrt, daß einzelne Männer den Boden wie eine gemeine Ware kaufen und verkaufen, den Boden, auf den die Menschheit angewiesen ist wie auf die Luft und das Wasser? Wie ist es möglich, daß der Besitzlose eine so ungeheure Anmaßung, die ihn geradezu entwurzelt und entwürdigt, auch nur 24 Stunden duldet? Und dennoch steht der Zaunpfahl!

Mit rechten Dingen ist das nicht zugegangen. Die Wahrheit ist eben gebeugt worden, von den Beamten, in der Schule, in der Kirche. Man hat, unter Mißbrauch religiöser Gefühle, dem armen Menschenkinde so oft und so eindringlich den Satz wiederholt "Gebt dem Kaiser, was des Kaisers ist", daß die Gesetze schließlich zu einem Götzenbild wurden, das vom Volk von ferne angebetet wird. Nur so ist das Rätsel zu erklären, daß der Zaunpfahl gegen alle Aufsässigen geschützt werden konnte. Die große Masse des Volkes, im Banne der Kirche und Schule, konnte von ihren natürlichen Führern nie dazu bestimmt werden, den Zaunpfahl, das unverletzliche Heiligtum, umzustoßen.

Gehen wir nicht leichtsinnig über diese Tatsache hinweg. Sie ist von größter Bedeutung, um den Geist, der die heutigen Staaten führt, richtig einzuschätzen. Was kann aus einem Volke werden, wenn von oben her mit den heiligsten Gefühlen Mißbrauch getrieben wird, wenn man Religion, Wissenschaft, Kunst, das natürliche Gefühl völkischer Zusammengehörigkeit, zu Machtzwecken mißbraucht? Was kann aus einem Kinde werden, dem gesagt wird: "Die Erde gab Er den Menschenkindern, aber deinen Vater, ob er auch der beste Mann ist, hat er davon ausgeschlossen", und daß das so ganz richtig sei, heiliges, unantastbares Recht? Ich meine, solchen Blödsinn kann kein Kind vertragen. Die Sehnen des sozialen Richtssinnes erfahren bei solcher Gotteslästerung im Kinde entschieden eine Streckung, die um so vernichtender wirken muß, je stärker im Kinde der soziale Richtsinn veranlagt war. Von dem Augenblick, wo dem Kind gesagt wird, daß sein Vater kein Recht auf den Boden hat, daß er ein elender Mensch, ein Proletarier ist, – ist das Kind geistig gebrochen – Recht und Unrecht wird es nie mehr klar unterscheiden. Es ist ihm ein Leid getan worden.

Diese so erzogenen Menschen, sowohl die dabei tätig, wie die leidend Mitwirkenden, sind es nun, von denen wir erwarten, daß sie mit Vernunft und friedlichem Sinne alle die Zankäpfel miteinander verspeisen werden, die die Staatshoheit der Völker täglich, ja stündlich auf den Beratungstisch der Staatsmänner wirft! Um solches für möglich zu halten, müßte man wirklich schon von Friedensliebe triefen. Dabei dürfen wir natürlich auch die sonstigen Wirkungen des Bodenrechtes nicht vergessen: die allgemeine Verhetzung im Klassenstaate, die politischen Kämpfe, von denen sogar die unmittelbar Beteiligten aussagen, daß sie die Gesinnung verderben, die Lohnkämpfe, die Streiks und Aussperrungen, die Zusammenstöße mit der Polizei, die Pinkertonschen Bataillone usw.. Dann werden wir wohl zu der Überzeugung gelangen, daß, solange dieses Bodenrecht nicht abgeschafft wird, der großzügige, wirklich freiheitliche Geist, der nirgendwo so nötig ist wie gerade bei den zwischenstaatlichen Verhandlungen, in keinem Staate aufkommen kann.

Zusammenfassend möchte ich das Gesagte in die Worte kleiden: Das bis heute den sogenannten Völkern, den Massen und ihren Staaten zugestandene unbeschränkte Hoheitsrecht über den Boden und seine Schätze bildet das Pulverfaß des Krieges, und die Zündkapsel dazu liefert der verderbte Geist, den der auf dem Privatgrundbesitz sich aufbauende Klassenstaat von jeher gezüchtet hat und immer weiter züchten muß. Friede und Grundeigentum, sowohl nationales wie privates Grundeigentum, sind einfach unvereinbar, und unnütze ist es, von Frieden zu reden, solange wir diese uralten barbarischen Einrichtungen nicht restlos von der Erde vertilgt haben.

* * *

Mancher schöne Gedanke ist schon an den Verwicklungen gescheitert, die die Verwirklichung mit sich brachte. Hart im Raume stoßen sich die Sachen. Beim Freilandgedanken ist jedoch solches nicht zu befürchten. Die Praxis ist hier von geradezu vorbildlicher Einfachheit. Sie läßt sich erschöpfend in diese zwei Sätze fassen:

Satz 1. In allen Staaten, die sich dem großen Friedensbund anschließen, wird das Sondereigentum am Boden (Privatgrundbesitz) restlos abgelöst. Der Boden ist dann Eigentum des Volkes und wird der privaten Bewirtschatung durch öffentliche Verpachtung im Meistbietungsverfahren übergeben.

Satz 2. An diesen öffentlichen Pachtungen kann sich jeder Mensch beteiligen, einerlei wo er geboren, wie und was er spricht, welchen Lastern er huldigt, welche Verbrechen er begangen, von welchen Gebrechen er geplagt wird, kurz alle, die Menschenantlitz tragen.

Das Pachtgeld wird gleichmäßig und restlos unter alle Frauen und Kinder wieder verteilt, wobei auch hier keinerlei Unterschied gemacht wird, woher die Frauen und Kinder kommen. (Vergl. hierzu den folgenden Abschnitt 1.)

Diese Freilandsatzungen sind auch die Satzungen des Weltfriedens! Und was für ein Friede! Er sucht die edlen, imperialistischen Triebe nicht heuchlerisch auszurotten; er stempelt sie nicht als Unzucht und Barbarei – sondern er befriedigt sie. Das Hochziel jedes gesunden, aufrechten Mannes, das Reich der ganzen Erde, wird zur Tatsache.

Satz 1 greift den Klassenstaat an seiner Quelle an. Die Schuld, die fortzeugend Böses gebären mußte, ist gesühnt und getilgt. Friede herrscht jetzt am Herd, in der Gemeinde, im Volke. Niemand ist mehr da, der Sondervorteil von der Ausbildung des "Staates", des neuzeitlichen Götzen, haben könnte und dieser seelenlosen Maschine die Pflege der Wissenschaft, der Religion und der Schule zu übertragen sucht. Dieser Organismus, der Staat, wächst nicht mehr von selbst, setzt nicht mehr täglich neue Glieder an, mit denen er nach den letzten freien Menschen zu greifen sucht. Der Selbsterhaltungstrieb dieser Maschine ist ausgerottet; sie geht nur noch gerade so weit, wie sie gestoßen wird. Niemand spricht jetzt mehr von "Staatsidealen", von Staatsbestrebungen, von Staatsseele und Staatsgott! Wie die zum Gipfel strebende Efeuranke zum unansehnlichen Krauthäufchen zusammenstürzt, sowie ihr die Stütze entzogen ist, so wird auch der Götze, der im drohenden Staatssozialismus zum alles verschlingenden, alles verdauenden Ungeheuer sich auswächst*, zu einem bescheidenen Knecht zusammenschrumpfen, der die Straßen kehrt, die Briefe befördert, die Eisenbahnwagen putzt, die Schornsteine und Kotschleusen fegt, den Seuchenquellen nachspürt, Spitzbuben bewacht, und dem wir auch sorglos die Stiefel zum Putzen anvertrauen werden, falls er es billiger und besser besorgt als ein anderer Schuhputzer. Das tolle Gerede über die Zwecke des Staates verstummt. Die Zwecke der Menschheit sind dann wieder dort vereinigt, wo sie allein eine ersprießliche Förderung erfahren können, in der Brust jedes einzelnen Menschen.

Mit Satz 1 fallen ganz von selbst die agrarischen Sonderbelänge, die zur Schaffung der Zollgrenze trieben und den schauerlichen Gedanken des geschlossenen Handelsstaates gebaren. (Die währungstechnischen Schwierigkeiten des Freihandels werden durch Freigeld restlos gelöst.)

Satz 1 führt von selbst zum Freihandel, und es verlieren die Fragen wie Elsaß, Serbien, Polen, Marokko, Gibraltar, Irland usw. für alle Beteiligten jeden vernünftigen Sinn; sie werden inhaltlos. Die Grenzwächter, ich meine die eigentlichen Grenzwächter, nicht die bescheidenen Männer, die bei Nacht und Nebel Wache hielten, damit von jenseits der Grenze keine guten und billigen Waren ins Land kamen, sondern die Männer, die unmittelbar Geldvorteile zogen aus der möglichst scharfen Betonung der politischen und wirtschaftlichen Grenzen und Völkerscheiden, verschwinden ja restlos mit Satz 1. Um den Frieden zu schaffen ist es dann nicht mehr nötig, daß Grenzsteine versetzt werden. Diese bleiben einfach da, wo sie vor Kriegsbeginn waren. Dort mögen sie in Frieden stehen als Denkmale des Haders, des Krieges. Sie haben dann nur mehr den Sinn, den etwa die Grenzen der einzelnen deutschen Bundesstaaten haben: eine reine Verwaltungsangelegenheit, die durch Freiland nur noch gewaltig vereinfacht wird, eine Sache, die durchaus nichts Trennendes mehr an sich hat, so daß man sagen kann, daß mit Satz 1 die künstlichen Grenzen unwirksam werden und dann nur noch die natürlichen Grenzen, die die Sprachen, die Rassen, Gebirge und Gewässer usw. bilden, übrig bleiben, von denen man noch nie behauptet hat, daß sie zu Kriegen geführt haben. Und von der einzigen, dann übrig bleibenden Grenze, die praktisch sich noch fühlbar machen wird, der Gesetzgebungsgrenze, kann man sagen, daß sie geradezu von einer "Selbstmordsucht" besessen ist – insofern als die Gesetze der einzelnen Völker sich täglich mehr angleichen und darum die für ihren Wirkungskreis geltenden Grenzen mit jedem Tage mehr ineinander übergehen und verschwimmen. Länder mit

---

*) Siehe Walter Rathenau: Die neue Wirtschaft, S. Fischer Verlag, Berlin.

gleichen Gesetzen haben keine Gesetzesgrenze mehr – so wenig wie zwei Wassertropfen, die ineinander überlaufen. Haben doch die meisten Staaten sich die Verfassung und Gesetze gegenseitig abgeschrieben! Und dieses Abschreiben wird immer mehr um sich greifen*.

So werden also mit der Freilanderklärung die Grenzen bis zu Unsichtbarkeit abgetragen – warum also jetzt noch Grenzsteine versetzen?

Mit Satz 2 werden alle Zankäpfel, die die Staatshoheit über die Bodenschätze geschaffen hatte (Kohlenmonopol, Petrolmonopol, Kalimonopol, Baumwollmonopol usw.) spurlos vertilgt. Es ist nicht nur fesselnd, sondern geradezu lustig, die Wirkungen zu verfolgen, die Satz 2 bei der Vertilgung dieser Zankäpfel ausübt, wie die verwickeltsten Fragen sich in dem einzigen Satz restlos auflösen. Hier ist nicht der Ort, die tausendfachen, grundstürzenden Wirkungen, die Satz 2 in den Völkerbeziehungen auslösen wird, auch nur flüchtig aufzuzählen. Das ist ein Forschungsgebiet für sich von gewaltigem Umfang. Von Grund auf wird hier alles umgestaltet, und zwar nicht am grünen Tisch der Staatsmänner, sondern selbsttätig, in natürlicher Entwicklung.

Es genüge hier zu erwähnen, daß, wenn ein Volk versuchen wollte, mit seinen Bodenschätzen den anderen Völkern gegenüber Wucher zu treiben, etwa durch Schaffung eines Kali- oder Baumwollmonopols – sich das sofort hart rächen würde, insofern als die zur Verteilung gelangenden Monopolgewinne die Arbeitsscheuen der ganzen Welt ins Land ziehen würden. Alle Bummler, Sonnenbrüder, Zigeuner würden dorthin ziehen, wo man die Bodenschätze an das Ausland mit Renten belastet abgibt. Die Zigeuner wären dann noch die einzigen, die sich über die Erhöhung der Kali-, Kohlen- und Baumwollpreise freuen, die sich nicht in die Börsenblätter mit wirklichem Anteil vertiefen würden! Nur keine Monopole, nur keinen Wucher mit unseren Bodenschätzen, wird es im Freilandstaat heißen – wir haben genug Bummler, genug Läuse im Pelze, wir wollen nicht noch welche vom Ausland anlocken. Da in den anderen Staaten aber für andere Waren genau dasselbe Bestreben herrschen wird – so ist es klar, daß die Bodenschätze keinerlei Reibungen mehr verursachen können. Die volle Freizügigkeit, die mit Satz 1 und 2 hergestellt wird, bringt ganz selbsttätig die Bodenschätze unter die Weltherrschaft. Sie lähmt alle Kräfte, die heute zu wucherischen Ausbeutung dieser Schätze treiben.

Dabei wäre es verkehrt, wenn man annehmen würde, daß mit der Erklärung von Freiland alle Länder nun von allerlei Volk, vielleicht unerwünschtem Volk, überrannt würden.

Man sagt sich, daß, wenn heute schon Millionen von Menschen als Wanderarbeiter ruhelos hin- und herziehen, das mit der Freilanderklärung noch viel mehr der Fall sein wird. Das Gegenteil wird sich aber zeigen. Es ist wahrhaftig keine Wanderlust, kein Wandertrieb, der die Wanderarbeiter und Auswanderer veranlaßt, Familie, Freunde, Heimat, die Kirche zu verlassen, um in Pennsyl-

---

*) Um die entrissenen Provinzen zurückzuerobern, um die ganze Welt zu "erobern", braucht Deutschland nur bei sich vorbildliche Zustände zu schaffen, die soziale Frage zu lösen. Jedes Land, das die deutschen Gesetze abschreibt, gliedert sich damit dem Deutsche Reich an.

vanien in die Kohlengruben zu steigen. Wahrhaftig, hier ist bittere Not die treibende Kraft. Das erkennt man wohl am besten an der Rückwanderung der italienischen Auswanderer. Die Not jagt sie fort, die Heimatliebe treibt sie wieder heim. Diese Not aber wird mit Freiland verschwinden. Wenn irgendwo die Bevölkerung zu dicht wird, nun dann wird der Überschuß dorthin ziehen, wo es noch Platz gibt, aber nicht mehr mit Waffen und Gewalt, sondern mit Pflug, Ochsen und Schafen, auch nicht mehr als Ausbeutungsgegenstand gieriger Landwucherer, sondern als freie gleichberechtigte Bürger des Landes, wohin sie ihr königlicher Wille geführt hat. Freiland ist das allgemeine Sicherheitsventil; mit Freiland verteilt sich die Menschheit frei und reibungslos über die Welt.

Freiland erschließt uns eine ganz andere als die heute durch das private und das Staatshoheitsrecht auf den Boden von Grund aus verdorbene Welt. Freiland bedeutet eine gründliche Umwertung aller unserer Begriffe. Auf politischem, wie auf volkswirtschaftlichem Gebiete gibt es kaum eine Lehre, die durch Freiland nicht umgestoßen wird. Freiland läßt nichts unberührt.

Zum Schlusse möcht ich noch bemerken, daß das einzelne Volk durchaus nicht darauf angewiesen ist, zur Durchführung von Freiland auf zwischenstaatliche Abkommen zu warten. Mit der Erklärung von Freiland gewinnt das Volk, das hier mit dem Beispiel vorangeht, durch die Ausschaltung aller Innenreibungen, aller unfruchtbaren politischen Kämpfe, einen derartigen Kraftüberschuß für alle Werke von echtem Wert, daß sich bald die Blicke der ganzen Welt dahin richten werden und man nach dem Grunde all der Herrlichkeit forschen wird. Sieghaft, wie alles Echte und Gute, erobert sich Freiland die Welt.

1. Der Sinn des Wortes Freiland.

1. Der Wettstreit unter den Menschen kann nur dann auf gerechter Gundlage ausgefochten werden und zu seinem hohen Ziele führen, wenn alle Vorrechte auf den Boden, private wie staatliche aufgegeben werden.
2. Der Erde, der Erdkugel gegenüber sollen alle Menschen gleichberechtigt sein, und unter Menschen verstehen wir ausnahmslos alle Menschen – ohne Unterschied der Rasse, der Religion, der Bildung und körperlichen Verfassung. Jeder soll dorthin ziehen können, wohin ihn sein Wille, sein Herz oder seine Gesundheit treibt. Und dort soll er den Altangesessenen gegenüber die gleichen Rechte auf den Boden haben. Kein Einzelmensch, kein Staat, keine Gesellschaft soll das geringste Vorrecht haben. Wir alle sind Altangesessene dieser Erde.
3. Der Begriff Freiland läßt keinerlei Einschränkungen zu. Er gilt unbeschränkt. Darum gibt es der Erde gegenüber auch keine Völkerrechte, keine Hoheitsrechte und Selbstbestimmungsrechte der Staaten. Das Hoheitsrecht über den Erdball steht dem Menschen, nicht den Völkern zu. Aus diesem Grunde hat auch kein Volk das Recht, Grenzen zu errichten und Zölle zu erheben. Auf der Erde, die wir uns im Sinne von Freiland nur als Kugel vorstellen können, gibt es keine Waren-Ein- und Ausfuhr. Freiland bedeutet darum auch Freihandel, Weltfreihandel, die spurlose Versenkung aller Zollgrenzen. Die Landesgrenzen sollen nur einfache Verwaltungsgrenzen sein, etwa wie die Grenzen zwischen den einzelnen Kantonen der Schweiz.
4. Es folgt aus dieser Freiland-Erklärung auch ohne weiteres, daß die Ausdrücke "englische Kohle, deutsches Kali, amerikanisches Petroleum" usw. nur die Herkunft dieser Erzeugnisse bezeichnen sollen. Es gibt keine englische Kohle und kein deutsches Kali. Denn jeder Mensch, gleichgültig welchem Staate er angehört, hat das gleiche Recht auf die "englische Kohle", das "amerikanische Erdöl" und das "deutsche Kali".
5. Die Übergabe des Bodens an die Bebauer erfolgt auf dem Wege der öffentlichen Pachtversteigerung, an der sich jeder Mensch beteiligen kann, und zwar ausnahmslos jeder Bewohner der Erdkugel.
6. Das Pachtgeld fließt in die Staatskasse und wird restlos in Monatsbeträgen unter die Mütter nach der Zahl der Kinder verteilt. Keine Mutter, einerlei woher sie kommt, kann von diesen Bezügen ausgeschlossen werden.
7. Die Einteilung des Bodens richtet sich ganz nach den Bedürfnissen der Bebauer. Also kleine Ackerteile für kleine Familien und große Ackerteile für große Familien. Auch große Landstrecken für Genossenschaften, für kommunistische, anarchistische, sozialdemokratische Kolonien, für kirchliche Gemeinden.

8. Die Völker, Staaten, Rassen, Sprachgemeinschaften, religiösen Verbände, wirtschaftlichen Körperschaften, die auch nur im geringsten den Freilandbegriff einzuengen suchen, werden geächtet, in Bann getan und für vogelfrei erklärt.

9. Die Ablösung der heutigen Privatbodenrente erfolgt auf dem Wege der vollen Entschädigung durch Ausgabe einer entsprechenden Summe von Staatsschuldscheinen.

2. Die Freiland-Finanzen.

Also der Staat kauft den gesamten Privatgrundbesitz auf und zwar Ackerboden, Wald, Bauplätze, Bergwerke, Wasserwerke, Kiesgruben, kurz alles. Der Staat bezahlt auch das Gekaufte, er entschädigt die Grundbesitzer.

Der zu bezahlende Preis richtet sich nach dem Pachtzins, den das Grundstück bisher einbrachte oder einbringen würde. Der ermittelte Pachtzins wird dann zum Zinssatz der Pfandbriefe kapitalisiert* und der Betrag den Grundbesitzern in verzinslichen Schuldscheinen der Staatsanleihe ausbezahlt. Keinen Pfennig mehr noch weniger.

Wie kann aber der Staat solche gewaltigen Summen verzinsen? Antwort: Mit dem Pachtzins des Bodens, der ja nunmehr in die Staatskasse fließt. Dieser Ertrag entspricht der Summe der zu zahlenden Zinsen, keinen Pfennig mehr, keinen Pfennig weniger, da ja die Schulden die kapitalisierte Grundrente des Bodens darstellen.

Angenommen, der Boden bringt jährlich 5 Milliarden an Pacht ein, dann hat der Staat als Entschädigung bezahlt bei einem Zinsfuß von 4 %:

5 000 000 000 × 100 : 4 = 125 Milliarden.

Diese Summe zum gleichen Fuß verzinst gibt aber auch 5 Milliarden.
Also Soll = Haben.

Vor der Größe dieser Zahlen braucht niemand zu erschrecken.** Die Größe des "Soll" mißt man an der Größe des "Haben". An sich ist nichts groß noch klein. Die Franzosen, die schon mit 35 Milliarden Staatsschulden und ebensoviel Bodenschuldzinsen belastet sind, häufen noch immer Milliarden auf Milliarden an fremden Staatspapieren auf. (Vor dem Krieg.) Das Becken ist eben groß und faßt viel. Ebenso wäre es mit der Schuld der Bodenverstaatlichung. Dem großen "Soll" wird ein gleich großes "Haben" entsprechen. Es wäre darum auch völlig überflüssig, eine Berechnung dieser Summe im voraus vorzunehmen. Sind es 100 Milliarden, gut; sind es 500 Milliarden, auch gut. Es ist für die Finanzen des Reiches nichts als ein Druchgangsposten. Diese Milliarden werden durch die Staatskassen pilgern, ohne eine Spur zu hinterlassen. Erschrickt denn ein Bankmann, dem man ein Vermögen in Verwahrung gibt? Erschrickt der Präsident der Reichsbank vor den Riesensummen, die durch sein

---

*) Die Grundrente "kapitalisiert" man durch Ausrechnung der Geldsumme, die an Zins so viel einbringt, wie der Boden Rente abwirft.

**) Zurzeit (Nov. 1919) ist allerdings kaum noch etwas da, was abzulösen wäre. Die Verschuldung des Reiches, die als erste Hypothek sich auswirkt, wird die Rente zum größten Teil aufzehren. Für den Preis eines kleinen Bauernhofes in der Schweiz kann man schon ein ansehnliches Rittergut in Deutschland kaufen.

– Tintenfaß gehen? Der Vorsitzende der Reichsbank schläft nicht weniger gut als der Leiter der Bank von Helgoland. Sind denn etwa die Schulden des preußischen Staates drückender geworden, seitdem dort mit Schuldscheinen die Eisenbahnen gekauft wurden?

Gewiß, die Einwendung ist berechtigt, daß mit der Übernahme der Bodenverstaatlichungsschuld ein Wagnis verbunden ist, insofern als die Höhe der Grundpachten von schwankenden Bestandteilen der Volkswirtschaft (Zölle, Bahnfrachtsätze, Löhne, Währung) bestimmt wird, während die Zinsen der Schulden, wie auch die Schuld an sich, auf dem Papier festgesetzt sind.

Das ist wahr, aber betrachten wir uns doch einmal diese schwankenden Bestandteile der Grundpacht vom Standpunkt derjenigen, die obige Einwendung machen, also vom Standpunkt der Grundbesitzer selber. Wie haben sich denn die Grundbesitzer bisher gegen einen Rückgang der Grundrenten gewehrt? Haben sie sich nicht immer in solchen Fällen um Hilfe an den Staat gewandt, und die ganze Last ihrer Not auf denselben Staat abgewälzt, den sie jetzt gegen genannte Verlustmöglichkeit in Schutz nehmen wollen? Wobei sie natürlich zu erwähnen unterlassen, daß, wo ein Wagnis ist, in der Regel auch eine entsprechende Gewinnmöglichkeit ist, und daß sie selbst zwar den Verlust auf den Staat abzuwälzen pflegen, die Gewinne aber immer voll für sich beanspruchen. Die Rolle, die der Staat dem Privatgrundbesitz gegenüber gespielt hat, ist bislang immer die eines Nietenziehers bei Lottereien gewesen. Dem Staate die Nieten – dem Grundbesitzer die Gewinne. Tatsache ist, daß, so oft auch die Grundrenten stiegen, die Bezieher dieser Renten noch nie den Vorschlag gemacht haben, dem Staat zurückzuerstatten, was sie in Zeiten der Not von ihm erhielten. Ursprünglich halfen sich die Grundrentner in der Regel selber; sie verschärften die Sklaverei, die Leibeigenschaft. Als diese nicht mehr aufrechterhalten werden konnte, mußte ihnen der Staat durch Beschränkung der Freizügigkeit helfen, wodurch der Lohn unter seine, durch die Freizügigkeit geebnete, natürliche Höhe gedrückt wurde. Als solche Mittel zu gefährlich wurden, sollte der Staat mit dem Doppelwährungsschwindel helfen, das heißt, der Staat sollte die Währung preisgeben, um durch eine unübersehbare Preistreiberei die Klasse der Grundrentner (der verschuldeten Grundeigentümer) auf Kosten anderer Bürger von der Last der Schulden zu befreien. (Dieser Satz wird denen, die in den Währungsfragen noch vollkommene Neulinge sind, später besser verständlich sein.) Als der Versuch am Widerstand der anderen Rentnerklasse, der Zinsrenter, scheiterte und mit der rohen Macht das Ziel nicht erreicht werden konnte, da verlegten sich die Grundrentner aufs Betteln, Klagen, da begründeten sie ihre Forderung nach Sperrzöllen für die landwirtschaftlichen Erzeugnisse mit der sogenannten Not der Landwirtschaft. Um die Grundrenten zu retten und zu erhöhen, sollten die Volksmassen höhere Brotpreise zahlen. Immer ist es also der Staat, das Volk, gewesen, das die mit dem Grundbesitz verbundene Verlustgefahr gutwillig oder zwangsweise auf sich nahm. Die Verlustgefahr, die von einer so breiten und ausschlaggebenden Volksklasse, wie der der Grundbesitzer ist, getragen wird, ist in Wirklichkeit gleichbedeutend mit einer Verlustgefahr der Staatskasse. Mit der Bodenverstaatlichung würden sich diese Verhältnisse nur insofern ändern, als nun dem Staate als Entgelt für die Gefahr des Verlustes auch die Gewinnmöglichkeiten zufallen würden.

Übrigens liegt, volkswirtschaftlich betrachtet, im Rückgang der Grundrenten überhaupt keine Verlustgefahr; selbst der vollkommene Wegfall der Grundrenten wäre volkswirtschaftlich betrachtet kein Verlust. Dem Steuerzahler, der mit seiner Arbeit neben den Steuern heute noch die Grundrenten aufzubringen hat, kann, wenn die Grundrenten wegfielen, der Staat entsprechend mehr Steuern aufbürden. Die Steuerkraft des Volkes steht immer im umgekehrten Verhältnis zur Kraft der Rentner. *

Unmittelbar gewinnt und verliert niemand durch den Rückkauf des Grundbesitzes. Der Grundeigentümer zieht aus den Staatspapieren an Zins, was er früher an Rente aus dem Grundeigentum zog, und der Staat zieht an Grundrente aus dem Grundeigentum das, was er an Zins für die Staatspapiere zahlen muß.

Der bare Gewinn für den Staat erwächst erst aus der allmählichen Tilgung der Schuld mit Hilfe der später zu besprechenden Geldreform.

Mit dieser Umgestaltung wird der Zinsfuß in kürzester Zeit auf den niedrigsten Weltverkehrsstand sinken und zwar ganz allgemein für das Geld- und Industriekapital, und bei internationaler Annahme der grundlegenden Gedanken der Geldreform wird der Zins des Kapitals auf der ganzen Welt bis auf Null zurückgehen.

Darum wird man auch guttun, den Inhabern der Bodenverstaatlichungsanleihen als Zins nur so viel zu versprechen, wie nötig sein wird, um den Kurs dieser Papiere dauern auf 100 (pari) zu erhalten. Denn der Kurs festverzinslicher Papiere muß alle Schwankungen mitmachen, die der Kapitalzins erleidet. Soll daher der Kurs der Staatspapiere fest bleiben, so muß ihre Verzinsung frei bleiben. Diese muß mit dem allgemeinen Kapitalzins auf- und abgehen – nur so kann das Wucherspiel (Spekulation) von den Staatspapieren ferngehalten werden. Es wird aber für das Gemeinwohl vorteilhaft sein, ein Kapital von 2–300 Milliarden vor den Raubzügen der Börsenspekulanten durchaus zu sichern, zumal die Schuldscheine der Bodenverstaatlichungs-Anleihen vielfach in die Hände völlig unerfahrener Leute gelangen werden.

Sinkt also infolge des gleichzeitig mit der Bodenverstaatlichung einzuführenden Freigeldes der allgemeine Kapitalzins, so wird damit auch von selbst der Zinsfuß der Bodenverstaatlichungs-Anleihen zurückgehen, von 5 auf 4, 3, 2, 1 und 0 %.

Dann werden die Finanzen der Bodenverstaatlichung folgendes Bild zeigen:

Betragen die Grundrenten jährlich _____ 10 Milliarden,
so hat der Staat bei einem Zinsfuß von 5 % an
Entschädigung an die Grundbesitzer _____ 200 Milliarden
zu bezahlen gehabt, und bei einem Zinsfuß von 4 % _____ 250 Milliarden
Zur Verzinsung von 200 Milliarden zu 5 % gehören _____ 10 Milliarden

---

*) In Frankreich fiel im Durchschnitt der Jahre 1908–1912 die Grundrente gegen den Durchschnitt von 1879–1881 um $22^1/_4$ %. Die Bodenpreise fielen um 32,6 %. 1879/81 kostete 1 ha noch fr. 1830, 1908/12 nur noch fr. 1244. – Grundbesitz und Realkredit 18. April 1918.

Sinkt nun der allgemeine Kapitalzins auf 4 %, so
genügen zur Pariverzinsung der 200 Milliarden jährlich   8 Milliarden,
während die Grundrenten zunächst auf dem gleichen
Stand bleiben von   10 Milliarden

So entsteht im Soll und Haben der Boden-
verstaatlichungs-Finanzen ein Überschuß von jährlich   2 Milliarden,

der zur Schuldentilgung herangezogen wird und nun nicht mehr verzinst zu werden braucht, während die Grundrenten weiter in den Staatssäckel fließen. Dieser jährliche Überschuß wächst in demselben Verhältnis, wie der allgemeine Kapitalzins zurückgeht, und erreicht bei Null schließlich den vollen Betrag der Grundrenten, die allerdings mit dem Rückgang des Zinses ebenfalls sinken werden, wenn auch nicht im gleichen Maße. (S. Teil I, Abschn. 14.)

In diesem Falle wäre die ganze, gewaltige, aus der Bodenverstaatlichung entstandene Reichsschuld in weniger als 20 Jahren vollständig getilgt.

Erwähnt sei noch, daß der jetzige, außergewöhnlich hohe Zinsfuß der Kriegsanleihen, den man als Grundlage für die Entschädigungsberechnung (Kapitalisierungsrate) benutzen würde, ganz besonders günstig für die Bodenverstaatlichung wäre – denn je höher der Zinsfuß – um so kleiner der als Entschädigung an die Grundbesitzer zu zahlende Übernahmepreis.

Für je 100 Mark Grundrente müssen an Entschädigung den Grundbesitzern gezahlt werden:
bei 5 % = 20 000 Mark Kapital,
bei 4 % = 25 000 Mark Kapital,
bei 3 % = 33 333 Mark Kapital.

Ob es wünschenswert ist, die Übergangs- oder Eingewöhnungsfrist, die nach obigem Tilgungsentwurf den Grundbesitzern bewilligt wird, noch mehr zu verkürzen, das mögen andere entscheiden. An Mitteln dazu wird es nicht fehlen. Die Umgestaltung unseres Geldwesens, wie sie im 4. Teil dieser Schrift vorgeschlagen wird, ist von erstaunlicher Leistungsfähigkeit. Freigeld entfesselt die Volkswirtschaft, beseitigt alle Hemmungen, bringt die durch die neuzeitlichen Arbeitsmittel ins Ungeheuerliche angewachsene Schaffenskraft des geschulten heutigen Arbeiters zur vollen Entfaltung, ohne daß es noch zu Stockungen (Krisen) und Arbeitseinstellungen kommen kann. Die Einnahmen des Staates, die Steuerkraft des Volkes werden ins Ungeahnte steigen. Will man also diese Kräfte zur schnellen Tilgung der Staatsschulden heranziehen, so kann der oben angegebene Zeitraum noch sehr verkürzt werden.

3. Freiland im wirklichen Leben

Nach der Enteignung wird der Boden, entsprechend den Zwecken der Landwirtschaft, der Bauordnung und der Gewerbe, zerlegt und öffentlich meistbietend verpachtet, und zwar auf 1 – 5 – 10 jährige oder lebenslängliche Frist, je nach dem Höchstgebot. Dabei sollen dem Pächter auch gewisse allgemeine Bürgschaften gegeben werden für die Beständigkeit der wirtschaftlichen Grundlagen der Pachtberechnung, so daß er nicht von seinem Pachtvertrag erdrosselt werden kann. Dies läßt sich in der Weise erreichen, daß dem Pächter Mindestpreise für seine Erzeugnisse gewährleistet werden, indem die Währung einfach diesen Preisen angepaßt, oder bei einer allgemeinen Lohnerhöhung die Pacht entsprechend ermäßigt wird. Kurz, da es sich nicht darum handelt, die Bauern zu plagen, sondern eine blühende Landwirtschaft mit einem gesunden Bauernstand zu erhalten, so wird man alles tun, was nötig ist, um Bodenertrag und Pachtzins dauernd in Einklang zu bringen.

Soweit es sich um landwirtschaftliche Zwecke handelt, ist die Ausführbarkeit der Bodenverstaatlichung durch die Erfahrung nach allen Seiten schon bewiesen. Die Bodenverstaatlichung verwandelt den gesamten Grundbesitz in Staatsgüter oder Pachthöfe, und Pachthöfe, teils von Grundeigentümern, teils vom Staate verpachtet, gibt es in allen Teilen des Reiches. Durch die Bodenverstaatlichung wird eine Sache verallgemeinert, die bereits "ist"; und alles, was "ist", muß auch möglich sein.

Man hat gegen die Pachtgüter eingewendet, daß ihre Bewirtschafter eher zum Raubbau neigen als die heutigen grundbesitzenden Bauern, die für sich den Vorteil aus der guten Erhaltung des Bodens ziehen. Man sagt, der Pächter sauge den Boden aus, um ihn dann aufzugeben und weiterzuziehen.

Das ist ungefähr das einzige, was man gegen das Pachtverfahren einwenden kann; in allen anderen Beziehungen ist kein Unterschied zu finden zwischen Pächter und Grundeigentümer, wenigstens soweit es sich um Wohl und Wehe des Landbaues handelt. Denn beide verfolgen dasselbe Ziel: mit der geringsten Mühe die höchsten Barerträge zu erzielen.

Daß übrigens der Raubbau keine Eigentümlichkeit des Pachtbodens ist, kann man in Amerika sehen, wo die Weizenfarmer den eigenen Boden bis zu Erschöpfung aussaugen. Durch ihre Besitzer ausgesaugte Weizenfarmen kann man zu hunderten für geringes Geld kaufen. In Preußen sollen sogar die Staatsgüter als Musterwirtschaften bezeichnet werden können. Und sie werden doch nur von Pächtern bewirtschaftet.

Jedoch auch den Raubbau durch die Pächter kann man sehr leicht verhindern, indem man:

1. dem Pächter den Hof lebenslänglich durch den Pachtvertrag sichert;
2. durch gewisse Vertragsbestimmungen den Raubbau unmöglich macht.

Wenn der Raubbau eine Eigentümlichkeit der Pachthöfe ist, so trifft die Schuld regelmäßig den Eigentümer, der dem Pächter den Raubbau gestattet, um für sich selbst, wenigstens für einige Jahre, einen entsprechend höheren Pachtzins zu genießen. In diesem Falle treibt nicht der Pächter, sondern der Grundeigentümer den Raubbau. Oft wünscht auch der Grundeigentümer, nicht durch langjährige Verträge sich die Gelegenheit für einen günstigen Verkauf zu nehmen, und läßt sich darum nur auf kurzfristige Pachtverträge ein. Für solche findet er aber naturgemäß keinen Pächter, der eine auf Verbesserung gerichtete Bodenbehandlung im Auge hat. Die Schuld am Raubbau trifft darum auch in diesem Falle nicht das System der Landpachtung, sondern das des Grundeigentums.

Wünscht der Grundeigentümer den Raubbau nicht, so braucht er das im Pachtvertrag nur zu bemerken. Ist der Pächter vertraglich verpflichtet, die geernteten Futterstoffe selbst zu verfüttern und entsprechend viel Vieh zu halten, kann der Pächter Heu, Stroh und Mist nicht verkaufen, so ist der Boden allein dadurch schon vor Raubbau geschützt.

Wenn man zudem dem Pächter durch den Pachtvertrag die volle Sicherheit gibt, daß er den Hof, wenn er es wünscht, auf Lebenszeit bewirtschaften kann, hat man dem Pächter ein Vorpachtsrecht für seine Witwe oder Kinder eingeräumt, so ist Raubbau nicht mehr zu befürchten, es sei denn, daß der Pachtzins zu hoch bemessen ist, und daß der Bauer keinen Vorteil von der Fortdauer seines Vertrages hat. Für diesen Fall wäre aber obige Pachtbestimmung zur Verhinderung des Raubbaues genügend. Diese läßt sich auch jeder Bewirtschaftungsart in der Weise anpassen, daß dem Pächter, dessen Boden sich nicht für die Viehhaltung, aber wohl für Getreidebau eignet, die Verpflichtung auferlegt wird, dem Boden in Form künstlicher Dünger die Nährstoffe wieder zuzuführen, die er durch den Verkauf von Getreide dem Boden entzieht.

Und im übrigen mag noch hier erwähnt werden, daß seit Entdeckung der künstlichen Dünger der Raubbau nicht mehr die Bedeutung hat, wie damals, als man nur die Brache kannte, als Mittel, um den ausgeraubten Boden wieder allmählich fruchtbar zu machen. Damals gehörte ein ganzes Manschenalter dazu, um ein erschöpftes Feld wieder instand zu setzen. Heute erreicht man dies mit künstlichen Düngern im Handumdrehen.

Wen man als abschreckendes Beispiel auf die Pächterwirtschaft in Irland hinweist, so muß hier an die grundverschiedenen Verhältnisse erinnert werden, die die Bodenverstaatlichung dadurch schafft, daß die Grundrente unter der Bodenverstaatlichung nicht mehr in die Privattaschen wandert, sondern in die Staatskasse, um von dort zurück in irgend einer Form (Steuererlaß, Mutterschutz, Witwengeld usw.) dem Volke wieder zugute zu kommen. Wenn all das Geld, das die englischen Landlords jahraus, jahrein seit 300 Jahren in Form von Pacht Irland entzogen haben, um es zu verprassen, dem irischen Volke erhalten geblieben wäre, so sähe es sicher anders aus in Irland.

Andere Beispiele, wie das russische "Mir" und die deutschen Gemeindewiesen, werden angeführt als abschreckende Beispiele der Pachtung; aber hier bestehen der Bodenverstaatlichung gegenüber ebenso wesentliche Unterschiede, wie beim irischen Beispiel. Beim "Mir" wird regelmäßig alle paar Jahre, sowie durch Tod und Geburt die Zahl der Gemeindemitglieder sich verändert hat, das Land neu verteilt, so daß niemand längere Zeit im Besitze desselben Grundstückes bleibt. Alles, was daher der Bauer tun würde, um den Boden zu verbessern, käme wohl dem "Mir", aber nicht dem Bauer ausschließlich zugute. Dieses Verfahren führt also notwendigerweise zum Raubbau, zur Verwahrlosung, zur Verarmung von Boden und Volk. – Das "Mir" ist eben weder Gemein- noch Einzelwirtschaft, es hat die Nachteile beider ohne ihre Vorteile. Wenn die russischen Bauern den Boden gemeinwirtschaftlich nach dem Vorbilde der Mennoniten bebauten, so würde der gemeinsame Nutzen sie alles tun lehren, was der Grundeigentümer sonst für die Verbesserung des Bodens zu tun pflegt. Lehnen sie jedoch solche Gütergemeinschaft ab, so müssen sie auch die Folgerungen ziehen und alle Vorbedingungen für die volle Entfaltung der Einzelwirtschaft erfüllen.

Ganz das Gleiche haben wir in vielen deutschen Gemeindewiesen, und wenn diese allgemein wegen ihres schlechten Zustandes verschrieen sind, so liegt das immer nur an der Kurzsichtigkeit der Pachtverträge, die nur Raubbau zuläßt.* Es scheint hier fast so, als wenn die Gemeinderäte absichtlich das Gemeindeeigentum in Mißachtung bringen wollten, um so eine Aufteilung herbeizuführen, wie sie das ja schon früher mit dem gleichen Mittel erreicht haben. Wäre dieser Verdacht begründet, so müßte man den schlechten Zustand der Gemeindeäcker wieder auf das Sondereigentum am Boden (Privateigentum) zurückführen, denn nur die Hoffnung, das Gemeindeeigentum aufzuteilen, hätte dessen Vernachlässigung verursacht. Wenn man den Vorschlag einer Aufteilung der Gemeindewiesen als Hochverrat ahndete und die Wiesen als unveräußerliches Eigentum der Gemeinden erklärte, so würde diesem Übelstand ohne weiteres abgeholfen sein.

Der Pächter muß vor allen Dingen die Sicherheit haben, daß alles, was er an Geld und Arbeit für die Verbesserung des Bodens aufwendet, auch ihm, unmittelbar ihm selbst, zugute kommt, und auf diese Sicherheit muß darum der Pachtvertrag zugespitzt sein. Das ist sehr leicht durchzuführen.

Übrigens lassen sich die wichtigsten Arbeiten, die zur Verbesserung des Bodens verrichtet werden, gar nicht vom Einzelbesitzer und unter Aufrechterhaltung des Grundsatzes des Privatgrundbesitzes durchführen. Wie will z. B. ein Grundeigentümer eine Straße querfeldein durch das Besitztum seines ihm vielleicht feindlich gesinnten Nachbarn nach seinem Acker bauen? Wie soll man quer durch das Eigentum von 1000 Einzelbesitzern eine Eisenbahn, einen Kanal bauen? Hier versagt der Grundsatz der Teilung und des Privateigentums so vollständig, daß man jedesmal gesetzlich zur Enteignung schreiten muß. Die Deiche zum Schutze gegen Hochwasser entlang der Küste und den Flüssen kann kein Privatmann bauen. Ebenso verhält es sich bei Entwässerung sumpfigen Bodens, wo man meistens keine Rücksicht auf Grenzsteine nehmen kann, sondern die Anlage dem Gelände und nicht den Eigentumsverhältnissen anpassen muß. In der Schweiz hat man durch Ablenkung der Aare in den Bieler See 30000 ha Land trocken gelegt, und an dieser Arbeit waren vier Kantone beteiligt. Der Privatgrundeigentümer hätte hier schlechthin nichts tun können. Sogar das Kantonaleigentum versagte in diesem Falle. Bei der Laufverbesserung des Oberrheins versagte auch noch das Bundeseigentum. Die Sache konnte nur durch Vertrag mit Österreich getan werden. Wie will der Privateigentümer am Nil sich das Bewässerungswasser verschaffen? Will man den Grundsatz des Sondereigentums am Boden auf Waldungen ausdehnen, von denen die Witterung, die Wasserverhältnisse, die Schiffahrt, die Gesundheit des ganzen Volkes abhängen? Selbst die Lebensmittelversorgung des Volkes kann man dem Privatgrundeigentümer nicht in Ruhe überlassen. In Schottland z.B. haben unter dem Schutze des Bodenrechtes einige Lords eine ganze Provinz entvölkert, die Dörfer mitsamt den Kirchen niedergebrannt, um das Ganze in einen Jagdpark zu

---

*) Vom Dorf Thommen in der Eifel, das besonders viel Gemeindeland hat, heißt es in der dortigen Gegend: "Wu die heischisch Lüt herkommen." (Heischende Leute = Bettler).

verwandeln. Dasselbe können auch in Deutschland Großgrundeigentümer tun, dieselben, die angeblich durch die Sorge um die Ernährung des Volkes veranlaßt wurden, Zölle für die Verteuerung des Brotes zu fordern. Die Interessen der Jagd, der Fischerei, des Vogelschutzes, sind mit den reinen Grundsätzen des Privatgrundeigentums unverträglich. Und was bei Bekämpfung von Landplagen, wie z. B. der Maikäfer oder Heuschrecken das Privateigentum leistet, das hat man am besten in Argentinien gesehen. Dort begnügte sich jeder Grundeigentümer damit, die Heuschrecken von seinem Felde auf das des lieben Nachbarn zu treiben – mit dem Erfolg, daß sich die Tiere ins Unendliche vermehrten und drei Jahre hintereinander die Weizenernte völlig vernichteten. Erst als der Staat unter Nichtachtung der Eigentumsverhältnisse eingriff und die Heuschrecken vernichten ließ, wo man sie traf, da verschwanden diese. Ähnlich verhält es sich in Deutschland mit allen Landplagen. Was will der einzelne Weinbergseigentümer z. B. gegenüber der Reblausplage ausrichten?

Das Sondereigentum am Boden versagt eben überall dort, wo der Privatmann, wo der Eigennutz versagt, und das trifft in den weitaus meisten Fällen zu, wo es sich um Verbesserungen oder den Schutz des Bodens handelt. Ja, wenn man den Aussagen der Agrarier glauben wollte, müßte man das Privateigentum überhaupt und allgemein als verloren erklären, denn die sogenannte Not der Landwirtschaft (sprich: Not der Grundrentner) läßt sich ja angeblich nicht anders als durch den gewaltsamen Eingriff des Staates, durch Zölle beseitigen. Was könnte nun der Privatmann, als solcher, zur Hebung dieser Not tun?

Das Sondereigentum am Boden führt durch das Erbrecht mit Notwendigkeit zur Zerstückelung oder zu Bodenverschuldung. Ausnahmen kommen nur vor, wo ein einziges Kind da ist.

Die Zerstückelung führt zu den Zwergwirtschaften und damit zur allgemeinen Verarmung; die Grundstücksbeleihung aber bringt den Grundeigentümer in so enge Berührung mit Währung, Zins, Lohn, Frachtsätzen und Zöllen, daß wahrhaftig heute schon vom Privatgrundeigentum kaum noch mehr als der Name übrigbleibt. Nicht mehr Privatgrundeigentum, sondern Grundeigentumspolitik haben wir heute. –

Nehmen wir an, die Preise der Erzeugnisse gingen infolge einer der herkömmlichen Pfuschereien im Währungswesen stark abwärts, wie das schon einmal durch die Einführung der Goldwährung erreicht worden ist. Wie will da der Bauer den Zins für seine Hypothek auftreiben? Und wenn er den Zins nicht bezahlt, wo bleibt sein Eigentum? Wie will er sich anders schützen als durch seinen Einfluß auf die Gesetzgebung, die ihm gestattet, die Währung und dadurch auch die Last seiner Hypothek nach Wunsch zu gestalten? Und wenn der Zinsfuß steigt, wie will er sich auch da wieder des Hammerschlags des Versteigerers erwehren?

Der Grundeigentümer muß sich eben an die Gesetzgebung klammern; er muß Politik treiben, die Zölle, die Währung, die Bahnfrachtsätze beherrschen, sonst ist er verloren. Ja, was wäre der Grundeigentümer ohne das Heer? Der Besitzlose wirft, falls ihm die Fremdherrschaft der Gelben noch unangenehmer als die der Blauen ist, sein Handwerkszeug in die Ecke und wandert mit Frau, Kindern und einem Bündel Windeln aus. Das kann der Grundeigentümer nur, wenn er das Grundeigentum im Stiche läßt. Also das Privateigentum bedarf zu seiner Erhaltung der Politik, schon weil es an sich bereits eine Frucht der Politik ist. Man kann sagen, daß der Privatgrundbesitz die Politik verkörpert; daß Politik und Privatgrundeigentum eins sind. Ohne Politik kein Privatgrundbesitz, und ohne Sondereigentum am Boden keine Politik. Mit der Bodenverstaatlichung ist die Politik im wesentlichen erschöpft und erledigt.

Mit der Bodenverstaatlichung verliert die Landwirtschaft jede Beziehung zur Politik. Wie heute schon die Pächter nicht unmittelbar berührt werden durch Währung, Zölle, Löhne, Zins, Frachtsätze, Landplagen, Kanalbauten, kurz, durch die hohe, ach gar so niedrige Politik, weil in den Pachtbedingungen der Einfluß all dieser Umstände schon verrechnet ist, so wird auch mit der Bodenverstaatlichung der Bauer kühl bis ans Herz hinan den Verhandlungen im Reichstage folgen. Er weiß, daß jede politische Maßnahme, die die Grundrente beeinflußt, in den Pachtbedingungen sich widerspiegeln wird. Erhebt man Zölle, um die "Landwirtschaft" zu schützen, so weiß der Bauer auch, daß man ihm diesen Schutz in einem erhöhten Pachtpreis ankreiden wird – folglich ist ihm der Zoll gleichgültig.

Unter der Bodenverstaatlichung kann man, ohne Einzelne zu schädigen, die Preise der Feldfrüchte so hoch treiben, daß es sich noch lohnen wird, jede Sanddüne, Geröllhalde usw. zu bebauen; ja selbst den Kornbau in Blumentöpfen könnte man rechnerisch möglich machen, ohne daß die Bebauer fruchtbaren Landes für sich Vorteil aus den hohen Preisen ziehen würden. Denn der Pachtzins würde der steigenden Grundrente auf dem Fuße folgen. Den Vaterlandsfreunden, die in Sorge sind um die Lebensmittelversorgung des Landes im Kriegsfalle, empfehle ich das Durchforsten dieser hochmerkwürdigen Begleiterscheinung der Bodenverstaatlichung. – Mit einem Zehntel des Geldes, das den Grundrentnern durch die Kornzölle geschenkt wurde, hätte man alles in Deutschland vorhandene Moor-, Heide- und Ödland in Ertragsboden verwandeln können.

Die Höhe der Bahnfrachten, überhaupt die Frachtkosten, die Kanal- und Eisenbahnpolitik, berühren den Pächter nicht unmittelbarer als jeden anderen Bürger; wenn ihm die Politik auf der einen Seite besondere Vorteile eintrüge, so würden ihm diese durch die Erhöhung der Grundpacht von der anderen Seite wieder in eitel Dunst verwandelt werden.

Kurz, die Politik ist mit der Bodenverstaatlichung dem Landwirt persönlich gleichgültig geworden; das Gemeinwohl allein berührt ihn noch an der Gesetzgebung; er betreibt sachliche statt persönlicher Politik. Sachliche Politik ist aber angewandte Wissenschaft, keine Politik mehr.

Man könnte hier einwenden, daß, wenn die Pächter sich langjährige oder lebenslängliche Pachtverträge sichern können, sie hierdurch von staatlichen Maßnahmen immer noch stark genug berührt werden, um versucht zu sein, ihren Sondervorteil dem Gemeinwohl voranzustellen.

Der Einwand ist richtig, aber wenn dies als Übelstand empfunden wird, um wieviel mehr trifft dieser Vorwurf das heutige Privatgrundeigentum, das es gestattet, den Nutzen aus den Gesetzen sogleich im Verkaufspreis des Bodens in bar einzuziehen, wie man das an den durch Zölle hochgetriebenen Bodenpreisen sehen kann. Jedoch läßt sich mit der Bodenverstaatlichung auch dieser letzte Rückhalt der Politik in der Weise beseitigen, daß der Staat bei lebenslänglichen Verträgen sich das Recht vorbehält, die Pacht von Zeit zu Zeit neu von staatswegen einschätzen zu lassen, wie das ja auch mit der Grundsteuer geschieht. (Bei befristeten Pachtverträgen soll das Pachtgeld vom Pächter selber auf dem Wege der öffentlichen Pachtversteigerung geschätzt werden.) Weiß dann der Pächter, daß alle Vorteile, die er von der Politik erwartet, vom Steueramte wieder beschlagnahmt werden, so versucht er es gar nicht mehr, die Grundrente durch Gesetze zu beeinflussen.

Wenn wir alle die hier besprochenen Umstände berücksichtigen, so würde ein Pachtvertrag unter der Bodenverstaatlichung ungefähr wie folgt zustande kommen:

Anzeige!

Die hier unter dem Namen "Lindenhof" bekannte Bauernwirtschaft wird zur öffentlichen Versteigerung ausgeschrieben. Die Verpachtung erfolgt am Martinstag öffentlich und meistbietend.

Der Hof ist auf die Arbeitskraft eines Mannes berechnet; Haus und Stallungen sind in gutem Zustand. Bisherige Pacht 500 Mark. Der Boden ist 5. Güte, das Klima nur für ganz gesunde Naturen.

Bedingungen.

Der Pächter hat sich vertraglich zur Erfüllung folgender Bedingungen zu verpflichten:

1. Der Pächter darf keine Futterstoffe verkaufen; er muß so viel Vieh halten, wie nötig, um die gesamte Ernte an Heu und Stroh selber zu verfüttern. Der Verkauf des Stallmistes ist untersagt.

2. Der Pächter ist verpflichtet, die durch den Getreideverkauf dem Boden entzogenen Nährsalze diesem in Form künstlicher Düngemittel wieder zuzuführen, und zwar für jede Tonne Getreide 100 kg Thomasschlacke oder deren gleichwertigen Ersatz.

3. Die Baulichkeiten in gutem Zustande zu erhalten.

4. Die Pachtsumme im voraus zu entrichten oder einen Bürgen zu stellen.

Die Staatsverwaltung verpflichtet sich ihrerseits dem Pächter gegenüber:

1. Dem Pächter, solange er seine Verpflichtungen erfüllt, den Hof nicht zu kündigen.

2. Der Witwe und den unmittelbaren Erben des Pächters ein Pachtvorrecht in Form eines Nachlassen von 10 % auf das in der Pachtversteigerung erzielte Höchstgebot einzuräumen.

3. Den Vertrag auf Verlangen des Pächters jederzeit gegen eine von diesem zu zahlende Entschädigung von einem Drittel der jährlichen Pachtsumme zu lösen.

4. Die Bahnfrachtsätze für Getreide während der Dauer des Pachtvertrages nicht zu verändern.

5. Eine genaue Lohnermittlung zu führen und bei steigenden Löhnen die

Pachtsumme entsprechend zu ermäßigen, wogen bei fallenden Löhnen der Pachtzins zu erhöhen ist. (Bei lebenslänglichen Pachtverträgen.)
6. Etwa notwendig werdende Neubauten gegen eine den Zins der Baukosten ausgleichende Pachterhöhung herrichten zu lassen.
7. Den Pächter ohne weitere Zahlung von Gebühren gegen Unfall und Krankeit, gegen Hagel, Überschwemmung, Viehseuchen, Feuer, Rebläuse und sonstige Landplagen zu versichern.

Die für den Nachweis der Ausführbarkeit der Bodenverstaatlichung entscheidende Frage ist nun die: Wird man zu obigen Bedingungen überhaupt Pächter finden? Nehmen wir an, es meldeten sich nur wenige, und der Wettbewerb der Beteiligten wäre dementsprechend bei der Pachtversteigerung nur schwach – was wäre die Folge? Der Pachtzins wäre niedrig, er entspräch der zu erwartenden Grundrente, und die Pächter würden entsprechend größere Gewinne erzielen. Ganz recht, aber muß dieser größere Gewinn nicht anspornend auf alle diejenigen zurückwirken, die sich gerne dem Ackerbau widmen möchten, aber zaghaft zurückhielten, weil sie die neuen Verhältnisse nicht zu übersehen vermochten und darum erst die Erfahrung sprechen lassen wollten?

Es ist daher nicht zu bezweifeln, daß der Zudrang zu den Pachtversteigerungen schon nach kurzer Erfahrungszeit den Pachtzins auf die Höhe der wirklich erzielbaren Grundrente hinauftreiben würde, und dies um so sicherer, als das Wagnis der Pacht unter den neuen Verhältnissen gleich Null wäre, der Reinertrag der Pachtung nie unter den Durchschnittsarbeitslohn fallen könnte. Dem Bauer wäre der Durchschnittslohn für seine Arbeit unter allen Umständen gesichert, und er hätte obendrein den Vorteil der Freiheit, Unabhängigkeit und Freizügigkeit.

Es sei nur noch bemerkt, daß nach Einführung der Bodenverstaatlichung in jeder Ortschaft ein Bauer wird angestellt werden müssen, der für die Erfüllung der Pachtverträge zu sorgen hat. Dann wird man jährlich in jedem Landesteil (Kreis, Regierungsbezirk) ein Verzeichnis mit Abbildungen über die zur Pachtversteigerung gelangenden Höfe ausarbeiten, alles das enthaltend, was gewöhnlich die Pächter wissen müssen, über Umfang und Lage des Hofes, Art und Preise der Anbauerzeugnisse, über Gebäude, bisherigen Pachtzins, Schulverhältnisse, Witterungsverhältnisse, Jagd, Gesellschaft usw.. Kurz, da es nicht Zweck der Bodenverstaatlichung ist, die Bauern zu übervorteilen und zu plagen, so wird man nichts unterlassen, um die Pächter sowohl über alle Vorteile, wie auch über alle Nachteile des Hofes zu unterrichten – welch Letzteres seitens der Grundeigentümer heute niemals geschieht. Diese zählen immer nur alle Vorteile auf; über die oft versteckten Mängel, wie z. B. Feuchtigkeit der Wohnung, Nachtfröste usw., muß sich der Pächter, so gut es geht, unter der Hand zu erkundigen suchen.

Mit dem Gesagten glaube ich das Verhältnis der Bodenverstaatlichung zur Landwirtschaft genügend klargelegt zu haben, um jeden instand zu setzen, sich in die neuen Verhältnisse, die die Bodenverstaatlichung auf dem Lande schafft, hinein zu finden. Zusammengefaßt aufgezählt, würde die Bodenverstaatlichung auf dem Lande folgende Wirkungen haben: Keine Privatgrundrenten, folglich auch keine "Not der Landwirtschaft", keine Zölle und keine Politik mehr. Kein Eigentum am Boden, daher auch keine Bodenverschuldung, keine Teilung und Abfindung bei Erbschaft. Keine Grundherren, keine Knechte. Allgemeine Ebenbürtigkeit. Kein Grundeigentum – folglich volle Freizügigkeit mit ihren wohltätigen Folgen für Gesundheit, Sinnesart, Religion und Bildung, Glück und Lebensfreude.

Beim Bergbau läßt sich die Bodenverstaatlichung womöglich noch leichter durchführen als im Ackerbau, da man hier von der Pachtung absehen und die Förderung der Bergerzeugnisse einfach in Verding (Akkord, Submission) geben kann. Der Staat verdingt den Abbau an einen Unternehmer oder an Arbeitergenossenschaften; er bezahlt für jede Tonne einen auf Grund der Mindestforderung vereinbarten Lohn oder Preis – und verkauft seinerseits das Geförderte an den Meistbietenden. Der Unterschied zwischen beiden Preisen fließt als Grundrente in die Staatskasse.

Dieses höchst einfache Verfahren kann überall da ohne weiteres angewendet werden, wo keine besonderen Einrichtungen dauernder Art nötig sind – also z. B. in den Torflagern, Braunkohlengruben, Kies-, Lehm- und Sandgruben, Steinbrüchen, Erdölfeldern usw.. Es ist dasselbe Verfahren, das heute schon ganz allgemein in den Staatsforsten eingeführt ist und sich dort in jahrhundertelanger Geltung bewährt hat. Die Forstverwaltung vereinbart mit den Arbeitern in öffentlichem Verding den zu zahlenden Lohn für das Festmeter, und zwar erhält der Mindestfordernde den Zuschlag; dann wird das von den Arbeitern gefällte und in Haufen bestimmter Größe geschichtete Holz öffentlich meistbietend verkauft. Betrug ist so gut wie ausgeschlossen, da, sobald das Maß nicht richtig ist, die Käufer Klage erheben. So wäre es auch im Bergbau. Die Käufer würden selbst die Arbeit in der Grube überwachen. Für die Arbeiter wäre es ein leichtes, sich zu gemeinsamer Arbeit ohne Unternehmer zu vereinigen (was sie allerdings heute noch lernen müßten), da kein nennenswertes Betriebsgeld hier nötig ist. Die Grube gehört dem Staat; die Arbeiter brauchen also nur ihr Handwerkszeug.

In den Kohlengruben, wie überall im Tiefbau, wird die Sache durch die Maschinenanlage verwickelt, doch lassen sich verschiedene Wege einschlagen, die alle gangbar sind:

1. Der Staat liefert die Maschinenanlage; er versichert die Arbeiter gegen Tod und Unfall und verfährt im übrigen wie oben, d. h., er gibt die Förderung an einzelne Arbeiter in Verding (Akkord). Dieses Verfahren ist bei den Privat- und Staatsbergwerken heute allgemein im Gebrauch.

2. Der Staat liefert wie oben die Maschinenanlage und gibt den ganzen Betrieb in Verding an Arbeitergenossenschaften. Dieses Verfahren ist, soviel ich weiß, nicht in Anwendung; es hätte für kommunistisch gesinnte Arbeiter Vorteile, weil die Arbeiter so lernen würden, sich selbst zu regieren.

3. Der Staat überläßt den Arbeitergenossenschaften den ganzen Bergbau mitsamt der Einrichtung. Er bezahlt der Arbeitergenossenschaft einen in öffentlichem Verding vereinbarten Preis für die geförderten Erzeugnisse und verkauft diese seinerseits wieder, wie bei 1 und 2, an den Meistbietenden.

Ein viertes Verfahren, wonach den Arbeitern auch noch der Verkauf überlassen wird, würde sich nicht empfehlen, weil der Verkaufspreis von zu vielen Umständen beeinflußt wird.

Für ganz große Bergwerke mit Tausenden von Arbeitern würde sich Verfahren 1 wohl am besten eignen, für mittlere Betriebe Verfahren 2 und für ganz kleine Betriebe Verfahren 3.

Der Unterschied zwischen Erlös und Förderkosten würde wieder als Grundrente in die Staatskasse wandern.

Für den Verkauf der Erzeugnisse sind zwei Wege zu verfolgen:

1. Fester Preis, jahraus, jahrein, für alle Erzeugnisse, bei denen die Natur der Verhältnisse eine unbeschränkte Förderung zuläßt, so daß gewiß ist, daß auch die Nachfrage, die sich zu dem festen Preis einstellt, stets befriedigt werden kann. Gleichmäßige Beschaffenheit der Erzeugnisse ist für dieses Verfahren Voraussetzung.

2. Öffentliche Versteigerung; überall dort, wo die Erzeugnisse ungleichmäßig sind, und wo die Förderung sich nicht jeder beliebigen oder möglichen Nachfrage anpassen läßt.

Wenn man die Erzeugnisse zu festen Preisen verkaufte, und dabei nicht in der Lage wäre, jede gewünschte Menge zu liefern, so würden sich Wucherspieler (Spekulanten) die Sache zunutze machen. Ist die Beschaffenheit verschieden, so können nur durch öffentliche Versteigerung Beschwerden vermieden werden.

Ein Bodenerzeugnis eigener Art bilden die Wasserkräfte, die in vielen Gegenden schon jetzt eine große Rolle spielen, und deren Bedeutung mit den Fortschritten der Technik nur wachsen kann. Für größere Kraftwerke, die der Stadt Licht und Kraft für die Straßenbahnen liefern, wäre die Verstaatlichung wohl das Einfachste, besonders deshalb, weil der ganze Betrieb solcher Werke seiner Einfachheit wegen sich dazu eignet. Bei kleinen Wasserkräften, die unmittelbar an Industrien angeschlossen sind, wie Mühlen und Sägewerken, wäre der Verkauf der Kraft zu einem einheitlichen, mit den Kohlenpreisen schritthaltenden Preise angezeigt.

Etwas mehr Schwierigkeit bietet die Bodenverstaatlichung in der Stadt, vorausgesetzt, daß man einerseits nicht willkürlich verfahren, anderseits dem Staate die volle Rente sichern will. Kommt es nicht genau darauf an, so ist das für den größeren Teil der Stadt London angewandte Pachtverfahren ausreichend. Nach diesem Verfahren ist dem Pächter der Boden zu beliebiger Ausnutzung für eine lange Frist (50 bis 70, in London 99 Jahre) gegen einen jährlichen, im voraus für die ganze Pachtzeit bestimmten Zins gesichert. Die Rechte des Pächters sind veräußerlich und vererblich, so daß auch die auf dem Boden errichteten Häuser verkauft werden können. Steigt nun im Laufe der Zeit (und in 100 Jahren kann sich manches ändern) die Grundrente, so hat der Pächter den Gewinn (der, wie das in London der Fall ist, sehr groß sein kann); sinkt die Grundrente, so hat der Pächter den Verlust zu tragen (der ebenfalls sehr groß sein kann.) Da die auf dem Boden errichteten Häuser gleichzeitig als Pfandstücke für die richtige Bezahlung des Pachtzinses dienen, so kann der Pächter dem Verluste nicht entrinnen; der volle Mietsertrag der Häuser dient dem Grundbesitzer als Sicherheit.

Wie wir aber an der Geschichte Babylons, Roms, Venedigs ersehen, ist die Geschichte der Städte sehr wechselvoll, und es gehört oft nicht viel dazu, um einer Stadt den Lebensnerv abzuschneiden. Die Entdeckung des Seeweges nach Indien brachte Venedig, Genua, Nürnberg zu Fall und lenkte den Verkehr nach Lissabon; mit der Eröffnung des Suezkanals ist Genua wieder neu erstanden. Ähnlich wird es wohl Konstantinopel mit der Eröffnung der Bagdadbahn ergehen. Auch das muß hier wieder berücksichtigt werden, daß unsere heutigen Währungsgesetze niemanden dagegen schützen, daß nicht morgen auf Betreiben der Beteiligten eine auf fallende Preise gerichtete Währungspolitik getrieben wird, wie das ja schon einmal 1873 geschehen ist, wo man dem Silber das Prägerecht entzog. Die Möglichkeit ist also heute gesetzlich nicht ausgeschlossen, daß morgen auf Wunsch der selben Leute wie damals, auch dem Golde das freie Prägerecht entzogen und dann das Angebot von Gold so beschränkt wird, daß alle Preise um 50 % fallen und das Vermögen der Privat- und Staatsgläubiger um 100 % auf Kosten der Schuldner vermehrt wird. In Österreich hat man das mit dem Papiergeld, in Indien mit dem Silbergeld getan, warum sollte man dasselbe Kunststück nicht auch wieder einmal mit dem Golde versuchen?

Also irgend eine Gewähr dafür, daß die Grundrenten die der Pachtung zugrunde gelegte Höhe während der ganzen Pachtzeit beibehalten werden, ist nicht vorhanden. Durch den Einfluß der Politik und tausendfältiger wirtschaftlicher Umstände, wozu noch die Wahrscheinlichkeit tritt, daß die jetzige Landflucht mit der Bodenverstaatlichung sich in eine Stadtflucht verwandelt, wird in jede langfristige Pachtung ein erhebliches Wagnis getragen, und diese Verlustgefahr muß der Verpächter, hier also der Staat, in Form eines erheblich herabgesetzten Pachtzinses bezahlen.

Dann ist auch die Frage zu beantworten, was nach Ablauf der Pacht aus den Gebäuden wird. Fallen dem Staate vertragsmäßig die Gebäude unentgeltlich zu, dann wird vom Pächter der Bau von vornherein auf eine die Pachtzeit nicht übersteigende Dauerhaftigkeit berechnet, so daß der Staat in den meisten Fällen die Gebäude auf Abbruch wird verkaufen müssen. Es hat ja auch Vorteile, wenn die Häuser nicht für die Ewigkeit gebaut werden, denn bei jedem Umbau können die Fortschritte der Bautechnik berücksichtigt werden, aber die Nachteile überwiegen doch stark, wie das bei den französischen Eisenbahnen der Fall ist. Dort ist auch das Eisenbahngelände vom Staate an Privatgesellschaften auf 99 Jahre verpachtet worden mit der Bedingung, daß nach Ablauf des Vertrages das Ganze kostenlos an den Staat zurückfallen soll. Aber auf diesen Umstand sind nun alle Bahnbauten, wie auch die Instandhaltung, zugespitzt. Man will dem Staate nicht mehr als gerade nötig überlassen, sozusagen einen Greis in den letzten Zügen, altes, verbrauchtes, ausgeleiertes Gerümpel, Trümmer. Und so kommt es, daß infolge dieses leichtsinnigen Vertrages die französischen Eisenbahnen allgemein einen verwahrlosten Eindruck machen – und das jetzt schon, lange vor Ablauf des Vertrages. Ähnlich würde es sicherlich auch ergehen, wenn die Baustellen unter der Bedingung verpachtet würden, daß nach Ablauf des Vertrages die Gebäude dem Staate zufallen.

Besser schon wäre die Bedingung, daß die Gebäude abgeschätzt und vom Staate bezahlt würden. Aber wie soll die Abschätzung erfolgen? Diese kann von zwei Gesichtspunkten aus geschehen:

1. nach der wirtschaftlichen Brauchbarkeit (Bauplan, Anlage);
2. nach den Baukosten.

Will man ohne Rücksicht auf Brauchbarkeit die Entschädigung einfach nach den Baukosten und dem baulichen Zustand berechnen, so würde der Staat manches nutzlose, verpfuschte Gebäude teuer bezahlen müssen, um es dann abreißen zu lassen. Die Baumeister würden unüberlegte, leichtsinnige Pläne entwerfen, wohl wissend, daß, wie auch der Bau ausfällt, der Staat die Kosten zahlen wird. Wenn man jedoch von den Baukosten absieht und andere Erwägungen bei der Abschätzung zuläßt, so müßten auch die Baupläne dem Staate zur Genehmigung vorgelegt werden. Das führt jedoch wieder zur Beamtenwirtschaft, zur Bevormundung, zu gedankenlosem Tun. Darum scheint mir das Verfahren am vorteilhaftesten, wonach die Baustellen auf unbeschränkte Zeit verpachtet werden, und zwar nicht zu einer für alle Ewigkeit im voraus berechneten Pacht, sondern zu einer in regelmäßigen Abständen von 3, 5 bis 10 Jahren von Staatswegen vorgenommenen Grundrentenschätzung. So wäre das Wagnis der Bauunternehmer in bezug auf den Pachtertrag gleich Null, und der Staat würde die volle Rente einheimsen, ohne sich um die Gebäude weiter kümmern zu müssen. Die ganze Sorge um die beste Ausnutzung des Baugeländes würde auf denen ruhen, die es angeht, auf den Bauunternehmern. Auf völlige Genauigkeit bei der Schätzung der Grundrente und des Pachtzinses kann man natürlich nicht rechnen. Man würde jedoch den Pachtzins immer so berechnen können, daß der Unternehmer seine Betätigungslust an der Sache nicht verliert und auch der Staat nicht zu kurz kommt.

Für die Ermittlung der Grundrente in den verschiedenen Stadtteilen wäre es angezeigt, wenn der Staat in jedem Stadtviertel ein Miethaus für eigene Rechnung errichtete, nach einem auf den höchsten Mietsertrag berechneten Bauplan. Von den eingehenden Mietsbeträgen würde man den Zins der Baukosten (solange Zins bezahlt wird), die Instandhaltung, die nötigen Abschreibungen, die Feuerversicherung usw. abrechen und den Rest als Normalgrundrente von allen anderen Grundstücken derselben Straße(oder gleicher Lage) als Pachtzins erheben.

Rechnerisch genau wäre natürlich auch so die Grundrente nicht zu ermitteln, da manches hier auf den Bauplan des Mustermietshauses ankäme. Dieser Bauplan müßte darum als Musterplan immer besonders sorgfältig angelegt werden; aber wie er auch ausfallen würde, Grund zur Klage von Seiten der Bauunternehmer könnte er nicht geben, da etwaige Mängel dieses Planes nur einen Minderertrag der Miete herbeiführen könnten. Dieser Minderertrag würde aber unmittelbar auf die Grundrente des Musterhauses drücken und so in einem entsprechend niedrigen Pachtzins für sämtliche Grundstücke wieder zum Vorschein kommen.

Durch dieses Verfahren würde der eigene Vorteil der Bauunternehmer immer aufs engste mit dem guten baulichen Zustand ihrer Häuser, mit wohlüberlegten Bauplänen verknüpft sein – denn jeder Vorzug ihrer Häuser gegenüber dem Mustermietshause würde ihnen persönlich zugutekommen.

Zu erwähnen ist noch, daß der Zinsfuß des Baukapitals, der Berechnung des Anteils der Grundrente an dem Mietzins zugrundegelegt wird, das Wichtigste an der ganzen Sache ist, und daß man sich im voraus, d. h. vor Unterzeichnung der Pachtverträge, darüber wird einigen müssen, nach welchem Verfahren dieser Zinsfuß jedesmal ermittel werden soll. Denn ob man das Baukapital mit 4, $3^1/_2$ oder 3 % verzinst, ist doch für die Berechnung der Grundrente sehr wesentlich.

Ist z. B. das Baukapital 200 000 M., der Mietsertrag ———————— 20 000 M.
und der Zinsfuß 4 %, so ist der Kapitalzins ———————————— 8 000 M.
und die Grundrente, d. h. die zu zahlende Pacht ——————— 12 000 M.

Bei 3 % würden nur 6000 M. vom Mietsertrag abgehen, was den Pachtzins bis auf 14 000 M. erhöhen würde, ein Abstand, der, wenn er nicht auf eine unanfechtbare, vertragsmäßig Grundlage sich stützt, ein Entrüstungsgeschrei verursachen würde. Für die Stadt Berlin z. B. würde die Anwendung eines Zinsfußes von 3 % statt eines solchen von 4 % schon einen Unterschied in der Pachtberechnung von 20 Millionen wenigstens ausmachen. Es ist also klar, daß man in dieser Beziehung nichts der Willkür überlassen kann.

Im folgenden, dem Freigeld gewidmeten Teil, werde ich das Verfahren für die Ermittlung des reinen Kapitalzinses eingehend besprechen, und ich verweise hier darauf. Unabhängig davon möchte ich aber hier den Vorschlag machen, als Zinsfuß für das Gebäudekapital den Durchschnittsertrag aller an der Börse gehandelten einheimischen Industriepapiere zu nehmen. Dadurch würde dem Baukapital der Durchschnittsertrag des Industriekapitals gesichert, was die Bauindustrie von jedem Wagnis befreien und diesem Zweige der Industrie zum Wohle der Mieter große Kapitalien zuführen würde. Denn jeder, der eine sichere Anlage vorzieht, würde sein Geld in Häusern anlegen, die ihm immer den Durchschnittsertrag einbringen würden.

Dieser Zinsfuß würde natürlich nur bei Berechnung der Grundrente des Mustermietshauses angewandt werden.

Das Mustermietshaus von 500 Geviertmeter Grundfläche
hat an Miete eingebracht ————————————————— 20 000 M.
Das Baugeld beträgt nach den üblichen Abschreibungen 200 000 M.
Der Durchschnittszinsfuß der Börsenpapiere war 3,25 %
Von der Miete gehen also als Zins des Baugeldes ab ————— 6 500 M.
somit bleibt als Grundrente 20 000 − 6 500 = 13 500 M.
oder 13 500 : 500 = 27 M. für das Geviertmeter.

In groben Umrissen und ohne auf die Abweichungen einzugehen, die nur die Erfahrung vorschreiben kann, erhalten wir als Muster eines Pachtvertrages zwischen Staat und Bauunternehmer folgendes:

1. Der Staat übergibt dem Bauunternehmer das Grundstück Nr. 12 der Claudiusstraße in Erbpacht.

2. Die Pacht wird berechnet nach der für das in der gleichen Straße befindliche Mustermietshaus ermittelten Grundrente.

3. Als Grundrente für dieses Mustermietshaus wird angesehen: der in öffentlicher Pachtversteigerung erzielte Mietzins, abzüglich x Prozent Abschreibungen, Instandhaltungen und Versicherungen und abzüglich Zins des Baugeldes.

4. Als Zinsfuß für das Baukapital wird der jährliche Durchschnittsertrag der an der Berliner Börse gehandelten Industriepapieren angenommen werden.

4. Wie die Bodenverstaatlichung wirkt.

Nicht erst dann, wenn der letzte Schuldschein der Bodenverstaatlichungsanleihe eingelöst und verbrannt sein wird, werden sich die Wirkungen der Bodenverstaatlichung zeigen, sondern gleich vom Tage an, wo die Enteignung gesetzlich beschlossen wird. Und zwar in erster Linie in der Volksvertretung, in der Politik.

Ähnlich wie es beim Turmbau in Babel zuging, werden sich die Volksvertreter nicht mehr verstehen, ja sie werden sich selbst nicht mehr wiedererkennen; sie werden als ganz andere Menschen, mit ganz neuen Hochzielen nach Hause zurückkehren. Das, was sie bisher vertraten, was sie verteidigten oder angriffen, wofür sie tausend neue gewichtige oder auch frevelhaft leichtsinnige Gründe zusammengetragen hatten, besteht nicht mehr. Wie durch Zauberschlag hat sich das wüste Schlachtfeld in einen Friedhof verwandelt. Die Privatgrundrente besteht nicht mehr; und was waren Reichs- und Landtag anderes als eine Börse, wo auf Steigen und Fallen der Grundrente Wucherspiel getrieben und gewühlt wurde? Eine Animierkneipe für höhere Zölle nannte es jemand, der dabei war! Es ist Tatsache, daß in den Parlamentsverhandlungen der letzten Jahre sich alles fast ausschließlich mittel- und unmittelbar um die Grundrente drehte.

Die Grundrente bildet den Standpunkt, von dem aus sich die Regierung auf dem Gebiete der Gesetzgebung die Richtung für ihr Handeln sucht; die Grundrente ist der Pol, um welchen alle Gedanken der Regierungsmänner sich drehen, sowohl hier, wie überall in der Welt. Ob bewußt oder unbewußt, bleibt sich gleich. Ist die Grundrente gesichert, dann ist alles in Ordnung.

Die langen und wüsten Verhandlungen bei Beratung der Kornzölle drehten sich um die Grundrente. Bei den Handelsverträgen waren es die Belänge der Grundrentner, die allein Schwierigkeiten bereiteten. Bei den langwierigen Verhandlungen um den Mittellandkanal war wieder allein der Widerstand der Grundrentner zu überwinden. Alle die kleinen, so selbstverständlichen Freiheiten, deren man sich heute erfreut, wie z. B. die Freizügigkeit, die Abschaffung der Leibeigenschaft und Sklaverei, mußten gegen die Grundrentner erkämpft werden, und zwar mit den Waffen. Denn zu Kartätschen griffen die Grundrentner, um ihre Belänge zu verteidigen. In Nordamerika war der lange, mörderische Bürgerkrieg nur ein Kampf gegen die Grundrentner. Der Widerstand auf allen Gebieten geht zielbewußt von den Grundrentnern aus; ja, wenn es von den Grundrentnern abhinge, so wären Freizügigkeit und allgemeines Wahlrecht schon längst zum Besten der Grundrente geopfert worden. Volksschule, Hochschule, Kirche wurden schon bei ihrer Gründung dem Gedeihen der Grundrente untergeordnet.

Das alles hört nun mit einem Schlage auf. Wie Schnee wird die Politik der Grundeigentümer an der Sonne der Bodenbefreiung vergehen, verdampfen, versinken. Mit der Privatgrundrente verschwindet jedes auf Geldvorteile gerichtete politische Bestreben; im Parlament wird sich niemand mehr die Taschen füllen können. Politik aber, die nicht mehr von Sonderbestrebungen geleitet wird, vielmehr allein von der höheren Warte des öffentlichen Wohls, ist keine Politik mehr, sondern angewandte Wissenschaft. Die Volksvertreter werden sich also in alle Staatsangelegenheiten wissenschaftlich vertiefen und eine Arbeitsweise sich aneignen müssen, bei der alle Leidenschaften schweigen, und wo man mit nüchternem Sinne den nüchternen Beratungsstoff mit Hilfe der Statistik und Mathematik prüfen kann.

Doch nicht allein die Politik der Grundeigentümer ist erschöpft, sondern auch die ihrer Gegner. Wozu sandte man denn die Sozialisten, die Freisinnigen und die Demokraten in den Reichstag? Damit sie das Wohl des Volkes gegen die räuberischen Gelüste der Grundrentner schützen sollten! Die Verteidiger werden aber überflüssig, sowie die Angreifer verschwinden. Das ganze liberale Parteiprogramm ist mit der Bodenbefreiung als etwas völlig Selbstverständliches erledigt. Es denkt niemand mehr daran, dieses Programm anzutasten, überhaupt noch zu prüfen und zu benörgeln. Jedermann ist und denkt selbstverständlich freiheitlich. Welchen Sondervorteil könnte der einzelne auch noch von der Politik erwarten? Was war Reaktion, was war das konservative Parteiprogramm? Grundrente, weiter nichts als Grundrente war es.

Selbst die rückschrittlichsten Agrarier von gestern denken nun freiheitlich, fortschrittlich. Es waren doch Menschen wie alle anderen, weder besser noch schlechter; sie waren auf ihren Vorteil erpicht, wie jeder anständige Mensch es ist. Sie waren keine besondere Rasse. Einig waren sie nur durch das gleiche, materielle Interesse. Allerdings ein starker Kitt. Mit der Bodenverstaatlichung geht die ganze Klasse in der Allgemeinheit auf. Ja, die Junker von gestern sind sogar freiheitlich gesinnt, denn was ist ein Graf ohne Land? Grundeigentum und Adelsherrschaft (Aristokratie, was man heute so nennt) sind ein und dasselbe. Jedem Aristokraten kann man an den Gesichtszügen ablesen, wieviel Hektar Land er besitzt, wieviel Rente sein Land abwirft.

Also, was sollen die Politiker noch im Reichstag? Es ist ja alles so einfach, so selbstverständlich geworden, seitdem die Grundrente nicht mehr jede Neuerung behindert. Der Entwicklung die Bahn frei! Das war der Ruf des Freisinns. Und jetzt ist sie frei. Nirgends stößt die Gesetzgebung noch mit dem Sondervorteil zusammen. Zwar besteht das bewegliche Kapital weiter, und dieses hat mit der Umwandlung des Grundkapitals in Staatsschulden (Mobilkapital) sogar um mehrere hundert Milliarden zugenommen. Aber das bewegliche Kapital unterliegt, weil ausfuhrfähig und der ganzen Welt zugänglich, ganz anderen Gesetzen als das Grundkapital. Politik ist dem beweglichen Kapital (Fahrhabe) nutzlos. (Dieser Satz wird im folgenden Teil weiter begründet werden.) Außerdem muß das bewegliche Kapital, um dem Wettbewerb des Auslandes Stand zu halten, den Fortschritt nach jeder Richtung fördern, und dies zwingt es, mag es wollen oder nicht, in die Bahn der Freiheit.

Nach Beseitigung der Privatgrundrente werden Land und Stadt politisch nicht mehr getrennte Wege gehen, sondern vereinten gleichen Zielen zustreben. Wollte man z. B. die Landwirtschaft durch irgendeine Entwicklung einseitig begünstigen, so würden die Arbeiter von der Industrie zur Landwirtschaft übergehen, bei den öffentlichen Verpachtungen den Pachtzins jenen Vorteilen entsprechend in die Höhe treiben und so das Gleichgewicht zwischen dem Ertrag der Arbeit in Industrie und Landwirtschaft wiederherstellen. Und umgekehrt natürlich. Der Boden stände eben jedermann zu völlig gleichen Bedingungen zur Verfügung. Es ist darum vollkommen ausgeschlossen, daß nach der

Bodenverstaatlichung die Landwirtschaft durch Verfolgung ihrer Ziele noch im Gegensatz zur Industrie treten kann. Landwirtschaft und Industrie werden durch die Bodenverstaatlichung erst zu einer gleichartigen wirtschaftlichen und politischen Masse verschmolzen werden. Eine überwältigende Mehrheit, mit der alles, gegen die nichts erreicht werden kann.

Es würde zu weit führen, hier die Wirkung der Bodenverstaatlichung auf politischem Gebiete bis in die äußersten Folgerungen zu erörtern. Ich muß mich hier auf diese groben Umrisse beschränken. Sie genügen übrigens, um zu zeigen, daß mit der Bodenverstaatlichung die heutige Parteipolitik wesenlos, ja, daß die Politik nach heutigen Begriffen überhaupt erledigt wird. Politik und Grundrente sind eins. Zwar wird damit die Volksvertretung nicht überflüssig, aber sie wird von jetzt ab ganz andere Aufgaben zu lösen haben – Aufgaben, bei denen eigensüchtige Sonderbestrebungen einzelner völlig ausgeschlossen sein werden. Es werden wissenschaftliche Tagungen abgehalten werden, und statt daß man Vertreter in das Volkshaus schickt, die über alles und jedes zu urteilen haben und sich auch ein Urteil über alles erlauben, wird man Fachmänner für jede einzelne Frage entsenden. Auf diese Weise erhalten dann alle Fragen eine fachgemäße, wissenschaftliche Behandlung. Was wird nicht heute alles vom Volksvertreter verlangt! Er soll über Heer und Flotte, über Schule, Religion, Kunst und Wissenschaft, über Heilkunde (Impfzwang), Handel, Eisenbahnen, Post, Jagd, Landwirtschaft usw. usw., kurz, über alles und jedes rechtsprechen. Sogar über die Währungsfrage, wahrhaftig über die Währungsfrage, haben diese Allweisen entscheiden müssen (Goldwährung), obschon mehr als 99 % unter ihnen keine blasse Ahnung davon haben, was das Geld ist, was es sein soll und sein könnte.

Kann man da diesen geplagten Wesen einen Vorwurf daraus machen, daß sie schließlich in keiner Frage zu vertiefter Erkenntnis gelangen?* Diese seltsamen Gestalten werden nun mit der Bodenverstaatlichung verschwinden. "Mädchen für alles" wird das Volk zu den Beratungen nicht mehr entsenden, sondern Fachmänner, deren gesetzgeberische Vollmachten auf ihr Fach und die besondere, zur Verhandlung stehende Frage beschränkt bleiben. Mit der jeweiligen Frage ist auch die Vollmacht erledigt.

Ebenso tiefgreifend wie in politischer Beziehung, wird die Bodenverstaatlichung das allgemeine Verhältnis der Volksgenossen zu einander beeinflussen, und zwar auch dies gleich vom Tage der Enteignung an.

Das Bewußtsein, daß nun jeder dem vaterländischen Boden gegenüber völlig gleichberechtigt ist, wird jeden mit Stolz erfüllen und schon in seinem Äußeren einen Ausdruck finden. Jeder wird den Nacken steifhalten, selbst den Staatsbeamten wird der Mut zum Widerspruch nicht fehlen, wissen sie doch alle, daß sie im Boden einen Rückhalt haben, eine treue Mutter, die allen, die da draußen Schiffbruch leiden, eine Zuflucht gewährt. Denn der Boden wird allen, allen ohne Ausnahme, immer unter völlig gleichen Bedingungen

---

*) Den Staat könnte man mit Vorteil vollkommen von der Last der Staats-Schulen, Staats-Kirchen, Staats-Universitäten und noch vielem anderen Ballast befreien. Dem Staate sind diese Dinge von den Grundrentnern aufgebürdet worden; sie sollen dazu dienen, die Aufmerksamkeit vom eigentlichen Zankapfel abzulenken.

zur Verfügung stehen, dem Armen wie dem Reichen, Männern wie Frauen, jedem, der den Boden bearbeiten kann.

Man wird hier wohl einwenden, daß auch heute die Gelegenheit nicht fehlt, Boden zu pachten und zu bebauen, jedoch darf man nicht vergessen, daß die Grundrente heute in die Privattaschen fließt, und daß dadurch jeder unmenschlich viel und schwer arbeiten muß, nur um sein Brot zu verdienen. Mit Eintritt der Bodenverstaatlichung wandert die Grundrente in die Staatskasse und kommt so unmittelbar einem jeden in den Staatsleistungen zugute. Dadurch wird aber die Arbeit weniger, die jeder für seinen Lebensunterhalt leisten muß. Statt 10 ha zu bebauen, werden 6 oder 7 genügen, so daß mancher in der Stadtluft geschwächte Beamte als Bauer sein Brot wird verdienen können. Dies wird natürlich noch viel mehr der Fall sein, wenn wir mit der Einführung des Freigeldes auch noch den Kapitalzins beseitigt haben werden. Dann werden 4 ha genügen, wo jetzt 10 bebaut werden müssen, nur um das Leben zu fristen.

Diese wirtschaftliche Kraft und Selbständigkeit wird natürlich den gesamten Verkehr der Menschen umgestalten; die Sitten, Gebräuche, Redewendungen, die Gesinnung werden edler, freier werden.

Nach Beseitigung der Privatgrundrente, und noch mehr nach Beseitigung des Zinses wird jede gesunde Frau imstande sein, ihr Brot und das ihrer Kinder in der Landwirtschaft zu verdienen. Wenn hierzu 3 ha statt 10 genügen, dann genügt auch die Kraft einer Frau, wo man heute eine volle Manneskraft benötigt. Ob die Rückkehr der Frau zur Landwirtschaft nicht der "Frauenfrage" die glücklichste Lösung geben würde?

Die deutsche Freiland-Freigeld-Bewegung (Physiokratie) sucht dem Gedanken Eingang zu verschaffen, den Müttern für die Mehrbelastung, die ihnen durch die Aufzucht der Kinder zufällt, eine Staatsrente auszusetzen, die dem entspricht, was die Bodennutzungen dem Naturweib sind. Für diese Mutterrenten soll die Grundrente herangezogen werden, statt daß man diese, wie von Henry George vorgeschlagen wurde, für die Beseitigung der Steuern benutzt.

Vieles spricht für diesen Vorschlag. Zunächst der Umstand, daß die Grundrente letzten Endes ja überhaupt als Verdienst der Mütter zu betrachten ist, insofern als die Mütter die für die Grundrente nötige Volksdichtigkeit überhaupt erst schaffen. Soll jeder das Seine erhalten (suum cuique) so unterliegt es keinem Zweifel, daß die Mütter das meiste Anrecht auf die Grundrente haben. Zu demselben Ergebnis kommt man, wenn man das Naturweib, das wie eine Königin über die Natur ringsum verfügt, mit unseren armseligen Fabrikarbeiterinnen vergleicht. Dann sieht man, daß den Müttern die Grundrente heute geradezu gestohlen wird. Es gibt wahrhaftig unter den Naturvölkern Asiens, Afrikas, Amerikas keine Mutter, die wirtschaftlich so aller Hilfsmittel entblößt ist, wie die Proletarierinnen Europas. Dem Naturweib gehört die ganze Umgebung. Das Holz für ihr Haus nimmt sie, wo sie es findet; den Bauplatz wählt sie sich selbst. Ihre Hühner, Gänse, Ziegen, Rinder weiden um die Hütte herum. Der Hund bewacht das Nesthäkchen. Aus dem Bache zieht der Bub die tägliche Forelle. Im Garten säen und ernten die größeren Kinder, andere kommen mit Holz und Beerenobst beladen aus dem Walde, die Älteste bringt aus dem Gebirge den erlegten Bock. Und an die Stelle all dieser Naturgeschenke haben wir den Rentner, ein dickes, faules, unschönes Geschöpf gesetzt.

Man braucht sich also nur in die Lage einer schwangeren Proletarierin zu versetzen, die von der ganzen Natur ringsum nichts hat, wo sie ihr Kind hinlegen kann, um zu erkennen, daß, wenn es schon einmal in der jetzigen Volkswirtschaft nicht ohne Abgrenzung und Grundrenten geht – diese Grundrente dann unverkürzt den Müttern zusteht.

Nach Berechnungen, die allerdings auf unsicheren Unterlagen beruhen, würden etwa 40 M. monatlich für jedes Kind unter 15 Jahren aus der Grundrente verteilt werden können. Mit dieser Unterstützung einerseits, und mit der Entlastung vom Kapitalzins andererseits, wird jede Frau imstande sein, auf dem Lande ihre Kinder groß zu ziehen, ohne unbedingt auf Geldbeiträge des Mannes angewiesen zu sein. Wirtschaftliche Rücksichten können die Frauen nicht mehr brechen. In allen geschlechtlichen Fragen würden ihre Neigungen, Wünsche und Triebe entscheiden. Bei der Gattenwahl würden die geistigen, körperlichen, die vererbungsfähigen Vorzüge statt des Geldsackes den Ausschlag geben. So kämen die Frauen wieder zu ihrem Wahlrecht, und zwar nicht zum wesenlosen politischen Wahlrecht, sondern zum großen Zuchtwahlrecht. –

Nach der Bodenverstaatlichung wird jeder über das gesamte deutsche Reich, und, wenn sie allgemein eingeführt wird, über die ganze Welt verfügen. Verglichen damit sind die jetzigen Könige die reinen Bettler. Jedes neugeborene Kind, ob ehelich oder unehelich, wird 540 932 Geviertkilometer, 54 Millionen ha Land zu seiner Verfügung haben. Und jeder wird freizügig, keiner mehr wie die Pflanze an die Scholle gebunden sein. Jeder, dem die heimatliche Luft nicht zusagt, dem die Gesellschaft nicht gefällt, der aus irgend einem Grunde einen Platzwechsel wünscht, löst seinen Pachtvertrag und zieht fort. Dadurch werden die verschiedenen deutschen Stämme, die, wie zur Zeit der Leibeigenschaft, an der Scholle kleben und von der schönen Welt nie etwas anderes als ihren Kirchturm gesehen, in Bewegung geraten und neue Sitten, neue Arbeitsverfahren, neue Gedanken kennen lernen. Die verschiedenen Stämme werden sich kennen lernen und auch einsehen, daß keiner besser als der andere ist, daß wir allesamt nur eine schmutzige, lasterhafte Gesellschaft gebildet haben. Und da, wie bekannt, man sich des Lasters in der Regel vor Fremden mehr schämt als in der Heimat vor Bekannten und Verwandten, so ist anzunehmen, daß der Verkehr mit Fremden die Sitten strenger und reiner machen wird.

Aber die Bodenverstaatlichung dringt umgestaltend in das innerste Wesen des Menschen: den gemeinen Knechtsinn, der aus der Zeit der Leibeigenschaft noch dem Menschen anhaftet (dem Herrn nicht weniger als dem Knechte), weil das Sondereigentum am Boden, diese Grundlage der Leibeigenschaft, noch fortbesteht, diesen knechtischen Sinn wird der Mensch mit dem Privatgrundbesitz endgültig abschütteln; er wird sich wieder aufrichten wie eine junge Tanne, die, vom niederzwingenden Gewichte des Schnees befreit, kerzengrade wieder emporschnellt. "Der Mensch ist frei, und wär' er in Ketten geboren." Allen Einflüssen paßt sich der Mensch an, und jeder Schritt auf der Bahn der Anpassung kommt durch Vererbung dem kommenden Geschlechte zugute. Nur in bezug auf die Knechtschaft findet keine Vererbung statt; nicht einmal Narben wird das Privateigentum in der Gesinnung der Knechte zurücklassen.

Von dieser wurzelechten, weil wirtschaftlich begründeten Freiheit, die uns die Bodenverstaatlichung bringt, dürfen wir daher mit Recht alle die Früchte edlerer Gesittung erwarten, die wir bisher umsonst einzuheimsen hofften. Muß der politische Friede im Innern nicht auch nach außen sich bemerkbar machen, wie die Zufriedenheit im inneren Menschen sich in seinen Gesichtszügen wiederspiegelt? Der herrische, gemeine, rohe Ton, der sich als natürliche Frucht der gemeinen Gesinnung, die die Grundrente großzieht, in den politischen Verhandlungen einbürgert, mußte auch unsere auswärtige Politik beeinflussen. Wir sind durch den ewigen Widerstreit der Interessen, den das Privatgrundeigentum mit sich bringt, gewöhnt worden, in jedem Nachbarn, in jedem Nachbarvolk nur Feinde zusehen, die uns Böses wollen, und gegen die wir uns wappnen müssen, wenn es nicht angeht, augenblicklich über sie herzufallen und sie zu erschlagen. Denn nicht als Menschen und Brüder stehen sich die Völker gegenüber, sondern als Grundeigentümer. Schafft man hüben und drüben das Eigentum am Boden ab, so wird damit der Zankapfel beseitigt. Es bleiben dann anstelle der Grundrentner nur Menschen, die vom gegenseitgen Verkehr nur Befruchtung ihrer Berufstätigkeit, ihrer Religion, ihrer Kunst, Gesittung, Gesetzgebung, niemals aber Schaden erwarten können. Nach der Bodenverstaatlichung wird niemand mehr durch die Höhe der Grundrente berührt, und wenn das in allen Nachbarländern der Fall ist, wer würde sich dann noch um Grenzzölle kümmern, die den Verkehr der Völker verpesten, Zwietracht stiften, zu Abwehrmaßnahmen führen und alle Beziehungen so verwirren, daß sich die Völker nicht anders als durch Pulver und Blei wieder Luft machen können? Mit der Bodenverstaatlichung und noch mehr durch die im 4. Teil dieses Buches dargestellte Freigeld-Einführung bürgert sich der Freihandel von selbst ein. Lassen wir den vollen Freihandel nur einige Jahrzehnte sich frei entwickeln und entfalten, und wir werden bald sehen, wie innig das Wohl der Völker mit der Förderung und Aufrechterhaltung dieses Handels verknüpft ist, mit welcher Liebe gute Beziehungen zu den Nachbarvölkern vom ganzen Volke gepflegt werden, wie die Familien hüben und drüben durch Bande der Blutsverwandtschaft fest aneinander gekettet werden, wie die Freundschaft zwischen Künstlern, Gelehrten, Arbeitern, Kaufleuten, Geistlichen alle Völker der Welt zu einer einzigen, großen Gesellschaft verketten wird, zu einem Völkerbund, den die Zeit und die Einzelbestrebungen immer nur inniger und fester schnüren, bis zum Verschmelzen der Teile zusammenschweißen können.

Ohne Privatgrundrenten gibt es keinen Krieg mehr, weil es keine Zölle mehr gibt. Die Bodenverstaatlichung bedeutet daher gleichzeitig Weltfreihandel und Weltfriede.

Dieser Einfluß von Freiland auf Krieg und Frieden ist übrigens bis jetzt nur oberflächlich erforscht worden; es ist noch Neuland. Der Bund deutscher Bodenreformer hat hier nie geschürft. Hier ist Stoff für ein groß angelegtes Werk, dankbarer Stoff. Wer wird sich dieser Aufgabe unterziehen? Gustav Simons, Ernst Frankfurth, Paulus Klüpfel, die sich für diese Arbeit tiefgründig vorbereitet hatten, die auch die richtigen Männer für diese Arbeit waren, hat der Tod mitten aus ihrer Arbeit gerissen.

Ein schwacher Umriß dieser zu lösenden Aufgabe habe ich in der Abhandlung "Freiland, die eherne Forderung des Friedens" zu geben versucht, mit der dieser 2. Teil des Buches eingeleitet ist.

In bezug auf das allgemeine Lohngesetz ist nur zu sagen, daß mit der Bodenverstaatlichung und nach Tilgung der Schuld
die gesamten Grundrenten in den Lohnschatz
ausgeschüttet werden und daß dann der allgemeine Arbeitsertrag gleich sein wird dem gesamten Arbeitserzeugnis, abzüglich Kapitalzins.

5. Wie läßt sich die Forderung der Bodenverstaatlichung begründen?

Der gesunde Mensch beansprucht die ganze Erdkugel, er betrachtet sie als eins seiner Glieder, als einen untrennbaren Hauptteil seines Körpers, und zwar die ganze Erdkugel, nicht einen Teil davon; und die zu beantwortende Frage ist, wie ein jeder in den Vollgebrauch dieses Hauptorgans gelangen kann.

Teilung der Erde ist ausgeschlossen, denn durch die Teilung erhält jeder nur einen Teil, während er doch das Ganze braucht. Kann man die Ansprüche der einzelnen Familienglieder auf die Suppenschüssel damit befriedigen, daß man diese zerschlägt und jedem eine Scherbe hinwirft? Außerdem müßte bei jedem Begräbnis, bei jeder Geburt die Teilung von neuem beginnen, ganz abgesehen davon, daß die Teile durch Lage, Beschaffenheit, Witterungsverhältnisse usw. sämtlich verschieden sind und darum niemand zufriedengestellt werden kann. Denn während er eine seinen Teil auf sonniger Höhe haben möchte, sucht der andere die Nähe einer Bierbrauerei auf. Die Teilung (heute in der Regel durch Erbschaft) nimmt jedoch keine Rücksicht auf solche Wünsche, und so muß der Bierphilister täglich von der sonnigen Höhe herunter, um unten im Tale sein Bäuchlein zu füllen, während der andere nach der sonnigen Höhe lechzt und in der Talluft geistig und körperlich verkümmert.

Durch die Teilung wird niemand befriedigt, die Teilung kettet den Menschen an die Scholle, besonders wenn, wie das in der Regel der Fall ist, der Austausch der Teile (Umsatz) durch Umsatzsteuern erschwert wird. So möchte mancher wohl aus Gesundheitsrücksichten wegziehen, mancher, der mit der Nachbarschaft verfeindet ist, täte aus Sicherheitsrücksichten wohl, eine andere Gegend aufzusuchen, aber sein Grundeigentum läßt ihn nicht los.

Die Umsatzsteuer beträgt vielerorts in Deutschland 1 – 2 – 3 vom Hundert, im Elsaß gar 5 %. Bedenkt man, daß in der Regel die Grundstücke zu $^3/_4$ belastet sind, so bilden die 5 % Umsatzsteuer schon 20 % der Anzahlung oder des Vermögens des Käufers. Wenn also jemand nur fünfmal seinen Platz wechselt – was für die gute Entwicklung des Menschen durchaus nicht zu viel ist – so löst sich sein ganzes Bodenkapital in Steuern auf. Mit der Wertzuwachssteuer der Bodenreformer, die nur beim Umsatz erhoben wird, verschlimmert man noch die Sache.

Für junge Landwirte ist der hohe Norden vortrefflich; mit dem Alter, wenn der Stoffwechsel träger wird, ist ein gemäßigter Himmelsstrich manchmal vorzuziehen, während ganz alte Leute in warmen Ländern sich am wohlsten fühlen. – Wie soll man nun mittels Teilung all diesen und tausend anderen Wünschen gerecht werden? Soll jeder seinen Acker als Gepäckstück herumschleppen? Wollen sie ihr Teil hier verkaufen, um es dort wieder zu kaufen? Was das bedeuten würde, weiß jeder, der dem Grundstückshandel nicht unausgesetzt Aufmerksamkeit schenken kann, aber durch die Verhältnisse gezwungen wird, seinen Platz mehrmals zu veräußern. Es geht ihm, wie dem Bauer, der eine Kuh zu Markte führte und nach eine Reihe von Tauschgeschäften schließlich einen Kanarienvogel heimbrachte. Darum muß gewöhnlich der Grundeigentümer für den Verkauf "die Gelegenheit abwarten". Aber während er hier die Gelegenheit für den Verkauf, und dann dort wieder die Gelegenheit für den Kauf abwartet, vergeht die Zeit, so daß er gewöhnlich auf die Vorteile, die er vom Ortswechsel erwartet, verzichten muß. Wie mancher Bauer möchte gern in die Nähe der Stadt ziehen, um seinen begabten Kindern den Besuch der Schulen zu ermöglichen, wie mancher möchte die Nähe der Stadt fliehen, um seine Kinder in jungfräulicher Natur großzuziehen! Wie manche gute Katholik, den sein Erbteil unter die Protestanten verpflanzt hat, sehnt sich zurück in die katholische Gemeinde. Das Grundeigentum beraubt sie all dieser Genüsse; das Grundeigentum macht aus ihnen Kettenhunde, Leibeigene, Sklaven des Bodens.

Und wie mancher, der von seinem Vater sein "Teil" geerbt und seine 9 Geschwister nur durch eine Bodenverpfändung von 90 % hat auszahlen können, wird jetzt durch die Zinszahlung erdrosselt. Eine geringe Lohnsteigerung, ein schwacher Rückgang der Grundrente (der allein schon durch eine Herabsetzung der Schiffsfrachten herbeigeführt werden kann) genügt, um ihm die Möglichkeit zu nehmen, den Zins zu zahlen, genügt, um die ganze Wirtschaft unter den Hammer zu bringen. Die sogenannte Not der Landwirtschaft, in die sämtliche deutsche Grundeigentümer geraten waren, war eine Folge der mit dem Privatgrundeigentum untrennbar verbundenen Erbschaftsverschuldung des Bodens.

Der "glückliche Erbe" des Privatgrundeigentums rackert sich ab, er rechnet, schwitzt und kannegießert über Staatssachen – sein Eigentum zieht ihn unnachsichtlich in die Tiefe.

Viel schlimmere Folgen noch für die "Teilhaber" hat die Teilung der Erde in Form von gemeinsamem Eigentum (Kollektiveigentum), so wie das Gemeindeeigentum es darstellt und die Genossenschaft es erstrebt. Ein Verkauf seines Anteils ist dem einzelnen nicht möglich, und das Verlassen der Gemeinde ist mit dem Verluste des Anteils verknüpft. Die Umsatzsteuer verwandelt sich hier in eine Umzugssteuer von 100 %. Es gibt Gemeinden, die nicht nur keine Steuern erheben, sondern noch bares Geld verteilen. Um nun diese Einnahmen nicht zu verlieren, bleibt mancher in der Gemeinde, trotzdem ihm die klimatischen, politischen, kirchlichen, geselligen Zustände, die Bier- und Lohnverhältnisse nicht zusagen. Und ich bin überzeugt, daß es nirgends mehr Rechtshändel, Zank und Mordtaten gibt, daß nirgends unglücklichere Leute leben müssen, als gerade in solchen reichen Gemeinden. Auch bin ich überzeugt, daß die Lohnverhältnisse in solchen Gemeinden schlechter als anderswo sein müssen, weil die für den Erfolg der Gewerbetätigkeit so nötige und von den persönlichen Fähigkeiten bestimmte, freie Berufswahl durch die hier gehemmte Freizügigkeit ganz außerordentlich beschränkt wird. Jeder ist hier auf die Industrie angewiesen, die sich am Orte hat entwickeln können, und während der eine vielleicht als Mann der Wissenschaft oder Tanzlehrer in der Welt sein Glück gemacht hätte, muß er hier, weil er seine Gemeinderechte nicht verlieren will, als Holzhacker sein Leben fristen.

Auf die gleichen Nachteile der "Teilung der Erde", nur noch im Verhältnis wachsend, stoßen wir, wenn wir die Erde unter die einzelnen Völker verteilen. Keinem Volke genügt der ihm angewiesene Teil, keinem Volke kann dieser Teil genügen, muß doch zu seiner gedeihlichen Entwicklung jedes Volk wie jeder einzelne Mensch über die ganze Erdkugel verfügen können. Da nun der Teil nicht genügt, so sucht man durch Eroberung den Besitz zu vergrößern. Aber zur Eroberung gehört kriegerische Kraft, und es ist ein durch die Geschichte der Jahrtausende bestätigtes Gesetz, daß die Macht eines Staates sich nicht dauernd in dem Maße vermehrt, wie sein Gebiet größer wird, sondern im Gegenteil durch stete Eroberungen im Laufe der Zeit sich verringert. Deshalb ist es auch ausgeschlossen, daß alle Völker der Erde jemals durch Eroberung unter eine Herrschaft kommen. Die Eroberung beschränkt sich darum gewöhnlich auf kleine Happen, die dann bei einer anderen Gelegenheit wieder verloren gehen. Was der eine durch die Eroberung gewinnt, verliert der andere; und da dieser andere das gleiche Bedürfnis nach Ausdehnung hat, so bereitet er sich auf Rückeroberung vor und lauert auf Gelegenheit, über den Nachbar herzufallen.

So hat nun schon so ziemlich jedes Volk versucht, sich durch Eroberung in den ersehnten Besitz der Erdkugel zu setzen, immer mit dem gleichen Mißerfolg. Das Schwert wird, wie jedes Handwerkszeug, stumpf durch den Gebrauch. Und welche Opfer werden diesen kindischen Versuchen immer und immer wieder gebracht. Ströme von Blut, Berge von Leichen, Meere von Geld und Schweiß. Dabei keine Spur eines Erfolges. Die Staatenkarte unserer Erde sieht heute aus wie ein Bettlerrock, geflickt und zersetzt; neue Grenzzäune erheben sich alle Tage, und eifersüchtiger denn je bewacht jeder seinen Knochen, seine von den Vätern geerbte Bettelsuppe. Kann man heute noch mit vernünftigen Gründen hoffen, daß einmal ein Eroberer erstehen wird, der uns alle vereint? Unsinnig wäre eine solche Hoffnung. Die Teilung führt zu Krieg, und der Krieg kann nur zusammenflicken. Die Nähte reißen immer wieder auf. Der Mensch braucht die ganze Erde, die ganze Kugel, keinen zusammengeflickten Fetzen. Und zwar jeder einzelne Mensch, jedes einzelne Volk; und solange diesem Grundbedürfnis des Menschen nicht genügt wird, gibt es Krieg. Mann gegen Mann, Volk gegen Volk, Erdteil gegen Erdteil. Wobei noch zu beachten ist, daß der aus solchen Ursachen entbrannte Krieg stets und regelmäßig das Gegenteil dessen erzeugen muß, was die Kriegführenden bezwecken. Trennung statt der Einigung; Verkleinerung statt Vergrößerung; Abgründe statt Brücken.

Es ist ja wahr, daß mancher Spießbürger sich am "gemütlichsten" in einer verräucherten Bierkneipe fühlt, daß er sich unsicher, unbehaglich fühlt oben auf dem Gipfel des Berges. Auch von den Altpreußen erzählt man, daß sie der Vereinigung mit dem deutschen Reiche nur widerwillig zugestimmt haben; der neue Glanz blendete, die Erdteilung erzeugte eben ein Bettlergeschlecht.

Darum: weg mit diesen veralteten, stumpfen Werkzeugen, weg mit den Kanonen, weg mit dem Puppenspiel. Weg mit den Zaunpfählen, mit den Zollgrenzen, ins Feuer mit den Grundbüchern. Keine Teilung und Zertrümmerung der Erdkugel, keine Scherbe. Suum cuique. Jedem das Ganze.

Wie kann man nun dieser Forderung ohne Gütergemeinschaft, ohne weltstaatliche Verbrüderung und ohne Aufhebung der staatlichen Selbständigkeit der einzelnen Volkshaufen genügen? Freiland antwortet auf diese Frage.

Wird nun mit der Verwirklichung dieser Forderung nicht schon jedem das ganze, innerhalb der Staatsgrenze gelegene Land zugänglich gemacht und als sein Eigentum erklärt? Erhält nach diesem Verfahren nicht jeder das Land zugewiesen, wonach er sich sehnt, wird nicht hierdurch jeder Wunsch, ja, jede Laune und Grille berücksichtigt? Wird das Umzugsgut durch Freiland nicht um den ganzen Ballast des Grundeigentums erleichtert und die Freizügigkeit nicht nur gesetzlich, sondern auch wirtschaftlich eingeführt? Sehen wir näher zu. – Ein Bauer bewirtschaftet in der norddeutschen Tiefebene einen großen Hof mit seinen Buben. Da jedoch die Söhne nichts von der Landwirtschaft wissen wollen und in die Stadt ziehen, um ein Gewerbe zu betreiben, so wird der Hof zu groß für den Bauer, dessen Leistungsfähigkeit überdies durch Alter und Gebrechlichkeit abgenommen hat. Er möchte also einen kleineren Hof bewirtschaften und dies mit der Erfüllung eines Jugendtraumes verbinden, nämlich auf Bergen zu wohnen. Auch möchte er nicht weit von Frankfurt wohnen, seil sich seine Söhne dort niederließen. Das wäre nun heute eine ziemlich schwierige, für einen Bauer fast unausführbare Sache.

Mit Freiland ist die Sache anders. Grundeigentum hat der Mann nicht, er ist also frei, freizügig, wie ein Zugvogel. Selbst den Ablauf seines Pachtvertrages braucht er nicht abzuwarten, da er ihn gegen Zahlung einer Buße alle Tage lösen kann. Er bestellt sich also das bebilderte Verzeichnis, das die einzelnen Bezirke regelmäßig über die zur Pacht stehenden Höfe ausgeben, und merkt sich diejenigen Höfe, die seinen Verhältnissen am besten entsprechen. An Auswahl wird es nicht fehlen, denn rechnen wir mit einer durchschnittlichen Pachtdauer von 20 Jahren, so würde von je 20 Höfen jährlich einer frei, oder jährlich etwa 150 000 Höfe, in Durchschnittsgröße von 10 ha – und zwar große und kleine, für alle Verhältnisse, im Gebirge, in der Ebene, am Rhein, an der Elbe, an der Weichsel, in katholischen und protestantischen Gegenden, in konservativen, liberalen, sozialistischen Kreisen, im Morast, im Sande, am Meer, für Viehzüchter oder Zuckerrübenbauer, im Walde, im Nebel, an frischen Bächen, in verräucherten Industriegegenden, in der Nähe der Stadt, der Brauerei, der Garnison, des Bischofs, der Schule, im französischen und polnischen Sprachgebiet, für Lungenkranke, für Herzleidende, für Starke und Schwache, Alte und Junge – kurz gesagt, eine Auswahl von jährlich 150 000 Höfen, die zu seiner Verfügung stehen, die sein Eigentum darstellen, die er nur zu bearbeiten braucht. Wird da nicht jeder sagen können, daß er das ganze Reich besitzt? Was fehlt im denn noch zum Besitze des Reiches? Mehr als einen Hof kann er doch nicht gleichzeitig bewohnen und besitzen. Denn besitzen heißt darauf sitzen. Auch wenn er ganz allein auf der Erde wäre, müßte er sich doch für einen Platz entschließen.

Gewiß, man wird ihm eine Pacht abfordern, aber diese Pacht ist die Gegenleistung für die Grundrente, die kein Erzeugnis des Bodens, sondern ein solches der Gesellschaft bildet. Und der Mensch hat ein Recht auf die Erde, nicht auf die Menschen. Wenn also der Bauer die Rente, die er in den Preisen seiner Feldfrüchte von der Gesellschaft erhebt, wieder als Pacht an die gleiche Gesellschaft abträgt, so wirkt er einfach als Rechnungsführer, als Steuerempfänger; sein Recht auf den Boden wird dadurch nicht verkümmert. Er gibt der Gesellschaft zurück, was ihm diese im Preise der Bodenfrüchte über seine Arbeit hinaus bezahlt hatte. Da nun aber der Pächter auch wieder Mitglied der Gesellschaft ist, so kommt auf ihn auch wieder sein Anteil an den Pachtsummen. Er zahlt also tatsächlich auch nicht einmal Pacht; er liefert nur die von ihm eingezogenen Grundrenten zur genauen Verrechnung an die Gesellschaft ab.

Wir müssen also zugeben, daß mit Freiland das Recht jedes Einzelnen auf das ganze deutsche Gebiet in unbeschränkter Form geschützt und verwirklicht wird.

Aber mit der deutschen Scherbe ist dem seiner Würde bewußten Menschen nicht genügt. Er fordert das Ganze, die Erdkugel, als sein Eigentum, als ein untrennbares Glied seiner selbst.

Auch diese Schwierigkeit löst Freiland. Denken wir uns Freiland auf alle Länder ausgedehnt; ein Gedanke, der alles Absonderliche verliert, wenn wir überlegen, daß so manche eigenvölkische Einrichtung die Grenzen des Landes überschreitet und sich die ganze Welt erobert. Also angenommen, Freiland sei international eingeführt und durch Verträge dahin ergänzt worden, daß einwandernde Bürger anderer Staaten als gleichberechtigt angesehen werden, was ja schon heute in bezug auf die Gesetze so ziemlich allgemein der Fall ist. Was fehlt dann noch an der Verwirklichung des Rechte jedes einzelnen Menschen auf den Besitz der ganzen Erdkugel? Die ganze Welt bildet von nun an sein uneingeschränktes Eigentum: er kann überall, wo es ihm gefällt, sich ansiedeln (heute zwar auch schon, aber nur, wenn er Geld hat), und zwar völlig umsonst, denn die Pacht, die er bezahlt, wird, wie gesagt, nicht eigentlich vom Boden erhoben, sondern als Gegenleistung der Grundrente, die er in den Preisen seiner Erzeugnisse von der Gesellschaft erhebt und die ihm in den Staatsleistungen zurückgegeben wird.

Also durch Freiland kommt jeder einzelne Mensch in den Besitz der ganzen Erdkugel. Sie gehört ihm; sie ist, wie sein Kopf, sein unbeschränktes Eigentum, sie ist mit ihm verwachsen; sie kann ihm nicht auf Grund eines protestierten Wechsels, einer Pfandschuld, einer Gutschrift für einen verkrachten Freund, abgenommen, abgeschnitten werden. Er kann machen, was er will, trinken, an der Börse spielen; sein Eigentum ist unantastbar. Ob er das Erbe seiner Väter mit 12 Geschwistern teilen muß, oder ob er einziges Kind ist – für das Grundeigentum ist das gleichgültig geworden. Ganz unabhängig von seinem Tun und Lassen bleibt die Erde sein Eigentum. Liefert er die im Preise der Ackererzeugnisse eingezogene Rente nicht an die Gesellschaft ab, so wird man ihn unter Vormundschaft stellen, aber die Erde bleibt darum nicht weniger sein Eigentum.

Durch die Bodenverstaatlichung kommt jedes Kind als Grundeigentümer zur Welt, und zwar hält jedes Kind, ob ehelich oder unehelich geboren, wie das Christuskind zu Prag die Erdkugel in der Hand. Den Schwarzen, den Roten, den Gelben, den Weißen, allen ohne Ausnahme gehört die Erde ungeteilt.

Staub bist du, und in Staub wirst du zerfallen. Das scheint wenig, aber man unterschätze die wirtschaftliche Bedeutung dieses Staubes ja nicht. Denn dieser Staub ist ein Bestandteil der Erde, die jetzt noch den Grundbesitzern gehört. Um zu werden und zu wachsen, brauchtest du Bestandteile der Erde; schon ein geringer Fehlbetrag an Eisen in deinem Blut bringt dich um deine Gesundheit. Ohne die Erde und (falls diese den Grundbesitzern gehört) ohne Erlaubnis des Grundbesitzer darf niemand geboren werden. Das ist durchaus keine Übertreibung. Die Untersuchung deiner Asche ergibt gewisse Mengen erdiger Bestandteile, die niemand aus der Luft gewinnen kann. Diese erdigen Bestandteile gehörten einmal der Erde oder ihrer Eigentümern, sie sind von diesen gekauft oder ihnen gestohlen worden. Eins von beiden.

In Bayern wurde die Erlaubnis zum Heiraten von einem gewissen Einkommen abhängig gemacht. Die Erlaubnis zur Geburt wird gesetzlich allen denen versagt, die den Staub nicht bezahlen können, der für den Aufbau ihres Knochengerüstes nötig ist.

Ohne Erlaubnis der Grundbesitzer darf aber auch niemand sterben, denn in Staub wirst du zerfallen, und dieser Staub beansprucht Platz auf der Erde; und was nun, wenn der Grundbesitzer dir diesen Platz versagt? Wer daher ohne Erlaubnis auf dem Boden eines Grundbesitzers stirbt, bestiehlt diesen Besitzer. Wer darum seine Begräbnisstelle nicht bezahlen kann, fährt geradewegs in die Hölle. Darum sagt auch das spanische Sprichwort: Er hat nicht, wo er zum Sterben hinfallen darf. Und die Bibel: Des Menschen Sohn hat nicht, wo er sein Haupt hinlegen kann.

Aber zwischen Wiege und Sarg liegt das ganze lange Leben, und das Leben ist ja bekanntlich ein Verbrennungsvorgang. Der Körper ist ein Ofen, worin eine beständige Hitze erhalten werden muß, wenn der Lebensfunken nicht erlöschen soll. Diese Wärme sucht man innerlich durch Nahrungszufuhr, äußerlich durch Kleidung und Wohnung als Schutz gegen Wärmeausstrahlung zu erhalten.

Nun gehören aber wieder die Nahrungsmittel, wie auch die Kleiderstoffe und die Baustoffe der Wohnungen zu den Erzeugnissen der Erde, und was nun, wenn die Eigentümer dieser Erde dir diese Stoffe verweigern?

Ohne die Erlaubnis der Erdbesitzer wird also niemand essen, sich kleiden, überhaupt leben dürfen.

Auch das ist durchaus keine Übertreibung. Die Amerikaner versagen den Chinesen die Einwanderung, die Australier weisen von ihren Küsten alle ab, deren Haut nicht hellweiß ist; selbst schiffbrüchige Malaien, die an der australischen Küste Schutz suchten, wurden mitleidslos wieder ausgewiesen. Und wie verfährt bei uns die Polizei mit allen, die nicht über die Mittel verfügen, sich die Güter der Erde zu kaufen? "Du hast nichts, du lebst aber, folglich stiehlst du. Deine Körperwärme, die nur die Frucht eines mit Bodenerzeugnissen unterhaltenen Feuers sein kann, verrät deine Missetat, verrät, daß du stiehlst! Marsch ins Gefängnis!" Darum pflegen ja auch die Handwerksburschen sich einen unantastbaren eisernen Geldfonds zuzulegen; darum stellen sie sich, im Vollbewußtsein ihrer Schuld, mit den Worten vor: Entschuldigen Sie, ein armer Reisender.

Häufig hört man die Redensart: "Der Mensch hat ein natürliches Recht auf die Erde." Das ist aber Unsinn, denn dann könnte man auch sagen, der Mensch habe ein Recht auf seine Glieder. Von "Rechten" sollten wir hier nicht reden, sonst könnte man ja auch sagen, die Tanne habe ein Recht, ihre Wurzeln in die Erde zu senken. Kann der Mensch im Luftballon sein Leben verbringen? Die Erde gehört zum Menschen, sie bildet einen organischen Teil seiner selbst; wir können uns den Menschen ohne die Erde ebensowenig denken, wie ohne Kopf und Magen. Wie der Kopf, so ist auch die Erde ein Teil, ein Glied des Menschen. Wo beginnt der Verdauungsvorgang beim Menschen und wo hört er auf? Dieser Vorgang fängt nirgendwo an und hat auch kein Ende, er bildet einen geschlossenen Kreis ohne Anfang und Ende. Die Stoffe, die der Mensch braucht, sind im Rohzustand unverdaulich – sie müssen vorher bearbeitet werden eine Verdauung durchmachen. Und diese Vorarbeit verrichtet nicht der Mund, sondern die Pflanze. Diese sammelt und verwandelt die Stoffe, so daß sie auf ihrem weiteren Weg durch den Verdauungskanal zu Nahrungsstoff werden können. Die Pflanze mit ihrem Standort in der Erde gehören also ebenso zum Menschen, wie der Mund, die Zähne, der Magen.

Jedoch ist dem Menschen nicht, wie der Pflanze, mit einem Teile der Erde gedient; er braucht die ganze Erde, und zwar braucht jeder einzelne Mensch die ganze Erde ungeteilt. In Tälern und auf Inseln wohnende oder durch Mauern und Zölle abgeschlossene Völker verkümmern, sterben aus. Handelsvölker dagegen, die mit allen Erzeugnissen der Erde ihr Blut würzen, bleiben frisch, vermehren sich und erobern die Welt. Die leiblichen und geistigen Bedürfnisse der Menschen senken ihre Wurzeln in jedes Krümelchen der ganzen Erdrinde; sie umfassen die Erde wie mit Polypenarmen. Alles braucht der Mensch, nicht einen Teil. Er braucht die Früchte der heißen und der gemäßigten Zone, wie auch die des hohen Nordens, er braucht für seine Gesundheit die Gebirgs-, See- und Wüstenluft. Zur Geistesauffrischung braucht er den Verkehr und die Erfahrung aller Völker der Erde. Er braucht alles, selbst die Götter der verschiedenen Völker braucht er als Vergleichsgegenstände für seine Religion. Die ganze Erdkugel, so wie sie da im prächtigen Flug um die Sonne kreist, ist ein Teil, ein Organ des Menschen, jedes einzelnen Menschen.

Dürfen wir nun gestatten, daß einzelne Menschen Teile dieser Erde, Teile von uns selbst, als ausschließliches und ausschließendes Eigentum in Beschlag nehmen, Zäune errichten und mit Hunden und abgerichteten Sklaven uns von Teilen der Erde abhalten, uns ganze Glieder vom Leibe reißen? Bedeutet ein solches Vorgehen nicht dasselbe, wie eine Verstümmelung an uns selbst?

Man wird vielleicht diesen Vergleich nicht gelten lassen wollen, weil das Abschneiden eines Grundstückes nicht mit Blutverlust verbunden ist. Blutverlust! Wäre es doch nur gemeiner Blutverlust! Eine gewöhnliche Wunde heilt; man schneidet ein Ohr, eine Hand ab: der Blutstrom versiegt, die Wunde vernarbt. Aber die Wunde, die uns die Amputation eines Grundstückes am Leibe hinterläßt, eitert ewig, vernarbt nie. An jedem Zinszahlungstage springt die Wunde immer wieder auf, und das rote goldene Blut fließt in Strömen ab. Bis aufs Weiße wird da der Mensch geschröpft, blutleer wankt er einher. Das Abschneiden eines Grundstückes von unserem Leibe ist der blutigste aller Eingriffe, er hinterläßt eine jauchige, klaffende Wunde, die nur unter der Bedingung heilen kann, daß das geraubte Glied wieder angesetzt wird.

Aber wie? Ist nicht die Erde schon zerstückelt, in Scherben zerschlagen, zerteilt und verteilt? Und hat man darüber keine Urkunden ausgestellt, die geachtet werden müssen? Nein, das ist Unsinn, nichts als Unsinn! Wer hat die Urkunden ausgestellt, wer hat sie unterschrieben? Ich selbst habe in meinem Namen niemals in die Teilung der Erde, meiner Glieder, eingewilligt; und was andere für mich ohne meine Zustimmung getan haben, was geht das mich an! Für mich sind alle diese Urkunden wertloses Papier. Ich habe die Einwilligung zur Verstümmelung nicht gegeben, die aus mir einen Krüppel macht. Darum fordere ich meine geraubten Glieder zurück und erkläre jedem den Krieg, der mir einen Teil der Erde vorenthält. "Aber hier auf diesen vergilbten Pergamenten steht die Unterschrift deiner Vorfahren!" Ganz recht, ich lese dort meinen Namen – aber ob der Name gefälscht wurde, wer weiß es? Und wenn auch die Unterschrift echt wäre, wofür sogar die Möglichkeit eines Beweises fehlt, so sehe ich neben der Unterschrift ein Loch, das vom Dolch herrührt, mit dem die Unterschrift erpreßt wurde, da doch niemand ohne unmittelbare Lebensgefahr einzelne seiner Glieder opfert. Auch der Fuchs beißt sich wohl ein Bein ab, aber nur, wenn er in der Falle sitzt. Und schließlich: ist denn heute jemand verpflichtet, die Schulden seiner Vorfahren anzuerkennen? Sind die Kinder für die Sünden ihrer Vorfahren haftbar? Dürfen die Eltern ihre Kinder verstümmeln, darf der Vater seine Tochter verkaufen? Unsinn, alles Unsinn.

Den Kindern der Säufer wird der Vormund bestellt; und wer sagt, daß nicht alle diese Grundbuchurkunden im Rausche unterschrieben wurden? Wahrhaftig, man möchte glauben, unsere Vorfahren hätten in ewigem Rausch gelebt! Säufer wären es gewesen, die die Erde verjubelt haben, Säufer, wie die alten Germanen, die im Rausche Weib und Kind aufs Spiel setzten. Nur durch den Trunk verkommenes Gesindel verkauft sich oder seine Glieder, nur heruntergekommene Menschen können die Grundbuchurkunden freiwillig unterschrieben haben. Denke man sich doch nur, es käme vom Monde herunter ein Mann mit einer Schnapsflasche, um hier Land für den Mond zu kaufen! Würde man ihm erlauben, Teile dieser Erde, große und kleine, fortzuschleppen? Und doch ist es völlig gleich, ob die Erde auf den Mond getragen wird, oder ob ein Grundeigentümer sie in Beschlag nimmt. Der Grundeigentümer läßt nach Einziehung der Grundrente ja doch nur Öd- und Wüstland zurück. Wenn unsere Grundeigentümer auf der Kapitalflucht die gesamte Ackerkrume Deutschlands aufrollten und ins Ausland verschleppten, – für das Volk wäre das gleichgültig. Trotz der Hungersnot führten die in Paris prassenden russischen Grundbesitzer riesige Mengen Getreide aus Rußland aus, so daß selbst die Kosaken in Not gerieten und man zum Aufrechterhalten der Ordnung ein Ausfuhrverbot erließ.

Kann man also anders annehmen, als daß die Unterschriften im Grundbuch mit dem Dolche erpreßt, mit der Schnapsflasche erschwindelt wurden? Das Grundbuch, das ist das Verbrecheralbum Sodoms und Gomorrhas, und wenn irgendein Grundbesitzer die Verantwortung für die Handlungen seiner Vorfahren übernehmen möchte, so müßte man ihn gleich wegen Betrugs und Erpressung einsperren.

Jakob erpreßte von seinem Bruder für einen Teller Linsen dessen ganze Viehweide, als dieser, dem Verhungern nahe, von der Wolfsjagd heimkehrte.

Sollen wir nun diesem Wucher die sittliche Weihe geben, dadurch, daß wir die Nachkommen Esaus mit der Polizei von der Benutzung jener Weide abhalten? Jedoch, wir brauchen nicht bis auf Esau zurückzugreifen, um die Urgeschichte unserer Urkunden aufzudecken. "Die Besiedelung der meisten Länder hat ursprünglich auf dem Wege der Okkupation, der Eroberung, stattgefunden, und auch später hat oft genug das Schwert die bestehende Teilung wieder verändert".* Und wie wird heute unter unseren Augen die Besetzung eines Landes betrieben? Für eine Flasche Schnaps für sich und ein buntes Kleid für seine Gemahlin veräußerte der schwarze Hererokönig das von ihm den Hottentotten entrissene Land. Millionen von Hektar, die ganze Weide seiner Herden. Wußte er, was er tat, als er mit dem Schnapse im Kopfe das verräterische ✗ unter das Schriftstück setzte? Wußte er, daß dieses Schriftstück nunmehr als wertvolle Urkunde wie ein Heiligtum in eisernem Schranke aufbewahrt, von einer Schildwache Tag und Nacht behütet würde? Wußte er, daß nunmehr er und sein ganzes Volk auf jenes unbeholfene Kreuz genagelt würden, daß er von da ab für jede seiner Kühe eine Rente würde zahlen müssen – er, seine Kinder, seine Enkel, heute morgen, ewig? Das wußte er nicht, als er das von den Missionaren erlernte Zeichen des Kreuzes auf das Schriftstück malte. Wie kann man auch mit dem Christuszeichen betrogen und bestohlen werden? Und wenn er die Bedeutung des Schriftstückes kannte, warum hat man den Lumpen als Volksverräter nicht an den ersten besten Baum geknüpft? Aber er wußte es nicht, das geht ganz klar daraus hervor, daß, als der Inhalt der Urkunde in die Tat umgesetzt wurde, er sich erhob, um das "betrügerische Gesindel" (in den deutschen Zeitungen nannte man die unglücklichen Eingeborenen, die ihren "Freiheitskrieg" mit den ihnen zur Verfügung stehenden Waffen führen, in der Regel – Mordbrenner, Diebe, Gesindel usw.) zu vertreiben. Freilich nutzlos, denn nun wurde eine Hetz- und Treibjagd veranstaltet, und die wenigen, die nicht zur Strecke gebracht wurden, hat man in die Wüste gedrängt, wo sie verhungern werden (s. die öffentliche Bekanntmachung des Generals Trotha).

Das auf diese Weise besetzte Land hat man dann, laut amtlicher Auskunft, wie folgt, verteilt **:

1. Deutsche Kolonialgesellschaft für Südwestafrika	135 000 qkm
2. Siedlungsgesellschaft	20 000 qkm
3. Hanseatische Land-, Minen- und Handelsgesellschaft	10 000 qkm
4. Kaoko Land- und Minengesellschaft	105 000 qkm
5. Southwestafrika Co. Ltd.	13 000 qkm
6. South Afrika Territories Ltd.	12 000 qkm
Sa.	295 000 qkm

gleich 900 Millionen Morgen Land.

Was haben diese 6 Erwerber wohl für die 900 Millionen Morgen Land gegeben? Einen Schnaps, ein Linsengericht. So ging es und geht es in Afrika, in Asien, in Australien.

---

*) Anton Menger: Das Recht auf den vollen Arbeitsertrag. 4. Aufl. S. 2
**) Deutsche Volksstimme. 20. Dezember 1904.

In Südamerika hat man es noch bedeutend einfacher gemacht, da hat man sich das Schriftstück mit dem ✗ als Unterschrift gespart: Man schickte den General Roca, den nachherigen Präsidenten, mit einer Bande Soldaten gegen die Indianer aus, um diese von den fruchtbaren Weideplätzen der Pampa zu vertreiben. Man knallte die Mehrzahl nieder, schleppte die Weiber und Kinder nach der Hauptstadt als billige Arbeitskräfte, und trieb den Rest über den Rio Negro. Das Land wurde dann unter die Soldaten verteilt und verschrieben, die in der Regel nicht Eiligeres zu tun hatten, als ihre Rechte zu verkaufen – für Schnaps und bunte Tücher.*

So, nicht anders, entstanden "die heiligen, unantastbaren Rechte" der heutigen Besitzer des besten, fruchtbarsten Bodens, den es vielleicht in der Welt gibt. Der Tummelplatz von Millionen von Schafen, Pferden und Kühen, der Boden für ein schon im entstehen begriffenes neues großes Volk befindet sich heute im Besitz einer Handvoll Leute, die nichts weiter dafür gegeben haben als – eine Flasche Schnaps.

In Nord-Amerika waren die in jüngster Zeit besiedelten Ländereien meistens unbewohnt. Da konnte sich jeder einfach nehmen, soviel er brauchte. Jeder Erwachsene, Mann oder Frau, hatte da das Recht auf 160 Acker Land, so daß Familien mit 6 erwachsenen Kindern 1000 Acker gleich 400 ha beanspruchen konnten. Gegen die kleine Verpflichtung, einige Bäume zu pflanzen und zu pflegen, durfte jeder die doppelte Anzahl Acker (also 320) in Besitz nehmen. Nach einer Reihe von Jahren (6) wurden Besitztitel ausgeschrieben, und das Land war dann verkäuflich. Durch Ankauf solcher "Heimstätten" für billiges Geld (denn für eine Sache, die man so ohne weiteres überall in Besitz nehmen kann, konnte nicht viel gefordert werden) sind dann die Riesenfarmen von Tausenden von Hektar entstanden. Preis: eine Flasche Schnaps, ein Linsengericht. So besitzen zwei Luxemburger Bauern, die Herren Müller und Lux, in Kalifornien heute einen Landsitz so groß, daß Preußen und Lippe bequem darin Platz finden würden. Preis: eine Flasche Schnaps, ein Linsengericht.

Die Northern-Pacific-Eisenbahn erhielt von der Regierung die Genehmigung

---

*) Im Hamburger Fremdenblatt vom 22. Dez. 1904 finde ich folgende Mitteilung "Latifundien in Argentinien. Hamburg, 22. Dez. Wie der hiesige Generalkonsul mitteilt, haben kürzlich Verkäufe von großen Ländereien in Argentinien stattgefunden, die deutlich zeigen, wie sehr der Wert von Grund und Boden auch in diesem Lande steigt. Antonio Devoto kaufte in dem Territorium der Pampa von der englischen Gesellschaft South American Land company ein Areal von 116 Leguas mit 12 000 Stück Hornvieh, 300 000 Schafen usw. für $6^1/_2$ Millionen Dollars = etwa 50 000 Dollars per Legua von 2500 ha. – José Guazzone, der Weizenkönig genannt, kaufte im Bezirk Navarria in der Provinz Buenos Aires 5 Leguas à 200 000 Dollars. – Die Jewish Colonisation Society kaufte 40 Leguas, teils in Piqué, teils in der Pampa Central zum Preise von 80 000 Dollars per Legua, die der Verkäufer, Herr Federico Leloir im Jahre 1879 für 400 Dollars per Legua erstand. – Alle diese Ländereien der Pampa, die im Jahre 1878 von den Indianerhorden befreit wurden, sind 1879/80 von der Regierung zu 400 Dollars die Legua von 2500 ha öffentlich verkauft worden; sie eignen sich besonders für Viehzucht, und ihr Wert hat sich seitdem um das 150 – 200fache gesteigert, ein gutes Zeichen für das Gedeihen und die Zukunft des Landes."

Hierzu ist noch zu bemerken, daß die berechnete 200fache Preissteigerung in Wirklichkeit bedeutend größer ist. Die 400 Dollars für die Legua von 2500 ha waren in moneda corriente zahlbar, wovon 30 auf einen heutigen Peso gingen. Die Preissteigerung ist also 30 × 200 = 6000fach. Es wird erzählt, daß die Soldaten ihre Landanteile für Streichhölzchen (Cajas de fósforos) verkauften.

zum Bau der Eisenbahn umsonst, dazu noch die Hälfte des Landes, das sich rechts und links der Bahn hinzieht, und zwar 40 Meilen landeinwärts. Man denke: 40 Meilen rechts und links der ganzen, 2000 Meilen langen Bahn! Preis? Ein Schnaps? Nein, weniger als ein Schnaps – umsonst!

Bei der Kanada-Pacific-Bahn verhält es sich ähnlich. In der von dieser Bahngesellschaft ausgegebenen Flugschrift "Die neue Weltstraße nach dem Orient" heißt es S. 5: "Die Gesellschaft übernahm den Bau der 1920 Meilen, wofür sie von der Regierung eine Anzahl wertvoller Vorrechte und Freiheiten, ferner 25 Millionen Dollars in Geld, 25 (sage und schreibe fünfundzwanzig) Millionen Morgen Ackerland und 638 Meilen schon fertiger Eisenbahn erhalten hat."

Wer nun etwa glaubt, daß als Preis dieser Leistungen die zu bauende Eisenbahn anzusehen wäre, der irrt sich gewaltig. Die erwähnte Flugschrift sagt, die ganze Bahn solle Eigentum der Gesellschaft sein. Aber wo, so wird man fragen, ist denn die Gegenleistung der geschenkten 25 Millionen Acker Land der 25 Millionen Dollars in Geld, der 638 Meilen fertiger Eisenbahn und der wertvollen Freiheiten? Antwort: ein Schnaps, ein Linsengericht, die Verlustgefahr (Risiko) für die Verzinsung des Anlagekapitals.

So gingen hier durch einen Federstrich 25 Millionen Morgen Ackerland in den Privatbesitz über, in einem der fruchtbarsten, schönsten und gesündesten Länder. Man hatte sich nicht einmal die Mühe gegeben, sich das Land anzusehen, das da verschenkt werden sollte. Erst während des Bahnbaues "entdeckte" man die außerordentliche Fruchtbarkeit des Bodens, die Schönheit der Landschaft, den Reichtum an Kohlen und Erzen. Und das war nicht in Afrika, sondern in dem sonst durch seine treffliche Verwaltung rühmlichst bekannten Kanada.

So entsteht heute der Privatgrundbesitz in Ländern, von denen Europa so abhängig ist, wie von den eigenen Äckern.

Sollen wir nun, nachdem wir wissen, wie der Privatgrundbesitz heute entsteht, noch weiter danach forschen, wie er gestern entstand? "Peor es menearlo", sagt der Spanier: schlimmer wird es, je mehr man darin herumrührt. Sollen wir die Kirche fragen, auf wieviel Grad die Hölle geheizt worden war, als die Sterbende ihren Landsitz der Kirche vermachte? Sollen wir die Grafen, Fürsten, Freiherren fragen, durch welche hochverräterischen Mittel sie vom schwächlichen, kranken Kaiser die Umwandlung des mit der Heeresfolge belasteten Lehens in lastenfreies Besitztum erwirkten; wie sie den Einfall räuberischer Nachbarn als hochwillkommene Gelegenheit benutzten, um vom Kaiser Vorrechte und Grundbesitz zu erpressen? "Peor es menearlo." Es stinkt, wenn man darin herumrührt. Sollen wir die englischen Landlords fragen, wie sie eigentlich zum Grundbesitz in Irland gelangten? Raub, Mord, Hochverrat und Erbschleicherei, das wären die Antworten auf diese Fragen. Und wer mit diesen Antworten etwa nicht zufriedengestellt ist, dem werden die alten Mären und Trinklieder, der jämmerliche, körperliche und geistige Zerfall der Rasse die gewünschte, volle Auskunft über die Herkunft des Privatgrundbesitzes geben. Er wird sich überzeugen, daß unsere Ahnen eine Bande von Säufern waren, die das Erbe ihrer Nachkommen verjubelt haben und die sich den Teufel um das Schicksal der folgenden Geschlechter kümmerten. Nach uns die Sündflut, das war ihr Wahlspruch.

Sollen wir nun die "altehrwürdigen" Zustände, die diese luftigen Brüder geschaffen haben, aufrecht erhalten, aus frommer Ehrfurcht vor den Flaschen, die dabei geleert wurden, aus Dankbarkeit für das verseuchte Blut, für die verkrüppelten Glieder, die sie uns hinterlassen haben?

Die Werke der Toten sind für uns nicht maßgebend; jedes Zeitalter hat eine eigenen Aufgaben zu erfüllen, übrigens auch gerade genug damit zu tun. Das tote Laub der Bäume fegt der Herbststurm fort, den toten Maulwurf auf dem Wege vernichten die Insekten, und den Mist der weidenden Herden verscharren die Käfer, kurz die Natur sorgt dafür, daß das Abgestorbene vernichtet werde, damit die Erde immer jung und frisch bleibe. Die Natur haßt alles, was an den Tod erinnert. Ich habe noch niemals beobachtet, daß das bleiche Gerippe einer dürren Fichte dem aufstrebenden jungen Geschlechte als Stütze und Leiter gedient hätte. Ehe noch das Samenkorn keimt, hat den dürren Baum der Sturm schon gestürzt. Im Schatten der alten Bäume kann das junge Geschlecht nicht gedeihen; kaum aber sind die alten gefällt, so wächst und gedeiht alles.

So laßt uns also mit dem Toten auch seine Werke und Gesetze begraben. Errichtet aus den alten Urkunden und Grundbüchern einen Scheiterhaufen und legt den Toten darauf. Der Sarg ist ein schlechtes, allzuenges Bett, und was sind die Gesetze und Grundbücher für uns anderes als Särge, worin die geistige Hülle unserer Vorfahren gebettet liegt?

Fort also ins Feuer mit dem vermoderten Plunder! Der Asche, nicht der Leiche, entsteigt der Phönix!

6. Was Freiland nicht kann!

So schwere Folgen auch die Bodenverstaatlichung nach sich ziehen wird, so kann man ihre Wirkung doch übertreiben.

Ein Allheilmittel ist Freiland, wie manche wähnen, nun freilich nicht. Henry George war der Meinung, daß mit Freiland auch **der Zins, die Wirtschaftsstockungen (Krisen), die Arbeitslosigkeit** verschwinden würden. Zwar vertrat er diese Meinung nicht mit der Entschlossenheit und dem Gedankenreichtum, mit denen er seine Hauptforderung stützte, und in dieser Lauheit müssen wir den Beweis erblicken, daß er selbst noch schwere Zweifel hegte und einen völlig klaren Einblick in diese Verhältnisse vermißte. Aber seine Jünger haben diese Zweifel nicht.

Bei Henry George waren es nicht viel mehr als Meinungen oder Glaubenssätze; bei seinen Jüngern, den sogenannten Bodenreformern, aber sind es unbezweifelte Grundsätze geworden. Nur Michael Flürscheim macht hier eine Ausnahme, wodurch er aber wieder allen anderen Bodenreformern entfremdet wurde, trotzdem er es gewesen war, der den Gedanken der Bodenreform in Deutschland wieder neu zu beleben wußte. Sicher der beste Beweis, daß die Ansichten Georges über Zins und Krisen bei seinen Jüngern als unantastbare Wahrheit gelten, mit denen man wohl denkt, über die zu denken aber als eine Art von Abfall vom Glauben angesehen wird.

Freiland beeinflußt die Verteilung der Erzeugnisse; aber bei der Arbeitslosigkeit und den Wirtschaftsstockungen (Krisen) handelt es sich nicht um Fragen der Verteilung, sondern um solche des Tausches (oder Handels), und auch der Zins ist, obschon er viel stärker noch als die Grundrente die Verteilung der Erzeugnisse beeinflußt, doch nur eine Tauschangelegenheit; denn die Handlung, die die Höhe des Zinses bestimmt, nämlich das Angebot von greifbaren vorrätigen Waren gegen solche künftiger Erzeugung, ist ein Tausch, nichts als ein Tausch. Bei dem Bodenzins dagegen findet kein Tausch statt; der Grundrentner steckt einfach die Rente ein, ohne irgend etwas in Tausch zu geben. Der Bodenzins ist ein Teil der Ernte, kein Tausch; darum kann auch das Forschen nach dem Entstehen der Grundrente keinen Anhaltspunkt für die Lösung der Zinsfrage geben.

Die Fragen der Arbeitslosigkeit, der Wirtschaftsstockungen (Krisen) und des Zinses lassen sich nur beantworten, wenn man die Bedingungen untersucht, unter denen der Tausch überhaupt stattfinden kann. Diese Untersuchung hat George, haben auch die deutschen Bodenreformer nicht angestellt. Darum ist es ihnen ganz unmöglich, für

den Zins, die Wirtschaftsstockungen (Krisen) und die Arbeitslosigkeit

stichhaltige Erläuterungen zu geben. Die Zinstheorie Georges, die noch heute die Köpfe der deutschen Bodenreformer verwirrt, ist eine unglaublich grobe, sogenannte Fruktifikationstheorie, und vermag so wenig wie seine ebenso oberflächliche Krisentheorie (Mißverhältnis zwischen Verbrauch und Einnahmen der Reichen) auch nur eine einzige der Erscheinungen zu erklären, die den Zins, die Arbeitslosigkeit und die Krisen begleiten.

Und das ist bisher der schwache Punkt der Bodenreformer gewesen. Auf der einen Seite die Behauptung, die Bodenreform löse für sich allein die ganze "soziale Frage", auf der anderen Seite die Unfähigkeit, für die schwersten Schäden unserer Volkswirtschaft eine befriedigende, scharfer Nachprüfung standhaltende Erklärung zu bringen. Und nicht allein eine Erklärung hätten die Bodenreformer bringen müssen, sondern auch das Mittel, um die genannten Schäden unserer Volkswirtschaft zu beseitigen. Den Arbeitern aber, denen die Bodenreformer die Erlösung aus ihrer schrecklichen Lage bringen wollen, ist mit der Verstaatlichung der Grundrente allein noch nicht geholfen. Sie wollen den vollen Arbeitsertrag, d. h. die Beseitigung der Grundrente und des Kapitalzinses; dazu eine Volkswirtschaft, die Wirtschaftsstockungen (Krisen) und Arbeitslosigkeit unmöglich macht.

Diese Übertreibung der Wirksamkeit der Bodenverstaatlichung hat der ganzen Bewegung unberechenbaren Schaden verursacht.

Wir werden jetzt die Verhältnisse untersuchen, unter denen der Zins, die Stockungen (Krisen) und die Arbeitslosigkeit zustande kommen, und die Mittel prüfen, die für die Beseitigung dieser Übelstände zu ergreifen sind. Es handelt sich hier um Fragen, die in dem üblen Rufe stehen, zu den verwickeltsten aller volkswirtschaftlichen Fragen zu gehören. Die Sache ist jedoch nicht so schlimm. Die Fragen sind nur wissenschaftlich verwickelt worden; in Wirklichkeit liegen die Tatsachen schön glatt nebeneinander, und wir brauchen nur beim richtigen Ende anzufangen, um sie aneinander zu reihen.

III. Teil

Metall- und Papiergeld.
Das Geld wie es ist.

Einleitung.

Das heutige Metallgeld ist seinem Wesen nach vollkommen dem Gelde gleich, das schon im Altertum den Austausch der Waren vermittelte. Gräbt man aus dem Schutte Athens, Roms oder Karthagos Münzen aus, so hat man allgemeingültiges, gleichwertig mit dem Gelde Europas oder Amerikas umlaufendes Geld in Händen. Sieht man ab von der etwaigen Verschiedenheit im Feingehalt der Münzen, so ist ein Kilo Münzen mit dem Stempel römischer Kaiser gleich einem Kilo Münzen mit dem Stempel deutscher Prägeanstalten. Alle Eigenschaften des Geldes, das Lykurg aus Sparta ächtete, haften in unveränderter Form unserem Gelde an, und vielleicht ist dieses Geld die einzige staatliche Einrichtung, die sich aus dem grauen Altertume unangetastet bis auf uns herübergerettet hat.

Diesem ehrwürdigen Alter unseres Geldes entspricht jedoch in keiner Weise unsere Kenntnis vom Wesen des Geldes. Wir wollen an dieser Stelle nicht darüber rechten, ob Lykurg wohl daran tat, als er, in der Erkenntnis, daß das aus Edelmetall hergestellte Geld das Volk in arm und reich trennt und durch solche Zersetzung die Volkskraft bricht, nun das Kind mit dem Bade ausgoß. Aber tiefer als Lykurg ist man auch heute nicht in das Wesen der dem Golde nachgesagten Übel eingedrungen. Immer noch begnügt man sich damit, mit Pythagoras auszurufen: "Ehret Lykurg, er ächtete das Gold und Silber, die Ursache aller Verbrechen", immer nur seufzen wir verzweifelt mit Goethe: "Am Golde hängt, nach Golde drängt doch alles – ach wir Armen!"

Aber mit diesen Verwünschungen hat es sein Bewenden. Auf die Frage, was denn eigentlich am Gold verkehrt ist, warum das Gold der Menschheit zum Fluch wird – sind alle still. Sogar die Gelehrten vom Fach werden durch diese Frage so sehr in Verlegenheit gebracht, daß sie es vorziehen, Lykurg und Pythagoras einfach zu verleugnen und die dem Gold nachgesagten Übel auf ungenaue Beobachtung zurückzuführen. So werden der spartanische Moses zum Währungspfuscher und der große Mathematiker zum Schwärmer gestempelt.

Dieses Versagen der Wissenschaft ist jedoch weniger eine Folge mangelnder Erkenntniskraft des menschlichen Geistes als ein Ergebnis der äußeren Verhältnisse, die hier mitspielen, und die der wissenschaftlichen Durcharbeitung der Lehre vom Geld nicht günstig sind.

Zunächst ist es der Gegenstand selber, der die meisten von vornherein abstößt. Es gibt anziehendere Gegenstände der Forschung als das Geld, besonders für hochfliegende Geister und vornehme Naturen. Religion, Naturforschung, Sternkunde usw., alles das ist unendlich viel an- und emporziehender als das Forschen nach dem Wesen des Geldes. Nur ein nüchterner Rechenkünstler wird sich zu diesem Stiefkind der Wissenschaft hingezogen fühlen, und so ist es verständlich, und es gereicht der Menschennatur eigentlich zur Ehre, daß man die Forscher immer noch an den Fingern zählen kann, die tiefer in dieses dunkle Gebiet eingedrungen sind. Hierzu kommt, daß die unglückliche Art der bisherigen wissenschaftlichen Behandlung des Geldwesens und die Verquickung dieser Behandlung mit dem nun endlich aussterbenden Wertglauben, die natürliche Abneigung gegen diesen Zweig der Wissenschaft nur noch verstärkt haben. Die Währungsfrage ist infolge der verworrenen Behandlung, die sie durch die Wissenschaftler erfuhr, geradezu verrufen, und dies führt in der öffentlichen Meinung zu einer Mißachtung dieses doch für die Entwicklung der Menschheit so außerordentlich wichtigen Gegenstandes. (Die heute vergessenen Schriften über Doppelwährung machen hier eine lobenswerte Ausnahme.) Für die große Mehrheit des Volkes ist die Mark d. R.-W. heute tatsächlich nicht mehr als die $1/1375$. Teil von einem Pfund Feingold; und für das Volk ist das Gold als Metall doch ein ziemlich bedeutungsloser Stoff. Diese Herabsetzung, die der Gegenstand der Währungsliteratur in der öffentlichen Meinung erfahren hat, bewirkt aber wieder, daß niemand die betreffenden Bücher kauft, und daß kein Verleger die Druckkosten dafür wagen will. So mag es sein, daß Vieles und Gutes über das Geldwesen geschrieben, aber nicht veröffentlicht wurde – weil sich kein Verlag dafür fand. Wieder ein Umstand, der die Forscher vom Geldwesen fernhält. Wer die Mittel nicht besitzt, um das Geschriebene auf eigene Kosten drucken zu lassen, der darf sich nicht mit dem Geldwesen befassen.

Freilich gibt es in letzterer Beziehung Ausnahmen. Unsere Hochschullehrer, deren Veröffentlichungen immer wenigstens von Studenten und staatlichen Büchereien gekauft werden, mögen für ihre Bücher auch willige Verleger finden, doch steht einer günstigen Entwicklung dieses hauptsächlich der Schule dienenden Schrifttums der Satz im Wege, daß Hadersachen von der Schule ferngehalten werden müssen. So dürfen diese Schriften aus Rücksicht auf ihre Bestimmung niemals tiefer in das Wesen des Geldes eindringen. Vom hadrigen Kern der Frage prallt die Sonde der Schulwissenschaft immer zur Oberfläche zurück. Es steht hier mit dem Geld nicht anders wie mit der Lehre von der Grundrente, vom Zins, vom Lohne; und ein Hochschullehrer, der den zwiststiftenden Kern all dieser Fragen nicht beachten wollte, würde seinen Hörsaal bald in ein Schlachtfeld verwandeln, wo alle blindlings auf Freund und Feind einschlagen. Nein, Hadersachen, Politik, die Lehre vom Lohn, von der Grundrente, vom Zins und vom Geld, gehören wirklich nicht in die Hochschulen. Notwendigerweise muß aber darum auch diese Wissenschaft in den Händen unserer Hochschullehrer verkümmern; das "bis hierher und nicht weiter" starrt dem Professor ja immer gleich nach den ersten Spatenstichen entgegen.* Zu diesen äußeren Schwierigkeiten tritt noch der Umstand, daß die Erforschung dieses heiklen Stoffes Kenntnisse voraussetzt, die man eigentlich nur im praktischen Handel erwerben kann, und daß der Handel zumeist solche Naturen anzieht und fesselt, die schulwissenschaftlichen Untersuchungen abhold sind. Männer der Tat fordert der Handel, keine Schürfer und Forscher. Wie lange ist es übrigens her, daß der Handel zudem als anrüchig angesehen wurde (Merkur, "Gott der Kaufleute und Diebe") und sich ihm vorzugsweise solche Jünglinge

---

*) Man beachte, daß diese Ausführungen im Jahre 1911 geschrieben wurden.

zuwandten, die auf den Schulen nicht mitkamen? Die begabten Söhne mußten "studieren", die übrigen waren für den Handel bestimmt.

So ist also die Tatsache nicht so befremdlich, daß wir zu unserem 4000 Jahre alten Metallgeld, das sich durch 100 Menschenalter und durch die Hände von Milliarden und Abermilliarden Menschen gewälzt hat, heute in der Zeit des wissenschaftlichen Vorgehens auf allen Gebieten noch keine stichhaltige Begriffsbestimmung oder Theorie haben, und daß noch überall in der Welt die öffentliche Behandlung des Geldes nach alten Gewohnheiten ohne wissenschaftliche Begründung erfolgt.

Dieser Mangel an einer stichhaltigen Geldtheorie ist aber der Grund, warum wir bis heute auch für die Zinserscheinung keine genügend Erklärung zu geben vermochten. Sonderbar, wir bezahlen und erheben seit 4000 Jahren Kapitalzins in ungezählten Milliarden, ohne daß die Wissenschaft die Frage zu beantworten vermöchte, "woher und warum der Kapitalist den Zins erhält".* Zwar an Versuchen hat es nicht gefehlt. Dafür sorgte schon der Gegenstand selbst, der die Merkmale eines allgemeinen Störenfrieds ganz öffentlich zur Schau trägt, und der darum auch ganz anders als das Geld selbst die Aufmerksamkeit der Wissenschaft und der Öffentlichkeit auf sich zog. Jeder namhafte Volkswirt hat sich mit dem Zins befaßt, namentlich die Sozialisten, deren ganzes Streben im Grunde nur gegen den Zins gerichtet ist.

Aber wieviele sich auch redlich abgemüht haben – die Frage nach der Natur des Zinses blieb unbeantwortet.

Der Grund dieses Fehlschlagens liegt nicht in der Schwierigkeit des Stoffes, sondern einfach darin, daß der Kapitalzins (der Zins der Darlehen sowohl wie der Zinsertrag der Sachgüter [Realkapitalien]) ein Geschöpf oder Nebenerzeugnis des herkömmlichen Geldes ist und darum auch nur mit Hilfe der Geldtheorie wissenschaftlich erklärt werden kann. Wie uns Zins und Geld äußerlich schon als unzertrennliche Freunde begegnen, so innig vereint sind sie auch seelisch, d. h. in ihrem inneren Wesen. Ohne Einblick in das innere Wesen des Geldes ist es unmöglich, den Zins zu erklären. Die Lehre vom Zins kann nur von der Lehre des Geldes abgeleitet werden.

Die Zinsforscher haben aber (aus den schon erwähnten Gründen) regelmäßig die Geldforschung vernachlässigt. Marx z. B. hat der Theorie des Geldes keine fünf Minuten Überlegung gewidmet, dafür zeugen seine drei dicken Bände, die sich mit dem Zins (Kapital) befassen. Proudhon dagegen, der das Geld weniger mißachtete, ist auch der Lösung des Zinsrätsels am nächsten gekommen.

In nachfolgender Untersuchung, die durch Zufall angeregt und durch glückliche äußere Verhältnisse geleitet und gefördert wurde, biete ich nun der Wissenschaft, dem Handel und der Politik die so lange gesuchte Theorie des Geldes und des Zinses.

Es war Haderstoff, was ich untersuchte. Konnte ich wissen und vermeiden, daß das, was ich finden sollte, ein revolutionärer Brander sein würde?

Geschrieben im Sommer 1911.

Silvio Gesell.

---

*) v. Boehm-Bawerk, Geschichte und Kritik der Kapitalzins-Theorien.

1. Wie sich uns das Dasein des Geldes offenbart.

Wenn die Inschriften der Münzen bezwecken, uns über das Wesen des Geldes zu unterrichten, so hat man sich diese Arbeit leicht gemacht. Diese Inschriften lauten "10 Mark" oder "10 France", "10 Rubel", und wer aus diesen Worten das Wesen des Geldes nicht zu erkennen vermag, dem werden die Randbemerkungen der Münzen: "Mit Gott" oder (bei den Franzosen) "Freiheit, Gleichheit, Brüderlichkeit" usw. wenig Aufklärung bringen.

Vergleicht man die Inschrift der heutigen deutschen Münzen mit derjenigen der alten preußischen Taler, so fällt auf, daß die Angabe des Gewichtes an Feinmetall, die die Taler trugen, weggelassen worden ist. Warum? Mit der Streichung dieser Gewichtsangabe hat man doch etwas bezwecken müssen, und dies muß man um so sicherer annehmen, als die Gewichtsangabe in vielen Fällen von wirklichem Nutzen sein kann.* Es ist allerdings wahr, daß die Angabe des Gewichts in der Fassung, wie sie der preußische Taler trug, zu vielen Fragen Anlaß geben konnte, die auf Grund der heute noch vorherrschenden Anschauungen über das Wesen des Geldes nicht beantwortet werden können, und daß durch Streichung der Gewichtsangabe in den neuen Münzen man die Gefahr umgangen hat, sich in Widersprüche zu verwickeln.

Wenn "XXX ein Pfund Fein"**, dann ist auch ein Pfund Fein gleich XXX, und der Begriff "Taler" wird durch solche Inschrift zu einer einfachen, für das Silber vorbehaltenen Gewichtseinheit, wie man ja noch heute in England für gewisse Waren besondere Gewichtseinheiten hat. (Diamanten z. B. wägt man nach Karat. In Neuchâtel enthält ein "Maß" Äpfel oder Kartoffeln 20 l, ein "Maß" Korn aber nur 16 l.)

Wenn aber ein Pfund Fein gleich 30 Taler ist, wenn eine Münze gleich ist einem bestimmten Gewicht Silber (laut Inschrift und Theorie der Taler), wie kann man dann das Silber entmünzen, wie kann man den 30. Teil eines Pfundes Feinsilber überhaupt vom Taler trennen? Wie kann man aus einem Begriffe zwei machen, Taler und Silber? Vor dem Jahre 1872 waren "XXX ein Pfund Fein", und nach dieser Zeit nicht mehr. Wenn das letztere möglich ist (und es ist Tatsache), dann ist das erstere nie wahr gewesen, und die Inschrift des

---

*) Die Gewichtsangabe macht aus jeder Münze ein geeichtes Wägestück, womit jeder die Gewichte der Krämer nachprüfen kann. Außerdem läßt sich durch die Gewichtsangabe der genaue Inhalt eines Geldbeutels durch ein einfaches Wägen feststellen, so wie auch umgekehrt das Gewicht jeder Geldsumme von jedermann sofort berechnet werden kann.

**) Inschrift der alten preußischen Taler, die bedeutet: 30 Taler enthalten 1 Pfund Feinsilber.

Talers spiegelte uns etwas als einen Begriff vor, was von jeher zwei Begriffe waren – der Taler und der Stoff, aus dem er gemacht war. Der Taler wog den 30. Teil von einem Pfund Feinsilber, das war alles. Man verbrauchte bei der Herstellung der Taler ein Pfund Silber für je 30 Taler, wie man bei der Herstellung eines Hufeisens ein Pfund Eisen verbraucht. Der Taler war nicht eine bestimmte Menge Silber, ebensowenig wie ein Haus mit einem Haufen Ziegelsteinen weseneins ist, oder wie man ein Paar Schuhe als einen Meter Leder betrachten kann. Der Taler war ein von Silber völlig verschiedenes Erzeugnis der königlichen Münze. Und er war das – trotz seiner Inschrift – sowohl vor wie nach der Entmünzung des Silbers.

Die Inschrift des Talers machte aus ihm und seinem Stoff einen Begriff, die Entmünzung des Silbers zeigte uns, daß im Taler zwei Begriffe enthalten waren. Die Aufhebung des freien Prägerechtes für das Silber machte den Taler durchsichtig, so daß wir durch das Silber seinen Kern erblickten. Bis dahin glaubten wir, der Taler wäre nur Silber, jetzt sahen wir zum ersten Male in ihm das Geld. Wir leugneten dem Taler den Besitz einer Seele ab, bis er sie im Tode vor aller Augen aushauchte. Bis zur Aufhebung des freien Prägerechtes hatten die Reichsangehörigen nur Silber gesehen, jetzt offenbarte sich ihnen zum ersten Male in der Vereinigung des Silbers mit dem Gesetz das Dasein eines eigentümlichen Fabrikates – des Geldes.

Vor der Aufhebung des freien Prägerechtes für das Silber fand die Erklärung, die die Vertreter der Metallwährung (Gold- sowohl wie Doppelwährung) vom Geld gaben, keinen Widerspruch – die Entmünzung des Silbers zeigte, daß, wenn auch Münzen aus Metallbarren geprägt werden, Metallbarren darum doch noch keine Münzen sind.

Chevalier, la Monnaie, S. 39: "Die Münzen sind Metallbarren, deren Gewicht und Feingehalt durch den Stempel gewährleistet wird."
Otto Arendt: "Unsere Reichsmark ist nichts als die Bezeichnung für $1/1395$ Pfund Gold."

Man übersah, daß die freie Silberprägung, die ja der Wirkung nach die Münzen zu Metallbarren und diese zu Münzen macht, ein Gesetz, ein staatliches, von der Willkür der Volksvertreter abhängiges Gesetz zur Unterlage hat. Man übersah, daß der Taler ein Fabrikat, ein Erzeugnis der Gesetzgebung ist, und daß das Silber nur der Stoff, nichts als der willkürlich gewählte Rohstoff des Talers war. Das Gesetz schuf den Taler, das Gesetz zerstörte ihn. Und was hier vom Taler gesagt wird, gilt natürlich auf für seinen Nachfolger, die Mark d. R.-W. Das freie Goldprägerecht, das auch heute Münze und Gold der Wirkung nach zu einem Wesen macht, ist das Erzeugnis unserer Gesetzgeber. Wie es entstanden ist, so kann es wieder vergehen, kann alle Tage umgestoßen werden, falls es sich nachträglich herausstellen sollte, daß so vieles, was man seinerzeit ungeprüft bei der Goldwährung voraussetzte, keine Prüfung verträgt.

Wenn aber dieser Fall eintreten sollte – die Aufhebung des freien Prägerechtes – (die Erklärung der Reichsbanknote zum gesetzlichen Zahlungsmittel ist der erste Schritt auf diesem Wege), welche Beziehungen hat dann noch das Gold zu unserem Gelde? Doch nur mehr die eine, daß es, so wie Kupfer, Silber, Nickel und Papier, als Rohstoff bei der Herstellung des Geldes Verwendung findet – d. h. dieselbe Beziehung, die zwischen Stein und Haus,

Leder und Schuhen, Pflug und Eisen besteht. Jeder Schimmer einer Wesensgleichheit des Geldes und seines Stoffes würde vergehen und der Unterschied zwischen Gold und Mark d. R.-W. ebenso handgreiflich werden, wie der Unterschied zwischen Taler und Silber, Hut und Stroh.*

Wir haben demnach scharf zu unterscheiden zwischen Geld und seinem Stoff, zwischen der Mark d. R.-W. und dem Gold. Beide – Geld und sein Rohstoff – können niemals für eins erklärt werden, denn zwischen beiden liegt das Gesetz, das heute beide vereint, morgen beide trennen kann.

Dieser Unterschied zwischen Geld und seinem Stoff hat von jeher bestanden. Verborgen bestand er zur Zeit des freien Prägerechtes für das Silber, verborgen besteht er auch in der Goldwährung. Aber für jeden sichtbar machte den Unterschied die Aufhebung, die gesetzliche, willkürliche Aufhebung des freien Prägerechts für das Silber. Ebenso erkennbar muß er auch heute für jeden sein, der aus der Geschichte des Silbers ersieht, daß die Vorrechte des Geldes an keinem Metall haften, sondern durch Gesetz von einem Gegenstand auf den anderen übertragen werden können.

Und was denken unsere Gesetzgeber jetzt, wenn von der Reichswährung die Rede ist, wenn sie eine Mark d. R.-W. in die Hand nehmen und sie betrachten?

Sind sie sich bewußt, daß die Mark d. R.-W. noch immer einer gesetzlichen Begriffserklärung harrt; daß keine schulmäßige Erklärung vom Wesen des Geldes zur deutschen Währung paßt, daß das Erklären der deutschen Banknote zum gesetzlichen Zahlungsmittel der Goldwährungstheorie den letzten Stützpunkt entzieht, und daß die Inschrift unserer Banknoten Unsinn geworden ist?

"Die Reichsbank zahlt dem Inhaber bei Sicht ohne Legitimation 100 Mark d. R.-W.", so sagt die Inschrift, und die Theorie der Banknote sagt, daß die Banknoten nur dieses Zahlungsversprechens wegen umlaufen und möglich sind. Nun hat man einen dicken Strich durch die obige Inschrift der Banknoten gezogen, indem man die Note zum gesetzlichen Zahlungsmittel erklärte, – und trotzdem laufen die Banknoten um wie vorher. Wie ist das möglich? Wie ist es möglich, daß der deutsch Bauer, der schon seine Kuh gegen 1000 Mark Silber verkaufte,

---

*) Die Goldwährungstheorie ist heute ganz verwildert, und es wäre wohl schwer, sie noch in Worte zu kleiden. Bei Einführung der Goldwährung galt noch die Barrentheorie in ihrem krassesten Ausdruck. "Währung ist, was selber währt", sagte Bamberger, "und kraft seiner Metalleigenschaften drängt sich das Gold uns als Geld auf."

Wie paßt zu dieser Behauptung die Tatsache, daß wenige Jahre später in Deutschland sich ein "Verein zum Schutze der deutschen Goldwährung" bildete? Währte denn das Gold nicht mehr Kraft seiner Metalleigenschaften, und wie kam man dazu, von einer "deutschen" Goldwährung zu sprechen? Ist die Mark d. R.-W., wie die Theorie behauptet, weiter nichts als eine gewisse Menge Gold, so ist die Mark nicht mehr deutsch als französisch, russisch, japanisch. Oder liefert der Bergbau, der Schmelztiegel etwa deutsches Gold, und wodurch unterscheidet sich dieses chemisch von anderem Gold?

Der Name obigen Vereins enthält ebensoviele Widersprüche wie Worte, und ebenso verhält es sich mit den Flugschriften, die er verbreitet.

Es sei hier zu Kennzeichnung der Art, wie man in Deutschland noch vor 10 Jahren über das Geld schrieb, bemerkt, daß die Aufforderung zum Eintritt in genannten Verein von Leuten unterzeichnet war, die beruflich gar keine Erfahrung in diesen Dingen sammeln konnten. Alte Knaben, wie Mommsen und Virchow, gaben ihren Namen her, sicherlich mit demselben Gleichmut, wie man etwa seinen Namen für die Gründung eines Ziegenbockhaltevereins hergibt. Es handelte sich für die beiden sicherlich nur um eine Kleinigkeit, eine Streitsache, die jeder ohne weiteres Erforschen entscheiden kann.

die in den Schmelztiegel geworfen nur 400 Mark Silber liefern würden, jetzt noch sein bestes Pferd gegen eine Banknote hergibt, die er stofflich und der wissenschaftlichen Auslegung nach als wertlos betrachten muß?

So bringe man doch die Inschrift der Banknoten in Übereinstimmung mit den Tatsachen; schreibe man auf das Papier, wie man es bei den silbernen und goldenen Münzen getan, einfach 10 – 20 – 100 Mark und streiche alles andere und namentlich das Wort "zahlen". Dieses Wort gebraucht man bei Schuldscheinen, Wechseln, Mahnbriefen, und die Banknote ist ja doch kein Schuldschein. Schuldscheine, namentlich staatliche, tragen dem Inhaber Zins ein; bei der Banknote aber erhält der Aussteller, also der Staat den Zins.* Statt zu schreiben: "Die Reichsbank zahlt dem Inhaber" usw., schreibe man einfach: "Dies sind 100 Mark." Es ist Unsinn, durch die Inschrift die Banknote zu einem Darlehnsschein stempeln zu wollen. Schuldpapiere ohne Zins sind heute undenkbar. Von Schuldpapieren aber, die dem Inhaber (Gläubiger) Zins kosten und dem Aussteller (Schuldner) Zins eintragen und dabei gleichwertig mit wirklichen Zinspapieren umlaufen, spricht auf dem Erdenrund nur die Inschrift der Banknote. Die deutschen Reichsanleihen, die dem Inhaber regelmäßig alle Jahre 3 % abwerden, stehen heute (1911) 84,45; die deutsche Banknote, die dem Inhaber 4 – 5 – 6 – ja 8 $1/2$ % jährlich kostet, steht auf 100 (pari)**, und beide Papiere wirft das Gesetz, wirft die Theorie in denselben Topf, theoretisch wie gesetzlich gelten beide Papiere für Schuldscheine, Schuldscheine desselben Ausstellers!

Weg also mit Gesetzen und scheinwissenschaftlichen Erklärungen, die zu solchen Widersprüchen führen!

Der Zellstoff der Banknoten ist, wie Kupfer, Nickel, Silber und Gold, Rohstoff für die Herstellung des Geldes; all diese verschiedenen Geldarten sind den Geldvorrechten gegenüber gleichberechtigt – sie sind gegenseitig auswechselbar. Sie stehen alle unter der gleichen wirksamen Oberaufsicht des Staates. Man kann nicht Papiergeld mit Metallgeld desselben Staates kaufen oder zahlen, man kann nur beides gegeneinader wechseln. Folgerichtig ist darum auch jedes Zahlungsversprechen in der Inschrift der Banknoten zu streichen. "Dies sind: Zehn, Hundert, Tausend Mark d. R.-W."; so soll die Inschrift lauten.

Nicht wegen, sondern trotz des Zahlungsversprechens in der Inschrift läuft die Banknote gleichwertig mit dem Metallgeld um.*** Woher kommen die Kräfte, die bei der Banknote den Aussteller zum zinsbeziehenden Gläubiger, den Inhaber zum zinszahlenden Schuldner machen? Das Vorrecht, Geld zu sein, gibt der Banknote diese Kräfte, hat das Wunder bewirkt. Wir müssen uns also das Wesen dieses Vorrechtes näher betrachten.

---

*) Bei einer Notenausgabe von 10 Milliarden bezieht das Reich heute im Jahre 500 Millionen Zinseinnahme.

**) Die Reichsbank kauft mit ihren Noten die Wechsel des Handels und macht dabei keinen Unterschied zwischen Gold und Banknoten. Für beides erhält sie den gleichen Zins. Dabei bezeichnet sie das Gold als ihr Kapital und die Noten als ihre Schulden!

***) Sowie der Gleichstand (das Pari) durchbrochen wird, wandert nach dem Gresham-Gesetz das Gold über die Grenze. Das Papier bleibt dann allein zurück.

2. Die Unentbehrlichkeit des Geldes und die öffentliche Gleichgültigkeit gegenüber dem Geldstoff.

Wir verdanken es der Arbeitsteilung, daß wir mehr erzeugen als verbrauchen und so, unabhängig von den unmittelbaren Lebensbedürfnissen, der Vervollkommnung oder Vermehrung unserer Arbeitsmittel Zeit, Vorräte und Arbeit widmen können. Ohne die Arbeitsteilung wären wir nie zu dem heutigen Reichtum an Arbeitsmitteln gelangt, und ohne diese Arbeitsmittel würde die Arbeit nicht den zehnten, hundertsten, ja tausendsten Teil ihrer heutigen Erzeugung liefern. Der größte Teil der Bevölkerung verdankt also der Arbeitsteilung unmittelbar sein Dasein. Die Arbeitsteilung schenkte 60 Millionen von den 65 Millionen Deutschen das Dasein.

Die Erzeugnisse der Arbeitsteilung sind keine Gebrauchsgüter, Dinge, die der Erzeuger unmittelbar gebrauchen kann, sondern Waren, Dinge, die ihrem Erzeuger nur als Tauschmittel von Nutzen sind. Der Schuster, der Tischler, der Heerführer, der Lehrer, der Tagelöhner – keiner kann sein unmittelbares Arbeitserzeugnis gebrauchen; selbst der Bauer kann es nur in beschränktem Maße. Alle müssen das, was sie erzeugen, verkaufen. Der Schuster, der Schreiner verkaufen ihre Erzeugnisse an die Kundschaft, der Truppenführer, der Lehrer verkauft sie (seine Leistungen) an den Staat, der Tagelöhner an den Unternehmer.

Für den weitaus größten Teil der Arbeitserzeugnisse ist der Verkaufszwang bedingungslos; für die gewerblichen Erzeugnisse ist dieser Zwang sogar ausnahmslose Regel. Darum stockt ja auch sofort die Arbeit, sowie der Absatz der Erzeugnisse gestört wird. Welcher Schneider wird denn Kleider nähen, die er nicht absetzen kann?

Und den Absatz, den gegenseitigen Austausch der Arbeitserzeugnisse, vermittelt das Geld. Ohne das Dazwischentreten des Geldes gelangt keine Ware mehr bis zum Verbraucher.

Es ist zwar nicht ganz unmöglich, die Erzeugnisse der Arbeitsteilung auf dem Wege des Tauschhandels an den Mann zu bringen, aber der Tauschhandel ist derart umständlich und setzt so viele Einrichtungen voraus, die nicht im Handumdrehen geschaffen werden können, daß man allgemein auf diesen Ausweg verzichtet und lieber die Arbeit einstellt.

Proudhons Warenbank ist ein Versuch, den Tauschhandel wieder einzuführen. Ebensogut wie solche Banken würden die heutigen Kaufhäuser diesen Zweck erreichen, denn für den Tauschhandel ist es nur nötig, jemand zu finden, der das, was ich erzeuge, kaufen und zugleich mich mit dem bezahlen kann, was ich wieder brauche. Im Kaufhaus, wo alles zu haben ist, wird natürlich alles gekauft. Die einzige Vorbedingung für den Tauschhandel wäre also hier gegeben, und darum würden im Geschäftsbetrieb eines Kaufhauses eigene Marken*

---

*) Unsere volkswirtschaftlichen Schriftsteller folgern aus der Tatsache, daß innerhalb des Geschäftsbetriebes eines Warenhauses das bare Geld durch Geschäftsmarken vollkommen ersetzt werden kann, das Geld sei überhaupt nichts anderes als eine Geschäftsmarke; sie stiften mit diesem Trugschluß viel Verwirrung.

Das Geld ist eine völlig selbständige Ware, deren Preis bei jedem Handwechsel, Fall für Fall, neu durch den Handel bestimmt werden muß. Beim Verkauf einer Ware weiß der das Geld ganz gut ersetzen, vorausgesetzt, daß alle Käufer auch Lieferer des Kaufhauses wären und umgekehrt.

Die Ware muß also gegen Geld verkauft werden, d. h., es besteht eine Zwangsnachfrage nach Geld, die genau ebenso groß ist, wie der Vorrat an Waren, und der Gebrauch des Geldes ist darum für alle genau ebenso unentbehrlich, wie die Arbeitsteilung für alle vorteilhaft ist. Je vorteilhafter die Arbeitsteilung, um so unentbehrlicher das Geld. Mit Ausnahme des Kleinbauers, der fast alles, was er erzeugt, selbst verzehrt, unterliegen alle Bürger bedingungslos dem wirtschaftlichen Zwang, ihre Erzeugnisse gegen Geld zu verkaufen. Das Geld ist Voraussetzung der Arbeitsteilung, sobald der Umfang, den sie angenommen, den Tauschhandel ausschließt.

Worauf bezieht sich nun dieser Zwang? Muß jeder, der sich an der Arbeitsteilung beteiligen will, seine Erzeugnisse gegen Gold (Silber usw.) oder gegen Geld verkaufen? Früher war das Geld aus Silber gemacht, und alle Waren mußten gegen Taler verkauft werden. Dann schied man das Geldwesen vom Silber, und die Arbeitsteilung bestand weiter, der Tausch der Erzeugnisse vollzog sich weiter. Es war also nicht Silber, das die Arbeitsteilung brauchte. Die von den Waren erzeugte Nachfrage nach Tauschmitteln bezog sich nicht auf das Stoffliche des Tauschmittels, auf das Silber. Das Geld brauchte nicht notwendigerweise aus Silber gemacht zu sein. Das steht nun einmal erfahrungsgemäß fest.

Muß nun aber das Tauschmittel aus Gold hergestellt sein? Braucht der Bauer, der Kohl gebaut hat und diesen verkaufen will, um mit dem Erlös den Zahnarzt zu bezahlen, Gold? Ist es ihm im Gegenteil für die kurze Weile, während der er in der Regel das Geld behält, nicht vollkommen einerlei, woraus das Geld besteht? Hat er in der Regel überhaupt Zeit, sich das Geld anzusehen?

Empfänger des Geldes nicht, was er nun seinerseits für das Geld erhalten wird. Das muß sich erst durch einen neuen Handel, meistens an einem anderen Ort, zu einer anderen Zeit, mit anderen Personen erweisen. Beim Gebrauch der Geschäftsmarken muß die Gegenleistung vorher genau nach Maß und Güte festgelegt werden. Hier handelt es sich um reinen Tauschhandel, bei dem die Marke nur die Rolle eines Verrechnungsmittels, und nicht die des Tauschmittels, spielt. Dem Tischler z. B., der im Warenhaus Stühle zu Verkauf anbietet, und den man dort mit Waren zu bezahlen gedenkt, wird es ganz einerlei sein, ob der Hut, auf den er es abgesehen hat, mit 5 oder 10 Geschäftsmarken als Preis ausgezeichnet ist. Denn nach diesen Zahlen wird er ja nun seine Forderungen für seine Stühle richten. Er rechnet alle Preise des Warenhauses nach Stühlen um.

Im sozialistischen Staate, wo die Preise behördlich festgesetzt werden, kommt man natürlich ebenfalls mit solchen Marken aus. Schriftliche Beschwerden, Berufungsausschüsse ersetzen hier das Handeln um den Preis. Man erhält für sein Erzeugnis eine Geschäftsmarke und ein Beschwerdebuch. In der Geldwirtschaft ersetzt das Handeln um den Preis das Beschwerdebuch und die Berufungsausschüsse. Alle Streitfragen werden unmittelbar durch die Beteiligten erledigt, ohne daß jemals das Gericht angerufen wird. Entweder der Handel zerschlägt sich, oder er ist – ohne Berufungsmöglichkeit – rechtsgültig.

Hierin liegt der Unterschied zwischen Marke und Geld.

Der Umstand, daß man das Geld ebenso wie die Geschäftsmarken aus beliebigem Stoffe herstellen kann, und daß der Stoff des Geldes, wie der der Marken, keinen Einfluß auf die Preise ausübt (sofern der Geldstoff nicht die Geldmenge beeinflußt), hat verwirrend auf viele Köpfe gewirkt und besonders stark zu dem hier behandelten Trugschluß beigetragen. Namentlich in letzter Zeit hat dieser Trugschluß wieder zahlreiche Opfer gefordert. Bendixen, Liefmann, nebst zahlreichen Schülern von Knapp sind ihm verfallen. Eigentlich sind nur diejenigen Forscher gegen diesen Wahn gefeit, denen sich das Dasein des Geldes geoffenbart hat (siehe vorigen Abschnitt).

Und kann man diesen Umstand nicht dazu benutzen, Geld aus Zellstoff, aus Papier zu machen? Würde der Zwang, die Erzeugnisse der Arbeitsteilung, also die Waren, gegen Geld zum Verkauf anzubieten, nicht fortbestehen, wenn wir das Gold durch Zellstoff bei der Geldherstellung ersetzen? Würde durch einen solchen Übergang die Arbeitsteilung in die Brüche gehen, d. h. würden die Bürger lieber verhungern, als Zellstoffgeld als Tauschmittel anzuerkennen?

Die Goldwährungstheorie behauptet, daß das Geld, um als Tauschmittel dienen zu können, "inneren Wert" haben müsse, indem das Geld immer nur soviel "Wert" eintauschen könne, als es selbst in sich birgt, etwa wie man Gewichte nur mit Gewichten heben kann. Da nun Zellstoffgeld keinen "inneren Wert" hat, also leer ist, so sei es ausgeschlossen, daß es Waren eintauschen könne, die Wert besitzen. Null kann nicht mit 1 verglichen werden. Es fehle dem Zellstoffgeld jede Beziehung zur Ware, es fehle ihm der "Wert" – darum sei es unmöglich.

Und bei diesen Worten sind die Goldwährungs-Erklärer geblieben, während sich gleichzeitig das Zellstoffgeld in aller Stille die Welt erobert. Freilich leugnet man noch diese Tatsache, indem man noch von "übertragenen Kräften" spricht. Man sagt, das heutige Papiergeld, das in keinem Lande mehr fehlt, lebe nur darum, weil es seine Wurzeln im Gold stecken habe. Wäre nirgendwo in der Welt Metallgeld vorhanden, so würde das Zellstoffgeld überall in sich zusammenstürzen, wie ein Spatzennest einstürzt, wenn die Burg abgebrochen wird. Dem Inhaber des Papiergeldes würde Gold versprochen, und dieses Versprechen flöße dem Papier die Seele ein. Der "Wert" des Goldes werde durch die Tatsache oder Hoffnung einer Einlösung in Gold auf das Papier übertragen. Das Papiergeld sei eigentlich wie ein Frachtbrief zu betrachten, den man ja auch verkaufen kann. Nimmt man aber die Ladung weg, so ist der Frachtbrief leer; nimmt man das Gold oder das Einlösungsversprechen fort, so wird alles Papiergeld zu Makulatur. Es sei also nur "übertragener Wert", der das Papiergeld stützt.

Dies ist ungefähr alles, was man gegen die Möglichkeit des Zellstoffgeldes zu sagen hat. Und man hält wohl allgemein das Gesagte für so entscheidend, daß jeder der sich für urteilsfähig ansieht, die Frage, ob Zellstoffgeld möglich sei, ohne weiteres verneint.

(Die Frage, ob das Zellstoffgeld im täglichen Verkehr dem Metallgeld gegenüber Vor- oder Nachteile hat, gehört vorläufig nicht hierher. Zuerst soll die Frage beantwortet werden, ob man aus Zellstoff Geld machen kann, das, ohne sich an irgend eine bestimmte Ware, namentlich an Gold und Silber, anzulehnen, leben, d. h. die Aufgaben eines Tauschmittels übernehmen kann.)

Das Geld soll also immer nur den Wert einlösen oder eintauschen können, den es selbst besitzt!

Aber was ist dieser sogenannte Wert, der dem Zellstoffgeld den Weg zu unserem Begriff verlegt, der das Papiergeld als Hirngespinst erklärt? Das Papiergeld besteht doch; es ist in vielen Ländern, es ist in manchen Ländern auch ohne Anlehnung an das Metallgeld, und überall, wo es ist, bringt es den Beweis seines Daseins in Form von Millionen, die es dem Staate einträgt. Ist das Papiergeld nun ein Hirngespinst, vom Standpunkt der Wertlehre aus betrachtet, so sind, von demselben Standpunkt aus betrachtet, auch die Erzeugnisse jenes Hirngespinstes als solche zu betrachten. Sind also die Millionen, die das Reich aus der Notenausgabe zieht, sowie die 7 % Dividende der Reichsbankaktionäre Hirngespinste? Oder sind vielleicht die Rollen vertauscht worden? Ist die Wertlehre vielleicht ein Hirngespinst?

3. Der sogenannte Wert.

"Das deutsche Goldgeld ist vollwertig, d. h. sein Goldwert ist durch seinen Stoffwert voll und ganz gedeckt. Feinsilber ist nur halb so viel wert wie der geprägte Taler, und ähnlich steht es mit unserem deutschen Silbergeld; es ist unterwertig, sein Stoffwert ist geringer als sein Geldwert." (Karl Helfferich: Die Währungsfrage, S. 11)

"Von jeher haben gesunde Staaten den größten Wert auf ein Geld gelegt, dessen innerer Wert und dessen Wertbeständigkeit von niemand angezweifelt wird." (Ebenda, S. 46.)

"Gold und Silber erfreuten sich allgemeiner Wertschätzung, man sammelte sie demnach, um sich Kaufkraft zu sichern, sie dienten also als Wertbewahrer. Bald waren die Münzen nicht mehr bloß Tauschwerkzeug, man gewöhnte sich vielmehr, die Werte aller Erzeugnisse gegen den Geldwert abzuschätzen. Das Geld wurde Wertmesser. Wir schätzen alle Werte in Geld ab. Alle Wertveränderungen nehmen wir als Änderungen gegen den Geldwert wahr. Der Geldwert scheint die feste Elle zu sein, die alles gleichmäßig mißt."

(Otto Arendt: Leitfaden der Währungsfrage.)

In oben genannten Streitschriften zweier Vertreter der Gold- und Doppelwährungstheorien wird also dem sogenannten Wert gleichmäßig grundsätzliche Bedeutung zuerkannt. Man streitet nicht um die Frage: "Was ist der Wert?" auch nicht um die kritische Gottl'sche Wertfrage: "Deckt das Sprachzeichen Wert ein Singularobjekt, eine Kraft, einen Stoff?" Für beide Gegner steht das Dasein einer Wirklichkeit, die man Wert nennt, ganz außer Frage. In dieser Sache von grundsätzlicher Bedeutung haben beide Gegner nicht die geringste Meinungsverschiedenheit. Beide gebrauchen das Wort "Wert" und seine verschiedenen Verbindungen vollständig unbefangen, als ob beide überhaupt niemals von einer "Wertfrage", von einer "Wertforschung", von einer "Wertlehre" gehört hätten. Für beide sind die Ausdrücke, "Wertstoff, Stoffwert, innerer Wert, Wertbeständigkeit, Wertmaß, Wertbewahrer, Wertkonserve, Wertpetrefakt, Wertspeicher, Werttransportmittel" eindeutig.* Beide setzen stillschweigend voraus, daß auch die große Masse den Sinn dieser Worte so scharf verstehen wird, wie es bei der grundsätzlichen Rolle, die sie (dem Anscheine nach) zu spielen haben, für das Verständnis der Schriften erforderlich erscheint.

Wie sieht es nun aber in der Wissenschaft aus in Bezug auf diesen Ausdruck?

---

*) Im Hamburger Fremdenblatt, Februar 1916, sagt J. A.. F. Engel: "Wir müssen zugeben, daß das Gold wohl eine große Bedeutung hat als Wertmesser, aber nicht eine ebenso große Bedeutung als Wertspeicher."

Wer darüber sich Klarheit verschaffen will, der lese Gottls Schrift: "Der Wertgedanke, ein verhülltes Dogma der Nationalökonomie!" * Hier sagt es zwar der Professor aus Höflichkeit gegen seine Kollegen nicht geradezu, aber seine Ausführungen zeigen es klar: Ein Hirngespinst ist der sogenannte Wert, ein jeder Wirklichkeit bares Erzeugnis der Einbildung.

Übrigens sagt es ja auch Marx, dessen Betrachtung der Volkswirtschaft von einer Werttheorie ausgeht: "der Wert ist ein Gespenst". – Was ihn aber nicht von dem Versuch abhält, das Gespenst in drei dicken Büchern zu bannen. "Man abstrahiere", so sagt Marx, "von den bearbeiteten Substanzen** alle körperlichen Eigenschaften, dann bleibt nur noch eine Eigenschaft, nämlich der Wert."

Wer diese Worte, die gleich zu Anfang des "Kapitals" zu lesen sind, hat durchgehen lassen und nichts Verdächtiges in ihnen entdeckt hat, darf ruhig weiterlesen. Er kann nicht mehr verdorben werden. Wer sich aber die Frage vorlegt: "Was ist eine Eigenschaft, getrennt von der Materie?" – wer also diesen grundlegenden Satz im "Kapital" zu begreifen, materialistisch aufzufassen versucht, der wird entweder irre, oder er wird den Satz für Wahnsinn, seinen Ausgangspunkt für ein Gespenst erklären.

Wie will ein aus Stoff bestehendes Gehirn eine solche absolute Abstraktion in sich aufnehmen, verzeichnen, einordnen und verarbeiten? Wo wären denn noch die zum Begriffe nötigen Anhaltspunkte, Verwandtschaften, Übergänge? Etwas begreifen heißt, sich irgendwo am Stofflichen festhalten (begreifen = greifen), heißt in unserem Gehirn vorrätige Vergleichsgegenstände gefunden haben, an die sich der neue Begriff anlehnen kann, – aber eine von jedem Stoff und jeder Kraft befreite Begriffsbildung ist ebenso unfaßbar, wie der Apfel für den Tantalus ungreifbar ist.

Die Abstraktion Marx' ist in keinem Schmelztiegel darstellbar. Wie sie sich völlig von unserem Verstande loslöst, so auch von allem Stofflichen. Seltsamerweise hat aber diese vollkommene Abstraktion doch noch eine "Eigenschaft", und zwar ihre Herkunft, ihre Herkunft von der menschlichen Arbeit.*** Allerdings eine seltsame "Eigenschaft", die geeignet ist, die deutsche Sprache in Kauderwelsch zu verwandeln. Demnach hätte auch das deutsche Geld andere Eigenschaften, je nachdem sein Stoff vom Hunnenschatz, von den bluttriefenden Milliarden oder von den ehrlichen Fäusten der Goldgräber herrührt. Die Herkunft der Waren gehört zur Geschichte, nicht zu den Eigenschaften der Waren; sonst wäre ja die Behauptung, (die man oft zu hören bekommt), die Seltenheit des Goldes gehöre zu den Eigenschaften des Goldes, richtig. Und das ist doch barer Unsinn.

Ist es aber so, verwechselte Marx die Herkunft und Geschichte der Waren mit deren Eigenschaften, so dürfen wir uns nicht wundern, wenn er in der weiteren Behandlung seines Stoffes so Wundersames erblickte und vor dem "Gespenst" erschrak.

---

*) Jena, Fischer.
**) "Arbeitsprodukten" sagt Marx, doch führt dieser Ausruck irre. Was nach solcher Abstraktion noch übrigbleibt, das ist keine Eigenschaft, sonder einfach die Geschichte des Gegenstandes, die Kenntnis, daß an jenem Körper ein Mensch gearbeitet hatte.
***) Marx, Kapital, Bd. 1, S. 4. "Sieht man vom Gebrauchswert der Warenkörper ab, so bleibt ihnen noch eine Eigenschaft, die von Arbeitsprodukten."

Ich nenne Marx, aber bei den anderen Wertforschern steht es um kein Haar besser. Keinem von ihnen ist es gelungen, den "Wertstoff" abzusondern, die "Werteigenschaft" an irgend einen Stoff zu binden und vor Augen zu führen; immer schwebt der Wert über dem Stoff, unfaßbar, unnahbar, wie Erlkönig zwischen den Weiden.

Alle Forscher sind darin einig, daß, wie Knies sich ausdrückte, "die Lehre vom Wert für die nationalökonomische Wissenschaft von grundlegender Bedeutung" sei. Wenn aber diese Lehre schon für die Wissenschaft der Nationalökonomie so wichtig ist, so muß sie es für das wirkliche Leben erst recht sein. Wie kommt es aber nun, daß sowohl der Staatswirtschaft, wie der Privatwirtschaft diese "Wertlehre" vollkommen unbekannt ist? Müßte, wenn diese Lehre wirklich von so "fundamentaler" Bedeutung ist, nicht in jedem Hauptbuch gleich auf der ersten Seite hinter den Worten "Mit Gott" auch die "Werttheorie" angegeben sein, zu der der Unternehmer schwört, und die die Richtung für die Geschäftsführung angeben soll.

Und müßte man da nicht annehmen, daß jedes gescheiterte Unternehmen seinen Sturz einer schlechten Grundlage, d. h. einer unvollständigen oder gar falschen Werttheorie verdankt?

Aber das ist ja gerade das Erstaunliche an der Behauptung, die Wertlehre wäre die Grundlage der nationalökonomischen Wissenschaft, daß dem Handel das Dasein dieses sogenannten Wertes vollkommen unbekannt ist. Sonst gehen heute auf allen Gebieten der menschlichen Tätigkeit Wissenschaft und Leben Hand in Hand; nur im Handel weiß man nichts von der Haupttheorie seiner Wissenschaft. Im täglichen Handelsverkehr gibt es nur Preise, durch Nachfrage und Angebot bestimmte Preise, und der Kaufmann, der vom Wert einer Sache spricht, denkt dabei an den Preis, den der Besitzer unter den obwaltenden zeitlichen und örtlichen Verhältnissen wahrscheinlich würde erhandeln können. Der Wert ist also eine Schätzung, die durch den Abschluß des Handels in eine genau abgemessene Menge Tauschgüter, in den "Preis" übergeht. Den Preis kann man haarscharf messen, den Wert kann man nur schätzen. Das ist der ganze Unterschied, und die Erklärung vom Wesen des Preises muß demnach sowohl auf den Preis wie auf den Wert anwendbar sein. Eine besondere Theorie des "Wertes" ist überflüssig.

Die von unseren beiden Währungsschriftstellern ohne weitere Erläuterung gebrauchten, zu Anfang erwähnten Ausdrücke enthalten, dem Sprachgebrauch entsprechend, ungefähr folgenden Sinn: Das Gold hat eine "Eigenschaft", den sogenannten Wert, die, wie das Gewicht des Goldes, mit dem Stoff des Goldes verwachsen ist, und die wir den Wert nennen (Stoffwert). Diese "Eigenschaft", ist, wie das Gewicht und die chemischen Verwandtschaften des Goldes, untrennbar vom Gold (innerer Wert), unveränderlich und unzerstörbar (Wertbeständigkeit). Wie man sich das Gold nicht ohne Gewicht, so kann man es sich auch nicht ohne Wert denken; Gewicht und Wert sind einfach Merkmale des Stoffes. Ein Kilo Gold ist gleich ein Kilo Wert: Stoffwert = Wertstoff. Das Vorhandensein des Wertes wird auf der Wage festgestellt: vollwertig. Ob es noch andere Verfahren gibt, den Wert festzustellen, ist noch nicht sicher. Lackmuspapier bleibt dem Wert gegenüber unempfindlich. Die Magnetnadel wird durch den Wert nicht abgelenkt, er widersteht auch den höchsten bekannten Hitzegraden, und überhaupt sind unsere Kenntnisse vom Wertstoff noch etwas kümmerlich. Wir wissen nur, daß er vorhanden ist, was bei der "fundamentalen Bedeutung", die der Wert für Wissenschaft und Leben hat, eigentlich recht zu bedauern ist. Neue Ausblicke in die Natur des Wertes eröffnet die von Dr. Helfferich entdeckte Eigentümlichkeit, daß bei einigen Wertstoffen der Wert nicht immer im Verhältnis zum Stoff steht. Wertstoff > oder < Stoffwert. Er hat entdeckt, daß der Wert des Silbergeldes doppelt so groß ist wie der des Geldsilbers, d. h. daß das Silbergeld den Wert in doppelter Verdichtung besitzt – also schon ein Wertextrakt ist! Diese wichtige Entdeckung eröffnet uns ganz neue Ausblicke in die Natur des Wertes, denn ist es gelungen, den Wert auszuziehen, zu verdichten und ihn sozusachen vom Stoff zu trennen, so steht zu hoffen, daß es der Wertwissenschaft noch einmal gelingen wird, den Wert chemisch rein darzustellen, was allerdings wieder ein Widerspruch mit der Theorie ist, – denn so kämen wir ja auf großen Umwegen zur Theorie der Papierwährung, die nur Preise kennt und die Wertlehre unbeachtet läßt.

Der Wert ist also ein reines Hirngespinst.* Das gibt auch die Erklärung dafür, was Zuckerkandl sagt: "In der Lehre vom Wert ist noch "beinahe" alles streitig, von den Benennungen angefangen".** Und auch dafür, was v. Boehm-Bawerk wie folgt ausdrückt: "Trotz unzähliger Bestrebungen war und bleibt die Lehre vom Werte eine der unklarsten, verworrensten und streitigsten Partien unserer Wissenschaft".

Hirngespinste sind billig. Auf sich selbst gestellt, können sie ein geschlossenes, widerspruchsloses Ganzes bilden und sich uns so als etwas durchaus mit unserem Verstand Verträgliches vorstellen. Sie stehen, wie das Wunder, über der Natur, sie leben, wachsen und gedeihen fröhlich im Hirn des Menschen, – doch hart im Raume stoßen sich die Sachen. In der Wirklichkeitswelt haben Hirngespinste keinen Raum; sie müssen sich in nichts wieder auflösen. Und es gibt nichts Wirklicheres als die wirtschaftliche Betätigung, die des Einzelnen sowohl wie des Staates, sie ist Stoff und Kraft. Was sich hiervon entfernt, kann nicht mehr sein als ein billiges Erzeugnis der Einbildungskraft. Und das ist der Wert. Die auf dem Wertgespenst aufgebaute Wissenschaft kann nur Gespenster zeitigen und ist zur Unfruchtbarkeit verurteilt. Während sonst überall die Wissenschaft das tägliche Leben befruchtet und ihm als Leitstern dient, muß sich bis heute die Volkswirtschaft mit der eigenen Erfahrung behelfen. Ihre Wissenschaft hat es noch nicht einmal bis zu einer Sprache gebracht, da "von den Benennungen angefangen, ja noch alles streitig ist". Die auf der Wertlehre aufgebaute Wissenschaft besitzt bis heute noch keine Zinstheorie, keine Lohntheorie, keine Rententheorie, keine

---

*) Im Handel bedeutet "Wert" eine Schätzung des für die Ware erzielbaren Preises. Der nach Lage des Marktes voraussichtlich erzielbare Preis, das ist der Wert einer Ware. Die Bestandaufnahme der Kaufleute z. B. baut sich ganz auf dem so verstandenen "Wert" auf. Ob die Schätzung richtig war, sagt später der Verkaufspreis.
**) Es wäre bei der "fundamentalen Bedeutung der Sache" wohl der Mühe wert gewesen, wenn uns Zuckerkandl gesagt hätte, was er eigentlich durch das Wort "beinahe" ausschließen will. Oder bezieht sich das "beinahe" auf das ABC, womit die Wertlehre niedergeschrieben ist?

Krisentheorie und keine Geldtheorie, wenngleich es nicht an Versuchen fehlt. Die auf dem Wertgespenst fußende Wissenschaft vermag bis heute nicht zu den einfachsten tagtäglichen Ereignissen die wissenschaftliche Erklärung zu geben, sie kann kein wirtschaftliches Ereignis voraussehen, die Wirkung keiner gesetzlichen Maßnahme im voraus bestimmen (Abwälzbarkeit der Kornzölle, der Grundsteuer z. B.).

Kein Kaufmann, Börsenspieler (Spekulant), Unternehmer, Bankmann, Zeitungsmann, Abgeordneter oder Politiker vermag diese Wissenschaft als Waffe oder Schild zu benutzen; kein einziges deutsches kaufmännisches Unternehmen, selbst die Reichsbank nicht, wird von wissenschaftlichen Erwägungen geleitet. In den Volksvertretungen wird die Wissenschaft, die den Wert zum Fundament genommen, einfach unbeachtet gelassen; keine einzige Theorie dieser Wissenschaft darf sich rühmen, bis zur Gesetzgebung sich Bahn gebrochen zu haben. Keine einzige! Vollkommene Unfruchtbarkeit ist das Zeichen dieser Wissenschaft!

Wenn nun diese Unfruchtbarkeit der einzige Übelstand an der Sache wäre, so könnte man sich leicht darüber beruhigen. Haben nicht tausende und abertausende unserer besten Köpfe ihre kostbare Zeit mit theologischen Grübeleien verloren? Wenn dazu nun noch einige Dutzend Mann kommen, die über Wertgrübeleien nicht hinausgelangen, so ist das vielleicht zu beklagen, aber für ein Volk von Millionen nicht allzu verhängnisvoll. Aber der Wertglaube kostet uns mehr als die fruchtbare Mitarbeit dieser Männer. Ist die Wertlehre auch völlig unfruchtbar, so erhofft doch noch mancher etwas von ihr, der sonst fruchtbaren Äckern sein Streben zugewandt hätte, und so schadet diese Lehre einfach durch ihr Dasein.

Wir haben im Deutschen Reich Dutzende von klugen, verständigen Kaufleuten, geistig regsamen Männern, die Bedürfnis nach gründlicher Aufklärung in allen Wissenszweigen besitzen, die aber gerade jeder wissenschaftlichen Erörterung von Berufsfragen (als welche doch für den Kaufmann die volkswirtschaftlichen Fragen zu bezeichnen sind) ängstlich aus dem Wege gehen. Diese Männer, die alle gesetzlichen Mißgriffe immer in erster Linie verspüren und deren Folgen bezahlen (oder die Kosten dafür wenigstens vorschießen), die als die eigentlichen Puffer zwischen Volkswirtschft und Gesetzgebung zu betrachten sind, die immer der Gefahr ausgesetzt sind, von irgend einer Krise zermalmt zu werden – lehnen es ängstlich ab, sich an der Erörterung wissenschaftlicher Fragen ihres Faches zu beteiligen. Warum? Einfach, weil sie einerseits, in guter deutscher Zucht aufgewachsen, den Autoritätsglauben nicht haben abschütteln können und der Ansicht sind, daß die Wissenschaft in den Händen unserer Hochschullehrer gut aufgehoben sei* anderseits, weil sie mit ihrem klaren, nüchternen Verstande die von den Professoren vorgetragene Wertlehre nicht verstehen, ja den Gegenstand dieser Lehre überhaupt nicht erfassen und sich nun schämen, diesen geistigen Mangel

---

*) Wie gut sie in Wirklichkeit hier aufgehoben ist, mag der Leser aus nachstehend angeführten Stellen ersehen:
Bund der Landwirte 7. 8. 1915: In Ruhland wirkte sich von Anfang der Gedanke aus, theoretisch das wissenschaftliche Rüstzeug zu liefern, mit dem eine praktische Wirtschaftspolitik die dauernde Grundlage für die gesunde Agrar-, Industrie- und Handelsentwicklung schaffen könne. Deshalb verwarf er von vornherein die Deutung Roschers über die Aufgaben

öffentlich einzugestehen. Diese Männer mit den zweifelsüchtigen Blicken, darunter so mancher jüdische Börsenjobber mit dem scharfen Verstand seiner Rasse, lassen sich mit leeren Redensarten, denen der Wahnsinn fast aus den Augen stiert, abspeisen. Die Furcht, sich lächerlich zu machen, hindert sie daran, es öffentlich einzugestehen, daß sie "das Hemd des Königs nicht sehen", daß der Gegenstand der Wertlehre für sie unsichtbar sei.

Und dies ist die einzige tatsächliche Leistung der Wertlehre. Unberechenbar ist der Schaden, den dieses Wahngebilde der Volkswirtschaft und ihrer Wissenschaft bereitet hat. Die auf einem Hirngespinst aufgebaute Wissenschaft hat schließlich das ganze Volk an seinem Verstande zweifeln lassen, hat das ganze Volk davon abgehalten, die Ergründung der Gesetze der Volkswirtschaft zur Volkswissenschaft zu machen.

Eine Geldverwaltung, die von einer (irgend einer) Werttheoreie ausgeht, ist zur Unfruchtbarkeit und Untätigkeit verurteilt. Was könnte man denn am "inneren Wert" des Goldes verwalten? Die Wahnvorstellung des Wertes mach von vornherein jeden Fortschritt im Geldwesen unmöglich. Und so bedarf es auch weiter keiner Erklärung, warum wir noch heute genau das gleiche Geldwesen haben, wie vor 4000 Jahren. Theoretisch wenigstens; praktisch ist man zur Papierwährung (Zellstoffwährung) übergegangen. Allerdings still und heimlich. Es darf niemand wissen; denn erführen das unsere Professoren, so könnte ihr Alarmruf ganz gewaltigen Schaden anrichten. Papiergeld, Geld ohne "inneren Wert", ist ja nach ihrer Auffassung an sich unmöglich, und Unmögliches muß stürzen.

4. Warum man aus Papier Geld machen kann.
a) Die Tatsache.

Das Papiergeld, so sagt man also, ist unmöglich, weil das Geld doch immer nur seinen eigenen, inneren "Wert", seinen Stoffwert oder Wertstoff eintauschen kann, und weil doch das Papiergeld keinen solchen "Wertstoff" besitzt.

In eigentümlichem Gegensatz zu dieser Behauptung steht aber die Tatsache, daß der gewaltige Warenaustausch unserer Zeit in der Welt fast ausschließlich mit Papiergeld oder nur zum Teil durch Gold gedeckten Banknoten abgewickelt

---

*) der Volkswirtschaftslehre, die da sagt: "Die Volkswirtschaftslehre beschäftigt sich mit dem, was ist und gewesen ist, aber nicht mit dem, was sein soll." Ebenso sagt Schmoller: "Die Wissenschaft hat nicht die Aufgabe, unmittelbar auf die Entscheidung des Tages einzuwirken. Das ist Sache des Staatsmannes".

Schmoller und Roscher hatten eben ganz richtig erkannt, daß wir ja überhaupt noch keine Volkswirtschaft, sondern nur eine Klassenstaatswirtschaft haben, und daß das Erforschen des Innenbaues dieses Staates nicht Sache der Schule sein kann. Leider haben sie sich gesträubt, die letzten Folgerungen aus ihrer Erkenntnis zu ziehen; sie hätten sagen müssen, die Lehre der Klassenstaatswirtschaft habe überhaupt nichts auf unseren Hochschulen zu suchen. Heraus aus der Schule mit einem Wissenstoff, der uns seinen Inhalt nicht enthüllen darf! Welch gefährlicher Verderbnispilz die Volkswirtschaftslehre für die Universitäten ist, sagt Professor Lujo Brentano: "In der Volkswirtschaftslehre gelangt eine richtige Lehre erst dann zur Anerkennung, wenn sie den Interessen einer mächtigen Partei entspricht, und nur so lange, als diese mächtig ist; wird eine andere mächtiger, so gelangen auch die irrigsten Lehren wieder zu Ansehen, sobald sie den Interessen der Mächtigen zu dienen geneigt scheinen." (Der Unternehmer. S. 6).

wird. Man kann heute auf irgend einem beliebigen Breitengrad die Reise um die Welt machen, ohne anderes Geld als Papiergeld oder Banknoten auszugeben oder zu erhalten. Deutschland, England und die Türkei sind meines Wissens heute die einzigen Kulturländer mit vorwiegend metallenem Geldumlauf, sonst sieht man die Goldmünzen nur noch ausnahmweise im Verkehr.*

In Norwegen, Schweden, Dänemark, Österreich, Holland, Belgien, der Schweiz, Rußland, Italien, Frankreich, Spanien, Griechenland, den Vereinigten Staaten von Nordamerika, Kanada, Mexiko, Brasilien, Argentinien, Paraguay, Chile, Australien, Neuseeland, Britisch-Indien, Japan, Holländisch-Indien, also fast in der ganzen Welt, wickelt sich der Handel ganz allgemein mit Papiergeld oder Banknoten, sowie sogenannten Scheidemünzen ab. Wer Gold haben will, muß die Reise zur Hauptstadt antreten und das Gold von der Notenbank fordern – dann erhält er oft auch nur Gold in Barren, nach Anzug einer Prämie. Im Verkehr verlangt in all diesen Ländern niemand die Zahlung in Gold, ja, in manchen dieser Länder gibt es, wie in Argentinien, Uruguay, Mexiko, Indien, überhaupt keine goldenen Münzen, die mit dem Landesgeld übereinstimmen. Kaufen wir in Deutschland mit gemünztem Gold Wechsel auf irgend eines der oben genannten Länder, so werden uns diese Wechsel ganz regelmäßig mit Papier ausgezahlt, oder, wenn wir nicht dagegen Einspruch erheben, mit einem Sack voll Silbermünzen, die durch einen einfachen Hammerschlag, der die Prägung vernichtet, die Hälfte ihres "Wertsstoffes" verlieren würden (frei nach Helfferich).

Diese Banknoten versprechen zwar laut Inschrift dem Inhaber eine bestimmte Menge Gold, und darauf gründet auch die allgemeine Ansicht, daß es sich hier nicht um Papiergeld handelt, jedoch kann dieser Umstand allein nicht die Tatsache erklären, daß auf je einen Rubel, Rupie oder Dollar in Gold, zwei, drei und mehr Rubel, Rupien oder Dollar in Papiergeld entfallen. Zwei Drittel der umlaufenden Banknoten sind nicht durch Gold gedeckt, zwei Drittel der umlaufenden Banknoten müssen darum auch anderen Umständen als dem Einlösungsversprechen ihr Dasein und ihre Eigenschaften verdanken. Es müssen in der Welt, im Handel, auf der Börse, kurz irgendwo Kräfte vorhanden sein, die den Inhaber der Banknoten davon abhalten, die Einlösung in Gold zu verlangen, Kräfte, die die sonst unverständliche Tatsache erklären können, daß die Gläubiger der Notenbanken (die Inhaber der Banknoten) 10 – 20 – 100 Jahre lang auf die Geltendmachung ihrer Forderungen verzichten, wie es ja auch Kräfte geben muß, die bewirken, daß die Münzen Jahrhunderte lang von der Goldschmiede fernbleiben.

Ich werde gleich die Quelle dieser Kräfte aufdecken. Jetzt will ich nur ihr Dasein feststellen, um den Leser für meine Behauptung empfänglich zu machen, daß in all den oben genannten Ländern es sich trotz der Inschrift der Banknoten nicht mehr um Metallgeld, sondern um Papiergeld handelt.

Wenn der Staat auf ein Stück Papier schreibt:

"Dies sind 10 Gramm in Gold",

so glaubt es alle Welt, und es kommt vor, daß ein solcher Papierfetzen ungehindert

---

*) Seitdem dies geschrieben wurde (1907), sind auch die letzten Goldmünzen aus dem Verkehr verschwunden.

jahrzehntelang gleichwertig (pari) mit gemünztem Gold, zuweilen sogar mit Aufgeld, von Hand zu Hand geht.*

Wenn aber derselbe Staat auf einem gleichen Stück Papier die Lieferung einer Milchkuh verspräche, so würden alle Inhaber solcher Zettel schon gleich am nächsten Tage mit einem Strick erscheinen, um die Kuh abzuholen.

Wenn aber ein Papiergeld eine gewisse Menge Gold jahrzehntelang bei einer unendlichen Reihe von Menschen in den verschiedensten wirtschaftlichen Lagen so vollständig ersetzen kann, während ein gleicher Zettel eine Kuh oder irgend einen anderen Gebrauchsgegenstand keine 24 Stunden vertreten kann, so beweist das, daß der Papierzettel und die Goldmünze für alle Bürger in allen wesentlichen, für sie in Betracht kommenden Eigenschaften vertretbar, d. h. gleichgültig sind, daß Goldblech und Papierzettel in Geldform allen die gleichen Dienste erweisen. Ferner: wenn das Einlösungsversprechen die Deckung der Banknote wäre, die sie in Umlauf erhält, wenn demnach die Banknote als einfacher Schuldschein zu betrachten wäre, wenn der Aussteller Schuldner, der Inhaber Gläubiger wäre (wie bei einem Wechsel), so müßten doch auch der Regel nach die Notenbanken ihren Gläubigern, d. h. den Inhabern der Banknoten Zins zahlen – wie das doch bei allen Schuldscheinen ausnahmslos der Fall ist. Und doch ist bei der Banknote das Verhältnis auf den Kopf gestellt; hier ist es der Schuldner, die Bank (Aussteller), der den Zins erhebt, und der Gläubiger (Inhaber) ist es, der den Zins bezahlt. Um dieses Wunder zu bewirken, um das Verhältnis vom Gläubiger zum Schuldner derart umzustürzen, daß die Notenbank ihre Schulden (Banknoten, Notenrecht) als das köstlichste Kapital betrachten kann, müssen doch der Banknote Kräfte besonderer Art eigen sein, die sie aus der Gattung der Schuldscheine herausheben.

Ferner: wenn die Banknoten als Schuldscheine des Staates zu betrachten sind, so bleibt auch die Tatsache unerklärlich, daß solche Schuldscheine, trotzdem sie dem Inhaber keinen Zins eintragen, dabei nur zu 1/3 gedeckt sind und nicht getilgt werden, der Regel nach höheren Kurs haben als die gewöhnlichen Staatsschuldscheine, trotzdem diese dem Inhaber Zins eintragen und durch die Staatsgewalt, wie auch durch die Staatseinnahmen gedeckt sind. Wie z. B. 100 Mark in Reichsbanknoten, die auch vom Inhaber (Gläubiger) verzinst werden, heute 117 Mark Reichsanleihe gelten, die dem Inhaber 3 % Zins einbringen (1911).

Auf Grund dieser Tatsachen leugnen wir also, daß es das Einlösungsversprechen ist, das den Banknoten und dem gemeinen Papiergeld den Lebensodem einflößt. Wir behaupten, daß es irgendwo anders im Handel Kräfte geben muß, die die Rolle spielen, die man heute allgemein der sogenannten Deckung (dem Metallfonds) oder dem Einlösungsversprechen zuschreibt; wir behaupten, daß diese augenblicklich hier noch verborgenen Kräfte, die, wie wir gesehen haben, einen Schuldschein (Banknote) in ein Kapital verwandeln, die den Gläubiger zwingen, dem Schuldner Zins zu zahlen, auch durchschlagend genug sind, um für sich allein die Rolle des Geldes auf dem Markte durchzuspielen. Wir behaupten auf Grund der oben genannten

---

*) In Schweden bezahlte man (1916) für 100 Kronen in Papiergeld 105 Kronen Gold. Die im Kriege aufgekommenen Ersatzstoffe sind durchweg teuer und schlecht, mit bitterem Nachgeschmack. Nur allein der Goldersatz, das Papiergeld, löst keine Stoßseufzer nach dem Frieden aus.

Tatsachen klipp und klar, daß man Geld aus Zellstoff machen kann, das ohne Einlösungsversprechen irgend einer Art, ohne Anlehnung an irgend eine bestimmte Ware (Gold z. B.), die Inschrift trägt:
"Ein Taler" (Mark, Schilling, Franken usw.)
oder mit mehr Worten:
"Dieser Zettel ist an und für sich ein Taler",
oder:
"Dieser Zettel gilt im Handel, an den Staatskassen und vor Gericht 100 Taler",
oder, um den Sachverhalt zwar ohne Gewinn für die Klarheit, aber drastischer darzustellen:
"Wer diesen Zettel zur Einlösung bei der Reichsbank vorzeigt, erhält dort ohne Legitimation
100 Knutenhiebe (negatives Zahlungsversprechen).

Auf den Märkten, in den Läden aber erhält der Inhaber an Waren so viel, wie ihm Nachfrage und Angebot zusprechen werden; mit einem Wort: was er mit diesem Zettel im Lande erhandeln kann, das ist es, was er beanspruchen kann."

Ich glaube, ich habe mich hier deutlich genug ausgedrückt und keinen Zweifel mehr darüber gelassen, was ich unter dem Ausdruck Papiergeld verstehe.

Jetzt wollen wir den Kräften nachspüren, die es möglich machen, daß das Volk sich um Zettel mit irgend einer der obigen Inschriften reißt, daß man zur Erlangung solcher Zettel im Schweiße des Angesichts arbeitet, daß man seine Erzeugnisse, die Waren mit Wertstoff und Stoffwert, gegen solche Fidibusse hergibt, daß man Schuldscheine, Wechsel, Pfandbriefe, die auf solche Zettel lauten, annimmt und als sogenannte Wertbewahrer oder Wertkonserven aufbewahrt, daß man nachts weinend auf dem Bette sitzt, nachgrübelnd, wie man sich solche "Papierwische" für den fälligen Wechsel verschaffen kann; wie man auch Bankerott macht, gepfändet wird und der Unehre verfällt, weil man seiner Verpflichtung, Zettel mit obiger Inschrift zu einer bestimmten Stunde, an einem bestimmten Ort abzuliefern, nicht nachkommen kann, und schließlich, wie man jahraus, jahrein, ohne Vermögensverlust in Saus und Braus leben kann, weil man solche Zettel als "Kapital" irgendwo angelegt hat. Die geheime Quelle, aus welcher der Papierfidibus, das Papiergeld und das Geldpapier, das Geld der John Law und anderer Papiergeldschwindler, der Greuel aller Nationalökonomen und Krämerseelen, die Lebenskräfte zu solchen Tatsachen schöpft, soll jetzt aufgedeckt werden.

b) Die Erklärung der Tatsache.

Wenn ein Mensch irgend einen Gegenstand braucht und haben will, und es trifft sich, daß der gesuchte Gegenstand im Besitze anderer, und sonst nicht zu haben ist, so wird er sich in der Regel genötigt sehen, etwas von seiner Habe anzubieten, um den Besitzer der gesuchten Sache zu veranlassen, ihm das, was er braucht, abzutreten. Er wird also den Gegenstand durch Tausch an sich bringen. Und selbst dann wird er das tun müssen, wenn dem anderen der gesuchte Gegenstand nutzlos ist. Es genügt, wenn der Eigentümer weiß, daß der andere den Gegenstand braucht oder gar haben muß, dann gibt er ihn sicher nicht umsonst, ja, in vielen Fällen wird es vorkommen, daß jemand eine Sache nur darum aufhebt und in Besitz nimmt, weil er weiß, daß hinter ihm jemand folgt, der die Sache nützlich verwenden kann. Und je dringender dieser andere den Gegenstand braucht, um so höher wird der Besitzer seine Forderung schrauben.

Das hier Gesagte erscheint heute so selbstverständlich und natürlich, daß viele es für überflüssig ansehen werden, es auszusprechen; ja, soviel ich weiß, ist es hier das erstemal, daß in einer volkswirtschaftlichen Schrift dieser Satz niedergeschrieben wird. Und doch handelt es sich hier um das eigentliche Grundgesetz der heutigen Volkswirtschaft, des Handels, der wirtschaftlichen Beziehungen der Bürger untereinander und der Bürger zum Staate.

Die obige "welterschütternde" Entdeckung ist nicht weniger blöde und dumm und selbstverständlich als die Newtonsche Entdeckung der Schwerkraft. Dafür hat sie auch für die Volkswirtschaft die gleiche bahnbrechende Bedeutung, die der Newtonschen Entdeckung für die Wissenschaft zugesprochen wird.

Mit der Inbesitznahme oder Aneignung eines Gegenstandes, den man nicht selbst gebrauchen kann, der aber, wie wir annehmen oder wissen, von anderen gesucht wird, können wir nur einen Zweck verfolgen: wir wollen diesen anderen Verlegenheiten bereiten und diese Verlegenheiten ausbeuten. Wir wollen Wucher mit dem Gegenstand treiben, denn jemand in Verlegenheit bringen und diese Verlegenheit auszubeuten, heißt Wucher treiben.

Der Umstand, daß diese Ausbeutung gegenseitig ist, beschönigt vielleicht den Sachverhalt, ändert aber nichts daran, daß die wechselseitige Ausbeutung der Notlage des Nächsten*, die nach allen Regeln kaufmännischer Kunst betriebene gegenseitige Plünderung, die Grundlage unserer Volkswirtschaft bildet, die Grundlage, auf der der Tausch aller Waren sich abspielt, das wirtschaftliche Grundgesetz, welches das Tauschverhältnis der Erzeugnisse, die Preise der Waren selbstherrlich bestimmt. Nähme man diese Grundlage fort, so würde unsere Volkswirtschaft in sich zusammenstürzen, und es bliebe für den Austausch der Waren kein anderes Mittel übrig, als sie nach christlicher, sozialistischer, kommunistischer, brüderlicher Vorschrift gegenseitig zu verschenken.

Sind Beispiele nötig zur Erläuterung dieses Satzes?

Warum erhebt die Post für einen Brief 20 Pf. und für eine Drucksache 5 Pf., trotzdem die Leistung der Post bei beiden Gegenständen die gleiche ist? Doch nur, weil der Briefschreiber in der Regel zwingende Gründe für den Brief hat, während der Versand der Drucksache oft unterbleiben würde, wenn das Porto höher wäre. Der Briefschreiber ist in einer Zwangslage, der Absender der Drucksache nicht, darum allein muß der Briefschreiber für die gleiche Leistung das doppelte Porto bezahlen!

---

*) Man braucht hier durchaus nicht immer an frierende Bettler zu denken. Der 1000-fache Millionär Rockefeller ist jedesmal in solcher "Notlage", wenn Leuchtstoffersatzmittel den Absatz des Petroleums hemmen. Auch Krupp ist jedesmal in "Notlage", wenn er für die Erweiterung seines Werkes den Acker eines Bäuerleins braucht.

Warum werden in Deutschland Apotheken mit einem Warenvorrat von 10 000 Mark für eine halbe Million verkauft? Weil das der Apotheke eingeräumte Sonderrecht es ihr gestattet, höhere Preise für Arzneien zu fordern, als es bei Freihandel möglich wäre. Diese Wirkung bleibt bestehen, auch wenn anerkannt wird, daß jenem Sonderrecht eine staatlicherseits geforderte wissenschaftliche Ausbildung des Apothekers gegenübersteht und die hohen Werte von Apotheken in bevorzugten Stadtvierteln oft erst nach vielmaligem Besitzwechsel entstanden sind.

Warum steigen oft die Preise des Getreides in Deutschland, trotz reicher Ernten? Weil der Grenzzoll den Wettbewerb ausschließt, weil der Bauer weiß, daß seine Landsleute sein Getreide kaufen müssen. Usw.

Es heiß zwar, die "Marktverhältnisse" treiben die Preise auf und ab, man sucht das persönlich Bewegende, die Handlung, auszuschließen und einen Sündenbock für solchen Wucher verantwortlich zu machen, indem man sagt, die Preise würden durch Angebot und Nachfrage bestimmt; aber was wären solche Marktverhältnisses, solche Konjunkturen, was wären Nachfrage und Angebot ohne handelnde Personen? Diese handelnden Personen bewirken die Preisverschiebungen, und als Werkzeug dienen ihnen die Marktverhältnisse. Die handelnden Personen aber sind wir, wir alle, das Volk. Jeder, der etwas zu Markte trägt, ist von demselben Geist beseelt, so hohe Preise zu fordern, wie es die Marktverhältnisses irgend gestatten. Und jeder sucht sich zu entschuldigen (wie auch jeder durch die hier stattfindende Wechselseitigkeit entschuldigt wird), indem er sich auf die unpersönlichen Marktverhältnisses beruft.

Freilich, wer mit Karl Marx behauptet, daß sich die Waren selbst austauschen, und zwar im Verhältnis zu "ihrem Werte", der braucht nicht zu wuchern, braucht keine Notlage auszubeuten, der kann seine Arbeiter aushungern, seine Schuldner auswuchern, ohne Gewissenspein zu empfinden. Denn den Wucher begeht in diesem Falle nicht er, sondern die Sache, sein Eigentum. Nicht er tauscht, sondern die Wichse tauscht sich gegen Seide, Weizen, Leder*. Die Ware begeht also den Handel und zwar auf Grund "ihres Wertes".

Wer aber diese geheimnisvolle, gespenstische Eigenschaft der Waren, deren sogenannten "Wert", nicht zu erfassen vermag und darum den Tausch der Erzeugnisse als eine Handlung, die Waren und Marktverhältnisse als ein Werkzeug dieser Handlung betrachtet, der wird für solche Handlung, wie bereits erwähnt, keine anderen Richtpunkte finden, als den Wunsch, der alle Warenbesitzer beseelt, möglichst wenig zu geben und möglichst viel zu nehmen. Der wird bei jedem Tausch, in den Lohnverhandlungen wie bei den Börsenjobbern, beobachten, daß alle Beteiligten sich danach erkundigen, wie die Marktverhältnisse sind, ob der Käufer dringend der Ware bedarf, und namentlich wird er sich hüten zu zeigen, daß er selbst es nötig hat, seine Waren eilig zu verkaufen. Kurz, er wird sich überzeugen, daß die Grundsätze des Wuchers auch die des Handels im allgemeinen sind, er wird zwischen Handel und Wucher nur Unterschiede im Maß, nicht in der Art feststellen. Der Warenbesitzer, der Arbeiter, der Börsenmann hat es auf die Ausbeutung der Marktlage, des Volkes im großen, abgesehen.

---

*) Das Kapital Bd. 1, S. 3.

Der Berufswucherer richtet seine Angriffe mehr auf eine Person; das ist vielleicht alles, was den Handel vom Wucher unterscheidet.

Darum wiederhole ich: Das Streben, für eine möglichst geringe Leistung eine möglichst große Gegenleistung herauszuholen, das ist die Kraft, die den Austausch der Güter leitet und beherrscht.

Es ist nötig, dies rücksichtslos klar festzustellen, denn nur von dieser Erkenntnis aus kann die Möglichkeit des Papiergeldes voll begriffen werden.

Angenommen nun, Müller wäre auf irgend eine Weise in den Besitz eines für irgend eines seiner geistigen oder körperlichen Bedürfnisse nutzlosen Stückchens Geldpapier gelangt, und Schulz ersuche ihn, ihm den Fetzen zu überlassen, weil er ihn zu irgend einem Zwecke gebrauchen kann, so wird nach obiger Erkenntnis Müller das Geldpapier nicht unentgeltlich hergeben.

Die Entgeltlichkeit aber würde schon das Geldpapier in Papiergeld verwandeln, denn alles, was wir zunächst vom Papiergeld erwarten, ist, daß es mehr als das Geldpapier kostet. Es soll nicht umsonst zu haben sein. Seinen Zweck erfüllt ja das Geld dadurch, daß immer wieder jemand das Geld sucht und zu seiner Erlangung etwas in Tausch geben muß.* Wir brauche also zur Erklärung der Möglichkeit, daß Geldpapier sich in Papiergeld verwandeln kann, nur noch nachzuweisen, daß Schulz wirklich in die Lage kommen kann, das im Besitze Müllers befindliche Stückchen Geldpapier an sich zu bringen. Ein solche Nachweis ist aber leicht genug zu erbringen.

Die Erzeugnisse der Arbeitsteilung** die Waren, sind von vornherein für den Tausch bestimmt, d. h. sie haben für ihre Verfertiger die gleiche Bedeutung, die das Geld für uns alle hat – sie sind als Tauschgegenstände nützlich. Nur die Aussicht, die Erzeugnisse (Waren) gegen andere Waren tauschen zu können, veranlaßt die Erzeuger, die Urwirtschaft zu verlassen und die Arbeitsteilung einzuführen.

Zum Tausch der Erzeugnisse gehört aber wieder ein Tauschmittel, sogenanntes Geld, denn ohne solches Tauschmittel wäre man auf den Tauschhandel angewiesen, von dem wir wissen, daß er bei einer gewissen Entwicklung der Arbeitsteilung einfach versagt. Jeder kann sich leicht vorstellen, daß der Tauschhandel ganz unentwickelte Zustände voraussetzt.

---

*) Die bürgerlichen und sozialistischen Lehrsätze verneinen solche Entgeltlichkeit, müssen sie verneinen, denn die Entgeltlichkeit würde die Hergabe des Geldpapieres zu einem Tausch stempeln, und der Tausch setzt nach ihren Worten den Tauschwert, den Stoffwert oder Wertstoff voraus, und wir nehmen an, daß jenes Stückchen Geldpapier frei sei von Tauschwert, Wertstoff oder Stoffwert. (Ganz einerlei, ob man sich unter diesen Ausdrücken etwas vorstellen kann oder nicht.) Beim Tausch könne ja eine Ware immer nur den Wert eintauschen, den sie selber hat (innerer Wert), so sagt die bürgerliche und sozialistische "Wertlehre", und wenn der gedachte Fetzen Geldpapieres keinen Tauschwert hat, so ist der Tausch, ist jede Entgeltlichkeit ausgeschlossen. Es fehle für solchen Tausch jedes "Wertmaß" zur "Ausmessung" der Gegenleistung, wie auch die "Werteinheit" zur "Verrechnung" der Gegenleistung. Geldpapier und Waren seien einfach nicht vergleichbare Größen.
**) Unter Arbeitsteilung ist hier solche Arbeit zu verstehen, die Tauschgegenstände, also Waren erzeugt, im Gegensatz zur Urwirtschaft, die auf die unmittelbare Bedürfnisbefriedigung gerichtet ist. Die gewerbliche Arbeitsteilung, darin bestehend, daß die Herstellung der einzelnen Waren in Teile zerlegt wird, ist nur technische Arbeitsteilung und nicht mit der wirtschaftlichen Arbeitsteilung zu verwechseln.

Warum man aus Papier Geld machen kann. 133

Das Geld, ein Tauschmittel, ist die Grundlage und Voraussetzung entwickelter Arbeitsteilung, der Warenerzeugung. Für die Arbeitsteilung ist ein Tauschmittel unentbehrlich.

Aber es gehört zum Wesen eines Tauschmittels, daß bei seiner Herstellung die Gewerbefreiheit auf irgend eine Weises ausgeschaltet werde. Stände es jedermann frei, Geld zu verfertigen, und zwar jedem nach seiner Weise, so würde seine Vielgestaltigkeit solches Geld für den Zweck, den es erfüllen soll, einfach unbrauchbar machen. Jeder würde sein eigenes Erzeugnis als Geld erklären, und damit wären wir ja wieder beim Tauschhandel angekommen.

Wie nötig die Einheitlichkeit im Geldwesen ist, erkennt man auch daran, daß s. Z. schon die Doppelwährung als ein Zuviel angesehen und beseitigt wurde. Und wie würde es geworden sein, wenn man sich zwar über die Goldwährung geeinigt, aber die Herstellung von Münzen für jedermann freigegeben hätte, mit dem Ergebnis, daß nun Münzen von jedem Feingehalt im Umlauf gewesen wären? (Eine solche "Einigung" ist aber bereits eine Staatshandlung, denn alles, worüber Einigung erzielt ist, bildet den eigentlichen Stoff zum Aufbau des Staates.)

Wie immer aber auch diese notwendige Ausschließung der Gewerbefreiheit bei der Herstellung des Geldes erzielt wird, ob durch gesetzliches Verbot, oder durch natürliche Schwierigkeit bei der Beschaffung des Rohstoffes (Gold, Kauri usw.), ob man dabei bewußt oder unbewußt vorgegangen ist, ob das Volk in einer Versammlung feierlich darüber beschloß, oder der vorwärtsdrängenden Volkswirtschaft nachgab, einerlei, es handelt sich da um eine Handlung des Volkes, und was ist eine solche einmütige Handlung anders als ein Gesetz, als eine staatliche Handlung? Das Tauschmittel trägt also immer das Gepräge einer staatlichen Einrichtung, und diese Bezeichnung verdient sowohl das gemünzte Metall, wie auch die Kauri-Muschel und die Banknote. Von dem Augenblick an, wo das Volk dazu gekommen ist (einerlei wie), einen bestimmten Gegenstand als Tauschmittel anzuerkennen, hat dieser Gegenstand das Gepräge einer staatlichen Einrichtung.

Also entweder staatliches Geld oder überhaupt kein Geld. Gewerbefreiheit in der Herstellung des Geldes ist einfach unmöglich. Ich brauche mich hier nicht weiter aufzuhalten, denn die Sache ist selbstverständlich.* Der Umstand, daß wir heute die Förderung des Geldstoffes freigeben und dabei durch das freie Prägerecht den Geldstoff praktisch zu Geld machen, sagt gar nichts gegen diesen Satz, denn trotz Prägerecht ist der Geldstoff an und für sich doch kein Geld, wie die Geschichte der preußischen Taler das schlagend beweist. Dieses freie Prägerecht wird durch Gesetz erteilt, haftet also nicht am Gold, und kann durch Gesetz jeden Tag zurückgezogen werden (Silbersperre).

Übrigens besteht diese Gewerbefreiheit in der Hervorbringung des Geldstoffes (Gold) auch nur dem Namen nach, da die Schwierigkeiten der Goldförderung diese Freiheit wieder zunichte machen.

Auch der Umstand, daß man früher in manchen unentwickelten Ländern, z. B. in Nordamerika während der Kolonialzeit, Pulver, Salz, Tee, Felle usw.

---

*) Bei einem natürlichen Geldstoff wird man die Gewerbefreiheit dadurch ausschalten, daß man solchen Stoff wählt (Kauri, Gold), der an Ort und Stelle nicht beliebig oder überhaupt nicht hervorgebracht werden kann.

als Tauschmittel benutzte, sagt nichts gegen obigen Satz, denn hier handelte es sich unmittelbar um Tauschobjekte, nicht um Geld. Das im Tausch gegen die eigenen Erzeugnisse erhaltene Salz (Tee, Pulver usw.) wurde einfach im Hause verbraucht und nicht weitergegeben. Diese Waren liefen nicht um, sie kamen niemals zum Ausgangspunkt (Hafen) zurück, sondern wurden ihrer körperlichen Eigenschaft wegen gekauft und verbraucht. Sie mußten immer wieder durch neue ersetzt werden. Zum Wesen des Geldes gehört es aber, daß das Geld nicht seines Stoffes wegen gekauft werde, sondern seiner Eigenschaft als Tauschmittel wegen, daß es nicht verbraucht, sondern nur als Tauschmittel gebraucht werde. Das Geld beschreibt einen Kreis, den es ewig durchläuft; es kehrt zum Ausgangspunkt zurück. Um als Geld betrachtet werden zu können, hätte das Teepaket, nachdem es, von China kommend, jahrelang durch die Kolonien Nordamerikas gepilgert war, wieder einmal nach China zurückwandern müssen, wie das doch mit den jetzigen Silberdollars in Amerika der Fall ist, die etwa, von Colorado kommend, auf dem Handelswege nach China gelangen, dort sich jahrzehntelang herumtreiben, um gelegentlich wieder auf dem Handelswege zur Lohnzahlung in die Silbergruben Colorados hinabzusteigen. Auch wurde das Teepaket immer teurer, je weiter es sich vom Hafen entfernte, alle Fracht-, Handels- und Zinsunkosten wurden auf seinen Preis geschlagen, während obiger Silberdollar, nachdem er vielleicht zehnmal die Reise um die Welt gemacht, dem Arbeiter in der Silbergrube zum gleichen Preise, wofür dieser ihn ursprünglich geliefert, zurückgegeben werden mag. In fast allen Ländern findet man Münzen, die 100 und mehr Jahre alt sind, die vielleicht 100 000 mal den Besitzer gewechselt haben, ohne daß es in der langen Reihe einem einzigen Inhaber je eingefallen wäre, sie zu verbrauchen, d. h. sie des Silber- oder Goldgehaltes wegen einzuschmelzen. Sie sind 100 Jahre lang als Tauschmittel gebraucht worden. 100 000 Besitzern waren sie nicht Gold, sondern Geld, keiner von ihnen bedurfte des Geldstoffes. Das Kennzeichen des Geldes ist eben, daß dem Inhaber der Geldstoff gleichgültig ist. Darum, d. h. dieser völligen Gleichgültigkeit wegen, ist es auch allein erklärlich, daß giftige, mit Grünspan überzogene Kupfermünzen, verschlissene Silbermünzen, schöne Goldmünzen, bunte Papierfetzen gleichwertig einherlaufen.

Etwas anders als mit dem Tee verhält es sich schon mit den Kauri-Muscheln, die in Innerafrika als Tauschmittel benutzt werden und die schon mehr Ähnlichkeit mit dem Geld haben. Die Kaurimuschel wird nicht verbraucht, ihr gegenüber sind die Käufer viel gleichgültiger als die Käufer von Tee und Pulver. Sie läuft um, braucht nicht immer ersetzt zu werden, mag sogar zuweilen zum Ausgangspunkt, der Küste, zurückgelangen. Hier und da mag sie wohl auch von den Negerfräulein zu geldfremden Zwecken als Zierrat verwendet werden, aber ihre wirtschaftliche Bedeutung stützt sich nicht mehr auf diese Verwendung. Die Kaurimuschel würde sicherlich wohl weiter als Tauschmittel verwendet werden, falls sie als Zierrat ganz außer Mode käme, vorausgesetzt, daß kein anderer Gegenstand sie als Tauschmittel vom Markte verdrängte. Sie wäre dann reines Tauschmittel, wirkliches Geld, wie unsere Kupfer-, Nickel-, Silbermünzen und unsere Geldscheine, die ja auch keine andere Verwendung wirtschaftlich zulassen als die eines Tauschmittels. Und wir könnten sie auch, wie unser heutiges Geld, als staatliches Geld oder wenigstens gesellschaftliches Geld bezeichnen, mit der

Einschränkung, die der Begriff Staat in so unentwickelten Verhältnissen erfährt. Das Staatsmonopol der Geldherstellung wäre hier, ähnlich wie bei der Goldwährung, durch die Unmöglichkeit gewahrt, Muscheln nach Belieben hervorzubringen, da sie, tausend Meilen weit, am Meeresstrand gefunden werden. (Die Muschel ist, wie das Gold für den Europäer, nur auf dem Handelsweg, durch Tausch, erreichbar.)

Ist es aber so, daß für die Arbeitsteilung ein Tauschmittel, also Geld, unentratbare Voraussetzung ist, und daß ein solches Tauschmittel nur als staatliches, d. h. vom Staate verfertigtes oder beaufsichtigtes, von staatlichen Gesetzen, besonderen Währungsgesetzen beherrschtes Geld denkbar ist, so fragt es sich, was der Erzeuger mit seinen Waren anfangen kann, falls er sie auf den Markt bringt, und er dort auf kein anderes Geld stößt, als Geldpapier, weil der Staat kein anderes Geld als Papiergeld herstellt? Weist der Erzeuger das Geld zurück (etwa weil es den bürgerlichen und sozialistischen Wertlehren widerspricht), so muß er auch auf den Austausch seiner Waren verzichten und die Kartoffeln, Zeitungen, Besen oder was es sei, wieder nach Hause bringen. Auf sein Gewerbe, auf die Arbeitsteilung muß er überhaupt verzichten, denn wie will er etwas kaufen, wenn er selber nicht mehr verkauft, wenn er das Geld, das der Staat in Umlauf gesetzt hat, nicht annehmen will? Er wird also in der Regel 24 Stunden streiken können, nur 24 Stunden wird er seiner Werttheorie treu bleiben und gegen den "Papiergeldschwindel" eifern können. Dann werden ihn Hunger, Durst und Kälte mürbe machen und ihn zwingen, seine Waren gegen Papiergeld anzubieten, dem der Staat die Inschrift gegeben:

"Der Vorzeiger dieses Geldscheins erhält auf der Reichsbank
- 100 Knutenhiebe, -
auf den Märkten aber an Waren soviel, wie ihm Nachfrage und
Angebot zumessen werden."

Hunger, Durst und Kälte (zu denen sich noch der Steuereintreiber gesellen mag) werden alle, die nicht zur Urwirtschaft zurückkehren können (heute die ausnahmslose Regel für die Bürger eines neuzeitlichen Staates), alle, die die Arbeitsteilung, ihr Gewerbe weiter betreiben wollen, zwingen, ihre Erzeugnisse gegen das vom Staate ausgegebene Geldpapier anzubieten, d. h. mit ihren Waren Nachfrage nach Geldpapier zu halten; und diese Nachfrage wird wiederum alle, die in den Besitz solchen Geldpapiers gelangt sind, veranlassen, dieses nicht umsonst herzugeben, sondern so viel dafür zu fordern, wie es die Marktverhältnisses gestatten werden.

Das Geldpapier verwandelte sich also in Papiergeld:
1. Weil die Arbeitsteilung große Vorteile bietet.
2. Weil die Arbeitsteilung Waren erzeugt, die nur als Tauschgegenstände dem Verfertiger nützlich sind.
3. Weil der Austausch der Waren, bei einer gewissen Entwicklung der Arbeitsteilung, ohne Tauschmittel unmöglich wird.
4. Weil das Tauschmittel, seiner Natur nach, nur als gesellschaftliches, staatliches Geld denkbar ist.
5. Weil nach unserer Annahme der Staat kein anderes Geld als nur Geldpapier verfertigte.

6. Weil alle Besitzer der Waren vor der Entscheidung standen, entweder das Geldpapier des Staates im Tausch gegen ihre Erzeugnisse anzunehmen, oder aber auf die Arbeitsteilung zu verzichten, und schließlich

7. Weil die Inhaber des Geldpapieres dieses nicht umsonst hergaben, sobald sie sahen, daß die in Verlegenheit gebrachten Warenbesitzer ihre Waren gegen Geldpapier anboten.

Der Beweis, daß man Geld aus Zellstoff machen kann, ist also in allen Teilen lückenlos erbracht, und ich könnte nun gleich zu der nächsten Frage "wieviel ein Stück Geldpapier an Waren dem Besitzer einbringen wird und soll" übergehen. Aber die Wichtigkeit des Gegenstandes veranlaßt mich, Rücksicht auf die dem Papiergeldbegriff entgegenstehenden Vorurteile zu nehmen und die Hirngespinstigkeit der wichtigsten von ihnen darzutun. Ich hoffe dadurch das Vertrauen derjenigen umsichtigen Leser zu gewinnen, die zwar anerkennen, der oben erbrachte Beweis sei wohl richtig aus den erwähnten Annahmen gezogen, die dann aber fürchten, diese Voraussetzungen wären vielleicht nicht vollständig, und die Sache könnte an irgend einem nicht erwähnten Umstand scheitern. Ich bedarf aber, um auf dem erbrachten Beweis weiter* bauen zu können, der vollen Überzeugung des Lesers, daß man Zellstoffgeld, Geld ohne Wertstoff und ohne Stoffwert, Papiergeld mit irgend einer der oben erwähnten Inschriften wirklich machen kann. Es ist dies die unentratbare Voraussetzung, um auch weiter im Einverständnis mit meinem Leser zu bleiben. Wenn es nicht ebenso wahr ist, daß man mit Papier Geld machen kann, wie, daß "Marley tot war"**, so fällt alles, was ich noch sagen werde, als wesenlos in sich zusammen.

Ich hätte mir die Sache auch leicht machen können, ähnlich wie andere, die sich mit dem Papiergeldrätsel abgeplagt haben; ich hätte sagen können, der Staat fordere die Bezahlung der von ihm ausgeschriebenen Steuern und Bußen in Geldpapier. Wenn der Staat z. B. Briefmarken nur gegen von ihm verfertigtes Geldpapier verkauft, wenn er die Bahngelder nur in seinem Geldpapier einfordert, wenn man die Zölle, das Kirchengeld, das Schulgeld, das Holz der Staatsforsten, das Salz der Staatssalzwerke usw. nur mit staatlichem Papiergeld zahlen kann, so wird jeder ein solches Papier als etwas sehr Kostbares aufbewahren und es nicht unentgeltlich abgeben. Der Staat liefert dem Inhaber statt Gold Staatsleistungen. Eine vielgestaltige statt einer eingestaltigen Leistung. Dann wären es diese Leistungen, die dem Papiergeld Leben geben.

Aber mit dieser Erklärung würden wir, wie wir das noch kennen lernen werden, nicht weit kommen und bald, wie alle Papiergeldreformer und Geldpapierfabrikanten, wiederkäuend vor dem Berge stehen. Wer die wahre Grundlage des Papiergeldes, das sind die oben erwähnten 7 Punkte, nicht erkannt hat – kann keine einzige wirtschaftliche Erscheinung auf ihren letzten Grund zurückführen.

Im Vordergrund der "Beweise" gegen die Möglichkeit des Papiergeldes steht die Behauptung, sozusagen das Prunkstück der Metallisten: "Ware kann

---

*) Übrigens erwähne ich hier vorsichtshalber noch einmal, daß ich bisher nur die Möglichkeit, aus Geldpapier Papiergeld zu machen, behandelt, die Frage aber, welche Vorteile ein solches Geld gegenüber dem Metallgeld haben könnte, ganz unberührt gelassen habe. Das kommt später.
**) In Dickens' "Weihnachtsgeschichten".

nur mit Ware getauscht werden, da niemand einen nützlichen Gegenstand gegen einen unnützen (Papiergeldfidibus) hergeben wird."

Mit diesem blendenden Satze, der so einleuchtend klingt, daß ihm, soviel ich weiß, sämtliche Papiergeldtheoretiker vorsichtig aus dem Wege gegangen sind, wahrscheinlich, weil sie dem Trugschluß nicht beikamen, hat man immer das Papiergeld von vornherein als unmögliche Bestrebung kennzeichnen können und alle wissenschaftlich vorgehenden Forscher von vornherein von dem Papiergeldrätsel ferngehalten.

Also Ware kann nur gegen Ware getauscht werden. Das ist zweifellos richtig, aber was ist Ware? Ware ist das Erzeugnis der Arbeitsteilung, und die Erzeugnisse der Arbeitsteilung sind ihren Verfertigern nur als Tauschmittel nützlich, unmittelbar aber nutzlos, wie wir das bereits gezeigt haben. Was könnte ein Gutsbesitzer mit den 1000 Tonnen Kartoffeln, was würde der mit einer Million Spindeln arbeitende Spinnereibesitzer mit dem Garn anfangen, wenn er es nicht verkaufen könnte, wenn ihm das Garn nicht als Tauschgegenstand diente?

Nach dieser Begriffsbestimmung klingt der Satz: "Ware läßt sich nur gegen Ware verkaufen" schon anders, denn er verlangt vorerst nur (im Ausdruck "Ware" ist es stillschweigend mit eingeschlossen), daß das, was ausgetauscht wird, für seine Besitzer oder Verfertiger nutzlos sei. Er fordert darum auch nur, daß das, was gegen die Ware getauscht wird – auch seinem Besitzer nutzlos sei. Und ist das nicht der Fall mit dem Papiergeldfidibus? Ist der Fidibus, wenn wir von seiner Eigenschaft als Geld absehen, nicht ein gänzlich nutzloser Gegenstand?

Also der Satz: "Ware kann nur gegen Ware getauscht werden", verwandelt sich so schon in einen Beweis für, nicht gegen die Papiergeldtheorie, er zeugt gegen, nicht für das Metallgeld.

Und wie steht es mit der Begründung: "da niemand einen nützlichen Gegenstand gegen einen unnützen hergibt?" Wird hier nicht der Vordersatz: "Ware kann nur gegen Ware umgetauscht werden", geradezu umgestoßen? In der Behauptung wird von Ware gesprochen, und Ware ist dem Besitzer immer ein unnützes Ding. In der Begründung aber wird nicht mehr von der Ware gesprochen, sondern von nützlichen Dingen, von Gebrauchsgütern. Auf unser Beispiele angewandt, lautet also obiger Satz wie folgt:

Kartoffeln können gegen Garn getauscht werden, weil Kartoffeln dem Gutsbesitzer, und Garn dem Spinnereiaktionbesitzer durch ihren Stoffwert nützliche Dinge sind. Und dies ist doch offenbar falsch. Was könnte, ich wiederhole die Frage, der Spinnereibesitzer mit all dem Garn anfangen?

Wenn nun auch die Begründung falsch ist, so ändert das nichts an der Richtigkeit der Behauptung, daß Ware nur gegen Ware getauscht werden kann, und um das Papiergeld mit dieser Behauptung in Einklang zu bringen, müssen wir nachweisen können, daß das Geldpapier ebensogut Ware ist, wie alle Waren, deren Tausch es vermitteln soll. Wohlverstanden, das Stück Geldpapier, der bunte Zettel mit der tollen Aufschrift:

"100 Knutenhiebe

werden im Reichsgeldamt dem Vorzeiger dieses ohne Legitimation erteilt; auf dem Markte aber erhält der Inhaber an Waren so viel, wie er damit erhandeln kann."

soll an und für sich alle Eigenschaften einer so wichtigen Ware, wie es doch das Geld ist, besitzen. Wir wollen für das Papiergeld keine erborgten, erschlichenen, übertragenen Eigenschaften. Den Papiergeldfidibus sollen wir namentlich nicht darum als Ware anerkennen, weil der Staat irgend eine, von seinen Wirken als Geld unabhängige Leistung dem Inhaber verspricht. Im Gegenteil, ich will den Leser dahin bringen, daß er den anscheinend widersinnigen Satz unterstreicht:

"Das Papiergeld ist chemisch reine Ware, und zwar der einzige Gegenstand, der uns schon als Ware nützlich ist."

Welche Eigenschaften muß ein Ding in sich vereinigen, um als Ware gesehen zu werden?

1. Es muß dafür Nachfrage bestehen, d. h. es muß irgend jemand da sein, der den Gegenstand haben will oder haben muß, und der darum bereit ist, eine andere Ware dafür in Tausch zu geben.

2. Um diese Nachfrage zu erzeugen, muß der betreffende Gegenstand dem Käufer natürlich nützlich sein, denn sonst sucht und bezahlt man den Gegenstand nicht. Flöhe, Unkraut und Gestank sind aus diesem Grunde keine Waren, auch alles nicht, was keinen Eigentümer hat. Ist der Gegenstand aber nützlich (wohlverstanden dem Käufer, nicht dem Besitzer nützlich), und kann man ihn nicht umsonst erhalten, so sind alle Bedingungen erfüllt, die eine Sache zur Ware machen.

Daß das Geldpapier die Bedingung Nr. 1 erfüllt, haben wir bereits bewiesen, als wir zeigten, daß das Geld, und zwar staatliches Geld, unentratbare Voraussetzung entwickelter Arbeitsteilung ist, und daß alle Warenbesitzer durch die Natur ihres Besitzes gezwungen würden, ihre Waren gegen Geldpapier anzubieten, also Nachfrage nach Geldpapier zu halten, falls der Staat keine anderes Geld machte. Wenn man in Deutschland mit dem Golde heute ebenso verführe, wie es mit dem Silber geschah, indem der Staat das Gold durch Geldpapier ersetzte, so müßten auch alle Warenbesitzer und Warenverfertiger sich unter das Joch dieses Papiergeldes beugen. Alle ohne Ausnahme wären gezwungen, mit ihren Erzeugnissen Nachfrage nach dem Geldpapier zu halten. Ja, man könnte sagen, die Nachfrage nach Geldpapier wird unbedingt genau so groß sein, wie das Angebot von Waren, das seinerseits wieder der Warenerzeugung entspricht.

Bedingung Nr. 1 einer Ware erfüllt also das Geldpapier in kräftigster Weise. Petroleum, Weizen, Baumwolle, Eisen sind sicherlich auch Dinge mit ausgesprochener Wareneigenschaft; sie gehören zu den wichtigsten Stapelartikeln des Marktes. Trotzdem ist für diese Waren die Nachfrage keine so unbedingte wie beim Papiergeld. Jeder, der heute Waren erzeugt, also ein Gewerbe betreibt, d. h. die Urwirtschaft aufgegeben und die Arbeitsteilung eingeführt hat, hält mit seinen Erzeugnissen Nachfrage nach einem Tauschmittel – alle Waren, ohne Ausnahme, verkörpern Nachfrage nach Geld, d. h. nach Geldpapier, wenn der Staat kein anderes Geld herstellt –, aber nicht alle Warenbesitzer kaufen mit dem Gelde, das sie für ihre Erzeugnisse lösen, Eisen, Petroleum, Weizen. Auch gibt es für Eisen, Petroleum, Weizen viele Ersatzgüter, während es für das Geld nur einen einzigen Ersatz gibt, das ist die Urwirtschaft oder der Tauschhandel, und diese würden erst dann in Betracht kommen, wenn die 90% unserer heutigen

Bevölkerung, die der Arbeitsteilung ihr Dasein verdanken, verhungert, tot und begraben wären.

Die Nachfrage nach Geldpapier wird also durch die Wareneingenschaft aller Erzeugnisse der Arbeitsteilung hervorgerufen. Die Arbeitsteilung, die Urmutter der Ware, ist die unerschöpfliche Quelle der Nachfrage nach Geld, während die Nachfrage für die sonstigen Waren viel weniger stark gefügt ist.

Die Entstehung der Nachfrage nach einer Sache kann man sich natürlich nur dadurch erklären, daß der nachgefragte Gegenstand (hier das Papiergeld) dem Käufer (nicht dem Besitzer) irgend einen Dienst erweist, also nützlich ist (Punkt 2).

Nun frage ich: Ist der zu Geld gewordene Papierfidibus, das staatlich allein anerkannte und dadurch allein mögliche Tauschmittel, der viereckige bedruckte bunte Zettel, kein nützliches Ding?

Ist das Ding da, der Fidibus, der dem Arbeiter, dem Arzt, dem Tanzlehrer, dem König, dem Pfarrer gestattet, ihre ihnen persönlich völlig nutzlosen Erzeugnisse oder Leistungen gegen Gebrauchsgüter umzutauschen, kein nützlicher Gegenstand?

Wir müssen hier selbstverständlich nicht, wie es in der Regel der Fall ist, an das Körperliche des Geldes, an den Fidibus denken, sondern an das Ganze, an den Fidibus mit seinen staatlichen Vorrechten als Tauschmittel, als Geld. Wir müssen uns das Geld als ein Fabrikat denken, sogar als ein gesetzlich geschütztes und vom Staate allein erzeugtes Fabrikat.

Gewiß, wenn wir die Hauptsache am Papiergeld, seine Eigenschaft als gesetzlich allein anerkanntes und praktisch alleinherrschendes Tauschmittel abziehen, so bleibt wahrhaftig nur nutzlose Makulatur übrig; aber geschieht mit den meisten Dingen nicht genau dasselbe, wenn man von ihrem Gebrauch absieht und nur an den Stoff, aus dem sie bestehen, denkt? Kratzen wir von einem Ölbild die Farben zusammen, schlagen wir mit dem Hammer auf eine Scheidemünze, auf ein Tintenfaß, eine Suppenschüssel – was bleibt dann übrig? Makulatur, Unrat. Betrachten wir ein Haus als einen Steinhaufen, die Königskrone als Metall, ein Buch als Papier, kurz, sehen wir in allen Dingen nur den Stoff, so sehen wir in den weitaus meisten Fällen auch nicht viel mehr als einen Fidibus.

Wir gebrauchen das Piano nicht als Brennholz, die Lokomotive nicht als Gußeisen und das Papiergeld nicht als Tapete. Also warum spricht man nur immer vom Zellstoff, wenn vom Papiergeld die Rede ist? Warum sprechen wir nicht vom Tauschmittel?

Wir betrachten alle übrigen Dinge als das, wozu sie bestimmt sind, und wenn wir das auch beim Papiergeld täten, so würden wir sehen, daß es sich nicht um ein Stückchen Papier handelt, sondern um eine hochwichtiges, unentbehrliches Fabrikat, um das wichtigste und nützlichste aller Gebrauchsgüter.

Daß dieses Fabrikat so gut wie keine Herstellungskosten verursacht, kann ihm nichts verschlagen. Wir suchen in den sonstigen Dingen, die wir kaufen, doch auch nicht das Blut und den Schweiß der Arbeiter.

Hat etwa der gesamte, nach Milliarden berechnete Bauplatz der Stadt Berlin einen Pfennig Erzeugungskosten verursacht?

Man sehe also bei der Betrachtung des Papiergeldes ganz vom Fidibus ab, man gewöhne sich daran, dieses Geld als unentbehrliches, nützliches, dabei noch vom Staate geschütztes Fabrikat zu betrachten. Ohne Schwierigkeiten wird man dann in dem Geldpapier einen Gegenstand erkennen, der alle Eigenschaften einer Ware hat, und statt jetzt noch im Bestehen des Papiergeldes einen Widerspruch gegen den Lehrsatz zu erblicken, daß Ware nur mit Ware bezahlt werden kann, wird man im Papiergeld eine neue Bestätigung dieses Lehrsatzes erblicken.

Wer sich die Mühe geben will, die Währungsschriften durchzustöbern, wird finden, daß das Geld regelmäßig darin so behandelt wird, als wäre es nicht ein, ganz bestimmten Zwecken dienendes Fabrikat (Tauschmittel), sondern ein Rohstoff für Industriezwecke (Goldschmiede), der nur nebenbei, vorübergehend als Geld zu wirken hat. Dabei laufen in manchen Ländern und liefen bis vor kurzem auch in Deutschland Münzen um, die vor 100 oder 200 Jahren geprägt wurden, während demgegenüber ein Jahr alte Waren in der Regel schon zu den Ladenhütern gerechnet und mit erheblichen Abstrichen in den Bestandaufnahmen der Kaufleute aufgeführt werden.

Wenn das Geld nur Rohstoff zu gewerblichen Zwecken wäre, so würde jeder es nur kaufen, wie man jede andere Ware kauft, d. h. nur unter der Bedingung, daß man es, mit Zins und Gewinnzuschlag belastet, wieder weitergeben kann. Nun rechne einer nach, für wieviel der schon erwähnte Dollar, der von den Colorado-Bergwerken kommend, 10, 20 Jahre lang in China sich herumtrieb und dann wieder zur Lohnzahlung in den Colorado-Bergwerken verwendet wurde, dort dem Arbeiter angerechnet werden müßte, der ihn selbst gefördert hat, falls er auf dem langen Wege immer wieder mit Zins, Fracht und Gewinnzuschlag belastet weitergegeben worden wäre. Und doch wäre diese Belastung nötig gewesen, wenn jeder den Dollar des Silbers wegen gekauft hätte, wenn niemand noch nebenbei einen anderen Nutzen aus ihm gezogen hätte – nämlich den Tausch seiner Erzeugnisse gegen Gebrauchsgüter.

Man kann sogar das Geld, und besonders das Papiergeld, als die Ware bezeichnen, bei der die Wareneigenschaft am reinsten hervortritt, denn das Geld, und hauptsächlich das Papiergeld, wird nur als Ware (Tauschware) benutzt; man kauft das Geld nicht, um es, wie es bei den übrigen Waren der Fall ist, in der Fabrik, in der Küche, also fern vom Markte, zu verbrauchen.

Das Geld ist und bleibt Ware; sein Nutzen liegt ausschließlich in seinem Gebrauch als Tauschware. Alle übrigen Waren werden nur zum Verbrauch gekauft, (von den Kaufleuten abgesehen, für welche Ware und Geld – Ware bleiben). Man verfertigt die Ware zum Verkauf, aber man kauft sie zum Verbrauch. Man verkauft Ware, man kauft Gebrauchsgüter. Nur das Geld allein kauft jeder als Ware. Nur allein das Geld ist uns bereits als Ware ein nützliches Gebrauchsgut (nämlich als Tauschmittel); das Geld, und vornehmlich das Papiergeld, ist also überhaupt

die einzig nützliche Ware.

Die Metallwährungsvertreter begreifen das Metallgeld ganz regelmäßig nur als einen Rohstoff für die Goldschmiede. Eine Mark, sagt der Doppelwährungsverteidiger Arendt, ist der 1392. Teil von einem Pfund Gold, und die Vertreter der Goldwährungslehre haben natürlich keine Ursache gehabt, eine

Ansicht anzugreifen, die ihrem Verfechter für die Verteidigung seiner Sache alle Warren raubte.*

Die bisherigen Vertreter des Papiergeldgedankens, die doch dieses Märchen vor allen Dingen hätten widerlegen müssen, gehen regelmäßig, wie die Katze um den heißen Brei, um diese Frage herum. Daß das Geld an sich, ohne Rücksicht auf den Stoff, ein Fabrikat, ein nützlicher, ja unentbehrlicher Gegenstand ist, haben sie offenbar noch nicht klar genug eingesehen, und so fanden sich alle genötigt, bei dem Abfassen der Inschrift des Papiergeldes dem Inhaber irgend eine – von der Geldtätigkeit gesonderte – Leistung (Gold, Zins, Weizen, Arbeit, Land usw.) zu versprechen. Der Austausch der Waren, den das Geld allein ermöglicht, genügt ihnen als Leisten offenbar nicht, um dem Papiergeld Käufer oder Abnehmer zu sichern.

Eine Ausnahme finde ich allein in der Inschrift des von der Provinz Buenos Aires 1869 ausgegebenen Papiergeldes, durch die, soweit mir bekannt, zum erstenmal der Geldbrief an sich (also der Zettel, das viereckige Stück bedruckten Papiers) für Geld erklärt, und in der dem Inhaber keine Einlösung versprochen wird. Die Inschrift lautet:

La Provincia de Buenos-Ayres
reconoce este Billete por
und peso
moneda corriente. 10 Enero de 1869.

Übersetzt: Die Provinz Buenos Aires anerkennt diesen Zettel für einen Peso (Taler) Landesgeld.

Ich habe nicht erfahren können, ob diese Inschrift eine Folge richtiger Erkenntnis ist oder einfach eine Verlegenheitsinschrift, wie die des jetzigen argentinischen Papiergeldes, die dem Inhaber bei Sicht × Taler Papiergeld in Zahlung zu geben verspricht: "La nacion pagará al portador y á la vista y por medio del Banco de la Nacion 100 Pesos moneda nacional." Offenbarer Unsinn, denn ein Peso mon. nac. ist weiter nichts als der gleiche Papiertaler. Die Bank verspricht also dem Inhaber, den Zettel in Zahlung desselben zurückzugeben.

Ein Vorschlag, der immer wieder bis in die neueste Zeit auftaucht, ist der: Der Staat verfertigt Papiergeld in genügender Menge, um den gesamten Grundbesitz aufzukaufen und um so mit einem Schlage die soziale Hauptfrage zu lösen, nämlich die Grundrente dem Volke wieder zuzuführen. Der Grundbesitz dient dann dem Papiergeld als Deckung, wird aber, dem Zwecke der Sache entsprechend, dem Vorzeiger nicht wieder ausgeliefert. Der Inhaber muß sich mit der Sicherheit begnügen, wie er sich – so glaubt man – damit begnügt, daß die Banknoten durch Gold gedeckt sind. (Was aber durchaus nicht der Fall ist, denn der Inhaber der Banknoten begnügt sich mit dem Dienst, den die Banknoten als Tauschmittel verrichten. Wäre es nicht so, so würde er das Gold sofort abholen, wie es die Goldschmiede tun, weil sie das Gold zum Verarbeiten brauchen.) In diesem, unter jedem währungstechnischen Gesichtspunkt ganz tollen Vor-

---

*) M. Chevalier, Das Geld (La Monnaie), Paris 1866, S. 36: "Ich glaube an dieser Grundanschauung festhalten zu müssen, die ich mit gutem Recht als eine andere Begriffserklärung des Geldes erklären kann, d. h. daß die Münzen einfach Metallbarren sind, deren Gewicht und Feingehalt gewährleistet sind."

schlag wird auch wieder ganz übersehen, daß die Vermittlung des Warentausches eine genügende Leistung des Papiergeldes ist, und daß, solange wir diese Leistung dem Papiergeld sichern (dazu ist nur nötig, daß man kein anderes Geld macht), jede andere Leistung überflüssig ist.

Die Schwierigkeit für das volle Erfassen des Begriffes "Geld" liegt darin, daß der Nutzen, den wir vom Geld erwarten, so ganz und gar vom Stoff des Geldes unabhängig ist. Das Geld bedarf offenbar des Stoffes nur, um greif- und sichtbar zu sein, damit wir überhaupt sein Dasein feststellen und es übertragen zu können, nicht etwa weil wir etwas vom stofflichen Teil des Geldes erwarten. Wie könnte sich sonst eine Münze 1 bis 10, bis 100 Jahre im Umlauf erhalten, wie könnte sich eine Banknote 24 Stunden im Verkehr behaupten? Auf die Menge allein kommt es beim Geld an, denn von dieser Menge hängt es z. T. ab, wie groß das Angebot des Geldes und wie groß die Warenmenge sein wird, die wir für das Geld erhandeln werden. Eigenschaften hat das Geld als Körper nicht, wenigstens keine tätig wirkenden Eigenschaften, und niemand würde sie vermissen, wenn sie gänzlich fehlten. Hat man nicht seinerzeit das Gold dem Silber in Deutschland vorgezogen, bloß weil man für 1 kg Gold 16 mal mehr Ware geben mußte als für 1 kg Silber. Weil man also 16 mal weniger Geldstoff erhielt, darum zog man das Gold dem Silber vor.

Bei allen Gebrauchsgütern heißt es ausnahmslos beim Käufer: je mehr, je lieber; beim Geldstoff heißt es dagegen: je weniger, je lieber. Beim Geld genügt es eben, daß man es zählen kann – der Rest ist immer lästiger Ballast.

Man kauft den Honig, weil er schmeckt, das Bier, weil es berauscht, den Ballast, weil er schwer ist, den Meterstock, weil er eine bestimmte Länge hat, das Litermaß seines Raumgehaltes wegen. Aber beim Geld verlangt man keinen Geschmack, kein Gewicht, keinen Raum, nichts Körperliches, nichts für die unmittelbare Befriedigung eines persönlichen Bedürfnisses. Wir kaufen das Geld als Ware, um es als Ware wieder loszuschlagen.

Wie gleichgültig das Volk den körperlichen Eigenschaften des Geldes gegenüber ist, ermißt man am besten daran, daß unter tausend kaum einer zu sagen weiß, wieviel Gramm Feingold er für eine Mark gesetzmäßig zu fordern hat. Wer es nicht glaubt, kann ja leicht den Versuch machen.

Darum allein fordert man ja auch, daß das Geld möglichst wenig körperliche Eigenschaften habe; darum ist man, wie unbewußt, in der Wahl des Geldrohstoffes nach und nach auf den Naturstoff gelangt, der von allen Körpern des Weltalls am stiefmütterlichsten mit Eigenschaften versehen wurde, nämlich das Gold. Wie bettelarm an Eigenschaften ist das Gold, verglichen mit irgend einer Ware, etwa einem Hammer, einem Buch, einem Kanarienvogel!

Nicht seiner Farbe wegen hat man das Gold zu Geld gemacht, nicht seines Gewichtes, seines Raumgehaltes, seines Klanges, seines Geruches, seines Geschmackes, auch nicht seiner chemischen Verwandtschaften wegen. Das Gold rostet nicht, fault nicht, wächst nicht, zergeht nicht, kratz, brennt und schneidet nicht, es ist leblos, das Urbild des Todes.

Nicht wirksame, sondern nach allen Seiten hin unwirksame Eigenschaften suchen wir im Geldstoff. Von allen Körpereigenschaften das Mindestmaß, da ist die allgemeine Forderung, die das Volk an den stofflichen Teil des Geldes stellt.

Kühl bis ans Herz hinan, wie der Kaufmann seinen Waren gegenüber, so betrachtet jeder den Geldstoff. Kommt man mit dem Schatten des Goldes aus, so zieht man den Schatten vor, wie Dasein und Beliebtheit der Banknote es schlagend beweisen.

Je unwirksamer die Eigenschaften eines Stoffes sind, um so wirksamere Vorzügen hat er als Geldmaterial. Das ist das ganze Geheimnis der Papierwährung.

Man sagt, die allgemeine Vorliebe für Edelmetalle habe das Gold und Silber zu Geld gemacht. Ich glaube aber, daß im Gegenteil die allgemeine Gleichgültigkeit der Warenerzeuger diesen Metallen gegenüber der Grund gewesen ist, warum die Menschen sich einigen konnten, diese Metalle als Geld anzuerkennen. Über ein gleichgültige, neutrale Sache einigt man sich immer schneller als über Eigenschaften, die je nach unserer persönlichen Veranlagungen auch verschieden auf uns einwirken. Das Gold hat von allen natürlichen Dingen die wenigsten Eigenschaften, die geringste Verwendbarkeit in der Industrie und Landwirtschaft. Keinem Stoffe gegenüber sind wir so gleichgültig wie gerade beim Gold, darum war es so leicht, das Gold zu Geld zu erklären.

Das Gold findet gewerbliche Verwendung in der Schmuckwarenindustrie; aber gerade die, die das Gold als Tauschmittel benutzen, die Warenerzeuger, die Arbeiter, Bauern, Handwerker, Kaufleute, der Staat und das Gericht, brauchen in der Regel keine Schmucksachen. Junge Mädchen mögen für das Gold eine Vorlieber haben (oft auch nur, weil Gold Geld ist), aber junge Mädchen, die keine Waren erzeugen, brauchen keine Tauschmittel, erzeugen keine kaufmännische Nachfrage nach Geld. Und man wird doch auch nicht gerade die jungen Mädchen darüber bestimmen lassen, was als Geld gebraucht werden soll. Das weitaus wichtigste Verkehrsmittel, die Voraussetzung der Arbeitsteilung, die Finanzen des Staates, wird man doch nicht auf die wirtschaftlich schwächsten Bürger, auf putzsüchtige junge Mädchen begründen!

Die Rolle, die der stoffliche Teil des Geldes spielt, läßt sich ziemlich gut mit dem vergleichen, was das Leder des Fußballes für die Spieler bedeutet. Es kommt den Spielern durchaus nicht auf die stofflichen Eigenschaften des Balles an, auch nicht auf seinen Besitz. Zerrissen, beschmutzt, neu oder alt, alles ist gleichgültig. Ist der Ball greifbar und sichtbar, so kann die Balgerei losgehen. Und um mehr handelt es sich beim Geld auch nicht. Haben oder nicht haben; ein steter, rastloser Kampf um seine Erwerbung, nicht weil man den Ball, das Geld an sich, den Geldstoff braucht, sondern weil man weiß, daß andere das Geld wiedergewinnen und zu seiner Wiedergewinnung Opfer bringen müssen. Beim Fußball bestehen diese Opfer in Fußtritten, beim Geld in Waren. Das ist der ganze Unterschied. Und wer Liebhaber ist von kurzen Begriffserklärungen, der wird vielleicht Freude empfinden, wenn ich sage: das Geld ist der Fußball der Volkswirtschaft.

5. Die Sicherheit und Deckung des Papiergeldes.

Der junge, neue Begriff, der im vorigen Abschnitt freudig keimend zwischen den Schollen des Vorurteils hervorschoß, soll nun vorerst vor den kalten Lüften ängstlicher Zweifelsucht geschützt werden, damit er sich zu einem kräftigen Busch mit dorniger Selbstverteidigung entwickeln kann. Dem Spießbürger soll der

Gedanke an das Papiergeld keine Gänsehaut, sondern im Gegenteil das behagliche Gefühl der Sicherheit erwecken. Der Bauer, der noch heute vielfach das harte Silbergeld dem Gold als Sparmittel vorzieht, soll das Papiergeld diesem Silbergeld vorziehen, weil sein harter Schädel sich der Wahrheit nicht länger verschließen kann, daß, alles richtig bedacht, der Papierfidibus größere Sicherheit bietet als Gold und Silber.

Es handelt sich darum, zu zeigen, daß das Papiergeld nicht allein möglich, sondern daß es auch sicher und gedeckt ist. Ich will nachweisen, daß, während das Metallgeld vom Staate, der es prägte, ohne Gesetzesverletzung vernichtet werden kann, das Papiergeld nur zusammen mit dem Staate, mit dem Volke, zugrunde geht.

Es ist Tatsache, daß man der Behauptung Otto Arendts: "Unsere Reichsmark ist nichts als die Bezeichnung für $1/_{1392}$ Pfund Gold" – mit den Währungsgesetzen nicht entgegentreten kann. Kein Gesetz schützt den Besitzer gemünzten und ungemünzten Goldes vor einer solchen gesetzlichen Auslegung des Begriffes Geld, ja, die frühere Inschrift der Münzen, "XXX ein Pfund fein", sowie die jetzige Inschrift der Banknoten und Kassenschein "Die Bank (bzw. das Reich) zahlt dem Inhaber usw." läßt vermuten, daß die Verfasser dieser Inschriften die Ansicht Arendts über das Wesen der Münzen teilten. Wir können also ohne große Mühe uns folgenden Fall als möglich denken: der Staat entzieht aus irgend einem Grunde dem Gold das Geldmonopol, wie er seinerzeit dem Silber dieses Alleinrecht entzog. Statt aber die Münzen gegen neues Geld umzutauschen, läßt er alle Goldmünzen mit einem Hammer breitschlagen und das Blech den Eigentümern mit den Worten zurückgeben: Hier habt ihr das, worauf ihr, nach eurer eigenen Aussage, rechtliche Anspruch erhebt – einen Metallbarren mit einem bestimmten Goldgehalt. Geld ist aber dieses Gold von nun an nicht mehr. Wir machen jetzt anderes Geld und nehmen kein Gold mehr an, lehnen auch den Umtausch gegen das neue Geld ab. Die Goldmünze war nach euren eigenen Worten, nach eurer eigenen Erklärung vom Wesen des Geldes, durch ihren Metallgehalt gesichert. Ihr habt diesen Metallgehalt jetzt unversehrt in der Hand. Seht nun zu, was ihr mit dem Metallbarren anfangen könnt. Es ist eure Sache. Ihr hattet dem Staate Goldbarren geliefert, er hatte sie kostenlos für euch, aber mit erheblichen Kosten für sich, prägen lassen. Jetzt gibt der Staat jedem zurück, was jeder geliefert hat – einen Goldbarren. Zu fordern habt ihr weiter nichts – denn ihr habt ja auch weiter nichts geleistet.

Kein Gesetz schützt heute den Bürger vor solcher Politik. Im Gegenteil, sie steht mit der Theorie, der öffentlichen Meinung und mit der Inschrift der Münzen in vollem Einklang.

Und doch wäre eine solche Politik eine Pfuscherei schlimmster Art, ein Raubzug gegen alle Besitzer von Bargeld, Pfandbriefen, Wechseln, Anleihen, Schuldscheinen, Pensionen, Obligationen usw., die dadurch einen bedeutenden Teil ihrer Habe einfach verlieren würden. Denn Pfandbriefe, Staats- und Gemeindeanleihen, Schuldscheine, Pensionen, Wechsel usw. sind einfach Lieferungsverpflichtungen von so und so viel Gramm Gold*, und wenn dem Gold seine Haupt-

---

*) Es kann verständigerweise niemand angehalten werden Schulden in gemünztem Gold zu bezahlen, wenn der Staat das Ausmünzen unterläßt und privates Ausmünzen nicht gestattet ist. Man kann überhaupt niemand zur Lieferung einer Sache anhalten, die Gegenstand eines Monopols ist.

verwendung plötzlich genommen wird, – seine Verwendung als Geldstoff – so ist es klar, daß das Gold billig werden würde. Die mit dem Hammer breitgeschlagenen Münzen, jetzt einfache Metallbarren, würden, Verwendung suchend, den Goldschmieden zuströmen, und ein solch starkes Angebot würde naturgemäß den Preis des Goldes drücken.

Als man das Silber entmünzte, fiel sein Tauschverhältnis zum Gold von 16 auf 30 und 35, d. h., für eine Tonne Gold lieferte man jahrhundertelang, bis zur Entmünzung des Silbers, 16 Tonnen Silber, nach der Entmünzung des Silbers aber 30 und mehr Tonnen. Der Preissturz würde noch viel größer gewesen sein, wenn man in allen Staaten gleichzeitig zur Entmünzung des Silbers geschritten wäre.* Entsprechend, nur umgekehrt, erging es dem Nickel: vor seiner Verwendung als Münzmetall war der Preis dieses Metalles ganz gering, nachher stieg er um viele hundert Prozent.

Übrigens das, was wir hier als Unterstellung geben, die Aufhebung des freien Prägerechtes für das Gold, wäre um das Jahr 1856 fast zur Tatsache geworden. Die Gläubiger fanden damals, daß die allgemeine Preissteigerung der Waren, eine Folge der kalifornischen Goldfunde, sie zugunsten ihrer Schuldner schädigte, und sie drängten auf Aufhebung des freien Prägerechtes. Und tatsächlich schritt auch Holland zu dieser Maßregel. Hätten die kalifornischen Goldfunden nicht ebenso schnell nachgelassen, wie sie sich zeigten, so wäre ganz zweifellos das Schicksal des Goldes damals besiegelt worden.**

Was wäre aber das Gold heute ohne die Vorrechte des Geldes, was wäre das Gold, wenn nicht jeder Bürger, jede der ein Gewerbe betreibt, jeder, der die Arbeitsteilung aufgenommen und die Urwirtschaft aufgegeben hat, kurz jeder, der Ware besitzt oder verfertigt – mit diesen Waren eine Nachfrage nach Geld, d. h. heute nach Gold, erzeugte? Was wäre das Gold, wenn es nicht mehr Geld wäre? Es hätte wirtschaftliche die Bedeutung, die das Silber hat, seitdem es nicht mehr Geld ist. Es wäre eine Rohstoff für den bedeutungslosesten Zweig des 1000ästigen Industriebaumes. Wer spricht heute noch vom Silber? Wem würde es in den Sinn kommen, Silberbarren zu kaufen und diese als Sparmittel zu verscharren? Wen berührt es noch, ob der Silberpreis auf 200 steigt oder auf 50 fällt? Wer gewinnt, wer verliert, wer stellt noch seine Zahlungen ein, weil der Silberpreis, das Tauschverhältnis des Silbers zu den übrigen Waren, sich verändert hat? Höchstens einige Metallhändler würden dadurch betroffen, sonst aber ist allen der Silberpreis so gleichgültig, wie einer Marmorfigur der Zahnschmerz. Früher ja, da genügte es, wenn das Tauschverhältnis zwischen Silber*** und Waren sich um ein Weniges zugunsten des Silbers hob, um alle Räder stillstehen zu lassen (Krise), um Tod und Verderben zu verbreiten, um Verluste, Zahlungseinstellungen, Arbeitslosigkeit, Hunger und Unruhen zu erzeugen.

---

*) Es ist anzunehmen, daß, wenn heute einer der großen Handelsstaaten das Gold entmünzte, die anderen Staaten sofort dem Beispiel folgen würden, um sich des von jenem Staate einströmenden Goldes zu erwehren, und um sich vor ähnlichen Verlusten zu schützen, wie sie die lat. Münzunion dadurch erlitt, daß sie zu lange mit dem Verkauf des Silbers zögerte.
**) Ich mache wiederholt darauf aufmerksam, daß es sich hier um die Neuauflage eines erstmalig 1911, also vor dem Kriege, erschienenen Buches handelt. Der Krieg hat viele Bestätigungen dieser neuen Lehre vom Geld gebracht, doch verzichte ich darauf, auf ihn Bezug zu nehmen. Ich will vom Kriege nichts, auch keinen Lehrstoff, geschenkt erhalten.
***) Auf französisch (l'argent) und spanisch (plata) heißt Silber soviel wie Geld.

Vom Silberpreis, d. h. vom Tauschverhältnis zwischen Silber und Waren, hing es ja ab, wieviel Geld man für seine Erzeugnisse erhielt, und ob man sie überhaupt an den Mann bringen konnte. Früher enthielt die Frage nach dem Preis einer Ware immer auch die Frage nach dem Preise des Silbers. Wer die Frage stellte: wieviel kostet dies und das? der erkundigte sich damit nur nach dem Preis des Silbers.

Jetzt ist das anders, weil der Staat durch Federstrich das Silber vom Geld trennte. Dabei braucht man aber nicht zu glauben, daß eine große Volksbewegung nötig gewesen wäre, um dem Silber die Jahrtausende alten Geldvorrechte zu entziehen. "Die große Münzreform" wurde von einigen Schwätzern eingeleitet, begründet und gegen ein anderes Dutzend Maulhelden ohne Schweiß und Blut verteidigt. Man lese jene Redekämpfe durch. Vom Hunnenstandpunkte aus wurde die ganze Münzreform behandelt. Leere Redensarten, unverdaute Theorien, billige Beteuerungen, Behauptungen, Ansichten. Das war damals der ganze Währungskampf, und jeder nachfolgende, bis auf den heutigen Tag, zeigte denselben Tiefstand. Vom Tauschmittel, von den Bedürfnissen der Waren, von der Arbeitsteilung ist niemals gesprochen worden. Wirklich, als ob die "Mark d. R.-W." nur der 1392. Teil von einem Pfund Gold wäre.

Alles, was man der Goldwährung nachsagte, wurde einfach als richtig hingenommen. Nichts wurde nachgeprüft. Von wissenschaftlicher Bearbeitung des Gegenstandes nirgendwo eine Spur. Tatsache ist, daß es noch heute, nach so vielen schmerzlichen Erfahrungen, an einer gesetzlichen Auslegung des Begriffes "Geld" fehlt, an die man sich in Zweifelsfällen bei der Auslegung der Währungsgesetze halten könnte.

Tatsache ist auch, daß heute noch, nicht nur der Bauer, sondern auch die gebildeten Bürger, die kindlichsten Vorstellungen über das Geldwesen hegen, ja, daß "viele, selbst der hervorragendsten Nationalökonomen, ohne eine wirklich logisch durchdachte Theorie des Geldes dastehen". (Knut Wicksell: Geldzins und Güterpreis.)

Unter solchen Verhältnissen fragt man sich: wo ist die Sicherheit und Deckung des deutschen Geldes, der "Mark d. R.-W."? In dem Metall des Geldes liegt diese Sicherheit und Deckung nicht. Das zeigt die Tatsache, daß das Silber, das doch mit dem deutschen Geld enger verwachsen war als das Gold, von einem Tag zum anderen, ohne Sang und Klang, gesetzlich vom Geld getrennt wurde.

In den Gesetzen liegt dieser Schutz auch nicht, denn eine gesetzliche Auslegung des Begriffes "Mark d. R.-W." fehlt, und zwar fehlt sie so gänzlich, daß man auf die Frage, "was ist nach dem Gesetz eine Mark d. R.-W.", immer die geistreiche Antwort erhält: "Eine Mark sind 100 Pfennige" – einerlei, an wen man sich wenden mag.

Die währungstheoretische Schulung einer genügenden Anzahl Männer, die der "Mark d. R.-W." sozusachen bei der Gesetzgebung als Leibgarde dienen könnte, um sie vor den Angriffen von Pfuschern und Schwindlern zu schützen, wäre an sich geeignet, diese Sicherheit zu bieten, – aber die Gleichgültigkeit des Volkes, der Wissenschaft, der Presse, des Handelsstandes, gegenüber der Lehre vom Wesen des Geldes war bisher so groß, daß man schon Mühe hatte,

Die Sicherheit und Deckung des Papiergeldes.

im Millionenreich der Deutschen nur ein Dutzend Männer zusammenzubringen, mit denen sich überhaupt die Theorie des Geldes ernsthaft besprechen ließ.* Also wo liegt die Sicherheit der "Mark d. R.-W."? Wer oder was schützt die "Mark d. R.-W." vor den Pfuschern und Schwindlern? Sind es die Flugschriften des Vereins zum Schutze der deutschen Goldwährung? Gehören die Verteidiger der deutschen Goldwährung nicht ebenso zu den Pfuschern wie die Angreifer? Man lese doch diese Flugschriften mit Aufmerksamkeit, und man wird erkennen, daß ihre Verfasser sich überhaupt nicht klar waren, welchen Zweck das Geld zu erfüllen hat. Daß das Geld Tauschmittel ist, daß das Geld den Tausch der Waren beschleunigen, sichern und verbilligen soll, daß der Markt der Prüfstein für die Güte des Geldes ist, nicht aber der Metallgehalt, das Gewicht des Geldes, wird hier überhaupt nicht erwähnt. Vom denkbar niedrigsten Standpunkt, vom Standpunkt des Goldschmiedes und des Bankmannes, wird hier das Geld betrachtet. Und dieser Verein zur Verteidigung der deutschen Währung trägt jetzt den Siegeskranz! Was für Helden müssen da die Angreifer gewesen sein!

Daß der Metallgehalt der deutschen Reichsmark keinen Schutz, keine Sicherheit, keine Deckung gewährt, haben wir mit der Geschichte des Silbers bewiesen. Man sollte glauben, daß eine Tatsache, die eine so klare Sprache spricht wie diese, genügen müßte, um die Behauptung, die "Mark d. R.-W." sei der 1392. Teil von einem Pfund Gold, daß die Mark durch den Metallgehalt allein genügend gesichert sei, als Schwindel zu entlarven.

Dabei ist es allgemein bekannt, daß durch das Spiel der Kräfte, "Gresham-Gesetz" ** genannt, das Gold durch Ausgabe von Papier- und Silbergeld außer Landes getrieben werden kann, so oft es die Machthaber wünschen. Es genügt,

---

*) In den letzten Jahren hat sich dies durch die rege Arbeit des "Freiland-Freigeld-Bundes" wesentlich gebessert, und es mehrt sich ständig die Zahl derer, die den Stoff beherrschen und für die Verwirklichung des Freigeld-Gedankens in Wort und Schrift eintreten.
**) Gresham-Gesetz: Wenn in irgend einem Lande der Geldbestand den wirklichen Bedarf an Tauschmitteln übersteigt und sich dies in einer Preissteigerung zeigt, so wird diese Preissteigerung die Warenausfuhr erschweren, die Einfuhr erleichtern, und infolgedessen die Ausfuhr gegenüber der Einfuhr einen Fehlbetrag ergeben, der am einfachsten durch Goldausfuhr gedeckt wird. So wurden z. B. aus Deutschland, wo die Milliarden ausgeschüttet worden waren, in den Jahren 1872/74 für 3646 Millionen Mark (also fast für den vollen Betrag der Kriegsentschädigung) mehr Ware eingeführt als ausgeführt während noch vor dem Krieg die deutsche Ausfuhr einen Überschuß über die Einfuhr ergeben hatte.
Diese Goldausfuhr, die ja eine Verminderung des Geldbestandes bedeutet, drückt die Preise auf ihre richtige Höhe herab und stellt so selbsttätig die Gleichgewicht zwischen Ein- und Ausfuhr wieder her. Wenn nun aber der Staat, ohne Rücksicht auf die Warnung, die in der Goldausfuhr liegt, den Geldbestand dauernd durch Ausgabe von Papiergeld vermehrt, so geht auch dauernd Gold außer Land, bis die Einfuhrhändler auf Schwierigkeiten stoßen, Gold (oder ausl. Wechsel) für ihre Warenbezüge aufzutreiben. Diese Schwierigkeiten setzen sich dann sofort in ein Aufgeld (Agio) um, und nun wirkt dieses Aufgeld als Regler des Außenhandels, insofern als es die Wareneinfuhr erschwert und die Warenausfuhr erleichtert. Das Aufgeld hindert aber gleichzeitig den Goldumlauf im Inlande, da im Inlande an den Staatskassen und vor Gericht nur Papiergeld angenommen wird und das täglich wechselnde Aufgeld im Verkehr bald als eine lästige Begleitung des Goldes empfunden wird, so daß das Gold nur noch ungern angenommen wird. Das Aufgeld stößt überall an, das Geld wird für den Verkehr unbrauchbar. Es sammelt sich bald in den Banken – als überschüssig – und bleibt dort brach liegen, bis es auf der Suche nach Zins von den Eigentümern über die Grenze befördert wird. So kommt es, daß im Kampfe mit seinem papiernen Wettbewerber das Gold im Inland immer den kürzeren

daß der Staat mehr Silber prägt, daß die Reichsbank mehr Banknoten druckt, und es währt nicht lange, dann wandern die Goldmünzen über die Grenze. Wo ist also diese Sicherheit und Deckung, wenn es von den Gesetzen abhängt, das Gold durch anderes beliebiges Geld zu verdrängen? In Frankreich hatte man als John Law mit dem Papiergeld seine Versuche anstellte, Silber und Gold im Verkehr. Diese Sicherheit des französischen Geldes bewährte sich so vorzüglich, daß nach kürzester Zeit nur mehr Geldpapier vorhanden war. Später wiederholte man mit Assignaten (Anweisungen) den Versuch mit dem gleichen Erfolg. Und als es hieß, den Deutschen den Hunnenschatz als Kriegsbeute auszuliefern, da wurde wiederum mit Papiergeld der Markt vollständig von allem Gold leergefegt. Dreimal hat man also in Frankreich die Probe gemacht, jedesmal mit vollem Erfolg. Dreimal versagte das Metall als Sicherheit. Und wie war es in Schottland, England, Österreich, Rußland, Spanien, Italien, in den Vereinigten Staaten, in Südamerika, in Indien? In all diesen Ländern ist das Metall (Gold und Silber) unzähligemal, so oft es die Machthaber (Selbstherrscher und Volksvertretungen) so haben wollten, vom Papiergeld verdrängt worden. Das Metall hat niemals dem Papier widerstehen können. Vor Pfuschern und Schwindlern hat das Geld in dem Goldgehalt nie mehr Schutz gefunden, als das deutsche Geld Schutz in dem Silbergehalt der Taler gefunden hat.

Es gehört also zum Glauben, daß die d. R.-W. vor Schwindlern, Pfuschern, Dieben durch den Goldgehalt gesichert sei, eine vollständige Unkenntnis der Geschichte des Goldes überhaupt.

Übrigens, wenn wir auch ganz von dem Gresham-Gesetz absehen, – wer war denn eigentlich durch den Metallgehalt der Münze gedeckt? Zweifellos doch nur die zufälligen Inhaber der Münzen, die Inhaber der 4 oder 5 Milliarden, die früher in Deutschland an gemünztem Gold umliefen. Aber was sind diese "Miseräbelchen", diese verhältnismäßig ganz bedeutungslosen Mengen Goldes, gegenüber den 1000 Milliarden an Staatschulden, Pfandbriefen, Wechseln, Pacht- und Mietsverträgen? Waren diese 1000 Milliarden auch noch durch den Metallgehalt der 5 Milliarden an Münzen gedeckt? Diese 1000 Milliarden sind nur durch das Gesetz gesichert, und das Gesetz, nicht der Metallgehalt der Münze, bestimmt, was eine "Mark d. R.-W." in Pfandbriefen, Staatsanleihen usw. bedeutet. Vor 40 Jahren lauteten alle deutschen Pfandbriefe, Staatsanleihen, Wechsel auf Silber, und das Gesetz zwang dann trotzdem den Schuldner, mit Gold zu zahlen!

Auch so betrachtet, erweist sich die Sicherung der "Mark d. R.-W." durch den Metallgehalt der Münze als Bier und Tabaksqualm.

Das gemünzte Geld ist nur ein Pfifferling* im Vergleich mit dem ungemünzten Geld (das sind also alle Geldlieferungsverträge), und darum kann die metallene Sicherheit des Geldes auch immer nur die Bedeutung eines Pfiffer-

---

zieht. Ganz gesetzmäßig wirft das Papiergeld seinen Wettbewerber, das Gold, über die Grenze, und dieses "Gesetz" nennt man das Gresham-Gesetz, zu Ehren eines Mannes dieses Namens, der es zuerst gefunden hat.

*) In Deutschland liefen früher 5 Milliarden Mark in Goldmünzen um gegen 143 Milliarden in Pfandbriefen, 40 Milliarden in Wechseln usw.

lings haben. Ganz abgesehen davon, daß selbst dieser Pfifferling durch das Spiel der Kräfte, das im Worte Gresham-Gesetz zusammengefaßt wird, unter der Hand verschwindet.

Als in allen den vorhin genannten Ländern das Gold- und Silbergeld durch Papiergeld und Kupfermünzen verdrängt wurde, und in vielen Fällen auch das Papiergeld noch zu Geldpapier (also wertlos) wurde, da fielen auch gleichzeitig alle Schuldverschreibungen, die Staatspapiere, Pfandbriefe, Wechsel auf den Stand des Geldpapieres.

Ich frage also nochmals, wo blieb die Sicherheit des Metallgeldes?

Das Geld braucht den Staat; ohne Staat läßt sich kein Geld denken; ja, man kann sagen, mit der Einführung des Geldes beginnt die Gründung des Staates. Das Geld ist das natürlichste und mächtigste Bindemittel der Völker. Das Weltreich der Römer wurde durch die römische Münze fester als durch seine Heerhaufen zusammengehalten. Als die Gold- und Silbergruben versiegten und keine Münzen mehr geprägt wurden, da fiel das Weltreich auseinander.

Diese Unentbehrlichkeit des Geldes, bei gleichzeitiger Unentbehrlichkeit der staatlichen Oberaufsicht über das Geld, gibt dem Staate unbeschränkte Macht über das Geld, und dieser unbedingten Macht gegenüber erweist sich die metallene Sicherheit der Münze als Spreu im Winde.

Das Geld kann man darum ebensowenig durch den Geldstoff gegen Machtmißbrauch des Staates schützen, wie man die Verfassung des Staates mit dem Pergament, worauf sie geschrieben steht, vor Willkürherrschaft schützen kann.

Nur der Staat selbst, der Wille der Machthaber (Selbstherrscher oder Volksvertretung) kann das Geld vor Pfuscher, Schwindlern, Dieben sichern und schützen – vorausgesetzt, daß der Machthaber überhaupt seine Macht zielbewußt zu gebrauchen weiß, was leider bisher noch nie und nirgends der Fall gewesen ist.

Was hier vom Metall gesagt ist, gilt natürlich auch für das Papiergeld. Irgend eine Sicherheit bietet der Papierstoff dem Inhaber nicht, weder dem Inhaber des eigentlichen Papiergeldes, noch den Inhabern der Geldlieferungsversprechen (Wechsel, Staatsschuldscheine, Ruhegehaltsberechtigungen, Miet- und Pachtverträge, Lebensversicherungen, Pfandbriefe, Obligationen).

Das Papiergeld ist sogar in dieser Beziehung noch etwas weniger sicher gestellt (freilich nur um ein Geringeres weniger) als das Metallgeld, dafür aber wird es wieder kräftiger durch das Gesetz geschützt.

Wir haben gesehen, daß der Staat, ohne Gesetzesverletzung und in voller Übereinstimmung mit den landläufigen Anschauungen vom Wesen des Geldes, die Münzen durch einen die Prägung vernichtenden Hammerschlag wieder in das, was sie ursprünglich waren, verwandeln, daß er den goldenen Münzen die Vorrechte des Geldes entziehen kann, daß der Verlust der Geldvorrechte den Preis des gemünzten Goldes drücken würde, daß der Staat durch kein Gesetz gebunden ist, die Inhaber der Münzen für diesen Verlust zu entschädigen und daß, falls er sich zu einer Entschädigung entschließt, er nicht nach Recht und Gesetz, sondern nur nach Billigkeit handelt. Und die Billigkeit ist eine schwache

Sache, da kommt es sehr auf die Gesellschaftsschicht an, die sich auf Billigkeit beruft.*

Ganz anders steht dagegen das Papiergeld dem Gesetz und Recht gegenüber. Der Staat darf dem Papiergeld die Vorrechte des Geldes nicht entziehen, ohne die Inhaber zu entschädigen. Der Staat hat bei der Ausgabe des Papiergeldes etwas in Tausch erhalten, und dieses Etwas ist er dem Inhaber schuldig. Er muß es zurückerstatten; zweifellos muß er das; es kann dies gar nicht geleugnet werden, auf welchen Standpunkt man sich auch stellt. Der beste Beweis für diese Entschädigungspflicht ist wohl der, daß sich überhaupt keine anderen Gründe dafür finden lassen als die Selbstverständlichkeit dieser Pflicht.

Der Staat hat den Talern die Geldvorrechte entzogen und die Inhaber durch Tausch der Taler gegen neues Geld entschädigt.** Eine gesetzliche Entschädigungspflicht bestand nicht, aber man fand außerhalb des Gesetzes genügend Gründe, um so zu handeln. Da war vor allem die Tatsache, daß der Staat die Bürger durch die Steuergesetze vorher gezwungen hatte, silberne Taler zu kaufen, denn der Bauer, der seine Steuern bezahlen wollte, mußte vorher durch Verkauf seiner Kuh Taler kaufen. Durch staatliche Anforderungen gezwungen, hatte der Bauer Silber gekauft, nicht weil er für sich irgend einen besonderen Bedarf daran hatte. Dadurch übernahm der Staat die Pflicht, den Bürgern auch den Absatz für diese Taler zu sichern, woraus sich dann die Entschädigungspflicht ableiten läßt.

Solche Begründung der Entschädigungspflicht läßt sich ja hören, aber man weiß, wie schwerhörig jeder wird, der nicht hören will. Was nützen da die schönsten Gründe? Sein Recht begründen, heißt seine Schwäche erkennen. Wenn die Landwirte (Agrarier) damals, als es hieß, die Goldwährung einzuführen, gewußt hätten, daß die Entmünzung des Silbers einen Preissturz dieses Metalls herbeiführen würde, der sie um 50 % ihrer, in Silbertaler eingegangenen Grundpfandschulden hätte befreien können – wer weiß, wie sie sich da gegenüber der Entschädigungspflicht verhalten hätten. Ihr späteres Verhalten, als sie (zu spät) den Sachverhalt erkannten, läßt darauf schließen, daß sie die Metallgeldtheorie, wonach ein Taler der XXX. Teil von einem Pfund Feinsilber war, sich zu eigen gemacht und darauf bestanden haben würden, ihre in Silbertalern eingegangenen Schulden mit ungemünztem Silber im Verhältnis von $1/30$ Pfund für jeden Taler zu bezahlen. Das wäre ein ebenso einträgliches, dabei anständigeres, ehrlicheres Geschäft gewesen, als die Erhöhung ihrer Grundrenten durch Zölle.

Alle solchen Geschichten fallen beim Papiergeld fort. Da gibt es keine Parteien, keine Theorien, keine Gesetze, keine Gesetzesauslegung und keine Gründe, um die Entschädigungspflicht des Staates darzutun. Sie ist selbstverständlich. Und darum ist die Sicherheit des Papiergeldes auch größer als die des Metallgeldes – das Papiergeld ist genau so sicher wie die Gedanken und Interessen,

---
*) Die Großgrundbesitzer wandten sich an den Staat um eine Verteuerung der Volksnahrung durch Grenzsperre, und sie wurde ihnen gewährt. Die Arbeiter verlangten vom Staat Verbilligung der Nahrungsmittel durch Aufhebung der Grenzsperre – und sie wurde glatt verweigert.
**) Daß durch den Verlust der Geldvorrechte den Talerbesitzern überhaupt ein Schaden entstehen konnte, widersprach und widerspricht noch heute den Metallgeldtheorien.

die das Volk zu einem Staate zusammenschließen. Das Papiergeld geht nur mit dem Staate zugrunde.

Neben der eingebildeten Sicherheit des Geldes gegenüber der Allmacht des Staates verlangt man für das Geld noch eine Deckung oder wirtschaftliche Sicherheit. Der Staat, wird man sagen, mag seine Macht, so gut er es versteht, gebrauchen; er mag auf den Mißbrauch dieser Macht verzichten, aber das allein bietet keine Gewähr dafür, daß man die Auslagen, die man für die Anschaffung des Geldes gemacht hat, auch immer wird einholen können. Das Metallgeld trägt den Stoff für die volle Deckung dieser Auslagen in sich, es hat "inneren Wert" (einerlei, was man darunter vorstellt), Wertstoff, während das Papiergeld in dieser Beziehung leer ist und seine Deckung anderswo, auf alle Fälle außerhalb seines Stoffes, suchen muß.

Dieser Einwand ist leer, verworren. Zum Teil ist seine Leerheit schon im Abschnitt "Was ist der Wert?" und in den vorangehenden Ausführungen über die Sicherheit des Geldes dargetan. Schon der Umstand, daß die Inhaber der Silbermünzen nach dem Verluste der Geldvorrechte sämtlich von dem Umtauschrecht Gebrauch gemacht haben, zeigt uns klar, daß das Metallgeld dem Inhaber keine volle Deckung seiner Auslagen im Geldstoff bietet. Sonst hätte doch jeder das Silber einfach behalten.

Was sich, außer dem schon Gesagten, gegen den oben erhobenen Einwand noch Vernünftiges, wenn auch bereits Überflüssiges, sagen läßt, ist etwa folgendes:

Eine Ware ist gedeckt, solange jemand da ist, der dafür die übliche Menge Ware oder Geld in Tausch zu geben bereit ist, mit anderen Worten, solange die Nachfrage nicht nachläßt. Sich selbst kann aber keine Ware decken. Es gehört ja zum Begriff der Arbeitsteilung und Ware, daß das Arbeitserzeugnis seinem Erzeuger geradezu nutzlos ist. Was können, ich wiederhole die Frage, die Schneider, Schuster, Apotheker mit ihren Erzeugnissen anfangen, ja, was sollten die Bauern mit dem Gold der Münzen anfangen, wenn niemand es ihnen abkaufen würde?

Man denkt, wenn von der Deckung des Geldes die Rede ist, wohl an den Nutzen, den die Besitzer von Gebrauchsgütern aus dem Gebrauch dieser Güter (Vorräte, Werkzeuge usw.) ziehen. Diesen Nutzen möchte man auf alle Fälle dem Geldbesitzer durch den Geldstoff sichern. Das Geld soll Ware und gleichzeitig ein Stoff für persönliche Bedürfnisse sein. Man will ein Zwitterding, etwas Unmögliches.* An dem Tage, wo allen Geldbesitzern der Geldstoff nützlich wäre, gäbe es ja kein Geld mehr. Die Nützlichkeit des Geldstoffes würde die Münzen zum Schmelztiegel führen. Und das Geld ist doch unentbehrlich; es soll nicht verbraucht werden.

Solange wir uns in die Arbeit teilen, d. h. solange wir Waren (d. h. uns selbst nutzlose Dinge) erzeugen, so lange werden wir Tauschmittel, d. h. Geld gebrauchen. Der Bedarf an Geld ist also dauernd, nie fehlend, auf der Arbeitsteilung, der Grundlage unseres Daseins, aufgebaut. Weshalb sollen wir da das

---

*) "Gewöhnlich, wenn der Deutsche etwas will, so will er gleichzeitig auch das Gegenteil." Bismarck.

Geld verbrauchen, aufzehren, vernichten können? Wäre es nicht im Gegenteil eine Gefahr für den Austausch der Waren, für den Fortbestand der Arbeitsteilung, wenn man das Tauschmittel verzehren, verbrauchen könnte?

Eine solche Deckung des Geldes, wie sie in dem oben gemachten Einwand gesucht wird, – gibt es nicht und kann es nicht geben.

Nicht durch den Geldstoff ist das Geld gedeckt, ist das Bedürfnis nach ihm, die kaufmännische Nachfrage gesichert, sondern durch sein Wirken als Tauschmittel. In letzter Linie sind es die unerschöpflichen, diebessicheren Schätze, die die Arbeitsteilung den Menschen bietet, die das Geld decken.

Neben der Arbeitsteilung gibt es keine andere Deckung für das Geld. Die Arbeitsteilung erzeugt einen ununterbrochen fließenden Strom von Waren, die ihrerseits eine ununterbrochene Nachfrage nach Tauschmitteln, nach Geld halten, einerlei, aus welchem Stoff das Geld hergestellt wird. Ob das Geld aus Gold – Silber – Papier gemacht ist, bleibt ohne Einfluß auf das Angebot von Waren, also auf die Deckung des Geldes, da ja, ganz unabhängig von der Beschaffenheit des Geldes, die Erzeugnisse der Arbeitsteilung gegen Geld angeboten werden müssen. Ob der Bauer für seine Kartoffeln Gold oder Papier erhält, hat keinen Einfluß auf die Menge Kartoffeln, die er zu Marke bringt. Er bringt auf alle Fälle alles hin, was er entbehren kann. Ob auf der Reichsbank 10 oder 100 Tonnen Gold lagern, hat auf das Angebot von Waren, auf die Nachfrage nach Tauschmitteln, keinen Einfluß. Und da die Nachfrage die eigentliche Deckung des Geldes (wie der Waren überhaupt) ist, so ist auch die Deckung des Geldes von dem Geldstoff unabhängig.

Ware, Geldbedarf und Gelddeckung sind drei verschiedene Ausdrücke für die gleiche Sache. Wo ist die Deckung der Eisenbahnaktie? Etwa in den Schienen und den Bahndämmen? Diese Deckung findet jeder in den Gütermassen, die der Bahn täglich zur Weiterbeförderung zugeführt werden. Die Arbeitsteilung ist die Deckung der Bahnaktie.

Und genau so verhält es sich mit den Anteilscheinen der Geldvorrechte, mit dem Geld. Gesetzt den Fall, es fehlen einmal die Frachtgüter, so ist die Eisenbahnaktie wertloses Papier; angenommen ferner, es hören Arbeitsteilung und Angebot der Waren auf, so ist das Geld der nutzloseste Gegenstand, das Papiergeld ist dann wie Aus-schußpapier, und das Metallgeld ein Rohstoff der nebensächlichsten aller Industrien.

Fassen wir hier kurz das in diesem Abschnitt Gesagte zusammen:

1. Der stoffliche Teil des Geldes bietet keinerlei Sicherheit vor Mißbräuchen der Staatsgewalt in Geldangelegenheiten.

2. Der stoffliche Teil des Geldes kann bestenfalls, wenn wir von der Wirkung des Gresham-Gesetzes absehen, zu einem geringen Teil nur das gemünzte Geld sichern (das Silber deckte zuletzt etwa 40 % des Talers); die 1000 mal größeren Summen an Geldlieferungsverträgen (Pfandbriefe, Staatspapiere) bleiben ganz ungedeckt.

3. eine Entschädigungspflicht des Staates, im Falle dem Geld die Geldvorrechte entzogen werden, ist nur beim Papiergeld selbstverständlich; beim Metallgeld muß diese Pflicht gegen den Einspruch starker, durch die Neuerung benachteiligter Volkskreise nachgewiesen und verteidigt werden. Dadurch ist die Sicherheit des Papiergeldes größer als die des Metallgeldes.

4. Der Geldstoff kann die Nachfrage nach Geld nicht beeinflussen; er kann infolgedessen auch niemals als Deckung angesehen werden. Der Geldstoff vermag die Nachfrage nach Geld weder zu erwecken, noch zu beeinflussen, noch zu beherrschen.

5. Das Geld wird, unabhängig von seinem Stoff, immer und ausschließlich durch die Arbeitsteilung gedeckt.

6. Die Sicherung des Geldes kann nur allein dadurch erzielt werden, daß gesunde währungspolitische Anschauungen Gemeingut des Volkes und der Machthaber werden.

6. Welchen Preis soll das Geld erzielen?

Daß man aus Geldpapier Papiergeld machen kann, d. h., daß man für Geldpapier einen höheren Preis erzielen kann, als für ein gleich großes Stück Ausschußpapier, haben wir gezeigt und zwar mit all den Ausführlichkeiten, die die Wichtigkeit der Sache verlangt.

Nun fragt es sich, wie hoch der Preis des Papiergeldes über den Preis des Geldpapieres getrieben, wie das Tauschverhältnis zwischen Geld und Waren gestaltet werden soll.

Dies ist in der Tat eine sehr wichtige Frage, überhaupt die einzige Frage, die die Warenerzeuger erregt. Mag den Warenerzeugern der Geldstoff gleichgültig, auf alle Fälle nur Ballast sein, bei der Frage: wieviel Geld verlangst du für deine Kuh, oder was bietest du mir für meine Werkzeuge – ist die Aufmerksamkeit aller auf das höchste gespannt. Hängt doch von der Antwort auf diese Frage der Erfolg des ganzen, langen Erzeugungsvorganges ab.

Ändert sich das Tauschverhältnis zwischen Waren und Geld, so erhält jeder beim Verkauf seiner Erzeugnisse mehr oder weniger an Geld, und beim Verkauf des Geldes entsprechend mehr oder weniger an Ware. Von diesem Standpunkt aus betrachtet, wäre eine Preisänderung des Geldes eine ziemlich gleichgültige Sache.

Aber nicht alle geben das Geld, das sie eingenommen haben, gleich wieder für Waren aus. Und für diese ist es durchaus nicht gleichgültig, ob sich die Preise in der Zeit zwischen Verkauf und Kauf verändert haben. Und noch weniger gleichgültig sind die Preise für alle Schuldner und Gläubiger; ja, für diese ist die Frage: wieviel werde ich von meinen Erzeugnissen für die Auftreibung von Zins und Tilgungsbeträgen meiner Schulden verkaufen müssen (bzw. wieviel Ware erhalte ich für die eingehenden Zinsen und Tilgungssummen meiner Guthaben), eine Lebensfrage. Auch werden wir später sehen, daß die Frage nach den Preisen, vom rein kaufmännischen Standpunkt betrachtet, die Entscheidung über Leben und Tod des Warenaustausches und demzufolge auch der Arbeitsteilung, der Grundlage unsere Wirtschaft, enthält.

Hier wollen wir aber zur Beleuchtung der Wichtigkeit der Preise nur die Verhältnisse zwischen Gläubiger und Schuldner betrachten.

Das "Haben" der Schuldner (Pfandbriefschuldner, Obligationenschuldner, Wechselschuldner, Pächter, Mieter, Inhaber von Lebensversicherungsurkunden, Steuerzahler usw. usw.) besteht in der Regel aus Waren, Maschinen, Grundstücken, Vieh, während das "Soll" ausnahmslos in einer bestimmten Summe Geldes besteht. Und das Geld für dieses "Soll" kann der Schuldner nur dadurch auftreiben, daß er Teile seines Habens, in der Regel seine Arbeitserzeugnisse, gegen Geld verkauft.

Verschiebt sich nun das Tauschverhältnis der Waren zum Geld, so verschiebt sich auch das Verhältnis von Soll zum Haben. Braucht ein Gutsbesitzer z. B. bei einem Preis von 250 Mark für 1000 kg Weizen (Preis nach Einführung der Getreidezölle) den vierten Teil seiner Ernte für Zins und Tilgungsbeträge der Bodenschuld (bzw. für Pacht), für seine Steuern, Versicherungsbeträge usw., so wird er diesem Zwecke ein Drittel seiner Ernte opfern müssen, falls die Zölle abgeschafft würden, und dieses Mehr kann unter Umständen den gesamten Betriebsüberschuß verschlingen, den Zusammenbruch des Schuldners herbeiführen.

Und umgekehrt natürlich, falls die Preise steigen. Umgekehrt auch verhalten sich die Sachen für den Gläubiger. Dieser gewinnt unvermittelt alles, was der Schuldner verliert; er verliert, was sein Schuldner durch Preisveränderungen gewinnt.

Bei der gewaltigen Entwicklung des heutigen Leihwesens (es handelt sich in Deutschland vielleicht um 3–400 Milliarden Mark, deren Zins und Tilgungsbeträge regelmäßig nur durch den Verkauf von Arbeitserzeugnissen aufgebracht werden), genügt eine nur geringe Änderung der Preise, um eine Volksklasse zugunsten der anderen um Milliarden und Abermilliarden zu belasten.

Ein Rückgang der Warenpreise von durchschnittlich 1 %, also ein Pfifferling für unsere gepriesene Goldwährung, bedeutet für die deutschen Schuldner mehr, als was die fünf Milliarden Kriegsentschädigung von 1871 für die französischen Bürger bedeuteten.

Muß der Steuerzahler für die Verzinsung und Tilgung der Reichs-, Staats- und Gemeindeschulden 100 Mark jährlich an direkten und indirekten Steuern aufbringen, so hängt es ganz davon ab, wie sich das Tauschverhältnis zwischen Geld und Arbeitserzeugnis gestaltet, ob er diesen Schulden jährlich 10–20 oder 50 Tage opfern muß.

Sollen wir nun darauf hinwirken, daß die Preise steigen, um die Gläubiger zugunsten der Schuldner zu plündern, oder sollen wir die Preise herabsetzen, um die Rentner zu bereichern? Kurz, sollen wir den Gläubigern oder Schuldnern diese Frage zur Entscheidung vorlegen, soll das Geld von Spitzbuben verwaltet werden? Antwort: wir wollen niemand betrügen, und das, was nur dem Einzelnen nützt, darf in der Verwaltung des Geldes nicht berücksichtigt werden. Das Geld soll volkswirtschaftlich, nicht privatwirtschaftlich verwaltet werden.

Das Geld soll über Ort und Zeit hinweg ewig denselben Preis erzielen, den es heute hat. Was man in Waren dafür bezahlt hat, das hat jeder für das Geld morgen, in einem oder zehn Jahren, zu fordern. So zahlt der Schuldner zurück, was er erhalten, und der Gläubiger erhält, was er gegeben: keinen Pfennig mehr noch weniger. Auch dies versteht sich von selbst, braucht nicht begründet zu werden.

7. Wie läßt sich der Preis des Geldes genau ermitteln*?

Wenn der Preis des Geldes festbleiben soll, so muß auch der Beweis erbracht werden können, daß der Geldpreis festgeblieben ist. Wenn man diesen Beweis nicht erbringen könnte, so würden die Gläubiger bzw. die Schuldner ewig unzufrieden sein und eine Herabsetzung bzw. Erhöhung des Geldpreises fordern. Nur dadurch kann man die Klagen der Gläubiger und Schuldner zum Verstummen bringen, daß man ihnen schwarz auf weiß beweist, daß der Preis des Geldes unverändert geblieben ist.

Der Streit zwischen den Vertretern der Goldwährung und der sogenannten Doppelwährung drehte sich in der Hauptsache um die Frage, ob der Geldpreis sich verändert habe. Diese Frage wurde von beiden Seiten von einer Wahnvorstellung (dem sogenannten Wert, inneren Wert, Wertstoff, Wertkonserve) aus betrachtet und konnte darum nicht beantwortet werden. Die prächtigsten, geistreichsten Beweismittel der Bimetallisten wurden regelmäßig durch diesen Wahn in Unsinn verwandelt. Zeigten die Bimetallisten mit Hilfe fleißiger, statistischer Arbeiten, daß die Warenpreise seit Einführung der Goldwährung um 10–20–50 % gesunken seien, so sagten die Vertreter der Goldwährung, das wäre ohne Bedeutung, da es ja gar nicht auf den Preis des Geldes, sondern auf seinen "Wert" ankäme, wie die Doppelwährungsvertreter ja selber zugäben. Der Preis der Waren sei allgemein gesunken, weil durch Verbesserung der Technik die Erzeugungs- und Frachtkosten gefallen wären. Nur entschiedene, überzeugte Verleugner der Wertlehre können den Beweis erbringen, daß die Goldwährung ein Mißgriff war, durch den die Schuldner, zu denen auch der Staat gehört, zugunsten ihrer Gläubiger geplündert wurden. Die Doppelwährungsvertreter würden den Sieg davongetragen haben, er wäre ihnen sogar sehr leicht gewesen, wenn sie den Kampf auf dem Boden des Geldpreises ausgefochten hätten, aber sie entwaffneten sich selbst, als sie sich auf den Wertschwindel einließen.

Der Preis des Geldes kann nur in Waren ausgedrückt werden. Der Preis der Waren hat, wenn wir vom Tauschhandel absehen, nur einen Ausdruck, nämlich eine Geldsumme; der Geldpreis hat so viele Ausdrücke, wie es Arten, Güteunterschiede, Lieferfristen und Standorte von Waren gibt. Wer sämtliche Marktzettel und Preislisten eines Landes rückwärts liest, der weiß genau, wieviel zur Stunde das Geld gilt.

Will man aber erfahren, ob der Geldpreis sich verändert hat, so genügt ein einfacher Vergleich mit den gestrigen Warenpreisen nicht, denn während vielleicht 10 Millionen verschiedene Waren im Preise stiegen, sind andere Millionen Warengattungen im Preise gefallen.

Dabei kann es auch selbstverständlich nicht gleichgültig sein, ob die Steinkohle, der Weizen, das Eisen, oder ob die Nadel, die Kanarienvögel, die Knöpfe, ihren Preis veränderten.

---

*) Unter "Preis des Geldes" versteht man die Menge Waren, die man "preisgeben" muß, um eine bestimmte Menge Geld einzutauschen.

Ein Beispiel zeigt das:

	1906	1907	
A. bezahlt für 1 Tabakspfeife	M. 1,00	M. 1,10	+
1 Schachtel Wichse	" 0,50	" 0,60	+
1 Dzd. Stahlfedern	" 0,50	" 0,80	+
1 Hut	" 3,00	" 2,50	–
1 Paar Stiefel	" 4,00	" 3,00	–
1 Hose	" 11,00	" 10,00	–
	M. 20,00	M. 18,00	

Trotzdem also die eine Hälfte dieser 6 verschiedenen Waren im Preise stieg und die andere im Preise fiel, ist der "Durchschnittspreis" um 2 M. oder 10 % zurückgegangen. Mit obigen Waren gemessen, wird der Käufer einen Preisaufschlag des Geldes von 11 % feststellen; er erhält für sein Geld 11 % mehr Ware als früher.

Um das Gleichgewicht mit früher herzustellen, braucht man nicht das frühere gegenseitige Tauschverhältnis der Waren wieder herzustellen, sondern es genügt, den Preis des Geldes um 11 % zu senken; alle Waren müßten einfach 11 % höher im Preise stehen. Auf das gegenseitige Verhältnis der Warenpreise hat das Geld nur mittelbaren Einfluß. Wenn gleichzeitig die Wichse im Preise steigt und die Hosen im Preise fallen, so liegt das in der Regel an veränderten Erzeugungs- oder Absatzverhältnissen – nur wenn man im "Durchschnitt" mehr oder weniger Ware von der gleichen Beschaffenheit für das gleiche Geld erhält, kann man sagen, daß sich das Tauschverhältnis zwischen Waren und Geld verändert hat. Unbekümmert um die früheren Preise müßte also für obige 6 Warengattungen ein gleichmäßiger Zuschlag von 11 % eintreten. Dann hätten wir:

1 Tabakpfeife	M. 1,10		M. 1,22
1 Schachtel Wichse	" 0,60		" 0,67
1 Dtzd. Stahlfedern	" 0,80	+ 11 Prozent =	" 0,89
1 Hut	" 2.50		" 2,78
1 Paar Stiefel	" 3,00		" 3,33
1 Hose	" 10,00		" 11,11
			M. 20,00

Dieser gleichmäßige Preisaufschlag für alle Artikel kann nur von einer auf alle Waren gleichmäßig wirkenden Ursache kommen, nicht von Änderungen in den Erzeugungskosten, und gleichmäßig auf alle Warenpreise kann nur allein das Geld wirken.* Wir brauchen nur so viel Geld mehr in Umlauf zu setzen, bis die Preise um jene 11 % gestiegen sind.

Um die etwa im Geldpreis vorkommenden Schwankungen zu ermitteln, müssen wir also den Durchschnittspreis der Waren ermitteln und diesen mit dem Durchschnittspreis eines früheren Zeitabschnitts vergleichen.

---

*) Die Rückwirkung der Preisänderung auf die Geldverhältnisse der Gläubiger und Schuldner, der Rentner und Arbeiter, und der Einfluß dieser Wirkung auf die Nachfrage und den Preis der von den Rentnern und Arbeitern gekauften (sehr verschiedenen) Waren, bleibe hier, da für das Verständnis der Sache wesenlos, unberücksichtigt.

Da hier Milliarden auf dem Spiele stehen, da von dem Geldpreis das Wohl und Wehe der Gläubiger und Schuldner abhängt, so bedarf es hier einer sorgfältigen Arbeit. Das Verfahren, das hier angewandt wird, muß der Sonderbeeinflussung einzelner entrückt sein und ein genaues, wissenschaftlich unanfechtbares Ergebnis liefern. Sonst würden die Klagen der Gläubiger und Schuldner kein Ende nehmen.

Dieses genaue, unanfechtbare Ergebnis liefern leider die bisher vorgeschlagenen Verfahren nicht. Vor der Schwierigkeit zurückschreckend, die Millionen und Abermillionen Waren verschiedener Art, verschiedener Güte und verschiedenen Standortes, amtlich nach ihrer gegenseitigen Bedeutung zu ordnen und deren Preise zu ermitteln, hat man vorgeschlagen, sich mit den Preisen einer beschränkten Anzahl von Waren, und zwar der an den Börsen gehandelten Stapelartikel, zu begnügen und die verhältnismäßige Bedeutung dieser Waren nach dem in ihrer Erzeugung und im Handel beanspruchten Kapital einzuschätzen.

So sind die Indexzahlen Jevons', Sauerbecks, Soetbeers u. a. zustande gekommen.

Um das Verständnis dieser für die Volkswirtschaft so außerordentlich wichtigen Sache zu erleichtern, lasse ich hier eine solche Übersicht folgen, indem ich dazu bemerke, daß den Zahlen, da ich sie aus der Luft greife, nur eine veranschaulichende Bedeutung zukommt!

Tabelle zur Ermittlung der Durchschnittspreise der Stapelartikel.

	1860			1880			1900		
	a. Preis	b. Menge	c. Sa.	a. Preis	b. Menge	c. Sa.	a. Preis	b. Menge	c. Sa.
1. Wolle	1,00	100	100	0,80	90	72	0,70	40	28
2. Zucker	1,00	20	20	0,90	90	81	0,80	110	88
1. Lein	1,00	70	70	1,10	40	44	1,20	10	12
2. Baumwolle	1,00	20	20	0,90	40	36	0,80	60	48
1. Holz	1,00	150	150	1,20	100	120	1,30	80	104
2. Eisen	1,00	50	50	0,80	100	80	0,70	130	91
1. Getreide	1,00	400	400	0,80	300	240	0,75	260	195
2. Fleisch	1,00	150	150	1,20	200	240	1,40	260	364
1. Indigo	1,00	30	30	0,80	5	4	0,75	1	7
2. Petroleum	1,00	10	10	1,10	35	38	1,20	49	58
		1000	1000		1000	955		1000	995

Erläuterungen: Nach dieser Übersicht hätte sich der Durchschnittspreis der genannten 10 Warengattungen von 1000 im Jahre 1860 auf 955 im Jahre 1880 und auf 995 im Jahre 1900 geändert.

Die in den drei Spalten b angeführte Menge muß natürlich immer auf eine gleiche Summe (hier 1000) zurückgeführt werden, um das Ergebnis nicht zu fälschen. Auf die Höhe dieser Summe an sich kommt es natürlich nicht an, sondern nur auf die Richtigkeit der verhältnismäßigen Größe der Einzelzahlen.

Wenn wir z. B. die Summe der angeführten Zahlen auf 500 oder 1000 zurückführten, so würde das Endergebnis doch das gleich bleiben. Das Verhältnis der Zahlen 1000 – 955 – 995 bliebe ungetastet.

Der Preis der ersten Spalte a versteht sich für die Menge Ware, die man für 1 Mark erhält, z. B. 220 g Wolle, 1530 g Zucker, 197 g Lein usw.. Darum erscheinen hier alle Preise gleichmäßig auf 1 Mark zurückgeführt. Die folgenden Preise der zweiten und dritten Spalte a von 1880 und 1900 verstehen sich für die gleich Menge Ware, die man 1860 für 1 Mark erhielt – also wieder für 220 g Wolle, 1530 g Zucker usw.

Um alle Schwierigkeiten, die bei diesem Verfahren der Preisermittlung zu überwinden sind, möglichst in obiger Übersicht zu vereinigen, habe ich die Warenarten so gewählt, daß einem Gegenstand, der an Bedeutung für die heimische Volkswirtschaft abnimmt, gleich ein anderer folgt, der an Bedeutung zunimmt. So z. B. Wolle und Zucker. Die deutsche Schafzucht ist in den letzten Jahrzehnten stetig zurückgegangen, und die Wolle hat darum für die deutsche Volkswirtschaft bei weitem nicht mehr dieselbe Bedeutung wie vor 40 Jahren. Damals wirkten die Preisänderungen der Schafwolle zurück auf den Preis einer ungeheuren Schafherde und auf die Rente gewaltiger Landstrecken, die als Schafweiden benutzt wurden. Heute dagegen ist die deutsche Landwirtschaft kaum noch am Wollpreis beteiligt, und wenn dieser heute von 100 auf 50 fiele, so würden 99 von hundert deutschen Bauern dies kaum erfahren. Nur die Wollhändler, Weber und Tuchhändler würden davon betroffen.

Dadurch nun, daß in obiger Ermittlung der Preis mit der Menge beschwert wird, führen wir den Wollpreis auf seine wahre Bedeutung zurück. Für diese Menge haben wir also 100 – 90 – 40 angesetzt.

Ebenso verhält es sich mit dem Zucker, nur im umgekehrten Verhältnis. Die deutsche Zuckererzeugung ist seit 1860 stetig und stark gestiegen, nicht nur an sich, sondern auch im Vergleich zu den anderen Industriezweigen. Viele Schafweiden sind in Rübenfelder umgewandelt worden, zahllose Bauern, ungeheure Anlagegelder an Land, Fabriken, Vorräten sind am Zuckerpreis beteiligt, und darum ist auch in obiger Übersicht dem Zucker ein stetig wachsender Einfluß eingeräumt worden.

Und ähnlich verhält es sich mit den anderen angeführten Waren: Lein und Baumwolle, Holz und Eisen, Getreide und Fleisch, Indigo und Anilin.

Es unterliegt keinem Zweifel, daß, wenn wir
1. die Vollständigkeit einer solchen Aufstellung,
2. die Richtigkeit der Preisermittlung,
3. die Richtigkeit der Berechnung der vergleichsmäßigen Bedeutung der einzelnen Waren

voraussetzen, das Ergebnis einwandfrei sein würde.

Aber diese Vollständigkeit und Richtigkeit voraussetzen, heißt viel voraussetzen. Es gibt Millionen von verschiedenen Waren, und jede einzelne hat zahllose Beschaffenheitsunterschiede. Man durchstöbere z. B. die Preislisten einzelner Fabriken, z. B. von photographischen Artikeln, Drogen, Eisenwaren usw.. Da findet man 1000 Artikel in einer Hand. Und wie will man amtlich die Preise ermitteln? Die Fabriken haben zudem für die verschiedenen Abnehmer blaue, rote, grüne, weiße Zettel mit verschiedenen Rabattsätzen. Wird man nun z. B. den amtlichen Preisermittlern die weißen oder die grünen Rabattzettel geben?

Jedoch, wenn es kein anderes, einfacheres Mittel gäbe, um zu solchem Genauigkeitsmaß zu gelangen, so könnte man sich als Notbehelf mit dem Ungefähr begnügen, und anstatt sämtlicher Waren könnte man etwa 100, 200 oder 500 der wichtigsten Stapelartikel zur Statistik heranziehen.

Wenn man dann noch diese Arbeit von den verschiedenen Handelskammern vornehmen ließe und den Durchschnitt dieser Aufzeichnungen nähme, so ließe sich wenigstens vom Standpunkt der Unparteilichkeit gegen Schuldner und Gläubiger nicht viel einwenden.

Auf unbedingte Genauigkeit müßte man natürlich verzichten, denn
1. lassen sich Warenpreise durch Mittelspersonen, und besonders auf amtlichem Wege genau überhaupt nicht ermitteln;
2. ist die Ermittlung der vergleichsmäßigen Bedeutung der verschiedenen Waren eine verwickelte Sache.

Aber wäre das ein Grund, warum man jetzt auf alle Messungen des Geldpreises verzichten sollte? Das Brot mißt man nicht mit dem Pariser Normalmaß, und auch der Schneider bedient sich dieses Maßes nicht. Trotzdem erklären sich die Käufer mit dem Gebrauch des hölzernen Meterstockes einverstanden. Wäre das Ungefähr einer solchen Preisermittlung des Geldes nicht den windigen Beteuerungen des Reichsbankpräsidenten vorzuziehen? Was wissen wir heute vom Preise des deutschen Geldes? Nichts, als was uns eigene Beobachtung oder beteiligte Personen ohne Beleg, ohne Beweise zu sagen für gut halten.

Dieser blinden Unwissenheit gegenüber wäre also ein ungefährer Maßstab für die Bewegungen des Geldpreises von großem Vorteil, sowohl wegen des unmittelbaren Nutzens, wie auch wegen der daraus zu ziehenden Schlüsse. Ein solcher Maßstab würde uns vielleicht manche Überraschungen bringen und den Goldanbetern arge Verlegenheiten bereiten, aber ist das ein Grund, warum man darauf verzichten sollte? Nimmt der Richter bei seinen Fragen Rücksicht auf die Verlegenheit des Diebes? Ist ein Talglicht nicht besser als stockfinstere Nacht? Ist der Zweifel, den die Wissenschaft schürt, nicht dem blinde Glauben vorzuziehen?

Seit 40 Jahren werden wir mit der Behauptung abgespeist, die deutsche Währung bewähre sich vortrefflich, und seit 40 Jahren warten wir auf den Beweis für diese Behauptung.

Die nach obigem Verfahren angelegte Preisermittlung würde uns einen Anhaltspunkt geben, um diese Behauptung auf ihre Richtigkeit zu prüfen. Warum hat man bisher diese Ermittlungen nicht angestellt? Antwort: weil man das Licht fürchtet, das eine solche Aufklärung in unsere Währungsverhältnisse werfen würde. Geleisetreter hassen die Wissenschaft.

Dabei ist die Beobachtung merkwürdig, wie dieselben Männer, die den Goldwährungsluftsprüngen gegenüber beide Augen zuzudrücken pflegen, plötzlich überpeinlich werden, wenn von der Papiergeldwährung die Rede ist und es sich um den Nachweis ihrer Meßbarkeit handelt. Dann steigern sie ihre Ansprüche weit über alle wirklichen Bedürfnisse hinaus. Der Klage, daß unter der Goldwährung die Preise in kurzen Zeiträumen von 10 – 20 – 30 % steigen und fallen, wehren sie mit der Gegenklage, daß die vorgeschlagene Messungsweise nicht unbedingt zuverlässig sei und Unterschiede, wenn auch nicht nachweisbare, nicht ausschlösse!*

Übrigens ist es leicht, auch solch böswillig übertriebenen Forderungen gerecht zu werden, sofern man nur entschlossen ist, das Nötige zu tun. Um was handelt es sich denn im Grunde? Doch nur um die Frage, ob durch die Preisschwankungen Wohl und Wehe der Gläubiger und Schuldner berührt wird, ob der Jahresabschluß der Gewerbetreibenden durch die Preisverschiebungen beeinflußt wurde und um wieviel, ob die Arbeiter, Beamten, Rentner, Ruhegehaltsempfänger, mit ihrem Geldeinkommen mehr Waren oder weniger kaufen können.

Um solches in einer jeder Fehlersuche standhaltenden Weise festzustellen, ist aber nur folgendes nötig: Ein Gesetz, durch das alle Warenerzeuger (Landwirte, Fabrikanten) verpflichtet werden, die Menge der von ihnen erzeugten Waren nebst den erzielten Preisen den hierzu bestellten Behörden, dem Bürgermeister, den Gewerbe- und Handelskammern, mitzuteilen. Von diesen Behörden werden die Einzelangaben zusammengerechnet und das Ergebnis an eine Sammelstelle gemeldet. Das gibt etwa folgende Aufstellung:

1.	5.000	Zentner Getreide	zu	35,00	M.	175.000,00
2.	20.000	Zentner Kartoffeln	"	5,00	"	100.000,00
3.	10.000	Liter Milch	"	0,30	"	3.000,00
4.	600	Raummeter Bretter	"	40,00	"	24.000,00
5.	5	Millionen Ziegel	‰ "	18,00	"	90.000,00
6	200	Schafe	"	120,00	"	24.000,00
7.	500	Dtzd. Strohhüte	"	30,00	"	15.000,00
		Jahreserzeugung der Gemeinde X			M.	431.000,00

In der Sammelstelle werden die von sämtlichen Gemeinden des Reiches gemeldeten Beträge zusammengerechnet. Die Summe gibt den Vergleichspunkt, mit dem in der Folge jede Abweichung festgestellt werden kann. Das geschieht in der Weise, daß die für die neue Messung neu ermittelten Preise von den Sammelstellen in die gleiche, aber als Beispiel gegebene Rechnung eingestellt werden. Die neue Summe gibt an, um wieviel im Durchschnitt der gesamten Warenerzeugung die Preise sich verändert haben. Die Preise müssen also so oft neu ermittelt werden, wie Messungen vorgenommen werden sollen. Die erzeugten Mengen dagegen werden nur jährlich einmal aufgenommen. Für die ausländischen Waren stellt man die Jahreseinfuhr in die Rechnung ein.

Da die erzeugten Warenmengen ebenfalls, wie die Warenpreise, Schwankungen unterworfen sind, so kann die auf Grund der neuen Erzeugungsaufnahme ermittelte neue Vergleichsziffer (der sogen. Index) nicht ohne weiteres für die vorangehende Messung benutzt werden. Um hier vergleichbare Größen zu

---

*) Um die gerügten Mängel nachzuweisen, müßten die Nörgler selber ein Messungsverfahren angeben. Davor aber hüten sie sich, weil man dann ihre Vorschläge auf die Goldwährung anwenden würde. Das wäre gefährlich für ihren Liebling. Darum reden sie lieber von nicht Nachweisbarem und erwecken damit bei den Laien den Glauben, daß dieses nicht "Nachweisbare" etwas besonders Gefährliches sei.

schaffen, müssen die neuen Mengen zunächst mit den Preisen der letzten Messung ausgerechnet werden und dann mit den neuen. Dann erst lassen beide Ziffern einen Vergleich zu.

Die Warenlager der Kaufleute bleiben bei diesem Verfahren unberücksichtigt. Sie sind in der Erzeugung einbegriffen, und es kann wohl angenommen werden, daß die Abweichungen, die die Ermittlung der Erzeugungspreise ergibt, in ähnlichem Verhältnis auch den Abschluß der Kaufleute trifft. Es wäre darum unnötiger Ballast, die Warenlager auch noch in der Preisstatistik aufzuführen. Das Gleiche ist der Fall mit den Löhnen, die schon in den Warenpreisen enthalten sind. Man kann auch ferner annehmen, daß, wenn die Fabrikpreise währen, auch die Kosten der Lebenshaltung währen müssen, daß also die Arbeiter, Beamten, Rentner, Altersgeldempfänger, für ihr Geld die gleiche Menge Waren kaufen können. (Die Wohnungsmiete der Arbeiter, die in der Hauptsache aus Zins besteht, darf hier nicht berücksichtigt werden.)

Die Erzeugungsmittel (Land, Häuser Maschinen usw.) dürfen in diese Ermittlung nicht aufgenommen werden. Die Erzeugungsmittel sind keine Waren mehr, sondern Güter, die dem Besitzer durch den Gebrauch, nicht als Tauschmittel nützlich sind. Für Dinge aber, die nicht verkauft werden, ist der Preis gleichgültig.

Nur derjenige Teil der Erzeugungsmittel, der auf Abnutzung fällt (Abschreibungen), verwandelt sich regelmäßig wieder in Waren und kommt, in Erzeugnisse umgewandelt, wieder auf den Markt. In den Warenpreisen findet aber dieser Teil seine gebührende Berücksichtigung.

Der Staat wird also keine Preise, auch nicht die Bedeutung der einzelnen Waren, zu ermitteln haben. Diese ganze Arbeit wird von den Bürgern verrichtet. Die Preisermittlung des Geldes wird dadurch völlig der Politik entzogen und in unparteiische Hände gelegt. Das Volk selbst fällt unmittelbar das Urteil in der Währungsfrage.

Dabei wird die Lieferung der Nachweise, die hier dem Staate zur Verfügung gestellt werden, kaum eine nennenswerte Bürde für den Gewerbetreibenden sein. Die Ermittlung, die dieser anstellen muß, erweist sich als sehr nützlich; sie gibt ihm Aufschluß, inwiefern sein Betriebsabschluß von wechselnden Verhältnissen, d. h. von der Währung, letzten Endes von der Geldverwaltung, berührt wurde, auch darüber, was auf seine Tätigkeit und was auf die Tätigkeit der Reichsbank zurückzuführen ist.

Der wichtigste Vorwurf, den man diesem Verfahren machen kann, ist der, daß einzelne Personen (Schuldner und Gläubiger), die aus dem allgemeinen Steigen oder Fallen der Preise Vorteil für sich erwarten, ihre Berichte fälschen könnten; daß z. B. die Grundbesitzer geneigt sein werden, einen allgemeinen Preisverfall zum Vorschein zu bringen, um den Staat zu veranlassen, den allgemeinen Preisstand durch vermehrtes Geldangebot zu heben, was ja für die Schuldner einer entsprechenden Entlastung gleichkommt.

Jedoch ist diese Gefahr nicht groß, da der einzelne weiß, wie winzig gering der Einfluß seiner Erklärung auf das Gesamtergebnis ist. Wenn z.B. ein Grundbesitzer fälschlich einen Verlust von 1000 Mark auf einen Umsatz von 10 000 Mark angeben würde, so hätte das für den deutschen Gesamtumsatz von 50 Milliarden so wenig Bedeutung, wie ein Tropfen für das Meer. Stellt man zudem noch solche Fälschung als Urkundenfälschung unter Strafe, so wird sich jeder sagen, daß der gewagte Einsatz in gar keinem Verhältnis zum erwarteten Vorteil steht.

Übrigens beaufsichtigt die eine Erklärung die andere. Meldet die Mehrzahl der Bauern Preissteigerung, so fällt eine Ausnahme davon auf, und der Fälscher muß erwarten, daß man Aufklärung verlangen wird.

Wie man sieht, geht dieses Verfahren einfach über die Wertfrage hinweg; es kümmert sich nicht um den sogenannte "Wert".

Ware wird mit Ware bezahlt, und nur mit Waren, mit ihren körperlichen Eigenschaften, kann das Geld gemessen werden. Ein anderes Maß als Ware gibt es für das Geld nicht. Für das Geld habe ich Waren gegeben, und Waren will ich dafür erhalten. Keine Arbeit, keinen Schweiß. Wie der Verkäufer, der mir diese Sachen für mein Geld gibt, in deren Besitz gelangt ist, wie lange er daran gearbeitet hat, das ist seine eigene Angelegenheit, nicht die meinige. Mir kommt es ganz allein auf das Erzeugnis* an. Darum ist auch der Arbeitslohn als Maßstab für den Preis des Geldes zu verwerfen. Dieser Geldpreis richtet sich zwar auch ganz nach dem Arbeitserzeugnis und nicht nach der Fabrikuhr, wie Marx behauptet, doch deckt er sich nicht mit dem Arbeitserzeugnis, insofern dieser in Gestalt von Zins und Grundrente Abzüge erfährt. Der Lohn, zuzüglich Kapitalzins und Bodenrente, ist aber wiederum weiter nichts als das Arbeitserzeugnis, das wir als Ware zum Maßstab des Geldpreises erklärt haben.

8. Wie kommt der Preis des Papiergeldes zustande?

Die Lehre, wonach das Verhältnis, in dem die Waren ausgetauscht werden, sich nach der zu ihrer Erzeugung nötigen Arbeit, dem sogenannten Wert, richtet, kann offenbar auf das Papiergeld nicht angewendet werden. Das Papiergeld erzielt zwar einen Preis, hat aber keinen "Wert", da es keine Arbeit gekostet hat. Das Papiergeld ist keine "Arbeitsgallerte", hat keinen "Wertstoff", weder "inneren" noch äußeren Wert; es kann nicht als "Wertspeicher", als "Wertkonserve", als "Werttransportmittel" dienen; es ist nie "minderwertig", nie "vollwertig". Der Preis des Papiergeldes kann nicht um seinen "Wert als Gleichgewichtspunkt pendeln". (Ausdrücke aus der Wertlehre).** Es muß also seinen eigenen Weg gehen; es ist durchaus den Kräften unterworfen, die den Preis bestimmen; es dient nur einem Herrn.

Die Kräfte, die den Preis bestimmen, faßt man zusammen in die Worte: Nachfrage und Angebot. Wollen wir also die oben gestellte Frage erschöpfend beantworten, so müssen wir uns volle Klarheit über den Inhalt dieser beiden Worte verschaffen.

Fragt man heute: Was ist Nachfrage nach Geld, wer hält Nachfrage nach Geld, wo herrscht Nachfrage nach Geld, so erhält man die widerspruchsvollsten Antworten. In der Regel wohl wird es heißen: Nachfrage nach Geld herrscht

---

*) Die Arbeit muß scharf vom Arbeitserzeugnis unterschieden werden. Als Maßstab für den Geldpreis ist die Arbeit nicht zu gebrauchen.

**) Hier wäre die Frage erlaubt, warum der Preis um den "Wert" pendeln muß, warum die Kräfte, die stark genug sind, um den Preis vom Werte zu trennen, nicht auch stark genug sein könnten, um eine dauernde Trennung von Preis und Wert zu bewirken.

an den Banken, wo Unternehmer und Kaufleute Wechsel verkaufen. Wächst die Nachfrage nach Geld, so steigt der Zinsfuß, und mit dem Zinsfuß kann man also die Größe der Nachfrage nach Geld messen. Auch der Staat, der mit Fehlbetrag abschließt und Anleihen aufnimmt, hält Nachfrage nach Geld; wie auch die Bettler Nachfrage nach Geld halten.

Dies alles ist aber keine Nachfrage, die mit dem Begriff eines Tauschmittels übereinstimmt. Und das Geld ist doch vor allem Tauschmittel. Als Tauschmittel sollen und wollen wir das Geld betrachten und behandeln. Stellen wir nun in unserer Frage an die Stelle des Wortes "Geld" den Ausdruck "Tauschmittel", so tritt der Unsinn sofort zu Tage, den obige Antworten bergen.

Der Kaufmann, der von der Bank Geld verlangt, tauscht nichts ein; er gibt nichts als sein Versprechen, das Geld zurückzuerstatten. Er borgt, aber er tauscht nicht. Er gibt Geld für Geld. Es findet kein Handel, kein Tausch statt; von Preisen ist hier keine Rede. Man spricht vom Zins. Auch der Staat hält mit seiner Anleihe keine Nachfrage nach Tauschmitteln, denn auch er bietet nichts in Tausch an. Er wechselt gegenwärtiges gegen künftiges Geld.

Es handelt sich also hier nicht um eine "Nachfrage" nach Tauschmitteln, nicht um eine mit dem Zwecke des Geldes übereinstimmende Nachfrage nach Geld. Um Nachfrage nach Geld, nach Tauschmitteln zu halten, muß etwas vom Geld Verschiedenes in Tausch angeboten werden. Das ist im Worte schon ausgedrückt.

Wo herrscht nun Nachfrage nach Geld?

Antwort: dort, wo man Tauschmittel braucht, wo die Arbeitsteilung Ware auf den Markt wirft, die zu ihrem gegenseitigen Austausch auf das Tauschmittel, auf Geld angewiesen ist.

Und wer hält Nachfrage nach Geld? Wer anders als der Bauer, der Ware auf den Markt bringt, als der Kaufmann, der am Ladentisch seine Waren feilhält, als der Arbeiter, der sich zu irgendeiner Arbeit anbietet und für sein Arbeitserzeugnis Geld verlangt. Wo das Warenangebot groß ist – dort herrscht große Nachfrage nach Tauschmitteln; wo das Warenangebot wächst, dort wächst die Nachfrage nach Geld, nach Tauschmitteln. Nimmt man die Waren fort, so verschwindet auch die Nachfrage nach Geld. Dort, wo Urwirtschaft und Tauschhandel betrieben werden, gibt es auch keine Nachfrage nach Geld.

Es ist also klar: wir unterscheiden scharf zwischen dem Kaufmann, der am Ladentisch dem Bauer Kattun anbietet, und demselben Kaufmann, der eine Stunde später bei seiner Bank vorspricht, um dort einen Wechsel zu verkaufen. Mit dem Kattun in der Hand hielt der Kaufmann "Nachfrage" nach dem Tauschmittel, nach Geld. Mit dem Wechsel in der Hand hält dagegen der Kaufmann bei seiner Bank keine Nachfrage nach Geld, denn der Wechsel ist keine Ware. Hier ist vom Zinsfuß die Rede. Hier herrscht gemeiner Geldbedarf, keine Nachfrage.

Die Nachfrage nach Geld hat mit diesem Bedarf an Geld nichts gemein. Bedarf an Geld hat der Bettler, der Staat, der umwucherte Bauer, auch der Kaufmann, der Unternehmer, der einen Wechsel zu Gelde machen will; Nachfrage nach Geld dagegen hält nur der, der Ware feilhält. Bedarf an Geld ist eine vieldeutige, Nachfrage nach Geld eine eindeutige Sache. Bedarf an Geld geht von einer Person, Nachfrage nach Geld von einer

Sache, von einer Ware aus. Der Bettler will ein Almosen, der Kaufmann will sein Geschäft vergrößern, der Spekulant will seinen Mitbewerbern das Geld der Banken entziehen, um allein auf dem Markte als Käufer auftreten zu können, der Bauer ist in die Falle gegangen, die der Wucherer ihm stellte. Sie haben alle schrecklichen Bedarf an Geld, ohne Nachfrage nach Geld halten zu können, denn diese kommt nicht von den Sorgen der Menschen, sondern von dem Vorrat und Angebot von Waren. In diesem Sinne ist es darum auch falsch, wenn man sagt: Bedarf und Angebot bestimmen die Preise. Es herrscht zwischen dem mit dem Zinsfuß gemessenen Geldbedarf und der mit den Preisen gemessenen Geldnachfrage der denkbar größte Wesensunterschied. Beide Dinge haben durchaus nichts Gemeinsames.

Wer beim Worte "Nachfrage nach Geld" nicht sofort an Ware denkt, wer beim Worte "große Nachfrage nach Geld" nicht sofort einen Berg von Waren, einen Markt, einen Güterzug, ein überladenes Schiff vor Augen hat, vielleicht auch an Zuvielerzeugung und darausfolgende Arbeiterentlassungen denkt, der versteht den Sinn des Wortes "Nachfrage nach Tauschmitteln, nach Geld" nicht, der hat noch nicht erfaßt, daß die Arbeitsteilung Ware erzeugt, die zu ihrem Austausch auf das Geld ebenso angewiesen ist, wie die Steinkohle auf die Güterwagen.

Und wer jemand von steigender Nachfrage nach Geld sprechen hört, weil der Zinsfuß gestiegen ist, der weiß, daß dieser keine bestimmten Ausdrücke für seine Begriffe hat. Wenn aber jemand einem volkswirtschaftlich Geschulten in die Hände fällt, der Geldbedarf und Geldnachfrage verwechselt, so hat er die Pflicht, ihn darauf aufmerksam zu machen, daß man wissenschaftliche Fragen nicht in Kauderwelsch behandeln soll.

Also die Nachfrage nach Geld scheiden wir vollständig von allen menschlichen Bedürfnissen, Unternehmungen, Handlungen, Marktverhältnissen usw., wir entziehen sie dem Wertnebel, der sie bisher umhüllte, und setzen sie thronend auf den Berg von Waren, womit die Arbeitsteilung den Markt ununterbrochen beschickt – weithin für alle sichtbar, greifbar und meßbar.

Wir scheiden diese Nachfrage nach Geld von dem Bedarf an Geld. Wir bilden einen anderen Berg, aber nicht aus Waren, sondern aus Wechseln, Pfandbriefen, Anleihescheinen, Schuldverschreibungen, Staatspapieren, Versicherungsurkunden usw. und setzen drauf ebenso weithin sichtbar: Bedarf an Geld. Auf den ersten Berg schreiben wir "Preise", und auf den letzteren "Zinsfuß", und wer dann noch im Flusse dieser Untersuchung an Geldbedarf denkt, wenn ich von Nachfrage spreche, der soll dieses urgesunde Buch zuklappen. Es ist nicht für ihn geschrieben.

Nachfrage und Angebot bestimmen den Preis, d.h. das Verhältnis, in dem Geld und Waren ausgetauscht werden; und was Nachfrage nach Geld ist, wissen wir jetzt. Sie ist Stoff, der fortwährend fließende, aus der Arbeitsteilung quellende Warenstrom.

Und das Angebot von Geld? Auch diesem Begriff müssen wir Inhalt und Gestalt geben und ihn aus dem Dunstkreis ziehen, in den auch er gehüllt ist.

Der Bauer, der Kartoffeln erntet, der Schneider, der einen Rock nähte, sie müssen das Erzeugnis ihrer Arbeit gegen Geld anbieten, aber was machen sie mit dem Geld? Was haben die 100 000 Bauern und Handwerker mit dem Taler gemacht, der seit 100 Jahren von Hand zu Hand gegangen ist? Jeder von ihnen bot den Taler an - gegen Ware, die, einmal in ihrem Besitz, zum Gebrauchsgut wurde und vom Markte verschwand. Der Taler aber blieb auf dem Markte, er kehrte immer wieder zurück - 1 Jahr, 10 Jahre, 100 Jahre und, mit anderer Prägung, vielleicht auch 1000 - 2000 - 3000 Jahre. Er war eben allen, durch deren Hände er ging, nur als Ware dienlich, von den 100 000 Mann war keiner da, der den Taler anders gebrauchen konnte. Die Nutzlosigkeit des Talers zwang alle, ihn wieder loszuschlagen, zu verkaufen, d. h., ihn in Tausch gegen Waren anzubieten.

Wer viel Geld hatte, mußte auch viel Geld anbieten, wer wenig Geld hatte, mußte auch das Wenige anbieten. Und dieses Angebot von Geld nannte man und nennt man noch heute ganz richtig die Nachfrage nach Waren. Wo viel Ware liegt, ist die Nachfrage nach Geld groß; ebenso muß man sagen können: wo viel Geld ist, muß notwendigerweise die Nachfrage nach Waren größer sein als dort, wo nur wenig Geld ist. (Die Einschränkungen hierzu werde ich früh genug machen.)

Gibt es etwa noch eine andere Nachfrage nach Waren als die, die durch das Angebot von Geld vertreten wird?

Auch hier müssen wir, wie bei der Nachfrage nach Geld, unterscheiden zwischen Nachfrage und Bedarf an Waren. Bedarf an Waren haben viele "Bedürftige", Nachfrage nach Waren hält nur der, der Geld für die Waren anbietet. Den Bedarf an Waren drückt man mit Bitten, Betteln und Bittschriften aus, die Nachfrage nach Waren durch Aufschlagen der harten Taler auf den Ladentisch. Vor dem Bedarf an ihren Waren, für deren Ankauf aber das Geld fehlt, verkriechen sich die Kaufleute; die Nachfrage nach ihren Waren aber lockt sie herbei. Kurz, Nachfrage nach Waren besteht im Angebot von Geld; wer kein Geld hat, hält keine Nachfrage, und wer es hat, muß damit Nachfrage nach Waren halten. (Wann er das tun muß, werden wir später sehen.)

Die Nachfrage nach Waren, schlechtweg Nachfrage genannt, ist also immer und ausschließlich durch das Geld vertreten. Ein Berg von Geld bedeutet eine große Nachfrage nach Waren. Freilich nicht jederzeit, wie der Kriegsschatz von 180 Millionen in Spandau schlagend bewies, denn in 40 Jahren hatte dieser Geldberg nicht für eine Mark Waren gekauft. Auf diese Ausnahmen werden wir noch zurückkommen. Die Entdeckung einer neuen Goldmine bedeutet eine wachsende Nachfrage nach Waren, und wenn der Staat in den Papierwährungsländern neue Notenpressen in Betrieb setzt, so weiß es schon jeder, daß die Nachfrage und die Preise steigen werden. Gäbe man jedem das Recht, Banknoten, Schatzscheine und goldene Münzen in der Mitte durchzuschneiden und jede Hälfte für ein Ganzes auszugeben, so würden die Nachfrage und auch die Preise sich sogleich verdoppeln.

Soweit ist alles richtig. Aber sind wir dann schon berechtigt, das Angebot von Geld, wie wir das mit dem Angebot von Waren tun, so auf sich selbst zu stellen und zu sagen: Wer den Geldbestand mißt, der mißt auch die Nachfrage nach Ware? Mit anderen Worten: Können wir das Angebot von Geld derart mit dem Geldbestand für eins erklären, daß wir dieses Angebot, also die Nachfrage nach Waren, von dem Seelenzustand der Geldbesitzer völlig scheiden können? Unterliegt das Angebot des Geldes nicht, wenigstens zum Teil, den Launen des Marktes, der unternehmenslustigen Gewinnsucht; mit einem Wort, ist das Angebot von Geld nur reiner Geldstoff – liegt keinerlei Handlung darin?

Die Wichtigkeit, die diese Frage für die Lösung unserer Aufgabe hat, liegt auf der Hand.

Wir sagen: die Arbeitsteilung liefert einen fortwährend fließenden Strom von Waren: "das Angebot". Der Geldbestand liefert das Geldangebot, also "die Nachfrage". Wäre dieses Geldangebot nun auch so ununterbrochen, wie der Geldbestand eine feste Größe ist, so wäre der Preis, das Tauschverhältnis zwischen Geld und Waren, unabhängig von jeder menschlichen Handlung. Geld wäre die verkörperte, scharfgeschnittene Gestalt der Nachfrage, wie die Ware das verkörperte, wägbare, berechenbare Angebot ist. Man brauchte dann nur zu wissen, in welchem Verhältnis Geld- und Warenvorrat stehen, um auch zu wissen, ob die Preise steigen oder fallen werden. Bei dem im folgenden IV. Teil d. B. beschriebenen Freigeld, da ist es so. Da können wir sagen: das Freigeld verkörpert die Nachfrage; es scheidet aus der Nachfrage alle Wünsche des Geldbesitzers in bezug auf Zeit und Größe der Nachfrage aus. Das Freigeld diktiert seinem Besitzer die Kaufaufträge in die Feder und macht diese Kaufaufträge zu gebieterischen Notwendigkeit. Darum kann man auch beim Freigeld die Größe der Nachfrage unmittelbar mit der Menge Freigeld, das der Staat in Umlauf erhält, messen, wie man das Angebot von Kartoffeln und von Morgenzeitungen mit der Größe der Ernte und der Auflage der Zeitung messen kann.

Solches ist aber beim heutigen Geld nicht der Fall, wie wir sehen werden, und darum können wir auch die Frage, die wir gestellt haben, vorerst nicht beantworten. Wir müssen weitere Untersuchungen vornehmen, um sagen zu können, wie der Preis des gemeinen Papiergeldes zustande kommt.

9. Einflüsse, denen Angebot und Nachfrage unterliegen.

Die Ware wird für den Markt erzeugt und kann nur als Tauschgegenstand ihrem Erzeuger nützlich werden. Darum ist das Angebot gleich dem Warenbestand; das Angebot ist eine Sache, ist Stoff, auf alle Fälle eine mit Waren vollführte, willenlose Handlung. Ohne Ware kann man die Handlung, die im Angebot liegt, nicht vollführen, und mit Waren muß man sie vollführen. Geichzeitig ist aber das Angebot das einzige, wozu man die Ware nützlich verwerten kann. Im großen und ganzen muß also die Handlung, die im Angebot liegt, mit dem Stoff, auf den sich diese Handlung bezieht, sich derart decken, daß Stoff und Handlung in eins zusammenfallen.

Das Angebot (das ist die Nachfrage nach Geld) deckt sich also mit dem Vorrat an Waren.

Der Vorrat an Waren hängt wiederum ab:
1. von der Zufuhr durch die Arbeitsteilung oder Warenerzeugung;
2. von der Abfuhr nach vollzogenem Tausch.

Wären Zu- und Abfuhr immer gleich, so wäre auch das Angebot, d. i. die Nachfrage nach Geld, immer gleichmäßig.

Das ist bekanntlich durchaus nicht der Fall.

Die Zufuhr steigt schon allein infolge der ständigen Bevölkerungsvermehrung. Hundert Arbeiter werfen mehr Waren auf den Markt als neunzig.

Die Zufuhr wächst aber auch infolge ständiger Ausbreitung der Arbeitsteilung. Wenn der Bauer sich ganz auf die Viehzucht verlegt, statt wie früher seine Kraft in die Hervorbringung von Gegenständen für den eigenen Haushalt zu verzetteln, so muß er jetzt viel öfter zu Markte gehen als früher. Es war nur wenig, was er früher kaufte und verkaufte; jetzt verkauft er seine ganze Erzeugung; er vermehrt das Angebot, d. i. die Nachfrage nach Geld, um alles, was er erzeugt.

Auf dem Lande, in den kleineren Städten, waren die Handwerker häufig nur zeitweise in ihrem Berufe tätig; nebenbei betrieben sie Ackerbau, Gartenwirtschaft, machten wohl auch ihr Handwerkszeug und das Hausgerät selbst, nähten ihre Kleider, Schuhe, unterrichteten wohl auch ihre Kinder. Jetzt hat kein Handwerker mehr Zeit für dergleichen. Sein Gewerbe beschäftigt ihn vollauf und lohnt ihn besser. Sein ganzes Arbeitserzeugnis ist Ware geworden und kommt auf den Markt, wo es Nachfrage hält nach Geld, nach Tauschmitteln. Dadurch ist die Nachfrage nach Tauschmitteln in den letzten Jahrzehnten außerordentlich gestiegen.

Mehr aber als durch die genannten Umstände wächst das Angebot von Waren, die Nachfrage nach Tauschmitteln, infolge der verbesserten Arbeitsmittel. Wenn ein Weber mit der Hand früher 10 Ellen Zeug verfertigte, so warf er auch nur ebensoviel auf den Markt, die Nachfrage nach Geld betrug also auch nur 10 Ellen Zeug. Mit seinen neuzeitlichen Werkzeugen liefert aber derselbe Weber heute 500 Ellen Zeug. Er wirft 50 mal mehr Ware auf den Markt; er hält eine 50 mal größere Nachfrage nach Geld als früher.* Und wie es sich mit dem Weber verhält, so mit allen Gewerben und Künsten. Um die Bücher zu schreiben, die eine einzige neuzeitliche Druckerei liefert, müßten schon sämtliche Söhne des Reiches der Mitte jahraus, jahrein von früh bis spät schreiben, schreiben. Mit der Farbendruckerei hält es sich ebenso.

Dreißig Mann in Argentinien erzeugen mit ihren Dampfpflügen und Dreschmaschinen so viel Getreide, wie 3000 deutsche Kleinbauern mit gleicher Arbeit hervorbringen. Diese argentinischen Bauern erzeugen infolgedessen auch ein 100 mal größeres Angebot von Waren, sie halten eine 100 mal größere Nachfrage nach Tauschmitteln.

Aber die Größe des Angebots soll man nicht allein mit der Menge der Waren, sondern auch mit deren Güte messen. So bedeutet eine Tonne Weizen erster Güte eine größere Nachfrage nach Geld als eine Tonne zweiter Güte.

---

*) Die Wertforscher, die mit ihrem Geflunker alle volkswirtschaftlichen Erscheinungen in undurchforschbaren Brei verwandelt haben, werden hier die tiefsinnige Einwendung machen: die verbesserten Erzeugungsmittel haben den "Wert" der 50 Ellen auf den Wert der früheren 10 Ellen herabgesetzt; infolgedessen halten die 500 Ellen auch nur dieselbe Nachfrage nach Geld, wie früher die 10 Ellen. Demgegenüber wollen wir hier fragen, warum denn die Verbesserung der Arbeitsmittel vor dem Geld Halt machen soll. Dann aber können wir mit dem gleichen Recht fragen: die verbesserten Arbeitsverfahren haben den Wert von 500 Ellen Papiergeld auf den Wert von 10 Ellen herabgesetzt. Mit dem "Wert" der Waren ist auch der Wert des Geldes 500 Ellen tief gestützt und ist dadurch auf dem gleichen Stand mit den Waren geblieben.

Die Beschaffenheit der Waren wird aber heute stetig verbessert. Die Zuchttiere, die Sämereien werden veredelt, das Arbeitserzeugnis der Maschinen wird verfeinert, die Chemie wirft täglich immer reinere, immer brauchbarere Verbindungen auf den Markt. Mit den elektrischen Meißeln und den prächtigen Modellen, die das ausgemergelte Proletariat liefert, erzeugen die Künstler mit wenig Mühe Wunderwerke, und die Nachfrage nach Geld, nach Tauschmitteln, wächst um den vollen Wertunterschied zwischen der Kunst der Neuzeit und der des Altertums.

Auch wird die Warenzufuhr vermehrt durch die Verwendung, die die Industrie für manche, früher nutzlose Stoffe entdeckt. So liefern die Eisenhütten in Deutschland allein über eine Million Wagenladungen Thomasschlacken für Felddünger. Früher bildeten sie lästige Fabrikrückstände. Jetzt erzeugen diese Schlacken eine Nachfrage nach Tauschmitteln von vielen Hundert Millionen Mark (was aber nicht sagen will, daß man ebensoviel Millionen mehr braucht). Dasselbe gilt für die Kalisalze und viele andere Stoffe. Man würde in Deutschland weniger Geld, weniger Tauschmittel brauchen, wenn man die Nützlichkeit der Thomasschlacken und Kalisalze nicht entdeckt hätte.

Aber die Nachfrage nach Geld (Tauschmitteln) hängt noch von anderen Dingen ab, die eigentlich mit der Erzeugung nichts gemeinsam haben. Ich meine die Besitzteilung, die vieles zur Ware macht, was früher Gebrauchsgut war.

So ist das Land jetzt käuflich, früher gehörte es der Gemeinde und war unveräußerlich. Große Summen Geldes werden jahraus, jahrein für den Grundstückshandel gebraucht. Die Nachfrage nach Geld ist gewachsen, seit der Boden des Vaterlandes zur Ware herabgewürdigt wurde. Die Zinsen der Bodenverschuldung und der Pachtzins des Landes beanspruchen auch Geld, viel Geld. Man käme mit weniger Geld aus, wenn die Bauern von dem Erlös ihrer Waren nicht immer einen Teil auf die hohe Kante zu legen brauchten, um den Zins für Pacht und Bodenbeleihung am Martinstag zu bezahlen, d. h. wenn das Land Gemeingut geblieben wäre.

Ebenso verhält es sich mit den Wohnungsmieten. Früher wohnte die Mehrzahl der Bürger in eigenen Höhlen, Hütten oder Häusern, und Miete zahlte man nur in Ausnahmefällen. Jetzt verhält es sich umgekehrt, und von jedem Monats- oder Wochenlohn wird ein Teil zurückgelegt für die Vierteljahresmiete. Wie viele Millionen werden dadurch nicht für Tage, Wochen und Monate festgelegt!* Die Versorgung des Hauses mit Wasser, Licht, Kraft usw. durch die Gemeinde verwandelt auch hier eine Anzahl der wichtigsten Dinge in Ware, die früher Gebrauchsgüter waren. Auch dadurch ist die Geldnachfrage bedeutend größer geworden.

Damit ein Gegenstand zur Ware werden kann, muß es möglich sein, ihn den Käufern zuzuführen. Wieviele Dinge aber liegen nicht heute herum, die

---

*) Die Nachfrage nach Geld hängt darum auch davon ab, ob die Wohnungsmiete, der Pachtzins oder sonstige regelmäßige Zahlungen alle Vierteljahre, Monate oder Wochen erhoben werden. Wenn der Arbeiter in den ersten Wochen des Vierteljahres den der Miete entsprechenden Teil seines Lohnes aufbewahrt, so bleibt dieses Geld 3 Monate brach liegen. Bezahlt er, wie in England die Miete wöchentlich, so kehrt das Mietgeld auch durch den Hausbesitzer gleich in den Verkehr zurück. Darum kommt England mit bedeutend geringeren Geldmengen aus, als die anderen Länder.

aus Mangel an Straßen, Kanälen, Bahnen nicht fortgeschafft werden können! Eine neue Eisenbahn, ein Tunnel, eine Brücke, eine Forschungsreise usw. führen den Märkten ganze Berge von Erzen, Holz, Vieh usw. zu und vermehren die Nachfrage nach Tauschmitteln um die volle Menge dieser Güter.

Im allgemeinen wächst also das Warenangebot, d. i. die Nachfrage nach Geld, ununterbrochen. Dieses Wachstum kann aber zeitweise auch in das Gegenteil umschlagen, z. B. infolge einer allgemeinen Herabsetzung der Arbeitszeit. Auch Kriege, Mißernten, Seuchen können die Nachfrage nach Tauschmitteln ganz bedeutend vermindern; ebenso wie ein Streik und überhaupt die heutige Lohnpolitik der Arbeiter.

Die angeführten Beispiele mögen genügen, um zu zeigen, von wie vielen Umständen die Warenzufuhr abhängt. Aber das Angebot von Waren hängt, wie schon erwähnt, auch von der Warenabfuhr ab. Solange die Ware den Verbraucher nicht erreicht hat, wird sie angeboten, bedeutet sie Nachfrage nach Geld. Jede Ware, die vom Markte weggetragen wird, bedeutet eine Verminderung der Nachfrage nach Geld.

Das Angebot von Waren, die Nachfrage nach Geld, nach Tauschmitteln, hängt also auch davon ab, wie schnell die Waren den Käufer erreichen und ihre Wareneigenschaft abstreifen. Auch hier wieder wird ein Vergleich mit den Beförderungsmitteln den Begriff der Sache erleichtern. Nehmen wir eine bestimmte Menge Frachtgüter an – z. B. tausend Tonnen Ziegelsteine, die täglich von den Ziegeleien nach der Stadt befördert werden sollen. Der Feldweg ist schlecht, Brücken fehlen, an manchen Stellen muß ein Teil der Fracht abgeladen werden, um durch den Morast zu gelangen. Ergebnis: die Wagen gehen langsam und laden wenig. Es müssen viele Fuhrleute eingestellt werden, um die Arbeit zu bewältigen. Jetzt wird der Weg ausgebessert, Lachen werden ausgefüllt, Brücken gebaut. Infolgedessen laden die Fuhrleute mehr, und statt einer Reise können sie täglich zwei machen. Die Arbeit wird nun mit der Hälfte der Fuhrleute bewältigt; die tausend Tonnen Ziegelsteine bedeuten nunmehr nur noch die Hälfte der früheren Nachfrage nach Fuhrleuten. Wird nun gar eine Feldbahn gelegt, so kann die von den tausend Tonnen Ziegelsteinen vertretene Nachfrage nach Fuhrleuten auf den hundertsten Teil und weniger fallen.

So müssen wir uns die Nachfrage nach Tauschmitteln vorstellen, die die Warenbestände darstellen.

Um die Waren auf dem Wege des Tausches vom Erzeuger bis zum Verbraucher zu bringen, bedarf es einer ganzen Reihe von Handelseinrichtungen, von deren Dasein und Güte die Schnelligkeit bedingt wird, womit die Waren vom Markte verschwinden. Denken wir uns einen Sack brasilianischen Kaffee, der auf dem Wege des Tauschhandels gegen Aachener Printen umgetauscht werden muß. Wie oft müßte er getauscht, angeboten werden; wie lange würde er Ware bleiben, sich auf den Märkten herumtreiben! Heute, mit Hilfe des Geldes, wird es vorkommen, daß ein solcher Sack schon nach drei- oder viermaligem Besitzwechsel den Verbraucher erreicht.

Die Handelseinrichtungen haben heute einen verhältnismäßig hohen Grad der Vollkommenheit erreicht.* Und mit jeder Verbesserung wird die Verwand-

---

*) Nur die gütertauschende Kraft des Geldes geht ständig zurück, wie wir das noch nachweisen werden.

lung der Ware in Gebrauchsgüter beschleunigt. Man denke nur an die Erleichterungen, die das neuzeitliche Bankwesen, das Wechselrecht, das Post- und Telegraphenwesen, das Konsulatswesen, die Reklamemittel der Neuzeit, die Druckerei, die Fachschulen für die Heranbildung junger Kaufleute, das einheitliche Maß und Münzwesen, Fernsprecher, Schreibmaschine, Kopierpressen usw. dem Kaufmann bereiten; und die Konsumvereine und Kaufhäuser!

Ein neuzeitliches Handelsgeschäft kann 10 – 20 – 100 mal soviel Geschäfte abwickeln wie früher in der gleichen Zeit. Die Verschleißkraft eines Kaufmanns der Jetztzeit ist rein fachmäßig 100mal größer als die seines Großvaters war.

Die Arbeitsteilung beschickt den Markt unausgesetzt mit einem Riesenstrom von Waren, und die Kaufleute werfen mit Hilfe ihrer Handelseinrichtungen die Warenmassen unausgesetzt aus dem Markte heraus in die Hände der Verbraucher.

Wenn die Kaufleute nicht über solche Einrichtungen verfügten, wie groß müßten dann die Märkte, Lagerhäuser, Läden sein, um all diese, dann nur langsam abfließenden Warenmassen aufzunehmen? Wie breit wird ein Gebirgsstrom, sowie er die Ebene betritt, sowie das Gefälle abnimmt. So würde es auch mit den Waren sein. Ohne unsere neuzeitlichen Handelseinrichtungen wäre der Warenbestand größer, wäre die Nachfrage nach Tauschmitteln ungleich bedeutender. Wir erleben ja heute manchmal Unterbrechungen in der Betätigung einer dieser Handelseinrichtungen, im Kreditwesen z. B., und haben dann Gelegenheit, zu beobachten, wie infolgedessen der Abfluß der Waren sich verlangsamt, wie die Warenvorräte bis zur Überschwemmung der Märkte (sogenannte Überproduktion) anschwellen, und wie unter dem Druck dieser wachsenden Nachfrage nach Tauschmitteln die Preise nachgeben und der Krach, die Krise ausbricht.

Wenn wir eine Straße, die wegen vieler Krümmungen oder schlechten Pflasters den Verkehr nicht mehr bewältigen kann, gerade durchbrechen und das Pflaster für schnelles Fahren der Fuhrwerke einrichten, so wird trotz sehr verstärktem Verkehr die Straße halb verlassen erscheinen. Stellen wir nun den früheren Zustand plötzlich wieder her, so wird wegen Überfüllung der Verkehr vielleicht ganz ins Stocken geraten. So ist es auch mit den Handelseinrichtungen. Diese brechen dem Warenaustausch gerade Straßen und ebnen diese für einen flotten Absatz der Waren. Versagt eine dieser Einrichtungen, so schwellen die Warenbestände sofort an, d. h., die Nachfrage nach Tauschmitteln wächst.

Der gewaltige Einfluß, den auf diese Weise die Kreditgeschäfte auf die Nachfrage nach Geld ausüben, zwingt uns, diese hier schon etwas näher zu betrachten.

Wir sagten, daß die Ware eine mit ihrer Masse und Güte genau übereinstimmende Nachfrage nach Tauschmitteln darstellt. Gäbe es nun Mittel, die Waren auszutauschen, ohne daß Geld dabei verwendet wird, so nähme auch die Nachfrage nach Geld um die Menge dieser so ausgetauschten Waren ab.

Das ist klar und selbstverständlich vom Standpunkt unseres Begriffes der Sache, der Nachfrage nach Geld, aus betrachtet. Es verhält sich hier wieder wie bei der Eisenbahn. Die Nachfrage nach Güterwagen ist genau so groß, wie die Menge der vorhandenen Frachtgüter. Bauen wir aber entlang der Eisenbahn einen Schiffskanal, so nimmt die Nachfrage nach Eisenbahnwagen um die Menge der auf dem Kanal verladenen Güter ab.

Und die Rolle eines solchen Kanals, der neben dem Geld für den Austausch der Waren gezogen wird, spielen die Kreditgeschäfte. Wenn A in Königsberg an B in Aachen eine Ladung Butter schickt, und dieser die Rechnung mit einer Ladung Wein bezahlt, so gehört dazu kein Pfennig Geld. Hätte B keinen Kredit bei A oder A keinen Kredit bei B, so würde die Butter nur gegen Aushändigung von Geld ausgeliefert werden, und ebenso wäre es mit dem Wein. Die Nachfrage, die der Wein, die Butter nach Geld gehalten haben würden, ist durch den Kredit hier beseitigt worden.

Die Nachfrage nach Geld nimmt also um die genaue Menge der auf dem Kreditwege ausgetauschten Waren ab. Wächst die Summe der Kreditgeschäfte, so nimmt die Nachfrage nach Geld ab, und geht der Kredit zurück, so wächst die Nachfrage nach Geld im gleichen Verhältnis. Dieser Einfluß der Kreditgeschäfte auf die Nachfrage nach Geld bleibt auch derselbe, wenn die Ladung Butter und Wein in Geld umgerechnet und dieses Geld durch Wechsel, Schecks und andere Kreditinstrumente vertreten wird. Es handelt sich immer um eine Umgehung der Nachfrage nach Geld. Diese Krediturkunden, obschon sie auf Geld lauten, machen das Geld überflüssig in all den Geschäften, die sie vermitteln. Freilich sind es nur Kreditinstrumente, die mit dem Kredit aufkommen und mit ihm zusammenbrechen. Sie entlasten das Geld nur so lange, wie der Kredit blüht.

Es verhält sich hier wieder wie bei einer Eisenbahn, die durch einen Schifffahrtskanal entlastet wird. Friert der Kanal zu, oder verdampft sein Wasser in der Dürre des Sommers, so fallen die Güter, deren Beförderung der Kanal sonst vermittelt, wieder auf die Bahn zurück. Taut das Eis aber wieder auf, so nimmt auch die Nachfrage nach Eisenbahnwagen wieder ab. Ein solcher Kanal, der bald einfriert, bald versandet, auf den also kein Verlaß ist, wird die Bahn eher stören als entlasten. Und so ist es auch mit den Kreditgeschäften und ihrem Einfluß auf die Nachfrage nach Geld.

Wir wollen das in diesem Abschnitt über die Nachfrage nach Geld Gesagte hier noch einmal kurz zusammenfassen:

Die Nachfrage nach Geld ist durch die Waren vertreten, die die Arbeitsteilung ständig auf den Markt wirft. Die Nachfrage nach Geld wächst also zugleich mit der Warenmenge, die die Arbeitsteilung erzeugt, und geht auch mit dieser Menge zurück. Die Nachfrage nach Geld deckt sich also nicht allein mit dem Vorrat an Waren, sondern ist an und für sich dieser Vorrat. Neben dem Vorrat an Waren gibt es keine andere Nachfrage nach Geld. Und wenn wir hier von Waren sprechen, so dürfen wir von keiner einzigen ihrer körperlichen Eigenschaften absehen. Wir haben, wenn wir von Waren sprechen, Schinken, Bierfässer, Tabakschiffe vor Augen. Einen greifbaren, keinen nur gedachten Schinken, einen Schinken, den wir so genau betrachtet haben, daß wir es beschwören können, er sei ein westfälischer Schinken. Wir sprechen, wenn wir von der Nachfrage nach Geld, von den Waren sprechen, nicht von kristallisierter, zur Mumie gemachter Arbeit, nicht von Arbeitsgallerte, sozialer Substanz, von Blut, Schweiß und Arbeitszeit, nicht von einem Schinken, bei dem wir alle körperlichen Eigenschaften, den Speck, die Knochen und die Schwarte außer Betracht lassen. Die Nachfrage nach Geld, nach Tauschmitteln, geht aus von den greif- und sichtbaren Dingen, die wir auf dem Markte nach Metern, Litern,

Kilo kaufen, um uns zu nähren und zu kleiden. Und nicht allein Gewicht und Maß, sondern auch die Güte der Waren ist in der Nachfrage nach Geld eingeschlossen.

Die Nachfrage nach Geld hängt von dem Warenstrom ab, den die Arbeits- und Besitzteilung erzeugt, und die Größe dieses Stromes wiederum hängt ab von der Zahl der Arbeiter, von deren Fleiß, Geschick und Klugheit, von der Güte ihrer Arbeitsmittel. Ein englischer Weber wirft 5 mal mehr Kattun auf den Markt als ein indischer Weber. Er erzeugt auch 5 mal mehr Nachfrage nach Tauschmitteln, nach Geld.

Die Nachfrage nach Geld hängt von der Schnelligkeit ab, womit der Handel die Waren den Verbrauchern zuführt, und diese Schnelligkeit wächst mit jeder Vervollkommnung der Handelseinrichtungen. Ist die Verschleißkraft* eines auf einer Hochschule wohlerzogenen Jünglings größer als die eines gewöhnlichen Krämers, so muß auch die Nachfrage nach Geld mit Gründung jeder neuen Handelshochschule abnehmen. Wenn diese Verschleißkraft nicht größer wäre, dann hätten ja solche Schulen keinen Sinn.

Die Nachfrage nach Geld steht im umgekehrten Verhältnis zur Schnelligkeit, mit der die Erzeugnisse der Arbeits- und Besitzteilung ihre Wareneigenschaft abstreifen.

Die Nachfrage nach Geld hängt auch ab von der Entwicklung und Einschränkung des Kredites, d. h. von der immerfort wechselnden Warenmenge, die der ständig sich erweiternde oder einschränkende Kredit den Märkten und der Nachfrage nach Geld entzieht.

Die tägliche Nachfrage nach Geld ist also gleich den täglich den Märkten zugeführten Waren, abzüglich der auf dem Kreditwege (oder etwa noch im unmittelbaren Tauschhandel) abgehenden Waren.

Mit einem Wort: das Angebot von Waren, das Angebot schlechtweg, das Angebot im Sinne des Satzes "Angebot und Nachfrage bestimmen die Preise", das ist die Nachfrage nach Geld. In dem Angebot der Ware ist die Nachfrage nach Geld enthalten und umgekehrt. Und das Angebot deckt sich mit dem Warenbestand.

10. Das Angebot des Geldes.
(Die Nachfrage nach Waren, schlechtweg die Nachfrage.)

Das Kennzeichnende an den Erzeugnissen der Besitz- und Arbeitsteilung liegt in dem Verkaufszwang, der über ihnen lagert, besser gesagt – in ihnen steckt. Zum Verkauf werden die Waren erzeugt, und bei keinem Erzeugnis ist die Wareneigenschaft so rein wie beim Geld. Das haben wir in einem früheren Abschnitt gezeigt.

Die gewöhnliche Ware verläßt über kurz oder lang den Markt als Gebrauchsgut; das Geld aber tauscht jeder nur ein, um es wieder zu verkaufen.

Wie man nun die Waren nicht anders als gegen Geld verkaufen kann, so kann das Geld nicht anders als gegen Ware verkauft werden. Wie die Ware

---

*) Verschleißkraft = soviel wie die Kraft, die Waren von der Erzeugungsstelle dem Verbraucher zuzuführen.

die verkörperte Nachfrage nach Geld darstellt, so vergegenständlicht das Geld die Nachfrage nach Waren. Wo der Geldbestand vergrößert wird, wird auch die Nachfrage nach Waren vergrößert. Wer kein Geld hat, kann auch keine Nachfrage nach Waren halten. Das Geld, das die Bank in ihrem Keller aufbewahrt, kann sie jeden Augenblick über den Markt schütten und damit eine gewaltige Nachfrage nach Ware erzeugen, während die tausend hungrigen Arbeitslosen, die die Schätze der Märkte beliebäugeln, keine Nachfrage nach Waren erzeugen.

Die Nachfrage nach Waren wird somit in erster Linie von dem Vorrat an Geld abhängen; sie wird nicht ständig mit dem Vorrat an Geld übereinstimmen (wir werden noch früh genug diesen heiklen Punkt besprechen), aber die Wareneigenschaft des Geldes zwingt die Besitzer doch, das Geld früh oder spät anzubieten.

Weniger Geld als man besitzt, wird man schon anbieten können, aber nicht mehr. Nach oben bildet der eigene Geldbestand immer eine unübersteigbare Grenze für das Geldangebot. Die ausgesprochene Wareneigenschaft des Geldes wird aber immer bewirken, daß im Durchschnitt der Jahre mehr Geld gegen Waren dort angeboten wird, wo der Geldbestand größer ist, als dort, wo er kleiner ist.

Die 180 Millionen, die im Juliusturm seit 40 Jahren aufgestapelt waren, beweisen klar, daß Geld und Geldangebot nicht so wesensgleich sind, wie Kartoffeln und Kartoffelangebot, aber ihr Zweck war doch der, unter bestimmten Umständen angeboten zu werden.

Wie ein Wagen nur durch den Ortswechsel seinem Besitzer nützlich wird, so wird das Geld nur durch den Besitzerwechsel, durch den Gebrauch als Tauschmittel, durch den Geldumlauf nützlich. Das Geld trägt also die Eigenschaft, die es immer wieder in Umlauf setzt, in sich selbst. Man kann bis zu einem gewissen Grad von Umlaufszwang, dinglichem Umlaufszwang sprechen, der auch dem heutigen Geld anhaftet. (Beim Freigeld ist dieser Umlaufszwang ein unbedingter.)

Von den Waren sagten wir, daß ihr Vorrat im umgekehrten Verhältnis stehe zur Schnelligkeit, mit der die Handelseinrichtungen sie vom Markte zum Verbraucher befördern; da aber das Geld nur Gebraucher und keine Verbraucher hat, da das Geld die Wareneigenschaft behält, da man es nur kauft, um es wieder zu verkaufen (die Goldschmiede können wir hier unberücksichtigt lassen), so wirkt die Schnelligkeit, mit der die Handelseinrichtungen den Besitzerwechsel des Geldes ermöglichen, nicht wie bei den Waren, sondern entgegengesetzt. Je schneller das Geld von Hand zu Hand geht, um so schneller erscheint es wieder am Ausgangspunkt des Marktes, um die Bahn von neuem zu betreten. Und mit jedem Wechsel des Geldbesitzers wird eine Ware eine Stufe weiter in den Keller des Verbrauchers hinabgestoßen. Wie ein Eisenbahnwagen in einer bestimmten Zeit um so mehr Kilometertonnen bewältigt, je schneller sich die Räder drehen, so wird auch ein Geldstück um so mehr Waren aus seiner Bahn werfen, je schneller es seine Bahn durchläuft. Ein blanker Taler, ein entschieden echter Taler wird in der Woche vielleicht nur 10 mal den Besitzer wechseln, weil mancher sich an seinem Anblick längere Zeit weidet und noch einmal überlegt, ehe er ihn ausgibt. Bei einem verschlissenen Taler sind diese Hemmungen geringer, und bei einem Taler, dessen Echtheit angezweifelt wird, sind sie gar nicht vorhanden. Um dieselbe Bahn zu durchlaufen, braucht also ein blanker Taler 3 Wochen, ein verschlissener 2 Wochen und ein zweifelhafter nur 1 Woche. Um die gleiche Anzahl von Geschäften abzuwickeln, braucht man 3 neue, 2 alte und nur 1 zweifelhaften Taler. Die Verschleißkraft, die kaufmännischen oder handelstechnischen Eigenschaften des Geldes stehen also im umgekehrten Verhältnis zu den banktechnischen Eigenschaften des Geldes. Kaufmännisch betrachtet ist ein zweifelhafter Taler dreimal besser als ein blanker Taler. Diese Einzelheit bitte ich zu beachten.

Das Angebot ist ein Strom, der, von der Arbeitsteilung kommend, in den Käufern der Verbraucher versiegt. Die Nachfrage ist kein Strom, sondern ein kreisender Gegenstand, der, wenn er sich schnell bewegt, uns als ein geschlossener, zusammenhängender Ring erscheint.

Das Angebot besteht aus immer neuen Waren, die den Weg nur einmal zurücklegen und dann für immer verschwinden.

Die Nachfrage dagegen besteht aus einer Anzahl von Geldstücken, die den gleichen Weg schon 1000mal zurückgelegt haben und ihn noch ebenso oft zurücklegen werden.

Wir erkennen an diesem Vergleich, daß die Nachfrage anderen Gesetzen unterliegt als das Angebot. Schon der Umstand, daß die Ware in ihrem Laufe zum Käufer immer größer, schwerer, will sagen, teurer wird, während das Geld nach 1000maligem Wechsel seines Besitzers den gleichen Preis haben soll, wie beim Antritt des Besitzerwechsels, zeigt deutlich, daß in dieser Beziehung das Geld nicht mit den Waren verglichen werden kann.

Dies sagt aber beileibe nicht, daß das Geld heute den Warenaustausch etwa "umsonst" vermittelt.

In der Tat, alle Umstände, die die Höhe des Angebots von Waren bestimmen und die wir im vorigen Abschnitt aufzeichneten, fallen bei der Nachfrage (Angebot von Geld) fort, und der eine, die Verbesserung der Handelseinrichtungen, hat dem Gelde sogar den umgekehrten Einfluß wie bei den Waren. Die verbesserten Handelseinrichtungen verkürzen der Ware den Weg zum Käufer, vermindern dadurch den Vorrat und das Angebot von Waren. Eine Verbesserung des Geldumlaufes, eine Verkürzung seiner Umlaufszeit bewirkt dagegen, daß dasselbe Geldstück früher wieder zur Stelle ist, um seine Arbeit neu aufzunehmen. Jede Verbesserung des Geldumlaufes vermehrt also das Angebot von Geld. Darum wird man ja bei Freigeld vielleicht mit einem Drittel des heutigen Geldbestandes auskommen, um dieselbe Nachfrage betätigen zu können.

Für die Waren, für das Angebot sind in erster Linie die Erzeugungsverhältnisse maßgebend, die Fruchtbarkeit der Natur, die Tüchtigkeit der Arbeiter, die Vollkommenheit der Werkzeuge. Für die Nachfrage ist das alles gleichgültig. Das Gold wird nicht hergestellt, sondern gefunden, und der für heute, d. h. für die heute lebende Menschheit allein in Betracht kommende Vorrat wird von den Vorfahren geerbt, oder, wenn es sich um Papiergeld handelt, willkürlich "ausgegeben". Für das Angebot ist die vorjährige Erzeugung ohne

Einfluß; in der Nachfrage dagegen spielt das Gold, das Salomo aus Ophir bezog, noch heute als Teilchen der Münzen sicherlich eine Rolle. Das Angebot wird von uns alle Jahre neu erzeugt; die Nachfrage erben wir unausgesetzt, wobei jene Ansammlungen Salomos, sowie die Beutezüge der Spanier in Mexiko und Peru, in neuerer Zeit die ergiebigen Funde von Klondyke und Transvaal eine große Rolle spielen. Wie groß das Angebot sein wird, bestimmen die heute lebenden Erzeuger; wie groß die Nachfrage ist, bestimmen zum Teil Menschen, deren Gebeine schon längst zu Staub geworden sind. Tausend Millionen Menschen sind beschäftigt, das Angebot zu speisen; die Nachfrage dagegen wird von einer Handvoll Abenteurer in den Goldgruben von Alaska und Afrika unterhalten.

Aber für die Nachfrage kommt auch die Schnelligkeit des Geldumlaufes in Betracht, und da mag es manchem schwer werden, irgendeine Grenze für diese Schnelligkeit zu finden. Er wird darum geneigt sein, anzunehmen, daß die Nachfrage (die doch, zusammen mit dem Angebot, die wichtige Rolle des allgemeinen Preisrichters spielt) etwas ganz Unbestimmbares sei.

Und in der Tat läßt sich auch kaum eine Schnelligkeit des Umlaufes denken, die sich nicht durch irgendeine Einrichtung vergrößern ließe.

Hat man sich mühsam eine Grenze für die Schnelligkeit des Geldumlaufes ausgedacht, und es schlägt dann jemand vor, das Geld mit übelriechendem Schwefelwasserstoff zu durchtränken, damit sich jeder beeile, es wieder weiter zu geben, so sieht man, daß die Grenze der möglichen Schnelligkeit nicht weit genug gesteckt war.

Aber für das tägliche Leben, für die heutige Nachfrage kommt es gar nicht darauf an, ob man morgen die Schnelligkeit des Geldumlaufes wird vergrößern können. Das "heute" gilt auf dem Markte, das "morgen" wird nur soweit berücksichtigt, wie man es klar übersehen kann. Wir können uns ja auch für die Schnelligkeit der Eisenbahn keine Grenzen denken, die wir nicht doch durch irgend eine Verbesserung überschreiten könnten; aber für heute liegt diese Schnelligkeit innerhalb der Grenzen, die die fertigen Maschinen, der Bahndamm, die Brücken und Biegungen scharf vorzeichnen. Es ist uns allen ganz selbstverständlich, daß wir heute nicht beliebig schnell fahren können. Mit einiger Überlegung wird uns aber der Begriff ebenso geläufig sein, daß auch das Geld heute nicht beliebig schnell umlaufen kann, und daß die gegebenen Handelseinrichtungen der Schnelligkeit des Geldumlaufes ein Höchstmaß vorzeichnen, das heute einfach nicht überschritten werden kann.

Aber dies sagt nicht, daß die Handelseinrichtungen nicht doch verbessert werden können; sie werden tatsächlich fast täglich verbessert. Durch die Umgestaltung des deutschen Münzwesens, die anstelle des früheren Gemengsels eine gleichartige Münze setzte, die ohne Prüfung frei von Hand zu Hand gehen kann, ist sicherlich seinerzeit die Möglichkeit eines schnelleren Umlaufes geschaffen worden.*

---

*) Man könnte auch zu einer umgekehrten Ansicht gelangen. Tatsächlich muß die größere Sicherheit vor Kursverlusten und Fälschungen, die die neue Münze bietet, einen größeren Reiz auf die Sparer geübt haben als die abgegriffenen Groschen, Taler und Gulden. Geld sparen aber heißt den Umlauf unterbrechen. Sicherlich liegt hierin etwas Hemmendes.

Durch die Börsen, Abrechnungsstellen, Wechsel, Schecks wird bestimmt dem Geld eine größere Umlaufsschnelligkeit gestattet.*
Namentlich hat aber das Geldsparen sich anders gestaltet. Früher verbargen die Sparer das Geld allgemein in einem vergrabenen Topf, in der Matratze usw.; heute bringen sie es durch die Sparbanken (Postsparkassen) wieder in Umlauf. Gewaltige Summen verstärken so die Nachfrage.

Selbst die Warenhäuser der Neuzeit können als eine Beschleunigung des Geldumlaufes angesehen werden, denn hier kann der Käufer in einem Tag eine Summe los werden, für deren Unterbringung in den zerstreuten Läden der Stadt er sonst mehrere Tage gebraucht hätte.

Kurz, die Möglichkeit einer ständigen Erweiterung der Grenzen der Umlaufschnelligkeit des Geldes kann nicht geleugnet werden, aber diese Möglichkeit kann das Bild in keiner Weise trüben oder verwischen, das wir jetzt von der Nachfrage gewonnen habe.

Die Nachfrage wird also bestimmt von der Größe des Geldbestandes und von der Schnelligkeit des Geldumlaufes. Die Nachfrage wächst im genauen Verhältnis zum Wachstum des Geldbestandes und zur Schnelligkeit des Geldumlaufes.

Das ist das, war wir von der Nachfrage vorerst wissen müssen, um ein ganz allgemeines Bild von der Preisbestimmung durch Nachfrage und Angebot zu gewinnen. Freilich ist es noch nicht viel, was wir wissen. Aber es ist wenigstens Inhalt in diesen Worten, wir können Nachfrage und Angebot jetzt greifen, betasten, wägen. Es sind keine Träumereien mehr. Wenn wir von Angebot sprechen, so denken wir nicht mehr an Handlungen, an Wucherspiel (Spekulation) und sonstigen Unsinn, sondern wir sehen dort vor uns einen Güterzug vorüberfahren, mit Bergen von Holz, Stroh, Kalk, Gemüse, Wolle, Erde usw.. Das alles sehen wir genau, mit unseren Augen, und die übrigen Sinne sind da, um nachzuprüfen, daß wir nicht schlafen, träumen.

Und wenn wir von Nachfrage sprechen so sehen wir auch keine Bettler, kein Defizit, keinen Zins usw., sondern sehen Geld, Papier- und Metallgeld, Geld, das wir greifen und zählen können. Wir sehen, daß das Geld durch eine ihm eigene Kraft in Bewegung, in kreisende Bewegung gesetzt wird, die von den uns bekannten Handelseinrichtungen gefördert, beschleunigt wird. Wir sehen das Geld genau und beobachten, wie es in jedem Kreislauf, den es beschreibt, eine Anzahl Waren greift und aus dem Markt in die Häuser der Verbraucher wirft. Wir begreifen es jetzt, weil wir mit unseren Augen den Vorgang verfolgen, daß die Nachfrage zum Teil davon abhängt, wie schnell das Geld nach jedem Wurf nach einer anderen Ware ausgreift, und wir sprechen jetzt nicht mehr papageienhaft, sondern mit dem Bewußtsein, auf den Grundmauern der Volkswirtschaft zu stehen, die Worte aus: die Preise werden durch Nachfrage und Angebot selbstherrlich bestimmt.

---

*) Wie noch heute die Viehhändler, so trugen die Kaufleute allgemein auf ihren Reisen das Geld für ihre Einkäufe in bar bei sich; auch sagt man, der Seeweg nach Indien sei mit einer Geldschicht bedeckt, die sich allmählich aus Schiffbrüchen bildete.

Das Angebot des Geldes.

In ziffernmäßiger Darstellung der bis jetzt besprochenen Bestandteile des Preises erhalten wir ungefähr folgendes Bild:

Angebot	Tonnen	Nachfrage	Tonnen
Die Arbeits- und Besitzteilung beschickt den Markt bei unbestörtem Wirken der Handelseinrichtungen mit einer täglichen Warenmasse von	1000	Das vom Staate gemünzte oder gedruckte Geld erzeugt bei heutiger Umlaufsgeschwindigkeit und gestrigen Preisen eine Nachfrage von ebenfalls	1000
Dieses Angebot wächst dadurch, daß:		Dieses Angebot wächst dadurch, daß	
1. Die Warenproduktion durch Bevölkerungsvermehrung steigt, um 10 %	100	1. Die Masse des Geldes durch neue Goldfunde oder Ausgabe von Papiergeld zunimmt, um 10 %	100
2. Die Arbeitsteilung sich auf Kosten der Urwirtschaft erweitert, um 5 %	50	2. Die Umlaufsgeschwindigkeit des Geldes durch bessere Handelsgebräuche und Einrichtungen wächst, um 20 %	200
3. Die Erzeugungsmittel und -verfahren eine Verbesserung erfuhren, um 20 %	200	3. Die Sparkassen und die Postsparbanken das Geld der kleinen Sparer wieder in den Handel bringen, um 10 %	100
4. Die besser geschulten Arbeiter bessere Waren erzeugen, um 30 %	300		1400
	1650		
Dagegen nimmt das Angebot dadurch ab:		Diese Nachfrage bleibt aber nicht immer die gleiche, sie erscheint nicht regelmäßig auf dem Markt, wie wir jetzt sehen werden.	
1. daß bessere Handelseinrichtungen und die Einschränkung des Zwischenhandels das Abströmen der Waren vom Markte nach den Verbrauchsstätten beschleunigen	100		
2. daß durch Vereinfachung des Wechselrechtes und andere Umstände die Waren auf dem Kreditwege, statt gegen Bargeld ausgetauscht werden	300 400		
	1250		

Erklärung: Als Tonne kann natürlich irgend eine Ware genommen werden, Torf z. B.. Man fragt dann, wieviel Kartoffeln, Milch, Heidelbeeren, Buchweizen usw. bei den heutigen Preisen für eine Tonne Torf eingetauscht werden können. Dann sind je 50 kg Kartoffeln erster Güte, je 100 Liter Vollmilch, je 60 Liter Buchweizen usw. = 1 Tonne Angebot.

Mit der Nachfrage verhält es sich so: Man fragt: wieviel Geld kann bei bekannter Geldmasse und heutiger Umlaufgeschwindigkeit heute angeboten werden, und wieviel Tonnen Waren können bei den jetzigen Preisen dafür gekauft werden? Antwort: 1000 Tonnen. Da die Preise, die diesen 1000 Tonnen zugrunde gelegt wurden, sich durch Nachfrage und Angebot bilden, so muß notwendigerweise die durch das angebotene Geld in Tonnen ausgedrückte Nachfrage sich immer dem in Tonnen ausgedrückten Angebot anpassen. Ist das nicht der Fall, wie z. B. in obiger Aufstellung, wo einem Angebot von 1250 Tonnen eine Nachfrage von 1400 gegenübersteht, so kommt früh oder spät die Übereinstimmung durch Preisänderungen zustande. In unserem Beispiel würde die Übereinstimmung durch Erhöhung der Preise um etwa 10 % sich einstellen.

11. Das Gesetzmäßige im Umlauf des heutigen Geldes.

Wenn man Nachfrage und Angebot als obersten, als einzigen Preisrichter einsetzt, wenn man den Gegenstand der Wertlehre als ein Hirngespinst erkannt und eingesehen hat, daß die Erzeugung um den Preis als Schwerpunkt pendelt und nicht umgekehrt, so wird der Preis und alles, was auf ihn einwirkt, zum Brennpunkt unseres Sinnens, und Dinge, die wir bis dahin als Nebensache betrachteten, gewinnen mit einem Schlage ganz außerordentliche Bedeutung.

Und als einen solchen, bisher gänzlich unbeachteten Umstand erwähne ich die Tatsache, daß man, dank der Beschaffenheit des herkömmlichen Geldes, die Nachfrage (also das Angebot des Geldes) von einem Tage, von einer Woche, ja sogar von einem Jahre zum anderen verschieben kann, ohne unmittelbare Verluste zu erleiden – während das Angebot (das Angebot der Waren) durchweg nicht um einen Tag zurückgehalten werden kann, ohne daß dem Besitzer Unkosten aller Art erwachsen.

Die im Juliusturm aufgespeicherte Nachfrage von 180 Millionen z. B. war in über 40 Jahren nicht einmal betätigt worden, und die Unkosten, die dem Staat dieser sogenannte Kriegsschatz verursacht hat, kamen allein von außen, nicht vom Innern des Turmes. Menge und Güte des Goldes waren durchaus unverändert geblieben. Nicht ein Pfennig war durch Stoffverlust verloren gegangen. Der Soldat, der dort Wache hielt, fahndete nicht nach Motten und Schimmel, sondern nach Einbrechern. Er wußte, daß, solange die Tür nicht erbrochen war, dem Schatz durchaus nichts geschehen konnte.

Dagegen kostet der in Bern aufgehäufte wirkliche Kriegsschatz, der sogenannte Bundes-Weizen, der Schweiz jährlich neben den Kosten der Aufspeicherung, Bewachung, Wartung, noch 10 % Stoffverlust. (Ohne den Zins, auf den man auch beim Spandauer Schatz verzichtet hatte.)

Die Gegenstände, die das Angebot vertreten, verderben; sie verlieren an Gewicht, Güte, fallen gegenüber den frischen Erzeugnissen ständig im Preise.

Bruch, Rost, Fäulnis, Nässe, Hitze, Kälte, Wind, Blitz, Staub, Mäuse, Motten, Fliegen, Spinnen, Feuer, Hagel, Erdbeben, Krankheiten, Unglücksfälle,

Überschwemmungen und Diebe nagen nachdrücklich und ohne auszusetzen an der Güte und Menge der Waren, und nicht viele unter ihnen gibt es, die nicht bereits nach wenigen Tagen oder Monaten deutliche Spuren dieser Angriffe zeigen. Und gerade die wichtigsten und unentbehrlichsten unter den Waren, die Lebensmittel und Kleider, widerstehen ihren Feinden am schlechtesten.

Wie alles Irdische, so ist die Ware in steter Umwandlung begriffen. Wie der Rost sich im Feuer in reines Eisen zurückverwandelt, so verwandelt sich das reine Eisen im langsamen Feuer der Luft wieder zu Rost. Der schöne Pelz fliegt in Gestalt von tausend Motten zum Fenster hinaus, das Holzwerk des Hauses wird von den Würmern in Staub verwandelt, und selbst das Glas, das dem Zahn der Zeit besser als andere Waren wiedersteht, sucht die Umgestaltung wenigstens als Scherbe mitzumachen.

So hat jede Ware ihren besonderen Feind; für Pelzwaren sind es die Motten, für Glaswaren der Bruch, für Eisenwaren der Rost, für die Tiere Krankheiten aller Art, und zu diesen Einzelfeinden gesellen sich noch gemeinsame Feinde, die für alle Waren gelten – Wasser, Feuer, Diebe usw. und der Sauerstoff der Luft, der langsam aber sicher alles verbrennt.

Wer die Waren gegen alle diese Verluste versichern wollte, wieviel Versicherungsgeld müßte er wohl bezahlen? Wieviel bezahlt der Ladenbesitzer allein an Miete für den Platz, wo seine Waren lagern?

Aber die Ware verdirbt nicht nur, sondern sie veraltet auch. Wer würde heute noch einen Vorderlader, ein Spinnrad kaufen? Wer würde für solche Gegenstände auch nur die Rohstoffkosten bezahlen? Die Warenerzeugung wirft ständig neue, bessere Muster auf den Markt, und kaum hatte der Zeppelin seine Lenkbarkeit gezeigt, so wurde er schon überflügelt, figürlich sowohl wie tatsächlich.

Wie kann sich nun der Warenbesitzer gegen solche Verluste schützen? Nur dadurch, daß er seine Ware so schnell wie möglich verkauft. Und um sie zu verkaufen, muß er sie anbieten. Die Waren, sein Eigentum, zwingen ihn geradezu zum Angebot. Widersteht er diesem Zwange, so wird er bestraft, und die Strafe vollstreckt sein Eigentum, die Ware.

Dabei ist zu bedenken, daß unausgesetzt neue Waren auf den Markt kommen, daß die Kuh regelmäßig alle Tage gemolken werden muß, daß der Besitzlose durch den unmittelbaren Hunger gezwungen ist, täglich zu arbeiten. Das Angebot muß also größer, dringender werden in demselben Maße, wie etwa der Verkauf, der Absatz stockt. Der Regel nach ist darum auch der Zeitpunkt, wo die Ware die Fabrik verläßt, der günstigste für den Verkauf, und je länger der Verkauf hinausgeschoben wird, um so ungünstiger werden die Marktverhältnisse.

Warum läuft und schreit der Zeitungsverkäufer? Weil seine Ware wenige Stunden nach der Geburt schon wertlos wäre. Der Milchhändler hat eine helltönende Glocke an seinem Wagen angebracht, er darf den Tag, will sagen die Stunde und Minute nicht für den Verkauf verpassen. Die Gemüsefrau steht von allen Bürgern zuerst auf, sie weckt den Haushahn regelmäßig aus seinem Schlaf. Der Metzger darf die Zeit auch nicht verschlafen, er kann nicht wegen der Pfingstfeier den Laden schließen – denn alsbald würde sein ganzer Fleischvorrat in Fäulnis geraten. Der Bäcker gar kann seine Ware zum regelrechten Preis nur absetzen, solange die Brötchen noch warm sind. Er hat es jahraus jahrein ebenso eilig wie die braven Züricher, die den heißen Hirsebrei nach Straßburg bringen. Und der Bauer, der mit der Pflugschar die Kartoffeln aus der Erde geworfen und sie nun den Nachtfrösten ausgesetzt hat? Er sammelt sie eilig und bringt sie mit gleicher Eile auf den Markt – um das schöne Wetter auszunutzen, und um das mehrfache, mühsame Auf- und Abladen seiner billigen und schweren Ware möglichst zu verhüten.

Und das Heer von Arbeitern, die 10 000 Arbeiterbataillone? Haben es diese nicht ebenso eilig wie der Zeitungsmann, die Gemüsefrau, der Bauer? Wenn sie nicht arbeiten, geht mit jedem Pendelschlag der Uhr ein Teil ihrer Habe, ihrer Arbeitskraft, verloren.

So sehen wir, wie die Natur der Ware, ihre Vergänglichkeit, die große Mehrheit des Volkes aus dem Schlaf rüttelt, sie zur Eile anspornt und sie zwingt, regelmäßig zu einer bestimmten Stunde auf dem Markte zu erscheinen. Die Eigentümer erhalten von der Ware den Befehl, sie zu Markte zu führen, unter Androhung von Strafe, die die Ware auch selbst vollstreckt. Das Angebot der Ware geht also von der Ware aus, nicht vom Eigentümer; einen Willen läßt die Ware ihrem Eigentümer nur in seltenen Ausnahmen und dann nur in beschränktem Maße. So könnte der Bauer z.B. das Korn nach erfolgtem Drusch in seiner Scheune aufspeichern, um eine bessere Verkaufsgelegenheit abzuwarten. Die Natur des Kornes läßt dem Eigentümer mehr Muße zum Überlegen als die Natur des Salates, der Eier, der Milch, des Fleisches, der Arbeitskraft. Aber lange darf der Bauer auch nicht überlegen, denn das Korn verliert an Gewicht und Güte, wird von Mäusen und Gewürm angegriffen und muß vor Feuer und anderen Gefahren geschützt werden. Übergibt der Bauer den Weizen einem Lagerhaus, so kostet ihn die Sache in 6 Monaten einen bedeutenden Teil des Weizens, ganz abgesehen vom Zins.

Auf alle Fälle muß aber der Weizen vor der nächsten Ernte verkauft werden, und diese Zeitspanne ist jetzt durch die regelmäßigen Zufuhren von der südlichen Halbkugel auf 6 Monate herabgesetzt.

Frl. Zelie, vom Théatre Lyrique Paris (1860), erhält für ein Konzert auf der Insel Makea im Stillen Ozean als Eintrittsgeld für 860 verkaufte Billets: 3 Schweine, 23 Welschhühner, 44 Hühner, 500 Kokosnüsse, 1200 Ananas, 120 Maß Bananen, 120 Kürbisse, 1500 Orangen. Sie schätzt nach Pariser Marktpreisen die Einnahme auf 4000 Franken. Sie fragt: wie soll ich das Zeug zu Geld machen? Soll ich es verzehren? Man sagt, daß ein Spekulant von der benachbarten Insel Manyea mir Kaufangebote in klingender Münze machen wird. Inzwischen gebe ich meinen Schweinen, um sie am Leben zu erhalten, die Kürbisse zu fressen, und die Puten und Hühner verzehren die Bananen und Orangen, so daß ich, um den animalischen Teil meines Kapitals zu erhalten, den vegetabilischen opfern muß*.

Man kann also sagen, ohne auf Widerspruch zu stoßen, daß das Angebot durchweg einem mächtigen, täglich wachsenden, alle Hindernisse überwindenden, im Stoff liegenden Zwang unterliegt, einem Zwang, der den angebotenen Dingen von Natur aus anhaftet. Das Angebot kann nicht hinausgeschoben werden. Unabhängig vom Willen der Warenbesitzer muß das Angebot täglich auf dem Markte erscheinen. Ob es regnet, schneit oder ob die Sonne brennt, ob politische Gerüchte die Börse beunruhigen, das Angebot ist immer gleich dem

---

*) Wirth: Das Geld, S. 7.

Vorrat an Waren. Und selbst dann noch ist das Angebot gleich dem Warenbestand, wenn der Preis der Waren unbefriedigend ist. Ob der Preis dem Erzeuger Gewinn oder Verlust bringt – einerlei, die Waren werden angeboten, müssen angeboten werden, und zwar in der Regel sofort.

Darum können wir das Angebot von Waren, d. i. die Nachfrage nach Geld, mit der Ware selbst als wesenseins ansehen, sie von menschlichen Handlungen unabhängig erklären. Das Angebot ist eine Sache, ein Gegenstand, ist Stoff, keine Handlung. Das Angebot ist immer gleich dem Warenbestand.

Die Nachfrage ist dagegen, wie schon gesagt, von solchem Zwange befreit. Aus Gold hergestellt, einem Edelmetall, das, wie schon diese Bezeichnung andeutet, eine Ausnahmestellung unter den irdischen Stoffen einnimmt und sozusagen als Fremdkörper dieser Erde betrachtet werden kann, widersteht es siegreich allen Zerstörungskräften der Natur.

Das Gold rostet nicht und fault nicht, es bricht nicht und stirbt nicht. Frost, Hitze, Sonne, Regen, Feuer – nichts kann ihm schaden. Das Geld, das wir aus Gold machen, schützt seinen Besitzer vor jedem Stoffverlust. Auch die Güte ändert sich nicht. Vergraben wir einen goldenen Schatz, meinetwegen in einem Morast, ohne irgendwelche Hülle, so wird dieser Schatz noch nach 1000 Jahren ganz unversehrt sein.

Dabei ist auch die Neuförderung des Goldes, im Verhältnis zu der seit Urzeiten aufgespeicherten Goldmasse, unerheblich, sie wird in 3 oder 6 Monaten, ja in einem Jahre, kaum 1 ‰ des Goldbestandes betragen.

Auch vom Modenwechsel wird das Goldgeld nicht berührt, denn der einzige Modenwechsel, der hier in 4000 Jahren stattfand, war der Übergang von der Doppelwährung zur einfachen Goldwährung.

Das einzige, was das Gold vielleicht zu fürchten hat, wäre die Erfindung eines brauchbaren Papiergeldes, aber selbst gegen solche Möglichkeit ist der Goldbesitzer dadurch geschützt, daß solches Papiergeld nur durch den Willen des Volkes zustande kommen kann – ein schwerfälliger Feind, der ihm Zeit zur Flucht läßt.

So ist der Besitzer des Goldes vor jedem Stoffverlust durch die eigentümlichen Eigenschaften dieses Fremdkörpers geschützt. Die Zeit geht am Gold spurlos vorüber, der Zahn der Zeit kann ihm nichts anhaben.

Der Besitzer des Goldes wird nicht von seinem Eigentum zum Verkauf gedrängt. Er kann warten; freilich verliert er den Zins, solange er wartet. Aber kommt der Zins vielleicht nicht gerade daher, daß der Besitzer des Goldes warten kann? Auf alle Fälle verliert der Besitzer der Ware, der auf den Verkauf warten muß, auch den Zins. Er verliert den Zins und hat den Stoffverlust, dazu noch die Unkosten der Lagerung und Wartung, während der Besitzer des Goldes nur die Gelegenheit zu einem Gewinn verpaßt.

Der Besitzer des Goldes kann also die Nachfrage nach Waren hinausschieben; er kann seinen Willen geltend machen. Freilich wird er früh oder spät das Gold anbieten, denn an sich ist es ihm nutzlos, aber den Zeitpunkt, wo das geschieht, kann er auswählen.

Das Angebot ist mit den vorhandenen Warenmassen immer genau zu messen, es deckt sich mit diesen Waren. – Die Ware befiehlt, duldet keinen

Widerspruch; der Wille des Warenbesitzers ist so machtlos, daß wir ihn füglich unberücksichtigt lassen können. Bei der Nachfrage dagegen kommt der Wille des Geldbesitzers zur Geltung; das Gold ist gefügiger Diener seines Herrn. Der Besitzer des Geldes führt die Nachfrage an der Leine wie einen Hund; und der Hund beißt, wenn er gehetzt wird. Und auf wen könnte die Nachfrage wohl gehetzt werden? Oder, um die Marxsche Bildersprache zu gebrauchen: die Nachfrage betritt den Markt, frei und stolz einherschreitend, wie jemand, der an den Sieg gewöhnt, ihn für selbstverständlich hält; das Angebot, in gedrückter, bescheidener Haltung, wie jemand, der nichts zu erwarten hat – als die Gerberei. Dort Zwang, hier Freiheit, und die Vereinigung beider – des Zwanges auf der einen, der Freiheit auf der anderen Seite – bestimmt den Preis.

Und woher dieses verschiedene Verhalten? Weil der eine unverwüstliches Gold zu verkaufen hat, der andere vergängliche Dinge aller Art. Weil der eine warten kann und der andere nicht. Weil der eine den Tauschvermittler besitzt und er den Tausch, dank der körperlichen Eigenschaften des Tauschvermittlers, ohne persönlichen Schaden zu erleiden, verschieben kann, während dem anderen aus solcher Unterbrechung ein unmittelbarer Schaden erwachsen würde, der um so schwerer wird, je länger die Unterbrechung anhält. Weil dieses Verhältnis den Warenbesitzer in Abhängigkeit vom Geldbesitzer bringt oder, um es in der kurzen und klaren Weise von Proudhon auszudrücken: Weil das Gold nicht Schlüssel, sondern Riegel des Marktes (des Warenaustausches) ist.

Wenn nun die Nachfrage die Freiheit, die sie genießt, sich zunutze macht und vom Markte fernbleibt?

Dann wirkt der Zwang, dem das Angebot unterliegt, dahin, daß das Angebot die Nachfrage aufsucht, ihr entgegeneilt, sie heranzulocken sucht durch Anbieten irgend eines Vorteiles.

Das Angebot braucht die Nachfrage und zwar sofortige Nachfrage, und der Nachfrage ist diese Notlage oder Zwangslage des Angebots bekannt.

Folglich wird die Nachfrage der Regel nach eine Sonderleistung zu fordern imstande sein für das Vorrecht, vom Markte fernbleiben zu können.

Und warum sollte der Besitzer des Geldes nicht diese Sonderleistung einfordern? Ist nicht unsere ganze Wirtschaft, die Preisbestimmung durch Nachfrage und Angebot, auf der Ausbeutung der Verlegenheiten des Nächsten begründet, – wie wir das mit der Ausführlichkeit, die die Sache verdient, gezeigt haben?

Nehmen wir an, Müller und Schmied, durch Raum und Zeit getrennt, wollen ihre Erzeugnisse, Mehl und Nägel, austauschen und brauchen zu dem Zwecke das Geld, das Meyer verfügbar hat. Meyer kann den Tausch, wenn er will, mit seinem Gelde sofort vermitteln, er kann den Tausch aber auch verzögern, verschleppen, unterbinden, einfach verbieten, denn sein Geld läßt ihm ja Freiheit, den Zeitpunkt für die Vermittlung des Tausches auszuwählen. Ist es da nicht selbstverständlich, daß Meyer sich diese Macht bezahlen läßt, und daß Müller und Schmied in einen Abzug an ihrer Forderung für Mehl und Nägel einwilligen müssen? Was bleibt ihnen anderes zu tun übrig? Verweigern sie dem Geld die Abgabe, so zieht sich das Geld einfach vom Markte zurück, und

Müller und Schmied müssen unverrichteter Sache ihre Habe mit schweren Unkosten wieder nach Hause bringen. Müller und Schmied werden dann gleichzeitig als Verbraucher wie als Erzeuger in Not sein. Als Erzeuger, weil ihre Sache verdirbt, als Verbraucher, weil sie die Dinge entbehren, für deren Eintausch sie ihre Ware zu Markte brachten.

Wenn Meyer statt Gold irgend eine andere Ware als Tauschmittel besäße, etwa Tee, Pulver, Salz, Vieh oder Freigeld, so würden die Eigenschaften dieser Tauschmittel ihm die Freiheit einer Verschleppung der Nachfrage und damit auch die Macht nehmen, eine Abgabe von den anderen Waren zu erheben.

Wir können also sagen: unser heutiges Geld vermittelt der Regel nach (also kaufmännisch) den Austausch der Waren nur unter Erhebung einer Abgabe. Ist der Markt die Straße, auf der die Waren ausgetauscht werden, so ist das Geld der Schlagbaum, der nur nach Zahlung des Wegegeldes gehoben wird. Das Wegegeld, der Profit, die Abgabe, der Zins, oder wie man es nennen mag, ist die allgemeine Voraussetzung des Warenaustausches. Ohne diese Abgabe kein Tausch.

Und man verstehe mich hier recht. Ich spreche nicht vom Handelsgewinn, von der Bezahlung, die der Kaufmann für seine Arbeit verlangt und verlangen kann. Das, wovon ich hier spreche, ist der Sondergewinn, den der Geldbesitzer von den Warenerzeugern darum verlangen kann, weil er den Austausch ihrer Waren durch Zurückhalten des Geldes zu verhindern vermag. Das hat mit dem Handelsgewinn nichts gemein; es ist eine gesonderte Leistung, die das Geld für sich einzieht, eine Abgabe, die das Geld erheben kann, weil es frei ist vom stofflichen Angebotszwang, dem die Waren allgemein unterworfen sind. Zwang, dinglicher, der Ware anhaftender Zwang beim Angebot; Freiheit, Wille, Unabhängigkeit von der Stunde, von der Zeit bei der Nachfrage – das Ergebnis muß notwendig eine Abgabe sein. Die Ware muß dem Gelde diese Freiheit bezahlen, es geht nicht anders. Ohne diesen Tribut wird kein Geld angeboten; ohne dem Geld die Tauschvermittlung zu bezahlen, erreicht keine Ware den Bestimmungsort. Kann aus irgendeinem Grunde das Geld seine gewohnte Steuer nicht erheben, so bleiben die Waren liegen, sie verderben, verfaulen, vergehen (Krise).

Und ist schon das Erheben einer Abgabe selbstverständliche Voraussetzung der Nachfrage, so ist der Fall erst recht ausgeschlossen, daß sich die Nachfrage auf dem Markte einstellt, wenn ihr dort unmittelbar Verluste winken. Das Angebot stellt sich ein ohne jede Rücksicht auf Gewinn und Verlust; die Nachfrage zieht sich bei schlechten Aussichten in ihre Festung (das ist die Unverwüstlichkeit) zurück und wartet dort mit Seelenruhe, bis die Verhältnisse für einen Ausfall günstiger werden.

Nachfrage, regelrechtes kaufmännisches Angebot des Geldes gegen Waren, gibt es also nur, solange die Marktverhältnisse:
 1. genügende Sicherheit gegen Verluste und
 2. dem Geld eine Abgabe bieten.

Der genannte Tribut läßt sich jedoch nur durch den Verkauf der Waren erheben, und dazu ist die Erfüllung einer Bedingung erforderlich: in der Zeit, die zwischen Kauf und Verkauf der Ware liegt, darf der Preis der betreffenden Ware nicht sinken. Der Verkaufspreis muß über dem Einkaufspreis stehen, denn in dem Unterschied beider Preise steckt der Tribut. In geschäftlichen Glanzzeiten (Hochkonjunkturen), wo der Durchschnitt der Warenpreise aufwärts strebt, wird sich die Erwartung der Kaufleute auch aller Regel nach erfüllen. Der genannte Preisunterschied oder Profit deckt dann die Unkosten des Kaufmanns und die Abgabe, die das Geld fordert. Bei einer rückwärts gerichteten Konjunktur (Preisfall) ist die Erhebung der Abgabe jedoch zweifelhaft, oft sogar unmöglich. Der Zweifel genügt aber schon, um den Kaufmann zu veranlassen, vom Kauf der Waren abzustehen. Welcher Kaufmann, Wucherspieler, Unternehmer wird sich zum Bankhaus oder zur Sparkasse begeben, dort einen Wechsel verkaufen, sich zur Zahlung von Zins verpflichten, wenn er befürchtet, daß das, was er mit dem geborgten Geld zu kaufen gedenkt, im Preise sinkt, so daß er vielleicht nicht einmal die Auslagen wiederzuerhalten hoffen kann?

Vom Standpunkt der Bedingungen, von denen das Geld seine Vermittlerdienste abhängig macht, ist der Handel bei niedergehenden Preisen rechnerisch unmöglich! Man beachte aber hier, daß nur der Geldbesitzer von solcher rechnerischen Unmöglichkeit spricht. Beim Warenbesitzer sind auch die schwersten rechnerischen Verluste keine Hindernis für das Angebot, da gibt es keine rechnerischen Unmöglichkeiten. Die Ware ist unter allen Umständen zum Tausch bereit, einerlei ob Gewinn oder Verlust dabei winkt. Das Geld aber streikt, sobald die gewohnte Abgabe unsicher ist, und das trifft ein, wenn aus irgendeinem Grunde das Verhältnis zwischen Nachfrage und Angebot gestört wird und die Preise sinken.

Halt! Einen Augenblick! Was ist da gesagt worden? Die Nachfrage zöge sich zurück, der Umlauf des Geldes wäre rechnerisch unmöglich, sobald die Preise zurückgehen? Aber die Preise gehen doch zurück, gerade weil das Angebot von Geld ungenügend ist! Und weil das Geldangebot nicht genügend ist, um einen Preisrückgang zu verhüten, zöge es sich zurück, würde also noch kleiner?

Gewiß, so ist es; es ist kein Schreib- oder Druckfehler in diesem Satze. Das Geld zieht sich tatsächlich vom Markte zurück, der Umlauf des Geldes ist unmöglich, rechnerisch unmöglich, sobald das Angebot des Geldes ungenügend ist und ein Rückgang der Warenpreise eintritt oder erwartet wird.

Als nach Einführung der Goldwährung die Geldherstellung um den ganzen Betrag der Silberförderung abnahm und die Preise fielen, da war auch der Umlauf des Geldes unmöglich geworden, und das Geld häufte sich in den Banken an. Der Zinsfuß ging ständig zurück. Als dann die Bimetallisten (Vertreter der Doppelwährung) ihren Kriegszug gegen die Goldwährung eröffneten und die damals herrschende andauernde Wirtschaftskrise mit einer ungenügenden Geldversorgung begründeten, da wiesen die Bamberger und Genossen auf die großen Bankbestände, auf den niedrigen Zinsfuß und erklärten diese Erscheinungen als einen unumstößlichen Beweis dafür, daß es eigentlich noch zu viel Geld gäbe. Den Preisverfall begründeten sie mit einem allgemeinen Rückgang der Erzeugungskosten (auch des Goldes?), mit einer Zuvielerzeugung (Überproduktion) an Waren.

Das Gesetzmäßige im Umlauf des heutigen Geldes.

Die Doppelwährungsfreunde, vor allen Laveleye, entkräfteten diese Beweisführung glänzend durch den Nachweis, daß das Geld kaufmännisch nicht umlaufen kann, sobald es nicht in einer Menge angeboten wird, die genügt, um einen Rückgang der Preise zu verhindern. Die großen Bankbestände, der niedrige Zins wären der schlagende Beweis dafür, daß nicht genügend Geld angeboten wurde.

Jedoch unsere im Wertnebel herumirrenden Währungsphilosophen haben diesen Sachverhalt niemals begriffen. Und auch heute noch ist er ihnen nicht klar, obschon die Entwicklung der Geldverhältnisse ihnen inzwischen genügende Beweise für die Richtigkeit dieser bimetallistischen Theorie geliefert hat. Denn seitdem der Zufall große Mengen Goldes hat finden lassen und die Warenpreise auf der ganzen Linie mächtig aufwärts streben, sind die großen Bankbestände verschwunden und der Zinsfuß höher als je. Also ist es doch so, daß die Banken sich füllen, daß der Zinsfuß fällt, weil es an Geld fehlt; und daß umgekehrt die Banken sich leeren und der Zinsfuß steigt, weil zuviel Geld angeboten wird.

Und die Preise fallen ja gerade darum, weil das Geldangebot ungenügend ist.

Dabei ist es gar nicht einmal nötig, daß die Warenpreise tatsächlich fallen, um das Geld zu veranlassen, sich vom Markte in seine Festung zurückzuziehen. Es genügt dazu, daß nach allgemeiner Ansicht die Preise fallen werden (wobei es wieder ganz einerlei ist, womit solche Ansicht begründet wird), um die Nachfrage stutzig zu machen, um das Angebot des Geldes zu verhindern und um dadurch das, was man erwartet oder befürchtet, wirklich eintreten zu lassen.

Liegt in diesem Satz nicht eine Offenbarung? Zeigt sie uns die Natur der Wirtschaftskrisen nicht mit einer Deutlichkeit, die keine der dickleibigen Untersuchungen über den Gegenstand erreicht? Der Satz zeigt uns, wie es kommt, daß manchmal über Nacht ein Krach, eine Krise, ein schwarzer Freitag ausbrechen kann, der Tod und Verderben um sich streut.

Die Nachfrage verschwindet, verbirgt sich, weil sie ungenügend war, um den Austausch der Waren auf Grund des bisherigen Preisstandes auszuführen! Das Angebot war größer als die Nachfrage, darum muß sich die Nachfrage ganz zurückziehen. Der Kaufmann schreibt eine Bestellung aus auf Kattun. Hört er aber, daß die Kattunherstellung gestiegen ist, wo wirft er den Bestellbogen in den Papierkorb! Ist das nicht köstlich?

Aber wirft die Erzeugung nicht ständig neue Warenmassen auf den Markt, und wachsen darum nicht die Bestände, sobald der Absatz stockt? Steigt nicht das Wasser im Flußbett, wenn man die Schleusen schließt?

Das Angebot wird also größer, dringender, weil die Nachfrage zögert, und die Nachfrage zögert ja nur darum, weil das Angebot zu groß ist im Verhältnis zur Nachfrage.

Auch hier ist weder Schreib- noch Druckfehler. Die vom Standpunkt des Unbeteiligten so lächerliche Erscheinung der Wirtschaftskrisen muß auch eine lächerliche Ursache haben. Die Nachfrage wird kleiner, weil sie schon zu klein ist, das Angebot wird größer, weil es schon zu groß ist.

Hier mögen die Mitglieder des Vereins zum Schutze der deutschen Goldwährung "einen Seufzer fahren lassen und, wenn es geht, noch einen". Aber das Lustspiel wächst ich noch zum Trauerspiel aus. Nachfrage und Angebot bestimmen den Preis, d. h. das Verhältnis, in dem Geld und Waren ausgetauscht werden. Je mehr Waren angeboten werden, desto größer ist die Nachfrage nach Geld. Die Waren, die im Tauschhandel oder auf Kreditwegen den Käufer erreichen, sind für die Nachfrage nach Geld verloren. Die Preise steigen also, wenn die Leihverkäufe zunehmen, denn die gegen Geld angebotenen Warenmassen nehmen um den Betrag dieser Kreditverkäufe ab, und Nachfrage und Angebot bestimmen die Preise, d. h. das Verhältnis, in dem Geld und Waren getauscht werden.

Umgekehrt müssen darum die Preise fallen, wenn die Kreditverkäufe abnehmen, weil dann die Waren, die auf diesen Seitenkanälen den Käufer erreichen, auf die Nachfrage nach Bargeld zurückfallen.

Das Angebot von Waren gegen Bargeld wächst also im Verhältnis, wie die Kreditverkäufe abnehmen.

Die Kreditverkäufe nehmen dann ab, wenn die Preise fallen, wenn der Verkaufspreis unter dem Einstand steht, wenn der Kaufmann der Regel nach an seinen Warenbeständen verliert, wenn er die Stücke des Lagerbestandes, für die er 1000 gezahlt hat, jetzt am Tage der Bestandsaufnahme für 900 kaufen kann und darum auch für 900 in die Inventur einstellen muß. Die Sicherheit des Kaufmannes steigt und fällt mit den Preisen seiner Waren, und darum fallen und steigen auch die Kreditverkäufe mit dem Fallen und Steigen der Warenpreise.

So bekannt diese Sache ist, so wenig Absonderliches hat man darin gefunden. Und die Sache ist doch seltsam genug.

Steigen die Preise, d. h. ist die Nachfrage größer als das Angebot, so kommt der Kredit herbeigeeilt, entzieht dem Geld einen Teil der Waren und treibt so die Preise noch höher. Fallen aber die Preise, so zieht sich der Kredit zurück, die Waren fallen auf das Bargeld zurück und drücken die Preise noch weiter hinunter!

Braucht man noch weiter nach einer Erklärung der Wirtschaftskrisen zu suchen?* Weil wir unsere Erzeugungsmittel verbesserten, weil wir fleißig und erfinderisch waren, weil wir die Arbeitsteilung, die Mutter allen Fortschritts gepflegt haben usw., ist das Angebot von Waren, die Nachfrage nach Geld gewachsen, und weil wir dieser größeren Nachfrage nach Geld kein verstärktes Angebot von Geld entgegenwarfen, fielen die Preise der Waren.

Und weil die Preise fielen, wurde die Nachfrage zurückgezogen, das Geld verscharrt. Und weil die Nachfrage zurückgezogen wurde und der Absatz stockte,

---

*) Im Reichstag wurde 1907 der Betrag der in Deutschland umlaufenden Wechsel mit 35 Milliarden Mark angegeben. Wenn es sich hier vielleicht auch nur um die Gesamtsumme der während eines Jahres abgestempelten Wechsel handeln sollte, die dann, auf 3-Monats-Wechsel umgerechnet, auf 9 Milliarden Mark zusammenschrumpft, so zeigt diese Summe doch, welche Gefahr für die Stetigkeit der Nachfrage (und der Preise) dieser von Stimmungen und Marktverhältnissen abhängige Kredit und Wettbewerber des Geldes in sich birgt.

türmten sich die Waren zu Bergen an, wie die Eisschollen auf dem Rhein, wenn der Eisgang irgendwo stockt. Das Angebot durchbricht die Dämme, überschwemmt die Märkte, und zu jedem Preise werden die Waren losgeschlagen. Aber gerade weil die Preise auf der ganzen Linie zurückgehen, kann kein Kaufmann Ware kaufen, denn er muß ja befürchten, daß das, was er heute so verlockend billig kauft, von seinem Konkurrenten morgen noch billiger gekauft wird, und daß er dann nicht schritthalten kann. Die Waren sind unverkäuflich, weil sie zu billig sind und noch billiger zu werden drohen. Die Krise!

Aber gerade weil die Krise ausgebrochen ist, weil das Haben (Aktivum) der Kaufleute zusammenschrumpft, während das Soll (Passivum) (den Aktiven gegenüber) gestiegen ist, weil jeder, der Geldlieferungsverträge* abgeschlossen hat, diesen der sinkenden Warenpreise (Aktiva) wegen nicht nachkommen kann, weil auch schon Zahlungseinstellungen vorkommen und der ganze Warenaustausch in ein Glückspiel ausgeartet ist, darum werden die Kreditverkäufe eingeschränkt, und dann wächst die Nachfrage nach Bargeld um die ganze Masse der auf dem Kreditwege bis dahin ausgetauschten Waren – gerade zu einer Zeit, wo das Bargeld ungenügend vertreten ist und darum vergraben wird!

Wie das Feuer den Luftzug erzeugt, der den Brand belebt, so stärkt heute die Unterbrechung des Geldumlaufes die Nachfrage nach Geld. Nirgendwo sieht man die ausgleichenden Kräfte wirken, von denen noch so viele träumen. Verschärfung, nicht Milderung; von Ausgleich, von regelnden Kräften nirgendwo eine Spur.

Diesen Ausgleich bei wachsender Nachfrage nach Geld (Angebot von Waren) suchen noch manche in einem beschleunigten Geldumlauf, indem sie annehmen, daß der Wunsch, billig** zu kaufen, das Geld in verstärktem Maße zu Markte führen muß, und zwar aus den Rücklagen! Aber das Umgekehrte ist der Fall. Die Preissteigerung reizt den Kaufmann zum Kauf, nicht der Preisrückgang. Der Preisrückgang kann ihm ja nur Schaden bringen. Die Furcht, daß das, was heute so billig** angeboten wird, morgen noch billiger sein wird, schnürt alle Börsen zu, und tatsächlich sehen wir ja auch nur so oft und so lange offene Börsen, wie man eine Preissteigerung erwartet. Übrigens, wo sind diese berühmten Rücklagen? Etwa bei den Banken? Die Banken ziehen ihre Gelder aus dem Verkehr, wenn der Verkehr keine Sicherheit mehr bietet infolge allgemeinen Preisrückganges der Waren, aber die Millionen, die so dem Markte zu einer Zeit entzogen werden, wo sie dort am nötigsten sind, können doch nicht als Rücklagen betrachtet werden. Wenn bei einer Mißernte der Gerichtsvollzieher dem Bauer die Kuh pfändet, so wächst darum der Viehbestand nicht. Die Banken sind immer überfüllt, wenn die Preise fallen, d. h. also, wenn das Geldangebot unzureichend ist; sie sind leer, wenn die Preise steigen. Wäre es umgekehrt, so könnte man von Rücklagen reden. Wenn es also Rücklagen gibt,

---
*) Geldlieferungsverträge sind Wechsel, Schuldscheine, Schuldverschreibungen, Pacht- und Mietverträge, Versicherungen aller Art usw.
**) Billig ist im kaufmännischen Sinne keine Ware an sich, sondern nur im Verhältnis zum Erlös. Solange die Preise fallen, sind alle Waren teuer; billig werden sie, wenn die allgemeine Preissteigerung den Verkaufspreis über den Einstandspreis hebt.

so müßte man sie zur Förderung des Warenaustausches so schnell wie möglich auflösen, denn ihr Dasein wäre eine weitere Ursache für Preisschwankungen. Rücklagen, also Geldsammlungen, können nur dadurch gebildet werden, daß man das Geld dem Umlauf, dem Markte, dem Warenaustausch, seiner Bestimmung entzieht; wenn man aber solche Rücklagen immer nur dann bildet, wenn es sowieso schon auf dem Markte an Geld fehlt, so müssen wir sie geradezu als Gift bezeichnen.

Das ist also das Gesetzmäßige in der Nachfrage, daß wie verschwindet, sobald sie ungenügend ist.

Aber wie ist es, wenn sie etwa im Verhältnis zum Angebot zu groß ist, wenn die Warenpreise steigen? Denn auch mit einer solchen Möglichkeit muß man rechnen. Es geht auch das aus unserer Darstellung (S. 177) klar hervor, und die Marktgeschichte der letzten Jahrzehnte ist da, um solches zu beweisen. Es leugnet niemand, daß alle Preise, trotz großartig vermehrter Warenerzeugungen, etwa seit 1895 arg gestiegen sind.

Was macht nun der Besitzer des Geldes, wenn die Preise steigen, wenn er das, was er heute kauft, voraussichtlich oder gar erfahrungsgemäß morgen teurer verkaufen kann, wenn also die Preissteigerung alles billig macht (vergl. die Erläuterung S. 187), wenn der Umsatz des Geldes steigenden Gewinn abwirft?

Antwort: er kauft soviel er kann, d. h., für soviel, wie sein Geld und das, was er geborgt erhält, erlauben. Und Kredit genießt der Kaufmannsstand – solange die Preise steigen, solange der Verkaufspreis der Waren über dem Einstandspreis steht. Dabei bringt es die rosige Stimmung, die die steigenden Gewinnsätze bei der Kaufmannschaft unterhalten, wieder mit sich, daß man sich rascher als sonst zum Kauf entschließt, daß man das Geld nicht zehnmal umdreht, ehe man es ausgibt. Das Geld läuft schneller um, wenn die Preise steigen, der Geldumlauf erreicht in der geschäftlichen Glanzzeit (Hochkonjunktur) die Höchstgeschwindigkeit, die die Handelseinrichtungen überhaupt gestatten.

Und die Nachfrage ist gleich der Masse und der Umlaufsgeschwindigkeit des Geldes. Und Nachfrage und Angebot bestimmen die Preise.

Also weil die Preise stiegen, wächst die Nachfrage nach Waren durch beschleunigten Geldumlauf, und gleichzeitig geht das Angebot von Waren (gegen Bargeld) zurück wegen vermehrter Kreditverkäufe. Die Preise steigen also weiter, weil die Preise steigen. Die Nachfrage wird belebt, sie wächst, weil sie zu groß ist. Der Kaufmann kauft Ware weit über den unmittelbaren Bedarf hinaus, er sucht sich zu decken – weil das Angebot zu gering ist im Verhältnis zur Nachfrage. Als das Angebot wuchs und im Verhältnis zur Nachfrage zu groß war – da beschränkte der Kaufmann seine Bestellungen auf das Mindestmaß, auf das, was er unmittelbar absetzen konnte. Er wollte und konnte zwischen Kauf und Verkauf keine Zeit verstreichen lassen, denn in dieser Zeit wäre der Verkaufspreis unter den Einstandspreis gefallen. Jetzt, da es an Waren fehlt, – da kann er nicht genug kaufen, da scheint ihm alles, was er kauft, zu wenig, da möchte er ein großes Lager haben. Die Wechselschulden, die er etwa hierbei macht, schrumpfen gegenüber seinem Haben, den Aktiven, die durch die Preissteigerung immer größer werden, täglich zusammen, sie machen ihm keine Sorgen – solange die Preise steigen.

Ist auch das nicht wieder eine ganz tolle Erscheinung, würdig der tollen Erscheinungen in der Hochkonjunktur?

Die Nachfrage nach Waren wächst, muß gesetzmäßig weit über das gewöhnliche Maß hinaus wachsen, so oft und solange das Angebot ungenügend ist.

Jawohl, die Metallwährung, unsere mit dem Wertbrei gespeiste Goldwährung, bewährt sich. Das hat unsere Untersuchung klar bewiesen. Sie erzeugt eine wachsende Nachfrage, wenn diese schon an sich zu groß ist, und schränkt die Nachfrage auf die persönlichen, leiblichen Bedürfnisse der wenigen Geldbesitzer ein, sobald sie an sich schon zu klein ist. Man gibt dem Hungrigen nichts zu essen, weil er hungrig ist, und den Satten füttert man zum Platzen, weil er satt ist.

Worin die Nützlichkeit des Geldes besteht, haben wir (S. 126ff.) gezeigt. Diesen Nutzen des Geldes hat man bisher leider immer übersehen, war zur Folge hatte, daß sich niemand eine Nachfrage nach solchem Geld (Papiergeld) denken konnte, das aus nutzlosem Stoff hergestellt ist. Irgend etwas mußte doch die Leute zum Ankauf des Geldes reizen, und war es nicht der Nutzen des Tauschmittels, so muße es der Nutzen des Stoffes sein.

Nun ist das Gold tatsächlich ein gewerblich verwendbarer Stoff. Diese Verwendbarkeit würde noch viel größer sein, wenn das Gold nicht so teuer wäre. Nur der hohe Preis des Goldes bewirkt, daß man das Gold nicht in vielen Fällen anstelle von Eisen, Blei, Kupfer verwendet.

Immerhin aber ist das Gold nicht so teuer, daß es nicht wenigstens für Schmuckwaren, wo es nicht auf die Billigkeit ankommt, gebraucht wird. Und tatsächlich ist das Gold der besondere Rohstoff der Edelmetallindustrie. Armbänder, Ketten, Uhrgehäuse und sonstigen Zierrat macht man aus Gold, ebenso Kelche für den Kirchendienst; Beschläge für Kraftwagen, Turmuhren, Blitzableiter, Bilderrahmen usw. usw. werden mit Gold überzogen, auch Photographen und Zahnkünstler verbrauchen viel Gold. All dieses Gold wird der Münze entzogen. Gemünztes Gold ist in der Regel für die Goldschmiede der billigste Rohstoff.

Die Verwendung des Goldes in diesen Edelmetallgewerben wächst natürlich mit der Prachtliebe, mit dem Wohlstand und Reichtum, und dieser Reichtum vermehrt sich mit der Warenerzeugung, mit der Arbeit. In guten Jahren arbeiten die Goldschmiede mit Überstunden; in schlechten Jahren bringen ihnen die in Not geratenen Bürger die Schmucksachen zum Einschmelzen zurück.

Also, je mehr Waren erzeugt werden, je größer die Nachfrage nach Geld (Tauschmittel) ist, desto größere Mengen goldener Münzen wandern in den Schmelztiegel der Goldschmiede.

Halt! Halt! Was ist da wieder für widersinniges Zeug gesagt worden? Je mehr gearbeitet wird, je mehr Waren erzeugt werden, desto größer der Reichtum, und je größer der Reichtum, desto mehr Geld (Tauschmittel der Waren) wird zu Prunkwaren eingeschmolzen? Habe ich da richtig gehört?

Jawohl, genau das ist gesagt worden. Es ist hier kein Mißverständnis, und ich sage es mit der Ruhe, womit ein Richter ein Todesurteil ausspricht. Ich weiß, in den wenigen Worten liegt Anhalt genug, um die Goldwährung zu verurteilen. Und man bringe mir den Mann vor meine Augen, der es wagt, das Gesagte zu bestreiten!

Ich wiederhole: Je mehr Waren erzeugt werden, desto größer werden Wohlstand und Reichtum, und um so mehr wird der Prachtliebe gefrönt. Das durch die Warenerzeugung (Warenangebot) wohlhabend gewordene Volk leert die Schmuckwarenläden, und die Goldschmiede werfen das für ihre Ware erhaltene Geld in den Schmelztiegel, um mit dem Geldstoff (Gold) Ersatz für die verkauften Ketten, Uhren usw. zu schaffen.

Also, weil wir viele Waren erzeugt haben, weil die Ernten gesegnet waren, weil Thomas ein Verfahren erfand, mit welchem schlechte Erze vorzüglichen Stahl liefern, weil wir mit diesem Stahl zu vorzüglichen Werkzeugen gelangen, die das Erzeugnis unserer Arbeit verzehnfachen, weil zudem noch die Rückstände des Thomasverfahrens sich als wertvoller Düngestoff erwiesen, der den Ertrag unserer Felder verdreifacht hat, weil die Arbeiter in Schulen gelernt haben, ihre Hände mit Verstand zu gebrauchen, kurz, weil das Angebot von Waren gewachsen war – darum vernichten wir die Nachfrage, indem wir das Tauschmittel, den Träger der Nachfrage, einschmelzen!

Was würde man sagen, wenn in guten Erntejahren und dann, wenn die Industrie mit Volldampf arbeitet, die Bahnverwaltungen zur Feier solcher Ereignisse die Eisenbahnwagen verbrennen, vernichten wollte?

Wenn die Kartoffeln dieses Jahr gut geraten – so kaufe ich meiner Frau eine goldene Halskette, sagt der Gutsbesitzer.

Wenn meine Kuh dieses Jahr zwei Kälber gibt, so kaufe ich meiner Braut heuer den goldenen Trauring, sagt der Bauer.

Wenn ich mit der Maschine doppelt soviel Hosen nähen kann, so kaufe ich mir eine goldene Uhr, sagt der Handwerker.

Wenn ich mit meinem neuen geschützten Verfahren zehnmal soviel Stickstoff gewinne, so lasse ich auf meine Kosten die Kapelle zu Mariahilf neu vergolden, sagt der Chemiker.

Wenn das Stahlwerk dieses Jahr wiederum eine größere Erzeugung aufweist als vorher, so kaufe ich mir ein goldenes Tafelgeschirr, sagt der Rentner.

Kurz, das Mittel für den Ankauf des Trauringes, der Halskette usw. ist immer und regelmäßig die vermehrte Warenerzeugung (Angebot), und das Gold für diese Ketten, Ringe usw. wird immer der Nachfrage, der Münze entzogen. (Auch das ungemünzte Gold ist durch das Gesetz Geld.)

Weil nun das vom Goldschmied eingeschmolzene Geld für die Nachfrage nach Waren verlorengeht, weil dies auch schlimmerweise gesetzmäßig gerade zu einer Zeit geschieht, wo das Warenangebot groß ist (s.o.), und weil doch Nachfrage und Angebot die Preise bestimmen, so gehen die Preise zurück. Und der Preisrückgang unterbricht den Warenaustausch, die Warenherstellung; er erzeugt Arbeitslosigkeit und Bettelei.

Die Goldwährung, die Nützlichkeit des Geldstoffes als Rohstoff für das Schmuckwarengewerbe, ist also die Säge, womit man den Ast absägt,

auf dem der Wohlstand wächst. Das Geld ist die Voraussetzung der Arbeitsteilung, die Arbeitsteilung führt zum Wohlstand, und dieser vernichtet das Geld.
Gesetzmäßig endet also der Wohlstand immer als Vatermörder.
Goldwährung und Bettler gehören zusammen, und wenn Friedrich der Große sich schämte, über ein Bettlervolk zu regieren, so zeigt das nur, daß er ein empfindliches Ehrgefühl hatte. Sonst hatte gerade er als König keinen besonderen Anlaß, zu erröten. Denn überall wo die Edelmetallwährung eindrang, haben die Könige immer nur über Bettlervölker regiert. Solange der Mensch den Prunk liebt und den gesunden Stand seiner Einkünfte dazu benutzt, Goldwaren zu kaufen, und solange gleichzeitig dieses Gold den Rohstoff für seine Tauschmittel liefern muß – ist der Wohlstand der Volksmassen unmöglich.

Nicht immer wird der Bauer die gute Ernte dazu benutzen, um seiner Frau eine goldene Kette zu kaufen, und nicht alle Chemiker erflehen den Segen für ihre Erfindungen mit dem Gelübde, das Bildnis der Muttergottes vergolden zu lassen.
Wenn die Ernte gut ausfällt, werde ich eine Sämaschine kaufen, sagt der Bauer.
Wenn ich Glück im Stalle habe, werde ich den Sumpf entwässern, sagt der Gutsbesitzer.
Wenn meine Erfindung den Erwartungen entspricht, werde ich eine Fabrik gründen, sagt der Chemiker.
Wenn das Werk dieses Jahr gut arbeitet und der Streik beigelegt wird, werde ich eine Mietskaserne bauen, sagt der Rentner.
Also, je mehr Ware erzeugt wird, desto mehr wachsen die Anlagen zur Erzeugung von mehr Ware, vermehren sich die Sachgüter (das sogenannte Realkapital).
Aber von diesen Anlagen, vom Realkapital, erwartet man Zins, und der Zins fällt in dem Maße, wie das Realkapital im Verhältnis zur Bevölkerung wächst. Viele Wohnungen, wenig Mieter = niedriger Hauszins. Viele Fabriken und wenig Arbeiter = niedriger Fabrikzins.
Fällt also der Zins der Realkapitalien infolge der neuen Anlagen unter das herkömmliche Maß, so wird kein Geld mehr für solche Anlagen hergegeben. Kein Zins, kein Geld*! Halt! halt! einen Augenblick. Habe ich da wieder recht verstanden? Wenn der Zins der Fabriken, Häuser, Schiffe fällt, dann werden keine Häuser mehr gebaut, weil niemand mehr Geld hergibt für neue Realkapitalien! Ist das wahr? Und wie sollen dann die billigen Wohnungen entstehen?
Jawohl, das ist wahr, das habe ich gesagt, und wer wird es wagen, mir das zu bestreiten? Wenn der Zins der Häuser, überhaupt der Zins der Sachgüter fällt, so zieht sich das Geld, das in diesen Anlagen bis dahin Verwendung fand, zurück, und was geschieht dann mit den Waren, die in der Erneuerung und Vergrößerung der Realkapitalien verwendet werden?**

---
*) Ich verweise hier auf die Lehre vom Zins am Schluß dieses Buches.
**) Nach Angaben, die Landesbankrat Reusch-Wiesbaden auf dem deutschen Wohnungskongreß machte, beansprucht allein die Geldbeschaffung für den Wohnungsbau in Deutschland jährlich 1500 bis 2000 Millionen Mark.

Das Gesetzmäßige im Umlauf des heutigen Geldes.

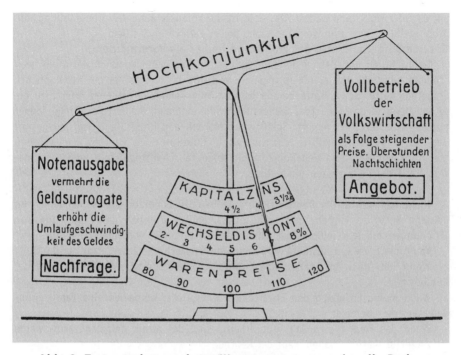

Abb. 2: Trotz stark vermehrter Warenerzeugung werden die Preise nach oben fortgerissen.

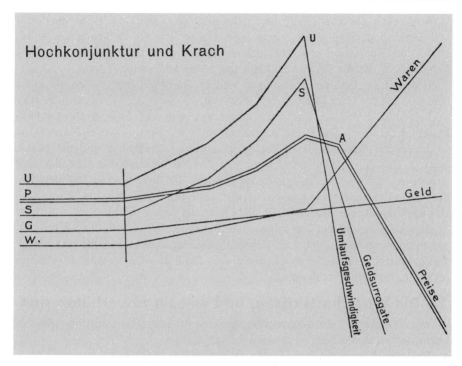

Abb. 3: Hochkonjunktur und Krach.

U (Umlaufsgeschwindigkeit), S (Geldsurrogate), G (Geldmenge) sind die Komponenten der Nachfrage. W (Waren) ist das Angebot. U und S sind durchaus von den Preisen abhängig; sie wachsen im Mißverhältnis zu den Preisen. Die durch die wachsende Geldmenge angeregte Preissteigerung fördert die Warenerzeugung. Wächst diese im Mißverhältnis zu der wachsenden Geldvermehrung, so beginnen die Preise zu sinken. Als Folge davon scheiden U und S aus der Nachfrage aus, und der Preisrückgang geht bei A in Preissturz über, besonders auch darum, weil der Preisrückgang gleichbedeutend mit Absatzstockungen ist, wodurch W (Warenangebot) in die Höhe schießt. Nur solange U, S, G, W parallel laufen oder die Abweichungen sich ausgleichen, bleibt **P** (Preis) unverändert.

Also, wenn das Volk fleißig und erfinderisch war, wenn die Ernte von Sonne und Regen begünstigt wurde, wenn viele Erzeugnisse zur Verfügung des Volkes stehen, um Wohnungen und Arbeitsstätten zu erweitern, dann, gerade dann zieht sich das Geld, das den Tausch vermitteln soll, zurück und wartet.

Und weil das Geld sich zurückzieht, weil die Nachfrage fehlt, gehen die Preise herunter, und der Krach (die Krise) ist wieder da.

Gesetzmäßig muß also der Krach ausbrechen, wenn als Folge vermehrter Realkapitalien der Fabrik- und Hauszins heruntergeht.

In der am Schlusse dieses Buches behandelten Zinstheorie wird der Beweis erbracht, daß der Geldzins unabhängig vom Zins der Realkapitalien ist (aber nicht umgekehrt), daß der hier zu erwartende Einwand, der Geldzins ginge mit dem Zins der Realkapitalien zurück, und daß darum auch bei niedergehendem Realkapitalzins das Geld für neue Realkapitalien nicht fehlt, auf Irrtum beruht.

Also auch aus diesem Grunde kann die Volkswirtschaft sich nur von einer Krise zur anderen entwickeln. Unter der Herrschaft des Metallgeldes muß das Volk gesetzmäßig obdachlos als Bettler sein Leben fristen. Das Gold – das ist unser angestammter König, der wahre "roi des gueux".

12. Die Wirtschaftskrisen, und wie sie zu verhüten sind.

Wirtschaftskrisen, also Absatzstockungen und Arbeitslosigkeit mit ihren Begleiterscheinungen sind nur bei weichenden Preisen denkbar.

Die Preise können aus drei Gründen zurückgehen:
1. weil die eigentümlichen Produktionsverhältnisse des Goldes eine willkürliche Anpassung des Geldangebots (Nachfrage) an die Warenerzeugung (Angebot) nicht erlauben;
2. weil bei steigender Warenerzeugung (blühender Volkswirtschaft) und damit Hand in Hand gehender Vermehrung der sog. Realkapitalien der Zins für diese zurückgeht, weil dann kein Geld mehr für die Bildung neuer Realkapitalien sich anbietet und der Absatz der hierfür bestimmten Waren (ein ganz bedeutender Teil der Warenerzeugung, zumal bei zunehmender Volkszahl) stockt;
3. weil bei vermehrter Warenerzeugung und wachsendem Wohlstand das Geld (Nachfrage) von den Goldschmieden eingeschmolzen wird, und zwar im Verhältnis zum wachsenden Warenangebot.*

---

*) Es wird berichtet, daß die Chinesen aus Silber Figuren bilden, die als Hausgötter oder Schutzgeister viel begehrt sind. Das Silber ist aber das allgemeine Tauschmittel der Chinesen. Man kann sich nun leicht folgendes als wahrscheinlichen, gewöhnlichen Vorgang vorstellen: Das Silber strömt aus irgend einem Grunde reichlicher als sonst in China ein und belebt dort Handel und Industrie (Hochkonjunktur). Der Kaufmann macht gute Geschäfte, und aus Dankbarkeit zu seinem silbernen Schutzgeist macht er diesen größer und schwerer, d.h., das bei ihm für Ware eingehende Silber – die Ursache des flotten Geschäftsganges – wird eingeschmolzen und verschwindet auf Nimmerwiedersehen in der Hauskapelle. Wenn aber umgekehrt aus Mangel an Silber die Preise fallen (Krise) und die Geschäfte des Chinesen schlecht gehen, so denkt der Chinese, daß sein Schutzgeist ob seiner Kleinmütigkeit ohnmächtig ist – und dann scharrt er das wenige bei ihm eingehende Silber zusammen, um damit die Macht

Diese drei Ursachen des Rückgangs der Warenpreise genügen jede allein für sich, um eine Krise hervorzurufen, und ihre Natur ist so, daß, wann auch die eine etwa infolge genügender Goldfunde ausfällt, die anderen dafür in die Lücke springen. Einer der drei Ursachen der Krise verfällt die Volkswirtschaft immer und gesetzmäßig.

Nur in dem Fall, daß man anhaltend solche außergewöhnlichen Goldmassen findet und zwar so viel, daß die Preise trotz vermehrtem Goldverbrauch der Industrie anhaltend und stark (mindestens 5 % jährlich) steigen, kann sich die Volkswirtschaft ohne Krise abwickeln. Auch der Widerstand, den der Rückgang des Realkapitalzinses dem Geldumlauf bietet, würde durch solche allgemeine Preissteigerung gebrochen – indem die Preissteigerung das Geld geradezu zum Umlauf zwingt. Aber eine solche allgemeine Preissteigerung wäre an sich ein Zusammenbruch der Währung.

Wie könnten nun die Wirtschaftsstockungen verhütet werden? In der Erklärung ihrer Ursache ist auch schon die Bedingung angegeben, die für die Verhütung der Wirtschaftsstockungen erfüllt werden muß, und diese lautet: Die Preise dürfen niemals und unter keinen Umständen fallen!

Das ist die Bedingung, die erfüllt werden muß. Und wie kann man das erreichen? Wir erreichen das:

1. indem wir das Geld vom Gold trennen und die Geldherstellung nach den Bedürfnissen des Marktes richten;
2. indem wir das aus Papier verfertigte Geld so gestalten, daß dieses unter allen Umständen gegen Waren angeboten wird und zwar selbst dann noch angeboten wird, wenn der Kapitalzins, der Zins des Geldes sowohl, wie der Zins der Sachgüter (Realkapitalien), fällt und verschwindet.

Wie das erreicht werden kann, wird im IV. Teil dieser Schrift gezeigt werden.

13. Die Neuordnung der Notenausgabe (Emissionsreform).

Nachfrage und Angebot bestimmen die Preise, und die Volkswirtschaft braucht feste Preise, um sich in gedeihlicher Weise auszubilden, und um die dem Geld eigenen, glücklichen Entwicklungskeime zur vollen Entfaltung zu bringen.

Wir wären weit, weit über den Kapitalismus hinaus*, wenn nicht seit 3000 Jahren durch die Wirtschaftsstockungen die Menschheit immer wieder die mühsam erklommenen Stufen heruntergestoßen worden wäre; wenn die

---

seines Hausgottes zu mehren. – Wenn es keine anderen Gründe gibt für den auffälligen jahrtausendelangen Stillstand in der Entwicklung Chinas – dieser eine genügt vollkommen, um die Erscheinung zu erklären.
Hat der Europäer Grund, über den Chinesen zu lachen? Bei gutem Geschäftsgang kauft sich der Europäer eine goldene Kette, um damit zu protzen, bei schlechtem Geschäftsgang kauft er sich eine noch größere, um sich damit Vertrauen zu seiner Zahlungsfähigkeit zu erschwindeln.
Beide – der Chinese wie der Europäer – sägen also, wenn auch aus verschiedenen Beweggründen, den Ast ab, auf dem sie sitzen.
*) Kapitalismus = wirtschaftlicher Zustand, in dem die Nachfrage nach Leihgeld und Sachgut (Realkapital) das Angebot übertrifft und darum den Zins bedingt.

bettelhafte Armut, in der jede Wirtschaftsstockung die Volksmassen hinterläßt, nicht die Bettlergesinnung großgezogen hätte, die nun einmal den Menschen, groß und klein, in den Knochen liegt. Unsere Arbeiter würden sich die Behandlung, die ihnen durch die Unternehmer und den Staat zuteil wird, nicht gefallen lassen, wenn die Nachfrage nach ihren Erzeugnissen ebenso regelmäßig auf dem Markte erschiene wie das Angebot, und unsere Großgrundbesitzer würden nicht bei den Brotkonsumenten, bei den ausgemergelten, dürren Arbeiterfrauen um Brotzölle gebettelt und dabei nach Bettlerart, um das öffentliche Mitleid zu erregen, ihre Geschwüre (die Not der Grundrentner) bloßgelegt haben, wenn die Goldwährung sie durch den Druck, den sie auf die Preise geübt, nicht geplündert und bestohlen hätte.

Die Plage des Hungers und der Druck der Schulden sind böse Erzieher.

Und wo wären wir heute in wissenschaftlicher, technischer, religiöser Beziehung angelangt, wenn die vielversprechende Kultur, die das Gold, obschon blutbefleckt, geraubt und erpreßt, in Rom erstehen ließ, nicht unter einer anderthalbtausendjährigen, durch Geldmangel erzeugten wirtschaftlichen Eiszeit erstarrt, vergletschert, vernichtet worden wäre!

Salomo schuf Wunderdinge, weil er Stoff für die Gelderzeugung aus Ophir erhielt, wodurch ein geregelter Austausch und die Arbeitsteilung möglich wurden. Aber seine Schöpfungen gingen wieder, zusammen mit dem Aufhören der Goldfunde, verloren.

Jeder Anlauf zur Kultur der Menschheit ist immer selbsttätig, gesetzmäßig durch den Rückgang der Preise erstickt worden. Denn Fortschritt heißt wachsende Arbeitsteilung, Arbeitsteilung heißt Angebot, und das Angebot kann nicht zum Tausch führen, wenn die Preise wegen Mangels an Nachfrage (Geld) sinken.

Geld und Kultur gehen zusammen auf und unter. Darum war auch die "merkantilistische Theorie", die das Gold als den Inbegriff des Reichtums und der Kultur betrachtete und folgerichtig darum auch eine auf ständige Vermehrung des Geldbestandes gerichtete Wirtschaftspolitik durch Schutzzölle befürwortete, gar nicht so falsch. Der gesunde Gedanke hatte nur einen törichten Ausdruck gefunden. Die Tatsache war da, daß bei Zufluß von Gold die Gewerbe, Künste und Wissenschaften gediehen. Nur verwechselten die Merkantilisten Geld und Gold. Sie glaubten, das Gold bewirke das Wunder mit Hilfe seines "inneren Wertes"; es gab für sie kein Geld, sondern nur Gold. Geld und Gold waren ein Begriff. Sie wußten nicht, daß das Geld, nicht das Gold, den Austausch der Waren vermittelt, und daß der Reichtum durch die Arbeitsteilung entsteht, die das Geld, nicht das Gold ermöglicht. Sie suchten die Wirkungen der Arbeitsteilung in Eigenschaften des Goldes, statt in denen des Geldes.

Wer nun einmal gelernt hat, das Geld vom Gold zu trennen und zu unterscheiden (vergl. den 1. Abschnitt), sich auch von der Wichtigkeit fester Preise überzeugt und dabei dem Wertglauben abgeschworen hat, der kommt gleich auf den Gedanken: so verfertigt doch einfach Papiergeld und bringt es unter die Leute, sowie ihr merkt, daß das Angebot die Nachfrage überholt und die Preise zu weichen beginnen, und umgekehrt, zieht Papiergeld ein und verbrennt es, sowie ihr merkt, daß die Nachfrage das Angebot übersteigt und die Preise anziehen. Es handelt sich ja nur um eine Quantitätsfrage, und die lithographische Presse in dem einen, der Verbrennungsofen im anderen Falle, stellen es in euer Ermessen, die Nachfrage (Geld) dem Angebot (Ware) stets derart scharf anzupassen, daß die Preise fest bleiben müssen.

So spricht Michael Flürscheim*, der diesen Gedanken mit Eifer vertritt und der mich unter die ersten zählt, die ihn gestaltet und verbreitet haben. Gegen diese Ehre muß ich aber insofern Verwahrung einlegen, als ich es stets und von vornherein bestritten habe**, daß das Papiergeld in der Form, wie es heute bekannt ist, (also ohne stofflichen, unmittelbaren Umlaufszwang) einfach durch Veränderung seiner Menge sich dem Angebot so anschmiegen lasse, wie es die Bedürfnisse eines geregelten Austausches der Güter des eigenen Landes wie des Weltverkehrs erheischen.

Ich bestreite es und will hier klipp und klar nachweisen, daß, solange der Staat neben der Masse des Geldes nicht auch noch den Umlauf des ausgegebenen Geldes beherrscht, alle die hier aufgedeckten Widersprüche des Geldumlaufes ungelöst bleiben.

Solange das Geld, als Ware betrachtet, besser als die Ware im allgemeinen ist, solange man von Geldvorrechten spricht, solange namentlich die Sparer das Geld den Waren (ihren eigenen Erzeugnissen) vorziehen, solange die Wucherspieler das Geld ungestraft zu ihren Angriffen mißbrauchen können, wird das Geld den Austausch der Erzeugnisse nicht ohne eine vom Handelsgewinn gesonderte Abgabe vermitteln. Und das Geld soll doch "ein Schlüssel und kein Riegel des Marktes" sein, es soll eine Straße und kein Schlagbaum sein; es soll den Austausch fördern, verbilligen, nicht hemmen und belasten. Und es ist doch klar, daß ein Geld nicht zugleich Tausch- und Sparmittel, Peitsche und Bremse sein kann.

Deshalb fordere ich neben einer nur durch die reine Papierwährung ermöglichten Beherrschung der Geldmassen durch den Staat eine vollkommene, sachliche Trennung des Tauschmittels vom Sparmittel. Den Sparern stehen alle Güter der Welt zur Verfügung, warum sollen sie also ihre Ersparnisse gerade in Geld anlegen? Das Geld wurde doch nicht gemacht, damit es gespart werden könnte!

Das Angebot steht unter einem unmittelbaren, den Waren anhaftenden, sachlichen Zwang; darum fordere ich einen gleichen Zwang für die Nachfrage, damit bei den Verhandlungen um den Preis das Angebot nicht der Nachfrage gegenüber im Nachteil bleibe.***

Das Angebot wird durch den erwähnten Zwang über den Willen der Warenbesitzer gestellt, wird einfache, meßbare Sache; die Nachfrage muß darum gleichfalls vom Willen der Geldbesitzer getrennt werden, – auch sie soll zur Sache werden, damit sie jederzeit abgewogen und gemessen werden kann. Wer es weiß, wie groß die Warenerzeugung war, der weiß auch, wie groß das Angebot sein wird; ebenso muß jeder, der den Geldbestand kennt, wissen, wie groß die Nachfrage sein wird.

---

*) Michael Flürscheim, The Economic und Social Problem, Jefferson Publishing Company, Xenia, Clay County, Illinois, U.S.A.
**) Silvio Gesell, Nervus rerum, S. 36-37. Bueonos Aires 1891.
***) Wer noch nicht ganz frei vom Wertglauben ist, wird die Bedeutung dieser Gerechtigkeit nicht begreifen.

Das alles erreicht man auf einfachste Weise durch den sachlichen, dem Gelde anhaftenden Umlaufszwang des Tauschmittels, und es läßt sich nur durch ihn erreichen. (Siehe auch den folgenden Teil d. B.)

Der stoffliche Umlaufszwang befreit den Geldumlauf von allen Hemmungen, die Gewinnsucht, Wucherspiel, Furcht und drohende Wirtschaftsstörungen aller Art ihm entgegenstellten, versetzt die gesamte, vom Staate ausgegebene Geldmasse in einen ununterbrochenen gleichmäßigen, durch nichts störenden Umlauf und erzeugt dadurch eine ebenso regelmäßige, ununterbrochene Nachfrage.

Infolge der Regelmäßigkeit, womit nun die Nachfrage sich einstellt, hören die Absatzstockungen, die Warenanschwellungen auf, und so wird als unmittelbare Begleiterscheinung der regelmäßigen Nachfrage auch das Angebot regelmäßig sein und nur mehr von der Warenerzeugung beeinflußt werden, genau wie ein Flußbett regelmäßig wird, sobald das Gefälle gleichmäßig verteilt wird.

Dann sind nur ganz geringe Änderungen in der Menge des Geldes nötig, um die Nachfrage den natürlichen Schwankungen der Warenerzeugung stets auf den Leib zuschneiden zu können.

Will man jedoch diesen Umlaufszwang für das Geld nicht einführen, so verwirren sich sofort alle Verhältnisse. Die Nachfrage entzieht sich dem Machtbereich des Staates. Wobei noch das einzig Gesetzmäßige in diesem Wirrwarr, die Profitbedingung für den Geldumlauf, dahin wirkt, daß das Geld privatwirtschaftlich vom Markt zurückgezogen werden muß, sobald es an Geld fehlt, und umgekehrt wieder dem Umlauf zugeführt wird, wenn es schon im Übermaß angeboten wird.

Zur Prüfung der Richtigkeit des hier Gesagten will ich jetzt den Vorschlag, den Flürscheim vertritt*, einer genaueren Prüfung unterwerfen. Es wird dies auch darum nötig, weil die schönen Erfolge, die man mit der auf einen festen Stand (das Goldpari) zugespitzten Neuordnung der Notenausgabe (Emissionsreform) in Argentinien**, Brasilien, Indien und anderen Ländern erzielte, die Aufmerksamkeit auf das Papiergeld gelenkt und den Glauben an eine weitere Vervollkommnungsmöglichkeit dieses Tauschmittels erweckt haben. Die Vertreter der Papierwährung könnten aber ihrer Sache keinen größeren Schaden zufügen, als durch Einführung oder Gutheißung von Neuerungen, bei denen nicht jede Möglichkeit eines Mißerfolges ausgeschlossen ist. Jeder Fehlschlag stärkt nur die Stellung der Metallwährungsvertreter und macht die Papierwährung wieder für Jahrzehnte unerörterbar.

Die hier als unzulänglich erwähnte einfache Änderung der Notenausgabe (Emissionsreform) läuft also darauf hinaus, den Staat zu ermächtigen, Geld in einer nur durch die Preise der Waren beschränkten Menge auszugeben, bzw. einzuziehen. Die Nachfrage nach Geld soll der Staat nur noch mit dem Durchschnittspreise der Waren messen. Der Staat vermehrt den Geldumlauf, wenn die Preise fallen, er schränkt den Geldumlauf ein, sobald die Preise steigen.

---

*) Siehe auch: Arthur J. Fonda (Denver, Colorado), Honest Money. – Professor Frank Parsons, Rational Money. – Professor Marshall (Cambridge), Contemporary Review 1887.
**) Silvio Gesell, La cuestion monetaria argentina. Buenos Aires 1898. Ders., La plétora monetaria. Buenos Aires 1907.

Das Geld soll nicht in einer bestimmten Ware, auch nicht in Gold einlösbar sein; für die Einlösung soll der Inhaber auf den Markt angewiesen sein. Im übrigen aber soll sich das Papiergeld nicht von dem gemeinen Papiergeld unterscheiden. Namentlich soll auch das Geld nach wie vor als Sparmittel gebraucht oder mißbraucht werden können, ebenso als Rücklage seitens der Wucherspieler (Spekulanten). Die Nachfrage soll also alle Vorrecht bebehalten, die sie heute gegenüber dem Angebot besitzt. Die Nachfrage soll bleiben, was sie heute ist, eine Willenshandlung der Geldbesitzer, soll also Spielball der Geldmächte bleiben.

Der ausgesprochene Zweck der Sache soll aber doch sein, die in Abständen immer wiederkehrende Zuvielerzeugung (chronische Überproduktion) und Arbeitslosigkeit zu beseitigen, die Wirtschaftskrisen unmöglich zu machen und den Kapitalzins zu unterdrücken.

Entscheidend für die Beruteilung dieser Reform wird das Verhalten der Sparer sein, und da wollen wir hier in erster Linie daran erinnern, was wir über das Sparen gesagt haben. Der Sparer erzeugt mehr Ware, als er selbst kauft, und der Überschuß wird von den Unternehmern mit dem Geld der Sparkassen gekauft und zu neuen Realkapitalien verarbeitet. Aber die Sparer geben das Geld nicht her ohne Zins, und die Unternehmer können keinen Zins bezahlen, wenn das, was sie bauen, nicht wenigstens den gleichen Zins einbringt, den die Sparer fordern. Wird aber eine zeitlang an der Vermehrung der Häuser, Werkstätten, Schiffe usw. gearbeitet, so fällt naturgemäß der Zins dieser Dinge. Dann können die Unternehmer den von den Sparern geforderten Zins nicht zahlen. Das Geld bleibt in den Sparkassen liegen, und da gerade mit diesem Geld die Warenüberschüsse der Sparer gekauft werden, so fehlt für diese jetzt der Absatz, und die Preise gehen zurück. Die Krise ist da.

Hier nun wollen die Umgestalter der Notenausgabe eingreifen. Sie sagen: warum ist die Krise ausgebrochen? Weil die Preise fielen, und die Preise fielen, weil es an Geld fehlte, d. h., weil das vorhandene Geld wegen des herabgesetzten Zinsertrages der Sachgüter nicht angeboten wurde. Gut denn, so lassen wir die Sparer und Sparkassen im Besitz des Geldes. Sie mögen das Geld verscharren. Und wir drucken neues dafür. Der Staat verfertigt Geld und liefert es den Unternehmern, wenn die Sparer und Kapitalisten es ihnen vorenthalten. Sinkt der Zins der Realkapitalien, so geht der Staat mit dem Zins auch herunter. Können die Unternehmer nur noch 3 – 2 – 1 % aus den Häusern, Fabriken, Schiffen schlagen, so geben wir den Unternehmern das Geld zu 3 – 2 – 1 %, und wenn es sein muß, zu 0 %.

Das klingt ja gut; der Vorschlag ist einfach, und man hält ihn für verständig. Aber er klingt nur gut für die Laien. Ein geübtes Ohr vernimmt da schrille Mißtöne.

Wie, ist nicht das Geld gemacht worden, um den Warenaustausch zu vermitteln? Und da gestattet man den Sparern, den Kapitalisten und Wucherspielern, das Geld für andere, dem Warenaustausch fremde Zwecke zu verwenden? Das Geld wurde gemacht, um dem Warenerzeuger den Tausch seiner

Erzeugnisse gegen die anderer Warenerzeuger zu erleichtern. Das Geld ist also ein Tauschmittel, mehr nicht. Das Geld vermittelt den Tausch, und der Tausch ist vollendet, wenn zwei Warenerzeuger ihre Erzeugnisse gegenseitig ausgetauscht haben. Solange der Warenerzeuger seine Sache nur gegen Geld verkauft hat, ist der Tausch nicht beendet, es bleibt ein Mann auf dem Markte, der auf ihn wartet. Der dem Geld zugrunde liegende Gedanke verlangt also, daß dem Verkauf der Ware gegen Geld sofort der Kauf von Ware mit Geld folgt, damit der Tausch vollendet werde. Wer mit dem Kauf zögert, läßt den Tausch unvollendet, er nimmt notwendigerweise einem anderen Warenerzeuger den Absatz, er mißbraucht das Geld. Ohne Kauf kein Verkauf; darum, wenn das Geld seinen Zweck erfüllen soll, soll der Kauf dem Verkauf auf dem Fuße folgen – Zug um Zug.

Nun heißt es, daß der Mann, der seine Erzeugnisse gegen Geld verkauft hat und dieses nicht wieder durch den Kauf von Waren weitergibt, bereit ist, das Geld zu verleihen, wenn ihm ein Zins geboten wird. Aber diese Bedingung kann man nicht als rechtmäßig gelten lassen. Bedingungslos soll der Mann sein Geld verleihen, sonst muß er gehalten werden, selber Ware zu kaufen oder seine eigenen Erzeugnisse zurückzukaufen. Niemand steht es zu, den Umlauf des Geldes an Bedingungen zu knüpfen, einerlei, welcher Art sie auch seien. Wer Geld hat, hat ein Recht auf unmittelbaren Kauf von Waren, mehr nicht. Ein Recht auf Zins widerspricht dem Gedanken des Geldes, denn dieses Recht käme einer Besteuerung gleich, einer privaten Besteuerung des Warenaustausches mit Hilfe einer staatlichen Einrichtung. Das Recht auf Zins käme dem Rechte gleich, den Warenaustausch durch Festhalten des Geldes zu unterbrechen, um die Warenbesitzer, die auf dieses Geld warten, in Verlegenheit zu setzen, und um diese Verlegenheiten für die Zinserpressung auszubeuten. Die Bedingungen, unter denen das Geld verliehen werden kann, sind Sonderangelegenheiten der Sparer, mit denen der Staat nichts zu tun hat. Für den Staat ist das Geld reines Tauschmittel. Er sagt dem Sparer: du hast mehr Ware verkauft, als du gekauft hast und besitzest einen Geldüberschuß. Dieser Überschuß muß unter allen Umständen auf den Markt zurückgebracht und gegen Waren umgesetzt werden. Eine Ruhebank ist das Geld nicht, sondern ein Übergangslager. Hast du selbst keinen unmittelbaren Bedarf an Waren, so kaufe Wechsel, Schuldscheine, Pfandbriefe usw. von solchen Personen, die jetzt Waren brauchen, aber dazu keine Geld haben. Die Bedingungen, zu denen du die Wechsel kaufen kannst, sind deine Sonderangelegenheiten; du hast nur der bedingungslosen Pflicht zu gehorchen, das Geld wieder sofort auf den Markt zu bringen. Tust du es nicht, so mußt du durch Strafen dazu angehalten werden, denn durch deine Säumigkeit erleiden die Bürger Schaden.

Der Staat baut Straßen für Beförderung der Waren, und er verfertigt Geld für den Tausch der Waren. Und wie der Staat verlangt, daß niemand eine belebte Straße durch zu langsames Fahren mit Ochsenkarren versperre, so muß er auch verlangen, daß niemand den Tausch durch Festhalten des Geldes unterbreche oder verzögere. Wer dennoch solche Rücksichtslosigkeiten begeht, soll bestraft werden.

Aber über diese doch ziemlich selbstverständlichen Forderungen eines gesunden, zwecksentsprechenden Geldwesens gehen die Befürworter einer geänderten Notenausgabe (Emissionsreformer) mit jugendlichem Leichtsinn hinweg und hoffen wohl, auch so ihr Ziel zu erreichen. Ein eitler Wahn!

Die Sparer also erzeugen mehr Ware, als sie selber gebrauchen, und das für den Überschuß gelöste Geld geben sie ohne Zins nicht wieder frei. Die Krise, die die Sparer durch solches Benehmen unmittelbar verursachen, soll nun dadurch beschworen werden, daß der Staat den Unternehmern Geld zu einem niedrigeren Zinsfuß liefert und zwar neu verfertigtes Geld, das unmittelbar von der Presse kommt.

Der Erzeugungsüberschuß der Sparer wird also nicht mit deren Geld gekauft, sondern mit neuem Geld. Vorläufig hat das auch nicht viel zu besagen. Und mit Hilfe des neuen Geldes geht der Bau von Häusern, Fabriken, Schiffen usw. ungestört weiter. Die Unternehmer erhalten zwar von diesen Dingen nun immer weniger Zins, weil jetzt ohne Unterbrechung weitergebaut wird und das Angebot von Mietshäusern usw. unaufhaltsam wächst, aber damit gleichlaufend sinkt auch der Zinsfuß, den sie der Notenbank zu zahlen haben. Für sie als Unternehmer ist also die Höhe des Zinsertrages der Häuser soweit gleichgültig. Sie müssen diesen Zins ja doch an ihre Gläubiger abliefern. Es wird ohne Störung unausgesetzt gearbeitet, und dementsprechend geht auch das Geldsparen unausgesetzt vor sich. Manche dieser Sparer finden es vorteilhaft, ihr Geld auch noch zu herabgesetztem Zins zu verleihen, aber bei manchen, und besonders bei den kleinen Sparern, wo der Zins sowieso nicht viel ausmacht, genügt schon das Herabgehen des Zinses von 5 auf 4 oder 3 %, um sie zu veranlassen, das Geld in altmodischer Weise bei sich zu Hause zu bewahren und ganz auf den Zins zu verzichten. Diese Summen betragen zusammen viele hundert Millionen Mark, und der Staat ersetzt sie durch Ausgabe neuen Geldes. Und so wird die Krise vermieden, es wird weiter gearbeitet an Häusern, Schiffen, Fabriken, deren Zins ständig, und wie man annimmt, schnell heruntergeht. Aber mit jedem Zurückgehen des Zinses wachsen die Hemmungen, die den Sparer davon abhalten, sein Geld zur Sparkasse zu bringen. Bald sind es auch schon die größeren Sparer, die es nicht mehr für die Mühe wert halten, das Geld zur Sparkasse zu bringen, besonders dort, wo der Weg zur Sparkasse in Betracht kommt und wo man nicht weiß, ob man das Geld in Kürze nicht wird gebrauchen können. Auch mögen viele das Geld bei sich sicherer halten als in fremden Händen, unter fremder Verwaltung. Alle diese Hemmungen, die bisher durch den hohen Zins überwunden wurden, gewinnen jetzt die Oberhand. Und ein Strom von Geld, von Papiergeld, fließt vom Geldamt über die Märkte, um in Millionen von Sparbüchsen zu münden, und unermüdlich ersetzt die lithographische Presse des Geldamtes, was hier dem Markt entzogen wird. Ein gewaltiger Strom von Papiergeld, von Nachfrage, täglich fälliger Nachfrage, wird hier auf ein totes Gleis abgelenkt.

Und je mehr der Zins fällt, um so stärker fließt dieser Strom; schließlich, und noch bevor der Markt an Realkapital völlig gesättigt ist, schon wenn der Zins auf 1 % gefallen ist, bringt niemand mehr seine Ersparnisse zur Sparkasse, alle behalten das Geld lieber unter eigener Aufsicht. Und dann wandern die gesamten Ersparnisse des Volkes in die Sparbüchse. Viele Milliarden. Gewaltige Summen, die noch jährlich darum stark anwachsen werden, weil das Herabgehen des Zinses die Sparer stark entlasten wird, und weil durch das

Ausfallen der Wirtschaftskrisen das Volk die gestern gemachten Ersparnisse nicht heute wieder wegen Arbeitsmangel aufzuzehren braucht. Fällt der Zins auf 1 %, so verdoppeln sich die Einnahmen des werktätigen Volkes, und bei verdoppelten Einnahmen verzehnfachen sich die Ersparnisse, da ja das letzte Ende der Einnahmen gespart wird und dieses Ende jetzt um den vollen Betrag der bisherigen Einnahmen wächst.

Und all dieses Geld soll der Staat ersetzen, jährlich ersetzen! Ein ganzes Volk, das seine Ersparnisse in Geld, in täglich fälliger Nachfrage anlegt, in Papierfetzen, die nur darum etwas gelten, weil der Güteraustausch einen Bruchteil davon benötigt! Das ist an und für sich ein verdächtiger Zustand.

Die Bodenschulden (Hypotheken) allein betragen Milliarden. Wird kein Zins darauf gezahlt, so werden sie gekündigt, das Geld wird eingezogen, verscharrt, und der Staat muß diese Milliarden durch Neudruck ersetzen. An Wechseln laufen in Deutschland jahraus, jahrein, an 30 Milliarden um, die gleichzeitig als Tauschmittel dienen. Fällt die Zinsvergütung (der Diskont) weg, so kauft (diskontiert) auch niemand mehr einen Wechsel. Diese werden für Handelszwecke unbrauchbar, und der Staat muß entsprechend mehr Geld ausgeben. Viele Hunderte von Milliarden wären dazu nötig. Mit 100 Pressen, die jahraus, jahrein Tausendmarkzettel drucken, könnte der Staat solchen Bedarf kaum decken. Hunderte von Milliarden an verscharrter Nachfrage, täglich fälliger Nachfrage!

Wie nun, wenn aus irgend einem Anlaß diese Nachfrage lebendig würde und auf den Markt ginge? Wo wäre das dazu gehörige Angebot von Waren? Und wenn das Angebot fehlt, dann steigen die Preise, diese Preissteigerung aber erzeugt Differenzen, und diese Gewinnaussichten locken das Geld auf den Markt! Steigen die Preise, winken die Differenzen, so platzen alle Sparbüchlein, und lawinenartig ergießen sich die Milliarden auf den Markt. Rette sich wer kann! ertönt es, und das einzige Rettungsboot in diesem Schiffbruch sind die Waren. Wer Ware gekauft hat, ist gerettet. Also kaufen sie alle; die Nachfrage steigt in die Milliarden, und da das Angebot natürlich fehlt, so schießen die Preise in die Höhe. Die Preissteigerung macht die Ersparnisse zunichte – und mit dem Papiergeld tapeziert man wieder den Kuhstall – nach alter Weise, wie es während der französischen Revolution mit den "Assignaten" geschah.

Freilich verneint Flürscheim eine solche Möglichkeit. Er sagt: die Sparer, bzw. Inhaber der Milliardennachfrage können niemals auf den Gedanken kommen, daß die Preise der Waren steigen werden, weil der Staat jeden sich an den Warenpreisen zeigenden Überschuß an Geld sofort einzieht.

Aber hier stoßen wir auf den zweiten Widerspruch der "Emissionsreform". Der erste Widerspruch liegt darin, daß der Staat den Gebrauch bzw. Mißbrauch des Geldes als Sparmittel überhaupt duldet, wodurch es möglich und nötig wurde, daß der Staat mehr Geld herstellen mußte, als für den Zweck des Geldes, den Warenaustausch, nötig war.

Der zweite Widerspruch liegt darin, daß der Staat das Geld bei der Ausgabe an die Unternehmer selber nicht als Tauschmittel benutze, es also nicht gegen Waren, sondern gegen Wechsel, Pfandbriefe oder sonstige Sicherheiten hergab. Und das Geld ist doch Tauschmittel, und als solches durfte es nur gegen Waren ausgegeben werden. Hätte der Staat das Geld gegen Waren ausgegeben, also so ausgegeben, wie es dem Zwecke des Geldes entspricht (und wären die Waren inzwischen nicht in Schutt und Moder zerfallen), so brauchte er den Gletscherbruch der Spargelder gar nicht zu fürchten. Aber jetzt hat er nur Pfandbriefe, Schuldscheine, Wechsel der Unternehmer, die keinen Zins abwerfen, und mit solchen Dingen kann man kein bares Geld einziehen.

Der Staat hatte also selber die Eigenschaft des Geldes verkannt, als er den Unternehmern Geld vorschoß, das ihnen die Sparer verweigerten. Er hatte seine Gewalt mißbraucht, und das Geld rächt schwer und rauh jeden Mißbrauch, den der Staat damit treibt.

Und hier würde der dritte Widerspruch zutage treten, den solche Notenausgabereform in sich birgt, und der darin besteht, daß man an das Geld, das man für Sparzwecke bestimmt, ganz andere Forderungen stellt, als an das Geld, das man für Handelszwecke bestimmt. Als Verbraucher bezahlt der Sparer für eine bestimmte Warenmenge 100 Mark, aber als Sparer bezahlt er diesen Preis nicht. Da sind ihm die 100 Mark lieber. Also sind 100 Mark als Sparmittel mehr als die Ware, die man für 100 Mark kaufen kann. Man kann mit Waren niemals Spargelder einlösen.

Der Staat hat aber in diesem Falle Tausch- und Spargeld für gleich gesehen; er hat das Geld, das die Sparer vom Markte holten, durch Kauf von Wechseln, Pfandbriefen usw. ersetzt. Jetzt, da er den Tausch der Pfandbriefe gegen die Spargelder bewirken muß, sieht er, daß das nicht geht.

Dieser Sachverhalt wird noch klarer, wenn wir uns zwei verschiedene Geldarten, z.B. Gold und Tee, nebeneinander umlaufend denken. Für alle, die das Gold als Tausch- mittel gebrauchen, wird es einerlei sein, ob sie mit dem einen oder dem anderen bezahlt werden, da sie das Gold ja wieder ausgeben. Für die Sparer wird es aber durchaus nicht einerlei sein, ob sie Gold oder Tee haben, da das Gold sich hält, der Tee aber verdirbt. Die Sparer würden niemals für 10 Mark Tee 10 Mark Gold geben; ja dem Sparer, der mit längeren Zeitläufen rechnet, wird sogar Gold und Tee in keinem Tauschverhältnis gleichwertig sein. Für ihn sind Gold und Tee einfach nicht vergleichbare Größen.

Dabei muß sich der Staat beeilen; es darf überhaupt nicht zur Hochkonjunktur kommen, denn mit dieser erscheinen sofort die Gewinnerspäher auf dem Plane, und werden erst einmal die ersten Gewinne aus der Preissteigerung eingestrichen, so gibt es kein Halten mehr, da kommt jeder staatliche Eingriff zu spät. Man vergegenwärtige sich doch die Lage, in der sich hier der Staat befindet: 10 Milliarden sind für den regelrechten Güteraustausch nötig, 100 Milliarden sind aber ausgegeben und von den Sparern festgehalten. Kehrt von diesem Überschuß von 90 Milliarden ein geringer Teil auf den Markt zurück, so steigen die Preise, und sowie die Preise steigen, folgt der Rest der 90 Milliarden sofort nach! – Und zwar geschieht das so: die Kaufleute, die die Aufwärtsbewegung wittern, suchen sich zu decken, d.h., sie kaufen über den unmittelbaren Bedarf hinaus. Dazu brauchen sie Geld, das sie sich von den Sparern durch Anbieten von Zins verschaffen. Für diesen Zins wird der erwartete Sondergewinn, den die Aufwärtsbewegung der Preise (Hausse) erzeugt, Deckung schaffen. Die Steigerung kommt nun wirklich zustande, und zwar als unmittelbare Wirkung jener Spargelder, und gibt zu neuen Anleihen und

Spekulationskäufen Anlaß. Und so weiter, in gesetzmäßiger Stufenfolge, bis alles Geld aus den Sparbüchsen von der Aufwärtsbewegung verschlungen ist.

Der leiseste Zweifel daran, daß der Staat die Preise vor einer Aufwärtsbewegung werde schützen können, genügt, um augenblicklich die gesparten Milliarden genau ebenso auf den Markt, vor die Läden der Kaufleute zu führen, wie der gleiche Zweifel an der Zahlungsfähigkeit der Depositenbanken plötzlich alle Depositeninhaber an die Schalter der Bank führt. Im Laufschritt, in Kraftwagen und Flugzeugen kämen sie herbeigestürmt. Das ist eben die notwendige Folge einer Neuordnung im Geldwesen, die den Mißbrauch des Tauschmittels als Sparmittel unangetastet läßt.

Solange das Papiergeld nur seinen Zweck entsprechend als Tauschmittel verwendet wird, ist alles in bester Ordnung. Reißt man aber das Papiergeld aus dieser Ordnung heraus, dann bleibt nur Geldpapier übrig. Ein Fidibus, gut genug, um die Pfeife anzuzünden.

Der Widerspruch, der in der stofflichen Vereinigung von Tausch- und Sparmittel liegt, zeigt sich uns noch deutlicher, wenn wir annehmen, daß, ähnlich wie zu Josephs Zeiten, nach einer Reihe von guten Jahren einige schlechte folgen würden. Während der guten Jahre würde das Volk natürlich viel haben sparen können, d. h., es hätte Berge von Papiergeld aufgestapelt, und wenn es nun in den darauffolgenden Jahren auf diese Papiermassen zurückgreifen will, so zeigt es sich, daß dieser aufgestapelten Nachfrage kein Angebot gegenübersteht.

Die Reform, die uns hier beschäftigt, kann also nur so lange wirksam sein, wie der Zins, den die Unternehmer selber erheben und darum auch an die Sparkassen und Kapitalisten zahlen können, ausreichend ist, um die Masse der Sparer zu veranlassen, ihr Geld immer wieder in Umlauf zu setzen. Aber behauptet nicht gerade Flürscheim, daß der Zins in kürzester Zeit auf Null fallen muß, wenn er erst einmal ins "Rutschen" kommt und die Wirtschaftskrisen vermieden werden?

Die so gedachte Umgestaltung der Notenausgabe (Emissionsreform) würde also nur eine ganz kurze Lebensdauer haben können und dabei den Keim für den größten Schwindel in sich tragen, den die Menschheit bisher erlebt hat, und der zur Folge hätte, daß das Volk in den Schoß des alleinseligmachenden Goldes zurückzukehren verlangen würde, wie es bisher immer der Fall gewesen ist.

Da scheint es mir doch vernünftiger zu sein, gleich gründliche Arbeit zu verrichten und mit der hier besprochenen Emissionsreform gleich eine Reform des Geldes zu verbinden, die die dingliche Vereinigung von Tauschmittel und Sparmittel aufhebt, die alle privaten Geldvorräte auflöst, alle Sparbüchsen zerschlägt, alle Kassetten sprengt, und die bewirkt, daß zu jeder Zeit, im Krieg wie im Frieden, in guten wie in schlechten Jahren, sich immer und genau so viel Geld im Verkehr befindet, wie der Markt ohne Preisschwankungen aufnehmen kann.

Mit dem Freigeld wird die herkömmliche Vereinigung von Tausch- und Sparmittel, im Einklang mit den Ergebnissen unserer Untersuchung, grob und rücksichtslos zerhauen. Das Geld wird reines Tauschmittel, vom Willen der Inhaber befreite, stoffliche, chemisch reine Nachfrage.

14. Der Maßstab für die Güte des Geldes.

Bekanntlich bringen die Anhänger der Goldwährung den Aufschwung, den die wirtschaftliche Entwicklung in den letzten Jahrzehnten, an sich sowohl wie vergleichsmäßig, genommen hat, in unmittelbare Beziehung zur Goldwährung. Seht diese Millionen von rauchspeienden Schloten! Das sind die neuzeitlichen Opferaltäre, auf denen dem Herrn der Dank des Volkes für die Goldwährung gebracht wird!

An sich hat die Behauptung, daß die Währung einen wirtschaftlichen Aufschwung erzeugen oder wenigstens ermöglichen kann, nichts Auffälliges. Denn das Geld vermittelt den Warenaustausch, und ohne Warenaustausch gibt es keine Arbeit, keinen Gewinn, keinen Verkehr, keine Hochzeit. Sowie der Warenaustausch stockt, werden alle Fabriken geschlossen.

Obige Behauptung enthält also durchaus nichts, was von vornherein verblüffen könnte. Im Gegenteil, man frage die Fabrikanten, die Reeder usw., ob sie mit dem vorhandenen Maschinen- und Menschenbestand nicht noch mehr Waren erzeugen könnten. Sie werden übereinstimmend sagen, daß eine Grenze nur durch den Absatz ihrer Waren gezogen wird. Und den Absatz vermittelt das Geld, – oder es vermittelt ihn auch nicht, je nachdem.

Daß in den Verdienstansprüchen der Goldwährung stillschweigend die Behauptung miteingeschlossen liegt, daß ihre Vorgängerin (die Doppelwährung) den wirtschaftlichen Aufschwung gehemmt habe, ist an sich auch durchaus nicht verblüffend. Wenn das Geld den Fortschritt fördern kann, so muß es ihn auch hemmen können. Dem Gelde werden ganz andere Wirkungen zugeschrieben als nur die Herbeiführung einiger Jahrzehnte der Blüte oder des Zerfalls.*

In Deutschland klagten die Grundbesitzer seit Einführung der Goldwährung über den Rückgang der Preise, über die Schwierigkeiten, auf die sie stießen, den Zins ihrer Bodenschulden aufzubringen. Man ist ihnen ja mit den Zöllen zu Hilfe gekommen, aber wie viele Bauernhöfe würden ohne diese Hilfe unter den Hammer gekommen sein! Und wer würde diese Höfe gekauft haben? Es hätten sich Großgrundbesitze gebildet, genau wie im alten Rom. Und der Großgrundbesitz, die Latifundienwirtschaft, soll doch den Untergang Roms verursacht haben!

Also, die Behauptung der Geoldwährungsleute enthält nichts Auffälliges; nur, handelt es sich um den Beweis? Denn der behauptete wirtschaftliche Aufschwung könnte vielleicht auch andere Ursachen haben: die Schule, die vielfachen technischen Erfindungen, die die Arbeit befruchten, das deutsche Weib, das für einen zahlreichen, gesunden Arbeiterstamm sorgte, usw.. Kurz, es fehlt nicht an Nebenbuhlern, die der Goldwährung die Lorbeeren streitig machen.

Also Beweise! Wir brauchen einen Maßstab für die Güte des Geldes! Es handelt sich hier darum, festzustellen, ob die Goldwährung den Austausch der Waren derart erleichtert hat, daß der behauptete wirtschaftliche Aufschwung als eine Folge dieser Erleichterung eine genügende Erklärung findet.

Hat nun die Goldwährung den Warenaustausch erleichtert, so muß sich das in einer Sicherung oder Beschleunigung oder Verbilligung des

---
*) Vergl. die nachfolgende Abhandlung "Gold und Frieden?". (S. 210.)

Warenaustausches zeigen, und diese Sicherung, Beschleunigung und Verbilligung des Warenaustausches müßte sich in einer entsprechenden Abnahme der Zahl der Kaufleute zeigen. Das ist klar und braucht weiter nicht bewiesen zu werden. Verbessern wir die Straßen, die zum Befürdern der Waren dienen, so nimmt die Leistungsfähigkeit der Fuhrleute zu, und bei gleicher Gesamtleistung muß deren Zahl abnehmen. Seit Einführung der Dampfschiffe hat sich der Seeverkehr verhundertfacht, doch hat die Zahl der Seeleute abgenommen; Kellner, Köche, Diener nehmen heute die Stelle der Matrosen ein.

So müßte es auch im Handel sein, wenn die Goldwährung der Muschelwährung gegenüber ähnliche Vorteile böte, wie die Dampfkraft gegenüber dem Winde, oder wie der Sprengstoff gegenüber dem Keil.

Tatsächlich erleben wir aber mit der Goldwährung eine genau entgegengesetzte Entwicklung:

"In einer Zeit, in der die Vermittlungstätigkeit (also der Handel) in der Gesellschaft von 3 und 5 auf 11-13 %, ja teilweise auf 31 % der Selbsttätigen gestiegen ist, in der diese Vermittlung (also die Handelsunkosten) einen steigenden Teil der Preise ausmacht ...", sagt Prof. Schmoller (s. Die Woche, S. 167, Aufsatz "Der Handel im 19. Jahrhundert!").

Und so ist es tatsächlich. Der Handel wird nicht leichter, sondern mit jedem Tage schwerer. Um die Waren abzusetzen, braucht man mit dem goldenen Tauschvermittler nicht weniger, sondern mehr Leute als früher, und zwar Leute mit besserer Ausbildung und besserer Ausrüstung. Es geht dies aus der deutschen Berufserhebung hervor.

Im Handelsgewerbe waren beschäftigt:

	1882	1895	1907
Personen	838 392	1 332 993	2 063 634
auf 100 Gewerbetreibende	11,40	13,50	14,50
Zahl der Gewerbetreibenden	7 340 789	10 269 269	14 348 016
Zahl der Einwohner	45 719 000	52 001 000	62 013 000
Gewerbetreibende auf 100 Einw.	16	20	23
davon im Handelsgewerbe	1,83	2,56	3,32
Verhältnis der Händler zu den Gewebetreibenden	11,40 %	12,80 %	14,50 %.

Während also die Zahl der Gewerbetreibenden (Industrie, Handel, Landwirtschaft) von 16 % der Einwohner auf 23, somit um 43 % stieg, erfuhr die Zahl der im Handel tätigen Personen ein Wachstum von 1,83 auf 3,32 % = 80 %.

Diese Zahlen beweisen also, daß unter der Herrschaft der Goldwährung als Tauschvermittler die Tauschvermittlung derart erschwert wurde, daß die Bedienungsmannschaft des Tauschvermittlers von 11,40 auf 14,50 erhöht werden mußte; sie beweisen zahlenmäßig, daß die Goldwährung den Handel erschwert hat.

Man wird vielleicht hier einwenden, daß in den letzten Jahrzehnten viele Erzeuger von der Urwirtschaft zur Arbeitsteilung übergegangen sind, zumal auf dem Lande, wo immer weniger für den eigenen Verbrauch, immer mehr für den Markt gezogen wird, was natürlich wieder mehr Kaufleute nötig macht.

So werden z. B. heute nur mehr ganz selten Spinnräder gebraucht, und die kleinen Dorfhandwerker, die man unmittelbar mit Feldfrüchten bezahlte (Tauschhandel), müssen Fabrikniederlagen weichen. Auch erzeugt der Arbeiter heute mit Hilfe der verbesserten Arbeitsmittel mehr Ware als früher (der Güte oder der Menge nach), so daß auch dadurch eine bedeutend größere Menge Waren auf den Markt geworfen wird, die wiederum mehr Handelsangestellte benötigt. Ist ein Kaufmann nötig, um den Kattun von 10 Webern zu verschleißen, so werden zwei Händler nötig – wenn sonst alle Verhältnisse gleich bleiben – sobald die 10 Weber mit verbesserten Webstühlen die doppelte Menge Kattun auf den Markt werfen.

Der Einwand ist richtig. Aber dann bitte ich dagegen auch wieder zu berücksichtigen, daß die mit dem Handel verbundene fachliche Arbeit durch mancherlei Einrichtungen außerordentlich erleichtert wurde. So durch das Dezimalsystem der Markwährung (das von der Goldwährung ja unabhängig ist, wie das englische Münzwesen zeigt), durch das einheitliche metrische System für Maße und Gewichte, durch die in den verbesserten Schulen herangezogenen Handelsgehilfen, durch das einheitliche, verbesserte Handelsrecht, durch das Konsulatswesen, durch die außerordentlichen Vorteile, die die Post dem Handel bietet (10 Pf. Porto für Briefe durch das ganze Deutsche Reich, Postaufträge, Postnachnahmen, Postkarten, Postpakete, Postanweisungen), ferner durch Telegraph und Fernsprecher. Dann die Schreib- und Rechenmaschinen, die Kurzschrift, die Vervielfältigungsapparate, die Kopierpresse, die Fahrräder für die Geschäftsboten, das verfeinerte Reklamewesen, das Bankwesen mit dem Scheck- und Überweisungskonto, Konsumvereinswesen, kurz, die unzähligen Verbesserungen, die seit 30 Jahren in die Technik des Handels eingeführt wurden. Und schließlich die größere allgemeine Bildung des Kaufmanns, die ihm doch auch bei der Arbeit zugute kommen und seine güteraustauschende Kraft vermehrt haben muß. Andernfalls müßte man ja diese Bildung für überflüssig und den Kaufmann für unklug erklären, der einen gebildeten Gehülfen besser bezahlt als den ungebildeten. Denn warum zahlt er ihn besser? Weil er mehr leistet, d. h. mehr Ware absetzt als der ungebildete.

Erachten wir nun die oben erwähnte Mehrerzeugung an Waren durch die größere Leistungsfähigkeit der kaufmännischen Einrichtungen als ausgeglichen, so behält die Steigerung der vom Handel lebenden Personenzahl von 11,40 auf 14,50 % der Gewerbetreibenden ihre ganze Kraft als Beweis gegen die behauptete Vorzüglichkeit der Goldwährung.

Dabei geben obige Zahlen nur die Personen an, die unmittelbar vom Handel leben, während es für uns eigentlich auf den Rohgewinn ankommt. Und dieser ist, dem Augenschein nach zu urteilen, wohl auch allgemein gestiegen. Auch muß berücksichtigt werden, daß von der Zahl nicht auf die Gesamteinnahmen der Kaufleute geschlossen werden kann, indem die Kaufleute in der Regel und durchschnittlich ein höheres Einkommen als andere Arbeiter haben.

Um zu wissen, welche Wirkung eine Währungsreform auf den Handel ausübt, müßte der rohe Handelsgewinn, d. h. der Abstand zwischen Fabrik- und Ladenpreis der einzelnen Waren statistisch ermittelt werden. Ladenpreis abzüglich Fabrikpreis = Handelsrohgewinn. Dann wäre es möglich, zu berechnen, wieviel der Handel dem Lande kostet und wie sich das jetzige Geldsystem bewährt. Es würde sich da zeigen, daß der Handel heute wirklich, wie vielfach behauptet wird, ein Drittel und mehr der Gesamterzeugung aufzehrt! Daß von je 1000 Kilo 333 für die Händler abgesondert werden.

15. Warum die sogenannte rohe Quantitätstheorie dem Gelde gegenüber versagt.*

Angebot und Nachfrage bestimmen den Preis der Waren, und das Angebot richtet sich nach dem Vorrat. Mehrt sich der Vorrat, so wächst auch das Angebot; nimmt der Vorrat ab, so geht auch das Angebot zurück. Vorrat und Angebot fallen somit in eins zusammen, und statt: "Angebot und Nachfrage" könnte es ebenso richtig heißen: "Vorrat und Nachfrage" bestimmen den Preis. Die Voraussetzungen der Quantitätstheorie werden durch diese Fassung sogar besser hervorgehoben.

Die Quantitätstheorie, die für alle Waren ohne wesentliche Einschränkung als richtig anerkannt wird, hat man auch auf das Geld übertragen und gesagt, daß der Preis des Geldes vom Geldvorrat bestimmt wird; doch hat die Erfahrung gezeigt, daß das Geldangebot vom Geldvorrat nicht so beherrscht wird, wie für solche Quantitätstheorie vorausgesetzt wird. Während der Geldvorrat oft unverändert bleibt, ist das Geldangebot den größten Schwankungen unterworfen. Der Kriegsschatz in Spandau war in über 40 Jahren nicht einmal angeboten worden, während sonst das Geld jährlich 10 oder 50 mal den Besitzer wechselt. Die Bewahrstellen des Geldes (Banken, Geldschränke, Strümpfe und Koffer) sind zuweilen überfüllt, manchmal leer, und dementsprechend ist auch das Geldangebot heute groß, morgen klein. Oft genügt ein Gerücht, um alles Gelde vom Markte und Angebot zurück in die Bewahrstellen zu bringen; oft bewirkt eine Drahtmeldung, die noch obendrein gefälscht sein mag, daß dieselbe Hand, die noch eben den Beutel fest zuschnürte, die Märkte des Landes mit Geld überschüttet.

Für das Geldangebot sind die Marktverhältnisse jedenfalls von größter Bedeutung, und wenn wir eben von den Waren sagten, daß Vorrat und Nachfrage den Preis bestimmen, so könnte man vom Gelde ebenso richtig sagen, daß "Stimmung und Nachfrage" seinen Preis bestimmen. Gewiß, der Geldvorrat ist für das Geldangebot nicht gleichgültig, denn dieser Vorrat zieht dem Angebot nach oben eine Grenze. Es kann schließlich nicht mehr Geld angeboten werden, als der Vorrat gestattet. Aber während für die Waren im allgemeinen die obere Grenze des Angebots (d.i. der Vorrat) auch gleichzeitig die untere bildet, so daß Angebot und Vorrat regelmäßig in eins zusammenfallen, ist beim Gelde eine untere Grenze überhaupt nicht zu erkennen, es sei denn, daß man Null als diese Grenze ansehen will.

---

*) Neue Literatur über die Quantitätstheorie: Irving Fisher, Die Kaufkraft des Geldes. – Th. Christen, Die Quantitätstheorie. – Die absolute Währung. (Siehe Schriftenverzeichnis am Schluß des Buches.)

Ist Vertrauen da, so ist auch Geld da; hat hingegen Mißtrauen die Oberhand, so bleibt das Geld verborgen. Das ist eine uralte Erfahrung.

Wenn aber – wie diese uralte Erfahrung beweist – das Geldangebot nicht regelmäßig und ausnahmslos dem Geldvorrate entspricht, so ist auch der Preis des Geldes vom Geldvorrat unabhängig, und die Übertragung der rohen Quantitätstheorie auf das Geld ist nicht statthaft.

Versagt aber diese Quantitätstheorie dem Gelde gegenüber, so ist auch die Produktionskostentheorie nicht auf das Geld anwendbar, denn die Erzeugungskosten können preisbestimmend nur mittelbar durch ihren Einfluß auf die Quantität, d. i. den Vorrat wirken, und dieser Vorrat ist, wie wir sahen, nicht regelmäßig und allein entscheidend für das Geldangebot.*

Bei den Waren im allgemeinen verhält es sich so, daß, wenn die Erzeugungskosten abnehmen, die Erzeugung zunimmt. Mit der steigenden Erzeugung wachsen Vorrat und Angebot, und mit dem wachsenden Angebot fällt der Preis. Aber bei den Edelmetallen ist es durchaus nicht gesagt, daß mit dem wachsenden Vorrat auch sogleich das Angebot wächst, und noch weniger, daß das Angebot stets dem Vorrat entspricht. Beweis: die Silberbestände in Washington, der Kriegsschatz in Spandau, die Münzfunde, die täglich gemacht werden.

Beide Theorien, die rohe Quantitäts- und die Produktionskostentheorie, versagen also dem Gelde gegenüber, und den Grund, warum sie versagen müssen, hat man in den Edelmetalleigenschaften des Geldstoffes zu suchen. Der Kriegsschatz in Spandau wäre längst zu Schutt und Staub vermodert, ohne diese Eigenschaften des Goldes, und auch die Silberpolitik der Vereinigten Staaten wäre ohne diese Eigenschaften des Silbers nicht denkbar gewesen. Wenn das Gold gleich den Waren dem Zerfall ausgesetzt wäre, so würde das Geldangebot stets haarscharf dem Geldvorrat entsprechen; Vertrauen und Mißtrauen vermöchten das Geldangebot nicht zu beeinflussen. In Kriegs- und Friedenszeiten, bei guter und schlechter Geschäftslage, stets würde das Geld angeboten werden, niemals würde sich das Geld vom Markte zurückziehen können. Das Geld würde sogar angeboten werden, wenn mit dem Umsatz ein sicherer Verlust verbunden wäre, genau wie bei den Kartoffeln das Angebot nicht davon abhängig ist, ob der Eigentümer einen Gewinn einheimst oder nicht. Kurz, Vorrat und Nachfrage würden, wie den Preis der Waren, so auch den des Geldes bestimmen.

Der Preis einer Ware, die, wie der Kriegsschatz in Spandau und die Silberbestände in Washington, jahrzehntelang in feuchten, unterirdischen Verließen aufbewahrt werden kann, ohne den geringsten Schaden zu nehmen, deren Angebot nicht einem inneren Triebe folgt, sondern allein vom menschlichen Ermessen

---

*) Dr. Georg Wiebe: Zur Geschichte der Preisrevolution des 16. und 17. Jahrhunderts. S. 318: Die bloße Vermehrung des Geldvorrats kann an sich nicht preissteigernd wirken; das neu hinzugetretene Geld muß auch auf dem Markt kaufend Nachfrage erzeugen. Dies ist die erste Einschränkung, die gegenüber jener Theorie gemacht werden muß.
Hume: Geld, das nicht angeboten wird, hat auf die Preise den gleichen Einfluß, wie wenn es vernichtet worden wäre.

abhängig ist, ist aller Fesseln ledig. Der Preis einer solchen Ware anerkennt kein wirtschaftliches Gesetz; für sie besteht keine Quantitäts- und Produktionskostentheorie, für ihr Angebot ist der Profit allein maßgebend.

Ein solches Geld ist, wie schon Lassalle richtig bemerkt, von Haus aus Kapital, d. h., es wird nur so lange und so oft angeboten, wie ein Zins (Mehrwert) herausgeschlagen werden kann. Kein Zins, kein Geld!

Die Beseitigung der hier entlarvten Mängel unseres Geldes fordert eine Umgestaltung einschneidender Art (s. den folgenden Teil dieses Buches), die gegen den entschlossenen Widerstand mächtiger Volksklassen durchzusetzen ist und entsprechend starke Willenskräfte voraussetzt.

Um diese zu wecken, genügt vielleicht die vorangehende Kritik nicht. Darum lasse ich hier noch einen Vortrag folgen, den ich am 28. 4. 1916 in Bern hielt.

Gold und Frieden?

"Ehret Lykurg, er ächtete das Gold,
die Ursache aller Verbrechen."
Pythagoras.

Der Bürgerfrieden ist die Bedingung für jenen Geist, der uns allein den dauernden Völkerfrieden bringen kann. Aber den Bürgerfrieden einerseits und Vorrechte, Zinsen, arbeitsloses Einkommen anderseits, kurz, Bürgerfrieden und Rentnertum sind Gegensätze. Die Renten und Zinsen, das sogenannte Recht auf den fremden Arbeitsertrag, müssen, sofern wir uns des Bürgerfriedens und durch ihn des Völkerfriedens erfreuen wollen, rest- und spurlos geopfert werden.

Der Völkerfrieden ist nicht so billig zu haben, wie manche Friedensfreunde sich das noch immer vorstellen, indem sie uns die Ersparnisse an den Rüstungsausgaben als Werbemittel für ihre Anschauung vor Augen führen. Ach, diese Kriegsrüstungen sind ja nur ein Pfifferling gegenüber den Kosten der Friedensrüstung! Ein Pfifferling, von dem man in einer so großen Sache nicht reden sollte. In Deutschland betrugen die Heeresausgaben in Friedenszeiten nur 1 Milliarde, die Friedensrüstung aber verlangt dort die Preisgabe von 20 Milliarden jährlich an Grundrenten und Kapitalzinsen. Also das Zwanzigfache.

Gewiß, ein papierner Friedensvertrag ist billiger, aber was nützen solche Verträge? Die Verträge mit Belgien und Italien waren auch aus Papier und haben sich als Papier erwiesen. Verträge gelten nur, solange sie beiden Teilen gerecht werden, also solange man sie nicht braucht und sie eigentlich überflüssig sind. Sie zerfallen regelmäßig in ihren Grundstoff, in Papier, sobald die Entwicklung des Vertragsgegenstandes der einen Partei nachteilig wird. Die ganze Hohlheit dieser papierenen Verträge erkennt man sofort, wenn man versucht, den Bürgerfrieden auf ihnen zu begründen. Frage man doch die Arbeiterführer, ob sie vor der Staatsverfassung Halt machen würden. Eine Verfassung aber, die uns den Bürgerfrieden dauernd gewährleisten könnte, muß in den Dingen liegen. Gerechtigkeit gegen alle Bürger, restlose Beseitigung des arbeitslosen Einkommens, das ist die Verfassung, die keines Papieres bedarf und die gegen jeden Verfassungsbruch geschützt ist.

Nehmen wir aber einmal den Fall an, daß durch ein System von Bündnissen und Verträgen, durch Abrüstung, Schiedsgerichte usw. die Völker derart aneinander gekettet würden, daß Kriege überhaupt unmöglich gemacht werden. Solches kann man sich jedenfalls vorstellen. Aber da fragt man sich: was setzen wir an die Stelle des Völkerkrieges, dieses altbewährten Sicherheitsventils gegen den Ausbruch des Bürgerkrieges, des Weltbürgerkrieges, der der bürgerlichen Gesellschaft schon öfters in Gestalt des Generalstreiks angedroht wurde, bisher aber immer noch wegen unzureichender Streikrüstung unterblieb? Die Entwicklung der Dinge nach den in ihnen liegenden Richtpunkten duldet keine Unterbrechung, und in Friedenszeiten geht die Entwicklung schnell, für die, die sie zu fürchten haben, sogar rasend schnell vonstatten. Noch ein oder zwei Jahrzehnte Frieden, und die internationale Arbeiterorganisation wäre zum Losschlagen bereit gewesen. Das wäre der Weltbürgerkrieg geworden, der genau wie der jetzt tobende Krieg, in der ganzen Welt, in allen Städten und Dörfern mit allen Mitteln bis zum siegreichen Ende, d. h. bis zur Bezwingung des Gegners geführt werden wird. An diesem Weltbürgerkrieg entzündet sich aber, so sicher wie der Tod, der Völkerkrieg wieder. Die Dinge verlaufen dann so, daß die Staaten, deren Proletariat der Umsturz der kapitalistischen Ordnung "geglückt" ist und die zur kommunistischen Wirtschaftsweise übergegangen sind, infolge der solcher Wirtschaft von Natur anhaftenden Mängel bald ins Hintertreffen kommen und dann den Staaten nicht widerstehen können, die die Empörung niedergeknallt und die kapitalistische "Ordnung" gerettet haben.

Denn, daß die herrschenden Klassen die Empörung des Proletariats zur Rettung ihrer Vorrechte rücksichtslos und blutig zu unterdrücken versuchen werden, das wird auch der Hoffnungsselige zugeben.

Was nützen aber, so fragt man, unter derartigen Verhältnissen die Bemühungen um den Völkerfrieden? Hat es einen vernünftigen Sinn, für den Völkerfrieden zu arbeiten und dabei seine Unterlage, den Bürgerfrieden, unbeachtet zu lassen? Nennt man das nicht auf Flugsand bauen? Dachausbesserungen an einem Bau vornehmen, dessen Grundmauern untergraben werden? So, wie die Dinge liegen, bedeutet der Völkerfrieden ein bloßes Abdichten der Sicherheitsventile der heute in der ganzen Welt herrschenden Gesellschaftsordnung, also nur eine Verkürzung der Galgenfrist bis zum großen Weltbrand.

Ist es nicht im Gegenteil vielleicht besser und menschlicher, wir lassen die Sicherheitsventile unseres Kapitalismus wie bisher weiter arbeiten, bis wir die Grundlagen des echten Bürgerfriedens gefunden haben und ein Abkommen der Eintracht (contract social) abschließen, von dem wir sagen können: "Es währet ewig"? Was wir nach diesem Weltkrieg machen werden, das wissen wir. Der Krieg nimmt irgend ein Ende. Man wird überall auf Schutthaufen sitzen und sich die Eitergeschwüre mit Scherben auskratzen. Doch wir werden auf Grund einer technisch bewährten Wirtschaftsordnung arbeiten und infolgedessen leben. Was aber nach Ausbruch des Weltbürgerkrieges geschehen soll, darüber machen sich die, die ihn einst entfesseln werden, keine Kopfschmerzen. Es geht dann, wie es immer gegangen ist, dem völligen Untergang entgegen.

Diese Darlegungen bezwecken, alle, die den Frieden auf Erden herbeisehnen, auf den bestehenden Zusammenhang zwischen Bürger- und Völkerfrieden aufmerksam zu machen und ihnen gleichzeitig im Gold den allgemeinen Störenfried zu entlarven, den wir mit gewichtigen Gründen als den Erbfeind der Menschheit, als die wahre Ursache des Zerfalls des Volkes in Klassen, des Bürgerkrieges und letzten Endes auch der Völkerkriege bezeichnen müssen.

Ist der Bürger- und Völkerfrieden vereinbar mit der Goldwährung?

In jedem Lande gibt es eine Kriegspartei, d. h. Leute, die auf Grund von Beobachtungen, Forschungen, eigenen oder fremden Theorien, oder sonstwie zu der Meinung gelangt sind, daß der Bürger- und Völkerfrieden eine Schwärmerei sei. Wer aber nicht an den Frieden glauben kann, glaubt notwendigerweise an den Krieg und wirkt für den Krieg durch sein ganzes Tun und Lassen. Wenn er auch keine eingeschriebenes Mitglied der eigentlichen Kriegspartei ist, so kann man ihn doch als Mitläufer rechnen. Es ist dabei durchaus nicht nötig, daß der Betreffende etwa den Krieg wünscht und Freude bei seinem Ausbruch empfindet. Es genügt, daß er an die Unvermeidlichkeit der Kriege glaubt; der Rest kommt dann ganz von selbst. Hier geht es genau so zu, wie im Altertum, wo die Vorkehrungen gegen das von den Orakeln angekündigte Unheil notwendigerweise das Unheil herbeiführen mußten. Als man im Mittelalter das Ende der Welt für den folgenden Herbst verkündete, kam wirklich über weite Landstriche der Weltuntergang, weil man es für überflüssig gehalten hatte, die Äcker zu bestellen. Und ähnlich geht es auch noch bei uns zu, wo der Glaube an eine Wirtschaftskrise die Unternehmer davon abhält, die geplanten Werke auszuführen und sie bestimmt, ihre Arbeiter zu entlassen. Der Glaube an die Krise wird zur unmittelbaren Ursache des Ausbruchs. Allgemeiner Kriegsglaube und Kriegsausbruch fallen zeitlich zusammen.

Darum wiederhole ich: wer nicht an den Völkerfrieden glauben kann, wirkt im Sinne der Kriegspartei und ist ihr zuzurechnen. Er rüstet, er bestärkt durch seine Reden, seine Lehrsätze, die Zweifelnden im Glauben an den Krieg.

Man kann die Angehörigen der Kriegspartei in vier Gruppen einteilen, d. h. in Leute, denen der Kriege erscheint als:

1. göttliches Strafgericht.
2. Willensäußerung ehrgeiziger Personen.
3. biologischer Auslesevorgang.
4. Mittel gegen wirtschaftliche Not.

Will es der Zufall, daß hüben und drüben der Grenze an einem unglücklichen Tag die Ansichten über den Zeitpunkt des Kriegsausbruches übereinstimmen, so bilden diese vier Gruppen der Kriegspartei vereint eine Macht in jedem Staate, und die Vorkehrungen, die sie treffen, mögen an sich schon genügen, den Krieg zu entfesseln. Dabei soll hier nochmals betont werden, daß die Anhänger dieser vier Gruppen der Kriegspartei durchaus keine Raufbolde zu sein brauchen, daß sie sogar persönlich von Friedenswünschen triefen mögen. Sie wirken nur darum für den Krieg, weil sie an den Frieden nicht glauben können.

Ich muß es mir hier versagen, die Theorien und Meinungen dieser vier Gruppen der Kriegspartei einzeln zu erörtern und ihre Hohlheit nachzuweisen. Ich werde mich nur mit der Gruppe 4, die den Krieg als ein Allheilmittel gegen wirtschaftliche Not betrachtet, beschäftigen können. Sie ist übrigens die weitaus größte und einflußreichste der genannten vier Gruppen; ihre Bekämpfung und mögliche Auflösung ist eine um so dankbarere Aufgabe, als ohne die Unterstützung dieser Gruppe die anderen drei zur Ohnmacht verurteilt sind. Es schaut aus der Bekämpfung und Besiegung dieser Gruppe 4 für das Friedenswerk aber noch mehr heraus, insofern als die drei anderen Gruppen mit ihren Beweismitteln für ihre Leitsätze sehr stark auf die Rüstung der Gruppe 4 angewiesen sind. Gelingt es also, die Gruppe 4 zu entwaffnen und zur Strecke zu bringen, so schwächen wir damit auch alle übrigen.

Zum besseren Verständnis für diesen Satz möge noch folgendes dienen: der Glaube an die Schlechtigkeit der Welt, der das Wesen der Gruppe 1 und 2 ausmacht, entstammt einer schwarzseherischen Lebensauffassung, und man weiß, wie sehr diese Lebensauffassung durch äußere Verhältnisse bei den meisten Menschen gefördert wird. Wenn es den Menschen wirtschaftlich schlecht geht, wenn die Dividenden ausbleiben, wenn der Arbeiter sich umsonst nach Arbeit umsieht, wenn der Kaufmann, über sein Hauptbuch gebeugt, darüber sinnt, wie er das Geld für fällige Wechsel beschaffen soll – dann feiert die Schwarzseherei das Erntefest. Dann spricht man vom Tal der Tränen, dann füllen sich die Klöster, dann ist der Krieg nötig zur Züchtigung und Besserung des sündigen Menschengeschlechts. Alles, was in solchen Zeiten das Völkchen treibt, erscheint als Sünde und Schmutz, wie bei trübem Wetter uns auch alles schmutzig erscheint.

Im Grunde genommen sind es also dieselben Leute, die auch die Gruppe 4 ausmachen, nur mit einem religiösen Einschlag. Der Anstoß zu ihrem Schwarzsehen kommt von den schlechten wirtschaftlichen Verhältnissen her, und die geheimnisvollen religiösen Folgerungen, die sie aus den schlechten Zeiten ziehen, stehen und fallen meistens mit den schlechten Zeiten selber. Damit sie von ihrem Pessimismus bekehrt werden, brauchen sich in der Regel nur ihre wirtschaflichen Zustände zu bessern. Sind die wirtschaftlichen Verhältnisse befriedigend, finden die jungen Männer Arbeit und Verdienst, der ihnen gestattet, einen eigenen Hausstand zu gründen, gehen bei den Alten die Töchter ab, wie frische Semmeln, dann soll mal jemand vom Tal der Tränen reden und von der Notwendigkeit eines Krieges als Zuchtrute für die verderbte Menschheit. Man lacht ihn einfach aus.

Ähnlich geht es auch bei vielen Leuten der Gruppe 3, die den Krieg aus biologischen Gründen als ein Stahlbad, als ein Mittel schärferer Auslese betrachten. Länger anhaltende wirtschaftliche Not, Wirtschaftskrisen sind in ihrer Wirkung gleichbedeutend mit Entartung. Arbeitslosigkeit, schlechte Kost, schlechte Kleidung, schlechte Seife, schlechte Wohnungen, schlechte seelische Verfassung reiben die Menschen auf. Das kann niemand vertragen ohne Schaden zu leiden. Dauert die Not an, etwa wie in der Zeit von 1873 bis 1890, dann kann der Fachmann die Entartung mit Meßwerkzeugen mancherlei Art wissenschaftlich feststellen und sogar mit der Verbrecherstatistik geradezu in Prozenten nachweisen.

So ziehen also auch die biologisch geschulten Kriegsanhänger gewichtigen Beweisstoff aus den wirtschaftlichen Mißständen.

Daß es sich dabei nur um Trugschlüsse handelt, daß der Krieg das Gegenteil von dem fördern wird, was die Gruppen 1 bis 3 der Kriegspartei vom Stahlbad erwarten, ist ohne wirksame Bedeutung. Es genügt, daß sie es glauben. Sobald man sich bei seinem Tun und Reden von einer Theorie leiten läßt, kommt es für die Handlungen gar nicht mehr darauf an, ob die Anschauung von Gesunden oder von Wahnsinnigen stammt. Wirft jemand dir einen Stein an den Kopf, so ist der Trost recht gering, daß sich der Steinwerfer im Ziel geirrt hat.

Gelänge es darum, den Ursachen der wirtschaftlichen Not und Mißstände auf die Spur zu kommen, so würden wir nicht allein die mächtigste der vier Gruppen der Kriegspartei auflösen, sondern auch noch darüber hinaus die anderen drei Gruppen bis zur Ohnmacht entwaffnen.

Wie entsteht nun eigentlich die wirtschaftliche Not, worauf sind die wirtschaftlichen Mißstände zurückzuführen? Der Beantwortung dieser Frage will ich mich jetzt zuwenden.

Alte Mären* erzählen uns von einem fabelhaften goldenen Zeitalter. Don Quijote de la Mancha beschreibt dieses Zeitalter als eine Zeit, wo man noch nicht zwischen Mein und Dein unterschied. Für ihn war das goldene Zeitalter die Zeit des Kommunismus. Und er sagt auch, daß man jenes Dorado nicht darum so nannte, weil man damals das Gold, "das man in dieser eisernen Zeit so hoch schätzt", mit weniger Mühe erwerben konnte, sondern weil damals allen Menschen die Naturschätze zur freien Verfügung standen.

Ich halte diese Auffassung des sympathischen Philosophen für falsch. Ich glaube im Gegenteil, daß man das goldene Zeitalter unmittelbar mit der Einführung des Goldes als Tauschmittel, als Geld, in Verbindung zu bringen hat. Das Gold war das erste, einigermaßen den Bedürfnissen des Handels und der Arbeitsteilung gerecht werdende Tauschmittel.

Mit der Einführung dieses Geldes konnte sich die Arbeitsteilung viel freier entfalten. Der Tausch der Güter vollzog sich vergleichsweise viel sicherer, schneller und billiger, als mit irgend einer anderen der Geldarten, die bis dahin im Gebrauch gewesen waren. Es würde aber vollkommen zur Erklärung jener Mär vom goldenen Zeitalter genügen, wenn durch Einführung einer besseren Geldwirtschaft die Arbeitsteilung damals eine Förderung erfahren hätte. Denn in der Arbeitsteilung liegen ja allein die gewaltigen, fortschrittfördernden Kräfte, denen die Menschheit ihre Erhebung über den Tierzustand verdankt. Solange die Arbeitsteilung wegen Mangels an einem brauchbaren Geldwesen sich nicht entfalten konnte, waren die Menschen allgemein auf das angewiesen, was sie mit eigenen Händen aus den Stoffen herstellen konnten, die sie in ihrer nächste Umgebung fanden. Das Leben, das sie unter solchen Umständen führen mußten, war im höchsten Grade armselig, tierisch. Hunger herrschte damals ewig, wie bei den Raubtieren der Wüste. Wir können uns von dieser Armseligkeit am besten

---

*) Es wäre mir leicht gewesen, den wirtschaftlichen Zuständen vor Kriegsausbruch die Beweise für meine Darlegung zu entnehmen. Ich zog es aber aus leicht begreiflichen Gründen vor, in die Vergangenheit zurückzugreifen, der wir alle vorurteilsfreier gegenüberstehen.

dadurch einen Begriff machen, daß wir annehmen, die Nationalbank hätte bei Ausbruch des Krieges das von den Bürgern verscharrte Metallgeld nicht durch Ausgabe von Papiergeld ersetzt. Welcher Jammer, welche Not wäre da allenthalben ausgebrochen! Beseitigen wir in Europa das Geld nur auf drei Jahre, so wird die Hälfte der Einwohner schon an Not zugrunde gegangen sein. Der Rest würde bald auf die Kulturstufe der Pfahlbauern zurückgesunken sein, eine Kulturstufe, die im übrigen wohl das Höchstmaß dessen darstellt, was ohne das Geld als Tauschvermittler zu erreichen ist.

Nehmen wir nun an, daß durch Einführung des Goldes als Tauschmittel das Pfahlbautenvolk eines Tages in die Arbeitsteilung hineingezogen worden wäre, so daß sich jeder von ihnen für irgend ein Sondergebiet hätte technisch einrichten und hierin die Fertigkeit erlangen können, die sich bei der Beschränkung auf ein Gebiet von selbst einstellt. Wieviel mehr Steinäxte, Fischnetze, Angelhaken hätte nun jeder in der gleichen Arbeitszeit herstellen können, und wieviel besser wären diese Geräte geworden! Die Leistungsfähigkeit eines jeden hätte sich verhundertfacht, der Wohlstand aller wunderbar vermehrt. Wie viele hätten nun erst die Muße gehabt, über weitere, höhere, wichtigere Ziele zu grübeln und zu sinnen! Und wenn sie dann ihre Erzeugnisse gegen alle die verlockenden Gegenstände hätten austauschen können, die ihnen die Kaufleute aus fernen Welten zuführten – ob solche Pfahlbautenmenschen jene aufkommende Kultur nicht als etwas Köstliches bezeichnet haben würden? Und hätten dieselben Pfahlbautenmenschen späterhin, wenn sie ihren Enkeln von herrlichen alten Zeiten erzählten, diese nicht als goldene Zeiten bezeichnet, in Erinnerung daran, daß es das Gold gewesen war, das sie aus der Barbarei auf die Wege der Arbeitsteilung, des gewerblichen Fortschrittes, des Wohlstandes und der Gesittung gehoben hatte? Dann aber, meine ich, ist das Wort vom goldenen Zeitalter nicht bildlich, sondern wörtlich zu nehmen. Das Gold schuf wirklich das goldene Zeitalter.

Aber nein! das kann doch nicht sein, wird hier mancher sagen. Das Gold, das lebloseste aller Metalle, das Sinnbild des Todes, kann unmöglich in irgend einer Weise tätig in die Geschicke der Menschheit eingegriffen haben. Wie leblos das Gold ist, erkennt man am Hohenlied der Goldwährungsapostel. Was wird da zum Ruhme des Goldes nicht alles aufgezählt! Eine schier endlose Reihe von Verneinungen. Das Gold, so singt das Hohelied, rostet nicht, es riecht nicht, es kratzt nicht, es bricht nicht, es fault nicht, es schimmelt nicht, es kennt nur ganz wenige chemische Verwandtschaften, es ist nicht hart, es ist nicht weich, man findet es nicht auf der Straße, überhaupt nur an wenigen Orten, nur zu wenig Geräten ist es brauchbar, und der Seltenheit wegen, in der es auftritt, ist es nur ganz wenigen Menschen in winzigen Mengen zugänglich. Kurz, von all den Kräften, die sonst die anderen Stoffe auszeichnen und den Menschen nützlich machen, besitzt das Gold nur geringe Spuren. Verneinende Eigenschaften sind das Merkmal des Goldes! Und angesichts dieser Verneinungen leiten wir hier das goldene Zeitalter vom Gold ab, eine Erscheinung von solch gewaltiger Tragweite?

Diese Frage ist vollauf berechtigt und verlangt eine Antwort. Gewiß ist es so. Das Gold hat von allen Stoffen dieser Erde die geringste gewerbliche Verwendbarkeit. Unter allen Metallen ist das Gold das tote Metall. Das aber ist gerade das Eigentümliche am Geld: weil es sich so mit dem Gold verhält, konnte es besser als irgend ein anderer Stoff für seine Aufgabe als Geld verwendet werden. Weil wir im Golde keine oder keine nennenswerten Eigenschaften entdecken, darum hat es die für die Geldverwendung durchaus nötige, bestimmte Eigenschaft, allen Menschen gleichgültig zu sein. Je verneinender Art die stofflichen Eigenschaften des Geldes sind, um so vorzüglicher wird es seine Aufgaben als Tauschmittel erfüllen können.

Man verkauft seine Kuh und erhält Geld. Ein einziger Blick wird dem Geld geschenkt, und dann verschwindet es in der Tasche. Aber nun sehe man sich den Mann an, der die Kuh heimführt. Gibt er sich mit einem Blick auf die Kuh schon zufrieden? Betrachtet, befühlt und betastet er sie nicht von allen Seiten? Entdeckt er nicht alle Tage neue Eigenschaften an der Kuh, die ihn, je nachdem, himmelhoch jauchzen lassen und dann wieder zu Tode betrüben? Wenn das Geld uns stofflich nicht so durchaus gleichgültig wäre, wenn wir jede einzelne Münze so betrachten würden, wie wir eine Kuh, eine Axt, ein Buch betrachten – wahrhaftig, um dann eine Summe von 100 Mark zusammenzuzählen, brauchten wir einen ganzen Tag, und dann wäre noch niemand sicher, ob die Summe nach Menge und Echtheit stimmte. Nur weil wir alle kühl bis ans Herz hinab dem Geldstoff gegenüber stehen, können alte und neue, gelbe und rote Goldmünzen gleichwertig neben einander laufen. Wie gleichgültig wir alle in dieser Beziehung sind, erkennt man daran, daß unter 1000 in der Regel nicht einer zu finden ist, der einigermaßen genau die Goldmenge zu nennen weiß, die der Mark entsprechen soll. Man erkennt daran, wie glücklich die damaligen barbarischen Völker sich preisen konnten, daß die Vorsehung für den Naturstoff gesorgt hatte, der wegen seines Mangels an Eigenschaften allen Menschen gleichgültig war, der darum auch widerstandslos von Hand zu Hand ging und dessen Menge einwandfrei, nötigenfalls gerichtlich festgestellt werden konnte.

In jenen fernen Zeiten konnte nur ein Naturstoff als Geld in Frage kommen. Die für die Verfertigung eines Kunstgeldes, des Papiergeldes z. B., nötige Technik sollte ja erst aus der Arbeitsteilung mit Hilfe des Goldgeldes erstehen. Das Gold war das einzig mögliche Geld für Menschen, die sich aus der Barbarei mit Hilfe der Arbeitsteilung erheben wollten.

Wenn nun mit der Erhebung des Goldes zum Tauschmittel der Völker ein allgemeines Rennen und Haschen nach Gold sich bemerkbar machte, so scheint das wieder mit unserer Behauptung, wonach die Menschen dem Gold gegenüber gleichgültig sind, in offenbarem Widerspruch zu stehen. Doch nur scheinbar. Die Morgan, Rockefeller, Spekulanten und Wucherer, die nach dem Gold rennen und jagen, sind diesem Metalle gegenüber vielleicht sogar noch gleichgültiger als die anderen. Diese Leute suchten im Gold das Geld, das Tauschmittel, auf das alle anderen Bürger für den Austausch ihrer Arbeitserzeugnisse angewiesen sind. Dieses Geld gibt ihnen die Macht, nach der sie streben. Ein Goldmonopol, wenn das Gold nicht auch Geld wäre, hätte bedeutend weniger Einfluß hinter sich als ein Silbermonopol, unter dem man sich ja heute auch nichts mehr vorstellen kann. Aber mit dem Goldmonopol hat Morgan bereits einmal 80 Millionen schwarze, weiße und rote Amerikaner zur Verzweiflung gebracht. – Das Rennen nach Gold ist also nichts anderes als Rennen nach Geld. Und dieses Rennen ist überall gleich, ob das Geld nun aus Gold, Papier oder Kupfer besteht. Darum ist es auch nicht wörtlich zu nehmen, wenn Goethe sagt: "Nach Golde drängt, am Golde hängt doch alles – ach wir Armen!" Denn sie rennen alle nach Geld. Früher rannte man nach Silber. Judas verriet seinen Meister um einen Beutel Silberlinge – weil damals Silber Geld war. Seitdem das Silber entmünzt ist, kräht keine Hahn mehr danach. Und sicher würde Goethe ausgelacht werden, wenn er heute sagen würde: Nach Silberlöffeln drängt, an Silberlöffeln hängt doch alles – ach wir Armen!

Wie gesagt, das zu Geld gewordene Gold ermöglichte es den Barbaren, die Arbeitsteilung einzuführen und sich technisch für die Warenerzeugung einzurichten. Das Gold war eine Leiter, die es dem Urmenschen gestattete, aus seiner Höhle auf lichtere Höhen des Menschentums zu steigen. Doch es war eine schadhafte Leiter, und eine schadhafte Leiter wird um so gefährlicher, je höher man damit steigt.

Es ist heute noch vielen vollkommen rätselhaft, wie fabelhaft schnell die alten Kulturvölker die höchsten Höhen des Menschentums erklommen hatten. Man staunt über das, was die Griechen, Römer und ältere Völker vor ihnen in oft verblüffend kurzen Zeiträumen geleistet haben. Dieses Rätsel löst das Gold, oder wie wir jetzt schon mit Verständnis sagen können: dieses Rätsel löst das Geld und die damit ermöglichte Arbeitsteilung, deren fortschrittfördernde Kraft niemals hoch genug eingeschätzt werden, niemals überschätzt werden wird. Diese erstaunliche Schnelligkeit der Entwicklung jener Völker gibt uns den besten Maßstab für die Bedeutung des Geldes. Der Vergleich mit der Erfindung der Eisenbahn gibt uns nur ein schwaches Bild von dem was die mit dem Geld möglich gewordene Arbeitsteilung den Menschen geleistet hat. Das Geld ist die Grundmauer der Kultur – alles andere ist auf dieser Grundmauer errichtet. Diese alles überragende Bedeutung des Geldes sagt uns aber auch, was es bedeuten würde, wenn diese Grundmauer einmal versagte. Alles, was darauf gebaut wurde, stürzt dann wieder in sich zusammen. Und tatsächlich sanken auch die alten Kulturvölker in das Nichts zurück, als das Geld oder, wie es hier wieder heißen muß, als das Gold verschwand. Das Gold hob die Menschheit aus der Barbarei und stieß sie durch sein Schwinden wieder in die Barbarei zurück.

Denn das Gold wird gefunden. Das einzige Mittel, um Gold für Geldzwecke zu beschaffen, besteht im "Finden". Findet man Gold, so ist Geld da, findet man keins, so ist auch kein Geld da. Zur Zeit der Babylonier, der Griechen, der Römer war man ebenso auf das Finden des Goldes angewiesen, wie noch heute. Die Babylonier machten ihr Geld nicht, ebensowenig wie wir heute, sondern sie suchten es. Nicht der Bedarf des Warenaustausches, das Gebot der Arbeitsteilung, der Kultur lieferte den Babyloniern, Griechen und Römern den Maßstab für die Geldherstellung, sondern der blinde Zufall. Wurde viel Gold gefunden, so machte man in Babylon viel Geld, genau wie man noch heute in Berlin, London, Bern viel Geld prägt, wenn man in Alaska viel Gold findet. Und findet man wenig Gold, so behilft man sich, so gut es geht, mit wenig Geld. Findet man überhaupt kein Gold mehr, so zieht man sich einfach in die Barbarei zurück. So wenigstens machten es die Babylonier, Juden, Griechen und Römer, und so würden es allem Anschein nach auch die europäischen Autoritäten, die Fachmänner, die Finanzleute machen. Wegen Mangels an Gold verzichtet man auf die Arbeitsteilung, kehrt zur Wirtschaftsweise der Hottentotten zurück! So machten es die Völker des Altertums, und das ist die Erklärung für das rätselhafte Verschwinden dieser Kulturvölker.

Denn vergessen wir es ja nicht, halten wir es klar vor Augen: das Gold wird gefunden, gefunden, gefunden und wenn man kein Gold findet, so findet man eben keins. Bei allen anderen den Menschen nötigen Dingen, da heißt es: wir schaffen sie nach Bedarf. Heu, Stroh, Goldwährungsliteratur und Werttheorien, alles wird nach Bedarf beschafft. Aber das Gold, der Stoff zur Herstellung des Geldes, dieser Wiege aller Kultur und Grundlage staatlicher Kraft, das kann nicht nach Bedarf gemacht werden, das wird gefunden, wenn man es findet. Denken wir uns, der Präsident der Nationalbank hätte ein Loch in der Hosentasche und verlöre öfters den Schlüssel zur Stahlkammer. Dann wäre der Handel des ganzen Landes vom Finden dieses Schlüssels ungefähr ebenso abhängig, wie er noch heute vom Finden des Goldes abhängig ist. Solange der Präsident den Schlüssel sucht, stockt alles kaufmännische Leben im Lande, und weil die Völker des Altertums den verlorenen Schlüssen nicht wieder fanden, gingen sie mit ihrer Kultur wieder unter. Für die Römer traf das ungefähr um die Zeit des Kaisers Augustus zu, wo alle Goldbergwerke erschöpft waren und auch die spanischen Silberminen, die bis dahin den Hauptbeitrag zum Rohstoff der römischen Münzen geliefert hatten, nur noch sehr spärlich förderten.

Damit setzt der Verfall des Römerreiches ein. Roms Macht war, wie jede dauerhafte Staatsmacht, eine wirtschaftliche, auf Handel, Arbeitsteilung und Geldwesen aufgebaute Macht. Wohin das römische Geldwesen gelangte, da konnte sich die Arbeitsteilung entfalten, die den Wohlstand schuf. Diesen überall aufkommenden, sichtbaren und auffälligen Wohlstand schrieb man der römischen Herrschaft und Verwaltung zu; er steigerte so die Werbekraft dieser Herrschaft. Das hielt das Reich zusammen. Als aber die Römer kein Gold und Silber mehr fanden, da konnten die Römer auch kein Geld mehr prägen. Das vorhandene Geld verschwand nach und nach, ging verloren oder wurde großenteils als Bezahlung der Einfuhr aus dem Morgenlande, der keine entsprechende Ausfuhr gegenüberstand, ausgeführt. So mußte denn die Arbeitsteilung, die unter anderem auch die Heeresrüstung zu liefern hatte, wieder eingestellt werden. Der Wohlstand schwand, die Steuern wurden immer unerträglicher und die Kräfte der Auflösung bekamen die Oberhand im Römerreich.

Die goldene Leiter brach, und das Römerreich stürzte so tief, weil es so hoch auf dieser verräterischen Leiter gestiegen war. Und heute staunen in der Umgegend Roms die Geißhirten verständnislos die Trümmer gewaltiger Werke an, die das Gold aus dem Nichts hervorgezaubert hatte. Roms Glanz war, wie der Glanz Babylons, Griechenlands und Jerusalems nur ein Abglanz der im Geldwesen verborgenen, urgewaltigen Kulturkräfte.

Was man sonst als Erklärung des Untergangs der Völker des Altertums anführt, stammt alles aus der mittelalterlichen, unfrohen, klösterlichen Weltanschauung, die dann zur Herrschaft gelangt, wenn kein Gold gefunden wird, wenn die Arbeitsteilung eingeschränkt oder aufgegeben werden muß, wenn Elend, Hunger und Unterwürfigkeit sich breit machen. Es ist nicht wahr, daß die Lasterhaftigkeit der herrschenden Klassen Roms Untergang verursachten. So mächtig sind keine Menschen, daß das Wohl und Wehe eines ganzen Volkes auf Jahrhundete hinaus von ihnen abhinge. Ein gesundes, schaffensfrohes, reiches Volk, das in der Arbeitsteilung wirtschaftet, läßt sich von entarteten, lasterhaften Männlein nicht lange mißhandeln. Der mit Erfolg wirtschaftende Mensch sagt, wie die Inschrift der Wechsel, die er unterzeichnet, "Wert in mir selber", er ist stolz und frei, weil er sich sicher fühlt in seiner Wirtschaft. Noch niemals haben Zwingherren ihre Herrschaft in Zeiten wirtschaftlichen Gedeihens befestigen können. Man duldet dann auch keine unfähigen Männer in der Staatsleitung. Mit der Wirtschaft schreitet alles voran, namentlich die freiheitliche Gesinnung, der Stolz der Völker. Aber wenn dasselbe Volk die Arbeitsteilung aufgeben und so, nach und nach, wie es in Rom, Babylon, in Jerusalem der Fall war, zur Urwirtschaft zurückkehren muß, weil der Geldbestand immer geringer wird, wenn der Pesthauch des Trübsinns das ganze Volk erfaßt und das klägliche Gebaren der Bettler tonangebend wird, dann ist niemand mehr da, der noch den Stolz und Mut hat, unfähige, verderbte Männer aus ihrer Stellung zu heben, um sich selbst an diese Stelle zu setzen.

Nein, Rom ging nicht an der Sittenverderbnis zugrunde; verderbte Männer gehen selber an ihrer Verderbtheit zugrunde, doch das Volk hat damit nichts zu tun. Wie oft, wie oft wären die Völker Europas zugrunde gegangen, wenn die Lasterhaftigkeit der Fürsten, der herrschende Klassen dazu genügte. Rom ging mit der Arbeitsteilung unter, und die Arbeitsteilung ging unter, weil man kein Gold mehr fand.

Es ist darum auch falsch, wenn behauptet wird, das ganze Römervolk wäre entartet gewesen. Heute nennt man den Kaffee, den Alkohol, den Tabak, die Syphilis, als die Ursachen völkischer Entartung. Ohne diese Gifte können sich unsere Ärzte eine Entartung überhaupt nicht mehr vorstellen. Den Römern aber waren diese Gifte unbekannt. Nur den Wein kannten sie, der sicherlich damals nicht in größeren Mengen geerntet wurde als heute. Sicherlich aber auch nicht in Mengen, die ausreichend gewesen wären, um ein ganzes Volk zu verderben.

Falsch ist es ferner, wenn man die Germanen für den Untergang Roms verantwortlich macht. Wir sehen es ja, was dieser Volksstamm leistet. Frohe Tatkraft, ernstes Sinnen, Streben nach den höchsten Höhen, kennzeichnen ihn. Wenn auch die Barbaren (die Germanen kannten kein Geld und keine Arbeitsteilung) das Römerreich in Scherben schlugen, warum erstand es nicht wieder unter der Germanenherrschaft? Man sagt doch sonst, daß das neue Leben besonders kräftig sich auf Ruinen entwickelt. Aber was sollten die Germanen auf den Trümmern Roms, wenn auch sie kein Gold fanden, um Geld für die Arbeitsteilung zu prägen? Und ohne Arbeitsteilung können auch Germanen keine Kultur schaffen. Rom ging an der Geldschwindsucht zugrunde, und diese tödliche Pest übertrug sich auf alle Völker, die nach Rom kamen. Aus den Trümmern Roms konnte kein neues Leben entstehen, auch unter germanischer Herrschaft nicht.

Und so schlief denn Rom anderthalb Jahrtausend bis zur Wiedergeburt, bis zur Renaissance. Und diese Wiedergeburt ist der höchsten Erfindung aller Zeiten, der Erfindung unechter Münzen, zuzuschreiben. Jawohl, es ist so, die Falschmünzerei weckte Rom, weckte ganz Europa aus dem mittelalterlichen

Winterschlaf. Es fehlte der Rohstoff, um echte Münzen zu machen, also machte man unechte. Die Künstler, Erfinder und Kaufherren der Renaissance sind Wirkungen, keine Ursache. Dichter, Erfinder werden zu allen Zeiten geboren. Ist die große Hebamme – Geld – zur Stelle, so gedeihen sie, entfalten ihre Kräfte, sonst aber gehen sie zugrunde. Die wahre Ursache der Renaissence lag also tiefer. Sie muß in der Tatsache erkannt werden, daß man im 15. Jahrhundert überall in Europa und namentlich in Italien daran ging, das wenige, von der Römerzeit herübergerettete Geld durch Zusatz von Kupfer zu vermehren und diesen unechten Münzen trotzdem die volle gesetzliche Zahlkraft zuzumessen. So machte man aus einem Dukaten deren 3 – 5 – 10 – 50 und mehr, und mit den so geprägten Dukaten konnten sich alle ihrer Schulden entledigen. Das Jobeljar der Juden in anderer, verbesserter Form. Das verfügbare Geld wuchs, es sickerte in breitere Volksschichten. Die Preise der Waren, die seit Augustus' Zeiten ständig nach unten neigten und den Handel gefährlich, ja rechnerisch unmöglich machten, zogen jetzt an. Den Kaufleuten, die es jetzt wagten, einen Wechsel zu zeichnen, stand nicht mehr das Schuldgefängnis in sicherer Aussicht. Die Preise zogen ja an, folglich lag aller Wahrscheinlichkeit nach der Verkaufspreis über den Einstandspreis; dank dem Kupfer, das die Fürsten, natürlich aus reiner Gewinnsucht, den Münzen zusetzten, war der Handel wieder rechnerisch möglich. Solange die Fürsten gemeinsame Sache mit den Kippern und Wippern machten und Schinderlinge auf den Markt brachten, sogenannte Falschmünzerei betrieben, konnte man sich wieder auf die Arbeitsteilung einrichten, konnte die Welt wieder aufatmen. Hier paßte das Wort: der Schinderling war von jener Kraft, die das Böse will und das Gute schafft. Waren es auch nicht die verderbten Fürsten, die Rom zugrunde regierte, so waren es doch diesmal die verderbten Fürsten, die Rom wieder aufrichteten. Der Schinderling gab der Arbeitsteilung wieder Luft, – und was war denn im Grunde die Renaissance anderes, als die Wiedergeburt der Arbeitsteilung? Denn die Arbeitsteilung ist ja die Grundlage aller Kultur. Dank den Schinderlingen konnten die Dichter und Maler Käufer für ihre Werke finden, und das regte sie zu immer neuen Schöpfungen an. Der eigentliche Kunstfreund, der damals alle Pinsel und Meißel in Arbeit setzte, das war der Schinderling, die neue, künstliche, unechte Münze. Diesem Schinderling verdanken wir es wahrscheinlich auch, daß Gutenberg einen Kapitalisten für die Ausbeutung seiner Erfindung gewinnen konnte. Es war zwar "nur" ein Schinderlingskapitalist, aber was macht das? Ohne Fausts Geld wäre Gutenbergs Erfindung vielleicht wieder verloren gegangen, wäre Gutenberg im Schuldgefängnis umgekommen. Die Schinderlinge verschafften den Waren Absatz, auch den Büchern, und um diesem steigenden Bücherverkauf genügen zu können, verfiel Gutenberg auf den Gedanken mit der mechanischen Vervielfältigung. Erfinder sind immer da. Sorge man nur für Absatz, – der Rest ist Sache der Technik, die sich noch immer den ihr gestellten Aufgaben gewachsen zeigte.

Da, wie wir zu Anfang gezeigt haben, denen, die Geld brauchen, also Waren verkaufen, der Stoff des Geldes gleichgültig ist, gingen die Schinderlinge von Hand zu Hand, und je röter die Schinderlinge (durch den Zusatz) wurden – umso schneller und sicherer gingen sie von Hand zu Hand. Und wo sie umliefen, da wurde gearbeitet, und die Arbeit, die die Schinderlinge auslösten, war nachher so viel, wie die Summe der Tauschhandlungen, die die Schinderlinge vermittelt hatten. Waren es eine Million Schinderlinge, die 100 mal im Jahre den Besitzer wechselten, so waren 100 mal 1 Million Schinderlinge in Waren erstanden, genug, um eine ganze Stadt in den Ruf des Reichtums zu bringen. So stand dann überall der Reichtum der Städte im umgekehrten Verhältnis zur Echtheit der Münzen, zur Ehrlichkeit der Fürsten. Wenn die Fürsten damals allesamt mit Bruder Martin ausgerufen hätten: "hier stehe ich, ich kann nicht anders", und hätten das Ansinnen der Münzfälschungen mit Entrüstung von sich gewiesen, wir hätten keine Renaissance gehabt, und Bruder Martin hätte möglicherweise auch nicht den Mut zu seiner Rebellion gefunden. Denn zum Umsturz gehört eben etwas mehr als die Gewissensnot eines einzelnen Mönchleins. Es gehört dazu die ganze Umwelt eines in der Arbeitsteilung lebenden, schaffensfreudigen, mutigen, freiheitsliebenden und wohlhabenden Volkes. Bettler sind keine Umstürzler.

Dieses Loblied auf den Schinderling müßte eigentlich in die Forderung ausklingen, dieses Geschöpf münzherrlichen Schwindels zum Markstein des neuen Zeitalters zu erheben. Er verdient ja auch diese Ehrung eher als seinen Schimpfnamen. Die Rentner und Wucherer, die der Schinderling übervorteilte, sind längst zu Staub zerfallen. Aber die Werke, die der Schinderling ins Leben rief, werden "nicht in Äonen untergehen". Die tausendfachen Verwünschungen, die dem Schinderling zugedacht worden sind, und an denen sich seltsamerweise bisher auch die "Nationalökonomen" redlich beteiligt haben, gehen von privatwirtschaftlichen, nicht von volkswirtschaftlichen Erwägungen aus. Man sah nur den Schaden, den der Besitzer des Schinderlings durch das stetige Röterwerden (Preissteigerung aller Waren) erlitt. Diesen elenden, kleinen Schaden. Den gewaltigen volkswirtschaftlichen Hebel, der in dem Röterwerden lag, übersah man. Der Schinderling besaß die gütertauschenden Kräfte, auf die es allein beim Geld ankommt, wenn man es von der Vogelschau der Arbeitsteilung, des Tausches, der Volkswirtschaft, des Geldzweckes betrachtet. Jedenfalls verdient die unechte Münze als Vorkämpferin staatlichen Eingreifens in das Geldwesen den Ehrentitel "Markstein der Neuzeit" eher, als die anderen Ereignisse, die man als Anstoß zu jenem mächtigen Umschwung nennt. Die Entdeckung Amerikas, die Reformation, die Erfindung der Buchdruckerkunst, das Schießpulvers, die gleichfalls jenen Ehrentitel beanspruchen, haben aber unmittelbar keinerlei Einfluß auf die Arbeitsteilung und auf den Austausch der Waren gehabt, während der Schinderling, in gleicher Weise wie noch heute jede Hochkonjunktur, als Peitsche der Arbeitsteilung angesehen werden muß.

"Mir ist keine Periode wirtschaftlicher Blüte bekannt, die nicht auf einen außergewöhnlichen Zufluß von Gold zurückzuführen wäre", sagte der Berliner Professor Sombart.

Das Gold kann solchen Einfluß aber nur in seiner Eigenschaft als Geld ausüben, und Schinderlinge waren auch Geld, wirkten wirtschaftlich genau wie eine entsprechende Vermehrung des Goldzuflusses.

Wir teilen also die Geschichte in folgende Abschnitte ein:
1. Zeitalter der Höhlenmenschen bis zur Ausbreitung der Arbeitsteilung durch die Erhebung des Goldes zum allgemeinen Tauschmittel.

2. Auf- und Abstieg der Völker des Altertums bis zu ihrem völligen Untergang als Folge ausbleibender Goldfunde.
3. Mittelalterliche Eiszeit bis zur Geburt Schinderlings.
4. Seitdem unstetige Kulturentwicklung als Folge unregelmäßiger Goldzufuhren.

Mit dem neuen Leben, das sich mit dem Auftreten der Schinderlinge im 15. Jahrhundert überall hier und da und dort zu regen begann, fanden wohl auch einzelne Bergleute den Mut und den Kredit, um nach Gold- und Silbererzen zu schürfen. Man wirft niemals mit Speckseiten nach Würsten, und Gold wirft man nicht gerne nach Mutungen und Schürfungen. Aber Schinderlinge, die alle Jahre röter werden, die gibt man schon lieber her für ein unsicheres Geschäft. Und wahrhaftig, die Schinderlinge lohnten den Mut, sie erwiesen sich als Bahnbrecher des Fortschritts. Man fand, was man während $1^1/_2$ Jahrtausend kaum mehr zu suchen gewagt hatte, man fand Silbererze in Böhmen, in Sachsen, in Mähren und Ungarn. In Joachimstal wurden 1485 die ersten Joachimstaler geprägt. Nun regte sich das Leben nicht nur in den Landen der Schinderlingsfürsten, sondern auch dort, wo die Fürsten sich an der Schindluderei nicht hatten beteiligen wollen. Und dann ging das Silbergeld über die Grenzen Deutschlands hinaus, und wohin es auch gelangte, Segen folgte seinen Spuren. Die Peterskirche in Rom erstand aus dem Silber deutscher Bergwerke, das die frommen Büßer opferten. Ohne dieses Silber hätten Michelangelo und Raffael ganz gewiß nicht Gelegenheit gehabt, ihre Schöpferkraft zu zeigen.

Ob die böhmischen Taler, die Joachimstaler, schließlich nicht auch ihren Weg nach Spanien fanden und dort dieselben Wunder wirkten? Warum denn nicht – dem Silber stand ja damals die ganze Welt offen. Nun denn, so ist die Sache ja jetzt geklärt: jene Schiffe, die Kolumbus im Jahre 1492 in Palos bestieg, sie verdanken ihr Dasein dem Unternehmungsgeiste, der sich immer noch und überall zeigt, wo Geld hinkommt und für die Erzeugnisse der Arbeitsteilung den Absatz schafft.

Ich behaupte also, daß die Staaten des Altertums mit ihrem Naturgeld stiegen und mit diesem Gelde fielen, daß die $1^1/_2$ Jahrtausend währende mittelalterliche Eiszeit eine Folge des Geldmangels war, daß die Renaissance von ihren ersten Anfängen an auf die Schinderling zurückzuführen ist, daß die Ausbreitung der Renaissance aber und die Entdeckung Amerikas Geschenke der in der zweiten Hälfte des 15. Jahrhunderts durch die Schinderlinge erschlossenen deutschen Silberbergwerke waren.*

Mit den großen Gold- und Silberfunden, die man in Amerika gemacht hatte, nahm nun das Mittelalter überhaupt ein Ende. Die Zufuhren von Geldmetall reichten hin, um ganz Europa der Geldwirtschaft und der Arbeitsteilung teilhaftig werden zu lassen. Gold schuf die alte Welt, Gold schuf die neue Welt. Gold stürzte die alte Welt, Gold wird auch die neue Welt stürzen, wenn ...

Es würde zu weit führen, hier die mannigfachen Einflüssen auf die Entwicklung Europas zu beschreiben, die die unregelmäßig und stoßweise erfolgende

---

*) Vollständig ruhte der Bergbau selbstverständlich nie. Er war aber unerheblich und deckte kaum den Abgang an dem, was man vor den genannten Zeiträumen gefördert hatte.

Goldzufuhr ausübte. Es möge genügen, hier nochmals zu erwähnen, daß auch in Amerika das Gold immer nur gefunden wurde. Heute viel, morgen wenig, dann wieder ganze Haufen. Diese stoßweise erfolgenden Geldzufuhren machten und machen sich unmittelbar wie Erdstöße aus dem Erdinnern über die ganze Welt fühlbar. Zwar gingen die Goldfunde nicht mehr, wie das im Mittelalter der Fall gewesen, fast auf Null zurück, doch gab es lange Zeiträume durchaus unzureichender Zufuhren, wo dann auch wieder die Menschheit greisenhafte, mittelalterliche Züge annahm und der Fortschritt auf allen Gebieten zum Stillstand kam. Die letzte dieser Perioden war die Zeit nach 1872, als die Wucherer in der Gesetzgebung aller Länder die Oberhand gewannen und durch Ausschaltung des Silbers die Geldherstellung zu ihrem Vorteil zu beschränken verstanden. Es wurde nach Ansicht der Wucherer, der Rentner, damals zu viel Geld gemacht, das Geld wurde zu billig. Die Arbeiter und Bauern, sagte man, lebten in Saus und Braus, und das dürfe nicht sein. Darum fort mit dem Silber, die Preise der Waren sollten herunter, damit die Rentner mit dem Zinsgeld ein noch schöneres und reicheres Leben führen konnten. Es wollte aber nun der in diesen Dingen maßgebende Zufall, daß um diese Zeit auch die Goldfunde stark nachließen. So kam es zu der sogenannten chronischen Krise, die bis 1890 anhielt und durch ihre vielfachen Wirkungen auf die Dividenden und Kurse der Aktienpapiere die genannten Wucherkreise schwer für ihren Einbruch in das Budget der Bauern und Arbeiter büßen ließ. Sie hatten über das Ziel hinaus geschossen und die Hühner umgebracht, die ihnen die goldenen Eier legten.

Nach 1890 stiegen die Goldfunde rasch und bis heute andauernd und halfen wieder, die Preise hoch treiben, die bis dahin zur Verzweifelung der Unternehmer, der Kaufleute und der Bauern ständig abwärts gegangen waren. Es sei hier nur zur Kennzeichnung der Unzuverlässigkeit unseres Naturgeldes bemerkt, daß die Geldmetallfunde, die in den Jahren 1866 – 1870 über 4 Milliarden Mark (Gold und Silber) betrugen, in den folgenden fünfjährigen Zeitspannen auf $2^1/_2$ Milliarden zurückgingen (nach Ausschaltung des Silbers), und daß sie seitdem auf fast 7 Milliarden gestiegen sind. Also solch gewaltigen Zufällen ist die wichtigste unserer gesellschaftlichen Einrichtungen ausgesetzt innerhalb eines Zeitraumes von nur 30 Jahren! Was würde geschehen sein, wenn die Goldfunde, die von 1856 bis 1885 ständig zurückgingen, von da ab noch weiter gesunken wären, statt heraufzugehen? Diese Frage ist doch wohl berechtigt, da es sich ja um Funde handelt, um Funde, die ganz vom Zufall abhängig sind.

Ein ständiger Rückgang der Geldherstellung übt einen ständig wachsenden Druck auf die Warenpreise aus. Dieser erstickt jeden Unternehmungsgeist, er gibt den Schwarzsehern Recht, die da sagen, daß unter den obwaltenden Verhältnissen Nichtstun das bessere Unternehmen sei. Gegen den Strom sinkender Preise können Unternehmer und Kaufleute ebenso schwer vorankommen, wie in Mensch beim Schwimmen flußaufwärts. Wer es versucht, wird der Regel nach in die Tiefe gerissen, und sein Unglück dient anderen als Warnung.

So steht denn schließlich das ganze Volk mit verschränkten Armen da, hungrig, demütig, bettlerhaft in Tun und Gesinnung, und wartet. Auf was warten die Toren? Darauf, daß Sesam sich wieder einmal auftue und Gold hinauslasse. Und wenn die Zauberformel zur Öffnung Sesams nicht gefunden wird, dann kommt, so sicher wie der Tod, die Eiszeit wieder über die Arbeitsteilung, und die Vergletscherung der Kulturwerke setzt wieder ein.

Für kurzsichtige Menschen mag es ja recht angenehm klingen, wenn sie hören, daß die Preise aller Waren abwärts gehen. Sie nennen den Rückgang der Preise eine Verbilligung der Lebenshaltung. Aber wer die Zusammenhänge nur einigermaßen durchschaut, der weiß, daß niedrige Preise nur für das Schmarotzertum zugleich auch billige Preise sind; daß im übrigen für alle, die vom Ertrage ihrer Arbeit leben und das Schmarotzertum mit ernähren müssen, steigende Preis in Wirklichkeit billige Preise sind. Im übrigen ist das Wort "billig" ja auch nur ein privatwirtschaftlicher, kein volkswirtschaftlicher Begriff. Und hier wird das Geld vom volkswirtschaftlichen Standpunkt betrachtet.

Anhaltende sogenannte billige Preise bedeuten letzten Endes den Stillstand der Volkswirtschaft. Statt Kohlen wirft man mit billigen Preisen Wasser in die Feueressen der Volkswirtschaft. Bei sogenannten billigen Preisen sind Handel und Gewerbe rechnerisch unmöglich.

Das bisher Gesagte zeigt uns, wie schlecht mit dem Gold die Arbeitsteilung gegründet ist. Aber noch nichts habe ich über die Art gesagt, wie das Gold die Güter verteilt, und das gehört doch auch hierher. Jedoch würde es über den Rahmen dieses Vortrages hinausgehen, wenn ich diese Dinge eingehender behandeln wollte. So unangenehm mir das ist, so muß ich mich hier mit Behauptungen begnügen und mich im übrigen auf meine Schrift "Die neue Lehre vom Geld und Zins"* beziehen, wo diese Behauptungen eingehend begründet sind.

Dem Gold verdanken wir die Arbeitsteilung und damit auch die Kulturgüter, deren wir uns erfreuen. Dem Gold aber verdanken wir auch wieder, daß von den geschaffenen Gütern der bei weitem größte Teil, und zwar das Beste, dem Schmarotzertum verfällt. Ist doch das Gold der Vater des Kapitalismus. Dank seinen körperlichen (Edelmetall) und seinen gesetzlichen Vorrechten (gesetzliches Zahlungsmittel) nimmt das Goldgeld eine Ausnahmestelle ein unter den Gütern, deren Austausch auf das Geld angewiesen ist. Das Goldgeld ist darum auch zum allgemeinen Sparmittel geworden, und der Sparer gibt es nicht wieder heraus, es sei denn, daß man ihm einen Zins verspricht. Früh oder spät verfällt aber alles Geld, das der Staat als Tauschmittel in Umlauf setzt, der Kasse irgend eines Sparers, so daß wiederum alles umlaufende Geld aus den Sparkassen kommt, also mit Zins belastet den Markt betritt, um seine Tätigkeit als Tauschmittel zu erfüllen. Diese Doppelverwendung des Geldes als Tauschmittel und als Sparmittel ist gegensätzlicher Natur und als Mißbrauch des Tauschmittels zu betrachten. Dadurch, daß dem Güteraustausch nur verzinsliches Geld zur Verfügung steht, wird der Zins Vorbedingung der Warenerzeugung überhaupt. Nach Proudhon stellt sich das Geld vor die Tore der Märkte, der Läden, der Fabriken, jeder "Kapitalanlage" (soll heißen Geldanlage) und läßt nichts durch, was den Zins nicht bezahlt oder bezahlen kann.

So kam mit dem Gold und der Arbeitsteilung zugleich der große Friedensstörer, der Zins, auf die Welt. Die Arbeitsteilung

---
*) Bildet jetzt Teil III – V dieses Buches.

an sich verlangt keinen Zins. Wer sollte da auch Zins zahlen, und weshalb? Die Arbeitsteilung hätte also den Menschen allgemeinen Wohlstand bringen sollen, da sie ja kein Vorrecht einzelner, sondern allen Menschen zugänglich ist. Aber aus den Händen des Goldes empfing die Menschheit diese Götterkraft nur unter der Bedingung des Zinses, und damit auch der Trennung des Menschen in Arm und Reich. Als ob neidische Götter der Menschheit den Machtzuwachs nicht gegönnt, die Unabhängigkeitserklärung der Menschen vom göttlichen Gängelband gefürchtet und dem dadurch vorgebeugt hätten, daß sie nach dem Grundsatz "teile und herrsche" den Zins als Spaltpilz in die Menschenfamilie eingepflanzt hätten! Das Gold läßt allgemeinen Volkswohlstand nicht zu. Es streikt, es versagt seine Dienste, wenn es mit freien Männern zu tun hat. Es will Herren und Knecht; geplagte, überarbeitete Menschen einerseits und Schmarotzer anderseits. Es liegt ein innerer Widerspruch in dem Verlangen, daß sich das Gold einem freien, stolzen und wahrhaft selbstherrlichen Volke zur Verfügung stelle. Goldgeld und ein freiheitliches Volksleben sind unvereinbar. Gleich am ersten Tage seines Erscheinens setzt das Gold, unter Benutzung der urgewaltigen Kräfte, die ihm die Menschen durch die Übertragung der Geldeigenschaften verliehen, die Trennung der Menschen in Arbeiter und Genießer durch.

Und mit dieser Teilung der Menschheit in eine schwitzende, fluchende, arbeitende Klasse einerseits, und in schmarotzende Genießer anderseits, setzt auch die Erziehung des Menschen zu dem kleinlichen, bösartigen, neidischen Alberich ein, zu dem verbrecherische Wesen, das uns in der Geschichte der Jahrtausende überall auf Schritt und Tritt begegnet. Das Gold ist wirtschaftlich zu unserem großen Verbündeten gemacht worden, zugleich wurde es aber auch zum Erzfeind der Menschenfamilie. Das Gold schafft selbsttätig die wirtschaftlichen Zustände, die der Begründung des Reiches Gottes auf Erden entgegenstehen. Neben dem Gold kann das Christentum in der Menschenfamilie nicht Fuß fassen. Das Christentum ist recht wohl mit der Arbeitsteilung, mit einem stolzen, freien, wohlhabenden Menschentum vereinbar. Ist aber diese Arbeitsteilung auf Gold gegründet, so muß das Christentum den Platz räumen. Und es hat sich ja auch überall von dort zurückgezogen, wo die Arbeitsteilung Platz gegriffen, und das ist heute so gut wie das ganze Volksleben. Christentum und Zins sind glatte Widersprüche. Aber Gold einerseits, und Glücksritter, Wucherer, Schmarotzer, Verbrecher, Zuchthäuser, Empörung und Gewaltsamkeiten anderseits, kurz, Gold und Zins, das paßt zusammen.

Das Gold also stellt sich der Arbeitsteilung nur um den Preis des Bürgerfriedens zur Verfügung.

"Ehret Lykurg", sagte darum auch Pythagoras vor $2^{1}/_{2}$ Jahrtausenden, "ehret ihn, denn er ächtete das Gold, die Ursache aller Verbrechen".

Von Menschen, die im Klassenstaat, unter Herren und Knechten, unter Bettlern und Almosenspendern, in Wohltätigkeitsbazaren aufwachsen, unter Gesetzen, die viel mehr darauf zugespitzt sind, den Klassen- und Gewaltstaat, die Vorrechte der Reichen zu schützen, als dem Wohle aller Bürger zu dienen, können wir nicht den christlichen Geist erwarten, der nötig ist, wenn wir den Frieden nach innen, wie nach außen, aufrecht erhalten wollen. Der Geist der

Empörung, der bei den Unterdrückten, bei den schwarzen, wimmelnden Arbeitermassen überall in allen Staaten herrscht, und der Geist der Gewaltherrschaft und Unterdrückung, der in den anderen Klassen in entscheidenden Fällen regelmäßig die Oberhand gewinnt, schafft selbsttätig die Zustände, die zum Kriege führen. Der Geist aber des Bürger- und Völkerfriedens muß am häuslichen Herd, als guter Hausgeist herrschen, alle in seinem Bannkreis festhalten, und zwar nicht allein am Weihnachtsabend, im Kreise der nächsten Freunde, sondern von Jugend an. Den Keim zur friedlichen Denkungsart soll das Kind an der Mutterbrust einsaugen, sagt Schiller. In der Art, wie sich Vater und Mutter unterhalten, wie die Geschwister untereinander verkehren, steckt schon ein gut Teil Kriegs- und Friedensrüstung. Und das setzt sich fort in der Schule, in der Kirche, im Handel, in der Presse, im Amte, in der Volksvertretung und im Verkehr mit ausländischen Staaten.

Als Mensch gedeihen kann allein der Wohlhabende unter Wohlhabenden, der Sorgenfreie unter Sorgenfreien. Reichtum und Armut sind gleichmäßig verkehrte Zustände, sie gehören nicht in einen geordneten Staat, sie sind mit dem Bürger- und Völkerfrieden unvereinbar. Friede ist nichts anderes als Freiheit, und frei ist nur der Mann, der für die Deckung seiner Bedürfnisse sich auf seine eigene Arbeit, seine wirtschaftliche Stellung verlassen kann. Armut ist eine Kette, und Reichtum ist eine Kette, und der Anblick von Ketten muß jedem Freien ein Greuel sein. Wo er sie sieht, muß er sie brechen. Das ist Friedensarbeit. Weg mit den Rentnern, weg mit dem Proletariat, weg mit dem Zins!

Ehe wir nicht den letzten Proletarier zur letzten Ruhe neben dem letzten Rentner bestatten, gibt es keinen Frieden am Herd, in der Gemeinde, im Staate und im Völkerleben.

Beseitigen wir den Zins (und die Grundrente), so muß wieder jeder sein Brot im Schweiße seines Angesichts essen. Die aber, die auf den Ertrag eigener Arbeit für ihr täglich Brot angewiesen sind, sind friedfertig. Den Beweis ihrer Friedfertigkeit haben wir schon in der Engelsgeduld, mit der sie das Schmarotzertum ertragen. Immer in der Hoffnung, daß sich die "Gerechtigkeit" doch einmal auf friedlichem Wege Bahn brechen werde, unterdrücken sie den Geist der Empörung, der in ihnen durch den Anblick all der Unbill, all des Blödsinns stets von neuem entfacht wird. Freilich darf die Bedrückung gewisse Grenzen nicht überschreiten.

Diesen "friedenstriefenden" Geist zeugt die Arbeit, und er stammt letzten Endes von dem Gefühl der Kraft und Sicherheit, das jeden erfüllt, der sich bewußt ist, für sich selbst und die Seinen sorgen zu können. Dieses Sicherheitsgefühl ist aber Vorbedingung für klares Denken und gerechtes Urteilen. Nur der Mächtige, der Starke und Sichere ist gerecht. Gott ist nur darum gerecht, weil er alle anderen an Macht überragt und sich auf seinem Thron völlig sicher weiß. Lucifer dagegen, der schon einmal am eigenen Leib die Macht des Stärkeren gespürt hat, sucht sich mit allerlei Tücken durchs Leben zu schlagen. Und wie Lucifer macht es der Mensch, der den Zinsgenuß, das Leben auf Kosten anderer, geistig und leiblich unfähig gemacht hat, seine täglichen Bedürfnisse durch eigene Macht, durch Arbeit zu befriedigen. Immer muß er mit der Empörung der Zinszahler rechnen, wobei also seine wirtschaftliche Sicherheit außerhalb seines Ichs, stets gefährdet und gewissermaßen auf Kündigung, in Vorrechten und Papieren liegt. Ein solcher Mensch verliert ganz selbstverständlich die Fähigkeit, sachlich und gerecht zu denken gegenüber all den Ereignissen, die sein Dasein als Schmarotzer bedrohen. Überzeuge man doch einmal einen Floh von der Ungerechtigkeit seines Lebenswandels! Dem Schwächling (als solchen muß man den Rentner halten) ist selbstverständlich jedes Mittel recht, womit er seine Vorrechte schützen zu können glaubt. Er wird auch ebenso selbstverständlich jeden für roh, gemein, verdorben und des Todes für würdig halten, der seine Vorrechte angreift. Für den Schutz seiner Vorrechte sind ihm alle Mittel heilig. Not kennt auch hier kein Gebot. Auf die Probe gestellt, gebraucht er alle Mittel, auch den Krieg!

Haben nicht schon unzähligemal Fürsten Kriege vom Zaune gebrochen als Blitzableiter gegen die Empörung des eigenen Volkes? Und wenn Fürsten das tun, warum sollen das die Rentner nicht auch tun? Ein Krieg ist das vorzüglichste Mittel, um die Arbeiterorganisationen zu sprengen, um die Arbeiter gegenseitig zu verhetzen. Fürchtet man also Gefahr von dieser Seite, warum soll man da, sagt man sich, den Krieg nicht benutzen? Wozu der Selbsterhaltungstrieb den Menschen befähigt, das sieht man unter Schiffbrüchigen beim Kampf um die Rettungsboote. Und wie wirksam der Krieg die Arbeiterorganisationen zu sprengen vermag, das hat dieser Krieg wieder gezeigt. Dieselbe Internationale, die vor dem Kriegsausbruch zu singen pflegte: "Alle Räder stehen still, wenn mein starker Arm es will!" sie war zersprengt. Ob sich die Rentner das nicht gemerkt haben? Das Mittel ist doch sicherlich wirksam. Und die Macht, den Krieg zu entfesseln, hat man in der Presse, die man zu diesem Zwecke kauft oder gründet. Auch Zeit und Muße, alles gründlich und von langer Hand vorzubereiten, haben die, die vom arbeitslosen Einkommen leben. Während die anderen sich müde arbeiten, sitzen die Schmarotzer im Lehnstuhl und überlegen. Und auch die nötige Rücksichtslosigkeit kann man hier voraussetzen, die nötige Abgebrühtheit ebenfalls. Wer sich nicht scheut, die Lebenshaltung breiter Volksschichten durch die Zinserhebung so zu drücken, wie er es tut, der scheut sich noch weniger, dieselben Leute zur Sicherung seiner bevorzugten Stellung gegeneinander zu hetzen. Die Neuyorker Börsenräuber, die 1907 den großen Börsenkrach herbeiführten, und die all die Scheußlichkeiten, all das Elend, die diesem Krach folgten, mit völliger Sicherheit voraussahen, die ziehen, sobald es sich "lohnt", auch den Krieg in den Kreis ihrer Umtriebe. Zumal, wenn es sich ums Ganze, um Sein oder Nichtsein, um eine Entwaffnung der Arbeiterorganisationen handelt. Kämpfend will der Mensch zugrunde gehen; er zieht ein Ende mit Schrecken dem Schrecken ohne Ende vor. Und die Gelegenheit zu diesem Schrecken bricht er vom Zaune, sobald er sich überzeugt hat, daß die Zeit zum Handeln gekommen ist.

Das Gold ist die Ursache aller Verbrechen, sagte Pythagoras, und die Trennung der Menschenfamilie in sich bekämpfende Gruppen ist auch ein Verbrechen. Das Gold hat uns den Klassenstaat gebracht, den Bürgerkrieg, der in den Eingeweiden der Staaten tobt. So wird es wohl auch das Gold sein, das die Völker auseinanderreißt und in Massen gegeneinander führt. Sehen wir zu, wie es das zuwege bringt.

Die gewaltigen Kräfte, die ein reichlicher Zinsfluß von Gold (Geld) in der Volkswirtschaft auslöst (geschäftliche Glanzzeit, Hochkonjunktur), sind nicht unbeachtet geblieben und haben zu mancherlei Vorschlägen und Gesetzen geführt, um diesen Goldzufluß zu fördern oder um den Goldabfluß zu verhindern. "Merkantilisten" nannte man die Leute früher, die ihrem Lande auf diese Weise zu helfen suchten. Schutzzöllner nennt man sie heute. Den "Kampf um die zu kurze Golddecke" nennt man das ganze Treiben. Die Goldsperre bei Ausbruch dieses Krieges in fast allen Ländern Europas ist der neueste Ausdruck dieses Wahns. Die Merkantilisten oder Schutzzöllner sagten: Wareneinfuhr bedeutet Goldausfuhr, folglich müssen wir, um den Goldbestand unseres Landes zu heben, die Wareneinfuhr hemmen. Warenausfuhr dagegen bedeutet Goldeinfuhr, folglich müssen wir die Warenausfuhr mit allen Mitteln fördern. Die gewünschte Hemmung der Einfuhr erreichen wir durch Einfuhrzölle, und die Förderung der Ausfuhr durch Ausfuhrprämien (in Deutschland in Gestalt ermäßigter Eisenbahnfrachtsätze für Ausfuhrgüter und von Frachtrabatten bei Seetarifen). So locken wir das Gold herein und halten es fest. Unser Land gedeiht infolge reichlichen Geldumlaufes, der Zinsfuß geht herunter, und was aus den anderen Völkern wird, denen wir das Gold abluchsen, das geht uns als "Realpolitiker" nichts an.

Das ist in wenige Worten der ganze Sinn oder Unsinn der sogenannten Schutzzollpolitik. Sie ist eine natürliche Folge des Umstandes, daß man das Gold nicht nach Wunsch oder Bedarf finden kann, sondern auf die Einfuhr angewiesen ist und diese wiederum vom Zufall der Funde beherrscht wird. Würden die Staaten ihr Geld nach Bedarf herstellen, so verlöre der "Kampf um die zu kurze Golddecke" jeden Sinn. Daß die ganze Sache überdies nur ein Ergebnis oberflächlicher Betrachtung der wirtschaftlichen Vorgänge ist und den gewünschten Erfolg niemals haben kann, insofern als das Gold sich nach eigenen Gesetzen über die Erde verbreitet (ähnlich dem Gesetz der kommunizierenden Röhren), ändert nichts an der Sache selbst.

Nun beachte man, was alles in dem Verhältnis der Völker zu einander durch die beschriebene Goldpolitik neu entsteht, was alles durch diese Politik getrübt wird.

Zunächst werden die einzelnen Völker durch den Begriff "Ein- und Ausfuhr" in Gegensatz zu einander gesetzt. Der Staatsbegriff enthält einen ganz neuen Inhalt. Der tolle Begriff des "nationalen Wirtschaftsgebietes" erscheint. Bis dahin verschickte man die Waren überallhin. Man führte sie nicht ein und aus. Ähnlich wie man noch heute innerhalb Deutschlands, der Schweiz, der Vereinigten Staaten nicht von Ein- und Ausfuhr spricht. Man verschickt Waren vom Kanton Neuenburg nach dem Kanton Schwyz. Aber von der Schweiz schickt man keine Waren nach Deutschland, sondern man "führt sie aus". Über das Verschicken ganzer Eisenbahnzüge von einem Kanton zum andern führt man keine Statistik. Von den Waren, die "ausgeführt" werden, geht dagegen jedes Postpaket in die Statistik über.

So wird die Politik auf unsere Arbeitserzeugnisse übertragen. Die Waren erhalten ein staatliches Gepräge. Es handelt sich nicht mehr um einen einfachen Austausch der Produkte. Die Bezeichnung "deutsches Erzeugnis" (made in Germany), von England gefordert, sollte einen Gegensatz zum "englischen Erzeugnis" (made in England) schaffen. Da die Völker das Rassengepräge immer mehr verlieren, so wollte man es wenigstens der Stiefelwichse verleihen, die man von Deutschland erhielt.

Aber Ein- und Ausfuhr kann man sich ohne scharf bezeichnete Grenze nicht vorstellen. Bis dahin hatte der Begriff "Staat" nur wenig an unterscheidendem Inhalt. Die Staaten lagen neben einander, wie heute die Dörfer, Marken, Provinzen, Kantone, Bundesstaaten nebeneinander liegen. Die Völker waren verschieden durch Sprache, Rasse, Sitten usw., aber ihre Staaten gingen mehr oder weniger in einander über. Die Übereinstimmung der Gesetze und der vollkommen ungehinderte Verkehr verbanden die Völker; nichts trennte sie als höchstens die Fehden der Fürsten. Pack schlug sich und vertrug sich. Die Landesgrenze war kein Trennungsstrich für die Völker. Kaum wußte jemand diese Grenze anzugeben. Wirksame Bedeutung hatte sie für niemand. Niemand bewachte sie. Von Wert war sie nur für die Fürsten und ihre Nachkommen. Sie war auf alle Fälle nur mit Kreide gezogen; man überschritt sie, ohne den Fuß zu heben, den Kopf zu senken und ohne sich scheu nach allen Seiten umzusehen. Im Grunde genommen gab es während des Mittelalters nur eine Grenze, und zwar eine religiöse, die die christliche von der mohammedanischen Welt trennte. Für den Juden und für alle die, die zugleich Christen und Mohammedaner waren, bestand auch diese Grenze nicht; ihnen gehörte die ganze Welt.

Sieht man von der Zollgrenze ab, so gehen die Staaten auch heute noch mehr oder weniger in einander über, und es besteht der offensichtliche Wunsch, dieses Ineinanderfließen zu fördern. Die Gesetze der einzelnen Länder haben soviel übereinstimmendes, daß sich kaum jemand die Mühe gibt, die Gesetze des Landes, wo er sich niederzulassen gedenkt, zu erforschen. Jeder nimmt als selbstverständlich an, daß sie nicht anders sein werden, als bei ihm zu Hause. Haben doch manche Völker, um sich die Mühe einer Durchberatung der Gesetze zu ersparen, einfach die Verfassung und die Gesetze des Nachbarvolkes angenommen. Sind aber die Gesetze zweier Länder gleich, so gibt es zwischen diesen Ländern auch keine Grenze mehr. Sie fließen wie zwei Wassertropfen ineinander über. Das Gleiche eint, das Ungleiche trennt und bezeichnet die Grenze. Zudem gibt es noch Dutzende von zwischenstaatlichen Verträgen, die in sehr wichtigen Angelegenheiten die Brücke von einem Lande zum anderen schlagen und im Bereiche ihres Inhalts die Grenze aufheben.

Ohne die Zollgrenze und die Verhetzung, die sie durch die verkehrten und verdrehten volkswirtschaftlichen Ansichten, die zu den Zöllen führten, schuf, wären die Staaten heute wahrscheinlich kaum von einander zu unterscheiden.

Aber die Zollgrenze hebt gewaltsam alles auf, was die Völker von Natur aus eint. Die trennende Gewalt der Zölle allein wiegt alle einenden Umstände auf. Denn der Zoll greift in die Wirtschaft der Menschen, also gerade in das Gebiet, dem der Mensch in der Regel 99 % seines Geistes, seiner Kraft, seines Lebens widmet.

Jeder gesunde Mensch erhebt wie Alexander der Große Anspruch auf die ganze Welt. Mit einem umzäunten, umgrenzten Stück ist ihm nicht gedient. Er hält die Welt nicht für einen zoologischen Garten, wo die Völker, durch bunte Eisenstäbe voneinander getrennt, in Einzelhaft leben sollen. Die Kugel, die da im weiten Bogen um die Sonne kreist – das ist des Menschen Heimat.

Diese Heimat will ihm aber der Zoll streitig machen. Das ist Unsinn, das ist Krieg.

Sobald ein Volk das Land, das es besetzt hält, für sich allein beansprucht und abzuschließen sucht (sei es auch nur mit dem merkantilistischen Zweck der Goldanhäufung), so wird im Menschen Alexander der Große wach, dann sinnt er, wie er diesen Teil seines natürlichen Erbes mit Gewalt wieder an sich reißen kann. Denn die ganze Erde, von Pol zu Pol, ist sein Erbe. Jeder Mensch betrachtet sich bewußt oder unbewußt als Kronprinz der Welt. Und kann er die Erde nicht ganz haben, so will er wenigstens einen möglichst großen Teil an sich reißen und ihn sich und seinen Nachkommen mit allen Mitteln sichern. Dann kommt ihm der Gedanke der Eroberung, des Krieges; ein Gedanke, der sonst dem Arbeiter vollkommen fern liegt. Aber dieser Gedanke kommt, so sicher wie der Tod, sobald der Mensch für sich oder seine Erzeugnisse irgendwo auf eine Grenze stößt. Wenn es keine solche Grenze gäbe, welchen vernünftigen Sinn könnte da noch eine Eroberungspolitik haben? Wer würde dabei noch etwas gewinnen und was? Geht man nicht geradezu auf Raub und Sklaverei aus, so hat die Eroberung eines Gebietes nur den einen vernünftigen Sinn, es dem eigenen Zollgebiet einzuverleiben. Dieses Zollgebiet sucht jeder nach Kräften zu erweitern.

Zoll – Krieg – Eroberung sind also ein und derselbe Gedanke. Mit dem Wegfall des Zolles gibt es in der Welt kein Gebiet mehr, das man erobern könnte. Der Wegfall des Zolles verwirklicht die Pläne Alexanders. Jeder ist dann im Vollbesitz der Welt und schaut von seinen Ballen und Fässern mitleidig auf die kleinen Könige dieser Welt herab. Als Karl der Große und später Karl V. ihre Reiche zerstückelten, hat sich aus dem Volke niemand dagegen erhoben. Die Zerstückelung war nur ein äußerlicher Vorgang und berührte die Völker nicht. Wenn aber heute irgend ein König ein einheitliches Zollgebiet in mehrere selbständige Gebiete zerlegen wollte, so würde das ganze Volk diese Teilung auf das empfindlichste wahrnehmen und solche Teilung untersagen. Im Sezessionskrieg der Vereinigten Staaten waren es nur wirtschaftliche Belänge, die die Trennung verhinderten. Hätte man damals in der Welt noch keine Zölle gekannt, so würden die Nordstaaten sich vielleicht über die Abtrennung der Negerstaaten gefreut haben. Auf alle Fälle hätte man gegen die Trennung keinen Widerstand geleistet – ähnlich wie sich Norwegen und Schweden ohne große Schwierigkeit trennten, weil die bis dahin bestandene staatliche Gemeinschaft beschränkter Art war und beide Länder schon vorher verschiedene Zollgebiete bildeten. Es sind also wirtschaftliche Interessen, die die Staaten zusammenhalten. Und diese Belänge werden künstlich durch das Zollwesen geschaffen. Wäre der Zoll nicht da, auch die Furcht vor künftigen Zöllen nicht, so gäbe es keine wirtschaftlichen Grenzen, folglich auch keine wirtschaftlichen Gegensätze; der Begriff "nationales Wirtschaftsgebiet" würde aus der Welt geschafft, und eine Erweiterung des Wirtschaftsgebietes wäre nicht mehr möglich, weder durch Verträge noch durch Eroberung, weil das Wirtschaftsgebiet jedes Landes, jedes Volkes, jedes Menschen ohne weiteres die ganze Welt umfassen würde.

Es ist recht schön und fromm, dem Kriege aus dem Wege zu gehen. Um ihm aber unter allen Umständen aus dem Wege gehen zu können, muß man begründete Hoffnung haben, daß in absehbarer Zeit die Zölle, als gegen das Völkerrecht verstoßend, in der ganzen Welt spurlos ausgerottet werden. Wenn dann noch ein Volk Zölle einführt, so muß es wissen, daß es sich damit auf Kriegsfuß mit der übrigen Menschheit setzt und die Gegenmaßnahmen der ganzen Welt wird erwarten müssen. Wenn aber die heutige geistlose und widerspruchsvolle Zollpolitik aufrecht erhalten werden soll, so ist der Ruf "die Waffen nieder!" sinnlos. Es gibt noch Schlimmeres als Krieg.

Man hat soviel von der Freiheit der Meere gesprochen, und es ist gewiß gut, daß man auch die Meere den Menschen frei macht. Viel wichtiger aber als die Freiheit der Meere ist die Freiheit des Landes. Und da empfinde ich es geradezu als eine Verhöhnung des Menschen, wenn Präsident Wilson nur von der Freiheit des Meeres zur reden weiß und nichts von der Freiheit des Festlandes. Keinem Volke sollen auf das Gebiet, das es besetzt hält, ausschließende Rechte zugebilligt werden. Den Mongolen sollen die Häfen der Vereinigten Staaten geöffnet werden, die Güter der ganzen Welt sollen dort freien Zutritt haben, wie auch umgekehrt den Amerikanern die Welt geöffnet werden soll. Unsere Vorfahren haben doch Amerika nicht etwa entdeckt und besiedelt, damit sich das Land von der Welt abschließen soll. Allen Menschen ist die Erde als Tummelplatz angewiesen, allen unter den gleichen natürlichen Bedingungen. Und wer sich dann auf diesem Platze als der Tüchtigste erweist, der soll hoch leben und seine Art vermehren.

Und zu dieser unbedingten Freiheit der Meere und der Länder werden wir auch gelangen, sobald wir uns erst vom Gedanken befreit haben, daß wir Gold für unser Geld brauchen und daß, wenn dieses Gold nicht in ausreichender Menge gefunden wird, wir es uns gegenseitig durch den "Kampf um die zu kurze Decke" abschwindeln müssen.

Ich will mit dieser Kritik der Goldwährung hier schließen. Vieles, und vom währungstechnischen Standpunkt auch Gewichtigeres, wäre noch zu sagen, was gegen die Beibehaltung dieser Unglückswährung spricht. Wer mehr wissen will, der studiere das vorhin erwähnte Buch. Dieser Vortrag soll überhaupt erst einmal die Aufmerksamkeit weiterer Kreise, und namentlich die der Friedensfreunde, auf den allgemeinen Störenfried, genannt Goldwährung, lenken und ihnen zeigen, wo sie mit ihrer Tätigkeit einzusetzen haben, wenn sie gründliche Arbeit leisten wollen. Alles, was die Friedensfreunde tun, ist gut und lobenswert. Aber ungleich wirkungsvoller wäre ihre menschenfreundliche Tätigkeit, wenn sie ihre Aufmerksamkeit mehr den wirtschaftlichen Ursachen der Kriege zuwenden wollten, und namentlich nicht immer nur von Völkerkriegen, sondern auch vom Bürgerkrieg, der seit 3000 Jahren ununterbrochen tobt, reden wollten.

Es hat sich vor einiger Zeit in der Schweiz unter dem Namen: "Schweizer Freiland-Freigeld-Bund" eine Gesellschaft gebildet, die dem Völkerfrieden dadurch die Wege ebnen will, daß sie zunächst einmal im eigenen Lande die wirtschaftlichen Grundlagen für einen echten Bürgerfrieden zu schaffen sucht.*

---

*) In Deutschland verfolgen das gleiche Ziel der "Deutsche Freiland-Freigeld-Bund" und die "Physiokratische Vereinigung", beide mit einer Reihe von Ortsgruppen.

Beseitigung des arbeitslosen Einkommens, Schaffung des Rechtes auf den vollen Arbeitsertrag, das ist die Bedingung, die der Bund für die Verwirklichung der Friedensträume stellt. Beseitigung des Goldes und seine Ersetzung durch ein nach wissenschaftlichen Grundsätzen zu verwaltendes Papiergeld – das ist die erste Forderung. Die zweite Forderung lautet: Rückführung des Bodens in den Gemeinbesitz des Volkes – eine Sache von ebenso einschneidender Wirkung – von der aber hier nicht mehr gesprochen werden kann.

Hier im Programm des "Freiland-Freigeld-Bundes" liegt wahre, bedächtige, tiefgründige Friedensarbeit. Hier wird wirklich einmal gründlich abgerüstet. Denn die Kriegsrüstung besteht heute weniger in Festungen und Schiffen, als in den faulen wirtschaftlichen Zuständen. Was heißt auch abrüsten? Der Mensch kommt gerüstet zur Welt. Schneidet man ihm die Nägel, feilt man ihm die Zähne ab, so erwürgt er seinen Gegner. Und lieferte nicht der unschuldige Hanf die Stricke und Rüstungen des empörten Pariser Proletariats? Kain holte sich die Rüstung vom dürren Ast einer Eiche. Die Rüstung an sich führt nicht zu Kriegen. Der Grund der Kriege liegt tiefer. Wer wirklich abrüsten will, der muß die Menschheit von den Fesseln befreien, in die die Menschen durch das Gold geschlagen wurden.

Das Gold, sagte Pythagoras vor $2\frac{1}{2}$ Jahrtausenden, ist die eigentliche Ursache aller Verbrechen. Hierzu gehören auch die Kriege.

Darum, wer für den Bürger- und Völkerfrieden wirken und Ersprießliches leisten will, der unterstütze die Bestrebungen des "Freiland-Freigeld-Bundes", der trete diesem Bunde als Mitglied bei.

Lots Weib schaute rückwärts und erstarrte zu Fels beim Anblick des Grauens. Und allen Menschen geht es noch heute ebenso, die rückwärts schauen; sie versteinern oder verknöchern, werden zu Krustentieren, zu Rüstungsagenten, zu Militaristen. Denn Grausen erfüllt jeden, der in der Geschichte der Menschenkultur liest. Greuel, nichts als Greuel und Untergang. "Rüste, rüste, panzere dich, sonst wirst du erschlagen! Sieh die Ruinen Babylons, Ninives, Jerusalems, Roms! Der ewige Krieg liegt in der Natur des Menschen begründet! Babylon stände noch heute, groß und herrlich, wäre es gerüstet, militärisch besser gerüstet gewesen!" – So redet, wenigstens scheinbar, die Geschichte.

Kopernikus und Galilei haben uns gezeigt, wie der Schein trügen kann.

Daß er auch die betrogen hat, die bislang die Zeichen der Geschichte zu deuten versuchten, war ein unermeßliches Unglück. Wie eine falsche Zeichendeutung unter Umständen wirkt, haben wir in Rom gesehen, als Galilei nachwies, daß die Sonne sich nicht um die Erde drehe. Die ewige Stadt erbebte in ihren Grundmauern. Und doch handelte es sich damals nur um eine astronomische Frage von rein geistiger Bedeutung. Wie werden aber erst die Grundlagen unseres gesamten Denkens und Handelns erschüttert werden, wenn einmal die Erkenntnis sich Bahn bricht, daß die Geschicke der Menschheit nicht um Mars, sondern um Merkur kreisen!

Die merkantilistische Erklärung des Untergangs der Kulturvölker des Altertums wird uns auf allen Gebieten neue Bahnen weisen, in erster Linie auf dem Gebiete der Friedensfreunde. Denn der Mensch braucht die Geschichte; sie ist die große Lehrmeisterin – wenn man ihre Sprache versteht. Der Rückblick wird zum Ausblick. Die Erfahrung ist das beste Orakel. Nach dem, was die Geschichte lehrt, stellt der Mensch sein Verhalten ein auf allen Gebieten. Wie macht's zum Beispiel der Pionier, der ferne Welten aufsucht? Als erstes erforscht er die Pflanzenwelt, deren Überbleibsel er in der Ackerkrume findet. Dann erkundet er die Witterungsverhältnisse und sieht sich um nach den Überbleibseln früherer Heereszüge. Wie mancher Eingewanderte mag schon am Ufer eines sanft, wie ein grasendes Lämmlein, durch die Fluren sich schlängelnden Flusses sorglos sich angebaut, gerodet, gepflügt haben, bis ihn von ungefähr ein daherziehender Indianer auf die hoch über seinem Kopf in den Zweigen einer Pappel hängenden dürren Binsen aufmerksam machte. Diese Binsen sind unserem Pionier das, was die Ruinen Babylons unsern Staatsgründern sein sollten; sie sagen ihm, daß der Schein ihn betrogen, daß das sanfte Flüßlein bei der Schneeschmelze im Gebirge zum alles verheerenden Riesenstrom wird. Entsetzt bricht er sein Zelt ab und flieht, ohne sich umzuschauen, wie Lot beim Untergang Sodoms.

Der Mensch ist verloren, wenn er die Geschichte nicht zu Rate zieht, die Zeichen nicht deutet. Er ist aber erst recht verloren, wenn er die Zeichen falsch deutet. Und das haben wir getan. Der Schein hat uns betrogen. Unser geschichtlicher Wegweiser wies auf die Notwendigkeit der Rüstung hin, und die Rüstung brachte uns den Krieg. Die Zeichendeuter wiesen auf die Notwendigkeit des kriegerischen Geistes zum Schutze des Staates hin, diesen Geist flößten wir der Jugend ein, und der kriegerische Geist brachte uns den Krieg, gegen den wir uns doch nur schützen wollten.

Wie anders wäre es geworden, wenn wir dem Scheine, der Oberfläche mißtrauend, ein wenig nur in den "Kjökkenmoddingern" der Kultur gekratzt, geschürft hätten! Wie bald wären wir da auf eine der Tafeln gestoßen mit der Inschrift: "Die Goldwährung ist die Räuberhöhle, der der Pesthauch der Bürger- und Völkerkriege entsteigt. Die Goldwährung entwaffnete mich, so daß ich dem Ansturm der Barbaren nicht widerstehen konnte. Das Gold rief mich ins Dasein, doch die große Kindsmörderin vernichtete das keimende Leben. Ehret Lykurg! er ächtete das Gold, die Ursache aller Verbrechen."

IV. Teil.

Freigeld.
Das Geld wie es sein soll und sein kann.

"Verschafft der Volkswirtschaft einen geschlossenen Kreislauf, d. h. einen vollkommenen und regelmäßigen Güteraustausch, erhebt Ware und Arbeit auf die Rangstufe des baren Geldes, und die menschliche Gemeinschaft ist gesichert, die Arbeit vernunftmäßig geordnet."

Proudhon.

Einleitung.

Vor dem Abstrakt steht der menschliche Geist wie der Ochs vor dem Berge. Und ein vollkommenes Abstrakt war das Geld bisher. Es war gar nichts da, womit wir es hätten vergleichen können. Zwar gab es verschiedene Geldsorten, Metall- und Papiergeld, aber diese verschiedenen Abarten waren in bezug auf die Hauptsache am Gelde, das sind die Kräfte, die seinen Umlauf regeln, vollkommen gleich, was beim Geldtheoretiker darum auch zu einem Versagen der Geisteskräfte führen mußte. Das Gleiche ist unvergleichbar und begrifflich tot. Die Geldtheorie stand immer noch vor dem Berg, er war ihr einfach unübersteigbar. In keinem Staate der Welt gab es und gibt es eine gesetzlich anerkannte Theorie des Geldes, nach der sich die Geldverwaltung zu richten hätte. Überall "wurstelt" die Geldverwaltung mit Erfahrungssätzen, die ihr zugleich als unbeschränkte Vollmacht dienen. Dabei handelt es sich um die Grundlage der Finanzen und der Volkswirtschaft, um einen Gegenstand, der sich seit Jahrtausenden von Hand zu Hand wälzt, dessen praktische Bedeutung die Einbildungskraft anregt, wie kaum ein zweiter, und den wir selbst obendrein seit 3000 Jahren künstlich herstellen! Man bedenke, was das heißt: seit 3000 Jahren in einer der wichtigsten Staats- und Privatangelegenheiten unbewußt, blindlings, erkenntnislos vorgehen! Wenn man noch eines Beweises bedürfte für die Hoffnungslosigkeit des sogenannten abstrakten Denkens, so haben wir ihn hier.

Mit dem hier dargestellten Freigeld ändert sich diese Sachlage vollständig. Das Geld hat nun aufgehört, ein Abstrakt zu sein. Das Freigeld bringt zum erstenmal einen Vergleichspunkt für die Betrachtung des Geldes. Das Geld hat einen Hintergrund bekommen; es ist durch Farbenabtönung und Flächenbegrenzung der menschlichen Betrachtung erschlossen. "Gebt mir nur einen Stützpunkt", ruft Archimedes, "so hebe ich die Erde aus den Angeln!" Mit einem Vergleichspunkt löst der Mensch jede Aufgabe.

Das Freigeld schafft das Lot zum Bau der Geldtheorie, an dem alle Abweichungen von der Senkrechten unmittelbar wahrnehmbar sind.

1. Freigeld.

Das Geld ist Tauschmittel, nichts anderes. Es soll den Austausch der Waren erleichtern, die Schwierigkeiten des Tauschhandels umgehen. Der Tauschhandel war unsicher, schwerfällig, kostspielig und versagte wohl auch oft; das Geld, das ihn ablösen soll, muß darum den Austausch der Waren sichern, beschleunigen, verbilligen. Das ist es, was wir vom Geld fordern. Den Grad der Sicherheit, Schnelligkeit und Billigkeit, womit die Waren ausgetauscht werden, bildet den Prüfstein für die Brauchbarkeit des Geldes.

Wenn wir noch nebenbei fordern, daß uns das Geld durch körperliche Eigenschaften möglichst wenig belästige, so ist das eine Forderung, die entschieden erst dann in Betracht kommt, wenn sie die Erreichung des Geldzweckes nicht hindert.

Läßt sich die Sicherung, Beschleunigung und Verbilligung des Warenaustausches mit einem Geld erzielen, das die Motten nicht fressen und das sich obendrein trefflich sparen läßt – gut, so mag man solches Geld einführen. Leidet aber die Sicherheit, Schnelligkeit und Billigkeit des Warenaustausches darunter, so sagen wir: weg damit!

Und in der Erkenntnis, daß hier die Arbeitsteilung, die wahre Grundlage unseres Lebens, in Frage kommt, werden wir das Geld genau so herstellen, wie es die Arbeitsteilung verlangt, und zwar ohne irgendwelche Rücksicht auf Sonderwünsche und Vorurteile.

Um die Güte des Geldes zu prüfen, werden wir keine Wage, keinen Schmelztiegel, keine Säuren gebrauchen; wir werden uns auch nicht in die Betrachtung eines Geldstückes versenken, auch niemand nach seiner Ansicht fragen. Wir werden die Arbeit betrachten, die das Geld verrichtet. Sehen wir, daß das Geld die Waren aufspürt, und sie auf den kürzesten Weg von der Arbeitsstätte dem Verbraucher zuführt, beobachten wir, daß die Märkte und Warenlager sich lichten, daß die Zahl der Kaufleute abnimmt, daß die Handelsgewinne zusammenschmelzen, daß keine Absatzstockungen eintreten, daß den Erzeugern der Absatz für die Erzeugnisse ihrer vollen Arbeitskraft gesichert ist, so werden wir ausrufen: ein vortreffliches Geld! – und werden auch bei dieser Meinung verharren, wenn wir bei näherer Betrachtung sehen, daß das Geld wenig körperliche Reize hat. Wir werden das Geld betrachten, wie man etwa eine Maschine betrachtet, und unser Urteil ganz nach den Leistungen, nicht nach der Gestalt und Farbe richten.

Von einem guten Geld, einem zweckentsprechenden Tauschmittel, werden wir also verlangen:

1. Daß es den Austausch der Waren sichere, was wir daran erkennen werden, daß der Tausch ohne Absatzstockungen, Krisen und Arbeitslosigkeit vor sich geht.

2. Daß es den Austausch beschleunige, was wir an den geringen Warenbeständen, der geringen Zahl von Kaufleuten und Läden und an den entsprechend reich gefüllten Vorratsräumen der Verbraucher ermessen werden.

3. Daß es den Austausch verbillige, was wir an dem geringen Unterschied zwischen dem Preis, den der Erzeuger erhält und dem Preis, den der Verbraucher bezahlt, ermessen werden. (Zu den Erzeugern gehören in diesem Falle auch alle, die an der Güterbeförderung beteiligt sind.)

Wie schlecht das herkömmliche Geld sich als Tauschmittel bewährt, das hat die Untersuchung im III. Teil gezeigt. Ein Geld, das gesetzmäßig in der Weise arbeitet, daß es sich zurückzieht, wenn es zu fehlen beginnt, und das in Masse auf dem Markt erscheint, wenn es dort schon übermäßig vertreten ist, kann nur dem Schwindel und Wucher dienen und muß als unbrauchbar bezeichnet werden, mag es auch, rein körperlich betrachtet, manche angenehme Eigenschaften haben.

Was waren das für grauenvolle Zustände, ruft der Kenner aus, die uns die Goldwährung brachte! Zuerst die durch den Milliardenplunder gespeiste Gründerzeit, dann der unausbleibliche, gesetzmäßig eintretende Krach!

Wir führten die Goldwährung ein, weil wir davon einen Vorteil erwarten, und welchen anderen Vorteil können wir von einer Änderung im Geldwesen erwarten, als den einer größeren Sicherung, Verbilligung und Beschleunigung des Güteraustausches?

Und wenn das der Zweck der Sache war, wie erklärte man den Zusammenhang zwischen der Einführung der Goldwährung und jenem Zweck? Es wäre sehr wertvoll, das zu erfahren. Man wollte Gold, schönes, glänzendes Gold, niedliche, runde Dingelchen haben, um den Austausch von Stroh, Eisen, Kalk, Häuten, Petroleum, Weizen, Kohle usw. zu erleichtern, zu sichern, zu beschleunigen und zu verbilligen. Wie das geschehen sollte, wußte sicherlich niemand zu sagen, man glaubte es einfach. Und im übrigen verließ man sich ganz (selbst Bismarck tat es) auf das Urteil der "Sachverständigen".

Der Warenaustausch frißt nach der Einführung der Goldwährung, ganz wie vorher, 30, 40 vielleicht auch 50 % der gesamten Erzeugung. Die Stockungen brechen noch ebenso oft aus und sind ebenso verheerend wie zur Zeit der Taler und Gulden, und an der Zahl der Kaufleute kann man unmittelbar ermessen, wie gering die gütertauschende Kraft des Goldes ist.

Daß die gütertauschende Kraft des Geldes so gering ist, liegt daran, daß man das Geld zu sehr verbessert hat, nämlich verbessert vom einseitigen Standpunkt des Inhabers. Man hat bei der Wahl des Geldstoffes ganz allein an den Käufer gedacht, an die Nachfrage. Die Ware, das Angebot, den Verkäufer, den Verfertiger der Ware hat man ganz und gar vergessen. Man hat für die Herstellung des Geldes den schönsten Stoff ausgesucht, den die Erde birgt, ein Edelmetall – weil es für die Inhaber Annehmlichkeiten bot. Und man hat dabei übersehen, daß die Warenbesitzer beim Verkauf ihrer Erzeugnisse diese Annehmlichkeiten bezahlen müssen. Man hat durch die Wahl des Geldstoffes dem Käufer Zeit gegeben, den für ihn günstigsten Augenblick für den Kauf von Waren auszuwählen, und hat dabei vergessen, daß diese Freiheit den Verkäufer zwingt, auf dem Markt geduldig zu warten, bis es dem Käufer beliebt, zu erscheinen. Man hat durch die Wahl des Geldstoffes aus der Nachfrage eine Willenssache der Geldbesitzer gemacht, man hat die Nachfrage der Laune überantwortet, der Gewinnsucht, dem Wucherspiel und dem Zufall, und dabei hat man völlig außer Acht gelassen, daß das Angebot wegen seiner stofflichen Natur diesem Willen gegenüber ganz schutzlos ist. So entstand die Macht des Geldes, die, in Geldmacht umgewandelt, einen unerträglichen Druck auf alle Erzeuger ausübt.

Kurz, unsere biederen Sachverständigen haben die Währungsfragen beantwortet, ohne an die Ware zu denken. Sie haben das Geld vom einseitigen Standpunkt des Inhabers so verbessert, daß es als Tauschmittel unbrauchbar wurde. Nach dem Zwecke des Geldes haben sie augenscheinlich nie gefragt, und so haben sie, wie Proudhon sich ausdrückt, einen "Riegel anstelle eines Schlüssels für den Markt" geschmiedet. Das Geld stößt die Ware ab, statt sie anzuziehen. Man kauft Ware, ja, aber nur, wenn an hungrig ist, oder wenn man dabei einen Gewinn hat. Als Verbraucher kauft jeder nur das Mindestmaß. Irgendwelchen Vorrat will niemand haben; in den Bauplänen sind Vorratskammern niemals vorgesehen. Würde man allen Bürgern heute eine gefüllte Vorratskammer schenken – morgen schon fände man alle diese Vorräte auf den Märkten wieder. Nur Geld wollen die Leute haben, obschon alle wissen, daß dieser Wunsch nicht erfüllt werden kann, insofern als das Geld aller sich gegenseitig aufhebt. Der Besitz einer goldenen Münze ist ja unbestreitbar viel angenehmer. Die Waren mögen die "anderen" haben. Die anderen! Aber wer sind denn in der Volkswirtschaft diese "anderen"? Wir selbst sind diese anderen: wir alle, die wir Waren erzeugen. Indem wir also als Käufer die Erzeugnisse der anderen zurückweisen, stoßen wir uns alle gegenseitig unsere Erzeugnisse zurück. Wenn wir das Geld nicht den Erzeugnissen unserer Mitbürger vorzögen, wenn wir anstelle einer angestrebten und doch unerreichbaren Geldrücklage eine Vorratskammer anlegten und diese mit den Erzeugnissen unserer Mitbürger füllten, so brauchten wir unsere eigenen Erzeugnisse nicht in kostspieligen Läden feilhalten zu lassen, wo sie durch die Handelsunkosten großenteils aufgezehrt werden. Wir hätten dann einen schnellen und billigen Absatz der Waren.

Das Gold paßt nicht zur Eigenart unserer Waren. Gold und Stroh, Gold und Petroleum, Gold und Guano, Gold und Ziegelsteine, Gold und Eisen, Gold und Häute!! Nur eine Einbildung, ein ungeheurer Wahngedanke, nur der Gegenstand der Wertlehre kann diesen Widerspruch überbrücken. Die Waren im allgemeinen, Stroh, Petroleum, Guano können nur dann sicher gegenseitig ausgetauscht werden, wenn es allen Leuten völlig gleichgültig ist, ob sie Geld oder Ware besitzen, und das kann nur dann der Fall sein, wenn das Geld mit all den üblen Eigenschaften belastet wird, die unseren Erzeugnissen "eigen" sind. Es ist das ganz klar. Unsere Waren faulen, vergehen, brechen, rosten, und nur wenn das Geld hat körperliche Eigenschaften besitzt, die jene unangenehmen, verlustbringenden Eigenschaften der Waren aufwiegen, kann es den Austausch schnell, sicher und billig vermitteln, weil dann solches Geld von niemand, in keiner Lage und zu keiner Zeit den Waren vorgezogen wird.

Geld, das wie eine Zeitung veraltet, wie Kartoffeln fault, wie Eisen rostet, wie Äther sich verflüchtigt, kann allein sich als Tauschmittel von Kartoffeln, Zeitungen, Eisen und Äther bewähren. Denn solches Geld wird weder vom Käufer noch vom Verkäufer den Waren vorgezogen. Man gibt dann nur noch die eigene Ware gegen Geld her, weil man das Geld als Tauschmittel braucht, nicht, weil man vom Besitz des Geldes einen Vorteil erwartet.

Wir müssen also das Geld als Ware verschlechtern, wenn wir es als Tauschmittel verbessern wollen.

Da die Besitzer der Waren es mit dem Tausch stets eilig haben, so will es die Gerechtigkeit, daß auch die Besitzer es Tauschmittels es eilig haben sollen. Das Angebot steht unter unmittelbaren, eigengesetzlichen Zwang, so soll auch die Nachfrage unter gleichen Zwang gestellt werden.

Das Angebot ist eine vom Willen der Warenbesitzer losgelöste Sache; so soll auch die Nachfrage eine vom Willen der Geldbesitzer befreite Sache sein.

Wenn wir uns dazu verstehen können, die Vorrechte der Geldbesitzer zu beseitigen und die Nachfrage dem gleichen Zwang zu unterwerfen, dem das Angebot von Natur aus unterliegt, so lösen wir alle Widersprüche des herkömmlichen Geldwesens restlos auf und erreichen damit, daß die Nachfrage völlig unabhängig von allen politischen, wirtschaftlichen oder natürlichen Ereignissen ganz regelmäßig auf dem Markte erscheint. Namentlich werden auch die Anschläge der Wucherspieler, die Ansichten oder Launen der Rentner und Bankmänner ohne irgendwelchen Einfluß auf die Nachfrage sein. Ja, das, was wir "Börsenstimmung" nennen, wird es überhaupt nicht mehr geben. Wie etwa das Fallgesetz keine Stimmungen kennt, so wird es sich auch mit der Nachfrage verhalten. Keine Furcht vor Verlusten, keine Erwartung eines Gewinnes wird die Nachfrage beflügeln oder hemmen können.

So wird die Nachfrage unter allen denkbaren Verhältnissen immer mit der von den gegebenen Handelseinrichtungen gestatteten Umlaufsgeschwindigkeit der vom Staate beherrschten Geldmassen übereinstimmen.

Alle Privatgeldvorräte lösen sich durch den Umlaufszwang selbsttätig auf. Die gesamte ausgegebene Geldmasse ist in ununterbrochenem, gleichmäßigem, schnellem Kreislauf. Niemand kann mehr dem Staate in der Verwaltung des Geldes durch Ausgeben oder Zurückhalten von Privatgeldbeständen "ins Handwerk pfuschen". Der Staat selbst aber hat die Aufgabe, die Nachfrage stets haarscharf dem Angebot anzupassen, wozu das abwechselnde Einziehen oder Ausgeben geringfügiger Geldmengen genügt.

Mehr als das ist nicht nötig, um den Austausch unserer Waren vor jeder denkbaren Störung zu sichern, um Wirtschaftskrisen und Arbeitslosigkeit unmöglich zu machen, um den Handelsgewinn auf die Rangstufe der Tagelöhnerarbeit und des Lohnes herabzusetzen, und um in kurzer Zeit den Zins in einem Meer von Kapital zu ersäufen.

Und was kosten uns Erzeugern, die wir durch die Arbeitsteilung das Geld schaffen, diese reichen Gaben eines Geldumlaufzwanges? Nichts als den Verzicht auf das Vorrecht, in die Nachfrage den Eigenwillen und damit die Laune, die Gewinnsucht, Hoffnung, Furcht und Sorge, Angst und Schrecken tragen zu dürfen. Wir brauchen nur die Wahnvorstellung fallen zu lassen, daß man seine eigenen Erzeugnisse verkaufen kann, ohne daß sie ein anderer kauft. Wir brauchen uns nur gegenseitig zu verpflichten, sofort und unter allen Umständen genau so viel zu kaufen, wie wir selbst verkauft haben und, um die Gegenseitigkeit dieser Verpflichtung zu wahren, das Geld so zu gestalten, daß der Verkäufer der Waren durch Eigenschaften des Geldes genötigt wird, den mit dem Geldbesitz verknüpften Pflichten nachzukommen und das Geld wieder in Ware umzusetzen – persönlich, wenn er selbst Ware brauchen kann, durch andere, denen er das Geld leiht, falls er für sich selbst keine Ware braucht. Aber letzteres natürlich auch unter allen Umständen und bedingungslos, d. h. ohne Rücksicht auf die Bedingungen der Anleihe.

Sind wir nun gewillt, die Sklavenketten, die wir als Verkäufer unserer Waren tragen, dadurch zu brechen, daß wir auf das Vorrecht verzichten, als Käufer den Erzeugnissen unserer Mitbürger gegenüber den Herrn zu spielen? Wenn ja, so laßt uns den unerhörten, umstürzlerischen Vorschlag einer Zwangsnachfrage näher prüfen. Laßt uns das Geld betrachten, das wir mit einem sachlichen Zwangsangebot behaftet haben:

Muster des Freigeldes:

Der jeweilige Inhaber zahlt den wöchentlichen Verlust durch Überkleben des betreffenden Feldes mit Kleingeldabrissen. (S. Erklärung S. 244 1 und 2.)

Kleingeldzettel
(Erklärung S. 244 unter 1).

Freigeldzettel zu Mk. 1,–

Der Umlaufsverlust wird durch Überkleben der 5 Felder nach Fälligkeit bezahlt. (Erklärung S. 244 unter 2).

Erklärung des Freigeldes.

1. Das Freigeld wird in Zetteln von 1 – 5 – 10 – 50 – 100 – 1000 Mark ausgegeben. – Außer diesen festen Zetteln werden Kleingeldzettel laut Muster S. 243 ausgegeben, die ähnlich wie die Briefmarkenbogen eingerichtet sind und dazu dienen, durch Abreißen der nötigen Felder jeden Einzelbetrag bis M. 1,– zu zahlen; sie ersetzen also das frühere Kleingeld von 1 – 2 – 5 – 10 und 50 Pf. (Gleichzeitig dienen diese Kleingeldabrisse dazu, die Zahlkraft der festen Geldzettel durch überkleben der fälligen Wochenfelder auf dem Laufenden zu erhalten [siehe unter 2.].) Die bei den öffentlichen Kassen eingehenden Kleingeldabrisse werden nicht mehr in Verkehr gebracht, sondern immer wieder durch neue Zettel ersetzt.

2. Das Freigeld verliert wöchentlich ein Tausendstel (1 ‰) an Zahlkraft, und zwar auf Kosten der Inhaber. Durch Aufkleben von Abrissen des erwähnten Kleingeldes hat der Inhaber die Zahlkraft der Zettel immer zu vervollständigen. So ist z. B. auf dem Muster S. 242 die Note zu M. 100 durch Aufkleben solcher Abrisse bis zum 10. August vervollständigt. Der Empfänger dieser Note, der sich natürlich solchem Schaden entziehen will, sucht nun das Geld immer so schnell wie möglich weiterzugeben, denn behält er es aus Bequemlichkeit bei sich, etwa bis zum 10. September, so muß er schon 5 × 10 = 50 Pfennig nachzahlen, indem er von seinem Kleingeld 5 × 10 Pfennig abreißt und auf die Hundertmarknote aufklebt. So steht der Geldumlauf unter Druck, der es bewirkt, daß jeder immer gleich bar bezahlt, seine Schuld tilgt und etwa dann noch verbleibenden Geldüberschuß mit derselben Eile zur Sparkasse trägt, die ihrerseits auch wieder danach trachten muß, Abnehmer für die Sparanlagen heranzulocken, wenn nötig durch Herabsetzung des Zinsfußes.

3. Am Ende des Jahres werden alle Geldscheine gegen neue umgetauscht.

4. Zweck des Freigeldes. Vor allem soll die Übermacht des Geldes gebrochen werden. Diese Übermacht ist restlos darauf zurückzuführen, daß das herkömmliche Geld den Waren gegenüber den Vorzug der Unverwüstlichkeit hat. Während unsere Arbeitserzeugnisse bedeutende Lager- und Wartekosten verursachen, die ihren allmählichen Zerfall nur verlangsamen, aber nicht verhindern können, ist der Besitzer des Geldes durch die Natur des Geldstoffes (Edelmetall) frei von jedem solchen Verlust. Der Geldbesitzer (Kapitalist) hat darum im Handel immer Zeit; er kann warten, während die Warenbesitzer es immer eilig haben. Zerschlagen sich also die um den Preis geführten Verhandlungen, so trifft der Schaden, der daraus erwächst, immer einseitig den Warenbesitzer, letzten Endes also den Arbeiter. Diesen Umstand benützt der Kapitalist, um einen Druck auf den Warenbesitzer (Arbeiter) auszuüben, also um diesen zu veranlassen, seine Arbeitserzeugnisse (Arbeitskraft) unter Preis zu verkaufen.

5. Eine Einlösung dieses Papiergeldes von seiten des Währungsamtes findet nicht statt. Wozu denn auch? Geld wird man ja immer brauchen, darum ist auch keine Einlösungspflicht vorgesehen. Jedoch ist das Währungsamt verpflichtet, die Geldausgabe derart den Marktverhältnissen anzupassen, daß die Warenpreise im Durchschnitt fest bleiben. Das Währungsamt setzt also mehr Geld in Umlauf, wenn die Warenpreise abwärts neigen, und zieht Geld ein,

wenn die Warenpreise aufwärts streben, denn die Preise hängen ausschließlich von der Menge des angebotenen Geldes ab. Dafür aber, daß das vom Währungsamt in Umlauf gesetzte Geld auch sofort gegen Waren angeboten wird, sorgt die Natur dieses Freigeldes. Das Währungsamt wird also nicht wie bisher schlafen und schicksalsgläubig faul die Währung des Landesgeldes vom rätselhaften sogenannten inneren Wert des Goldes erwarten, zum Vorteil des Schwindels, der Glücksritter und der Wucherer, sondern zielbewußt mit starker Hand eingreifen und den ehrlichen Handel gegen alle Fährnisse schirmen.

6. Unter Berücksichtigung der großen Bedeutung des Außenhandels wäre zur Herbeiführung fester Wechselkurse eine zwischenstaatliche Verständigung zu erstreben. Solange eine solche jedoch nicht erzielt ist, hat man die Wahl zu treffen, ob die Geldverwaltung die Festigkeit der Inlandspreise oder die der Wechselkurse zum Maßstab der Geldausgabe machen soll.

7. Der Umlauf des Metallgeldes gegen dieses Freigeld soll ein völlig freiwilliger bleiben. Wer sich also nicht vom Gold trennen kann, mag es behalten, doch verliert das Gold, genau wie es bereits mit dem Silber geschah, das freie Prägerecht, und die Münzen verlieren die Eigenschaft eines gesetzlichen Zahlungsmittels. Nach Ablauf der Umtauschfrist werden die Münzen an allen Staatskassen und vor Gericht zurückgewiesen.

8. Für Zahlungen ins Ausland und vom Ausland bediene man sich wie bisher der Wechsel, die die Banken und Kaufleute als Erlös für die ins Ausland gelieferten und vom Ausland bezogenen Waren feilhalten. Für kleinere Beträge bedient man sich in gewohnter Weise der Postanweisungen.

9. Wer Landeserzeugnisse für die Ausfuhr erwerben will und dazu nur über Gold verfügt, also keine Einfuhrwechsel hat auftreiben können, dem wird das Gold vom Währungsamt abgekauft werden. Wer umgekehrt für die Einfuhr ausländischer Waren Gold braucht und keine Ausfuhrwechsel auftreiben kann, dem verkauft das Währungsamt das benötigte Gold. Der Preis dieses Goldes wird davon abhängen, wie man die im Absatz 6 offengelassene Frage beantwortet.

10. Durch den Kursverlust von 5,2 % jährlich dürfte die umlaufende Geldmasse um jährlich 200 – 300 Millionen abnehmen. Damit aber daraus kein Geldmangel entsteht, muß das Währungsamt diese Millionen immer durch neu herzustellendes Geld jährlich ersetzen. Dies bedeutet für das Amt also eine regelmäßige Einnahme.

11. Bei dieser Einnahme der Geldverwaltung handelt es sich um eine unbeabsichtigte Nebenwirkung der Geldreform, von verhältnismäßig ganz untergeordneter Bedeutung. Über die Verwendung dieser Summen sind besondere gesetzliche Bestimmungen zu treffen.

Wirkungen des Freigeldes:
a) auf den Handel:
1. Unaufhaltsamkeit des Geldumlaufs und dadurch stetig zunehmendes Barzahlen.
2. Unbeschränkter Warenabsatz.
3. Beseitigung der Handels- und Wirtschaftsstockungen.

4. Ausschaltung der Ursachen, die Preis- und Kursstürze (Krach) herbeizuführen pflegten.
5. Beseitigung der schwankenden Marktlagen (Konjunkturen), die bisher allgemein zu abwechselndem Auf- und Abwärtsgehen der Geschäfte (Hausse- und Baisseperioden), verbunden mit Preisveränderungen der Waren und des Geldes, führten.
6. Ausschaltung der Börsenjobberei und des Wucherspiels.
7. Vereinfachung und Verbilligung des Handels überhaupt.
8. Entbehrlichwerden der meisten offenen Ladengeschäfte und entsprechend zunehmender Übergang der Handelsangestellten zur Warenerzeugung.
9. Senkung der bisherigen hohen Handelsunkosten von 30 – 40 % auf etwa 10 – 15 %.
10. Abschaffung der zwecklos werdenden Schutzzölle und Übergang zum Freihandel.
11. Beseitigung der wirtschaftlichen Ursachen der Kriege.
12. Herbeiführung einer Währungsverständigung im Weltverkehr, das sie für alle Völker vorteilhaft ist.

b) auf Kapital, Arbeit und Lohn:
1. Das Geld büßt seine zinstragende Eigenschaft ein und wird auf die Rangstufe von Ware und Arbeit herabgesetzt.
2. Unaufhaltsame Umwandlung aller erzielten Geldüberschüsse in Produktionsmittel, Wohnungen usw., ohne Rücksicht auf die Einträglichkeit (Mehrwert, Rentabilität).
3. Sofortige dauernde Beseitigung der Arbeitslosigkeit, vollkommene Auflösung des Überschusses an Arbeitern.
4. Allmähliches Heruntergehen des Kapitalzinses (Mehrwert), der bei Einführung des Freigeldes im Weltverkehr nach und nach ganz verschwindet.
5. Allmähliche Steigerung der Löhne bis zur vollen Beseitigung des Mehrwertes. Soweit aber der Mehrwert aus Grundrente stammt, wird er durch unsere große Neuordnung des Bodenbesitzrechtes ("Freiland") erfaßt.
6. Das Sparen wird erleichtert, a) weil die bisher an das Kapital abgeführten Zinslasten fortfallen; b) weil Gütererzeugung und -tausch (Handel) jetzt ungestört, d. h. nicht mehr unterbrochen durch Wirtschaftsstockungen verlaufen; c) weil die jetzt allein 30 – 40 % des Arbeitserzeugnisses ausmachenden Handelsunkosten sich auf ein Drittel davon ermäßigen.

2. Wie der Staat das Freigeld in Umlauf setzt.

Mit Einführung des Freigeldes wird der Reichsbank das Recht der Notenausgabe entzogen, und an die Stelle der Reichsbank tritt das

Reichswährungsamt,

dem die Aufgabe zufällt, die tägliche Nachfrage nach Geld zu befriedigen.

Das Reichswährungsamt betreibt keine Bankgeschäfte. Es kauft oder verkauft keine Wechsel, es ordnet die Geschäftshäuser nicht in solche 1., 2. und 3. Güte. Es tritt in keinerlei Beziehungen zu Einzelpersonen.

2. Wie der Staat das Freigeld in Umlauf setzt.

Das Reichswährungsamt gibt Geld aus, wenn solches im Lande fehlt, und es zieht Geld ein, wenn im Lande sich ein Überschuß zeigt. Das ist alles.

Um das Freigeld in Umlauf zu setzen, werden alle Staatskassen angewiesen, das bisherige Metallgeld und die Reichskassenscheine zum freiwilligen Umtausch anzunehmen, und zwar zum Nennwert; für eine Mark in Gold eine Mark in Freigeld. Wer in diesen Tausch nicht einwilligt, mag das Gold behalten. Niemand drängt ihn zum Tausch. Irgendein gesetzlicher Druck wird nicht auf ihn geübt. Keinerlei Gewalt wird da gebraucht. Es wird nur jedem gesagt, daß nach Ablauf einer bestimmten Frist (1–2 oder 3 Monate) das Metallgeld nur mehr Metall, aber keine Geld mehr sein wird. Wer dann noch Metallgeld hat, kann es dann nur noch beim Goldschmied gegen Freigeld verkaufen und da um den Preis handeln. Der Staat anerkennt dann nur noch Freigeld als Geld an allen seinen Kassen. Das Gold ist dann dem Staate gegenüber nur noch Ware, so wie Holz, Kupfer, Silber, Papier, Tran usw.. Und wie man heute die Steuern nicht mit Holz, Silber oder Stroh bezahlen kann, so wird man auch nach Verlauf der Umtauschfrist kein Gold mehr zu diesem Zwecke verwenden können.

Der Staat weiß, daß es fortan nur staatliches Geld geben kann und daß es von seiner Seite keiner besonderen Anstrengung bedarf, um dieses Geld in Verkehr zu bringen; das besorgt allein die Unentbehrlichkeit des Geldes und seine Beherrschung durch den Staat. Wenn es also jemand einfallen sollte, eine Privatmünzstätte zu errichten, um Münzen von beliebigem Feingehalt und Gewicht zu prägen, so kann der Staat solchem Treiben ruhig zusehen. Denn für den Staat gibt es jetzt keine Münzen, folglich auch keine Falschmünzer mehr. Der Staat entzieht allen Münzen, auch den früher von ihm geprägten, die Gewähr für Gewicht und Feingehalt. Er verkauft seine Münzmaschinen meistbietend. Mehr tut der Staat nicht, um das Gold umlaufsunfähig zu machen; es genügt.

Wenn also jemand dem Freigeld feindlich gesinnt sein sollte und es als Zahlung für seine Waren zurückweist, so läßt man ihn gewähren. Er kann ja fernerhin Gold für seine Erzeugnisse verlangen. Aber dieses Gold muß er dann auf die Wage legen und den Feingehalt mit Säuren und Prüfstein feststellen, und zwar Münze für Münze. Dann muß er sich erkundigen, ob ihm jemand das Gold auch wieder abnehmen wird und zu welchem Preis, und er muß hierbei auf große Überraschungen gefaßt sein. Findet er dann, daß das alles kostspielig und langweilig ist, so kann er ja als reuiger Sünder in den Schoß des alleinseligmachenden Freigeldes zurückkehren – ähnlich wie seinerzeit die grimmigen Feinde der Goldwährung, die Agrarier, dem Staatsgeld (Gold) widerstrebten und es dann doch annahmen.

Was der Staat mit dem in Umtausch für das Freigeld erhaltenen Gold machen wird? Der Staat schmelzt es ein, läßt es zu Ketten, Armbändern, Uhrgehäusen verarbeiten und schenkt diese allen Bräuten im Deutschen Reich bei ihrer Verheiratung. Was konnte der Staat Vernünftigeres mit dem Gold, mit dem Hunnenschatz, machen? Der Staat benötigt für seine Zwecke kein Gold, und wenn er das in Umtausch gegen Freigeld eingehende Gold an den Meistbietenden verkaufen wollte,

so würde er den Preis drücken und damit anderen Völkern, die noch an der Goldwährung festhalten, Verlegenheiten bereiten, wie Deutschland das schon seinerzeit mit den unüberlegten Silberverkäufen tat. Wenn der Staat damals die eingezogenen Taler dazu benutzt hätte, um vor jedem Pfandhaus und jeder Darlehnsbank den Vorkämpfern der Goldwährung ein gewichtiges, silbernes Standbild in Riesengröße zu errichten – es wäre für die allgemeine Volks- und Weltwirtschaft und auch für die Staatskasse besser gewesen. Diese elenden Millionen, wahre "Miseräbelchen" vom Standpunkt der deutschen Volkswirtschaft aus betrachtet, die der Staat aus jenen Talerverkäufen löste, haben nicht wenig dazu beigetragen, den Silberpreis zu drücken; und die Schwierigkeiten die den deutschen Grundrentnern durch die billigen Getreidepreise erwuchsen, waren zum Teil auf diese Silberverkäufe zurückzuführen.*
Wahrlich, wenn man damals nach obigem Vorschlag gehandelt, die Silbertaler zu Tafelgeschirr eingeschmolzen und zu Hochzeitsgeschenken von Staatswegen verwendet hätte – das, was der Staat hier verlor, hätte er an der größeren Steuerkraft der Bürger zehnfach gewonnen.

3. Wie das Freigeld verwaltet wird.

Nachdem das Freigeld in Umlauf gesetzt und das Metallgeld außer Gebrauch erklärt worden ist, wird es sich für das Reichswährungsamt nur mehr darum handeln, das Tauschverhältnis des Geldes zu den Waren (allgemeiner Preisstand der Waren) zu beobachten und durch Vermehrung und Verminderung des Geldumlaufs den Kurs des Geldes fest auf ein genau bestimmtes Ziel, die Festigkeit des allgemeinen Preisstandes der Waren, zu lenken. Als Richtschnur dient dem Reichsgeldamt die im 3. Teil d. B. besprochene Statistik für die Ermittlung des Durchschnittspreises aller Waren. Je nach den Ergebnissen dieser Ermittlung, je nachdem der Durchschnittspreis Neigungen nach oben oder nach unten zeigt, wird der Geldumlauf eingeschränkt oder erweitert.** Um die Geldausgabe zu vergrößern, übergibt das Reichswährungsamt dem Finanzminister neues Geld, der es durch einen entsprechenden Abschlag von allen Steuern verausgabt. Betragen die einzuziehenden Steuern 1000 Millionen, und sind 100 Millionen neues Geld in Umlauf zu setzen, so wird von allen Steuerzetteln ein Abzug von 10 % gemacht.

Das ist eine einfache Sache, aber noch einfacher wird die Verminderung des Geldumlaufes sein. Denn da die Gesamtmenge des Geldes durch den Umlaufsverlust um 5 % jährlich abnimmt, so braucht man, um den Geldbestand zu vermindern, überhaupt nichts zu tun. Der etwaige Überschuß verbraucht sich selbsttätig. Genügt das aber nicht, so kann durch Steuerzuschlag nachgeholfen werden. – Der Zweck läßt sich auch erreichen, indem das Währungsamt Staatsschuldscheine kauft und verkauft.

Das Reichswährungsamt beherrscht also mit dem Freigeld

---

*) E. de Laveleye: Geld und Doppelwährung (La monnaie et le bimétallisme).
**) Statt die Geldmenge zu ändern, kann man auch die Umlaufsgeschwindigkeit ändern, indem man den Verlustsatz von 5 % herauf- oder heruntersetzt. Der Erfolg ist derselbe. Besser ist aber das vorgeschlagene Verfahren.

das Angebot von Tauschmitteln in unbeschränkter Weise. Es ist Alleinherrscher, sowohl über die Geldherstellung wie über das Geldangebot.

Unter dem Reichswährungsamt brauchen wir uns nicht ein großartiges Gebäude mit Hunderten von Beamten vorzustellen, wie etwa die Reichsbank. Das Reichswährungsamt betreibt keinerlei Bankgeschäfte. Es hat keine Schalter, nicht einmal einen Geldschrank. Das Geld wird in der Reichsdruckerei gedruckt; Ausgabe und Umtausch geschehen durch die Staatskassen; die Preisermittlung findet im Statistischen Amt statt. Es ist also nur ein Mann nötig, der das Geld von der Reichsdruckerei aus an die Staatskassen abführt, und der das für währungstechnische Zwecke von den Steuerämtern eingezogene Geld verbrennt. Das ist die ganze Einrichtung. Eine Presse und ein Ofen. Einfach, billig, wirksam.

Und mit dieser einfachen Einrichtung wollen wir die schwere Arbeit der Goldgräber, die kunstvollen Maschinen der Münzstätten, die Betriebsmittel der Banken, die aufgeregte Tätigkeit der Reichsbank ersetzen, und zwar so ersetzen, daß niemals ein Pfennig zuviel, niemals zuwenig umlaufen wird. Und das heute, morgen, ewig, in guten wie in bösen Tagen. Und mehr als ersetzen. Wir wollen mustergültige, bedächtige, für alle Welt vorbildliche Arbeit liefern.

4. Das Gesetzmäßige im Umlauf des Freigeldes.

Betrachten wir das Freigeld genauer. Was kann sein Besitzer oder Inhaber damit anfangen? Am 1. Januar gilt es auf den Märkten, in den Läden, an der Lohnkasse, an allen Staatskassen und vor Gericht 100 Mark, und am 31. Dezember nur noch 95 Mark, d. h., will der Inhaber den Zettel am Ende des Jahres dazu benützen, um 100 Mark in Wechseln, Rechnungen, Steuerzetteln usw. zu bezahlen, so muß er auf den Zettel noch 5 Mark zulegen!

Was ist geschehen? Nichts, als was mit den Waren geschieht. Ähnlich wie ein bestimmtes Ei sich von dem wirtschaftlichen Begriff "Ei" ständig und schnell entfernt, und nach dem Faulwerden überhaupt nicht mehr damit verglichen werden kann, so entfernt sich das einzelne Markstück ständig von dem, was die Mark in der Währung bedeutet. Die Mark als Währung ist das Unveränderliche, das Währende, die Grundlage aller Berechnungen; die Mark als Geld hat nur den Ausgangspunkt mit jener gemein. Es ist also weiter nichts geschehen, als was mit allen Dingen rings um uns her geschieht. Die Gattung, der Begriff ist unveränderlich; das Einzelwesen, der Vertreter ist sterblich und treibt ständig seinem Ende entgegen. Es ist also weiter nichts geschehen, als daß wir den Tauschgegenstand von der Währung, das Einzelstück von der Gattung getrennt und das Geld dem allgemeinen Gesetz des Werdens und Vergehens unterworfen haben.

Der Inhaber dieses vergänglichen Geldes wird sich also ebenso hüten, das Geld zu behalten, wie der Eierhändler sich hütet, die Eier länger als durchaus nötig zu halten. Der Inhaber des neuen Geldes wird gesetzmäßig danach trachten, das Geld und den von seinem Besitz untrennbaren Verlust – auf andere abzuwälzen.

Aber wie kann er das? Durch den Verkauf seiner Erzeugnisse ist er in den Besitz dieses Geldes gekommen. Er mußte das Geld annehmen, obschon er den Schaden kannte, den der Besitz des Geldes ihm verursachen würde. Er wußte, daß der Besitz des Geldes mit Verlusten verknüpft ist. Trotzdem verkaufte er seine Erzeugnisse gegen dieses "schnöde" Geld. Seine Erzeugnisse waren von vornherein für den Markt bestimmt. Er mußte sie tauschen, und den Tausch konnte nach der ganzen Lage der Dinge nur das Geld vermitteln; anderes Geld aber als dieses verfertigt nun einmal der Staat nicht mehr. Also mußte er das gehaßte Freigeld in Tausch für seine Waren annehmen, falls er diese absetzen, den Zweck seiner Arbeit erreichen wollte. Er hätte vielleicht mit dem Verkauf warten können, etwa bis zum unmittelbaren Bedarf an anderen Waren, aber dann wären ja seine eigenen Erzeugnisse in der Zwischenzeit schlechter, billiger geworden; er hätte daran durch Abgänge an Menge und Güte, durch Wartung und Lagerung so viel und vielleicht mehr verloren, als er jetzt am Besitz des Geldes verliert. Er war also in einer Zwangslage, als er das neue Geld in Empfang nahm, und dieser Zwang rührte von der Beschaffenheit seiner eigenen Erzeugnisse her. Jetzt ist er in Besitz des Geldes, das dauernd an Umlaufswert verliert. Wird er nun einen Käufer dafür finden, wird er jemand finden, der es duldet, daß der Verlust, der aus dem Besitze des Geldes entspringt, auf ihn abgewälzt wird? Nur jemand, der wie er selbst, in einer Zwangslage ist, wird ihm dieses wirklich "schlechte" Geld abnehmen; nur jemand, der wie er selbst, Ware erzeugt hat und diese nun aus Rücksicht auf die täglichen Verluste an Menge und Güte möglichst schnell absetzen möchte, wird bereit sein, das "schlechte" neue Geld in Empfang zu nehmen.

So haben wir also hier gleich zu Anfang eine sehr bemerkenswerte Tatsache zu verzeichnen: Der Käufer hat ein ebenso starkes, unmittelbar mit dem Besitze des Geldes verknüpftes Bestreben, das Geld auf den Warenbesitzer abzuwälzen, wie der Verkäufer einen unmittelbaren Drang hat, die Waren auf den Käufer abzuwälzen. Der Nutzen an dem unmittelbaren Zustandekommen des Tausches ist beiderseits gleich groß, was natürlich bewirkt, daß bei den Preisverhandlungen der Käufer nicht mehr auf seine Unverletzlichkeit (Gold) hinweisen und damit drohen kann, daß er die Verhandlungen abbrechen wird, falls sich der Verkäufer nicht seinen Bedingungen unterwerfen will. Käufer und Verkäufer sind nun gleich schlecht gerüstet; beide sind gleichmäßig, unmittelbar, dringend am Zustandekommen des Handels beteiligt. Brauchen wir da noch zu erwähnen, daß darum auch die Tauschbedingungen gerecht sein werden, daß der Handel schneller vonstatten gehen wird?

Aber nehmen wir nun an, der Geldzettel, den wir eben betrachteten, wäre in die Hände des Sparers, Kaufmannes oder Geldmannes geraten. Was werden diese damit anfangen? Auch in ihren Händen schrumpft das Geld ständig zusammen. Sie sind in den Besitz des Freigeldes durch Tausch gegen die früheren Goldmünzen gelangt. Sie waren durch kein Gesetz zu dem Tausch gezwungen worden; sie hätten das Gold behalten können. Aber der Staat hat bekannt gemacht, daß er den Umtausch nach einer bestimmten Frist verweigern würde, und was hätten sie dann noch mit dem Gold anfangen können? Sie

4. Das Gesetzmäßige im Umlauf des Freigeldes.

hätten wohl goldene Ketten daraus machen lassen können, aber wer würde ihnen diese in solchen Mengen abgekauft haben, und zu welchem Preis, und womit hätte man diese goldenen Ketten bezahlt? Mit Freigeld!

Also fanden sie es ratsam, die Umtauschfrist nicht verstreichen zu lassen, und jetzt betrachten sie das neue Geld, ihr Eigentum. Die Nutzlosigkeit des entmünzten Goldes zwang sie, in den Tausch gegen Freigeld einzuwilligen, und der Verlust, der mit dem Besitze des neuen Geldes verknüpft ist, zwingt sie, sich dieses Geldes zu entledigen, um den Verlust so schnell wie möglich auf andere abzuwälzen.

Und da sie nun in ihrer Eigenschaft als Sparer und Kapitalisten keinen eigenen Bedarf an Waren haben, so suchen sie Abnehmer für das Geld bei Leuten, die Ware kaufen möchten, aber das Geld dazu erst in einer späteren Zeit liefern können. Sie bieten also das Geld als Darlehen an, wie sie das früher übrigens auch mit dem Golde taten. Aber es ist doch ein Unterschied gegen früher. Früher konnten sie das Geld ausleihen, und sie taten es, solange ihnen die Bedingungen gefielen; jetzt müssen sie es tun, ob ihnen die Bedingungen der Verleihung zusagen oder nicht. Sie stehen jetzt unter Zwang. Wie sie durch die Natur ihres Eigentums (Waren) gezwungen waren, Freigeld anzunehmen, so sind sie jetzt durch die Natur des Geldes wieder gezwungen, das Geld auszugeben. Wenn der Zins, den man bietet, ihnen nicht gefällt, so mögen sie das Gold zurückkaufen, sie mögen Waren kaufen, sie mögen Wein kaufen, von dem es heißt, daß er mit der Zeit immer besser und teurer wird, sie mögen Aktien, Staatspapiere kaufen, sie mögen selbst als Unternehmer Häuser bauen, Handel treiben, sie können alles machen, was man mit Geld machen kann, nur eins können sie nicht mehr, sie können das Weitergeben des Geldes von keiner Bedingung mehr abhängig machen.

Ob ihnen der Zins, den der Schuldner bietet, gefällt, ob der Zins, den das bauende Haus abzuwerfen verspricht, ihnen genügt, ob der Kurs der Aktien günstig ist, ob der Preis des Weines und der Edelsteine, die sie auf Lager nehmen wollen, durch die große Zahl der Käufer, die auf denselben geistreichen Gedanken verfielen, nicht zu hoch getrieben wurde, ob der Verkaufspreis des auf Lager immer besser gewordenen Weines die Auslagen für Wartung, Lagerung usw. decken wird – einerlei, das Geld muß weitergegeben werden. Und zwar gleich, sofort; heute, nicht morgen. Je mehr sie überlegen, umso größer wird der Verlust. Angenommen aber, sie finden jemand, dem sie das Geld leihen könne, so kann dieser nur eine Absicht haben: er will seinerseits das Geld sofort anlegen, in Waren, Unternehmungen oder sonstwie. Um das Geld in den Kasten zu legen, wo sein Wert stetig abnimmt, wird doch niemand Geld borgen. Durch Weitergeben wird er den Verlust, der mit dem Besitze des Geldes verknüpft ist, auf andere "abzuwälzen" suchen.

Wie also auch das Geld "angelegt" werden mag, es wird immer sofort Nachfrage erzeugen. Unmittelbar als Käufer oder mittelbar als Verleiher wird der Geldbesitzer immer sofort Nachfrage nach Waren halten müssen, und zwar im genauen Verhältnis zur Menge seines Geldbesitzes.

Daraus ergibt sich, daß die Nachfrage überhaupt keine Willenssache der Geldinhaber mehr sein wird, daß bei der Preisbestimmung durch Nachfrage und Angebot der Wunsch, Gewinn zu erzielen, ohne Einfluß bleiben muß, daß die Nachfrage unabhängig von Geschäftsaussichten, vom Glauben an das Steigen oder Fallen der Preise sein wird, unabhängig auch von Vorgängen im Staatsleben, von Ernteaussichten, von der Tüchtigkeit der Staatsoberhäupter, von der Furcht vor wirtschaftlichen Erschütterungen.

Die Nachfrage wird genau wie das Angebot von Kartoffeln, Heu, Kalk, Kohle usw. zu einer wäg- und meßbaren, leb- und willenlosen Sache. Das Geld wird durch eine ihm anhaftende Naturgewalt immer nach den Grenzen der zurzeit möglichen Umlaufsgeschwindigkeit streben und diese unter allen denkbaren Verhältnissen stets zu durchbrechen suchen. Wie der Mond still und unberührt durch das, was hier auf Erden vorgeht, seine Bahn beschreibt, genau so wird das Freigeld, losgelöst vom Willen seiner Inhaber, seine Bahnen durch die Märkte vollziehen.

Die Nachfrage wird dann unter allen denkbaren Verhältnissen, in hellen, wie in trüben Tagen immer haarscharf gleich sein:
1. der vom Staate in Umlauf gesetzten und beherrschten Geldmenge;
2. der von den gegebenen Handelseinrichtungen gestatteten Höchstumlaufsgeschwindigkeit dieser Geldmenge.

Was bedeutet das für die Volkswirtschaft? Es bedeutet, daß wir nun die Schwankungen in der Marktlage beherrschen, daß das Währungsamt durch Ausgeben und Einziehen von Geld die Nachfrage ganz nach den Bedürfnissen des Marktes abstimmen kann, daß nicht mehr die Geldinhaber, die ängstlichen Spießbürger, die Wucherspieler oder auch die Börsenstimmung, die Laune usw. die Nachfrage hervorbringen, sondern daß das Währungsamt unbedingt darüber zu bestimmen hat, wie groß die Nachfrage sein soll. Das Währungsamt verfertigt jetzt die Nachfrage, genau wie der Staat Briefmarken herstellt, genau auch, wie die Arbeiter das Angebot machen.

Fallen die Preise, so verfertigt das Währungsamt Geld und bringt dieses Geld in Verkehr. Und dieses Geld ist Nachfrage, Nachfrage in Stofform. Und wenn die Preise anziehen, so verbrennt das Währungsamt Geld; und was es verbrennt, ist Nachfrage.

So ist das Währungsamt Beherrscher der Marktlage, und das bedeutet wieder nichts weniger, als daß wir nun auch die Wirtschaftskrisen, die Arbeitslosigkeit überwunden haben. Ohne unseren Willen können die Preise weder steigen noch fallen. Jede Auf- und Abbewegung wird so zu einer Willensäußerung des Währungsamtes, für die es verantwortlich ist.

Die Nachfrage als Willkürhandlung der Geldinhaber mußte gesetzmäßig Preisschwankungen, Absatzstockungen, Arbeitslosigkeit und Schwindel zeugen. Mit dem Freigeld wird dieser Wille in die Hände des Währungsamtes gelegt, das nun, dem Geldzweck entsprechend, seine Macht dazu benutzt, um die Schwankungen zu unterdrücken.

Wer das neue Geld betrachtet, wird sich sagen, daß er den Brauch der verflossenen Jahrtausende aufgeben muß und keine Geldvorräte mehr halten kann, da ihm ja das Geld in der Kasse ständig Verlust bringt. Das neue Geld löst also alle Geldansammlungen selbsttätig auf, sowohl die des fürsorglichen Spießbürgers, wie die des Kaufmanns und des zum Sprung bereiten Wucherspielers.

Und was bedeutet dieser Wandel noch weiter für die Volkswirtschaft? Es bedeutet, daß jetzt immer genau so viel Tauschmittel im Besitze der Bürger sein werden, wie der Handel unmittelbar beansprucht, und zwar so bemessen, daß die Preise keine Schwankungen mehr wegen zu großer oder zu geringer Geldfülle erleiden können. Es bedeutet, daß niemand mehr dem Währungsamt bei der Verwaltung des Geldes "ins Handwerk pfuschen" kann. Es bedeutet, daß aus Privatvorräten dem Markt kein Geld mehr zufließen kann, wenn das Währungsamt eine Einschränkung der umlaufenden Geldmenge für nötig hält, und daß keine Geld mehr in die Privatrücklagen abfließen kann, wenn das Währungsamt umgekehrt eine reichere Versorgung des Geldmarktes vornehmen will. Es bedeutet darum auch, daß das Währungsamt nur ganz geringe Geldbeträge einzuziehen oder auszugeben braucht, um das Ziel seiner Währungsmaßnahmen zu erreichen.

Es bedeutet aber auch, daß niemand mehr Geldvorräte anzulegen braucht, weil die Regelmäßigkeit, mit der das Geld jetzt umläuft, solche überflüssig macht. War die Rücklage eine Zisterne, d. h. ein bloßer Behälter, so wird die Regelmäßigkeit des Geldumlaufes zur ewig sprudelnden Geldquelle.

Mit dem Freigeld ist die Nachfrage nicht mehr vom Geld zu trennen, sie ist nicht mehr als eine Willensäußerung seiner Besitzer zu betrachten. Das Freigeld ist kein Mittel zur Nachfrage, sondern ist an sich diese Nachfrage, die fleischgewordene Nachfrage, die als Körper dem Angebot entgegentritt, das seinerseits auch nie etwas anderes war und ist. Börsenstimmung, Wucherspiel, Krach, Schwarzer Freitag, das alles ist fortan für die Nachfrage ohne Einfluß. Die Masse des ausgegebenen Geldes, beschwert durch die Höchstumlaufsgeschwindigkeit, die die gegebenen Handelseinrichtungen gestatten, das ist unter allen Umständen die Grenze, ist das mit dem Mindestmaß sich deckende Höchstmaß der Nachfrage.

5. Zusammenfassung

Was wir bisher vom Freigeld abgeleitet haben, war folgendes:

1. daß die Nachfrage sich in eine wägbare Sache verwandelt, erhaben über Willen, Laune, Gewinnsucht, Wucherspiel der Geldbesitzer; sie wird keine Willensäußerung der Geldbesitzer mehr sein;
2. daß der Geldumlauf unter allen Umständen immer das Höchstmaß der Umlaufsgeschwindigkeit, die die Handelseinrichtungen dem Geld gestatten, zu durchbrechen suchen wird, so daß die Nachfrage zu jeder Stunde immer entsprechen wird:
    a) der vom Staate in Umlauf gesetzten und beherrschten Geldmenge,
    b) der von den Handelseinrichtungen gestatteten Umlaufsgeschwindigkeit;
3. daß sämtliche Privatgeldvorräte, die als ebensoviele private Geldausgabestellen und Störenfriede anzusehen sind, selbsttätig aufgelöst

werden, wodurch dann der Staat erst der Währung eine zuverlässige Grundlage zu geben vermag.

Diese ersten Wirkungen ergeben folgendes:
1. Regelmäßigkeit des Warenabsatzes, unter Wegfall aller Stockungen;
2. es werden immer nur soviel Waren angeboten, wie deren laufend erzeugt werden;
3. alle bisher durch stockenden Absatz entstandenen Preisschwankungen hören auf;
4. infolge der Regelmäßigkeit, womit fortan Nachfrage und Angebot auf dem Markte erscheinen, wird keine der bisherigen großen allgemeinen Preisschwankungen, die von einer Störung des Verhältnisses der Waren zum Geld herrühren, mehr eintreten;
5. der Staat wird nur mehr geringe Geldmassen auszugeben oder einzuziehen brauchen, um die Nachfrage dem Angebot unmittelbar auf den Leib zuschneiden zu können und dadurch eine vollkommene Beständigkeit im allgemeinen Preisstand der Waren zu erzielen;
6. letzteres wird auch namentlich darum eintreten, weil durch den schnellen Umlauf die gütertauschende Kraft des Geldes verdoppelt, vervielfacht wird, und weil darum auch das Einziehen oder Ausgeben einer Geldsumme vervielfachte Wirkung nach sich ziehen muß. Statt 10 Milliarden Mark im Verkehr zu erhalten, wird Deutschlands Handel mit 5, vielleicht auch mit 3 Milliarden auskömmlich versorgt sein.

Durch den Geldumlaufszwang, wie ihn das Freigeld bedingt, wird ferner:
1. eine reinliche Trennung der Tausch- von den Sparmitteln durchgeführt;
2. der Geldbesitzer das Geld bedingungslos, ohne Rücksicht auf Zins und Gewinn, in Umlauf setzen müssen;
3. das Geld selbst dann noch umlaufen, wenn der Zins fällt und verschwindet;
4. das Geld selbst ohne Gewinn für den Besitzer umlaufen.

Als Folge dieser Umstände und zusammenwirkend mit den vorher erwähnten wird der Geldumlaufszwang

die allgemeinen Wirtschaftsstockungen mit allen ihren Begleiterscheinungen unmöglich machen.

Durch den mit dem Besitze des Geldes verbundenen unmittelbaren, persönlichen Verlust wird folgendes erreicht:
1. Ware, Arbeit, Geld werden für alle, sowohl für die Verbraucher wie für die Sparer, gleichgültige Dinge sein, d. h. Dinge, die ohne Gewinn, Zins und Abgabe gegenseitig auswechselbar sind;
2. das Geld wird zum Arbeitsnachweis und zur selbsttätigen Versicherung gegen Arbeitslosigkeit;
3. sämtliche Vorrechte des Geldes werden ausgeglichen.

Die vollkommene privatwirtschaftliche Gleichstellung des Geldes mit den Waren bedingt:
1. daß man die unentbehrlichen Rücklagen mit Vorliebe in Vorräten statt in Geld anlegen wird;

2. daß man die Waren nicht mehr wie bisher in den kleinsten Mengen kaufen wird, sondern in ganzen Fässern und Kisten, d. h. in ihrer Ursprungspackung;
3. daß dadurch die Läden sich leeren und die Kaufleute in großer Zahl überflüssig werden.

Zugleich wird auch

4. der Verkauf auf Borg beseitigt, die allgemeine Barzahlung durchgeführt;
5. das Wucherspiel (Spekulation) unmöglich gemacht, weil die Warenbestände, auf Millionen von Vorratskammern verteilt, der Verfügung eines Einzelnen entzogen sind.

Durch das Zusammenspiel dieser fünf Umstände wird der Warenaustausch ganz außerordentlich gesichert, beschleunigt und verbilligt werden, zumal auch der Handel durch die Beseitigung der Stockungen, durch die Festigkeit der Preise zu einer sehr einfachen Sache wird, für die fortan jedermann genügend befähigt ist.

Die schönste, wirklich umstürzlerische Leistung des Freigeldes wird aber die sein, daß durch die Unterdrückung der Arbeitslosigkeit, durch das vom Zinsertrag unabhängig gewordene Schaffen von Sachgut (Realkapital) der Zins bald in einer Überfülle von Kapital ersäuft, dadurch das jetzige unwürdige Volksgemisch von Fürsten, Rentnern und Besitzlosen in den Boden gestampft und eine Stätte bereitet wird für ein stolzes Geschlecht freier und selbständiger Bürger, für Männer, die man jeden in der Welt, ohne zu erröten, als Landsleute vorstellen kann.

Das Freigeld wird das tausendmal verfluchte Geld nicht beseitigen, sondern es nach den richtig erkannten Bedürfnissen der Volkswirtschaft umgestalten. Das Freigeld läßt sogar das Grundgesetz unserer Volkswirtschaft, das, wie wir zu Anfang dargetan haben, der Eigennutz ist, unangetastet, aber es wird zeigen, daß der Wucher wirken muß, wie "jene Kraft, die stets das Böse will und stets das Gute schafft", sobald wir der Nachfrage den Willen nehmen und sie in gleicher Rüstung wie das Angebot diesem entgegentreten lassen.

6. Wie das Freigeld beurteilt wird.
Der Krämer.

Mein Geschäft nimmt mit dem Freigeld eine Entwicklung, die wirklich ernste Beachtung verdient. Einmal zahlen meine Kunden jetzt meistens bar, weil sie unmittelbar Vorteil davon haben, möglichst schnell zu bezahlen, und weil sie selbst wieder bar bezahlt werden. Auch nimmt das Zerstückeln der Waren in kleine und kleinste Teile, der Pfennigverkauf, auffällig ab. Die Käufer trennten sich früher ungern vom Geld, einmal, weil ihnen das Geld ja Zeit ließ, dann, weil sie wohl auch Geld auf Zins in der Sparkasse hatten, dann auch wieder, weil es angenehmer war, Geld im Hause zu haben, als Waren, und schließlich, weil niemand sicher war, daß das Geld, das er ausgab, von der anderen Seite wieder eingehen würde. Der Geldumlauf war unregelmäßig, die Geldeingänge so unsicher, daß jeder, der nicht mit festem Einkommen rechnete, gern einen Geldvorrat anlegte. Und diese Rücklage suchte er dadurch zu bilden, daß er dort, wo es anging, auf Borg kaufte, daß er nur das Nötigste, für den unmittelbaren Verbrauch Bestimmte kaufte und das Gekaufte anschreiben ließ. Statt eines Kilos kaufte er ein Gramm, statt eines Sackes ein Kilo. Niemand wäre es eingefallen, sich Vorräte zuzulegen, niemand dachte daran, eine Vorratskammer in seinen Bauplan aufzunehmen. Als Vorrat galt allgemein und ausschließlich das Geld. In den neuzeitlichen Wohnungen findet man für viele Zwecke besondere Räume, wie Dunkelkammer, Teppichkammer, Kofferkammer usw., niemals aber eine Vorratskammer.

Jetzt scheint sich das zu ändern. Weil das Geld den Inhaber ununterbrochen an seine Pflichten als Zahler erinnert, sucht jeder zu bezahlen, sowie er selbst bezahlt wird. Der Geldumlauf, der jetzt zwangsweise vor sich geht, ist darum auch immer ein geschlossener. Er kann nicht mehr durch Gerüchte ins Stocken geraten. Der regelmäßige Geldumlauf bewirkt regelmäßigen Absatz, und da jeder auch gern aus Furcht vor Verlust so schnell wie möglich das Gekaufte bezahlt, so sind auch die Geldeinnahmen regelmäßig geworden. Man kann jetzt auf die Einnahmen rechnen, und es ist nicht mehr nötig, Geldvorräte anzulegen – ganz abgesehen davon, daß diese heutzutage unmöglich sind, weil sie in der Form von Freigeld sich nach und nach selbst aufzehren würden. Statt Geld zu sammeln, legt man Vorräte an, man zieht den Besitz von Waren dem Besitze des Geldes vor, wie man aus demselben Grunde jetzt auch die Barzahlung dem Borgen vorzieht. Statt in winzigen Mengen werden die Waren jetzt in Urspungsverpackungen und in Posten gekauft: statt eines Liters ein Faß, statt eines Meters ein Stück, statt eines Kilos ein Sack.

Man sollte nun meinen, wir Krämer lebten jetzt in Saus und Braus, sozusagen im siebten Himmel. Aber weit gefehlt! Ich selbst habe diese Entwicklung glücklicherweise scharf beobachtet und mein Geschäft den veränderten Verhältnissen angepaßt. Anstelle meiner Krämerpreise habe ich Großhandelspreise gesetzt und so meine Kundschaft nicht nur erhalten, sondern gewaltig erweitert. Aber andere Kaufleute, denen die Einsicht fehlte, haben ihre Läden schließen müssen. Wo früher zehn Krämer waren, da ist jetzt nur mehr einer, und dieser eine hat trotz zehnfachem Absatz weniger Arbeit als früher. Mir ist die Ladenmiete schon um 90 % herabgesetzt worden, weil so viele Läden leer stehen und zu Wohnzwecken umgebaut werden müssen. Indessen, wenn ich nun auch so wenig Miete zahle und zehnmal mehr verkaufe, so ist dennoch mein Verdienst bei weitem nicht im gleichen Verhältnis gewachsen, weil infolge des so sehr vereinfachten Geschäftsganges sich auch die anderen Kaufleute mit geringem Verdienst begnügen. So rechne ich jetzt, statt mit 25 % durchschnittlichem Gewinn, mit nur 1 % Besorgungsgebühr. Da ich alles in Ursprungspackung abgebe und bei Ablieferung der Ware bar bezahlt werde, so kann ich scharf rechnen. Keine Buchhaltung, keine Rechnungen, keine Verluste. Außerdem ist mein Lager trotz zehnfachem Absatz nicht größer geworden. Mit meinen Kunden habe ich regelmäßige Lieferungen abgemacht, die gleich von der Bahn ab erfolgen. So ist der ganze Kramhandel zum einfachen Besorgungsgeschäft geworden.

Meine Berufsgenossen, die ihr Geschäft haben schließen müssen, sind ja zu bedauern, besonders die älteren unter ihnen, die kein Gewerbe mehr erlernen können. Da ihre Verarmung unmittelbar durch das eingeführte Freigeld, also durch einen Eingriff des Staates verursacht wurde, so wäre es meiner Ansicht nach gerecht und billig, wenn man diese Leute durch ein staatliches Jahrgeld entschädigte. Und das kann der Staat auch gut tun, denn durch die Beseitigung dieser Zwischenhändler, durch die Verbilligung der Waren ist ja die Steuerkraft des Volkes ganz außerordentlich gewachsen. Hat es der Staat seinerzeit für billig gehalten, den Grundrentnern durch die Getreidezölle ihre Renten zu sichern, so wäre in diesem Falle eine Unterstützung nicht mehr als gerecht.

Ich muß gestehen, das Krämergeschäft wird durch das Freigeld gewaltig vereinfacht. Etwas Ähnliches mußte ja auch einmal kommen. Auf die Dauer konnten der Kleinverkauf und die damit verbundenen schweren Unkosten, sowie auch der Unfug des Borgens nicht bestehen bleiben. Ein Preiszuschlag von 25 % für den Kleinverkauf der täglichen Bedürfnisse! Das war ja geradezu lächerlich, unhaltbar in einer Zeit, wo die Arbeiter schwere Kämpfe führen mußten, um auch nur eine Lohnerhöhung von 5 % zu erreichen.

Die Schweiz mit 3 Millionen Einwohnern beschäftigte im Jahre 1900 26 837 Geschäftsreisende, die zusammen an Zulassungsgebühren 322 200 Frs. zahlten. Rechnet man nur 5 Frs. auf den Kopf und Tag, so kosten die Handlungsreisenden der Schweiz jährlich 48 977 525 Frs..

In Deutschland sind ungefähr 45 000 Geschäftsreisende beständig unterwegs. (In der Schweiz wird dieses Gewerbe vielfach als Nebengewerbe betrieben; daher die verhältnismäßig große Zahl, darum habe ich auch nur 5 Frs. auf den Tag angenommen.) Von sachverständiger Seite hat man berechnet, daß jeder dieser 45000 Mann M. 14,- täglich verbraucht (Gehalt, Reise, Gasthof), was sicherlich nicht zu hoch gegriffen ist. Das macht M. 600 000,- täglich und 219 Millionen jährlich. Dazu noch die sonstigen Geschäftsreisen. Man kann sagen, daß $2/3$ aller Reisen "Geschäftsreisen" sind und daß $2/3$ aller Gasthäuser Geschäftsreisenden dienen.

Man sagte voraus, daß mit der Einführung des Freigeldes die Käufer weniger anspruchsvoll werden würden, und ich muß gestehen, daß sich deren Benehmen schon merklich änderte. Letzten Sonnabend unterhandelte ich eine Stunde lang mit dem Käufer einer Nähmaschine, und der Mann konnte sich nicht entschließen. Immer entdeckte er an der tadellosen Maschine neue Mängel. Schließlich machte ich ihn auf den baldigen Wochenschluß für den Geldkurs aufmerksam. Das half, das brachte das Gebäude seiner Bedenken ins Wanken. Er sah nach der Uhr, betrachtete seine Geldbriefe und rechnete aus, daß, wenn er noch länger zögere, er 10 Pf. einbüßen würde. Da ließ er alle Bedenken fallen, zahlte und ging. Nun verlor ich zwar die 10 Pf., aber das gewann ich an der Zeit hundertmal wieder!

Ein anderer, ein wohlhabender Mann, kaufte und sagte, er habe vergessen, Geld einzustecken; ich möchte es doch anschreiben. Auf meine Bemerkung, daß es sich doch aus Rücksicht auf den Wochenabschluß lohnen würde, nach Hause zu gehen und das Geld zu holen, weil er doch sonst den Umlaufsverlust erleiden würde, dankte er mir für meine Aufmerksamkeit, ging nach Hause, und zwei Minuten später hatte ich das Geld. Und ich konnte nun meinerseits den Handwerker bezahlten, der zu gleicher Zeit Ware ablieferte. In diesem Falle wäre es also reine Bequemlichkeit von seiten meines Kunden (Käufers) gewesen, wenn er mich nicht bezahlt hätte, und diese Bequemlichkeit würde zur Folge gehabt haben, daß ich meinerseits den Handwerker nicht hätte bar bezahlten können. Wieviel Arbeit, Gefahr und Sorge ist doch durch diese Wirkung des Freigeldes beseitigt worden. Ein Buchhalter genügt mir jetzt statt zehn. – Sonderbar ist es, daß diese große Frage der Barzahlung durch die Geldreform gelöst wurde, ohne daß diese Nebenwirkung beabsichtigt war. Es war nicht Armut, was den Käufer vom Barzahlen abhielt, sondern Berechnung, und jetzt wird das Barzahlen allgemein, weil es für den Käufer vorteilhafter ist. Bekanntlich wurde der Kaufmann früher auch von den reichen Leuten nicht schneller bezahlt, als von armen Teufeln; während der Stundungszeit behielt eben der säumige Schuldner den Zinsgenuß für sich.

Übrigens, was diesen Kursverlust anbetrifft, so trage ich ihn gern; mir als Kaufmann wäre es sogar lieber, wenn der Umlaufsverlust von 5 % auf 10 % im Jahr gebracht würde, denn dadurch würden die Käufer sicherlich noch bescheidener werden, als sie schon geworden sind, und die Buchungen würden wohl ganz wegfallen, so daß ich auch den letzten Buchhalter entlassen könnte. Ich erkenne jetzt im Verkehr die Wahrheit des Satzes: je verachteter das Geld, um so geschätzter die Ware und ihr Verfertiger, um so leichter der Handel. Der Arbeiter kann nur dort geachtet werden, wo das Geld nicht besser ist als er selbst und seine Erzeugnisse. Mit 5 % ist das noch nicht ganz der Fall, aber wohl mit 10 %, und vielleicht wird man zugunsten der Arbeiter den Umlaufsverlust von 5 auf 10 % erhöhen.

Seltsam, was sind für mich 10 % bei einem durchschnittlichen Barbestand von 1000 Mark! Hundert Mark im Jahr! Ein Nichts, verglichen mit meinen sonstigen Geschäftsunkosten. Ich kann ja auch noch einen erheblichen Teil dieses Betrages dadurch sparen, daß ich mich selbst immer möglichst schnell des Geldes zu entledigen suche und bar, nötigenfalls auch im voraus bezahle.

Im voraus bezahlen! Das erscheint ja auf den ersten Blick lächerlich, aber im Grunde genommen ist es nur die Umkehrung des früheren Brauchs. Da ging die Ware voraus und das Geld folgte nach. Jetzt geht das Geld voraus und die Ware folgt. Die Vorausbezahlung verpflichtet den Schuldner zur Lieferung von Ware und Arbeit – also einer Sache, über die er unmittelbar verfügt; die Nachbezahlung verpflichtet den Schuldner zur Lieferung von Geld – also einer Sache, die er nur mittelbar erlangen kann. Es ist also für beide Teile vorteilhafter und sicherer, wenn das Geld vorangeht und die Ware folgt, statt umgekehrt zu verfahren, so wie es bisher geschah.

Vorausbezahlung! Braucht man mehr, um die Handwerker glücklich zu machen, um sie mit allem nötigen Betriebsgeld zu versorgen? Wenn die Handwerker nicht auf Borg zu liefern gehabt hätten, dann wäre ihnen der Kampf mit dem Großkapital auch leichter geworden!

Der Kassenbeamte.

Bei Einführung des Freigeldes wurden wir Kassenbeamten allgemein bemitleidet. Man weissagte uns allgemein eine schreckliche Arbeitslast, regelmäßige große Fehlbeträge und was sonst noch alles! Und was muß ich sehen? Wegen Arbeitsmangel wurden zuerst die Arbeitsstunden eingeschränkt. Statt

10 Stunden arbeite ich jetzt 6. Dann wurde nach und nach die Beamtenzahl eingeschränkt, die älteren erhielten ein Ruhegehalt, die jüngeren wurden entlassen. Aber auch das genügte nicht. Und so sind die meisten Bankgeschäfte und ihre Nebenstellen aufgelöst worden.

Eigentlich hätte man diese Entwicklung auch vorhersehen können. Die Bankhäuser waren aber so sehr von ihrer Unentbehrlichkeit überzeugt! Das Wechselgeschäft und der Scheck, diese Brotherren der Kassenbeamten, sind so gut wie verschwunden. Nach Ausweis des Reichswährungsamtes beträgt die gesamte im Umlauf befindliche Geldmasse noch nicht $1/3$ unseres früheren Geldbestandes. Und zwar, weil das jetzige Geld 3mal schneller umläuft. Kaum 1 % der früheren Beträge geht jetzt noch durch die Hände der Banken. Das Geld bleibt eben im Verkehr, auf dem Markte, in den Händen der Käufer, der Kaufleute, des Unternehmers. Es geht von Hand zu Hand, ununterbrochen, es hat gar keine Zeit, sich in den Banken anzusammeln. Das Geld ist keine Ruhebank mehr, wo er Erzeuger von der Mühsal des Verkaufes seiner Waren aufatmen und in Gemütsruhe abwarten kann, bis seine persönlichen Bedürfnisse ihn an den Umsatz des Geldes erinnern. Der Ruhepunkt im Warenaustausch ist jetzt die Ware selbst, allerdings nicht die eigene Ware, das eigene Arbeitserzeugnis, sondern das der anderen. Das Geld hetzt und jagt den Inhaber, genau wie früher der Erzeuger von seinen Waren gehetzt und gejagt wurde, bis er sie glücklich an den Mann gebracht hatte. Woher der Name Bank, Bankmann? Von den Bänken, auf denen die Inhaber des Geldes sichs bequem machten, während die Inhaber der Waren umherstanden oder unmutig hin und her liefen. Jetzt, mit dem Freigeld, findet es die Inhaber des Geldes, welche laufen, und die Warenverkäufer sitzen auf Bänken.

Und weil das Geld so beweglich geworden ist, weil jeder sich zu bezahlen beeilt, braucht niemand sich noch mit Wechseln zu behelfen. Das bare Geld hat die Wechsel ersetzt. Auch Vorräte an Geld braucht niemand mehr, die Regelmäßigkeit des Geldumlaufes ersetzt diese Rücklagen. Die Quelle ist an die Stelle des starren Behälters, die Zisterne, getreten.

Diese Geldvorräte aber führen wieder zur größten Torheit des Jahrhunderts, zum Scheck. Ja, wirklich, ich sag's als Kassenbeamter, der Scheck war höherer Unsinn! Das Geld ist doch zum Bezahlen da; das Gold sollte ja das denkbar bequemste Zahlmittel sein; warum benutzte man es nicht dazu? Warum den Scheck an die Stelle des baren Geldes treten lassen, wenn das bare Geld so allen Anforderungen genügt, wie man das dem Golde nachrühmte? Verglichen mit dem baren Gelde ist der Scheck doch ein außerordentlich plumpes Zahlmittel. Er ist an die Innehaltung verschiedener Förmlichkeiten gebunden, die Einlösung erfolgt an einem bestimmten Ort, und die Sicherheit der Einlösung hängt von der Sicherheit des Ausstellers und der Bank ab. Und das nannte man Fortschritt! Man hoffte sogar, es bald den Engländern nachmachen zu können, die die Droschke mit einem Scheck bezahlen! Als ob das eine Ehre oder ein Vorteil für den Droschkenkutscher wäre! Der Musterscheck ist doch, für den Empfänger wenigstens, das bare Geld, denn dieser Scheck kann in jedem Laden, in jedem Wirtshaus eingelöst werden, er ist an keine Förmlichkeit, an keinen Ort gebunden, und seine Sicherheit steht außer Zweifel. Wir waren so stolz auf unser schönes, goldenes Geld, wir dachten damit die Vollkommenheit erreicht zu haben; wir waren so verblendet, daß wir überhaupt den Widerspruch nicht bemerkten, der in dem Gebrauch des Schecks liegt. Das Gold war für den gewöhnlichen Gebrauch zu gut, darum suchten wir ein Ersatzmittel, den Scheck. Das ist wie bei dem Mann, der mit einem alten Rock und einem neuen Regenschirm spazieren geht, und dem es leid tut, den Schirm aufzuspannen; er versteckt ihn darum unterm Rock.

Man scheute sich nicht, uns Kassenbeamten ganze Bündel von Schecks aufzuhalsen, deren Gesamtbetrag für den Kassenbeamten nur dadurch zu ermitteln ist, daß er sie in langen Reihen einzeln aufzeichnet und zusammenzählt. Eine schauerliche Arbeit fürwahr. Dagegen ist das Aufzählen des Geldes die reine Spielerei. Die Stücke braucht man nur zu zählen, da sie alle von gleichem Betrage sind.

Dabei mußten die Schecks wieder mit den verschiedenen Banken verrechnet, jeder einzelne dem betreffenden Aussteller belastet werden. Und dazu die Zinsrechnung! Am Ende des Vierteljahres mußte ein Rechnungsauszug eingesandt werden, worin jeder einzelne Scheck aufgeführt wurde. So wurde jeder Scheck zehnmal gebucht. Und das nannte man Fortschritt! Welche Verblendung! Die Schwerfälligkeit der Goldwährung und die Unregelmäßigkeit des Geldumlaufs machten die Bankguthaben nötig und diese den Gebrauch des Schecks; aber statt diesen Umstand als schweren Übelstand der Goldwährung zu bezeichnen, bildete man sich noch etwas darauf ein!

Und neben den Schecks diese schweren Säcke mit Gold, Silber, Kupfer, Nickel, und obendrein das Papiergeld! Elf verschiedene Münzsorten: 1, 2, 5, 10, 20 Mark, 1, 2, 5, 10, 20, 50 Pf.! Allein für das Kleingeld unter 1 Mark sechs verschiedene Münzen von 3 verschiedenen Metallen! Also Schecks zu Hunderten, 11 Münzsorten und 10 verschiedene Banknoten!

Jetzt mit dem Freigeld habe ich 4 Sorten und keine Schecks. Und alles federleicht, sauber, immer neu. Früher braucht ich für meine Kasse eine Stunde, jetzt nur wenige Minuten.

Man fragt mich, wie ich den Umlaufsverlust an meinem Kassenbestand verrechne. Nun, die Sache ist höchst einfach. Am Wochenschluß, Sonnabends 4 Uhr, rechne ich meine Kasse zusammen, berechne den Kursunterschied nach dem, was das Geld die nächste Woche gilt und verrechne diesen Unterschied unter Ausgaben. Bei den Privatbanken geht diese Ausgabe auf Rechnung der Geschäftsunkosten, für die eine entsprechend niedrige Verzinsung des Bankguthabens Deckung schafft.

Bei den Staatskassen besteht der Verlust nur dem Namen nach, da der Kursverlust am gesamten Geldumlauf ja dem Staate unmittelbar zugute kommt.

Offen gestanden, vom Standpunkt der Kassentechnik betrachtet, finde ich im Freigeld nichts Nachteiliges, und den besten Beweis haben wir ja darin, daß neun Zehntel aller Kassenbeamten überflüssig wurden. Eine Maschine, die die Arbeiter überflüssig macht, muß doch gut arbeiten?

Der Ausfuhrhändler.

Man hatte die Goldwährung eingeführt, angeblich, um die Welthandelsverkehr zu fördern. Kaum jedoch machte sich die Wirkung der Goldwährung, übereinstimmend mit der Quantitätslehre, in einem scharfen Rückgang aller Warenpreise fühlbar, da erscholl auch schon der Ruf nach Schutz!

Und man errichtete Grenzmauern in Gestalt von Schutzzöllen, um den Handel mit dem Auslande zu erschweren. Heißt das nicht den Zweck den Mitteln opfern?

Aber selbst dann, wenn sich die Goldwährung ohne Preisrückgang, ohne Wirtschaftsstörung hätte einführen lassen, wäre sie doch für den Außenhandel von geringem Vorteil geblieben. Man macht auf die Zunahme des Außenhandels sei Einführung der Goldwährung aufmerksam und will die Ursache in der Goldwährung sehen. Aber der Außenhandel ist gestiegen, weil die Bevölkerung gestiegen ist, und er ist nicht einmal im Verhältnis zur Zunahme der Bevölkerung gestiegen. Auch trifft diese Zunahme in erhöhtem Maße die Papierwährungsländer (Rußland, Österreich, Asien, Südamerika), während der Handel gerade mit den Goldwährungsländern (Frankreich, Nordamerika) sich erschwert entwickelt. (England, als Durchfuhrland, kann man hier nicht einreihen.)

Die Goldwährung hätte einen Sinn, wenn man sie im Weltverkehr ohne Zölle, ohne Wirtschaftsstörungen, ohne Preissturz, einführen könnte, und hierin als Erster vorzugehen, hätte Sinn für den Staat, der imstande wäre, allen Ländern die Goldwährung aufzubürden. Gibt es eine solche Macht nicht, und ist man auf Hoffnung angewiesen, dann konnte man doch ebensogut als Erster die Einführung einer internationalen Papierwährung versuchen. Der Deutsche, der jetzt seine Waren mit Gold kauft und sie gegen Papier-Rubel, Papier-Gulden, Papier-Pesetas, Papier-Liras, Papier-Pesos, Papier-Reis usw. verkaufen muß, steht er sich besser, als wenn er seine Waren ebenfalls in Papier-Mark kaufen würde? Wenn der Verkaufspreis in einer vom Einkaufspreis abweichenden Geldart berechnet werden muß, dann ist es völlig gleichgültig, ob die Geldart beim Einkauf aus Papier, Gold oder Silber bestand.

Übrigens, selbst bei allgemeiner Einführung der Goldwährung im Weltverkehr sind ihre Vorteile eigentlich von untergeordneter Bedeutung. Man dachte mit der Goldwährung die kaufmännischen Berechnungen zu erleichtern, man dachte, daß man nur eine Geldsumme zu nennen brauche, um auch gleich ihre volle Bedeutung für alle Länder ermessen zu können. Kindliche Ansichten! Erstens beseitigt die Goldwährung ja die Schwankungen im Wechselkurs nicht. Die Goldeinfuhr wechselt mit der Goldausfuhr ab in jedem Lande. Es handelt sich vielleicht nur um geringe Beträge, aber sie genügen, um bedeutende Wechselkursschwankungen herbeizuführen. Denn der Wechselkurs schwankt zwischen den Kosten der Goldeinfuhr und der Goldausfuhr, – Kosten, die bis zu 3 % ausmachen können. Seefracht, Seeversicherung, Zinsverlust und sonstiges bei der Ausfuhr des Goldes; dieselben Kosten bei der Wiedereinfuhr. Dazu noch die Kosten der Umprägung. Denn der Weg ins Ausland, sagt Bamberger ganz richtig, ist für das Gold der Weg in den Schmelztiegel. Das sind aber Kosten, die selbst bei kleineren Geschäften berücksichtigt werden müssen. Wenn aber der

Kaufmann überhaupt schon mit dem schwankenden Wechselkurs rechnen muß, wo bleibt dann der Vorteil für seine Berechnungen?

Der andere vermeintliche Vorteil einer im Weltverkehr gültigen Goldwährung ist noch viel trüglicherer Natur; denn die Bedeutung einer beliebigen Geldsumme für irgend ein Land kann man doch erst dann ermessen, wenn man die Warenpreise, die Löhne usw. des betreffenden Landes kennt. Erbe ich z. B. statt Vermögen Schulden, so werde ich nicht in Deutschland bleiben, sondern dorthin ziehen, wo Geld am leichtesten zu verdienen ist. Der Betrag der Schuld nimmt mit meiner Auswanderung zwar nicht dem Nennwerte nach, wohl aber tatsächlich ab. Ein Mann mit 1000 Taler Schulden ist ein armer Tropf in Deutschland; in Amerika bedeutet diese Schuld gar wenig. Umgekehrt natürlich liegt die Sache, wenn ich statt Schulden ein Vermögen erbe. Also was bedeutet die Goldwährung hier? So fragt z. B. der Auswanderer, dem man Haufen von Gold verspricht, sofort nach den Preisen der von ihm verfertigten und der von ihm gebrauchten Sachen. Erst dann, wenn er diese kennt, kann er sich einen Begriff von der genannten Geldsumme machen. Vom Gold springen seine Gedanken gleich auf die Warenpreise; diese, nicht das Gold, liefern die Bank, auf der er ausruhen kann. Muß man aber erst Warenpreise kennen, um die Bedeutung einer Geldsumme zu ermessen, dann ist es gleichgültig, ob die Geldsumme auf Gold oder Papier lautet. Und tatsächlich weiß man heute nicht einmal ungefähr, um was es sich bei Nennung einer Geldsumme handelt, einerlei, ob vom goldenen Dollar oder vom papiernen Rubel gesprochen wird.

Aber all diese Geschichten haben für den Kaufmann herzlich wenig Bedeutung. Was gelten diese kleinen Rechenaufgaben gegenüber der tausend unwägbaren Umständen, auf denen die Wahrscheinlichkeitsrechnung des Kaufmanns sich aufbaut? Die Abschätzung des Bedarfs an einer Ware, die Bestimmung ihrer Güte, ihre Wettbewerbsfähigkeit mit hundert anderen Warengattungen, die Schwankungen des Geschmackes, die Aussichten in der Zollpolitik, die Tragfähigkeit der einzelnen Warengattungen in bezug auf den Gewinnsatz usw., das ist das, womit der Kaufmann rechnet; das Ausrechnen der Preise, die Umrechnung in fremde Münze usw. besorgen jüngere Beamte.

Viel wichtiger als die Münzsorten der verschiedenen Länder, mit denen der Kaufmann in Verkehr steht, sind die Zollsätze und deren Abänderungen, und wenn die einzelnen Länder, um die Goldwährung zu schützen, vom Freihandel abgegangen sind, so muß ich sagen, daß mir jede Art der Währung selbst die Muschelwährung der Kaffern, sobald daneben Freihandel besteht, lieber wäre als Goldwährung in Verbindung mit Schutzzöllen. Und es ist doch so, daß überall, wo die Goldwährung hinkam, die Schutzzölle nachfolgten.

Im Welthandelsverkehr wird Ware mit Ware bezahlt, und ein etwaiger Saldo kann nur in verschwindend kleinem Maßstab mit Barmitteln bezahlt werden. Stundungen, Wechsel, Anleihen, Aktien vermitteln hier den Zahlungsausgleich. Viel wichtiger für den Zahlungsausgleich als das Vorhandensein zur Ausfuhr geeigneter Barmittel ist das Vorgehen der Notenbanken. Auch hier, wie überall, sollte es heißen: der Krankheit vorbeugen ist besser, als Arzneien anwenden. Die Notenbank muß an den Bewegungen des Wechselkurses ersehen, ob sie zuviel Geld ausgegeben, dadurch die Preise gehoben, die Ausfuhr erschwert, die Einfuhr erleichtert hat. Sie muß in diesem Falle rechtzeitig auf eine Herabsetzung der Preise durch Beschränkung des Geldangebots hinarbeiten. Und im entgegengesetzten Falle muß sie umgekehrt verfahren. Tut sie das, so müssen sich die Zahlungen immer ausgleichen, und die Bildung eines Überstandes wird vermieden. Somit ist die "Ausfuhrfähigkeit" der eigenstaatlichen Tauschmittel zum mindesten überflüssig. Zum mindesten sage ich, denn die Aus- und Einfuhrfähigkeit des Geldes kann schwere Schäden hervorrufen. Diese Ausfuhrfähigkeit entzieht ja den Notenbanken das Alleinrecht der Geldversorgung. Es unterwirft den eigenen Markt der Herrschaft fremder, manchmal feindlicher Gewalten.* Jede Währungspfuscherei des Auslandes wirkt zurück auf das Inland, und unmöglich ist es, sich dagegen zu wehren – anders als mit Zöllen. Führen fremde Staaten die Papierwährung ein und vertreiben dadurch das Gold, so kommt dieses Gold, Beschäftigung suchend, hierher geströmt und treibt die Preise hoch, zu einer Zeit, wo sie ohnehin schon zu hoch stehen. Schaffen fremde Länder die Papier- oder Silberwährung ab, um die Goldwährung einzuführen, so strömt das Geld ab, oft zu einer Zeit, wo es sowieso schon daran fehlt. Welche Schwierigkeiten sind nicht durch solche Pfuschereien den verschuldeten deutschen Landwirten entstanden!

Das war übrigens durch Forschungen alles längst klargestellt**, das Freigeld hat aber erst die tatsächliche Bestätigung geliefert. Wir haben doch jetzt Papiergeld, das vom Gold völlig losgelöst ist. Nicht einmal das Versprechen der Goldeinlösung enthält das Freigeld. Trotzdem ist der Wechselkurs aufs Ausland fest wie nie zuvor. Zuerst richtete das Währungsamt sein ganzes Streben auf die Befestigung der durchschnittlichen Warenpreise. Es zeigte sich dabei, daß, während die Warenpreise festblieben, der Wechselkurs aufs Ausland abwechselnd stieg und fiel. Das kam daher, daß die Preise im Auslande, wo noch die Goldwährung herrscht, nach alter Weise auf- und abgingen. Im Auslande wollte man diese Erklärung nicht gelten lassen und behauptete, unser Papiergeld wäre daran schuld. Nun hat das Währungsamt dem Auslande den Beweis geben wollen, daß die Schwankungen vom Golde herrühren; es hat die festen Preise im Inlande fahren lassen, um dafür die Befestigung des Wechselkurses anzustreben. Zog der Wechselkurs an, so ließ das Währungsamt den Geldstand vermindern, ging der Wechselkurs zurück, dann wurde der Geldstand vergrößert. Und da mit dem Freigeld das Geld selbst die Nachfrage nach Waren darstellt, so folgten die Preise der Waren und ebenso der Wechselkurs am Schnürchen. So hat man nun dem Auslande gezeigt, daß ein fester Wechselkurs zusammen mit stetigen Warenpreisen von der Goldwährung unmöglich erwartet werden kann und daß beides sich nur vereinigen läßt, wenn in allen Ländern die Warenpreise festbleiben. Also auf die Befestigung der Inlandwarenpreise muß man überall hinarbeiten, um einen festen Wechselkurs aufs Ausland zu erzielen. Nur eine in allen Ländern nach gleichen Grundsätzen geleitete Inlandwährung kann den festen Wechselkurs im Welt-

---

*) Französische, in deutschen Bankgeschäften angelegte Gelder wurden in der Marokkokrise gekündigt, mit der Absicht, Deutschland zu schädigen. Der Zweck wurde auch erreicht.
**) Silvio Gesell: "Die Anpassung des Geldes und seiner Verwaltung an die Bedürfnisse des modernen Verkehrs." Buenos Aires 1897. Frankfurth-Gesell: "Aktive Währungspolitik.", Berlin 1909

verkehr und zugleich eine nationale Währung herbeiführen. Das scheint man jetzt endlich auch im Auslande begriffen zu haben, und es heißt, daß eine Papierwährungstagung aller Länder einberufen und ein Weltwährungsamt gegründet werden soll. Irgend was muß geschehen. Wir wollen Freihandel, festen Wechselkurs aufs Ausland und feste Warenpreise fürs Inland. Durch einseitig nationale Einrichtungen lassen sich diese Wünsche vereint nicht erfüllen; wir müssen uns mit dem ganzen Ausland verständigen. Und das Freigeld scheint mir berufen zu sein, den Boden für eine solche Verständigung zu liefern. Denn das Freigeld ist gehorsam, anpassungsfähig, willig. Man kann damit machen, was man will, kann mit ihm irgend einem Ziele zustreben.

Der Unternehmer.

Absatz, Absatz, das ist es was wir Unternehmer brauchen, regelmäßigen, gesicherten Absatz, Aufträge auf lange Zeit im voraus, denn auf Regelmäßigkeit des Absatzes der Waren ist die Industrie angewiesen. Wir können doch nicht jeden Augenblick unsere eingearbeiteten Leute entlassen, jedesmal, wenn der Absatz stockt, um kurze Zeit darauf neue, ungeschulte Leute einzustellen. Auch können wir nicht aufs Geratewohl fürs Lager arbeiten, wenn die festen Bestellungen fehlen. Absatz, gesicherten Absatz! Verschaffe man uns nur regelmäßigen Absatz, passende öffentliche Einrichtungen für den Tausch unserer Erzeugnisse – mit den Schwierigkeiten der Technik werden wir dann schon fertig werden. Absatz, Barzahlung, währende Preise – das übrige können wir selbst schaffen.

Das waren unsere Wünsche, als von der Einführung des Freigeldes die Rede war. Und diese Wünsche sind erfüllt worden.

Was ist Absatz? Verkauf. Was ist Verkauf? Tausch der Waren gegen Geld. Woher das Geld? Vom Verkauf der Waren. Also ein Kreislauf!

Wenn nun, wie das mit dem Freigeld der Fall ist, das Geld den Inhaber sozusagen zum Kaufe zwingt und ihn durch den Verlust, den er durch jede Verzögerung des Kaufes erleidet, unausgesetzt an seine Pflichten als Käufer erinnert – so folgt der Kauf dem Verkauf auf dem Fuße, und zwar zu allen Zeiten, unter allen denkbaren Verhältnissen. Wenn jeder so viel kaufen muß, wie er selbst verkauft hat – wie könnte da der Absatz noch stocken? Das Freigeld schließt also den Kreislauf des Geldes.

Wie die Ware das Angebot darstellt, so stellt jetzt das Geld die Nachfrage dar. Die Nachfrage schwebt nicht mehr in der Luft, sie wird nicht mehr wie ein Rohr im Winde von jedem politischen Lufthauch hin- und herbewegt. Die Nachfrage ist keine Willensäußerung der Käufer, der Bankhäuser, der Wucherspieler, sondern das Geld ist jetzt die stoff- und fleischgewordene Nachfrage. Jetzt laufen die Geldbesitzer neben der Nachfrage einher; das Geld führt den Geldbesitzer wie einen Hund an der Leine.

Und es ist nur gerecht und billig, daß es so ist. Denn geht es uns Warenerzeugern oder Warenbesitzern etwa besser? Beherrschen wir das Angebot unserer Erzeugnisse oder werden wir umgekehrt durch deren Natur zum Angebot gezwungen? Befiehlt uns nicht die Natur unserer Waren, der Gestank, der ihnen entströmt, der Raum, den sie beanspruchen, die Feuersgefahr, die Fäulnis, der sie unterworfen sind, der Wechsel des Geschmacks, die Zerbrechlichkeit und tausend andere Umstände, daß wir sie verkaufen, und zwar immer sofort nach ihrem Entstehen? Wenn also das Angebot von Waren so unter einem natürlichen stofflichen Zwang steht, fordert es da nicht die Billigkeit, daß auch die Nachfrage nach Waren, das Angebot von Geld unter Zwang gestellt werde?

Eine mannhafte Tat war es, als man mit dem Freigeld diese Frage bejahte. Bis dahin hatte man immer nur an die Käufer gedacht, jetzt hat man sich darauf besonnen, daß auch die Verkäufer Wünsche haben, und daß alle Wünsche des Käufers nur auf Kosten der Verkäufer erfüllt werden können. Lange genug hat es gedauert, bis man zu dieser so einfachen Erkenntnis gelangte!

Fehlt es jetzt an Absatz, und neigen die Preise nach unten, so sagt man nicht mehr, es sei zu viel gearbeitet worden, wir hätten Überproduktion. Es fehlt an Geld, an Nachfrage, sagt man jetzt. Dann setzt das Reichsgeldamt mehr Geld in Umlauf, und da das Geld jetzt die verkörperte Nachfrage ist, so steigen die Preise auf ihren richtigen Stand. Wir arbeiten und werfen unsere Waren auf den Markt – das Angebot; das Reichswährungsamt prüft das Angebot und wirft eine entsprechende Geldmenge auf dem Markt – die Nachfrage. Nachfrage und Angebot sind jetzt Arbeitserzeugnisse. Von willkürlicher Handlung, von Wünschen, Hoffnungen, wechselnden Aussichten, von Wucherspiel ist bei der Nachfrage keine Spur mehr. So groß wir die Nachfrage haben wollen, genau so groß wird sie bestellt und gemacht. Unser Erzeugnis, das Warenangebot ist die Bestellung für die Nachfrage, und das Reichswährungsamt führt die Bestellung aus.

Und der Teufel holt den Leiter des Reichswährungsamtes, wenn er schläft, wenn er seine Pflichten versäumt! Er kann sich nicht mehr, wie unsere Reichsbankverwaltung, hinter der eine unbeschränkte Vollmacht darstellenden, hohlen Phrase der "Verkehrsbedürfnisse" verbergen. Haarscharf sind dem Reichswährungsamt die Pflichten vorgeschrieben worden, haarscharf sind auch die Waffen, womit wir das Amt ausgerüstet haben. Die Mark deutscher Reichswährung war bisher ein unbestimmbares, breiartiges Ding. Jetzt ist die Mark deutscher Reichswährung ein fester Begriff geworden, und für diesen Begriff sind die Reichsbeamten verantwortlich.

Wir sind nicht mehr ein Spielball in den Händen der Geldmänner, der Bankleute, der Glücksritter; wir brauchen nicht mehr in untätiger Gottergebenheit zu warten, bis, wie man zu sagen pflegte, die "Konjunktur" sich besserte. Wir beherrschen jetzt die Nachfrage, denn das Geld, dessen Herstellung und Angebot wir in unserer Macht haben, ist an sich die Nachfrage. Das kann nicht oft genug wiederholt, nicht nachdrücklich genug betont werden. Wir sehen jetzt die Nachfrage, wir können sie greifen und messen, – wie wir auch das Angebot sehen, greifen und messen können. Viel Ware – viel Geld, wenig Ware – wenig Geld. Das ist die Richtlinie des Reichswährungsamtes.

Eine ganz erstaunlich einfache Sache.

Woher es kommt, daß mit Einführung des Freigeldes auch die festen Bestellungen so reichlich einlaufen, daß der Betrieb auf Monate im voraus gesichert ist? Der Kaufmann sagt, der Käufer ziehe jetzt den Besitz von Waren dem des Geldes vor; man warte jetzt mit dem Kauf nicht mehr bis zum unmittelbaren Bedarf, sondern schaffe sich jetzt die Sachen an, wenn gerade das Geld dazu da sei. In jedem Hause befindet sich eine besondere Vorratskammer, und wer zu Weihnachten z. B. Geschenke zu machen hat, der wartet nicht mehr mit dem Kauf bis zum Weihnachtsabend, sondern er kauft dann, wenn er gerade die Gelegenheit hat. Darum werden die Weihnachtssachen jetzt während des ganzen Jahres gekauft, und für meine Puppenfabrik treffen Bestellungen jetzt während des ganzen Jahres ein. Das frühere Hasten und Jagen während der Weihnachtszeit verteilt sich jetzt auf das ganze Jahr. Und so geht es in allen Gewerben. Wer einen Winterrock braucht, wartet nicht bis zum ersten Schneefall; er bestellt ihn, wenn er gerade das Geld dazu liegen hat, auch wenn das Quecksilber an dem Tage 30 Grad im Schatten zeigt. Denn das Geld brennt dem Käufer in der Tasche, wie dem Schneider das Tuch auf Lager brennt. Das Geld läßt dem Inhaber keine Ruhe, es schmerzt und juckt und erinnert ihn unausgesetzt daran, daß der Schneider nichts zu tun hat, daß er froh wäre, wenn man ihm jetzt schon für den kommenden Winter einen Anzug bestellte, – selbst wenn man diesen Anzug mit noch schlechterem Gelde, als das Freigeld ist, zahlte. Denn kein Geld ist so schlecht, daß es nicht noch besser wäre als unverkauftes Tuch.

Infolge dieses eigentümlichen Verhaltens der Käufer ist der größere Teil der kaufmännischen Niederlagen überflüssig geworden; denn wenn die Käufer lange Zeit im voraus sich mit allem versehen und nicht mehr auf unmittelbarer, sofortiger Lieferung bestehen, so hat der Kaufmann nicht mehr nötig, die Waren auf Lager zu nehmen. Er hält ein Musterlager, und jeder bestellt ihm das Gewünschte. Der Kaufmann sammelt so die Bestellungen, und treffen dann die Waren ein, so liefert er sie gleich von der Bahn aus ab. Natürlich verkauft er sie um so billiger.

Dieser Wegfall der Läden, wo man bisher immer alles vor dem unmittelbaren Bedarf kaufen konnte, bewirkt, daß auch die saumseligsten Käufer gezwungen werden, rechtzeitig zu überlegen, was sie an Waren wohl brauchen werden, um sich diese Waren durch Vorausbestellungen rechtzeitig zu sichern. Und so haben wir nun durch das Freigeld es endlich erreicht, daß die Abschätzung des Warenbedarfs nicht mehr von den Kaufleuten, sondern von den Käufern selbst vorgenommen wird. Ein ganz gewaltiger Vorteil für alle Beteiligten! Der Kaufmann mußte bisher merkwürdigerweise im voraus den Bedarf der Käufer abschätzen, um seine Bestellungen zu machen. Daß er sich dabei irren konnte, ist klar. Jetzt schätzt der Käufer selbst seinen Bedarf ab, und da jeder schließlich den eigenen Bedarf, sowie die Mittel dazu besser kennt als der Kaufmann, so kommen Irrtümer sicherlich seltener vor.

So ist nun der Kaufmann ein bloßer Musterreiter geworden, und der Fabrikant ist sicher, daß die Aufträge, die ihm vom Kaufmann zugehen, nicht dessen persönliche Ansicht über den Warenbedarf widerspiegeln, sondern den unmittelbaren Bedarf der Verbraucher, den wirklichen Warenbedarf. Er hat jetzt in den Bestellungen ein untrügliches Bild der Wandlungen, die im Geschmack, in den Bedürfnissen des Volkes vorgehen, und er kann sich immer rechtzeitig diesen Wandlungen anpassen. Früher, als die Bestellungen immer nur die persönliche Ansicht der Kaufleute wiedergaben, waren plötzliche Umschläge, war der sogenannte Modenwechsel an der Tagesordnung. Auch dadurch hilft mir das Freigeld über manche Schwierigkeiten hinweg.

Aber schließlich, wenn die Arbeit des Unternehmers so sehr erleichtert wird, wenn der Unternehmer nur mehr Techniker, nicht mehr Kaufmann zu sein braucht, so wird doch der Unternehmergewinn darunter leiden müssen. An tüchtigen Technikern fehlt es ja nicht, und wenn die kaufmännische Leitung eines gewerblichen Unternehmens so wenig Schwierigkeiten mehr bietet, so wird jeder brauchbare Techniker auch ein brauchbarer Unternehmer. Nach den Gesetzen des Wettbewerbs muß dann aber auch wieder der Unternehmergewinn auf den gleichen Stand des Technikerlohnes herabgehen. Eine unangenehme Nebenerscheinung für so viele Unternehmer, deren Erfolge von ihrer kaufmännischen Begabungen herrühren! Mit dem Freigeld ist die schöpferische Kraft auf kaufmännischem Gebiet überflüssig geworden, denn die Schwierigkeiten sind verschwunden, für deren Überwindung die vergleichsweise seltene, aber gerade darum so schwer bezahlte kaufmännische Begabung nötig war.

Wem wird nun der Wegfall des hohen Unternehmergewinnes zugute kommen? Irgendwo muß er zum Vorschein kommen. Entweder in herabgesetzten Warenpreisen oder, was schließlich auf eins hinausläuft, in heraufgesetzten Löhnen. Ein anderes gibt es nicht.

Der Wucherer.

Es war und ist auch heute nicht unehrenhaft, sich einen Regenschirm, ein Buch zu borgen; ja, selbst wenn man diese Gegenstände zurückzugeben vergaß, so wurde es gar so übel nicht genommen, und der Geschädigte suchte selbst nach einer Entschuldigung für den Übeltäter. Eine Buchführung über verborgte Gegenstände bestand in keiner Familie.

Aber wie ganz anders war es früher, wenn jemand Geld "auf Pump" haben wollte, und wenn es auch nur 5 Mark waren! Welche verlegene Gesichter auf beiden Seiten! Wie wenn man dem "Angepumpten" einen Zahn hätte ausziehen wollen, wie wenn man sich schwerer sittlicher Gebrechen bezichtigen müßte!

Auf der Geldverlegenheit lastete ein Makel, ein sittlicher Makel, und man mußte schon dicker Freundschaft sicher sein, um in einer Geldverlegenheit sich freimütig an einen Bekannten wenden zu dürfen. Geld! Wie kommt der Mann in Geldverlegenheit? Regenschirme, eine Jagdflinte, selbst ein Reitpferd will ich dir leihen, aber Geld! Wie kommst du in Geldverlegenheit? Du lebst wohl liederlich?

Und doch war es so leicht, in Geldverlegenheit zu geraten! Geschäftsstockung, Arbeitslosigkeit, Zahlungseinstellungen und tausend andere Ursachen brachten jeden, dessen Vermögenslage nicht eben glänzend war, einmal in Verlegenheit. Und wer dann bei solchen Gelegenheiten nicht die nötige Dickfelligkeit besaß und sich keiner Absage aussetzen wollte, der kam zu mir, dem Wucherer, und ich machte mein Geschäft.

Und diese schöne Zeit ist jetzt vorbei. Mit dem Freigeld ist das Geld auf die Rangstufe der Regenschirme herabgesetzt worden, und die Bekannten und Freunde helfen sich jetzt gegenseitig aus, als ob es sich mit dem Gelde um eine ganz gewöhnliche Sache handle. Irgendwie größere Geldvorräte hat niemand und kann auch niemand haben, da ja das Geld unter Zwangsumlauf steht. Aber gerade weil man keine Rücklagen haben kann, braucht man auch keine. Das Geld läuft ja jetzt mit größter Regelmäßigkeit um. Der Kreislauf ist geschlossen.

Tritt jedoch einmal ein unvorhergesehener Geldbedarf ein, so wendet man sich an einen Bekannten, wie man sich an ihn um einen Regenschirm wendet, wenn man von einem Gewitter überrascht wird. Gewitter und Geldverlegenheit stehen sittlich auf gleicher Stufe. Und der Angepumpte entspricht dem Begehren ohne viel Umstände, ohne dabei schmerzlich sein Gesicht zu verziehen. Er tut es sogar gern, weil es erstens auf Gegenseitigkeit beruht, zweitens weil er unmittelbaren Vorteil davon hat. Denn das Geld schrumpft ja in seinem Besitze zusammen, während ihm sein Freund den Betrag ohne Verlust zurückzahlen verspricht. Daher das veränderte Benehmen.

Man kann nicht gerade sagen, daß man jetzt leichtsinnig mit dem Gelde umspringe, aber es ist doch lange nicht mehr so spröde wie früher. Man achtet es, ja, hat es doch Arbeit gekostet, es zu verdienen, aber man achtet es doch nicht höher als diese Arbeit, als sich selbst. Ist es doch als Ware nicht besser, als jede andere Ware, ist doch der Besitz des Geldes mit den gleichen Verlusten verknüpft, wie wenn man einen Vorrat an Waren besäße! Die Ware, die Arbeit ist bares Geld – und darum ist es aus, für immer aus mit meinem Geschäft.

Ebenso schlecht wie mir, geht es auch dem Pfandleiher. Jeder, der etwas Geld besitzt, für das er keinen unmittelbaren Gebrauch hat, ist jetzt bereit, Geld auf Pfand herzugeben, und noch obendrein ohne Zins. Ist doch das Geld an sich schlechter geworden als die gewöhnlichen Pfandstücke. Braucht jemand schnell 10 Mark, so hat er nicht nötig, seine Verlegenheit zu verbergen und durch Seitengassen zum Pfandleiher zu schleichen. Beim Nachbarn kehrt er ein und läßt sich auf sein Pfand das Geld vorstrecken. Und jede Ware, die man bei Geldfülle auf Vorrat kaufte, ist so gut, wenn nicht besser, als bares Geld. So ist jetzt Ware Geld, und Geld Ware, aus dem ganz einfachen Grunde, weil beide gleich schlecht sind. Ganz gemeine, vergängliche Dinge in diesem vergänglichen irdischen Jammertal. Alle schlechten, üblen Eigenschaften der Waren haben in dem Verlust, dem das Geld unterliegt, ihren natürlichen Ausgleich, und niemand zieht mehr das Geld den Waren vor.

Aber gerade darum ist auch die Arbeit immer begehrt, und weil sie begehrt ist, hat jeder arbeitsfähige, arbeitswillige Mann in seiner Arbeitskraft bares Geld in der Tasche.

O, es ist aus mit dem Wucher!

Aber ich werde mich nicht so ohne weiteres in mein Schicksal ergeben; ich werde den Staat auf Schadenersatz verklagen. Das Geld war früher, wie auch heute noch, eine staatliche Einrichtung, und ich lebte davon. Ich war also sozusagen ein Staatsbeamter. Nun hat mir der Staat durch Umgestaltung des Geldes, also durch einen gewaltsamen Eingriff, mein Gewerbe verdorben und mich um mein Brot gebracht. Ich habe also Anspruch auf Schadenersatz.

Man hat den Grundrentnern, als diese in Not gerieten, geholfen, indem man durch Kornzölle die sogenannte Not der Landwirtschaft beseitigte; warum soll ich mich nicht auch an den Staat wenden in meiner Not? Ist etwa der Brotwucher besser, ehrenhafter als der Geldwucher? Beide, ich der Jud und du der Graf, sind Wucherer – einer so schmutzig wie der andere. Im Gegenteil, mir scheint es, als ob du noch etwas schmutziger, gieriger wärest als ich. Denn der Brotwucher erzeugt oft erst die Not, die zum Geldwucherer führt. Hat man also die "Not der Brotwucherer" durch Staatshilfe beseitigt und damit den Wucher unter Staatsschutz gestellt, so wird man nicht umhin können, auch den Geldwucherer in seiner Not zu schützen. Denn Wucher bleibt Wucher, ob es sich um Land oder Geld handelt. Was verschlägt es dem Landwirt, ob er bei der Pacht des Bodens, oder aber beim Borgen des Geldes bewuchert wird? Beide, Geldwucherer und Bodenwucherer, nehmen genau so viel, wie sie erlangen können – keiner der beiden schenkt etwas. Haben die Grundrentner ein gesetzliches Recht auf Rente, so haben die Geldrentner ein gesetzliches Recht auf Zins. Aus dieser Klemme wird man sich nicht mit der Redensart retten können, daß zwischen Geld und Boden, Zins und Rente ein Unterschied liege, denn wer hätte mich daran gehindert, durch Umtauschen meines Geldes gegen Land die Not des Wucherer in eine Not der Landwirtschaft umzukehren?

Ich werde also mich einfach auf die Kornzölle berufen, und der Notschrei des Wucherers wird im Rechtsstaat nicht ungehört verhallen!

Der Wucherspieler (Spekulant).

Mit der Einführung von Freiland ist uns schon der Handel mit Baustellen, Bergwerken und Ackerland unmöglich gemacht worden, und jetzt mit dem Freigeld wird mir das Geschäft mit Börsenpapieren und Waren auch noch entrissen. Wo immer ich auch hier den Fuß hinsetze, sinke ich ein. Und das nennt man Fortschritt, ausgleichende Gerechtigkeit? Biederen, harmlosen Bürgern den Erwerb zu untergraben, und noch dazu unter Mitwirkung des Staates, desselben Staates, dem ich so treu gedient habe, wie meine ordengeschmückte Brust, meine Ehrenämter und Ehrentitel es beweisen! Ein Raubstaat, kein Rechtsstaat ist das!

Neulich ließ ich den Zeitungen auf meine Kosten die Drahtmeldung zugehen, daß zwischen zwei südamerikanischen Freistaaten (ich entsinne mich der Namen nicht mehr) ernste Reibereien ausgebrochen seien, und daß man Verwicklungen mit fremden Mächten für möglich halte. Glauben Sie vielleicht, daß die Nachricht Eindruck auf die Börse gemacht hat? Keine Spur! Ich sage Ihnen, die Börse ist unglaublich dickfellig geworden. Hat doch selbst die Nachricht von der Eroberung Karthagos durch die Japaner die Börse nicht aufzuregen vermocht! O, ich sage Ihnen, diese Gleichgültigkeit ist schrecklich anzusehen! Eigentlich ist ja nichts Wunderbares daran, aber es sticht so sehr gegen das frühere Benehmen der Börse ab, daß es schwer ist, sich damit abzufinden.

Mit dem Freigeld hat das Geld aufgehört, die Hoch- und Zwingburg der Geldmänner zu sein, wohin sie sich beim geringsten Alarm zu flüchten pflegten. Bei der geringsten Gefahr "realisierte" * man die Papiere, d. h., man verkaufte sie gegen Geld und glaubte, sich so vor jedem Verluste gesichert zu haben.

---

*) Durch nichts wird der ungeheure Wahn, in dem die Menschheit lebt, besser offenbart, als durch diesen in der ganzen Welt gebräuchlichen Ausdruck. Real ist allen nur das Geld.

Diese Verkäufe waren natürlich mit einem Kursverlust verbunden, der um so größer war, je größeren Umfang die Verkäufe annahmen.

Nach einiger Zeit, wenn ich glaubte, daß nichts mehr zu holen sei, verbreitete ich beruhigende Nachrichten. Die eingeschüchterten Spießbürger wagten sich wieder aus der Burg hervor, und bald trieben sie mit ihrem eigenen Geld die Kurse der Papiere hoch, die sie in überstürzter Eile zu billigen Preisen an meine Helfershelfer verkauft hatten. Das war dann ein Geschäft!

Und jetzt mit diesem unglückseligen Freigeld! Bevor der Spießbürger seine Papierchen verkauft, muß er sich fragen, was er dann mit dem Erlös, mit dem Gelde anfängt. Denn dieses Geld bietet doch keinen Ruhepunkt mehr, man kann es doch nicht mit nach Hause nehmen und einfach warten. Zum reinen Durchgangslager ist das Geld geworden. Also was wird, sagen die Leute, mit dem Erlös der Papiere, die wir gefährdet glauben, die wir verkaufen sollen? Gewiß, wir glauben Ihnen, die Aussichten sind schlecht für unsere Papiere, aber sind denn die Aussichten für das Geld, das Sie uns in Tausch geben, etwa besser? Sagen Sie uns, was sollen wir mit dem Gelde kaufen? Zuerst müssen wir das wissen, dann wollen wir verkaufen. Staatspapiere wollen wir nicht kaufen, denn andere haben sich schon darauf geworfen und den Kurs hochgetrieben. Sollen wir mit Verlust unsere Papiere verkaufen, um dafür andere zu übertriebenen Kursen, also auch mit Verlust, zu kaufen? Verlieren wir schon beim Einkauf der Reichsanleihen, so können wir ebenso gut an unseren Papieren verlieren. Besser also, wir warten mit dem Verkauf ein Weilchen.

So spricht jetzt der Spießbürger, und das ist es, was uns das Geschäft verdirbt. Dies verwünschte Warten! Denn erstens geht durch das Warten der Eindruck unserer Nachrichten verloren, die Betäubung läßt nach, und zweitens treffen in der Regel von anderer Seite beruhigende Nachrichten ein, durch die unsere Alarmmeldungen als arge Übertreibung entlarvt werden, und dann ist es überhaupt vorbei. Denn den ersten Eindruck muß man ausbeuten. Die Bauernfängerei ist recht schwierig geworden.

Und dann stecken ja unsere Betriebsmittel auch in diesem Ludergeld. Das Geld verfault uns ja in der Kasse. Ich muß mein Geld immer verfügbar halten, um im passenden Augenblick meinen Schlag zu tun. Wenn ich es dann nach einiger Zeit nachzähle, ist schon ein erheblicher Teil angefault. Ein regelmäßiger, sicherer Verlust gegenüber einem unsicheren Gewinn.

Ich hatte zu Anfang des Jahres in barem Geld 10 Millionen. In der Meinung, es wie früher jeden Tag gebrauchen zu können, ließ ich das Kapital in barem Gelde da liegen. Jetzt sind wir schon Ende Juni angelangt, und es war mir nicht möglich, die Börse zu Verkäufen in größerem Maßstab zu bewegen. und so liegt das Geld noch da, unberührt. Was sage ich, unberührt? 250 000 Mark fehlen schon davon. Ich habe da unwiederbringlich eine große Summe verloren, und die Aussichten für die Zukunft sind nicht besser geworden. Im Gegenteil, je länger der Zustand anhält, um so dickfelliger wird die Börse. Schließlich lehrt ja auch die Erfahrung die Spießbürger, daß, wenn niemand verkauft, auch die Kurse nicht weichen, trotz der trüben Aussichten, und daß Nachrichten und Aussichten allein nicht genügen, um einen Kursrückgang zu begründen. Tatsachen sind dazu nötig.

Wie prächtig war es dagegen früher! Da liegt, als musterhafte Probe für meine Stimmungsberichte, ein Bericht vom Lokal-Anzeiger vom 9. Februar vor mir: "Ein schwarzer Dienstag! Panischer Schrecken durchzuckte heute unsere Börse auf die Nachricht, daß der Sultan sich eine Magenstörung zugezogen habe. Große Verkaufsaufträge aus den Reihen der Provinzkundschaft trafen mit einem bedeutenden Verkaufandrang unserer Platzspekulation zusammen, und unter der Wucht dieses Drucks eröffnete der Markt in teilweise demoralisierter und deroutierter Haltung. "Rette sich wer kann" war heute in der Eröffnungsstunde die weit verbreitete Losung!"

Und jetzt? Immer diese ewige, langweilige Frage: "Was mache ich mit dem Gelde; was soll ich kaufen, wenn ich jetzt meine Papiere verkaufe?" Dieses Ludergeld! Wie schön war es mit der Goldwährung! Da fragte niemand: Was fange ich aber mit dem Erlös an? Man verkaufte, auf Geheiß der Börsianer, die schönen Papiere ja gegen Gold, das doch noch viel schöner war; man freute sich, das ausgelegte Geld einmal wieder zu sehen, um es nachzuzählen, um mit den Händen darin zu wühlen. Hatte man Gold, dann war man sicher; am Golde konnte man unmöglich verlieren, weder beim Kauf noch beim Verkauf, das hatte ja, wie die Gelehrten sich ausdrückten, seinen "festen inneren Wert"! Dieses famose Gold mit festem, inneren Wert, dem gegenüber alle übrigen Waren und Papiere auf- und niedergingen, wie das Quecksilber des Barometers. Famoser "innerer Wert" des Goldes! Wie gut ließ sich damit spekulieren!

Jetzt sitzen die vermögenden Leute auf ihren Papieren, als ob sie darauf angenagelt wären, und ehe sie verkaufen, immer die gleiche Frage: "Bitte, sagen Sie mir zuerst, was ich mit dem Ludergeld, dem Erlös meiner Papiere, anfangen soll?" Die alte Börsenherrlichkeit hat jetzt ein Ende, mit dem Golde ist die Sonne am Himmel der Spekulation untergegangen.

Ein Trost bleibt mir jedoch, ich bin im Unglück nicht allein. Auch meinen in Waren arbeitenden Berufsgenossen ist es ähnlich ergangen; auch ihnen hat das Freigeld das Geschäft verdorben. Früher waren die gesamten Warenbestände des Landes bis zum Augenblick des unmittelbaren Verbrauchs immer verkäuflich; sie waren in den Händen der Kaufleute. Kein Mensch dachte daran, über den unmittelbar fühlbaren Hunger hinaus sich Vorräte anzulegen. Man hatte ja Gold mit "festem inneren Wert", das alle Vorräte ersetzte, an dem man niemals etwas verlieren konnte. Wer Gold vorrätig hatte, der hatte alles, was er brauchte, zu seiner Verfügung. Also wozu Vorräte anlegen, die die Motten fressen?

Aber gerade weil alles, alles immer feilgehalten wurde, konnte man so vortrefflich spekulieren; denn auf der einen Seite, beim Verbraucher, waren nicht für 24 Stunden Vorräte, auf der anderen Seite lagen alle Vorräte bei den Kaufleuten zum Verkauf ausgebreitet. Die Sache war also einfach, man kaufte, was da war, und ließ dann die Nachfrage an sich herantreten. Der Gewinn war meistens sicher.

Und jetzt? Die Waren, die früher in den Läden feilgehalten wurden, sie sind auf Millionen von Vorratskammern verteilt, und wie könnte man diese wieder in den Handel zurückbringen? Und womit diese Vorräte bezahlen? Mit Freigeld? Aber, um sich des Geldes zu entledigen, haben ja die Verbraucher die Vorräte gekauft. Diese Vorräte sind keine Waren mehr, es sind unverkäufliche Güter. Und gelänge es auch dem Spekulanten etwa, die neuerzeugten Waren an sich zu reißen, so würden darum doch die Preise nicht gleich anziehen, denn die Vorräte sind ja da; man lebt nicht mehr wie früher von der Hand in den Mund. Bevor diese Vorräte aufgezehrt sind, hat sich die Nachricht verbreitet, daß die Wucherspieler sich gewisser Bestände bemächtigt haben. So ist dann jeder auf der Hut, und ehe noch die Wucherspieler ihre Waren absetzen konnten, haben die Erzeuger den Ausfall anderweitig gedeckt. Dabei ist noch zu bedenken, daß auch die Betriebsmittel der Warenspekulanten immer in der Geldform flüssig gehalten werden müssen und durch den Kursverlust des Freigeldes zusammenschrumpfen. Zinsverlust, Kursverlust, Lagergelder einerseits und kein Profit anderseits – wer soll das aushalten?

Wie konnte man doch eine Neuerung einführen, die den Staat unmittelbar schädigt? Denn ich, Rockefeller, bin doch der Staat, und mit meinem Freund Morgan vereint, bilden wir die Vereinigten Staaten. Wer mich schädigt, schädigt den Staat.

Woher nur der Staat das Geld für die Wohlfahrtseinrichtungen holen wird, ist mir ganz rätselhaft. Der Staat hat da den Ast abgesägt, der die besten Früchte trug. Das Gold hatte nach Aussage unserer Fachmänner und Gelehrten einen "festen inneren Wert". Das Publikum, das mit Gold Waren eintauschte, konnte niemals etwas verlieren. Denn, nach Aussage der Gelehrten, heißt tauschen soviel wie messen*, und wie ein Stück Leinwand immer das gleiche Maß ergibt, ob man an dem einen Ende anfängt, oder an dem anderen, so muß beim Kauf oder Verkauf der Waren immer die gleiche Goldmenge herauskommen. Denn das Gold hat ja, das kann nie scharf genug betont werden einen "festen inneren Wert"?!? Solange wir also Gold hatten, war das Publikum durch den inneren festen Wert des Goldes vor jedem Betrug geschützt. Wir Spekulanten, die wir uns bereicherten, konnten das also niemals auf Kosten des Publikums tun! Woher unsere Vermögen kamen, weiß ich nicht, aber kommt nicht alles vom Himmel?

Und solche himmlischen Gaben hat man mit Freigeld zunichte gemacht!

Der Sparer.

Das Freigeld wirft alle Vorhersagungen über den Haufen; alles, was seine Gegner von ihm erwartet hatten, erweist sich als falsch. Man hatte gesagt, niemand könne mehr sparen, und der Zins würde, Gott weiß wie hoch, steigen. Das Gegenteil ist eingetreten.

Wenn ich jetzt eine Summe Geld erübrigt habe, so mache ich es genau wie früher – ich bringe sie zur Sparkasse, und die Sparkasse schreibt mir die Summe in meinem Buch ein. In dieser Beziehung hat sich nichts geändert. Man sagte, das Geld würde auch im Sparkassenbuch den Umlaufsverlust mitmachen, aber das ist Unsinn. Die Sparkasse schuldet mir so und soviel Mark deutscher Reichswährung, nicht aber die Zettel, die ich ihr lieferte. Und die Mark der Reichswährung steht über den Zetteln. Wenn ich jemand einen Zentner Kartoffeln für ein Jahr borge, so wird er mir doch nicht dieselben, inzwischen verfaulten Kartoffeln zurückgeben, sondern einen Zentner neue. Ebenso ist

---

*) Wertmaß!? Werttransportmittel, Wertspeicher, Wertstoff, Wertbrei und Wertschwindel!

es mit der Sparkasse. Ich borge ihr 100 Mark, und sie verpflichtet sich, mit 100 Mark zurückzuerstatten. Und das kann die Sparkasse auch tun, denn auch sie gibt das Geld zu den gleichen Bedingungen wieder aus, und auch die Handwerker und Bauern, die sich in der Sparkasse mit Geld für ihr Gewerbe versehen, behalten das Geld nicht zu Hause. Sie kaufen damit das, was sie brauchen, und der Umlaufsverlust verteilt sich auf diese Weise auf sämtliche Personen, durch deren Hände das Geld im Laufe des Jahres gegangen ist.

Also in bezug auf die zurückzuerstattende Summe ist alles beim alten geblieben. Aber ich sehe, daß ich jetzt bedeutend mehr sparen kann, als früher.

Der Sozialdemokrat erklärte die Erscheinung mit einem allgemeinen Rückgang des Mehrwertes, der, mit dem Rückgang des Zinsfußes schritthaltend, das gesamte Kapital (Mietskasernen, Eisenbahnen, Fabriken usw.) betroffen habe. Der Konsumvereinsbeamte erklärte mir, daß mit dem Freigeld die Handelsunkosten merkwürdigerweise von durchschnittlich 40 % auf knapp 10 % gefallen seien, so daß ich dadurch allein bei meinen Einkäufen 30 % spare. Der Sozialpolitiker wiederum wollte meine größere Sparkraft mit der Beseitigung der Wirtschaftsstörungen erklären. Sie mögen wohl alle drei recht haben. Tatsache ist nun einmal, daß ich statt 100 Mark jetzt 2000 Mark spare und besser lebe als früher. Tatsache ist also, daß das Freigeld das Sparen überhaupt für viele erst möglich gemacht hat.

Wie ging es mir früher mit meinem Sparkassenbuch? Bei jedem politischen Gerücht stockte der Absatz, fehlte die Arbeit; dann mußte ich zur Sparkasse gehen und Geld abheben. Das warf mich dann immer weit zurück, und manchmal waren Jahre nötig, um die Lücken auszufüllen, die eine Geschäftsstockung in mein Sparkassenbuch gerissen hatte. Die reine Sisyphus-Arbeit! Jetzt habe ich regelmäßige Arbeit, und es kommen keine Rückschläge mehr vor, die mich zwingen, das sauer ersparte Geld wieder von der Sparkasse abzuholen.

Mit erstaunlicher Regelmäßigkeit bringe ich jetzt monatlich meinen Überschuß zur Kasse. Aber wie es mir ergeht, so scheint es allen zu ergehen, denn es herrscht immer ein ganz ungewöhnliches Gedränge an der Kasse. Die Sparkasse hat schon wiederholt den Zinsfuß herabgesetzt, und sie kündigt eine neue Ermäßigung für den nächsten Monat an. Sie begründet das damit, daß die Eingänge die Abgänge fortgesetzt übersteigen. Von 4 % ist der Zinsfuß in dieser kurzen Zeit seit Einführung des Freigeldes schon auf 3 % gefallen, und es heißt, daß bei Einführung unseres Freigeldes im Weltverkehr der Zins auf Null fallen wird! – Und es wird wohl auch so kommen, wenn die jetzigen Verhältnisse andauern.

Denn während die Eingänge an der Sparkasse fortgesetzt zunehmen, gehen die Gesuche um Darlehn zurück, weil die Handwerker und Bauern und Unternehmer aus denselben Gründen, die mir das Sparen erleichtern, jetzt mit den eigenen Überschüssen ihren Wirtschaftsbetrieb erweitern können.

Die Nachfrage nach Leihgeld geht zurück, das Angebot wächst, – natürlich muß da der Zins fallen. Denn der Zins gibt uns das Verhältnis an, in welchem bei Darlehn das Angebot zur Nachfrage steht.

Der Rückgang des Zinsfußes ist ja bedauerlich vom Standpunkt der schon beschriebenen Seiten meines Sparkassenbuches, aber um so erfreulicher ist er vom Standpunkt der unbeschriebenen. Und diese sind bei weitem in der Mehrzahl. Denn Zins – was ist denn Zins? Wer bezahlt den Zins? Was ich heute spare, das ist das, was mir von meinem Lohn übrigbleibt, nachdem ich meinen persönlichen Ausgaben meinen Teil entrichtet habe von den Zinsen, die der Staat und die Gemeinde ihren Gläubigern zahlen müssen, und die von den Kapitalisten gefordert werden für die Benutzung der Häuser, Maschinenanlagen, Vorräte, Rohstoffe, Eisenbahnen, Kanäle, Gas- und Wasser-Anlagen usw.. Fällt der Zins, so wird alles entsprechend billiger, und ich werde entsprechend größere Summen sparen können. Meinen Verlust an Zinsen auf die schon gesparten Summen werde ich also tausendfach wiedergewinnen durch meine größeren Ersparnisse. Meine Wohnungsmiete beträgt 25 % meines Lohnes und besteht zu zwei Dritteln aus Zins für das Baugeld. Geht nun der Zinsfuß von 4 auf 3, 2, 1 oder 0 v. H. zurück, so spare ich dann $1/4$, $1/2$, $3/4$ usw. der Wohnungsmiete, oder 4 – 16 % meines Lohnes – allein am Hauszins! Das Häuserkapital macht aber kaum ein Viertel aller Kapitalien aus, deren Zins ich mit meiner Arbeit aufbringen muß.* Durch den Rückgang des Zinses auf 0 würde ich also 4 × 16 % = 64 % meines Lohnes sparen können. Was geht mich da noch der Zins an?

Von meinem Einkommen von M. 1000 konnte ich jährlich M. 100 sparen. Das machte bei 4 % mit Hilfe von Zinseszins in 10 Jahren M. 1236,72.

Seit Wegfall des Zinses stieg mein Lohn auf das Doppelte, und so kann ich statt M. 100 nun M. 1100 sparen. Das macht in 10 Jahren M. 11 000.**

Also weit entfernt, mir zu schaden, würde mir der völlige Wegfall des Zinses das Sparen ganz außerordentlich erleichtern. Rechne ich, daß ich 20 Jahre lang arbeite und spare, um dann in den Ruhestand zu treten, so würde ich

mit 4 % Zins und Zinseszins   M. 3 024,48
nach Wegfall des Zinses aber   M. 38 000,00

besitzen. Und wenn ich nun von dem ersteren Betrage 4 % beziehe, so macht das 120 Mark im Jahre aus. Überschreite ich diese Summe und greife das Vermögen an, so ist bei einer jährlichen Ausgabe von 360 Mark in 10 Jahren das Vermögen erschöpft, während ich mit den M. 38 000 zehn Jahre lang jährlich M. 3800 ausgeben kann.

So erweist sich also die alte Anschauung, daß das Gold und der Zins das Sparen erleichtern, als Schwindel. Der Zins macht das Sparen für die große Mehrzahl unmöglich. Fällt der Zins auf Null, so wird jeder sparen können, während jetzt nur besonders Befähigte oder Entsagungsmutige diese bürgerliche Tugend üben können.

Genau umgekehrt verhält es sich natürlich bei reichen Leuten oder Rentnern,

---

*) Industrie-, Handels- und landwirtschaftliches Kapital, Staatsschuldenkapital, Verkehrsmittelkapital.
**) Hier wird vorausgesetzt, daß die Warenpreise vom Währungsamt auf gleicher Höhe erhalten werden. Die Ersparnis an den Zinsen, die heute die Preise belasten, drückt sich dann nicht in niedrigen Warenpreisen aus, sondern in steigenden Lohnsätzen. Wenn dagegen mit dem Zins auch die Warenpreise fielen, so würden die Löhne auf gleicher Höhe bleiben. Wegen der fallenden Preise könnten dann die Ersparnisse sich mehren. Aber die so gesparte Summe ließe sich nicht unmittelbar mit der früheren Sparsumme vergleichen, da dieser höhere Warepreise gegenüberstanden.

wenn der Zins auf Null fällt. Da ihr Eigentum keine Zinsen mehr einträgt, und da sie gleichzeitg von den durch die Beseitigung des Zinses erhöhten Löhnen keinen Vorteil haben (weil sie selbst ja nicht arbeiten), so müssen sie notgedrugen von ihrem Besitze zehren, bis er aufgezehrt ist. Zwischen Sparer und Rentner liegt eben ein großer Unterschied. Der Arbeiter spart, und der Zins muß von der Arbeit aufgebracht werden. Rentner und Sparer sind keine Berufsgenossen, sondern Gegner.

Um Zinsen von meinen Ersparnissen von M. 3024,48 beziehen zu können, muß ich meinerseits erst M. 34 976,- (also M. 38 000 - M. 3024) Zinsen an die Rentner bezahlen!

Die Rentner mögen den Rückgang des Zinses beklagen; wir Sparer oder sparenden Arbeiter müssen dagegen ein solches Ereignis freudig begrüßen. Wir werden niemals von Renten leben können, wohl aber von unseren Ersparnissen, und zwar mit Behaglichkeit bis an unser Lebensende. Wir werden unsern Erben auch keinen Quellschatz (Kapital) hinterlassen; aber haben wir für unsere Nachkommen nicht genug gesorgt, wenn wir ihnen wirtschaftliche Einrichtungen hinterlassen, die ihnen den vollen Arbeitsertrag sichern? Allein die Freilandreform verdoppelt das Einkommen des Arbeiters, und Freigeld verdoppelt das Einkommen noch einmal. Dadurch allein, daß ich für die Einführung dieser beiden Neuerungen gestimmt habe, erschloß ich meinen Nachkommen einen Schatz, der ihnen so viel einbringt wie ein Kapital, das dreimal meinen früheren Lohn abwirft.

Im übrigen möge man folgendes nicht vergessen: wenn die Sparsamkeit eine Tugend ist, die man vorbehaltlos allen Menschen predigen kann und soll, so muß diese Tugend auch von allen Menschen geübt werden können, ohne daß daraus jemandem ein Schaden erwachse oder Widersprüche sich in der Volkswirtschaft zeigen.

Nun heißt in der Einzelwirtschaft sparen = viel arbeiten, viele Waren erzeugen und zu Markte tragen, aber nur wenig Waren kaufen. Der Unterschied zwischen dem Erlös der verkauften eigenen Erzeugnisse und dem Betrag der gekauften Waren bildet die Ersparnis, das Geld, das man zu Sparkasse bringt.

Rechne nach, was geschehen muß, wenn jeder für M. 100 Arbeitserzeugnisse auf den Markt wirft, aber nur für M. 90 kauft, also M. 10 zu sparen wünscht. Wie kann man diesen Widerspruch lösen und allen Menschen die Möglichkeit geben, zu sparen?

Jetzt ist die Antwort da, der Widerspruch ist durch das Freigeld gelöst. Das Freigeld bringt den christlichen Satz: tue anderen, was du willst, daß man dir tue, auf seinem Gebiet zur Anwendung. Es sagt: willst du deine Sachen verkaufen, so kaufe auch du deinem Nächsten seine Sachen ab. Hast du für 100 verkauft, so kaufe auch du für 100. Wenn alle so handeln, wird jeder sein volles Erzeugnis verkaufen, jeder wird sparen können. Andernfalls aber nehmen sich die Sparer gegenseitig die Möglichkeit, ihr Vorhaben auszuführen.

Der Genossenschaftler.

Seit Einführung des Freigeldes hat das öffentliche Eintreten für unsere Bestrebungen merkwürdig abgenommen, und fast täglich höre ich von neuen Auflösungen von Einkaufsgenossenschaften. Es ist das wieder eine jener überraschenden Folgen des Freigeldes, an die man wohl ursprünglich gar nicht gedacht hat. Eigentlich ist aber gar nichts Wunderbares an der Sache. Der Verbraucher kauft bar, legt sich Vorratskammern an, kauft die Waren in Posten, in Ursprungspackung. Der Kaufmann braucht nichts mehr zu stunden; er führt keine Bücher und hat auch kein Lager, weil die Waren meistens geradewegs von der Bahn aus abgeliefert werden.

Natürlich hat durch das Zusammenwirken all dieser Umstände der Handel sich ganz außerordentlich vereinfacht, und während früher nur die Tüchtigsten unter den Geschäftsleuten den Gefahren des Borgwesens entgingen und für sich die Vorteile der Stundung genossen; während man früher überhaupt nur die wirtschaftlich tüchtigsten Bürger, fleißige, sparsame, ordnungsliebende, rührige Männer für den Handel gebrauchen konnte, kann jetzt eigentlich auch der einfachst begabte Mensch Handel treiben. Kein Lager, keine Waage, keine Irrtümer, keine Buchführung, keine Abschätzung des Bedarfs. Dabei Barzahlung, bares Geld bei Ablieferung der Ware; keine Wechsel, keine Schecks, kein Humbug, sondern bares Geld! Nicht einmal eine Rechnung wird verlangt. Hier die Kiste, der Sack, hier das Geld; die Sache ist erledigt, vergessen, und nach neuen Geschäften kann der Kaufmann sich ausschauen.

Eine solche Arbeit kann schließlich jeder Handlanger verrichten, und nach den Gesetzen des Wettbewerbs muß damit auch der Lohn dieser Arbeit auf den Lohn der Handlangerarbeit fallen!

Was soll also noch der Konsumverein? Sein Zweck, die Verminderung der Handelsunkosten, ist mit der Geldreform erledigt. Wen soll noch der Verein vereinen? Unser Verein bestand aus einer Auslese derjenigen Verbraucher, die imstande waren, bar zu bezahlen, und deren Einkäufe gleichzeitg bedeutend genug waren, um den weiten Weg zu unserer Niederlage zu rechtfertigen. Durch die Entwicklung, die der Handel genommen hat, ist aber keine solche Auslese mehr möglich, weil jeder heute als Verbraucher diese Eigenschaften besitzt, weil alle bar zahlen, weil alle ihre Einkäufe postenweise besorgen. Wäre etwa in Afrika ein Verein von Negern, in München ein Verein von Biertrinkern möglich? Aus demselben Grunde hat die Geldreform den Konsumvereinen die Daseinsberechtigung entzogen.

Übrigens geht auch nicht viel mit den Einkaufsgenossenschaften verloren. Als Pflanzstätte gemeinsinniger Gedanken haben sie sich nicht bewährt, weil sie schon als Verein sich in Gegensatz zum übrigen Volke setzten. Früher oder später wären sie auch mit dem natürlichen Gegengewicht, mit dem Verein der Erzeuger in Kampf geraten, und dabei würden in Lehre und Ausübung Fragen aufgeworfen worden sein, die allein mit allgemeiner Gütergemeinschaft, mit der Abschaffung des Eigentums in allen Ländern hätten gelöst werden können. Welchen Preis z. B. wird der Verband deutscher Konsumvereine dem Verbande deutscher Pantoffelfabrikanten bewilligen wollen? Allein die Polizei könnte diese Frage beantworten.

Und konnten wir eigentlich auf unsere Erfolge stolz sein? Mich beschleicht jedesmal eine leise Beschämung, wenn ich überlege, daß wir zwar vielen kleinen und kleinsten selbständigen Menschen das Brot genommen, daß wir aber nicht einen einzigen Börsenspekulanten, Getreidehändler usw. verdrängt haben. Dort aber hätten wir unsere Kraft zeigen sollen – an der Börse!

Wer denkt hier nicht an L. Richters Bild von der Käsehändlerin! Und wer verwünscht nicht eine "gemeinsinnige Gesellschaft", die ihre Macht nur nach unten, an den Kleinen zeigt? Da lobe ich mir das Freigeld, das zwar auch die Kleinkrämer beseitigt, aber auch in gleichem Maße nach oben, und namentlich an der Börse sich fühlbar macht.

Auch kann man nicht leugnen, daß der Einrichtung im ganzen höchst bedenkliche Triebkräfte der Sittenverderbnis anhaften, denn wo die Verwaltung von öffentlichen bzw. Vereinsgeldern nicht wirksam beaufsichtigt werden kann, da stellt sich leicht mit der Zeit auch der Dieb ein. Und man kann doch nicht erwarten, daß die Vereinsmitglieder jede Rechnung nachprüfen und die Übereinstimmung der Lieferung mit dem Muster untersuchen. Auch Sonderabmachungen können nicht vermieden werden, durch die den Vereinsbeamten zum Schaden des Vereins Vorteile zugewendet werden. Wenn es sich immer nur um Waren ohne Artunterschiede, wie z. B. das Geld, handeln würde, dann wäre die wirksame Beaufsichtigung der Beamten schon leichter, aber wo gibt es neben dem Gelde noch eine Ware, bei der es neben der Menge nicht auch noch auf die Beschaffenheit ankäme?

Also einerseits Gütergemeinschaft, Abschaffung des Eigentums; anderseits Verderbnis der Beamten, das ist es, was wir von einer Verallgemeinerung des Systems zu erwarten gehabt hätten, und darum begrüße ich es als einen Fortschritt, daß wir den Zweck der Konsumvereine, die Verbilligung der Handelsunkosten, mit dem Freigeld erreichen können, einfach durch veränderte Handelsgebräuche. Jetzt werden die Waren wieder den Händen ihrer unmittelbaren Eigentümer übergeben. Ware und Eigentum sind unzertrennlich; die Einschiebung unbeteiligter Personen, die Bestimmung der Preise, der Beschaffenheit usw. durch Mittelspersonen für Rechnung Dritter führt nicht allein zur Bestechung, sondern ist an sich schon ein Verderb des Begriffs Ware, ein Verderb der Preisbestimmung durch Nachfrage und Angebot.

Und ist es nicht merkwürdig, daß das natürliche Ziel des Konsumvereins, der Verein sämtlicher Vereine, einfach durch die Auflösung der Vereine erreicht wurde? Denn der beste Konsumenten-Verein ist immer der offene Markt, wo Eigentümer mit Eigentümer unterhandelt, wo die Güte der Waren von den Beteiligten selbst abgeschätzt wird, wo man nicht an einzelne Niederlagen, Dörfer, Städte gebunden ist, wo die Vereinszahlmarken (das Geld) für das ganze Reich gelten und wo jedes Mißtrauen schwindet, jede Bestechung ausgeschlossen, jede öffentliche Aufsicht überflüssig ist, weil keine Privatpersonen mit Sonderbelängen den Tausch für Rechnung Dritter und Abwesender vermitteln. Vorausgesetzt natürlich, daß der offene Markt die Waren nicht stärker verteuert, als dies die Verwaltung des Konsumvereins tut! Und diese Voraussetzung ist mit der Geldreform erfüllt worden. Der Handel ist durch das Freigeld derart beschleunigt, gesichert und verbilligt worden, daß der Handelsgewinn vom gemeinen Arbeitslohn nicht mehr zu unterscheiden ist. Also was wollen jetzt noch die Konsumvereine?

Der Gläubiger.

Daß ich nicht gut auf das Freigeld zu sprechen bin, wer kann es mir verdenken; hat mir doch diese Neuerung den Zinsfuß herabgedrückt, droht sie sogar bei Einführung im Weltverkehr den Zins ganz zu beseitigen! Aber ich muß gestehen, sie hat auch für mich Gutes geleistet, mir manche Sorge verscheucht. Ich kann wenigstens wieder schlafen.

Was war früher die "Mark deutscher Reichswährung", die mir der Staat, die Gemeinden, der Privatmann schuldeten in Form von Staatsschuldscheinen, Wechseln, Pfandforderungen, Schuldverschreibungen? Niemand wußte darüber Auskunft zu geben, und wenn man mich gefragt hätte, ich hätte es auch nicht sagen können.

Der Staat machte aus Gold Geld, solange die Mehrheit im Reichstage damit einverstanden war. Aber er konnte auch eines Tages sagen: wir heben das freie Prägerecht für Gold auf und erklären das Gold als Geld außer Gebrauch; wie es übrigens mit dem Silber geschah, und wie man es jetzt bei Einführung des Freigeldes getan hat. Man hat sich bei beiden Neuerungen zu der Ansicht bekannt, daß der Taler kein Häufchen Silber und die Mark kein Körnchen Gold war, sondern Geld, und daß bei Aufhebung des Prägerechtes der Staat die Inhaber und Gläubiger des Geldes vor Schaden zu bewahren hat.

Der Staat hätte auch anders handeln können; er braucht für seine Zwecke das Gold nicht, er übernimmt es nur, um die Münzen einzuschmelzen und dann meistbietend für gewerbliche Zwecke zu verkaufen. Und dieser Verkauf, trotzdem er sehr vorsichtig betrieben wird, bringt dem Staat bedeutend weniger Papiergeld ein, als er selbst dafür gegeben hat. Jedoch liegt nicht hierin die Bedeutung der Sache, sondern in der Anerkennung, daß auch unsere Geldforderungen (Staatsanleihen, Grundschulden, Grundschuldverschreibungen, Wechsel usw.) die die baren Metallbestände vielleicht 100 mal übersteigen, und von denen manche erst in 100 Jahren fällig sind, auch in Papiergeld bezahlt werden sollen, und zwar auf Heller und Pfennig, eine Mark in Freigeld für eine Mark in Gold.

Ich bin also in dieser Beziehung völlig sichergestellt. Ich weiß jetzt, was eine Mark d. R.-W. ist, daß ich das, was ich in Waren für eine Mark gegeben, auch immer in Waren dafür erhalten soll, heute, morgen, immer. Ich erhalte weniger Zins als früher, und vielleicht erhalte ich mit der Zeit gar keinen Zins mehr, aber mein Eigentum ist mir wenigstens sichergestellt. Was nützen die Zinsen, wenn das Kapital immer auf dem Spiele steht? Wie gingen doch mit den Preisen der Waren auch die Kurse der Industriepapiere auf und ab, und allgemein anerkannt war der Satz, daß es schwerer hielt, ein Vermögen zu erhalten, als ein Vermögen zu erwerben. Die großen Vermögen der Wucherspieler setzten sich aus den Trümmern der Vermögen anderer zusammen. Und von der Goldfunden, von der Möglichkeit großer Goldfunde wollen wir gar nicht reden. Die Wissenschaft konnte jeden Tag der Herkunft des Goldes auf der Erdoberfläche auf die Spur kommen und dann diese Spur verfolgen. Auch wurde von der Einheit des Stoffes gesprochen, und man versicherte, daß das Gold nur eine besondere Form dieses Stoffes sei. Man mußte also darauf gefaßt sein, daß man eines schönen Tages jeden beliebigen Stoff in Gold "umformen" würde. Eine heikle Geschichte! "Neunzig Tage von heute ab zahlen Sie an meine Order die Summe von tausend Mark d. R.-W.", so lauteten die Wechsel in meiner Mappe. "Warten Sie", sagt nun der Schuldner, "hier ist etwas Asche im Ofen, ich will Ihnen die M. 1000 d. R.-W. gleich anfertigen. Ich brauche hier nur auf den Knopf zu drücken. Hier, sehen Sie, hier sind die M. 1000 in Gold, es ist sogar etwas mehr geworden!"

Und dabei unsere Gesetze, die für ähnliche Fälle nichts vorgesehen hatten und eine in Zukunft vielleicht notwendig werdende neue Begriffsbestimmung für die "Mark d. R.-W." dem Ermessen der Volksvertretung überließen, einer Vertretung, die vielleicht in der Mehrheit aus unseren Schuldnern bestehen könnte.*

Noch gefährlicher erschien mir meine Lage als Gläubiger, wenn ich an die Möglichkeit dachte, daß andere Staaten die Goldwährung abschaffen könnten, während unser Staat die freie Prägung aufrechterhielte. Denken wir uns nur den Fall, die Vereinigten Staaten hätten die widerspruchsvolle Frage, ob Silber oder Gold zum Ausmünzen nach den Gesetzen zugelassen werden soll, in dem Sinne entschieden, daß, um unparteiisch den Gläubigern und Schuldnern gegenüber zu bleiben, beide Metalle entmünzt werden müßten, falls sie beide miteinander sich nicht vertragen konnten. Dies wäre sicherlich das Vernünftigste gewesen, um die Widersprüche in den Währungsgesetzen der Vereinigten Staaten zu beseitigen, und um das Gesetz vor dem Vorwurf der Parteilichkeit zu schützen. Aber wohin hätte das geführt? Die in Amerika nutzlos gewordenen Goldmassen würden sich über Deutschland ergossen und hier alle Preise in die Höhe getrieben haben, vielleicht um 50 %, möglicherweise auch um 100 und 200 %, so daß ich an meinem Kapital durch die allgemeine Preissteigerung einen größeren Verlust erlitten hätte, als ich jetzt durch den Rückgang des Zinsfußes erleide.

Es war also eine gefährliche Kapitalanlage, die Anlage in Papieren, die in Mark d. R.-W. zahlbar waren. Doch jetzt ist alle Gefahr vorüber. Ob die Vereinigten Staaten zur Papierwährung oder Doppelwährung übergehen, ob die Bank von England ihre Goldbestände in Umlauf setzt, ob Japan und Rußland die Goldwährung aufrecht erhalten, was ficht uns das an? Ob viel, ob wenig Gold "gefunden" wird, es wird dafür kein Pfennig mehr, kein Pfennig weniger Geld in Umlauf gesetzt; ob das vorhandene Gold angeboten wird oder nicht, was kann das der deutschen Währung noch verschlagen? Unter allen Umständen erhalte ich für eine Mark d. R.-W. an Waren soviel, wie ich selbst dafür gab, denn so ist der Begriff "Mark d. R.-W." jetzt gesetzlich und wissenschaftlich bestimmt worden. Und wenn die Volksvertretung schließlich auch in ihrer Mehrheit aus Schuldnern bestünde, die einen persönlichen Vorteil davon hätten, die Mark zu verkleinern, sie könnten ihren Gelüsten nicht ohne offenen Treubruch und ohne Diebstahl frönen. "Hier ist der Durchschnittspreis aller

---

*) Diese Verhältnisse finden sich eingehend behandelt in meiner Schrift: Das Monopol der schweizerischen Nationalbank. Bern 1901.

Waren, ein fester unveränderlicher Maßstab für das Geld. Nun habt ihr die Mark verkleinert, jedermann sieht's und kann es nachmessen. Ihr tatet das zu eurem persönlichen Vorteil, um weniger zurückzugeben, als ihr schuldet! Diebe seid ihr, Diebe, Diebe!"

Aber bei hellichtem Tage, vor jedermanns Auge stehlen, das tut man nicht. Im trüben, heißt es, ist gut fischen! Trüb war die Währung früher, ein Goldland für Diebe; jetzt ist das Wasser geklärt und für jedermann durchsichtig.

Der Schuldner.

Man muß schon der Familie der Dickhäuter entstammen, wenn man sich nicht beleidigt fühlen sollte durch die Schimpfnamen, womit wir Agrarier* im Reichstage, in den Zeitungen und im gewöhnlichen Leben betitelt wurden: Brotwucherer, Spitzbuben, Bettler!

Daß die Arbeiter über uns herfielen, weil wir ihnen das Brot verteuerten, läßt sich begreifen. Ihnen gegenüber spielten wir die Rolle der Angreifer, sie hatten uns nichts getan, was unseren Angriff auf ihre an sich schon magere Kasse rechtfertigte. Daß aber auch die anderen Parteien, die uns durch so manches Gesetz schwer geschädigt hatten, um sich selbst zu bereichern, in das Lied der Arbeiter einstimmten, das finde ich einfach lächerlich. Das beweist, daß diese Parteien überhaupt noch nicht wissen, was Politik ist. Politik ist Macht, und wer die Macht hat, macht die Politik und beutet sie aus zu seinen Gunsten. Früher hatten die liberalen Parteien die Macht und beuteten sie aus; jetzt ist die Reihe an uns. Also wozu die Schimpfnamen; sie fallen ja auf alle zurück, die jemals die Macht gehabt haben, und die sie in Zukunft haben werden.

Dabei waren die Liberalen entschieden die Angreifer in diesem Streite. Sie griffen uns mit der Goldwährung an, wir suchten die Doppelwährung wieder herzustellen, um uns zu verteidigen. Als uns das nicht gelang, nahmen wir Zuflucht zu den Zöllen. Warum hatte man uns die Doppelwährung genommen, auf die unsere Grundschuldurkunden lauteten; warum zwang man uns, mehr zurückzuzahlen, als wir erhalten hatten? Warum fälschte man Sinn und Inhalt unsere Schuldurkunden, indem man uns die Wahl zwischen Gold und Silber nahm? Warum nahm man uns zugunsten unserer Gläubiger die Möglichkeit, unsere Schulden mit dem billigeren von zwei Metallen zu bezahlen? Ob ich nach freier Wahl meine Schuld mit 1000 Kilo Kartoffeln oder mit 100 Kilo Baumwolle zahlen kann, oder ob ich dagegen nur mit Kartoffeln zahlen muß, ist doch durchaus nicht gleichgültig. Ohne irgendeine Entschädigung hatte man uns die Gewinnmöglichkeiten dieser Vertragsbestimmung genommen. Nach freier Wahl hätte ich sonst mit 160 Pfd. Silber oder mit 10 Pfund Gold bezahlen können, und mit dem billigsten der beiden Stoffe hätte ich natürlich bezahlt, wie man auch mir mit dem damals billigsten der beiden Stoffe das Darlehn auszahlte. Wieviel diese Gewinnmöglichkeiten bedeuteten, das sahen wir nachher am Preisstand des Silbers im Vergleich zum Gold. Um 50 % war das Gold im Vergleich zum Silber teurer geworden: statt 100 000 Mark betrugen

---

*) Agrarier = der verschuldete Grundbesitzer, der sich der Schulden auf gesetzlichem Wege entledigen will.

meine Schulden 200 000 Mark – nicht nach dem Nennwert, sondern, was viel schlimmer ist, der Wirkung nach. Doppelt soviel meiner Erzeugnisse mußte ich jährlich aufbringen für die Verzinsung meiner Schuld. Statt 50 Tonnen Weizen mußte ich der Darlehnsbank jährlich 100 Tonnen fronen. Wären wir bei der Silberwährung geblieben, so hätte ich die 50 Tonnen, die ich an Zins mehr zahlen mußte, für die Schuldentilgung verwenden können, und ich wäre jetzt schuldenfrei.

Ist nun eine solche Behandlung der Schuldner, die die Liberalen guthießen, kein unerhörter Betrug?

Wenn nicht alle Schuldner wie ein Mann sich dagegen verwahrten, wenn der Widerspruch auf die Agrarier und sonstigen Pfandschuldner beschränkt blieb, so ist das damit zu erklären, daß die meisten anderen Schuldner, die Gelder ohne Sachdeckung aufgenommen hatten, in dem bald nach Einführung der Goldwährung eingetretenen großen Krach durch Zahlungseinstellung sich ihrer Schulden entledigten und darum an der Sache nicht mehr beteiligt waren.

Als wir dann, unter Berufung auf den Umstand, daß der Weizenpreis unter der Goldwährung von M. 265 auf M. 140 heruntergegangen war, die Wiedereinführung der Silberwährung forderten, weil wir für unsere Pfandbriefe ja Silber und kein Gold erhalten hatten, da lachte man uns aus und sagte, wir verständen nichts von der Währung, von den Bedürfnissen des Handels. Die Goldwährung hätte sich vortrefflich bewährt (Beweis: der große Krach und der Rückgang der Preise!) und man dürfe nachträglich nichts mehr daran ändern, sonst wäre Gefahr, daß das ganze Wirtschaftsgebäude einstürzen könnte und daß die Eigentumsbegriffe gänzlich verwildern. Wenn es uns wirtschaftlich schlecht ginge, trotz den Segnungen der Goldwährung, so läge das an unserer rückständigen Betriebsweise; wir sollten die neuen Maschinen versuchen, mit Kunstdünger arbeiten, Handelsgewächse bauen, um so mit geringeren Kosten mehr Erträge zu gewinnen und trotz niedrigerer Preise bestehen zu können. Wir wären im Irrtum: der "Wert" des Goldes wäre fest, nur der "Wert" der Waren wäre gefallen infolge verminderter Erzeugungskosten! Denn das Gold habe einen "festen, inneren Wert", und alle Preisschwankungen kämen von den Waren her!

Wir suchten die guten Ratschläge auszuführen und mit geringeren Erzeugungskosten zu arbeiten. Auch der Staat half uns mit billigen Bahnfrachten und niedrigen Fahrpreisen für die polnischen Arbeiter. Und wir erzielten auch tatsächlich mit gleicher Arbeit größere Ernten. Aber was half das, wenn mit den größeren Ernten die Preise fielen, von M. 265 auf M. 140, wenn wir für die größeren Ernten weniger Geld lösten? Geld brauchten wir, Geld forderten unsere Gläubiger; keine Kartoffeln und Zuckerrüben! Sie bestanden auf ihrem, gesetzlich zu ihren Gunsten gefälschtem Schein und forderten Gold!

Geld, mehr Geld, billiges Geld, dazu hätte uns die Silberwährung verholfen, aber da man uns dies versagte, so suchten wir nach anderen Mitteln, um aus unseren Erzeugnissen mehr Geld herauszuschlagen. Und so verfielen wir auf die Zölle.

Hätte man uns die Silberwährung gelassen, so wären die Zölle nicht nötig gewesen, und die ganze Verantwortung für die Zölle wälzen wir darum von uns ab auf die, die uns Brotwucherer, Bettler, Diebe nannten; auf die, die uns mit der Goldwährung bestohlen haben.

Diese ganze häßliche und schmutzige Geschichte, die soviel böses Blut gemacht und so volksverhetzend gewirkt hat, wäre vermieden worden, wenn man sich die Mühe gegeben hätte, bei der Münzerneuerung den Begriff Taler oder Mark gesetzlich festzulegen, wenn man die Fälle aufgezeichnet hätte, die den Staat zur Entmünzung des Silbers oder Goldes berechtigen sollten.

Bei der gewaltigen Bedeutung der Sache war es leichtsinnig, liederlich von beiden Seiten, so blindlings den Taler und nachher die Mark als Grundlage ihrer Geschäfte zu benutzen und die Beantwortung der Frage: "Was ist eine Mark d. R.-W.?" zu einer politischen Frage, zu einer Machtfrage zu machen. Doch jetzt weiß ich mich sicher; das Reichswährungsamt wacht, und das Freigeld ermöglicht es ihm, den Gegensatz zwischen Gläubiger und Schuldner gerecht auszugleichen.

Im Versicherungsamt gegen Arbeitslosigkeit.

Seit Einführung des Freigeldes hat die Anmeldung von Arbeitslosen auf einmal aufgehört, und ich und meine Beamten sind überflüssig geworden. Das Geld selbst sucht jetzt die Ware auf, und Ware ist Arbeit. Wer Freigeld hat, sucht es jetzt unter allen Umständen unterzubringen, sei es durch Kauf von Waren, durch neue Unternehmungen oder durch das Verleihen an andere, die es persönlich gebrauchen können. Und zwar (und hierin liegt der Unterschied gegen früher) geschieht dies unter allen Umständen, ohne irgendwelche Rücksicht auf persönliche oder politische Verhältnisse; ja selbst der Rückgang im Zinsfuß, der völlige Wegfall des Zinses und des Gewinnes kann das Angebot des Freigeldes nicht verhindern. Selbst den Fall angenommen, daß die kaufmännische Anschaffung von Waren einen Verlust statt Gewinn brächte, könnte dies das Angebot des Freigeldes nicht verhindern. Es verhält sich mit dem Freigeld jetzt genau wie mit den Waren im allgemeinen; auch diese werden angeboten, selbst wenn der Verkauf Verlust bringt.

Wer in den Besitz von Freigeld gelangt ist, muß es wieder in Umlauf setzen, einerlei, was dabei herauskommt, ob Gewinn, ob Verlust. Das Freigeld befiehlt, es duldet kein Gefängnis, es zerbricht die Ketten. Den Spekulanten, den Bankmann, der das Geld zum Zwecke des Angriffs oder auch nur zur eigenen Verteidigung am Umlauf verhindern will, schlägt es nieder. Mit der Kraft des Sprengstoffes zertrümmert es die Geldkasten, die Gewölbe der Banken, wie auch den Koffer des Stallknechts, um die Freiheit zu erlangen und sich auf den Markt zu stürzen. Daher der Name "Freigeld". Wer Ware verkauft und Freigeld dafür eingelöst hat, muß dieses Geld wieder in Waren umsetzen. Und Warenumsatz heißt Warenabsatz, und wo Waren abgesetzt werden, da ist Arbeit.

Das Freigeld ist jetzt verkörperte Nachfrage, und Nachfrage ist Absatz, Absatz aber ist Arbeit. Die Geldreform hat uns also eine selbsttätig wirkende Arbeitsversicherung gebracht. Keine behördliche, vom Unternehmertum gespeiste Arbeitsversicherung, sondern die Versicherung, die der Arbeitsteilung von Natur aus anhaftet, weil ja die Arbeit Waren erzeugt und die Waren nur danach streben, sich gegenseitig auszutauschen. Durch das Dazwischentreten des Goldes war der Tausch zwei fremden Gewalten, dem Zins und der Gewinnsucht, abgabepflichtig geworden, Eindringlingen, die den Tausch der Erzeugnisse störten. Zins und Abgabe waren die selbstverständliche Voraussetzung des Tausches der Waren und der Arbeit; konnte beim Tausch kein Zins oder Gewinn herausgeschlagen werden, so stockte der Warenaustausch, weil das Gold die Vermittlung versagte.

Jetzt, mit dem Freigeld, kann von solchen Bedingungen überhaupt keine Rede sein. Wie ein hungriger Löwe umgeht, suchend, wen er verschlinge, so stürzt sich das Freigeld rücksichtslos auf die Ware, und Ware ist Arbeit. Denn ob ich Ware kaufe oder einen Arbeiter unmittelbar beschäftige, bleibt sich gleich. Der Kaufmann, dem ich die Ware abkaufe, wird sein Lager zu ergänzen und sich seines Geldes zu entledigen suchen, indem er dem Unternehmer neue Waren bestellt.

Eine lächerlich einfach Arbeitsversicherung, ein lächerlich einfacher Arbeitsnachweis. Jede Mark, die der Staat in Umlauf setzt, ersetzt ein Arbeitsgesuch; je 1000 solcher Zettel ersetzen ein Arbeitsamt. Wer Ware verkauft und Geld dafür einlöst, kauft selbst oder durch den, dem er das Geld leiht, sofort wieder Ware, so daß also jeder so viel Ware kauft, wie er verkauft, und jeder so viel Ware verkauft, wie er kauft. Es kann also überhaupt kein Überschuß verbleiben. So viel Waren erzeut werden, so viel werden auch verkauft. Wie soll da noch Absatzstockung, Zuvielerzeugung und Arbeitslosigkeit möglich sein? Alle dies Erscheinungen können doch nur da beobachtet werden, wo man zeitweise oder allgemein und regelmäßig weniger Ware kauft, als man selbst erzeugt.

> Es versteht sich wohl von selbst, daß Freigeld dem einzelnen Unternehmer den Absatz der Erzeugnisse nicht gewährleisten kann, sondern nur der Allgemeinheit. Erzeugt jemand schlechte Waren, fordert er zu hohe Preise, arbeitet er darauf los, ohne die Marktbedürfnisse zu befragen, so wird ihm auch das Freigeld die Waren nicht absetzen können. Das Wort "unbegrenzter Absatz", das hier wiederholt gebraucht wird, gilt für die Gesamtheit; weder Zinsforderungen noch wechselnde Aussichten werden nach Einführung des Freigeldes dem Absatz noch im Wege stehen können. Jeder wird sofort und genau so viel kaufen müssen, wie er selbst verkauft hat, und wenn jeder das tun muß, so kann kein Überschuß bleiben. Hat jemand für sich keinen Warenbedarf, so hört er auf zu arbeiten, oder er verleiht den Geldüberschuß an andere, die mehr Waren kaufen müssen, als sie selbst augenblicklich zu verkaufen haben. Ist der Wettbewerb in einer Ware (Zuckerrüben, Eisen, Tanzunterricht usw.) zu groß, so gehen die Preise dafür herunter. Lohnt sich die Erzeugung zu den herabgesetzten Preisen nicht, so wird jeder wissen, was er zu tun hat.

Wie war es früher? Der Kaufmann mußte für sein Geld Zins zahlen und machte also den Kauf von Waren abhängig von einem Zinsertrag. War es nach Lage der Verhältnisse nicht möglich, den Zins auf den Verkaufspreis der Waren zu schlagen, so ließ er die Erzeugnisse der Anbieter unberührt, und diese feierten dann wegen Mangels an Absatz. Kein Zins = kein Geld; kein Geld = kein Austausch der Waren; kein Tausch = keine Arbeit.

Zins war die selbstverständliche Voraussetzung des Geldumlaufes, von dem wiederum die Arbeit abhängig war. Sogar die Reichsbank hätte ohne Zins kein Geld ausgegeben, selbst dann nicht, wenn allgemein anerkannt worden wäre, daß Geld auf dem Markte fehlte – obschon sie satzungsgemäß ihre Hauptaufgabe darin zu erblicken hatte, den Geldumlauf den Verkehrsbedürfnissen anzupassen. Auch bei der Reichsbank wurden selbstverständlich die Verkehrsbedürfnisse erst dann berücksichtigt, wenn zuvor die Zinsbedürfnisse des Geldes befriedigt waren. (Ich mache der Reichsbankverwaltung daraus keinen Vorwurf; kein Gott hätte mit ihren stümperhaften zugestutzten Vollmachen Vernünftiges schaffen können).

Heute stellt der Geldumlauf überhaupt keine Bedingung mehr. Geld = Absatz, – einerlei, was dabei herauskommt. Geld = Warenabsatz = Arbeit = Geld. Der Kreislauf ist unter allen Umständen ein geschlossener.

Der Kaufmann hatte natürlich den Gewinn im Sinne, d. h., der Verkaufspreis mußte den Einstandspreis übersteigen. Das war eine natürliche, selbstverständliche, übrigens vollberechtigte Voraussetzung jeder kaufmännischen Betätigung. Dabei war der bezahlte oder gestundete Einstandspreis in jedem Falle eine bekannte, unabänderliche Größe (ausgenommen bei auftragsweise zu besorgenden Verkäufen), während für den Verkaufspreis nur Aussichten, Möglichkeiten, Hoffnungen, kurz Wahrscheinlichkeitsrechnungen vorlagen. Der Verkaufspreis war immer ein Glücksspiel, der ganze Handel eine Spielbank wie Montecarlo. Denn zwischen Kauf und Verkauf liegt Zeit, während deren sich manches auf dem Markte ändern konnte.

Der Kaufmann bedachte vor jedem Kauf die Marktverhältnisse, die Aussichten, die Politik im Innern, die Politik im Ausland. Glaubte er, daß andere dasselbe glaubten, was er glaubte, nämlich, daß allgemein höhere Preise in Aussicht ständen, so beeilte er sich, zu kaufen, um mit möglichst großen Lagervorräten an der erwarteten Preissteigerung beteiligt zu sein. Hatte er sich nicht geirrt, hatte er viele Glaubensgenossen, und kauften darum viele, so mußte schon ganz allein darum und ohne jeden anderen Grund das eintreten, was sie von Gott weiß welchen Umständen erwarteten, nämlich eine allgemeine Preissteigerung. Denn das ist doch klar, wenn jeder an kommende höhere Preise glaubt, so kauft jeder, der einen Geldvorrat besitzt, und wenn alle Geldvorräte zu Käufen verwendet werden, so müssen die Preise steigen.

In diesem Falle hat man den unmittelbaren Beweis, daß der Glaube an und für sich schon selig macht.

Umgekehrt natürlich verhält es sich beim "Glauben" an einen Preissturz. Wenn Müller glaubte, daß die Kaufmannschaft allgemein an kommende niedrige Preise glaube, so suchte er sich seiner Warenbestände zu entledigen, indem er einerseits den Verkauf zu erzwingen suchte, nötigenfalls durch Preisermäßigung (!), anderseits, indem er nichts bestellte und seine Aufträge auf günstigere Zeiten verlegte. Aber so wie er handelten auch wieder seine "Glaubensgenossen", und darum, darum ganz allein, traf das ein, was sie befürchteten. Ihr Glaube hatte sie betört. Denn unter der Goldwährung geschah immer alles, was man glaubte. Der Glaube regierte unbeschränkt. Der Glaube an kommende hohe oder niedrige Preise genügte vollständig zu seiner sachlichen Begründung!

Vom Glauben, von der Stimmung, vom Wetter hing es ab, ob Geld angeboten wurde oder nicht, ob die Arbeiter feiern mußten, oder ob sie mit Nachtarbeit und Überstunden arbeiten durften. Vom Glauben! Das Angebot der gesamten Geldrücklagen hing vom Glauben ab!

Jetzt, mit dem Freigeld, ist das ganz anders geworden. Das Geld fragt den Besitzer nicht nach seinem Glaubensbekenntnis, nicht nach seiner Stimmung. Das Geld befiehlt einfach, es erteilt die Bestellung selbstherrlich.

Aber gerade darum, weil der Glaube aus dem Handel ausgemerzt wurde, weil Glaube, Hoffnung und Liebe zum Gewinn ganz ohne Einfluß auf den Geldumlauf blieben, bleibt auch die Nachfrage auf dem Markte stets sich selber gleich, und erweisen sich alle kaufmännischen Hoffnungen und Befürchtungen als persönliche Vergnügung ohne irgendwelchen Einfluß.

Die Nachfrage nach Ware und die Arbeit gehen nicht mehr neben dem Gelde als Willenssache einher, sie sind der Botmäßigkeit der Geldbesitzer nicht mehr unterstellt, sondern das Geld ist die Nachfrage selbst.

Es war früher selbstverständlich und natürlich, daß jeder Arbeiter auf "die Suche nach Geld", d. h. nach Arbeit ging. Nur ausnahmsweise ging das Geld auf die Suche nach Arbeit. Das Geld ließ die Ware, die Arbeit an sich herankommen. Niemand stieß sich daran, niemand verwahrte sich gegen diese Verletzung der Gesetze der Gleichberechtigung. Jeder gab sich mit diesem Vorrecht des Geldes zufrieden – wahrscheinlich weil man glaubte, daß dieses Vorrecht mit dem Geldwesen untrennbar verbunden sei. Während der Arbeiter und der Besitzer von Waren durch jeden Aufschub des Verkaufes schweren Schaden erlitten, der mit jedem Tage wuchs, heckte das Geld dem Käufer Zinsen. Also war es natürlich, ganz richtig und selbstverständlich, daß, wenn die Käufer säumten, die Verkäufer sich aufmachten, um die Käufer persönlich zum Kauf zu veranlassen!

Heute ist auch diese Anschauung nicht mehr selbstverständlich. Denn dem Geldbesitzer brennt das Geld in der Tasche ebenso sehr, wie den Arbeiter die Vergänglichkeit seiner Arbeitskraft (die sich nicht aufstapeln läßt) daran mahnt, diese möglichst bald an den Mann zu bringen. Der Geldbesitzer wartet also nicht mehr so ruhig ab, daß ihn der Warenbesitzer (Arbeiter) aufsucht. Er sieht sich um, steht früher auf, geht der Ware auf halbem Wege entgegen.

Und wenn sich zwei gegenseitig suchen, so treffen sie sich eher und sicherer, als wenn nur der eine sucht. Es stände schlecht um die ganze Tierwelt, wenn sich die Weibchen vor den Männchen zu verbergen suchten; wie würde der Unke im Teiche die Unke finden, wenn diese nicht auf seinen Ruf aus dem Schlamme hervorkröche?

Dabei hatte aber früher der Besitzer des Geldes Vorteil davon, sich vor dem Besitzer der Ware zu verbergen, denn durch langes Suchen wurde dieser noch mürber. Mit dem Schlafrock und in Hausschuhen, um sich den Anschein zu geben, daß ihn der Arbeiter oder Warenverkäufer im Schlafe gestört, daß er selbst gar keine Eile habe, so trat der Käufer dem Verkäufer entgegen.

Also das Geld sucht jetzt die Ware unter allen Umständen. Das Geld ist plötzlich hungrig geworden. Die Entfettungskur hat das Geld flink gemacht, seinen Spürsinn geschärft. Es läuft zwar den Waren nicht nach, denn die Ware verkriecht sich nicht, sie kann sich nicht verbergen; beide treffen sich aber auf halbem Wege.

Sucht die Ware das Geld, so sucht jetzt auch das Geld die Ware. Und findet das Geld keine Ware, so wartet es nicht gemächlich ab, bis der Zufall ihm das Gewünschte in den Weg wirft, sondern es geht den Spuren der Ware nach bis zur Quelle, und das ist die Arbeit.

Und so hat das Freigeld anstelle der behördlichen eine selbsttätig wirkende Arbeitslosenversicherung gesetzt. Das Freigeld wurde zum selbsttätigen Arbeitsnachweis; ich und meine 76 000 Beamten wurden arbeitslos aufs Pflaster geworfen. Welche Tücke des Schicksals; die Beamten des Arbeitslosenversicherungsamtes sind nunmehr die einzigen Arbeitslosen im Reiche!

Der Vertreter der Gegenseitigkeitslehre.

Mit der Einführung von Freigeld ist unser ganzes Programm erschöpft und erledigt. Das Ziel, wonach wir tastend strebten, ist erreicht. Was wir mittels verwickelter, unklarer Einrichtungen, durch Warenbanken und Genossenschaften zu erwirken hofften, nämlich einen vollkommenen Güteraustausch, das bringt uns in der denkbar einfachsten Weise das Freigeld. Wie sagte Proudhon*:

"In der sozialen Ordnung ist die Gegenseitigkeit die Formel der Gerechtigkeit. Die Gegenseitigkeit ist in der Formel ausgedrückt: Tue anderen, was du willst, daß man dir tue; in der Sprache der politischen Ökonomie ausgedrückt: Tauscht die Produkte gegen andere Produkte, kauft euch eure Produkte gegenseitig ab. Die Organisation der gegenseitigen Beziehungen, das ist die ganze soziale Wissenschaft. Gebt dem sozialen Körper eine vollkommene Zirkulation, d. h. einen exakten und regelmäßigen Tausch der Produkte gegen Produkte, und die menschliche Solidarität ist eingeführt, die Arbeit organisiert."

Gewiß, so ist es. Meister Proudhon hat recht, wenigstens soweit es sich um Arbeitserzeugnisse, nicht um den Boden handelt; aber wie hätte man das erreichen können? Das was Proudhon selbst zur Erreichung dieses vollkommenen Umlaufs vorschlug, war ja ganz unausführbar; sogar im kleinen hätte eine Warenbank, wie sie Proudhon vorschwebte, kaum bestehen können; wie aber die ganze Volkswirtschaft auf diese Weise einrichten?

Übrigens hätten wir uns fragen müssen, warum wir uns nicht die Waren gegenseitig so abkaufen, wie es deren restloser, regelmäßiger Tausch verlangt. Diese Frage hätten wir doch vor allen Dingen beantworten müssen, ehe wir daran gingen, Vorschläge zu machen!

Zwar wußten oder ahnten wir, daß am Metallgeld etwas nicht in Ordnung sei; nicht umsonst nannte Proudhon das Gold "einen Riegel des Marktes, eine Schildwache, die die Tore des Marktes besetzt, und deren Losung ist, niemand durchzulassen"**. Aber warum das so war, was eigentlich am Metallgeld falsch war, das wußten wir nicht, das haben wir nie untersucht. Und doch hätten hier unsere Untersuchungen beginnen müssen, wenn wir festen Boden unter den Füßen behalten wollten. Diese Unterlassung führte uns von vornherein auf Abwege. In dem Erheben der Arbeit, bzw. der Ware auf die Rangstufe baren Geldes (d.h. des Goldes) erblickte Proudhon die Lösung der sozialen Frage. Warum mußten die Waren im Range "erhöht" werden, was war denn am Gold (damals Geld), was es über die Rangstufe der Arbeit erhob?

Hier, in diesem Gedanken, die Ware auf die Rangstufe des Goldes zu erhöhen, lag der Irrtum Proudhons. Er hätte den Satz umkehren und sagen

---
*) Diehl: Proudhon, S. 43 u. 90.
**) Mühlberger: Proudhon, seine Werke und sein Leben.

sollen: Wir wollen, daß Geld und Waren auf gleicher Rangstufe umlaufen sollen, daß das Geld den Waren in keiner Lage und unter keinen Umstände vorgezogen werde, damit so Waren zu Geld, und Geld zu Waren werden. Nun gut, so laßt uns doch das Geld auf die Rangstufe der Arbeit herabsetzen.

Wir können doch an den Eigenschaften der Waren im allgemeinen nichts ändern, ihnen im allgemeinen nicht die Vorzüge geben, die das Gold als Ware besitzt. Wir können das Dynamit nicht ungefährlich machen, nicht verhindern, daß Glas bricht, Eisen rostet, Pelzwerk von Motten zerfressen wird. Den Waren haften ausnahmslos Mängel an, sie verderben, unterliegen den Angriffen der Zerstörungsmächte der Natur – nur das Gold ist frei davon. Dabei hat das Gold noch das Vorrecht, Geld zu sein, daß es als Geld überall verkäuflich ist, daß es sich ohne nennenswerte Kosten von einem Ort zum andern bringen läßt usw.. Wie wollen wir da erreichen, daß die Waren dem Gold gleichgestellt werden?

Aber umgekehrt können wir verfahren und sagen: Das Geld ist anpassungsfähig, man kann damit machen, was man will, da es ja unentbehrlich ist. Setzen wir es auf die Rangstufe der Waren herunter, geben wir ihm Eigenschaften, die alle üblen Eigenschaften der Waren im allgemeinen ausgleichen.

Diesen vernünftigen Gedanken hat nun die Geldreform ausgeführt, und die Folgen zeigen zu unserer Freude und Genugtuung, wieviel Wahrheit und richtige Beobachtung doch in den kernigen Aussprüchen Proudhons steckte, wie nahe er an der Lösung der Aufgabe vorbeirannte.

Mit der Geldreform ist das Geld auf die Rangstufe der Ware herabgesetzt worden, und die Folge ist nun auch, daß die Ware dem Geld in jeder Lage, zu allen Zeiten gleichgestellt wird. Kauft euch eure Sachen gegenseitig ab, sagte Proudhon, wenn ihr Absatz und Arbeitsgelegenheit haben wollt. Das geschieht nun. Im Geld ist nun zugleich Nachfrage und Angebot verkörpert, genau wie zur Zeit des Tauschhandels, denn wer damals eine Ware auf den Markt brachte, brachte eine andere Ware heim. Es ging also immer ebensoviel Ware hinaus wie herein. Dadurch nun, daß mit der Geldreform der Gelderlös sich beim Verkauf von Waren sofort wieder in einen Kauf von Waren verwandelt, bewirkt das Angebot einer Ware eine gleich große Nachfrage. Der Verkäufer, der froh ist, das, was er abzugeben hatte, los zu sein, sieht sich durch die Beschaffenheit des Geldes gezwungen, den Erlös seiner Ware unter allen Umständen dem Verkehr wiederzugeben, entweder durch Kauf von Waren für eigenen Bedarf, durch den Bau eines Hauses, durch eine gediegene Erziehung seiner Kinder, durch Veredelung seines Viehstandes usw. usw., oder aber, wenn nichts hiervon ihn reizt, durch Verleihen seines Geldes an andere, die augenblicklich Bedarf an Waren, aber kein Geld haben. Entweder – oder, andere Auswege, wie etwa das Aufbewahren des Geldes, das Abhängigmachen des Darlehns von einer Zinsvergütung, das Ankaufen von Waren nur für den Fall eines Gewinnes daran, das vorsichtige Verzögern des Kaufs, das berechnende Abwarten besserer Aussichten usw. usw., das alles gibt es jetzt nicht mehr. "Der Bien muß", so heißt es jetzt. Du warst durch die Natur deiner Erzeugnisse gezwungen, sie zu verkaufen; nun bist du durch die Natur des Geldes gezwungen worden, zu kaufen. Schlag auf Schlag, mit Zwangsläufigkeit folgt Kauf auf Verkauf, geht das Geld von Hand zu Hand. Regelmäßig, wie die Erde im Weltraum um die Sonne kreist, so zieht das Geld seine Kreise auf dem Markte, in guten wie in schlechten Zeiten, bei Sieg und Niederlage. Regelmäßig, wie der Arbeiter seine Kraft, sein Erzeugnis anbietet, wie die Ware nach Absatz ausschaut, ebenso regelmäßig erscheint auch die Nachfrage auf dem Markte.

Der Käufer mag sich wohl anfänglich darüber beklagt haben, daß man ihn jetzt sozusagen zwingt, sich seines Geldes zu entledigen; er nannte diesen Zwang eine Beschränkung seiner Freiheit, einen Anschlag auf das Eigentum. Es kommt eben darauf an, für was man das Geld hält. Der Staat erklärt das Geld für eine öffentliche Verkehrseinrichtung, für deren Verwaltung die Erfordernisse des Verkehrs maßgebend sein sollen. Diese bedingen, daß dem Verkauf von Waren ein entsprechender Kauf von Waren auf dem Fuße folge. Da nun der Wunsch, es möge ein jeder aus eigenem Antriebe und zum allgemeinen Besten das Geld immer gleich wieder in Umlauf setzen, erfahrungsgemäß nicht genügt, um Regelmäßigkeit im Geldumlauf zu erzielen, so hat man den unmittelbar mit dem Geld verbundenen sachlichen Umlaufszwang eingeführt. Das hat geholfen.

Wer übrigens damit nicht einverstanden ist, wer sich die Freiheit nicht nehmen lassen will, mit seinem Eigentum nach Gutdünken und eigenem Ermessen umzuspringen, der kann ja einfach seine eigenen Erzeugnisse, sein unbezweifeltes Eigentum, bei sich zu Hause aufbewahren, um sie erst im Augenblick zu verkaufen, wo er andere Waren braucht. Wenn er lieber Heu, Kalk, Hosen, Tabakspfeifen, kurz, was auch sein Arbeitserzeugnis sein mag, aufbewahrt, als sie im voraus gegen Freigeld zu verkaufen, so kann er es ja tun, niemand hindert ihn daran, niemand wird sich darüber beklagen. Nur, wenn er durch das Geld von der Last seiner eigenen Waren befreit wurde, muß er sich der Pflichten erinnern, die er als Verkäufer und Besitzer von Geld übernommen hat, d. h., er soll auch anderen die Wohltaten des Geldverkehrs zukommen lassen. Der Gütertausch beruht doch auf Gegenseitigkeit.

Das Geld soll kein Ruhepunkt im Warenaustausch sein, sondern einfach ein Durchgangsgut. Der Staat verfertigt das Geld auf seine Kosten, und er übt die Oberaufsicht über dieses Verkehrsmittel nicht, damit es zu anderen, dem Warenaustausch völlig fremden Zwecken mißbraucht werde. Die Unentgeltlichkeit der Benützung des Geldes wäre auch ein Unbilligkeit, weil die Kosten der Instandhaltung aus den allgemeinen Staatseinnahmen bestritten werden müssen, während viele Bürger nur wenig Gebrauch vom Gelde machen (Urwirtschaftler z. B.). Darum erhebt der Staat für die Benützung des Geldes eine Gebühr von 5 % im Jahre. So ist nun der Staat sicher, daß das Geld nicht zum Glückspiel, zur Ausbeutung, als Sparmittel mißbraucht wird. Nur wer jetzt wirklich Bedarf an Geld, an Tauschmitteln hat, wer Waren erzeugt und diese gegen andere Waren tauschen will, benutzt noch das Geld. Für alle anderen Zwecke ist es zu kostspielig geworden. Namentlich vom Sparmittel ist das Tauschmittel jetzt scharf getrennt worden.

Es ist eine billige Forderung, die die Geldreform an denjenigen stellt, der seine Waren verkauft hat: kaufe jetzt, damit auch andere die ihrigen los werden. Aber nicht allein billig ist diese Forderung, sondern auch klug. Damit man andere

Waren kaufen kann, muß man seine eigenen verkaufen. Kauft also, so könnt ihr alle eure Erzeugnisse verkaufen. Will ich als Käufer Herr sein, so bin ich natürlich als Verkäufer Knecht. Ohne Kauf kein Verkauf, und ohne Verkauf kein Kauf.

Kauf und Verkauf zusammen bilden den Gütertausch; sie gehören infolgedessen auch unmittelbar zusammen. Durch das Metallgeld waren Kauf und Verkauf oft zeitlich voneinander getrennt, durch das Freigeld fallen sie zeitlich und regelmäßig wieder zusammen. Das Metallgeld trennte die Waren, indem es zwischen Kauf und Verkauf die Zeit, das berechnende Abwarten, Gewinnsucht und tausend, dem Tausche fremde Triebkräfte schob; das Freigeld vereinigt dagegen die Waren, indem es den Kauf dicht auf den Verkauf folgen und fremden Elementen keine Zeit und keinen Raum läßt. Das Metallgeld war, nach Proudhons mehrerwähntem Ausspruch, ein Riegel für den Markt; das Freigeld dagegen ist der Schlüssel.

Der Zinstheoretiker.

Das Freigeld bringt mich um mein ganzes geistiges Kapital. Meine schönsten Theorien werden durch diese wahrhaft verwünschte Neuerung zum alten Eisen geworfen. Hat doch der Zins, der sich seit geschichtlichen Zeiten immer auf gleicher Höhe erhielt, ohne alle Rücksicht auf meine Theorien den Weg auf Null eingeschlagen. Und die zinsfreien Darlehen, die uns immer als unerfüllbare Träumereien erschienen, werden jetzt als durchaus möglich, ja als wahrscheinlich betrachtet. Zinsfreie Darlehen! Das Ende des Kapitals! Geld, Maschinen, Häuser, Fabriken, Waren, Rohstoffe kein Kapital mehr! Ich muß gestehen, es flimmert mir vor den Augen!

Die so einleuchtende "Nutzungstheorie", die bestechende "Fruktifikationstheorie", die aufwieglerische "Ausbeutungstheorie", die etwas spießbürgerliche, aber sehr beliebte "Enthaltsamkeitstheorie"*, und wie ich sie alle benannt hatte, alle, alle gehen mit dem Freigeld in die Brüche!

Es war doch so einleuchtend, so natürlich, so selbstverständlich sogar, daß der Verleiher eines Arbeitsmittels sich für diese "Leistung" einen Zins ausbedingen konnte. Und doch sinkt der Zinsfuß, er sinkt, sinkt bis auf Null! Und die Kapitalisten (wenn man sie überhaupt noch so nennen kann) äußern sogar Zeichen der Freude, wenn sie jemanden finden, der ihnen das Geld abnimmt, unter der einzigen Bedingung einfacher Wiedererstattung der vollen Summe. Sie sagen, der Wettbewerb habe zugenommen und es sei für sie doch vorteilhafter, ihr Geld zu verleihen, als es zu Hause auf Vorrat für künftigen Bedarf aufzubewahren. Denn zu Hause ginge ja jährlich ein Teil des Geldes durch Kursverlust verloren. Viel besser wäre es, das Geld zu verleihen, wenn auch ohne Zins, gegen Pfand oder Wechsel, die man ja gegen Bargeld wieder verkaufen oder diskontieren kann, wenn man Bargeld gebraucht. Man hat auf diese Weise zwar keinen Zins, aber man hat auch keinen Verlust am Umlaufswert des Geldes.

---

*) Diese Benennungen entlehne ich dem Buch von v. Boehm-Bawerk: Der Kapitalzins in geschichtlicher Darstellung. – Hierzu kommt neuerdings die "Ungeduld" (impatience) Theorie" von Irving Fisher.

Zinsfreie Darlehen wären also jetzt nicht allein vorteilhaft für den Nehmer, sondern auch für den Geber. Wer hätte das jemals gedacht! Und doch ist es so. Was soll auch der Sparer machen? Man spart für künftige Zeiten, fürs Alter, für eine Reise nach Jerusalem, für Zeiten der Not, für die Hochzeit, für den Krankheitsfall, für die Kinder usw.. Aber was macht man mit dem Gesparten in der Zwischenzeit, bis man es braucht?

Kauft man Tuch, Lebensmittel, Holz usw. auf Vorrat, so steht man sich nicht besser, als wenn man Freigeld aufbewahrt; denn alles das fault, rostet, verdirbt. Man denkt hier vielleicht an Gold und Edelsteine, die sich unbegrenzt und unversehrt aufbewahren lassen, aber wohin würde es führen, wenn solche Verwendung der Ersparnisse allgemein geübt würde? Wie hoch würde der Preis dieser Dinge in guten Jahren steigen, wenn jedermann Ersparnisse macht; wie tief würde dieser Preis sinken, wenn etwa bei Fehlernten und Krieg die Ersparnisse (also Gold und Edelsteine) in Menge zu Markte getragen würden? Die Edelsteine, sagt man, sind das, was man zuletzt kauft und zuerst verkauft. Den Versuch würde man nicht oft wiederholen; diese Ersparnisform würde kläglich versagen.

Dann ist es doch wahrhaftig viel besser, man legt seine Ersparnisse in Privat- und Staatsschuldscheinen, Wechseln usw. an, die, wenn sie auch keine Zinsen abwerfen, doch alle Tage und ohne Verlust wieder in Bargeld umgesetzt werden können.

Aber, wird man fragen, warum da nicht lieber Häuser, Industriepapiere kaufen? Aber das ist ja eben das Seltsame, daß man auch Häuser kauft, obschon sie ebenfalls keinen Kapitalzins mehr abwerfen; daß man auch Häuser baut, obschon man keinen Zins erwartet. Man kauft und baut Häuser und begnügt sich mit den jährlichen Abschreibungen am Baukonto, die die Mieter im Mietzins zahlen. Oft steht man sich so noch besser, als wenn man Staatspapiere kauft, denn man hat eine regelmäßige, mit dem Zerfall des Hauses (der Fabrik, Maschinenanlage, Schiffe, usw.) schritthaltende Einnahme und behält dabei noch ein Pfand des Eigentums in Händen. Darum wird, trotzdem der Mietzins nur mehr die Deckung für Instandhaltungen und Abschreibungen, Steuern und Feuerversicherung liefert, viel gebaut, und die Häuser werden als gute Sparanlage betrachtet!

Ich gestehe, der Boden wankt mir unter den Füßen; ich kann es kaum fassen, daß jemand ein Haus zum Vermieten baut, trotzdem er selbst nur Abschreibungen, aber keinen Kapitalzins als Mieter erwartet. Es galt doch allemein als wissenschaftlich erwiesen, daß das Geld nur darum Zins abwürfe, weil die Produktionsmittel Zins abwarfen, daß die zinswerbende Kraft des Geldes im Grunde eine übertragene oder erborgte sei. Und jetzt scheint es, daß es sich umgekehrt verhielt, denn wie hätte sonst eine Reform des Geldes überhaupt den Zins beeinflussen können?

Eigentlich war es ja mehr als leichtfertig, zu sagen: das Geld wirft Zins ab, weil man mit dem Geld Arbeitsmittel kaufen kann, die Zins abwerfen; denn hier fehlt die Erklärung, warum man Arbeitsmittel, die Zins abwerfen, gegen Geld verkauft, das man für unfruchtbar erklärt? Gibt denn ein Ochse Milch, wenn man ihn gegen eine Kuh tauscht?

Leere Worte haben hier offenbar die Stelle der Begriffe eingenommen. Es ist barer Unsinn, von übertragenen und erborgten Eigenschaften zu sprechen; solche Übertragung von Eigenschaften und Kräften ist ebenso unmöglich in der Volkswirtschaft wie in der Chemie. Wenn das Geld an sich nicht die Kraft hatte, Zinsen zu erheben, woher kamen dann die Einnahmen aus dem Banknotenmonopol?

Wenn das Geld aus eigener Kraft keinen Zins erheben konnte, dann waren zinszeugende Arbeitsmittel und unfruchtbares Geld einfach nicht miteinander meßbare Größen, Dinge, die keinen Vergleich zuließen und also nicht tauschfähig gewesen wären. Es gibt ja manches, was mit Geld nicht zu kaufen ist.

Und welchen Preis zahlte man für einen Acker, der 1000 Mark Rente abwarf? Man rechnete, daß 100 Mark 5 Mark Zins einbringen, und der Preis des Ackers war dann so oft mal 100, wie 5 in 1000 geht. Woher kam nun der Satz von 5 vom Hundert? – Hier ist der Haken!

Von übertragener Kraft kann also keine Rede sein; die zinszeugende Kraft mußte dem Gelde als Eigenschaft anhaften. Aber wo war diese Eigenschaft des Metallgeldes verborgen? Früher wäre es schwer gewesen, diese Eigenschaft zu entdecken; jetzt mit dem Freigeld als Vergleichsgegenstand muß dies leicht sein, denn da mit dem Freigeld das Geld die zinszeugende Eigenschaft offenbar verloren hat, so brauchen wir nur einfach dort zu suchen, wo beide Geldarten voneinander abweichen, um auch die Quelle des Zinses festzustellen. Das Freigeld weicht aber vom früheren Metallgeld darin ab, daß es einem ihm anhaftenden Angebotszwang unterliegt, während das frühere Geld in dieser Richtung völlig unabhängig war.

Hier also, in der unbeschränkten Freiheit des Metallgeldbesitzers, sein Eigentum nach Belieben und Gutdünken anbieten zu können, in der Willkür der Kapitalisten und Sparer, die das Geldangebot beherrschen, hier müssen wir die Stelle finden, wohin der Zins seine Wurzeln senkte.

Und fürwahr – lange brauchen wir nicht zu suchen!

Das Geld ist anerkanntermaßen für den Austausch der Erzeugnisse der Arbeitsteilung, für den Handel unentbehrlich. Was machen nun die Verfertiger der Waren, wenn sie diese nicht gegen Geld verkaufen können? Legt sich der Zimmermann selbst in seine Särge, ißt der Bauer die Kartoffeln etwa alle selbst? Nichts davon; sie suchen durch Preisermäßigung den Verkauf möglich zu machen, das Geld durch Nachgiebigkeit in ihren Forderungen heranzulocken. Jeder Verfertiger oder Besitzer von Waren muß seine Waren verkaufen, und um den Verkauf zu ermöglichen, sind alle ohne Ausnahme bereit, etwas vom Preis abzulassen.

Auch dies ist unbestreitbar. Wenn nun die Kapitalisten und Sparer das Geld dem Verkehr entzogen haben, und es dem Handel, dem Warenaustausch nur gegen Zinszahlung zurückgeben, so finden sie ja in der Bereitwilligkeit der Warenbesitzer, etwas von ihrem Erzeugnis für die Benutzung des Geldes abzutreten, den Boden für die Erhebung des Zinses vorbereitet. "Ihr braucht Geld, um eure Sachen gegenseitig auszutauschen; hier in unseren eisernen Schränken ist es eingeschlossen. Wollt ihr uns etwas für seine Benutzung zahlen, wollt ihr uns Zins zahlen, so könnt ihr es bekommen, zu 4 % Zins im Jahre, sonst schließen wir es ab, und ihr könnt sehen, wie ihr dann auskommt. Zins ist unsere

Bedingung. Überlegt euch die Sache; wir können warten, wir sind nicht durch die Natur des Geldes gezwungen, es herzugeben."
Die Sache ist klar. Es hängt von den Geldbesitzern ab, ob sich der Handel mit oder ohne Geld behelfen muß; gleichzeitig macht man den Gebrauch des Geldes unvermeidlich, indem der Staat die Steuern in Geld erhebt; also können die Geldbesitzer einen Zins jederzeit erpressen. Es verhält sich hier genau wie mit einer Brücke über einen Fluß, die den Markt in der Mitte durchschneidet und von einem Zöllner bewacht ist. Gestützt darauf, daß die Brücke für die Verbindung der beiden Markthälften unentbehrlich ist, gestützt darauf, daß der Zöllner die Brücke öffnen und schließen kann, ist er in der Lage, von der Ware einen Zoll zu erheben.

Der Zins war also ein Zoll, ein Brückengeld, das die Warenverfertiger für die Benutzung des Tauschmittels an die Besitzer des Geldes zu zahlen hatten. Kein Zins = kein Geld, so hieß es. Kein Geld = kein Gütertausch; kein Tausch = Arbeitslosigkeit; Arbeitslosigkeit = Hunger. Ehe wir aber verhungern, zahlen wir lieber den Zins.

Die zinszeugende Kraft des Metallgeldes war also nicht "erborgt" oder "übertragen"; sie war eine Eigenschaft des Metallgeldes und beruhte letzten Endes darauf, daß man für Herstellung des Geldes einen Stoff ausgesucht hatte, der unter allen Stoffen der Erde eine Ausnahmestellung einnimmt, insofern als er sich unversehrt und unbegrenzt ohne Unkosten aufbewahren läßt, während alle anderen Erzeugnisse menschlichen Fleißes, alle Waren ohne Ausnahme faulen, veralten, verrosten, zerbrechen, stinken, Raum beanspruchen usw..

Und so wird es auch verständlich, nun habe ich auch die Erklärung, warum man einen Acker gegen eine Summe Geldes tauschte, denn beide, Acker und Geld, warfen, jedes aus eigener Kraft, eine Rente ab; man braucht nur an Geld so viel zu nehmen wie nötig, um die Rente des Ackers mit dem Zins des Geldes zu decken, dann war das Tauschverhältnis beider Dinge gegeben. Acker und Geld waren also völlig ebenbürtige, miteinander meßbare Größen. Wie beim Acker keine Rede von erborgter oder übertragener Zinskraft sein konnte, so auch nicht beim Gelde.

Die fadenscheinige, hohle Redensart von "übertragener Kraft" hatte mir also einen bösen Streich gespielt; das leere Wort, das so oft an die Stelle der Begriffe tritt, hatte mich wie einen Bullen an der Nase herumgeführt.

Also das Geld, das Tauschmittel, wäre ein Kapital an sich!

Laßt uns nun einen Augenblick überlegen, wohin wir kommen müssen, wenn wir ein Kapital zum Tauschmittel aller Waren erheben.

1. Kapital kann das Geld nur auf Kosten der Waren sein, denn von den Waren erhebt ja das Geld die Abgabe, die es zu einem Kapital stempelt.

2. Wenn die Waren Zins zahlen müssen, so können sie selbst unmöglich Kapital sein, denn wäre die Ware Kapital, so gut wie das Geld, so könnte keines der beiden sich dem andern gegenüber als Kapital aufspielen, und in ihrem gegenseitigen Verhältnis wenigstens würden sie aufhören, Kapital zu sein.

3. Wenn uns daher die Waren im Handel als Kapital erscheinen, weil sie im Verkaufspreis neben Kostenpreis und Handelsgewinn noch den Kapitalzins erheben, so muß das so erklärt werden, daß dieser Zins dem Erzeuger oder Arbeiter vom Kaufmann im Einstandspreis bereits abgezogen wurde. Die Ware

spielt hier nur den Kassenboten des Geldkapitals. Ist der Verkaufspreis gleich 10 Mark, der Handelsgewinn 3, der Zins 1, so erhält der Arbeiter 6 Mark ausgezahlt.

Hieraus geht hervor, daß, wenn das Tauschmittel, das Geld, an sich kein Kapital wäre, dann auch der gesamte Warenaustausch ohne Zinsverrechnung vonstatten gehen würde. Somit hätte Proudhon doch recht gehabt, denn er hatte das immer behauptet.

Betrachten wir nun die Wirkung, die ein Tauschmittel für die Herstellung von Arbeitsmitteln haben muß, wenn es selbst Kapital ist.

Wie sind die Arbeitsmittel (Maschinen, Schiffe, Rohstoffe usw.) entstanden? Kommt es noch vor, daß ein Mann seine eigenen Arbeitsmittel aus eigenen, auf seinem Boden gefundenen Rohstoffen verfertigt? Ausnahmsweise vielleicht noch hier und da, sonst aber ist die Regel, daß für die Beschaffung der eigenen Arbeitsmittel eine Summe Geldes ausgelegt werden muß. Das Gründungskapital aller größeren Unternehmungen besteht in einer Summe Geldes, die vorn im Hauptbuch auf dem ersten Blatte eingetragen wird. Wenn nun das Geld, das für dies Arbeitsmittel ausgelegt wird, an sich ein Kapital ist, wenn die Besitzer des Geldes durch einfaches Einschließen des Geldes das Zustandekommen irgend eines Unternehmens verhindern können, so werden sie selbstverständlich kein Geld hergeben für Unternehmungen, die keinen Zins abwerfen. Das ist klar und selbstverständlich. Wenn ich aus dem Handel mit Waren 5 % meines Geldes ziehen kann, so werde ich mich doch nicht mit weniger in ihrer Herstellung begnügen. Kann man das Erz an der Oberfläche sammeln, so wird man doch keinen Stollen bauen.

Infolge dieser Umstände werden immer gerade nur so viel Häuser gebaut, daß deren Mietertrag ausreicht, um damit Deckung für den allgemeinen Geldzins zu liefern. Hat man zufällig mehr gebaut, ist das Angebot von Wohnungen größer als die Nachfrage, so gehen natürlich die Mieten herunter, und die Häuser bringen den erforderlichen Zins nicht ein. Dann werden sofort alle Bauhandwerker entlassen, und die Bautätigkeit wird so lange unterbrochen, bis sich durch Bevölkerungszuwachs die Nachfrage nach Wohnungen so weit wieder gehoben hat, daß die Mieten den vollen Geldzins abwerfen. Dann erst kann die Bautätigkeit wieder einsetzen.

Genau so verhält es sich mit den industriellen Unternehmungen. Sind diese so zahlreich geworden, daß die Nachfrage nach Arbeitern (die sie verkörpern) die Löhne hochgetrieben hat, so daß der Unternehmer den Kapitalzins beim Verkauf der Erzeugnisse nicht herausschlagen kann, so wird die Gründung neuer Unternehmungen so lange unterbrochen, bis durch den Nachwuchs an Arbeitern und das dadurch bedingte größere Angebot von Arbeitskräften die Löhne herabgehen und so dem Geldzins Raum lassen.

Die Arbeitsmittel erscheinen uns also deshalb als Kapital, weil ihre Herstellung durch das Geldkapital vermittelt und von diesem stets so weit künstlich beschränkt wird, daß sie immer den Arbeitsuchern gegenüber eine vorherrschende Stellung einnehmen. Es sind regelmäßig weniger Arbeitsmittel als Arbeiter da, so daß schon aus Mangel an Werkstätten ein Arbeiterüberschuß verbleiben muß, der den Lohn unter den Erlös des Arbeitserzeugnisses drückt.

Das Bild erscheint noch einfacher und klarer, wenn man den Unternehmer einfach als einen Pfandleiher betrachtet, der dem Arbeiter das nötige Geld vorstreckt für Maschinen und Rohstoffe, und den der Arbeiter mit seinen Erzeugnissen bezahlt.

Das Geld beherrschte also unbedingt den Warenaustausch und die Arbeitsmittel (Produktionsmittel). Alles war dem Gelde zinspflichtig; es schob sich zwischen Verbraucher und Erzeuger, zwischen Arbeiter und Unternehmer; es trennte alle, die danach streben müssen, sich zu vereinigen, und die entstandenen Verlegenheiten beutete es aus. Die Beute nannte man Zins.

Nun wird es mir auch klar, warum mit dem Freigeld der Zinsfuß fortgesetzt fällt und sich dem Nullpunkt nähert.

Das Geld kann dem Markte nicht mehr entzogen werden; ohne Rücksicht auf den Zins muß es angeboten werden, sei es unmittelbar gegen Waren, sei es als Darlehen. Es kann sich nicht mehr trennend zwischen die Erzeuger einschieben; gegen den eigenen Wunsch, ohne Rücksicht auf seine lüsterne Raubsucht, muß es seines Amtes walten und den Austausch der Waren vermitteln. Es beherrscht den Austausch der Waren nicht mehr als Räuber und Gewaltherrscher, sondern es dient ihm, dient ihm sogar umsonst.

Nun werden die Waren nicht mehr vom Markte ausgeschlossen, die Arbeiter feiern nicht mehr, sobald der Zinsfuß fällt; ohne Rücksicht auf den Zins geht der Güteraustausch vonstatten.

Und wo regelmäßig gearbeitet wird, da wird gespart. Märchenhafte Summen werden da zurückgelegt, zur Sparkasse gebracht und als Darlehen angeboten. Und wenn das so Jahr für Jahr vorwärts geht, wenn die Arbeiter durch keine Stockung (Krise) mehr gezwungen werden, von ihren Ersparnissen zu zehren, dann kommt mit Notwendigkeit der Zeitpunkt, wo für das von den Sparkassen angebotene Geld die Abnehmer fehlen, und wo es heißt: wir haben genug Häuser gebaut, es fehlen die Mieter; wir haben genug Fabriken, es fehlen die Arbeiter. Wozu noch mehr bauen, wenn wir jetzt schon Mühe haben, den Zins zu zahlen.

Aber dann wird es von der Sparkasse her heißen: wir können das Geld nicht brach liegen lassen, wir können es nicht aufbewahren. Das Geld zwingt uns, es auszuleihen. Wir verlangen nicht gerade 5 – 4 – 3 %; wir sind willig, auf Verhandlungen einzugehen. Wenn wir euch das Geld zu 2 % (1 oder 0 %) lassen, so könnt ihr die Mieten entsprechend herabsetzen, und dann werden die, die sich mit einer Stube begnügten, zwei Stuben mieten, und die fünf Stuben hatten, werden deren zehn mieten. Und dann werdet ihr wieder Häuser bauen können. Bedarf ist da, es kommt nur auf den Preis an. Also nehmt das Geld zu 2 %, wenn ihr es zu 3 nicht mehr gebrauchen könnt; baut drauf los, geht mit den Mieten herunter; ihr könnt nichts verlieren, wir werden euch mit um so billigerem Gelde versehen. Und habt keine Angst, daß euch und uns das Geld ausgehen wird, denn je mehr wir mit dem Zins heruntergehen und ihr mit der Miete, um so größere Summen werden auch die Sparer beiseite legen und uns zuführen. Habt auch keine Angst, daß durch diese großen Geldmengen etwa die Preise hochgetrieben werden. Jeder Pfennig davon ist vorher dem Umlauf entzogen worden; die Geldmenge ist unverändert geblieben. Die das Geld sparten, haben mehr Ware erzeugt und verkauft als verbraucht; es ist also ein Überschuß von Waren da, der der Geldmasse entspricht, die wir euch anbieten.

Nehmt also das Geld und fürchtet euch nicht; geht der Zins herunter, den eure Mietwohnungen einbringen, so werden wir mit unserem Geldzins folgen, und sollte der Zins sogar auf Null fallen. Denn auch bei 0 % müssen wir das Geld ausleihen. Habt ihr verstanden: wir müssen!

Aber nicht wir allein müssen, auch ihr müßt. Wenn ihr etwa zugunsten der bereits bestehenden Bauten eine Vermehrung nicht wünscht und darum unser Angebot ablehnt, so machen wir euch darauf aufmerksam, daß andere Unternehmer da sind, die keine Häuser besitzen und keine Rücksichten zu nehmen brauchen. Diesen werden wir das Geld zum Bauen geben, und die Neubauten werden entstehen, ob ihr es wünscht oder nicht, ob der Hauszins euch gefällt oder nicht.

Auch mit den gewerblichen Unternehmen verhält es sich so. Ist das Geld zu 0 % zu haben, so ist auch kein Unternehmer mehr imstande, Zins aus seinem Unternehmen zu schlagen, sei es in Form eines Lohnabzuges, sei es in Form eines Preiszuschlages. Denn so will es das Gesetz des Wettbewerbs.

Und so hätten sich die Tatsachen wieder als der beste Lehrmeister bewährt. Alle unsere Grübeleien über die Ursache des Zinses führten zu nichts, weil uns der Vergleichsgegenstand fehlte. Jetzt mit dem Freigeld konnten wir Vergleiche anstellen, und da fand ich auch, gleich, was wir bisher umsonst suchten. Zwar ist die Erklärung der Zinserscheinung noch sehr unvollständig; aber wir haben jetzt den Faden erfaßt, der uns aus dem Irrgarten dieser Erscheinungen führen wird. Wir brauchen dem Faden nur zu folgen, es ist eine sachliche Arbeit, mehr nicht, die da noch zu bewältigen ist.

Anmerkung: Der Leser findet die Theorie des Zinses im letzten Teil dieses Buches ausführlich dargestellt.

Der Krisen-Theoretiker.

Ebenso schlecht wie meinem Kollegen, dem Zinstheoretiker, ergeht es mir mit dem Freigeld; meine ganze Theoriensammlung wurde durch diese Reform zuschanden gemacht.

Es klang doch so natürlich, daß auf die Zeit der Blüte eine solche des Zerfalls folgen müsse. Da es so in der Natur ist, könne es auch nicht anders in der Volkswirtschaft sein, denn der Mensch gehört doch auch zur Natur, so wie alles, was er macht. Ist der Ameisenbau, die Bienenwirtschaft ein Naturereignis, so gehört auch die Menschen- oder Volkswirtschaft zur Natur. Der Mensch wächst und vergeht, warum sollte die Volkswirtschaft nicht auch wachsen, um dann in einem Zusammenbruch zu enden? Das römische Reich ging zugrunde, darum muß auch die Volkswirtschaft regelmäßig alle paar Jahre in einer Krise zugrunde gehen. Auf den Sommer folgt der Winter, ebenso folgt in der Volkswirtschaft auf die geschäftliche Hochflut der Krach.

Das war doch eine schöne, eines Dichters würdige Theorie! Wie einfach konnte man damit das verwickelte Problem der Arbeitslosigkeit erklären! Und einfach muß eine Theorie sein; das ganze Licht unserer Wissenschaft müssen wir in einem Brennpunkt vereinigen, damit es sich Bahn brechen kann durch den Tabaksqualm und den Bierdunst. Wiegenlieder, keine Theorien braucht man für kleine Kinder.

Dazu diente uns die Krisenlehre: infolge "spekulativer Käufe" waren die Preise gestiegen, eine "fieberhafte" Tätigkeit entspann sich auf allen Gebieten; mit Überstunden und Nachtschichten suchte man der steigenden Nachfrage zu begegnen; die Löhne stiegen. Natürlich war das nur ungesunde "Treibhauszucht"; die früh oder spät mit einem Krach endigen mußte. Und der Krach, die Krise kam. Es fehlte natürlich die Nachfrage für eine so ungeheure Menge von Erzeugnissen aller Art, und wenn die Nachfrage fehlt, so sinken die Preise. Alles, ohne nennenswerte Ausnahmen, die Erzeugnisse der Industrie, der Landwirtschaft, des Bergbaues, der Forstwirtschaft – alle gingen im Preise herunter. Damit stürzte natürlich das ganze Spekulationsgebäude ein. Die geldgierigen Arbeiter hatten eben mit ihren Überstunden den ganzen "Arbeitsvorrat" aufgezehrt. Der "Lohnfonds" war erschöpft. Darum fehlte es jetzt an Arbeit, darum mußten die Arbeiter neben einem Berg von Brot und Kleidern hungern und frieren!

Wie überzeugend klang auch die Malthusianische Krisentheorie; sie hatte nicht umsonst so viele Liebhaber gefunden: ihr habt die guten Zeiten zu nichts besserem benutzt als zum Hochzeitfeiern, und euer elendes Geschlecht habt ihr ins Maßlose vermehrt. Wohin man blickt: Kinderwäsche, Windeln, Wiegen. Es wimmelt auf den Straßen, in den Schulen, wie in einem Kaninchenstall. Jetzt sind euch in euren eigenen Kindern die Lohndrücker bei der Arbeit entstanden. Die niedrigen Löhne drücken aber wieder auf die Preise, wobei jedes Geschäft mit Verlust abschließen muß, jede Unternehmungslust im Keime erstickt wird.

Die Fortpflanzung ist an sich eine Sünde, eine verbotene Frucht; sie ist mit dem Schandfleck der Erbsünde behaftet. Aber doppelt sündhaft ist sie bei so armen Teufeln. Enthaltet euch, überlaßt die Sache den Heiden, schickt eure Töchter ins Kloster, dann werden nicht mehr Arbeiter vorhanden sein, als zur Bewältigung der Arbeit nötig sind. Dann werden auch mit den höheren Löhnen die Preise steigen, was die Unternehmungslust fördert. Maß in allem, in der Gütererzeugung wie in der Fortpflanzung, sonst haben wir eben Zuvielerzeugung an Gütern und an Verbrauchern!

Und dann noch diese neueste Theorie, mein eigentliches Glanzstück: durch die Anhäufung des Reichtums in verhältnismäßig wenigen Händen, durch das Mißverhältnis zwischen Kauf- und Erzeugungskraft der breiten Massen steht der Verbrauch im Mißverhältnis zur Erzeugung. Daher die Überlastung des Marktes mit unverkäuflichen Waren, daher die sinkenden Preise, die Arbeitslosigkeit, die Unternehmungsscheu, die Krise. Die reichen Leute können ihr Einkommen nicht verzehren, und die Arbeiter haben nichts zu verzehren. Wären die Einkommen nur richtig verteilt, so würden Verbrauch und Erzeugung Schritt halten, und es könnte darum keine Krise ausbrechen!

Wie einleuchtend doch das klang! Und auf den Klang, den Schall, den Rauch kommt es an. An den Verstand dieser mit der Saugflasche, mit künstlichen Nährmitteln und Bier aufgepäppelten und von Sorgen erdrückten Menge kann man sich doch nicht mehr wenden. Er hält einen herzhaften Stoß ja gar nicht mehr aus.

So hatte ich für jede Gesellschaft, für jeden Geschmack eine Krisentheorie auf Lager. Stieß ich dabei ausnahmsweise auf ernsthaften Widerspruch, so flocht ich meine Reservetheorie ein, durch die ich die Krise mit der Währung in Verbindung brachte. Gewöhnlich genügte dann schon das Wort "Währung", um jeden Widerspruch niederzuschlagen. "Genug, genug!" hieß es; "wir wissen, was Bamberger sagte, daß neben der Liebe die Währungsfrage die meisten Verrückten gemacht hat, und wir wollen einer Krisentheorie zuliebe unseren Verstand nicht auf eine vielleicht gefährliche Belastungsprobe stellen!"

Dabei war gerade diese Theorie verhältnismäßig die einfachste und die beste: die Waren, so führte ich aus, werden so gut wie ausschließlich kaufmännisch verhandelt, d. h. sie müssen zum Zwecke des Austausches an Kaufleute verkauft werden. Der Kaufmann kauft aber die Waren nur unter der Voraussetzung, daß er sie teurer wird verkaufen können. Der erwartete Verkaufspreis muß höher stehen als der vom Arbeiter oder Unternehmer geforderte Einstandspreis. Wenn nun die Warenpreise Neigung zum Sinken zeigten, so wußte der Kaufmann überhaupt nicht mehr, wieviel er bezahlen oder anlegen durfte, während der Unternehmer ohne baren Verlust mit seinen Forderungen nicht unter den Kostenpreis gehen durfte. Beim Verbraucher ist es anders. Er kauft und bezahlt den geforderten Preis. Er freut sich, wenn der Preis fällt; es verdrießt ihn, wenn er steigt. Eine Grenze für den Preis liefert jedoch nur sein eigenes Einkommen. Der Kaufmann dagegen soll einen Preis erzielen, der eine bestimmte Höhe, den Einstandspreis, überragt; ob er aber diesen Preis erzielen wird, das weiß er nicht. Der Verkaufspreis ist ungewiß, der Einstandspreis ist aber mit der Übernahme der Ware eine feste, bestimmte Größe.

Wenn die Warenpreise im allgemeinen fest sind oder gar steigen, dann ist alles gut, dann wird der Erlös wahrscheinlich mit Überschuß den Einstandspreis decken, und der Kaufmann kann getrost seine Bestellungen machen. Wenn aber die Preise sinken, immer weiter sinken, um 1, 2, 5, 10, 20, 30 %, wie wir das schon öfter beobachtet haben, dann verliert der Kaufmann jeden festen Boden unter den Füßen, und das Vernünftigste, was er als vorsichtiger Mann dann machen kann, ist – warten. Denn nicht bloß auf Grundlage des Einstandspreises kann der Kaufmann seine Verkaufspreise berechnen, sondern er muß sich dabei auch nach dem, was erzielbar ist, richten. Und wenn in der Zeit zwischen Kauf und Verkauf der Waren die Einstandspreise fallen, so muß auch er mit den Verkaufspreisen heruntergehen, und er hat einen Verlust. Also ist das beste in solchen Zeiten niedergehender Preise, mit dem Kauf zu warten. Die Waren werden also kaufmännisch nicht durch den Bedarf als Triebkraft ausgetauscht, sondern durch die Aussicht auf Profit.

Aber dieses "Warten", die Verzögerung in den gewohnten Bestellungen des Kaufmannes, bedeutete eine Absatzstockung für den Unternehmer, und da dieser meistens auf regelmäßigen Absatz angewiesen ist, weil er die Waren, des Raumes und der Fäulnis wegen, nicht auf Lager nehmen kann, so entließ er seine Arbeiter.

Aus Mangel an Arbeit und Geld konnten nun wiederum diese Arbeiter nicht kaufen, wodurch dann die Preise noch weiter sanken. Und so war durch den Niedergang der Preise ein "circulus vitiosus", ein fehlerhafter Kreis entstanden.

Darum, so lautet die Nutzanwendung, müssen wir verhüten, daß die Preise sinken; wir müssen mehr Geld herstellen, damit es nicht an Geld fehlt, um die Waren zu verkaufen, damit angesichts der großen Barbestände der Banken, der großen Barvorräte der Privatleute, kein Kaufmann sich mehr vor Geldmangel, vor einem Preissturz zu fürchten braucht.

Also die Doppelwährung oder Papiergeld!

Im Grunde genommen befriedigte mich selbst ja keine einzige dieser Theorien. Die erste Theorie, die die Krise als eine Art Naturereignis betrachtet, ist eigentlich zu naiv, um eine Widerlegung zu verdienen. Die zweite Theorie, die das Wucherspiel, das Gründertum für die Krise verantwortlich machen will, untersucht nicht, ob die Geldvorräte der Privatleute und Wucherspieler, ohne die ja die Gewinnjagd (Spekulation) nicht möglich wäre, nicht eigentlich die Ursache dieses Wucherspiels und infolgedessen auch Ursache der Krise sind. Was hat es für einen Sinn, eine Reichsbank zu gründen, ihr das Alleinrecht der Notenausgabe zu verleihen, damit sie "den Geldumlauf den Bedürfnissen des Verkehrs anpassen" kann, wenn es einfach von der "Spekulation" abhängt, trotz Notenmonopol und Reichsbank die Preise hochzutreiben, so oft es ihr beliebt? Und weil diese Theorie an dieser Frage vorübergeht, schlägt sie den falschen Weg ein, Wünsche statt Forderungen auszudrücken. Man möge doch in Zukunft alle Spekulation unterlassen, das ist alles, was sie als Schutz vor Krisen zu empfehlen weiß.

Diese Theorie untersucht auch nicht, wo der eigentliche Beweggrund der "fieberhaften Tätigkeit, der Überstunden und Nachtschichten" ist. Denn ohne diese gesteigerte Arbeit würde alles Wucherspiel im Sande verlaufen. Was würde es nützen, wenn der Unternehmer dem Arbeiter Überstunden vorschlüge und dieser ihm antwortete: meine jetzige Arbeitszeit genügt, um meine Bedürfnisse zu decken. Wenn also der Arbeiter sich heute zu der "fieberhaften Tätigkeit" bereit erklärt, so kommt das nur davon, daß er fieberhafte Bedürfnisse hat, die er mit dem Lohn aus den Überstunden befriedigen will. Ist aber die Nachfrage ebenso fieberhaft wie das Angebot, wie kann es dann zur Krise kommen? Die Spekulation, die die Geldrücklagen auf den Markt bringt, erklärt nur die allgemeine Preissteigerung, läßt aber die Frage unbeantwortet, warum der Verbrauch nicht schritthält mit der Erzeugung, und warum der Absatz gewöhnlich urplötzlich abfällt.

Diese Nichtbeantwortung der Frage, warum Verbrauch und Erzeugung sich nicht regelmäßig ausgleichen, ist ja der gemeinsame wunde Punkt aller meiner Theorien, aber am lautesten schreit diese Frage um Antwort bei der dritten Theorie, der Übervölkerungstheorie. Hier wird als Ursache der Krise die Überproduktion infolge Übervölkerung angegeben, was doch so viel heißt wie: die zu großen Brote kommen von dem zu großen Hungern! Offenbarer Unsinn, besonders, wenn man bedenkt, daß die Waren zum Zwecke des Austausches erzeugt werden, und daß die hungernden Arbeiter fähig und willig sind, andere Erzeugnisse für die von ihnen benötigten in Tausch zu geben. Handelt es sich nur um eine einseitige Zuvielerzeugung (z. B. Särge), so bedürfte die Sache überhaupt keiner Erklärung, aber von allem ist zuviel vorhanden, von landwirtschaftlichen Erzeugnissen sowohl, wie von gewerblichen.

Ebenso unbefriedigend ist die Theorie, die den Minderverbrauch verantwortlich machte für die Krise; den Minderverbrauch infolge ungleicher Verteilung des Einkommens. Sie erklärte nicht, warum der Absatz heute ins Blaue hinein wächst, um nach einer Weile urplötzlich abzufallen, warum einer ständigen, gleichmäßigen Ursache (hier also die ungleiche Verteilung des Einkommens) eine stoßende Wirkung (geschäftliche Hochflut und Krise) gegenüberstand. Wäre jene Verteilung des Einkommens die Ursache der Krise gewesen, so müßte sich diese als eine ununterbrochene, schleichende Erscheinung dargeboten haben, als Arbeiterüberschuß von unantastbaren ehernem Bestande, also als das Gegenteil von dem, was man beobachtete.

Aber auch die Annahme, daß das Einkommen der wohlhabenden Volksschichten allgemein ihre persönlichen Bedürfnisse übersteige, war unzutreffend, wie ja die Bodenverschuldung der Groß- und Kleingrundbesitzer, die Not der Grundrentner, ihre Bettelei um Staatsschutz beweisen. Die Bedürfnisse kennen überhaupt keine Grenzen; das geht ins Unendliche. Die Bedürfnisse der Weber im Eulengebirge waren doch mit Kartoffelschalen nicht eigentlich befriedigt, und mit der Herzogswürde, die die amerikanischen Könige für ihre Töchter erwarben und mit Milliarden bezahlten, war deren Würdebedürfnis noch ungesättigt. Sie strebten nach der deutschen Kaiserkrone und häuften Milliarde auf Milliarde, arbeiteten Tag und Nacht, sparten vielleicht am eigenen und sicher am Leibe ihrer Arbeiter, um diese Krone zu erreichen. Und wenn sie diese erreicht gehabt hätten, dann wäre ein kleiner, schwarzer Pfaff gekommen und hätte gesagt, das alles wäre vergänglich, sie sollten arbeiten, sparen, Milliarden sammeln und sie der Kirche vermachen, auf daß sie würdig befunden würden, einzutreten in das Reich Gottes. Zwischen Kartoffelschalen und dem Opferstock der Kirche ist ein Meer von Bedürfnissen, das alles verschlingt, was die Menschen erzeugen können. Auch ist kein Mensch so reich, daß er nicht darauf bedacht wäre, noch reicher zu werden; im Gegenteil, die Geldgier wächst mit dem Erfolg im Erwerb. Wie wären sonst die gewaltigen Vermögen in der Neuzeit zustande gekommen, wenn ihre Besitzer bei der ersten Million gesagt hätten: wir haben jetzt genug erworben, wir wollen andere arbeiten lassen! Kein reicher Mann ließ seine Überschüsse brach liegen, solange sich Gelegenheit für eine gewinnreiche Anlage bot. Der Zins war allerdings die Voraussetzung der Geldausgabe des Kapitalisten, aber in dieser Beziehung handelte der reichste Mann nicht anders als der kleinste Sparer. Kein Zins – kein Geld, so hieß es auf der ganzen Linie. Alle machten das Wiederausgeben der Geldüberschüsse abhängig vom Zins, und wenn wir alle Bürger in bezug auf ihr Einkommen gleichgestellt hätten, so würden wir nichts an der Tatsache geändert haben, daß der Sparer, der mehr Waren erzeugte und verkaufte, als er verbrauchte, den Geldüberschuß nicht eher wieder in Umlauf brachte, bis ihm Zins bezahlt wurde. Es mußte sich also durch die Tätigkeit der Sparer jedesmal ein Warenüberschuß mit Absatzstockung und Arbeitslosigkeit zeigen, sobald Handel und Industrie keinen Zins abwarfen. Die Ursache der Krise lag also darin, daß einerseits die Kapitalisten die Geldanlage vom Zins abhängig machten, anderseits darin, daß, wenn der Vorrat an Häusern, Maschinenanlagen und sonstigen Arbeitsmitteln eine bestimmte Grenze überschritt, dann auch der Zins fiel, den diese einbringen müssen, um das in ihnen verausgabte Geld zu verzinsen. (Der

6. Wie das Freigeld beurteilt wird.

Wettbewerb der Hausbesitzer den Mietern gegenüber wirkt wie der Wettbewerb der Besitzer gewerblicher Unternehmungen den Arbeitern gegenüber; er drückt auf den Zins. Hier setzt er den Mietzins herunter, dort setzt er den Arbeitslohn herauf.) Traf nun letzteres ein, so konnten die Unternehmer den geforderten Zins nicht zahlen, und die Kapitalisten hatten keinen Anlaß, das Geld ohne Zins herzugeben. Sie warteten dann lieber die Krise ab, die die Lage klären und den alten Zinssatz wieder herstellen würde und erfahrungsgemäß auch weder herstellte. Sie zogen es vor, für kurze Zeit ganz auf den Zins zu verzichten, um dadurch in den Genuß eines höheren Zinsfußes zu gelangen, anstatt ihr Kapital zu niedrigem Zinsfuß auf lange Jahre festzulegen. Ein gewisser Mindestzins ließ sich durch einfaches Warten immer erpressen.

Also mit dem Mißverhältnis zwischen Verbrauch und Einkommen der wohlhabenden Klassen, zwischen Kaufkraft und Erzeugungskraft der Arbeiter als Ursache der Krise, ist es nichts.

Der wirklichen Ursache der Krise am nächsten kam die zuletzt erwähnte Theorie, die die Krise mit der Währung in ursächlichen Zusammenhang brachte.

Daß, solange die Preise abwärts neigten und der Verkauf der Waren nur Verluste brachte, niemand daran dachte, neue Unternehmungen zu begründen oder bestehende zu erweitern, daß auch kein Kaufmann Waren kaufte, um sie unter dem Einstandspreis losschlagen zu müssen, und daß unter solchen Verhältnissen eine Krise unvermeidlich wurde, ist ja klar und einleuchtend. Aber diese Theorie beantwortet die Frage eigentlich nur mit neuen Fragen. Sie erklärt richtig die Krise als gleichbedeutend mit einem allgemeinen Preisrückgang, aber sie gibt keine befriedigende Auskunft auf die Frage, woher der Preisrückgang kam. Zwar behauptete sie, das Sinken der Preise käme von einem Mangel an Geldvorrat, und darum schlug sie auch eine Vermehrung der Geldherstellung (Doppelwährung, Papiergeld) vor; aber der Nachweis fehlt, daß mit oder nach Vermehrung des Geldvorrats auch das Angebot dieses Geldes sich dem Angebot von Waren anpassen würde, namentlich, ob auch dann Geld angeboten werden würde, wenn der Zins herunterginge.

Und darauf käme es doch an.

Dies sah man übrigens auch ein, und darum schlug man vor, das Geld völlig von jedem Metall zu trennen (Aufhebung des Prägerechtes für Silber und Gold), um dann die Geldherstellung (nicht Geldangebot) so zu regeln, daß, wenn die Preise fielen, die Geldanfertigung vermehrt und umgekehrt bei steigenden Preisen der Geldvorrat (nicht Geldangebot) vermindert werden sollte. Man dachte auf so einfache Weise das Geldangebot der Nachfrage jederzeit anpassen zu können.

Man hat diesen Vorschlag nie ausgeführt, und es ist gut, daß man es nicht tat, denn man wäre damit nur durchgefallen. Denn man die diesen Vorschlag machten, sahen Geldvorrat und Geldangebot als gleichbedeutend an, sie glaubten, daß, weil einem großen Kartoffelvorrat auch ein gleich großes Kartoffelangebot entspricht, dies auch so mit dem Gelde sein müsse. Dies ist aber durchaus nicht der Fall. Das Kartoffelangebot, wie überhaupt das Warenangebot entspricht genau dem Vorrat, weil die Aufbewahrung mit schweren Unkosten verbunden ist. Wäre das frühere Geld so beschaffen gewesen, wie die Waren im allgemeinen, d. h. hätte man das Metallgeld nur mit Verlust aufbewahren können, dann wäre ein Rückschluß vom Vorrat auf das Angebot ganz am Platze gewesen. Aber das war bekanntlich nicht der Fall. Über das Angebot ihres Geldes verfügten die Inhaber unumschränkt. Und es wurde kaufmännisch und kapitalistisch kein Pfennig in Umlauf gesetzt, wenn kein Zins dabei herauskam. Kein Zins – kein Geld, mag der Geldvorrat noch so groß sein, mag man den Geldvorrat verhundertfachen.

Nehmen wir nun an, daß mit einer solchen Reform der Notenbanken das Ziel (die Beseitigung der schleichenden wie auch der schnell verlaufenden Krisen) erreicht worden wäre, so würde sehr bald der Augenblick gekommen sein, wo das Land mit Häusern, Maschinenanlagen usw. derart gesättigt gewesen wäre, daß sie den gewohnten Zins nicht mehr hätten einbringen können. Dann würde das alte Spiel wieder von vorn begonnen haben: die Sparer und Kapitalisten hätten nicht mit dem Zins heruntergehen wollen und die Unternehmer würden den alten Zinsfuß nicht haben zahlen können. Durch die Erfahrung von 2000 Jahren wissen die Geldbesitzer, daß sie je nach der Anlage 3 – 4 – 5 % für ihr Geld erzielen können und daß sie nur eine Weile zu warten brauchen, um diesen Zinsfuß zu erzielen. Also warten sie.

Während die Geldbesitzer nun warten, fehlt natürlich die Nachfrage nach Ware, und die Preise sinken. Dieses Sinken der Preise macht wieder den Handelstand stutzig, der nun auch in Erwartung der Dinge, die da kommen könnten, mit den Bestellungen zurückhält.

So ist also sofort wieder die Absatzstockung, die Arbeitslosigkeit, die Krise fertig – trotz dem großen Geldvorrat.

Allerdings wurde vorgeschlagen, daß der Staat in solchen Fällen den Unternehmern das Weiterarbeiten ermöglichen solle, indem er ihnen unmittelbar Geld zu billigerem Zinsfuß, nötigenfalls zinsfrei liefere. So hätte der Staat immer wieder durch Neuausgabe das Geld ersetzt, das die Sparer und Kapitalisten dem Verkehr entzogen; aber wo hätte ein solches Vorgehen hingeführt? Auf der einen Seite bei den Kapitalisten Berge von Papiergeld, für das die Verwendung fehlt, auf der anderen Seite in den Staatskassen entsprechende Berge von Pfandbriefen und Wechseln, und zwar langfristigen Wechseln und unkündbaren Pfandbriefen, wie sie die Unternehmer brauchen!

Die bei den Privaten aufgestapelten Berge von Papiergeld (schließlich hätte das gesamte Privatvermögen diese Form angenommen) können jeden Tag durch irgend ein Ereignis in Bewegung geraten, und da dieses Geld nur auf dem Markte im freien Verkehr mit Waren einlösbar sein sollte, so hätte sich diese Papiergeldmasse in eine plötzlich ungeheure Nachfrage umgewandelt, gegen die der Staat mit den Pfandbriefen und langfristigen Wechseln nicht hätte ankämpfen können. So wären denn die Preise ins Blaue hinein gestiegen.

Es ist nun ein Glück, daß wir mit dem Freigeld dieser Gefahr entronnen sind, denn das klägliche Scheitern dieser Reform würde natürlich wieder ausgebeutet worden sein gegen die Theorie des Papiergeldes, und so wären wir wieder auf Jahrhunderte zurückgeworfen worden in die Barbarei des Metallgeldes.

Das Freigeld macht das Angebot des Geldes von jeder Bedingung unabhängig; so viel Geld vom Staate in Umlauf gesetzt wurde, so viel Geld wird angeboten. Was man bisher beim Gelde als selbstverständlich voraussetzte, nämlich daß, wie bei den Kartoffeln, das Angebot dem Vorrat stets entsprechen müsse, das wird mit dem Freigeld erst zur Tatsache: Geldangebot = Geldvorrat. Das Geldangebot geht nicht mehr neben dem Geldvorrat einher, es bedeutet keine Willkürsache mehr; Wille und Wünsche sind einflußlos auf das Geldangebot geworden. Die Quantitätstheorie ist jetzt vollkommen richtig, und zwar die einfache, naive, auch die "roh" genannte Quantitätstheorie.

Wie könnte es unter solchen Umständen noch zu einer Krise kommen? Geht auch der Zins herunter, fällt er gar auf und unter Null, das Geld wird dennoch angeboten; und gehen die Preise herunter, so hebt sie der Staat einfach wieder durch Vermehrung des Geldvorrats. Die Nachfrage hält also stets und unter allen Umständen dem Angebot die Wage.

Wenn somit das Freigeld die Krisen unmöglich macht, so müssen wir notwendigerweise die Ursachen der Krisen in dem Punkte suchen, wo das frühere Geldwesen sich vom Freigeld unterscheidet. Und dieser Punkt liegt in der Verschiedenheit der Beweggründe, die das Geldangebot jetzt beherrschen, und derjenigen, die es früher beherrschten.

Der Zins war früher selbstverständliche Voraussetzung des gesamten Geldumlaufes; jetzt wird das Geld auch ohne Zins angeboten.

Bei einem eingetretenen allgemeinen Preisrückgang, der schon ein ungenügendes Geldangebot anzeigte, wurden die Privatgeldvorräte zurückgezogen (weil niemand bei fallenden Preisen kaufmännisch Waren erwirbt, noch ohne Verlustgefahr erwerben kann). Die Folge war, daß der allgemeine Preisrückgang oft in ein rasendes, allgemeines Zugeldemachen mit entsprechendem Preissturz übergehen mußte; jetzt dagegen wird das Geld unter allen denkbaren Verhältnissen angeboten.

Bei einer einsetzenden allgemeinen Preissteigerung, die schon ein zu großes Geldangebot anzeigte, wurden alle Privatgeldvorräte auf den Markt gebracht, weil jeder an der allgemein erwarteten weiteren Preissteigerung mit möglichst großen Beständen an Waren und Papieren beteiligt sein wollte, wodurch dann das Erwartete auch eintreten mußte und die Preise bis zu der von dem Angebot sämtlicher Privatgeldvorräte gezogenen Höchstgrenze stiegen; jetzt können die Preise überhaupt nicht mehr steigen, weil es keine Privatgeldvorräte mehr gibt.

Für die Höhe des Geldangebots, für die Beantwortung der Frage, ob der Kapitalist kaufen sollte oder nicht, waren Ansichten, Meinungen, Gerüchte, falsche und echte Nachrichten, oft nur das Mienenspiel eines Herrschers, maßgebend. Trafen gutes Wetter und gute Verdauung "tonangebender" Börsenmänner mit irgend einer günstigen Nachricht zusammen, so schlug auch schon die "Stimmung" um, und die, die noch gestern verkauften, waren heute Käufer geworden. So war das Angebot des Geldvorrats wie ein Rohr, das der Wind hin- und herbewegt. Daneben noch das Zufällige der Gelderzeugung selbst. Fand man Gold – gut; fand man keins, so mußte man sich eben bescheiden. Während der ganzen Dauer des Mittelalters, bis zur Entdeckung Amerikas, war der Handel auf die von den Römern ererbten Gold- und Silberbestände angewiesen, weil alle damals bekannten "Fundstätten" erschöpft waren. Handel und Verkehr gingen auf das kleinste Maß zurück, weil die Arbeitsteilung sich wegen Mangels an Tauschmitteln nicht entfalten konnte. Seit der Zeit hat man ja viel Gold und Silber "gefunden", aber wie unregelmäßig sind diese "Funde"! Es sind eben Funde. Zu diesen Schwankungen in den "Goldfunden" traten dann noch die Schwankungen in der Währungspolitik der verschiedenen Länder, die bald die Goldwährung mittels auswärtiger Goldanleihen (Italien, Rußland, Japan) einführten und so den auswärtigen Märkten Riesensummen entzogen, bald aber die Papierwährung einführten und dann das Gold wieder auf die fremden Märkte abstießen.

So war das Geldangebot Spielball der verschiedensten, sich kreuzenden Umstände.

Und hierin besteht der Unterschied zwischen dem früheren Geldwesen und dem Freigeld; in diesem Unterschied müssen wir die Ursache der Wirtschaftskrisen erkennen.

Der Wert-Theoretiker.

(Diesen Abschnitt, der in früheren Auflagen 8 Seiten umfaßte, habe ich auf dem Altar der Papiernot geopfert. Das konnte ich um so leichteren Herzens tun, als die Wertlehre offenbar keine Vertreter mehr hat, daher für tot erklärt und als ausgestorben behandelt werden kann. – Unsere Arbeit ist aufbauend. Wir beschäftigen uns mit den wirtschaftlichen Irrlehren nur, solange sie uns im Wege stehen. Die Wertlehre steht uns nicht mehr im Wege, sie wanderte in das Massengrab menschlicher Irrungen; für Geschichtsschreiber der Volkswirtschaft ein hochmerkwürdiger Gegenstand, für den Maurergesellen des Zukunftsstaates nur Schutt und Abfall – "Kjökkenmöddinger". – Der Verfasser.)

Der Lohn-Theoretiker.

Seitdem Eisenbahn, Dampfschiffahrt und Freizügigkeit den Arbeitern weite Strecken des fruchtbarsten Bodens in Amerika, Asien, Afrika, Australien zur freien Verfügung gestellt haben, seitdem auch unter dem Schutze der Handelsgesetze und im Verein mit der größeren Gesittung und Bildung der Personalkredit sich entwickelte und das Kapital dem Arbeiter zugänglich geworden ist, fehlen die wichtigsten Voraussetzungen für das Walten des Gesetzes vom ehernen Lohn.

Der Abeiter braucht sich dem Grundbesitzer nicht mehr auf Gnade oder Ungnade zu ergeben; er kann die Sklavenketten zerreißen, den vaterländischen Staub von seinen Schuhen abschütteln. Das Landmonopol ist gebrochen. Millionen von Arbeitern haben sich durch die Auswanderung frei gemacht, und mit den Zurückbleibenden muß der Grundbesitzer verhandeln wie mit freien Männern. Denn die Möglichkeit der Auswanderung macht sie alle tatsächlich frei.

Ich mußte das Gesetz des ehernen Lohnes aufgeben; die Tatsachen sprachen zu sehr gegen mich. Moleschott und Liebig hatten berechnet, daß die Stickstoffmengen und Kohlehydrate, die zur Aufzucht und Fortpflanzung eines zwölf Stunden arbeitenden Menschen nötig sind, in $1/2$ Liter Fischtran und 4 kg Saubohnen enthalten seien. Diese Stoffe kosten aber zusammen nur 17 Pfennig. Dazu noch 3 Pfennig für Kartoffelschalen, Kleidung, Wohnung und religiöse Bedürfnisse, das macht im ganzen 20 Pfennig. Über diese eherne Grenze könne also der Lohn nicht gehen. Trotzdem ist der Lohn darüber hinausgestiegen; folglich ist es nichts mit dem Gesetze des ehernen Lohnes.

Nun suchte ich mir aus der Verlegenheit zu helfen, indem ich sagte: das nach dem Stande der Kultur des Arbeiters zu seinem Leben und zur Fortpflanzung nötige Mindestmaß (Kultur-Existenzminimum) sei der eherne Lohn. Aber diese Redensart klang doch allzu hohl, und ich kam damit nicht weit. Denn wie kam denn der mit Saubohnen gefütterte Arbeiter überhaupt zu einer Kultur? Wie konnte der Schlingel aus dem Stalle ausbrechen? An Wächtern fehlte es doch nicht. Übrigens, was ist Kultur, was ist das Mindestmaß für den Lebensunterhalt? Fischtran und Saubohnen bilden das Festgericht der Weber im Eulengebirge am Weihnachtsabend. Mit solchen dehnbaren Begriffen kann die Wissenschaft nichts anfangen. Nach den Ansichten vieler (Naturmenschen, Cyniker usw.) ist die Bedürfnislosigkeit eine höchste Bildung, und somit müßte der der jeweiligen Lebensführung entsprechende "eherne Lohn" mit steigender Kultur, mit steigender Bedürfnislosigkeit herabgehen. Sind denn die Weber im Eulengebirge weniger gesittet als die Mastbürger, die den Tag mit "Frühschoppen" beginnen und fetten Schweinen mehr ähneln als menschlichen Wesen? Außerdem stimmt es nicht, daß der Lohn einfach mit der Anzahl der Schoppen, mit der Güte des Tabaks steigt.

Der Handelsminister Möller gab im preußischen Landtage folgende Durchschnittslohnsätze an, die die Bergarbeiter im Ruhrgebiet bezogen:

1900:	M. 4,80	1903:	M. 3,88
1901:	M. 4,07	1904:	M. 3,91
1902:	M. 3,82		

Die Löhne waren also im Zeitraum von 3 Jahren um 25 % gefallen! Waren nun die Bedürfnisse der Arbeiter in so kurzer Zeit auch um 25 % gefallen?* Oder sind vielleicht die Arbeiter der Barbarei der "Abstinenz" verfallen? Die Enthaltsamen kommen ja mit weniger Geld aus, und das wäre ja ein vortrefflicher Grund, um den Mindestlohn noch weiter auf den niedrigeren Kulturzustand der Abstinenz herabzusetzen. Aber dann fragt es sich, warum die Machthaber sich so wenig für die Bestrebungen der Abstinenten begeistern. Könnte man mit Hilfe der Enthaltsamkeit und zugunsten des arbeitslosen Einkommens den Lohn herabsetze, wie schnell würden da Herstellung und Handel mit berauschenden Getränken verboten werden! Aber die Machthaber wissen es besser. Hütet euch von den Abstinenten! Ohne berauschende Getränke läßt sich kein Volk "regieren".**

Kurz, es ist nichts mit dem "Kultur-Existenzminimum", nichts mit dem

---

*) Wir nehmen hier an, daß der Sachlohn (Relallohn) die Schwankungen des Geldlohnes mitgemacht hat. Anderenfalls müßte man ja die sogen. "deutsche Reichswährung" bankrott erklären.
**) Ein neuer Markstein in der Geschichte der Menschheit: Heute, den 15. Sept. 1918 n. Chr. hat Wilson Herstellung, Handel und Einfuhr aller alkoholhaltigen Getränke verboten. Sein Wille geschehe, so in den Vereinigten Staaten so auch anderwärts!

Gesetze des ehernen Lohnes. Die Lohnbewegungen vollziehen sich ohne Rücksichten auf den Bildungszustand. Dieselbe Lohnerhöhung, die die Arbeiter heute "erkämpft" zu haben glauben, verlieren sie morgen wieder, wenn die geschäftlichen Aussichten (Konjunkturen) ungünstig sind. Bessern sich dagegen die Marktverhältnisse, dann fällt ihnen die Lohnerhöhung ohne Kampf, ja sogar ohne Forderung von selber zu, wie dem Bauer der erhöhte Weizenpreis ohne Kampf zufällt, sobald aus Amerika schlechte Ernteaussichten gemeldet werden.

Lohn! Was ist der Lohn? Lohn, das ist der Preis, den der Käufer (Unternehmer, Kaufmann, Fabrikant) für die ihm vom Erzeuger (Arbeiter) gelieferten Waren zahlt. Dieser Preis richtet sich, wie der Preis aller Waren nach dem dafür erwarteten Verkaufspreis. Verkaufspreis abzüglich Grundrenten- und Kapitalzins, das ist der sogenannte Lohn. Das Lohngesetz ist darum in dem Grundrenten- und Kapitalzinsgesetz bereits enthalten. Ware abzüglich Rente und Zins = Lohn. Ein besonderes "Lohngesetz" gibt es also nicht. Das Wort "Lohn" ist in der Volkswirtschaft überflüssig, denn Lohn und Preis sind eins. Wenn ich weiß, wie der Preis der Ware zustande kommt, so weiß ich auch, was der Arbeiter für seine Erzeugnisse erhält.*

Und zu dieser Erkenntnis hat mir das Freigeld verholfen. Das Freigeld befreite mich zunächst von allen Wertflunkereien, indem ja das Dasein dieses Freigeldes eine lebendige und greifbare Widerlegung sämtlicher Werttheorien und des Wertglaubens überhaupt darstellt. Nach dem Wertglauben kam die Reihe an den für volkswirtschaftlichen Untersuchungen gänzlich unbrauchbaren Begriff "Arbeit". Denn was ist Arbeit? Die Arbeit kann man nicht an den Armbewegungen, an der Müdigkeit ermessen, sondern nur am Arbeitserzeugnis. James Watt arbeitet jetzt im Grabe noch mehr als sämtliche Pferde der Welt. Nicht auf Arbeit, sondern auf deren Ergebnis (das Produkt) kommt es an; dieses wird gekauft und bezahlt. Wie das ja bei der sogenannten Stückarbeit klar zutage tritt. Und im Grunde ist alles Stücklohn-(Akkord)arbeit.

Waren kaufen heißt aber Waren tauschen; die ganze Volkswirtschaft löst sich so in einzelne Tauschgeschäfte auf, und alle meine Begriffe: "Lohn", "Wert", "Arbeit" enthüllen sich als vollkommen zwecklose Umschreibungen der beiden Begriffe "Ware" und "Tausch".

Der Bankmann.

Immer wieder werde ich gefragt, wie es denn nun eigentlich mit dem Außenhandel wird, wenn wir zur Papierwährung übergehen. Es ist erstaunlich, in welch tiefer Unwissenheit das Volk in dieser Beziehung geblieben ist. Dabei handelt es sich doch um einfache, übersichtliche Vorgänge.

Sehen Sie dort die Zitronen im Laden der Grünkramhändlerin? Sie kommen aus Malaga. Und die Kisten, die dort dem Bahnhof zugerollt werden, kommen von der Finsterburger Sonnenschirm A.-G. und gehen nach Sevilla. Können nun diese beiden Geschäfte mit Papiergeld, deutschem und spanischem Papiergeld, unter Ausschluß von Gold abgewickelt werden?

---

*) Im letzten Teil d. B. "Die Zinstheorie" werde ich zeigen, wie es übrigens auch schon allgemeiner anerkannt wird, daß die Besitzer der Produktionsmittel (Fabrikanten) einfach Pfandleiher sind.

Wäre der Händler, der die Zitronen aus Spanien einführt, zugleich derjenige, der auch die Sonnenschirme nach Spanien ausführt, so würde jedermann sofort einsehen, daß die Abwicklung der beiden Geschäfte durch das Papiergeld nicht gestört wird. Der Mann würde in Sevilla die Sonnenschirme gegen spanisches Papiergeld verkaufen und mit demselben Papiergeld in Malaga Zitronen kaufen und bezahlen. Dann würde er die Zitronen nach Hamburg schicken, sie dort gegen deutsches Papiergeld verkaufen und mit dem Erlös die Sonnenschirme bezahlen. Er würde also die Zitronen mit Sonnenschirmen bezahlen. Und dieses Geschäft würde er unendlich oft wiederholen, ohne daß ihm der Umstand, daß das spanische Papiergeld in Deutschland nicht gilt, bei seinen Geschäften irgendwelche Verlegenheit bereiten könnte. Das spanische Papiergeld, das er für die Sonnenschirme bekommt, gibt er in Spanien für Zitronen aus, und das deutsche Papiergeld, das er für die Zitronen erhält, benutzt er zum Ankauf der Sonnenschirme. Sein Kapital wechselt ständig; heute besteht es aus Zitronen, morgen aus Mark d. R.-W., dann wieder aus Sonnenschirmen und aus Pesetas spanischer Währung. Dem Kaufmann kommt es ganz allein auf den Gewinn an, auf das, was der ständige Stoffwechsel des Kapitals an Überschuß abwirft. Und dafür, daß ein Gewinn aller Regel nach übrigbleibt, sorgen nicht die Währung, sondern die Gesetze des Wettbewerbs.

Aber Einfuhr und Ausfuhr sind nur ausnahmsweise in einer Hand vereint. In der Regel herrscht auch hier die Arbeitsteilung, und diese erfordert für die Abwicklung der Zahlung eine besondere Handlung. Aber auch dann steht das Papiergeld den Kaufleuten nicht im Wege. Die Dinge wickeln sich dann wie folgt ab: die am gleichen Orte wohnenden Einfuhr- und Ausfuhrhändler treffen sich an der Börse. Dort verkauft der Sonnenschirmausfuhrhändler dem Zitroneneinfuhrhaus die Forderung, die er in Gestalt eines Wechsels auf Sevilla hat, gegen deutsches Geld. Zu welchem Preise das geschieht (Wechselkurs, Valutaschwankungen), werden wir gleich sehen. Diesen in Pesetas spanischer Währung ausgestellten Wechsel schickt das Zitroneneinfuhrhaus nach Malaga in Zahlung für die erhaltenen Zitronen.

Dieser Wechsel lautet:

30 Tage nach Sicht zahlen Sie an die Order der Hamburger Zitronen-Zentrale die Summe von 1000 Pesetas, Wert unserer Sonnenschirmrechnung vom 1. August.

Finsterburger Sonnenschirm A.-G.

An Herrn
Manuel Sanchez in Sevilla.

Der Verkauf des Wechsels durch das Sonnenschirmausfuhrhaus an die Zitronenzentrale ist durch die Ausstellung an Order der Zitronen-Zentrale im Text des Wechsels beglaubigt. Der weitere Verkauf des Wechsels an das Zintronenausfuhrhaus in Malaga wird auf der Rückseite des Wechsels vermerkt. Dort steht: Für uns an die Order der Herren Cervantes y Saavedra in Malaga.

Hamburger Zitronenzentrale.

Von Malaga wird der Wechsel durch ein Bankhaus nach Sevilla geschickt und dort vom Sonnenschirmhändler Manuel Sanchez eingelöst.

Damit ist das Sonnenschirm- und Zitronengeschäft nach allen vier Seiten erledigt. Das Sonnenschirmausfuhrhaus in Hamburg und das Zitronenausfuhrhaus in Malaga haben ihr Geld erhalten, das Zitroneneinfuhrhaus in Hamburg und das Sonnenschirmeinfuhrhaus in Sevilla haben ihre Rechnungen bezahlt. Und es war dabei doch nur deutsches und spanisches Papiergeld beteiligt. Trotzdem an dieser Ein- und Ausfuhr vier Personen beteiligt werden, wurde Ware mit Ware, deutsche Ware mit spanischer Ware bezahlt.

Ähnlich verlaufen die Dinge übrigens auch, wenn die Wechsel, statt im unmittelbaren Verkehr zwischen den Einfuhr- und Ausfuhrhäusern zu bleiben, den Banken übergeben werden, was in der Regel dann geschieht, wenn die Ein- und Ausfuhrhändler verschiedene Orte bewohnen. Doch würde es zu weit führen, diese Geschäftsabwicklung hier ebenfalls zu erklären. Wesentliche Unterschiede bestehen nicht.

Aber eine wichtige Frage ist hier noch zu beantworten: Wie kommt der Kurs der Peseta-Wechsel in Hamburg zustande, d. h., welchen Preis zahlte das Zitroneneinfuhrhaus in Hamburg in deutschem Gelde für den auf eine fremde Währung lautenden Wechsel?

Auch diese Frage wollen wir beantworten. Der Preis der Wechsel wird, wie der Preis der Zintronen und Kartoffeln, ausnahmslos durch Nachfrage und Angebot bestimmt. Viele Kartoffeln, viele Wechsel = billige Preise für Kartoffeln und Wechsel. Viele spanische Pesetawechsel werden aber in Deutschland angeboten, wenn viele deutsche Waren nach Spanien ausgeführt werden, während anderseits die Nachfrage nach Pesetawechseln in Hamburg gering ist, wenn aus Spanien wenig Waren eingeführt werden. Dann fällt der Preis (Kurs) der Peseta, wie er auch wieder steigt, wenn das Umgekehrte eintritt.

Solange in der Ein- und Ausfuhr sich nichts ändert, halten sich auch Nachfrage und Angebot von Wechseln die Waage. Die Änderung tritt aber sofort ein, sobald aus irgend einem Grunde die Preise in Spanien (um bei dem Beispiel zu bleiben) oder in Deutschland ihren allgemeinen Stand verlassen. Steigen z. B. in Spanien die Warenpreise, weil man dort verhältnismäßig mehr Papiergeld ausgegeben hat als in Deutschland, so werden durch dieselben hohen Preise ausländische Waren mehr als gewöhnlich angelockt, während zugleich die Ausfuhr spanischer Ware wegen derselben hohen Preise sich als weniger oder überhaupt nicht lohnend erweist. Dann wächst die Einfuhr in Spanien, und die Ausfuhr geht zurück. Dann wird das Angebot von Pesetawechseln in Hamburg groß, und die Nachfage nach Pesetawechseln wird klein. Und Angebot und Nachfrage bestimmen den Marktpreis der Peseta. Dann bezahlt man für die Peseta in Hamburg statt 0,80 nur 0,75, 0,70 und weniger. Dann erhält das Sonnenschirmeinfuhrhaus für den auf Sevilla gezogenen Wechsel in deutschem Papiergeld nicht mehr dieselbe Summe wie früher, sondern weniger, und was es dann an den hohen Preisen, die es in Sevilla für die Sonnenschirme erzielte, mehr als gewöhnlich verdient zu haben glaubte, das setzt es am sinkenden Pesetakurs beim Verkauf des Wechsels wieder zu. Umgekehrt wird die Zitronenzentrale das, was sie in Malaga an den hohen Preisen für Zitronen mehr bezahlt hatte, jetzt beim Kauf der Pesetawechsel in Hamburg wieder zurückgewinnen.

Dieses Spiel währt so lange, bis die durch die spanische Papiergeldpolitik hochgetriebenen Warenpreise durch einen entsprechenden Rückgang der Pesetakurse ausgeglichen sind und damit ihren Anreiz zu erhöhter Einfuhr und verminderter Ausfuhr wieder verlieren. Das Gleichgewicht zwischen Ein- und Ausfuhr stellt sich also durch die Schwankungen des Wechselkurses selbsttätig her, und dies bedeutet, daß besondere Rücklagen zum Ausgleich einer Unterbilanz bei doppelseitiger Papierwährung nicht nötig sind, weil es zu solchen Unterbilanzen nicht kommen kann.

Es erübrigt sich, zu sagen, daß, wenn in Deutschland die Preise hochgetrieben werden, während sie in Spanien auf gleicher Höhe bleiben, die Dinge genau umgekehrt verlaufen. Dann lohnt sich die Ausfuhr von Sonnenschirmen nicht, dagegen aber lohnt sich um so mehr die Einfuhr nach Deutschland aus all den Ländern, mit denen Deutschland sonst auf dem Weltmarkt in Wettbewerb steht. Dann werden in Deutschland wenig Auslandswechsel angeboten, aber viele gesucht; dann muß man für ausländische Wechsel erhöhte Preise (in Mark deutscher Papierwährung) zahlen. Dann stellt der erhöhte Preis (Kurs) dieser Wechsel das Gleichgewicht in Ein- und Ausfuhr auch selbsttätig wieder her.

Es ist zweifellos, daß die hier (also unter der doppelseitigen Papierwährung) möglichen Schwankungen des Wechselkurses jede beliebige Höhe erreichen können, daß solche Schwankungen die Kaufleute sehr ungleich begünstigen oder schädigen und dadurch die Verlustgefahr des Handels erhöhen. Aber liegt nicht in der Möglichkeit, mittels der Geldpolitik willkürlich unbegrenzt große Schwankungen des Wechselkurses herbeizuführen, auch schon die Anerkennung ausgedrückt, daß man mit der Papiergeldpolitik auch ebenso willkürlich die Wechselkurse fest auf einem Punkt erhalten kann? Kann man das Gleichgewicht in Ein- und Ausfuhr durch die Geldpolitik stören, so muß es doch auch möglich sein, durch dieselbe Geldpolitik sogar die aus natürlichen Gründen (z. B. gute und schlechte Ernten) entstehenden Schwankungen in der Ein- und Ausfuhr auszugleichen. Es ist dazu ja weiter nichts nötig, als daß die einzelnen Länder eine in allen Dingen übereinstimmende Geldpolitik, Papiergeldpolitik betreiben. Wenn wir in Deutschland, und ebenso die Spanier in ihrem Lande, das Gleichgewicht der Warenpreise durch eine entsprechende Geldpolitik aufrecht erhalten, auch das Verhältnis der Nachfrage zum Angebot von Wechseln unverändert, dann bleibt der Wechselkurs fest. Zur Lösung dieser Aufgabe genügt also eine Verständigung zwischen den einzelnen Ländern und eine entsprechende Tat.

Das, was wir von der hier erwähnten Verwaltung des Geldes erwarten, stellte sich früher mit der internationalen Goldwährung bis zu einem gewissen Grade selbsttätig ein. War in einem Lande der Geldumlauf (Gold und Banknoten) groß, und stiegen als Folge davon die Warenpreise über ihren natürlichen Weltverkehrsstand, so geschah genau dasselbe, was jetzt in einem Lande mit Papiergeld geschieht, wenn der Geldumlauf erhöht wird (s. oben).

Die Wechsel, die auf das Land, in dem die Preise gestiegen waren, gezogen wurden, fielen im Kurs. War es z. B. Spanien, so ging der Pesetakurs in Hamburg von 80 auf 79 oder 78 zurück und fiel schließlich so weit, daß der Verkäufer solcher Goldpesetawechsel (das wäre, um bei dem Beispiel zu bleiben, der Sonnenschirmausfuhrhändler) seinem Geschäftsfreund in Sevilla schreiben mußte: "Ich stoße beim Verkauf des für die gelieferten Sonnenschirme

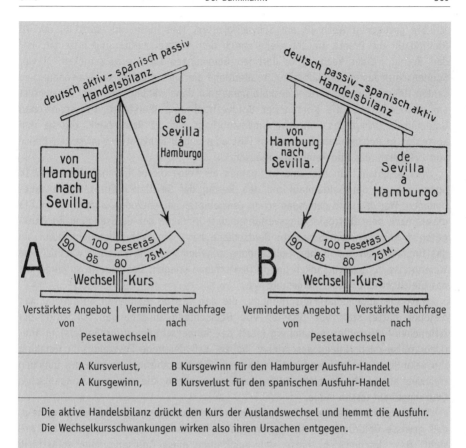

Abb. 4

auf Sie gezogenen Wechsels auf Schwierigkeiten. Man bietet mir statt 80 nur 78 Pfennig für die Peseta an. Ich ziehe darum den Wechsel zurück und bitte Sie, mir den Betrag meiner Rechung in dortigen Goldmünzen hierher zu schicken." Unser Sonnenschirmausfuhrhändler hat nun allerdings die Kosten dieser Goldversendung zu zahlen. Diesen Ausweg wird er deshalb immer nur dann wählen, wenn der Kursverlust am Wechselverkauf die Kosten der Goldverfrachtung übersteigt. Die spanischen Goldmünzen bringt das Sonnenschirmausfuhrhaus auf die Reichsbank, die sie ihm kostenlos in Reichsmünzen umprägen läßt oder gegen Banknoten zum festen Preise von 2790 Mark das Kilo Feingold umtauscht.

Was geschieht nun hier und in Spanien als Folge dieses Geschäftsbrauches? In Spanien hatte der Geldumlauf um den Betrag der Sevillaner Goldsendung abgenommen. War das Gold dem spanischen Zentralnotenamt entzogen worden, so mußte dieses nach dem Dritteldeckungsverfahren das Dreifache der Goldsendung an Banknoten dem Verkehr entziehen. In Deutschland hatte umgekehrt der Geldumlauf um das Dreifache der spanischen Goldsendung zugenommen. Die Wirkung war, daß die Warenpreise in Spanien sanken und in Deutschland stiegen. Das dauerte so lange, bis das Gleichgewicht wieder hergestellt war.

Wäre die allgemeine Preiserhöhung, die den Anstoß zu diesen Verschiebungen gegeben hatte, statt von Spanien von Deutschland ausgegangen, so würde der Zitroneneinfuhrhändler in Hamburg (statt des Sonnenschirmausfuhrhändlers) in ähnlicher Weise nach Malaga geschrieben haben, daß der hohe Pesetakurs in Hamburg ihn veranlasse, als Zahlung für die erhaltenen Zitronen diesmal anstelle des üblichen Wechsels auf Sevilla deutsche Goldmünzen einzusenden, die man sich in spanisches Geld umprägen lassen möge.

Weil solche Goldsendungen nun tatsächlich oft vorkamen, glaubte man allgemein, daß gewisse Goldrücklagen für diesen Zweck nötig seien. Das war eine falsche Ansicht. Das Gleichgewicht hätte sich auch ohne diese Goldsendungen selbsttätig wieder hergestellt, und zwar als Folge der Hemmung (bzw. Förderung), die die Einfuhr (bzw. Ausfuhr) von Waren durch die Wechselkursschwankungen erfuhr. Die Bedeutung der Goldsendungen und der diese speisenden Goldrücklagen lag auch gar nicht in der Goldsendung an sich, sondern in dem Einfluß, den diese Goldsendungen auf die Warenpreise ausübten. Diese, nicht die Goldsendungen, stellten das Gleichgewicht her. Hätte man überall dort, wo der Wechselkurs aufs Ausland stieg (wenn man also für Pesetawechsel erhöhte Markpreise zahlen mußte), den Preisstand durch Einziehen von Banknoten gedrückt, so wäre auch sofort das Gleichgewicht in der Ausfuhr und Einfuhr wiederhergestellt worden, der Wechselkurs wäre auf den Gleichstand (pari) zurückgegangen. Eine ganz einfache Handlung, bestehend in der Wechseldiskontverweigerung von seiten des Zentralnotenamts, hätte Goldsendungen und die dafür bestimmten Goldrücklagen vollkommen überflüssig gemacht.

Eine Tat an Stelle eines toten Goldklumpens, wie denn überhaupt die Währung nicht als Eigenschaft eines Stoffes, sondern nur als Tat, als Wirkung von Verwaltungsmaßregeln begriffen werden kann.

Aber das hatte man nie begriffen*, und wahrscheinlich begreift man es sogar heute noch nicht ganz.

Unter der Goldwährung konnten die Wechselkursschwankungen nie größer werden, als die Kosten der Goldverfrachtung betrugen. Für einen Kulturzustand, unter dem man vom Staate überhaupt nichts Gutes, keine verständige Arbeit erwarten kann, hat ein solcher selbsttätiger Währungsausgleich Vorteile. Für unsere heutigen Staaten wäre aber das Beibehalten der Goldwährung aus solchem Grunde geradezu als Beleidigung der Staatsbeamten zu betrachten.

Bei Maschinen zieht man wohl der Menschenhand einen selbsttätigen Regulator vor. Aber in Währungsangelegenheiten wäre der Vergleich mit einem Maschinenbetrieb nicht angebracht. Außerdem geschieht die Währungsregulierung unter der Goldwährung nur in sehr beschränktem Sinne selbsttätig. Die Goldversendungen vollziehen sich nicht von selbst. Das Gold muß gezählt, verpackt, verschickt, versichert, umgeprägt werden. Das Einziehen einer entsprechenden Summe Geldes als Verwaltungsmaßregel der Notenbank würde ebenso wirken, dabei weniger Arbeit und gar keine Kosten verursachen.

Auch ist zu beachten, daß die Wechselkursschwankungen zwischen weit entfernten Ländern bei durchschnittlichem Zinsfuß bis zu 4 % und darüber betragen können.

Die Kosten einer Goldsendung von Europa nach Australien betragen z. B. reichlich 2 %. Sie setzen sich zusammen aus Zinsverlust während der Reise, Fracht, Versicherung gegen Seegefahr und Diebstahl, Verpackung und Vermittlungsgebühren. Um diese 2 % kann also der Wechselkurs zwischen Europa und Australien über den Gleichstand (pari) steigen und darunter fallen, so daß hier die Spannung 4 % übersteigen kann! Das alles nennt sich aber Währung, Goldwährung!

Der Goldwährungsautomat beugt nicht vor, er tritt immer nur dann in Tätigkeit, wenn die Schwankungen das Höchstmaß, den sogenannten Goldpunkt (das sind obige Kosten) erreicht haben, d. h. mit dem Beginn der Goldausfuhr und -einfuhr. Wenn der ganze Schaden, den die Wechselkursschwankungen überhaupt anrichten können, bereits vorliegt, dann erst setzt das Heilverfahren ein. Mit der Papierwährung dagegen, wenn alle Wachen und Horchposten der Goldverwaltung ihren Dienst gewissenhaft versehen, beginnen die vorbeugenden Maßregeln, sobald die ersten Zeichen einer Gleichgewichtsstörung beobachtet werden, so daß die Kursschwankungen auf diese Zeichen beschränkt bleiben. Freilich könnte man bei der Goldwährung auch vorbeugen, und die Reichsbank behauptet sogar von sich, daß sie kein bloßer Automat sei; aber wo bleibt dann das selbsttätig Wirksame der Goldwährung, wenn man ihr durch Taten nachhelfen muß?

Das, was ich hier sagte, bezog sich auf das gemeine, herkömmliche Papiergeld. Für das Freigeld, bei dem alle Maßnahmen der Geldverwaltung, entsprechend ihrer Zwangsläufigkeit, unmittelbar wirksam sind, hat meine Behauptung, daß zur Erhaltung fester Wechsel- oder Valutakurse Rücklagen irgendwelcher Art überflüssig sind, unbeschränkte Geltung.

---

*) Näheres in "Aktive Währungspolitik" (s. das Schriftenverzeichnis am Schluß).

Der Wechselagent.
a) Tatsachen.

1. Die silbernen Fünffrankenstücke liefen vor dem Kriege in den Ländern der lateinischen Münzunion* hemmungslos um. Sie konnten frei von einem dieser Länder ins andere ausgeführt werden, hatten überall gesetzliche Zahlkraft gleichgeltend (pari) mit den anderen Geldsorten dieser Länder und liefen auch meistens pari mit diesen um.

2. Das Fünffrankenstück war dabei Kreditgeld. Es war eine Zeitlang nur zu 50 % durch seinen Silbergehalt "gedeckt". Man konnte mit ihm das Doppelte des eigenen Silbergehalt kaufen, so daß von je zwei solchen Münzen immer eine als reines Kreditgeld betrachtet werden konnte. Wer die Münze einschmolz, verlor die Hälfte.

3. Infolge seiner Freizügigkeit (s. 1.) spielte es die Rolle eines allgemeinen Arbitrage-Automaten, eines internationalen Valutareglers, eines internationalen Nivellierers des allgemeinen Preisstandes der Waren.

4. Waren- und Zahlungsbilanz waren durchaus durch diesen Arbitrageautomaten beherrscht.

5. Mehrte man z. B. im Lande A der Münzunion den Geldumlauf (Menge oder Umlaufgeschwindigkeit) im Mißverhältnis zum Geldumlauf der anderen Vertragsländer B oder C, so stiegen die Warenpreise in A über den Stand der Preise in B und C. Dies bewirkte, daß die Wareneinfuhr in A aus den Ländern B und C gefördert, die Ausfuhr dagegen gehemmt, daß die Waren- und Zahlungsbilanz mit einem Schuldbetrag abschloß und dieser Saldo durch Ausfuhr von Fünffrankenstücken ausgeglichen wurde.

6. Diese Ausfuhr von Fünffrankenstücken aus A nach B und C drückte die Warenpreise in A und hob sie zugleich in B und C, wobei zu beachten ist, daß die Fünffrankenstücke als Notendeckung galten, und die Ausfuhr von Fünffrankenstücken, die man sich von der Notenbank holte, zumeist ein doppelt so hohes Noteneinziehen zur Folge hatte, also doppelt wirksam war. Diese Ausfuhr von Fünffrankenmünzen dauerte an, bis das Gleichgewicht der Warenpreise, das Gleichgewicht der Ein- und Ausfuhr, das Gleichgewicht der Waren- und Zahlungsbilanz wieder hergestellt war.

7. Hielt im Lande A die Notenvermehrung bis zur gänzlichen Verdrängung der Fünffrankenmünzen an, so konnte der Saldo der Zahlungsbilanz nicht mehr durch Ausfuhr von Fünffrankenmünzen ausgeglichen werden. Dann setze der Arbitrageautomat aus; an seine Stelle trat das Agio (Aufgeld).

8. Wünschte man in A das Agio zu beseitigen, so zog man Papiergeld ein. Dann gingen die Warenpreise zurück, die Wareneinfuhr ließ nach, die Ausfuhr stieg, bis die passive Handels- und Zahlungsbilanz aktiv wurde, d. h. mit Überschuß abschloß. Dann strömten die durch die vorhergehende Notenausgabe vertriebenen Fünffrankenmünzen wieder zurück, und das umgekehrte

---

*) Der lateinische Münzvertrag besteht zwischen Frankreich, Italien, Belgien, der Schweiz und Griechenland

Spiel setzte ein, bis zum allseitigen Ausgleich. Die Warenpreise waren durch das Fünffrankenstück wie durch ein System kommunizierender Röhren verbunden, in dem der Wasserstand immer nach jeder Störung selbsttätig das Gleichgewicht sucht.

9. Hielt man sich in allen Ländern der Münzunion bei der Notenausgabe an das unter 7./8. beschriebene Warnungszeichen, so mußten sich die Valutaschwankungen durchaus innerhalb der Kosten des Hin- und Herschickens der Silbermünzen halten.

10. Die Festigkeit der Valutakurse war also innerhalb der Münzunion nicht durch Internationalisierung des gesamten Geldumlaufes herbeigeführt worden, sondern dadurch, daß man einer beschränkten Anzahl Münzen internationale Gültigkeit verlieh.

(Sinn und Zweck der Münzunion war zwar ein anderer gewesen. Die Gründer der Union wußten nicht, daß das Silbergeld zum Kreditgeld aufsteigen würde. Nur von der Theorie des Papiergeldes aus kann man den Mechanismus des beschriebenen Arbitrageautomaten begreifen.)

b) Folgerungen.

1. Das oben beschriebene Spiel der Kräfte stimmt voll überein mit der Quantitätstheorie und liefert für diese zugleich den Beweis ihrer Richtigkeit.

2. Es leuchtet ein, daß sich am genannten Spiel der Kräfte nichts ändern kann, wenn wir anstelle des silbernen Fünffrankenstückes ein solches aus Papier setzen, da das Fünffrankenstück sich ja nicht Kraft seines Silbergehaltes als Geld betätigte. Das ihm durch internationale Verträge verbriefte Vorrecht machte es zu internationalem Geld.

3. Gibt man ein solches unter Aufsicht der beteiligten Staaten verfertigtes Geld in einer nur für den Zweck bestimmten Menge aus, und nur in einer einzigen Stückelung – etwa 5 Franken –, so würde dieses internationale Geld, wie jetzt die Fünffrankenmünze, überall frei ein- und ausgehen, überall selbsttätig auf Waren-Ein- und Ausfuhr regelnd wirken und überall die Valutakurse auf dem Gleichstand (pari) erhalten.

4. Ungewöhnliches Einströmen von solchen Fünffrankennoten wäre der Beweis, daß zu wenig eigenes, nationales Papiergeld im Umlauf ist. Am Ausströmen würde man merken, daß zuviel nationales Geld umläuft.

5. Der vollkommene Abfluß der internationalen Noten und das folgende Auftreten eines Agios wäre der Warnungsschuß für die Notwendigkeit einer kräftigen Drainage des Geldmarktes, die so lange anzudauern hat, bis das Agio (Aufgeld) verschwindet und die internationalen Noten wieder einströmen.

6. Umgekehrt würde ein starkes Zuströmen der internationalen Noten beweisen, daß zu wenig nationales Geld im Umlauf ist – vorausgesetzt, daß man nicht annehmen will, daß aus allen anderen Ländern die internationalen Noten durch zu viel nationales Geld vertrieben wurden. Letztere Annahme führt auf die eigentliche Währungsfrage, die nicht mit der Valutafrage zu verwechseln ist.

In nachstehendem Abschnitt geben wir nunmehr eine Übersicht der Grundsätze für den nach unseren Vorschlägen zu begründenden Weltwährungsverein (Internationaler Valutabund).

7. Der Weltwährungsverein.
International valuta association (Iva). – Union universal de cambio.

1. In den Staaten, die sich dem Weltwährungsverein (der Internationalen Valuta-Association "Iva") anschließen wollen, wird als Währungseinheit die "Iva" eingeführt.

2. Diese neue Währungseinheit (Iva) ist nicht statisch als Erzeugnis einer Eigenschaft irgend eines Stoffes (Gold) zu verstehen, sondern vielmehr dynamisch (als Tat), als Erzeugnis einer fortlaufenden Handlung, der Währungspolitik, und sie kann demnach nur so lange eine genau bestimmte Größe bleiben, wie sie durch die Währungspolitik in dieser erhalten wird.

3. Die Währungspolitik in den Iva-Staaten ist auf die absolute Währung der Iva eingestellt.

4. Die zur absoluten Währung gehörigen statistischen Arbeiten werden nach einheitlichen Richtlinien geführt.

5. Die auf die absolute Währung gerichtete aktive Währungspoltitik beruht auf der Quantitätstheorie, d. h. auf der Erkenntnis, daß durch Mehrung oder Minderung des Geldangebots der allgemeine Preisstand immer wieder auf den Ausgangspunkt zurückgeführt werden kann, so oft er sich auch davon zu entfernen strebt, und zwar unter allen Umständen, auch im Krieg.

6. In den Iva-Staaten wird somit das Geldwesen national bleiben, jedoch nach einheitlichen, an sich gesunden, für alle Verhältnisse, alle Entwicklungsstufen gültigen Grundsätzen verwaltet.

7. Mit der oben gekennzeichneten einheitlichen nationalen Währungspoltitik wird schon die Hauptursache der Handelsbilanzstörungen und der aus ihnen hervorgehenden Valutaschwankungen beseitigt.

8. Doch sind Störungen des Gleichgewichts in der Handelsbilanz in kleinerem Umfange aus mancherlei Ursachen (z. B. schwankende Ernteausfälle) nicht ausgeschlossen.

9. Um auch die Wirkung dieser Einflüsse auf die Valuta gänzlich aufzuheben, wird eine besondere internationale Valutanote geschaffen, für die alle Iva-Staaten solidarisch haften, die unbehindert ein- und ausgeführt werden kann und gesetzliche Zahlkraft pari mit dem nationalen Geld haben soll.

10. Diese Iva-Valuta-Note wird mit einer Zentralstelle – der Iva-Verwaltung Bern – unter Aufsicht aller beteiligten Staaten hergestellt und diesen gegen Erstattung der Herstellungs- und Verwaltungskosten, sonst aber kostenlos ausgeliefert.

11. Die Menge dieser Valutanote wird ausschließlich durch ihren regulatorischen Zweck bemessen werden; etwa 20 % des nationalen Notenumlaufes dürfte das Richtige sein.

---

*) Als "Absolute Währung" bezeichnet Dr. Th. Christen in seinen Schriften den Zustand des Gleichgewichts zwischen Angebot von Geld und Angebot von Waren, der sich als Folge einer dahin zielenden aktiven Währungspolitik einstellt (s. Schriftenverzeichnis am Schluß).

12. Die Iva-Verwaltung Bern erhält für die gelieferten Valutanoten Wechsel ausgestellt, die an dem Tage fällig werden, wo durch fehlerhafte nationale Währungspolitik die Handelsbilanz andauernd passiv geworden ist, wodurch die Valutanoten gänzlich über die Grenze getrieben und nur noch gegen Agio gehandelt werden. Von diesem Tage an wird auch für die fälligen Wechsel ein Zins berechnet.

13. Die Valutanote wird zweckmäßig in der Stückelung hergestellt, die besonders für den Kleinverkauf in Frage kommt, so daß jeder Mangel oder Überfluß sich sofort fühlbar macht. Hierdurch wird die nationale Währungspolitik der öffentlichen Kontrolle unterstellt.

14. Die Iva-Staaten betrachten es als in ihrem Interesse liegend, alles Nötige zu tun, damit die Valutanote stets pari mit dem nationalen Geld umläuft.

15. Das erreichen sie dadurch, daß sie bei andauerndem Einströmen von Valutanoten den Umlauf des eigenen nationalen Geldes vermehren – und umgekehrt bei Abstömen der Valutanoten nationales Geld einziehen.

16. Sollte diese im Interesse der Valutanote betriebene internationale Währungspoltitik in erheblichem Umfang und anhaltend zu einer Diskrepanz, einem Zwiespalt mit den Forderungen der absoluten Währung führen (s. § 3), so wird in einer internationalen, von der Zentralstelle Bern geleiteten Untersuchung die Ursache der Erscheinung erforscht und die nötigen Anweisung an alle Iva-Staaten zur Beseitigung des Übelstandes gegeben werden.

17. Damit die Kosten der Ein- und Ausfuhr von Valutanoten deren Parikurs nicht beeinflussen, werden diese Kosten von der Zentralstelle getragen werden.

18. Die Verwaltungskosten werden auf die Iva-Staaten im Verhältnis der empfangenen Valutanoten verteilt.

19. Der Iva können sich alle Staaten, auch außereuropäische, ohne weiteres anschließen. Es genügt dazu die Erfüllung der Bedingungen 1 und 9 und die Führung der nationalen Währungspolitik nach den Grundsätzen der absoluten Währung (s. § 3). Dann wird dem beitretenden Staate die Summe von Valutanoten (die 20 % seines eigenen nationalen Geldumlaufs ausmacht) von der Zentralstelle Bern kostenlos ausgeliefert.

20. Der Austritt aus der Iva kann ebenfalls jeder Zeit durch Einlösung der unter § 12 erwähnten Wechsel erfolgen.

21. Die Auflösung der Iva erfolgt durch Inkasso der der Iva-Verwaltung gezeichneten Wechsel und Vernichtung der auf diese Weise eingegangenen Noten.

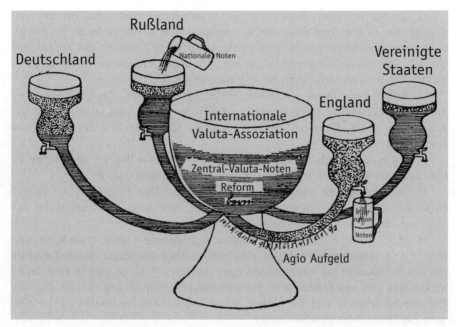

Abb. 5 – Erklärung zu unserem Bilde:
Ähnlich wie in einem System kommunizierender Röhren der Stand des Wassers nach jeder Störung von selbst auf die gleich Höhe zurückfällt, so wird in den Staaten, die ihr nationales Geldwesen der Iva-Valutanote angeschlossen haben, der allgemeine Preisstand der Waren überall auf gleicher Höhe bleiben bzw. selbsttätig nach jeder Störung dahin zurückstreben, sofern nur in jedem dieser Staaten die nationale Währungspolitik auf die absolute Währung eingestellt wird.
Verstößt ein Land gegen die Grundsätze der absoluten Währung und achtet nicht genügend auf die Warnungszeichen – Aus- und Einfuhr von Valutanoten –, so kann es vorkommen, daß das Land mit Valutanoten überschwemmt wird (Vereinigte Staaten) oder, daß die Valutanoten völlig aus dem Lande verdrängt werden (England). An der Überschwemmung durch Valutanoten hat aber kein Land Interesse, des Zinses wegen, den das Land an den Valutanoten verliert; die völlige Verdrängung der Valutanoten kann einem Land aber noch weniger gleichgültig sein, des Agios wegen, das dann auftritt und sich sehr unliebsam im Handel bemerkbar macht. Das mit "Deutschland" bezeichnete Gefäß zeigt den normalen Zustand. Die untere Ausbuchtung, die die einströmenden Valutanoten aufnimmt – der Kleinverkehr – ist zur Hälfte gefüllt. Sie kann noch mehr Noten aufnehmen, aber auch welche abgeben. In dem mit "Rußland" bezeichneten Gefäß dagegen ist der Behälter für die Valutanoten überfüllt. Durch eine kräftige Dosis nationalen Geldes wird dieser Überschuß bald abgestoßen sein, wie auch umgekehrt – Fig. "England" – das Agio durch Rückfluß von Valutanoten schnell beseitigt sein wird, wenn – wie es geschieht – der Überschuß an nationalem Geld – s. den Ablaßhahn – zurückgezogen wird.
Zum besseren Verständnis dieser Vorgänge verweise ich auf den vorangehenden Abschnitt – Der Bankmann – und auf die figürliche Darstellung der Handelsbilanz daselbst.

V. Teil.

Die Freigeld-Zins- oder Kapitaltheorie.

Die Freigeld-Zins- oder Kapitaltheorie.
1. Robinsonade, als Prüfstein für diese Theorie.

Als Prüfstein für die Richtigkeit der hier entwickelten Zinstheorie, wie auch, um dem gerade in dieser Frage so sehr in uralten Vorurteilen befangenen Leser das Verständnis zu erleichtern, schicke ich folgende Robinsonade voran.

Vorbemerkung: Der Kürze halber lasse ich den hier beschriebenen Darlehnsvertrag ohne den regelnden Einfluß des Wettbewerbs sich vollziehen. Ließe ich den Wettbewerb in die Darlehnsverhandlungen eingreifen, etwa so, daß auf einen Darlehnsnehmer (Fremdling) mehrere Darlehnsgeber (mehrere Robinsons) kämen, so würde der Vertrag noch viel günstiger für den Darlehnsnehmer ausfallen können, als es hier geschieht. – Eine zweite Voraussetzung ist, daß die beiden Vertragsschließenden die Freiland-Grundsätze anerkennen, weil deren Nichtanerkennung unter den obwaltenden Verhältnissen zu Kampf und Raub, nicht zum Vertrag führen würde.

Robinson baute einen Kanal und mußte sich also auf drei Jahre, die Dauer der ganzen Arbeit mit Vorräten versehen. Er schlachtete Schweine, bedeckte das Fleisch mit Salz, füllte ein Loch in der Erde mit Getreide und deckte es sorgfältig zu. Er gerbte Hirschfelle und verarbeitete sie zu Kleidern, die er in einer Kiste verschloß, nachdem er als Mottenscheuche noch eine Stinktierdrüse hineingelegt hatte.

Kurz, er sorgte nach seiner Ansicht gut für die nächsten drei Jahre.

Wie er nun eine letzte Berechnung darüber anstellte, ob sein "Kapital" für das geplante Unternehmen auch ausreichen würde, sah er einen Menschen auf sich zuschreiten.

Hallo, rief der Fremdling, mein Kahn ist hier zerschellt, und so landete ich auf dieser Insel. Kannst du mir mit Vorräten aushelfen, bis ich einen Acker urbar gemacht und die erste Ernte eingeheimst habe?

Wie schnell flogen bei diesen Worten die Gedanken Robinsons von seinen Vorräten zum Zins und zur Herrlichkeit des Rentnerlebens! Er beeilte sich, die Frage zu bejahen.

Vortrefflich! antwortete der Fremdling, aber ich will dir sagen, Zins zahle ich nicht; sonst ernähre ich mich lieber von Jagd und Fischfang. Mein Glaube verbietet mir sowohl Zins zu nehmen, wie auch Zins zu geben.

R.: Da hast du eine prächtige Religion. Aus welchem Grunde aber glaubst du denn, daß ich dir Vorräte aus meinen Beständen herleihen werde, wenn du mir keinen Zins gibst?

Fr.: Aus Eigennutz, Robinson; auf Grund deines wohlverstandenen Vorteils, weil du dabei gewinnst, und sogar ziemlich viel.

R.: Das, Fremdling, mußt du mir erst vorrechnen. Ich gestehe, daß ich nicht einsehe, welchen Vorteil ich davon haben kann, dir meine Vorräte zinsfrei zu leihen.
Fr.: Nun, ich will dir alles vorrechnen, und wenn du es mir nachrechnen kannst, so wirst du mir das Darlehn zinsfrei geben und dich noch bei mir bedanken. Ich brauche zunächst Kleider, denn du siehst, ich bin nackt. Hast du einen Vorrat an Kleidern?
R.: Die Kiste da ist bis oben voll.
Fr.: Aber Robinson, wirklich, ich hätte dich für gescheiter gehalten! Wer wird denn Kleider für drei Jahre in Kisten vernageln, Hirschleder, den Lieblingsfraß der Motten! Außerdem müssen diese Kleider immer gelüftet und mit Fett eingerieben werden, sonst werden sie hart und brüchig.
R.: Du hast recht, aber wie sollte ich es anders machen? Im Kleiderschrank sind sie nicht besser geborgen; im Gegenteil, hier kommen Ratten und Mäuse noch zu den Motten hinzu.
Fr.: Oh! Auch in die Kiste würden die Ratten gedrungen sein – sieh, da haben sie schon genagt!
R.: Wahrhaftig! Man weiß sich auch wirklich nicht davor zu retten!
Fr.: Du weißt dich nicht vor Mäusen zu schützen, und du sagst, du hättest rechnen gelernt? Ich will dir sagen, wie Leute in deiner Lage sich bei uns gegen Mäuse, Ratten, Motten, Diebe, gegen Brüchigwerden, Staub und Schimmel schützen. Leihe mir diese Kleider, und ich verpflichte mich, dir neue Kleider zu machen, sobald du welche brauchst. So bekommst du ebensoviele Kleider zurück, wie du mir geliefert hast, und zwar werden diese Kleider, weil neu, bedeutend besser sein als diejenigen, die du später aus dieser Kiste ziehen würdest. Obendrein werden sie nicht mit Stinktieröl verpestet sein. Willst du das tun?
R.: Ja, Fremdling, ich will dir diese Kiste mit Kleidern abtreten, denn ich sehe ein, daß es für mich vorteilhaft ist, dir auch ohne Zins die Kleider zu überlassen.*
Fr.: Nun zeige mir mal deinen Weizen. Ich brauche solchen sowohl zur Saat wie für Brot.
R.: Dort am Hügel habe ich ihn vergraben.
Fr.: Du hast den Weizen für drei Jahre in einem Erdloch vergraben? Und der Schimmel, die Käfer?
R.: Das weiß ich, aber was sollte ich machen? Ich habe die Sache nach allen Seiten überlegt und nichts besseres für die Aufbewahrung gefunden.
Fr.: Nun bück' dich mal! Siehst du die Käferchen an der Oberfläche herumspringen? Siehst du das Gemüll? Und hier diese Schimmelbildung? Es ist die höchste Zeit, daß der Weizen herausgehoben und gelüftet werde.
R.: Es ist zum Verzweifeln mit diesem Kapital! Wenn ich doch nur wüßte, wie ich mich verteidigen soll gegen diese tausendfältigen Zerstörungskräfte der Natur!

---

*) So selbstverständlich diese Sache ist, so ist es doch Tatsache, daß bis heute noch keiner von allen Zinstheoretikern diesen Vorteil erkannt hat. Sogar Proudhon sah ihn nicht.

Fr.: Ich will dir sagen, Robinson, wie wir das bei uns zu Hause machen. Wir bauen einen luftigen, trockenen Schuppen und schütten auf den gut gedielten Boden den Weizen aus. Und regelmäßig alle drei Wochen wird der Weizen sorgfältig gelüftet, indem wir mit Schaufeln das Ganze umwerfen. Dann halten wir eine Anzahl Katzen, stellen Fallen auf, um die Mäuse zu fangen, versichern das Ganze gegen Feuer und erreichen so, daß der jährliche Verlust an Güte und Gewicht nicht mehr als 10 % beträgt.

R.: Aber bedenke doch, diese Arbeit, diese Kosten!

Fr.: Du scheust die Arbeit und willst keine Kosten? Ich will dir sagen, wie du es dann anfangen mußt. Leihe mir deinen Vorrat, und ich werde dir das Gelieferte aus meinen Ernten in frischem Getreide zurückzahlen, und zwar Pfund für Pfund, Sack für Sack. So sparst du die Arbeit, einen Schuppen zu bauen, brauchst das Getreide nicht umzuschaufeln und keine Katzen zu füttern, verlierst nichts am Gewicht und hast statt alten Korns immer saftiges, frisches Brot. Willst du?

R.: Mit tausend Freuden nehme ich den Vorschlag an.

Fr.: Also du lieferst mir das Korn zinsfrei?

R.: Versteht sich, zinsfrei und mit Dank meinerseits.

Fr.: Ich kann aber nur einen Teil gebrauchen, ich will nicht alles haben.

R.: Wenn ich dir nun den ganzen Vorrat anbiete, mit der Maßgabe, daß du mir für je 10 Sack nur 9 zurückzugeben brauchst?

Fr.: Ich danke, denn das hieße ja mit Zins arbeiten – zwar nicht mit aufschlagendem (positivem), sondern mit kürzendem (negativem) Zins – und statt des Gebers wäre der Nehmer Kapitalist. Aber mein Glaube verbietet den Wucher, er verbietet auch den umgekehrten Zins. Ich mache dir aber den Vorschlag, deinen Weizenvorrat unter meine Aufsicht zu nehmen, den Schuppen zu bauen und alles Nötige zu besorgen. Dafür wirst du mir für je 10 Sack jährlich zwei Sack als Lohn bezahlen. Bist du damit einverstanden?

R.: Mir ist es gleich, ob deine Leistung unter dem Titel Wucher oder aber als Arbeit gebucht wird. Ich gebe dir also 10 Sack, und du lieferst mir 8 Sack zurück. Einverstanden!

Fr.: Ich brauche aber noch andere Sachen: einen Pflug, einen Wagen und Handwerkszeug. Willst du mir das alles auch zinsfrei überlassen? Ich verspreche, dir alles in gleicher Güte zurückzuerstatten: für einen neuen Spaten einen neuen Spaten, für eine neue Kette eine neue, rostfreie Kette!

R.: Gewiß bin ich dazu bereit. Denn jetzt habe ich von all diesen Vorräten nur Arbeit. Neulich war der Bach übergetreten und hatte den Schuppen überschwemmt, alles mit Schlamm bedeckend. Dann riß der Sturm das Dach fort, so daß alles verregnete. Nun haben wir trockenes Wetter, und der Wind treibt Sand und Staub in den Schuppen. Rost, Fäulnis, Bruch, Trockenheit, Licht und Dunkelheit, Holzwürmer, Termiten, alles ist unausgesetzt an der Arbeit. Noch ein Glück, daß wir keine Diebe und Brandstifter haben. Wie freue ich mich, jetzt durch Verleihen die Sachen so schön und ohne Arbeit, Kosten und Verlust für später verfügbar zu behalten.

Fr.: Also du erkennst es jetzt als einen Vorteil, mir die Vorräte zinsfrei zu überlassen*?
R.: Unumwunden erkenne ich es an. Aber warum, so frag ich mich jetzt, bringen drüben in der Heimat solche Vorräte dem Besitzer Zins ein?
Fr.: Die Erklärung mußt du im Gelde suchen, das drüben solche Geschäfte vermittelt.
R.: Was? Im Gelde soll die Ursache des Zinses liegen? Das kann doch nicht sein; denn höre, was Marx vom Geld und Zins sagt: "Die Arbeitskraft ist die Quelle des Zinses (Mehrwert). Der Zins, der das Geld in Kapital verwandelt, kann nicht vom Geld herrühren. Wenn es wahr ist, daß das Geld Tauschmittel ist, so tut es nichts anderes, als die Preise der Waren bezahlen, die es kauft. Wenn es solchermaßen unveränderlich bleibt, so nimmt es nicht an Wert zu. Daher muß der Mehrwert (Zins) von den gekauften Waren herrühren, die teurer verkauft werden. Diese Veränderung kann weder beim Kauf noch beim Verkauf stattfinden; in diesen beiden Handlungen werden Äquivalente ausgetauscht. Es bleibt darum nur eine Annahme frei, daß die Änderung durch den Gebrauch der Ware nach dem Kauf und vor dem Wiederverkauf vor sich gehe." (Marx: Das Kapital, Kap. VI.)
Fr.: Wie lange bist du schon auf dieser Insel?
R.: Seit dreißig Jahren.
Fr.: Das merkt man. Du berufst dich noch auf die Wertlehre. Ach, lieber Robinson, diese Sache ist erledigt. Die Wertlehre ist ausgestorben. Es ist überhaupt niemand mehr da, der sie vertritt.
R.: Was, du sagst, die Marxsche Lehre vom Zins wäre ausgestorben? Das ist nicht wahr! Wenn auch sonst niemand mehr da wäre – ich vertrete sie!
Fr.: Gut, so vertritt sie, doch nicht nur mit Worten, sondern auch mit der Tat. Vertritt sie, wenn du willst, mir gegenüber. Ich trete von dem soeben geschlossenen Handel zurück. Du hast hier in deinen Vorräten das, was nach Wesen und Bestimmung als die reinste Form dessen zu betrachten ist, was man gemeinhin "Kapital" nennt. Ich fordere dich auf, als Kapitalist mir gegenüber aufzutreten. Ich brauche deine Sachen. Kein Arbeiter ist jemals einem Unternehmer so nackt gegenübergetreten, wie ich jetzt vor dir stehe. Niemals ist das wahre Verhältnis vom Kapitalbesitzer zum

---

*) Knut Wicksell. Wert, Kapital und Rente, S. 83: "Indessen behauptet Boehm-Bawerk, daß die gegenwärtigen Güter den künftigen mindestens gleichstehen, da sie ja nötigenfalls für die Verwendung in der Zukunft einfach "aufbewahrt werden können." Das ist gewiß eine große Übertreibung. Boehm-Bawerk erwähnt freilich eine Ausnahme von dieser Regel, nämlich inbetreff von Gütern, die dem Verderb unterworfen sind, wie Eis, Obst und dergl.. Allein dasselbe trifft ja in höherem oder niedrigem Maße bei allen Nahrungsmitteln ohne Ausnahme zu. Ja, es gibt vielleicht keine anderen Güter als etwa die edlen Metalle oder Steine, deren Aufbewahrung für die Zukunft nicht besondere Arbeit und Fürsorge erheischt, wozu noch die Gefahr kommt, daß sie dennoch durch Unfälle, wie Feuer und dergl. verloren gehen können."
(Für Gold, Edelsteine, Wertpapiere gibt es jetzt in den Banken besondere Kammern für Privatgebrauch. Aber man muß hier eine Miete bezahlen, um deren Betrag "das gegenwärtige dem künftigen" Gut mindestens nachsteht.)

Kapitalbedürftigen so rein zutage getreten, wie in unserem gegenseitigen Verhältnis. Nun versuche, ob du von mir Zins erlangen kannst! Wollen wir den Handel wieder von vorne anfangen*?

R.: Ich verzichte. Die Ratten, Motten und der Rost haben meine kapitalistische Kraft gebrochen. – Aber sage, wie erklärst du die Sache?

Fr.: Die Erklärung ist einfach. Bestünde hier auf der Insel Geldwirtschaft, und ich als Schiffbrüchiger bedürfte eines Darlehns, so müßte ich mich nach Lage der Dinge an einen Geldgeber wenden, um die Dinge, die du mir soeben zinsfrei geliehen hast, zu kaufen. Diesem Geldgeber aber, den Ratten, Motten, Rost, Feuer und Dachschäden nicht bedrücken, kann ich nicht wie dir gegenübertreten. Den Verlust, der mit dem Besitz der Waren verknüpft ist – sieh, da schleppt der Hund einen von deinen, will sagen, von meinen Hirschfellen fort! –, den trägt nur derjenige, der die Waren aufzubewahren hat, nicht der Geldgeber; diesen berühren all diese Sorgen und die herrlichen Beweise nicht, mit denen ich dich so mürbe gemacht habe. Du hast die Kiste mit den Fellkleidern nicht zugeschlagen, als ich dir jede Zinszahlung verweigerte. Die Natur des Kapitals macht dich zu weiteren Verhandlungen geneigt. Der Geldkapitalist aber schlägt mir die Tür des Geldschrankes vor der Nase zu, wenn ich ihm sage, ich würde keinen Zins zahlen. Dabei brauche ich das Geld an sich ja nicht, sondern die Fellkleider, die ich mit dem Geld kaufen würde. Die Fellkleider gibst du mir zinsfrei; das Geld dazu muß ich verzinsen!

R.: So wäre die Ursache des Zinses doch im Gelde zu suchen, und Marx wäre im Unrecht? Auch da, wo er sagt: "Im eigentlichen Handelskapital erscheint die Form G.W.G.' (Geld – Ware – Mehrgeld) = kaufen, um teurer zu verkaufen, am reinsten. Anderseits geht seine ganze Bewegung innerhalb der Zirkulationssphäre vor sich. Da es aber unmöglich ist, aus der Zirkulation selbst die Verwandlung von Geld in Kapital zu erklären, erscheint das Handelskapital unmöglich, sobald Äquivalente ausgetauscht werden, daher nur ableitbar aus der doppelten Übervorteilung der kaufenden und verkaufenden Warenproduzenten durch den sich parasitisch zwischen sie schiebenden Kaufmann. Soll die Verwertung des Handelskapitals nicht aus bloßer Prellerei der Warenproduzenten erklärt werden, so gehört dazu eine lange Reihe von Mittelgliedern." (Marx, Kapital 6. Aufl. Bd. I, S. 127.)

Fr.: Hier sowohl wie da ist er vollkommen im Irrtum. Und da er sich im Gelde irrte, diesem Zentralnerv der ganzen Volkswirtschaft, so muß er überall im Irrtum sein. Er beging – wie alle seine Jünger es taten – den Fehler, das Geldwesen aus dem Kreis seiner Betrachtungen auszuschalten.

R.: Das haben mir unsere Verhandlungen über das Darlehn bewiesen. Das Geld ist für Marx ja auch nur Tauschmittel, aber es tut, wie es scheint, mehr als nur "die Preise der Waren bezahlen, die es kauft". Daß der Bankmann dem Darlehnsnehmer den Geldschrank vor der Nase zuschlägt, wenn dieser keinen Zins zahlen will, und nichts von den Sorgen kennt,

---

*) Man beachte die Vorbemerkung!

die der Besitzer der Waren (Kapital) drücken, das verdankt er nur der Übermacht, die das Geld an und für sich über die Ware hat – und da liegt der wunde Punkt!
Fr.: Wieviel Beweiskraft doch die Ratten, Motten und der Rost haben!

2. Der Urzins.

Nach der Darstellung, die uns sowohl die bürgerlichen wie auch die marxfreundlichen Zinsforscher geben, soll der Zins eine untrennbare Begleiterscheinung des Privateigentums an den Produktionsmitteln sein. "Wer die Gütergemeinschaft, den Kommunismus ablehnt und die freie Wirtschaft will, der muß auch die Zinswirtschaft (Kapitalismus) mit in Kauf nehmen" – so sagen alle, die sich bisher den Zins näher angeschaut haben. Daß dann weiter, im Lichte der Sittenlehre, die Ansichten in der Beurteilung des Zinses erheblich auseinandergehen, ist von nebensächlicher Bedeutung und trägt zur Klärung der Angelegenheit nichts bei. Ob es sich nach Ansicht der Sozialisten um eine gewaltsame Aneignung, um einen die gute Sitte verletzenden Mißbrauch wirtschaftlicher Übermacht handelt, oder ob der Zins den bürgerlichen Volkswirten als gerechte Belohnung wirtschaftlicher Tugenden: Ordnung, Fleiß, Sparsamkeit erscheint, das kann dem, der den Zins aufzubringen hat, dem Besitzlosen (Proletarier), ziemlich gleichgültig sein.

In Übereinstimmung mit obiger Anschauung müssen die Marxfreunde die Quelle des Zinses (des Mehrwertes) in der Fabrik, auf alle Fälle in der Trennung des Arbeiters von seinen Arbeitsmitteln suchen, und sie wähnen, sie auch dort festgelegt zu haben. Ich werde nun zeigen, daß der Zins völlig unabhängig vom Privateigentum an den Produktionsmitteln ist, daß er auch dort besteht, wo es keine besitzlose Menge (Proletariat) gibt und gab, und daß Sparsamkeit, Ordnung, Fleiß und Tüchtigkeit niemals den Zins entscheidend beeinflußt haben. Im Widerspruch zu dieser Kapitaltheorie werde ich zeigen, daß der Zins in unserem uralten, aus der Zeit der Babylonier, Hebräer, Griechen und Römer stammenden Gelde wurzelt und durch dessen körperliche oder gesetzlich erlangte Vorzüge geschützt ist.

Merkwürdigerweise beginnt übrigens Marx* mit seinen Untersuchungen über den Zins gleichfalls beim Geld. Ihm widerfuhr jedoch das Mißgeschick, daß er (trotz der Warnung Proudhons) am entscheidenden Ort mit einer falschen Voraussetzung begann und genau wie die gewöhnlichen kapitalfreundlichen Zinsforscher Geld und Ware als vollkommene Äquivalente** behandelte.

---

*) Wenn ich in den nachfolgenden Ausführungen des öfteren wunde Stellen der Marxschen Zinstheorie berühre, so geschieht dies deshalb, weil von den sozialistischen Theorien diejenige von Marx die einzige geblieben ist, die sich bis in die politischen Kämpfe unserer Tage hinein Geltung verschafft hat und sich nun als böser Spaltpilz des Proletariats auswirkt, wie dies die beiden Gruppen der sozialdemokratischen Partei beweisen, die sich auf dem Boden der zum Glaubenssatz erhobenen Marxschen Zinstheorie mit Minen und Granaten bewerfen!
**) "äquivatent" sind zwei Waren, die in vollständiger Gleichberechtigung einander gegenübertreten und ohne Gewinn ausgetauscht werden. Wenn z. B. ein Wucherer, Sparer, oder

Durch diesen unglücklichen Mißgriff wurde Marx gleich von Anfang an auf ein falsches Gleis abgetrieben.

Marx findet am Geld nichts auszusetzen. So wie wir es von den alten Babyloniern und Israeliten, von den Griechen und Römern übernommen haben, ist das Geld nach Marx ein vollkommenes, tadelloses Tauschmittel, das von Anbeginn seine Aufgabe glänzend erfüllt hat. Daß im Mittelalter wegen Geldmangels Geldwirtschaft und Arbeitsteilung sich nicht entfalten konnten, daß das Zinsverbot der Päpste die Geldwirtschaft aufhob – obschon dieses Zinsverbot doch eigentlich nichts anderes bedeutete, als die gewaltsame Herstellung der von Marx vorausgesetzten Äquivalenz von Geld und Ware –, das alles kann Marx in seinem Urteil nicht stutzig machen, daß das Geld ein vollkommenes Tauschmittel, ein wirklich, allseitiges "Äquivalenz" sei. Eine besondere Geldmacht kennt Marx selbstverständlich nicht. Die Ausbeutung der Völker durch die goldene Internationale, durch die Börsen- und Wucherspieler muß Marx verneinen. Börsenraub gibt es nicht, sondern nur "Prellereien". Der Börsenräuber bedient sich der List, nicht der Macht. Er ist nur ein Dieb. Raub setzt Macht voraus, und diese haben nicht die Geldleute, nicht die Börsenfürsten, sondern die Besitzer der Produktionsmittel. Kurz, Geld und Ware sind "Äquivalente", zu jeder Zeit, an jedem Ort, gleichgültig, ob das Geld in den Händen eines alten Selbstverbraucher oder als Kaufmann auftretenden Käufers liegt. Und so spricht er es geradezu aus: "Daß nun, obschon Gold und Silber nicht von Natur aus Geld, Geld aber von Natur Gold und Silber ist, beweist die Kongruenz seiner Natureigenschaften mit denen seiner Funktionen als Tauschmittel."

"Dies Kind, kein Engel ist so rein,
laßt's eurer Huld empfohlen sein!"

Mit diesem Loblied auf das Gold und die Goldwährung hat Marx die Aufmerksamkeit des Proletariats vollkommen vom Geld abgelenkt und die Börsenräuber, Wucherspieler, Spitzbuben unmittelbar in den Schutz der besitzlosen Klasse, des Proletariats gestellt. Und so hat man das traurig-lustige Schauspiel, daß jetzt überall in der Welt "die Wachen vor Mammons Tempel durch die rote Garde besetzt sind"*.

Tatsache ist, daß in den sozialdemokratischen Wahlflugblättern und in der Presse das Wort Zins und Geld nicht ein einziges Mal erwähnt wird!

Noch merkwürdiger ist es, daß Marx in der von ihm selbst als Regel bezeichneten Abwicklung des Tausches (G.W.G.' = Geld, Ware, Mehrgeld) wohl einen Widerspruch mit der behaupteten Äquivalenz findet, die Lösung dieses Widerspruchs jedoch anderswo und zwar in einer langen Kette von Mittelgliedern nachzuweisen verspricht.

Schatzbildner vor der Frage steht, ob er Ware oder Geld hamstern soll, und er sich regelmäßig sagen muß, daß das für seine Zwecke völlig einerlei ist, so sind eine Mark Gold und eine Mark Ware "Äquivalente". Wenn aber der Sparer oder Spekulant sich sagt, daß für seine Zwecke ihm eine Mark Gold lieber ist als eine Mark Ware, so besteht die von Marx vorausgesetzte "Äquivalenz" nicht mehr
*) Siehe "Die Freistatt", 30. Mai 1918, Bern-Bümplitz.

Diese "lange Kette" ist der Produktionsprozeß, und zwar beginnt und endet diese Kette in der Fabrik. Der Unternehmer ist nicht ein Ausbeuter unter vielen, sondern ist der Ausbeuter. Die Ausbeutung geschieht restlos an der Lohnkasse.

Um den von Marx in der Formel G.W.G.' aufgedeckten Widerspruch glatt zu lösen, werde ich keine solche Kette von Mittelgliedern nötig haben. Ich werde dem Zins die Angel vor das Maul werfen und ihn geradewegs aus seinem Elemente ziehen, für jedermann erkennbar. Die Kraft, die zu der Tauschformel G.W.G.' gehört, werde ich unmittelbar im Tauschvorgang enthüllen. Ich werde zeigen, daß das Geld in der Gestalt, in der wir es von den Alten unbesehen übernommen haben, kein "Äquivalent" ist und daß es nicht anders als nach der Formel G.W.G.' umlaufen kann, daß jedes Volk, das zu diesem Geld griff, um die Arbeitsteilung zu fördern und den Austausch der Waren zu erleichtern, unrettbar der Zinswirtschaft, dem Kapitalismus verfallen mußte.

Die Kraft, die das Geld nach der Formel G.W.G.' umlaufen läßt, also die Kapitaleigenschaft des Geldes, beruht auf folgenden Eigenschaften:

1. Das Geld ist unbedingte Voraussetzung entwickelter Arbeitsteilung.

2. Das herkömmliche Geld (Metall- und Papiergeld) läßt sich, dank seiner körperlichen Verfassung unbegrenzt und ohne nennenswerte Lagerkosten vom Markte zurückhalten, während die auf das Geld als Tauschvermittler unbedingt angewiesenen Warenerzeuger (Arbeiter) durch die ständig wachsenden Verluste, die mit dem Aufbewahren der Waren verbunden sind *, eine Zwangsnachfrage nach Geld halten.

3. Infolge dieses eigentümlichen Sachverhalts vermag der Kaufmann von den Warenbesitzern eine besondere Vergütung dafür zu erzwingen, daß er darauf verzichtet, den Austausch der Waren durch Festhalten des Geldes willkürlich hinauszuziehen, d. h. zu verschleppen und nötigenfalls gänzlich zu verhindern.

---

*) Alle Waren verderben, zwar mehr oder weniger schnell, doch verderben sie alle (mit unerheblichen Ausnahmen, wie Edelsteine, Perlen und einige Edelmetalle). Das Hüten der Waren kann deren Verderben nur verlangsamen, nicht aber verhindern. Rost, Fäulnis, Bruch, Feuchtigkeit, Trockenheit, Hitze, Kälte, Würmer, Fliegen, Käfer, Termiten, Motten, Feuer usw. arbeiten ohne Unterlaß an der Vernichtung der Waren. Schließt ein Warenhausbesitzer sein Haus ein Jahr ab, so kann er getrost 10 oder 20 % seines Kapitals dieser Verderbnis wegen abschreiben; dazu noch die Kosten für Miete und Steuern. Schließt dagegen ein Geldbesitzer seinen Schatz ab, so hat er mit keinerlei Verlust zu rechnen. Sogar der in den Trümmern Trojas gefundene Goldschatz hatte nicht meßbar an Gewicht verloren und galt auf der Reichsbank 2790 M. das Kilo. – Im Zusammenhang hiermit wird oftmals auf den Wein verwiesen, der beim Lagern wertvoller wird und somit scheinbar eine Ausnahme von der allgemeinen Regel darstellt, derzufolge das Lagern von Waren immer mit Verlust verknüpft ist. Es handelt sich jedoch beim Wein, wie bei einigen anderen Gütern, nicht um fertige Fabrikate, sondern um Naturerzeugnisse, die beim Einlagern noch nicht die Entwicklungsstufe erreicht haben, die sie für den menschlichen Gebrauch verwendbar macht. Der gekelterte Traubensaft, wie er in die Fässer kommt, ist Most, der erst ganz allmählich sich in trinkbaren Wein verwandelt. Diese Entwicklung, bei der Wein erst zur fertigen Ware wird, steigert seinen Wert, nicht das Lagern an sich, denn sonst müßte die Wertsteigerung immer weitergehen, was nicht der Fall ist. Was auf Rechnung des Lagerns kommt, bedeutet, wie immer, auch hier nur einen Verlust, nämlich Kosten für Lagerraum, Fässer, Flaschen, mehrjährige Pflege, Auffüllung, Bruch, usw.

2. Der Urzins.

4. Aus dieser regelmäßigen Vergütung setzt sich der Zins des Handelskapitals zusammen, und er beträgt, auf den Jahresumsatz verteilt, nach mehrtausendjähriger Erfahrung 4 - 5 %.

Diese besondere, vom Handelsgewinn* scharf zu trennende Vergütung kann selbstverständlich nicht der von seinen leiblichen Bedürfnissen getriebene Warenkäufer (Verbraucher genannt) erheben (denn hier ist das Bedürfnis des Geldbesitzers nach Warenkauf ebenso dringend und unaufschiebbar, wie das Bedürfnis des Warenerzeugers nach Warenverkauf), sondern nur der als Geldbesitzer auftretende Kaufmann kann diese Abgabe erheben, der Mann, der die Waren kaufmännisch erwirbt, um sie kaufmännisch zu verkaufen, der Mann, der die Waren kaufen oder den Kauf unterlassen kann, ohne darum persönlich Hunger leiden zu müssen, kurz der Mann, der eine Schiffsladung Weizen kauft, obschon er persönlich nur einen Sack davon essen wird. Freilich hat der Kaufmann ja auch ein Bedürfnis nach Handelsgewinn, das er nur durch Kauf von Waren befriedigen kann. Aber hinter diesem kaufmännischen Warenkauf steht als treibende Kraft nicht die leibliche Not, sondern der Wunsch, diese Waren so billig wie möglich zu erwerben und dabei alle Waffen der wechselnden Marktlage (Konjunktur), jede Schwäche des Verkäufers restlos auszunützen. Wächst die Schwäche des Verkäufers dadurch, daß der Kaufmann ihn warten läßt, so läßt ihn der Kaufmann warten. Überhaupt tut der Kaufmann alles, was er kann, um die Verlegenheiten des Verkäufers (Erzeuger, Arbeiter) zu mehren – und als ewige Quelle ewiger Verlegenheiten müssen die unter 1-3 bezeichneten Umstände angesehen werden. Der Verbraucher, von persönlichen Bedürfnissen getrieben, kann nicht warten, obschon sein Geld es ihm erlauben würde; der Warenerzeuger kann auch nicht warten, obschon seine persönlichen Bedürfnisse es ihm in manchen Fällen wohl gestatten würden; aber der als Kaufmann auftretende Geldbesitzer, der Eigentümer des allgemeinen, unentbehrlichen Tauschmittels, der kann warten, der kann Warenerzeuger und -verbraucher regelmäßig dadurch in Verlegenheit bringen, daß er mit dem Tauschmittel (Geld) zurückhält. Und die Verlegenheiten des einen sind ja im Handel das Kapital des anderen. Wären die Warenerzeuger und -verbraucher (Produzenten und Konsumenten) nicht durch Ort und Zeit von einander getrennt, so würden sie sich, wie das im Tauschhandel ja noch geschieht, ohne das Geld des Kaufmannes behelfen; aber wie die Dinge nun einmal liegen, ist die kaufmännische Vermittlung (und damit auch der Zins) Notwendigkeit und Regel für den weitaus größten Teil der Warenerzeugung.

Aus Rücksicht auf diesen letzteren Umstand können wir das Geld der Verbraucher überhaupt ganz aus unseren Betrachtungen ausschalten. Durch die Hände des Kaufmannes gehen alle Waren und geht alles Geld. Darum sind die Gesetze des kaufmännischen Geldumlaufes hier allein maßgebend.**

---

*) Der Handelsgewinn ist das, was dem Kaufmann übrig bleibt, wenn er den Zins seines Kapitals in Abzug gebracht hat. Der Kaufmann, der nur mit auf Kredit gekauften Waren handelt, kann seinen Gewinn als reinen Handelsgewinn betrachten. Den oben unter 3 bezeichneten Zins muß er an seine Geldgeber abliefern. Er ist dann nur der Kassenbote seiner Geldgeber.
**) Wem es hier noch irgendwie Schwierigkeiten bereitet, einzusehen, daß der kaufmännische Geldumlauf anderen Gesetzen folgt, als das Geld der Konsumenten, der möge einen Augenblick überlegen, wie das Geld der Sparer wieder vom Verkehr als Tauschmittel angezogen wird.

Nach diesen Feststellungen will ich nun zunächst die Frage beantworten, durch welche Umstände die Höhe des Zinses, den das Geld für die Tauschvermittlung erheben kann, begrenzt wird, und zwar darum zunächst, weil diese Antwort am besten das wahre Wesen des Geldzinses offenbart.

Wenn das Geld darum Kapital ist (G.W.G.'), weil es den Güteraustausch willkürlich untersagen kann, so wird man einwenden, warum denn der Zins nicht bis an den Nutzen heranreicht, den wir aus der Geldwirtschaft ziehen, und den wir mit der Leistungsfähigkeit, die die Arbeitsteilung der Urwirtschaft gegenüber besitzt, messen können. Ähnlich ist die Frage berechtigt, warum die Grundbesitzer für die Grundrenten nicht in jedem Falle das Gesetz des ehernen Lohnes anwenden, oder warum die Anteilseigner des Suezkanals für die Höhe der Schiffsabgaben noch andere Umstände erwägen, als nur den Wettbewerb des Seeweges um das Kap der guten Hoffnung.

Aber die Abgabe, die das Geld für seine Benutzung erhebt, folgt anderen Gesetzen als die sind, die für die Bodenbenutzung gelten; sie ähnelt mehr der Abgabe, die die Raubritter im Mittelalter erpreßten. Wenn damals der Kaufmann gezwungen war, die Straße zu benutzen, die an der Burg des Ritters vorüberführte, so wurde gründlich geplündert, es wurden 30, 40, 50 % Zoll erhoben. Standen aber dem Kaufmann auch noch andere Wege zu Gebote, so war der Ritter bescheiden; er bewachte seine Straße, besserte sie aus, baute Brücken, schützte sie gegen andere Räuber, setzte äußersten Falles den Zoll herab, auf daß der Kaufmann in Zukunft diese Straße nicht gänzlich miede.

So ähnlich verhält es sich beim Geld. Auch das Geld muß damit rechnen, daß ihm Wettbewerber erwachsen, wenn seine Abgabeforderungen zu hoch geschraubt sind.

Ich werde später noch nachzuweisen haben, daß es bei dem Verleihen von Geld niemals einen Wettbewerber geben kann. Die Wettbewerber, von denen eben die Rede ist, treten nicht beim Verleihen des Geldes, sondern bei seinem Tausch gegen Waren auf.

Zunächst ist klar, daß sich die Arbeitsteilung bedeutend weiter ausbilden läßt, als es heute in der Welt geschieht. Die Goldwährung ist eine Weltwährung, die weltwirtschaftlich betrachtet werden muß. Und $3/4$ der Weltbewohner behelfen sich heute noch schlecht und recht mit der Urwirtschaft. Warum? Zum Teil darum, weil der durch Geld vermittelte Gütertausch zu stark mit Zins belastet ist. Diese Unkosten müssen die Erzeuger veranlassen, in einzelnen Zweigen ihrer Tätigkeit oder auch gänzlich auf die Herstellung von Waren zu verzichten und bei der Urwirtschaft zu bleiben. Ob Ur- oder Warenwirtschaft hängt von einer Rechenaufgabe ab, bei welcher der Geldzins, womit die Warenwirtschaft belastet ist, oft genug dazu führen mag, der Urwirtschaft den Vorzug zu geben. So wird z. B. mancher deutsche Kleinbauer lieber seine Kartoffelernte im eigenen Stall verfüttern und das Schwein für den eigenen Hausbedarf schlachten, wenn das Fleisch durch den Zins des Tauschvermittlers um ein geringes verteuert wird. Dann wird der Bauer weniger Waren (Kartoffeln für den Markt) und mehr Güter für den eigenen Gebrauch erzeugen und darum weniger Geld brauchen.

Diesem Teil der Gütermenge gegenüber, der selbst in Deutschland nicht zu unterschätzen ist, muß das Geld bescheiden bei seiner Zinsforderung sein,

2. Der Urzins.

um die Warenwirtschaft nicht auf die Urwirtschaft hinüberzustoßen. Und ähnlich wie der deutsche Bauer handeln die Völkermassen Asiens und Afrikas.

Wenn also nun die Geldbesitzer eine zu hohe Abgabe von den Waren fordern, so wird jener Teil der heutigen Warenerzeugung, der um den Grenznutzen der Arbeitsteilung hin- und herpendelt, aufgegeben, und die Urwirtschaft tritt oder bleibt an dessen Stelle.

Der zu hohe Geldzoll vermindert die Warenerzeugung zugunsten der Urwirtschaft. Dies führt dazu, daß das Angebot von Waren abnimmt – und daß die Preise steigen. Das wollen wir vorläufig festhalten.

Einen gleichen Einfluß auf die Nachfrage nach Geld, d. h. nach Tauschmitteln, übt der alte Tauschhandel aus, wenn das Geld zu hohen Zins fordert. Das Geld verdankt sein Dasein überhaupt nur den Schwierigkeiten des Tauschhandels. Für deren Überwindung wurde es geschaffen. Verlangt aber das Geld für die Tauschvermittlung zu hohes Entgelt, so wird der Tauschhandel den Wettbewerb in vielen Fällen wieder mit Erfolg aufnehmen, besonders dort, wo, wie in vielen Teilen Asiens und Afrikas, die Erzeuger nicht durch Ort und Zeit getrennt sind. Je stärker der Geldzins den Warenaustausch belastet, um so eher kann der Tauschhandel der Geldwirtschaft als Wettbewerber "die Spitze bieten". Denn die auf dem Wege des Tauschhandels verhandelten Waren erreichen den Verbraucher, ohne Zins zu zahlen. Wem sollten sie denn auch zinspflichtig sein*?

So ist also klar, daß, wenn das Geld den Tauschhandel ablösen soll, es nicht beliebig hohe Abgaben fordern kann, zumal die Warenbesitzer die Hindernisse, die die Trennung durch Ort und Zeit dem Tauschhandel bietet, dadurch zu überwinden wissen, daß sie sich an bestimmten Tagen und Orten (Markttage) zusammenfinden**. So entziehen sie dem Geld die Daseinsunterlage, nämlich die Nachfrage nach Tauschmitteln, die die Ware verkörpert. Die Waren, die der Tauschhandel unterbringt, sind für das Geld verloren, ähnlich wie der Zigeuner in seinem Karren für die Eisenbahn ein verlorener Kunde ist.

Welcher Bruchteil der Weltwarenerzeugung auf diese Weise um den Tauschhandel herumpendelt, wie viel Waren also durch zu hohen Zins von der Benutzung des Tauschmittels ausgeschlossen werden, brauchen wir für unsere Zwecke nicht zu berechnen. Es genügt, daß wir im Tauschhandel das Dasein

---

*) Wenn im Tauschhandel Kartoffeln gegen Fische ausgetauscht werden, und jeder belastet seine Waren mit 10 % Zins, so heben sich diese Zinsen gegenseitig auf. Hiermit ist aber beileibe nicht gesagt, daß bei Anleihen, also nicht beim Tausch, Zins unmöglich wäre.
**) Der Tauschhandel ist nicht ganz so schwierig, wie man ihn im allgemeinen darstellt. Die Schwierigkeit, die darin besteht, daß jeder, der die Waren hat, die ich brauche, nicht immer auch meine Ware benötigt oder nicht gerade in der Menge, die der von ihm angebotenen, oft unteilbaren Ware entspricht, ist stark übertrieben worden. In Wirklichkeit verschwindet diese Schwierigkeit gleich mit dem Auftreten des Kaufmannes. Denn der Kaufmann, der alles kauft, kann darum auch alles verkaufen. Er kann mich immer mit dem bezahlen, was ich brauche. Bringe ich ihm einen Elefantenzahn, so kann ich dagegen in seinem Warenhaus alle Waren erhalten, die ich brauche, und in genau der benötigten Menge. In den deutschen Siedlungen Südbrasiliens wickelt sich heute noch der Handel in dieser Weise ab. Die deutschen Siedler erhalten dort nur ausnahmsweise Geld.

eines Wettbewerbers des Geldes festgestellt haben, dessen Aussichten um so günstiger sein werden, je höhere Abgaben das Geld fordert. Steigt der Zins, so werden viele Waren vom Geldhandel auf den Tauschhandel abgestoßen, die Nachfrage nach Geld nimmt ab, und die Preise steigen – also genau wie bei der Urwirtschaft. Auch hier wollen wir uns vorläufig mit dieser Feststellung begnügen.

In gleicher Richtung wie die Urwirtschaft und der Tauschhandel wirkt auch der Wechsel, sobald die Ansprüche des Geldes zu hoch geschraubt werden. Denn auch die Waren, die gegen Wechsel ausgetauscht werden, sparen den Geldzins, und hoher Geldzins ist ein Ansporn zu ausgedehnterer Verwendung des Wechsels.

Freilich, der Wechsel ist nicht so bequem und sicher wie das Geld, er kann in vielen Fällen das Geld überhaupt nicht ersetzen, was man daraus ersieht, daß die Wechsel bei der Bank gegen Geld eingetauscht (diskontiert) werden, trotzdem sie sich dabei einen Abzug gefallen lassen müssen. Das geschähe nicht, wenn der Wechsel das bare Geld überall vertreten könnte. Oft aber, besonders im Großhandel, namentlich als Rücklage, hat der Wechsel vor dem Bargeld nur wenig Nachteile, und es genügt dann eine nur geringe Erhöhung des Geldzinses, damit man den Wechsel vorzieht.

Der Geldzins wirkt auf den Wechsel wie die Erhöhung der Bahnfrachten auf die Benutzung der Schiffahrtskanäle. Je höher der Zins, um so größer ist der Ansporn, durch den Gebrauch von Wechseln im Handel die vom Geld geforderte Abgabe zu umgehen. Aus demselben Grund muß aber auch alles, was die natürlichen Nachteile des Wechsels (dem Bargeld gegenüber) künstlich vermehrt, auch die Stellung des Geldes stärken und die Zinsansprüche des Bargeldes erhöhen. Drückt der Wettbewerb der Wechsel den Zins des Bargeldes auf 5 % herab, so wird dieser Zins auf $5^1/_4$, $5^1/_2$ – 6 % steigen, wenn wir den Gebrauch des Wechsels durch Alarmnachrichten oder durch Stempelabgaben erschweren. Je unsicherer der Wechsel erscheint, um so höher der Zins; je mehr der Wechsel durch Stempelabgaben belastet wird, um so höhere Forderungen kann sein Mitbewerber, das Bargeld stellen, um so höher steigt der Zins. Belasten wir den Wechsel mit einer Steuer von 1 %, so wird auch der Abzug, den die Bank beim Einwechseln erhebt (Diskonto), um 1 % steigen. Belasten wir den Wechsel mit 5 % Steuer, so steigt der Abzug von 5 auf 10 % (falls die schon genannten übrigen Mitbewerber des Geldes nicht eingreifen).

Bei diesem Sachverhalt erscheint das Benehmen des Staates sonderbar, der eine Erhöhung der Wechselstempelsteuer vorschlägt, um seine Einnahmen zu vermehren, zugleich aber darüber klagt, daß er seine Anleihen nur zu erhöhtem Zinsfuß unterbringen kann. Vielmehr sollte der Staat als Schuldner die Stempelabgaben auf Wechsel abschaffen, um den Zins für seine Anleihen heruntersetzen zu können. Was er an Wechselsteuern weniger einnähme, würde er an den Zinsen seiner Anleihen hundertfach wiedergewinnen und zugleich die Zinslasten des Volkes vermindern.

Wenn wir nun umgekehrt statt einer Steuer eine Wechselprämie (einerlei wie man sich diese denkt) ausschreiben würden, so versteht sich, daß mit einer

2. Der Urzins.

...chen Prämie der Wechselumlauf auch gefördert und gehemmt werden könnte; ... die Prämie steigt, gehemmt, wenn sie ermäßigt wird.

... der Wechselverkehr dem Handel bietet, keine ... s wächst oder fällt? Der Wechselverkehr steigt ... Geldzins steigt.

... verkehren auch entsprechende Warenmengen, nur ... e Waren sind wieder für die Nachfrage nach Geld ... Gelde abgejagt. Die Nachfrage nach Bargeld geht ... d entsprechend steigen wieder die Preise, wie der ... Wechselverkehr wächst im gleichen Maße wie der ... wir uns vorläufig merken.

... eschränkter Herrscher auf dem Markte. Es muß mit ... n infolgedessen die Zinsforderungen nicht beliebig hochschrauben.

Jedoch ließe sich hier einwenden, daß das Geld in sehr vielen Fällen, namentlich in unseren heutigen Städten, unentbehrlich ist, daß das Geld sogar in den meisten Fällen den größeren Teil der Ware als Entgelt für die Tauschvermittlung verlangen könnte, ohne daß es darum wieder zum Tauschhandel oder zur Urwirtschaft käme, ja, daß selbst bei einem Abzug (Diskont) von 50 % in sehr vielen Fällen das Geld nicht durch den Wechsel ersetzbar ist.

Der Wechsel kommt nur von einer Vertrauenshand in die andere. Er ist nicht teilbar genug für die Bedürfnisse des Kleinhandels. Er ist an bestimmte Gesetze, an bestimmte Zeiten und Orte gebunden. Das alles beschränkt seine Umlaufsbahn auf einen sehr kleinen Durchmesser.

Und darauf gestützt, könnte man sagen, daß in allen diesen Fällen das Entgelt für die Tauschvermittlung sehr viel höher sein müßte, als es wirklich ist, falls die Anschauung richtig wäre, wonach das Geld den Zins erhebt, weil es willkürlich den Austausch der Waren sperren kann.

Aber bei diesem Einwand wird eine Tatsache vergessen, die wir im vierten Teil dieser Schrift kennen gelernt haben, nämlich, daß eine allgemeine Preissteigerung das Geld zu Markte treibt. Eine allgemeine Preissteigerung der Waren bedeutet ja für alle Geldbesitzer immer einen der Preissteigerung genau entsprechenden Verlust, und diesem Verlust können sie nur entgehen, wenn sie das Geld gegen Waren anbieten. Eine allgemeine Preissteigerung ist für das herkömmliche Geld ein Umlaufszwang, in manchen Wirkungen ähnlich dem Umlaufszwang des Freigeldes. Durch Kauf von Waren sucht man bei einer allgemeinen Preissteigerung den dem Geld drohenden Verlust – auf andere abzuwälzen.

Wir können also sagen, daß die Erhöhung des Geldtributes über eine bestimmte Grenze hinaus ganz von selbst die Kräfte auslöst, die ihn wieder herunterdrücken.

Umgekehrt wird, wenn der Geldzins unter diese Grenze fällt, wegen der dadurch verringerten Handelsunkosten in vielen Fällen die Arbeitsteilung eingeführt, wo heute die Urwirtschaft noch lohnt, und der Geldhandel breitet sich dorthin aus, wo man sich noch mit dem Tauschhandel behilft. Gleichzeitig verliert der Wechsel an Reiz (bei 0 % Zins würde der Wechsel überhaupt verschwinden). Diese Umstände, also vermehrte Warenerzeugung (auf Kosten der Urwirtschaft) bei gleichzeitigem vermehrten Angebot von Waren (auf Kosten des Tauschhandels) und vermehrtem Angebot von Waren gegen Bargeld (auf Kosten des Wechselverkehrs), würden die Preise drücken, den Warenaustausch erschweren, und die entstehenden Verlegenheiten der Erzeuger würde sich das Geld wieder mit erhöhten Zinsforderungen nutzbar machen.

Das Spiel der Kräfte, das der Geldzins durch seine Einwirkung auf die zinsfreien Mitbewerber des Geldes und dadurch auf die Preise auslöst, wirkt also selbsttätig regelnd auf den Zins zurück, so daß die Höchstgrenze des Geldzinses auch die Mindestgrenze ist. (Der Umstand, daß der Wechselzins (Diskont) starke Schwankungen erleidet, beweist nichts gegen diesen Satz, wie wir noch zeigen werden.)

Der Geldzins fällt also immer notwendigerweise auf den Punkt zurück, wo durch ihn Wechselverkehr, Tauschhandel und Urwirtschaft gefördert oder eingeschränkt werden.

Die Ansicht ist heute noch allgemein, daß der Geldzins durch den Wettbewerb der Geldverleiher steigt und fällt.

Diese Ansicht ist irrig. Es gibt unter Geldverleihern keinen Wettbewerb; er ist sachlich unmöglich. Stammt das Geld, das die Kapitalisten zu verleihen haben, aus dem Verkehr, so stopfen sie mit dem Weiterverleihen dieses Geldes nur die Löcher zu, die sie beim Vereinnahmen des Geldes gegraben haben. Sind 10 – 100 – 1000 Geldverleiher da, so sind auch 10 – 100 – 1000 Löcher da, die diese Geldverleiher in die Umlaufsbahn des Geldes gegraben haben. Je mehr Geld angeboten wird, um so größer sind diese Löcher.* Bei sonst unveränderten Verhältnissen muß sich also immer eine Nachfrage nach Leihgeld einstellen, die dem Geld entspricht, das die Kapitalisten zu verleihen haben. Unter solchen Verhältnissen kann man aber nicht mehr von einem Wettbewerb sprechen, der den Zins beeinflussen könnte. Sonst müßte ja sich der Umstand, daß am Martinstag der Umzug stattfindet, die Mieten beeinflussen. Aber das ist nicht der Fall, denn die größere Anzahl von Wohnungs-suchenden entspricht einer gleichen Zahl von aufgegebenen Wohnungen. Der Umzug an sich ist ohne jeden Einfluß auf die Mieten. Und ebenso verhält es sich beim Wettbewerb der Geldverleiher. Auch hier handelt es sich nur um einen Umzug des Geldes.

Ist es aber neues, unmittelbar von Alaska kommendes Geld, das die Geldverleiher anbieten, so wird dieses neue Geld die Preise hochtreiben, und die Preissteigerung wird alle, die Geld für ein Unternehmen borgen müssen, zwingen,

---

*) Bei der berühmten Krise, die 1907 urplötzlich über die Vereinigten Staaten ausbrach, war es Morgan, der der Regierung mit 300 Millionen Dollars Gold "zu Hilfe eilte". Woher kamen diese Dollars? Es waren nötig gebrauchte Dollars. Morgan hatte sie vorher dem Verkehr entzogen und damit selber dem Lande die Verlegenheiten bereitet, die der Schelm jetzt, nachdem der Kurssturz eingetreten und die Zwischengewinne eingeheimst waren, aus Vaterlandsliebe der Regierung großmütig anbot.

2. Der Urzins.

die Summe um den Betrag der Preissteigerung zu erhöhen. Statt 10 000 M. wird der Unternehmer für das gleiche Haus 11 - 12 - 15 000 M. brauchen, und so wird das durch das neue Geld vermehrte Angebot auch selbsttätig eine entsprechend vergrößerte Nachfrage erzeugen, wodurch wieder der Einfluß des neuen Geldes auf den Zins bald genug aufgehoben wird.

Die Erscheinung, daß bei Vermehrung des Geldumlaufes (durch Goldfunde oder Papiergeldausgabe) der Zinsfuß nicht nur nicht fällt, sondern im Gegenteil in die Höhe geht, werden wir noch erklären.

Einen Wettbewerb unter Geldverleihern, der auf den Zins Einfluß haben könnte, gibt es also nicht; er ist unmöglich.

Die einzigen Wettbewerber des Geldes, die dessen Macht beschränken, sind drei Dinge: Urwirtschaft, Tauschwirtschaft und Wechsel, die eine vermehrte Urwirtschaft, vermehrten Tauschhandel und vermehrten Wechselverkehr als Folge erhöhter Zinsforderungen selbsttätig herbeiführen und damit eine allgemeine Preissteigerung der Waren bewirken, die dann die Geldbesitzer nachgiebig macht. (Zum besseren Verständnis dieses Satzes sei auf den später folgenden Abschnitt "Die Bestandteile des Bruttozinses" verwiesen.)

Zwischen zwei Punkten ist nur eine Gerade möglich; die Gerade ist die kürzeste, und die kürzeste ist - auf das Wirtschaftliche übertragen - auch die billigste.

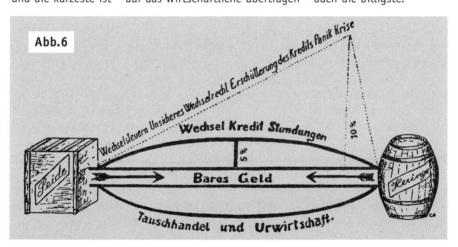

Abb. 6

Die kürzeste Straße aber zwischen Erzeuger und Verbraucher, und darum auch die sparsamste, ist das Geld. (Bei der Urwirtschaft geht die Ware zwar auf noch kürzerem Wege geradewegs von der Hand in den Mund. Dafür ist aber hier die Erzeugung weniger ergiebig als bei der Warenherstellung im Wege der Arbeitsteilung.)

Alle anderen Straßen (Tauschhandel, Wechsel), die die Waren einschlagen mögen, um den Verbraucher zu erreichen, sind länger und kostspieliger. Wie würde man auch sonst 105 M. in Wechseln für 100 M. in Geld geben, wenn das bare Geld dem Wechsel gegenüber als Tauschmittel keine Vorteile böte?

Aber diese billigste und kürzeste Straße kann der Geldbesitzer sperren, und gesetzmäßig gibt er sie nur frei, falls man ihm die Vorteile bezahlt, die das bare Geld als gerade Straße den krummen Straßen gegenüber aufweist. Fordert er weniger, so wird das Geld überlastet, d. h., die Waren, die sonst mittels Wechsels usw. getauscht wurden, beanspruchen dann das bare Geld. Die Nachfrage nach Geld wächst, die Warenpreise sinken, und bei sinkenden Preisen kann das Geld überhaupt nicht mehr umlaufen.

Das Geld erhebt den Zins für seine jeweilige Benutzung so, wie es etwa eine Mietskutsche tut. Der Zins wird den allgemeinen Handelsunkosten zugerechnet und mit diesen erhoben – ob durch Abzug beim Erzeuger oder durch einen Zuschlag beim Verbraucher, ist einerlei. In der Regel geschieht es so, daß der Kaufmann den Preis erfahrungsgemäß kennt, den er beim Verbraucher für die Ware erzielen kann. Von diesem Preise zieht er die Handelsunkosten, seinen eigenen Arbeitslohn (den reinen Handelsgewinn) und den Zins ab. Diesen Zins berechnet er nach der Zeit, die er-fahrungsgemäß im Durchschnitt bis zum Verkauf der Ware verstreicht. Das, was bleibt, ist für den Warenerzeuger. Ist z. B. der Kleinhandelspreis einer Kiste Zigarren in Berlin zehn Mark, so weiß der Zigarrenfabrikant in München ganz gut, daß er diese zehn Mark nicht voll für sich beanspruchen kann. Er muß für den Händler in Berlin den Preis so weit herabsetzen, daß dieser aus dem Unterschied zwischen dem Fabrik- und Verkaufspreis die Kosten für Fracht, Ladenmiete und für seine Arbeit bestreiten kann. Und dann muß noch etwas übrig bleiben dafür, daß der Händler "Geld in sein Geschäft stecken" muß. Dieses Geld kommt der Regel nach mittel- oder unmittelbar von den Banken und Sparkassen, die es selbstverständlich nur gegen Zins hergeben. Diesen Zins muß der Händler aus dem obigen Preisunterschied herausschlagen. Geht das nicht bei den heutigen Preisen, nun, so wartet er. Und solange er wartet, muß auch der Fabrikant auf den Käufer warten. Ohne eine Abgabe an das Geld zu bezahlen, gelangt keine Zigarre von der Fabrik zum Raucher. Entweder ermäßigt der Fabrikant den Preis, oder der Verbraucher erhöht sein Angebot. Dem Kapitalisten ist das gleichgültig. Den Zins bekommt er auf alle Fälle. Der Urzins wird also ganz einfach zu all den übrigen Handelsunkosten geschlagen. Diese sind im allgemeinen das Entgelt für geleistete Arbeit. Der Fuhrmann füttert die Pferde, schmiert die Achsen, schwitzt und flucht. Es ist nicht mehr als recht, daß er dafür bezahlt werde. Der Kaufmann hütet den Laden, bezahlt die Miete, rechnet und grübelt. Er soll etwas dafür bekommen. Aber der Bankmann, die Sparkasse, der Geldgeber – was tun sie? Der König steht am Schlagbaum; er sperrt die Grenze und sagt: der Zehnte ist mein! Der Geldgeber steht vor dem Geldschrank; er sperrt den Austausch der Waren, die auf den Inhalt des Geldschrankes als Tauschmittel angewiesen sind und sagt, wie der König: der Urzins ist mein! Der König wie der Geldgeber tun im Grunde nichts, sie sperren nur und erheben einen Zins. Der Urzins ist also, wie der Grenzzoll, eine Abgabe, nur mit dem Unterschied, daß der König mit dem Zoll die Staatsausgaben bestreitet, während der Geldgeber den Urzins für sich verwendet. Wir bezahlten im Urzins also nichts weiter als die Tätigkeit der Kapitalisten, die darin besteht, dem Handel Steine in den Weg gewälzt zu haben.

2. Der Urzins.

Welcher von den drei Wettbewerbern des Geldes, die dem Geldzins die Grenzen ziehen, ist der wichtigere? In entwickelten Handelsgebieten und gewöhnlichen Zeiten ist von jenen dreien der Wechsel der wichtigere, während die beiden anderen für die weniger entwickelten Länder ausschlaggebend sind. Denkt man sich z. B. Deutschland als geschlossenen Handelsstaat mit eigener Papierwährung, so würde ohne den Wechsel das Geld schon sehr hohe Ansprüche stellen können, ehe Urwirtschaft und Tauschhandel genügend stark eingreifen könnten, um die für die Freigabe des Geldes nötige Preissteigerung zu erzeugen.* Ja, man könnte annehmen, daß ohne den Wechsel (dem natürlich Kreditverkäufe, Stundungen usw. hinzuzurechnen sind) das Geld in dem angenommenen Fall die Zinsforderungen bis hart an die Grenze des Nutzens steigern könnte, den uns die Arbeitsteilung bietet, was ja schon vollkommen durch das Aufgeben der Arbeit in Krisenzeiten bewiesen wird. Den Arbeitslosen helfen Urwirtschaft und Tauschhandel nur ganz ausnahmsweise, und dann auch nur in sehr geringem Maße. So kann ein Arbeitsloser z. B. seine Hosen selber flicken, er kann ich selbst rasieren und seine Mahlzeiten selber bereiten. Er kann sein Brot backen, vielleicht seine Kinder unterrichten und statt ins Schauspielhaus zu gehen, selbst für seine Familie ein Lustspiel schreiben, wenn der Hunger die dazu nötige Stimmung bei ihm aufkommen läßt.

Ist also bei uns der Wechsel der wichtigste Zinsregler, so sind in unentwickelten Ländern, in Asien und Afrika, in denen der Wechsel keine große Rolle spielen kann, Urwirtschaft und Tauschhandel von höchster Bedeutung für die Regelung des Geldzinses. Und daß sie in solchen Ländern wirksam sein müssen, erkennt man daran, daß der Geldzins in früheren Zeiten, als die Arbeitsteilung erst in kleine Kreise des Volkes eingedrungen war, z. B. zur Zeit der Römer und im Bauernstaat der Königin Elisabeth von England, ungefähr der gleiche war wie heute, wie man das aus den Angaben am Schlusse dieses Buches ersehen kann.

Diese Gleichmäßigkeit des reinen Geldzinses ist so auffallend, daß man annehmen kann, die drei unter sich so verschiedenen und so verschiedene Kulturzustände voraussetzenden Zinsregler (Urwirtschaft, Tauschhandel und Wechselrecht) müßten sich gegenseitig bedingen und ergänzen. So erzeugt z. B. eine schon hoch entwickelte, nur wenig mehr ausdehnungsfähige Arbeitsteilung und der dadurch bedingte Ausschluß von Urwirtschaft und Tauschhandel wiederum die Kultur, die sozialen, gesetzlichen und Handelseinrichtungen, bei denen der Wechselverkehr sich ausbilden und gedeihen kann. Die 36 Milliarden Mark, die 1907 in Deutschland in Wechseln in Umlauf gesetzt wurden, geben einen besseren Maßstab für die Entwicklung des Handels, als das Eisenbahnnetz und manches andere.

Und umgekehrt sind dort, wo der Kulturzustand den Ersatz des Geldes durch Wechsel ausschließt, wieder Urwirtschaft und Tauschhandel die treuen Wächter, die es verhindern, daß das Geld seinen Zinsanspruch über bestimmte Grenzen hinaus steigert.

---

*) Ich verweise nochmals zum besseren Verständnis für diesen Satz auf den Abschnitt am Schlusse des Buches: Die Bestandteile des Bruttozinses.

Fassen wir das in diesem Abschnitt Gesagte kurz zusammen:
Der Geldzins ist das Erzeugnis eines selbständigen Kapitals, d. i. des Geldes, und läßt sich am besten mit dem Wegesperrgeld vergleichen, das der Raubritter und bis in die jüngste Zeit der Staat für die Benutzung der Straßen erhob. Der Geldzins wird nicht vom Zins der Sachgüter (Realkapitalien) beeinflußt (wohl aber umgekehrt), und der Wettbewerb der Geldverleiher hat keinen Einfluß auf ihn. Begrenzt wird der Geldzins durch den Wettbewerb, den ihn die anderen Tauschmittel (Wechsel, Tauschhandel und Urwirtschaft) bereiten.

Beim Geldverleihen wird nur der Besitzer des Geldes gewechselt, ohne daß dadurch irgend etwas am Gelde geändert wird. So wie es sich gleich bleibt, ob statt des Mannes es die Frau ist, die den Schlagbaum fallen läßt und die Abgabe erhebt. Beim Wechsel und Tauschhandel dagegen findet kein solcher wesenloser Personenwechsel statt, sondern es wird dem Geld ein wirksamer Mitbewerber dadurch geschaffen, daß den Waren andere Wege für den Austausch gebahnt werden.

Durch die Preissteigerung, die der Wechsel, die Urwirtschaft und der Tauschhandel bewirken, wird der Geldumlauf unter einen wirtschaftlichen Zwang gestellt, der dazu führt, daß das Geld auch solchen Waren gegenüber seine Macht über bestimmte Grenzen hinaus nicht mißbrauchen kann, die zu ihrem Austausch sich nicht des Wechsels oder des Tauschhandels bedienen können. Es geht hier zu, wie bei den Lohnarbeitern, deren Lohn vom Arbeitsertrag der Ausgewanderten begrenzt wird, obschon sie nicht alle mit der Auswanderung zu drohen brauchen (s. Teil I).

Der Geldzins wird von den Waren, also unmittelbar aus dem Kreislauf von Ware und Geld erhoben. (Wie zu Anfang gesagt wurde, leugnete Marx diese Möglichkeit.) Der Geldzins ist vom Vorhandensein eines von Arbeitsmitteln entblößten Proletariats vollkommen unabhängig. Er würde um nichts geringer sein, wenn alle Arbeiter mit eigenen Arbeitsmitteln versehen wären. Der Geldzins würde solchenfalls den Arbeitern bei der Übergabe ihrer Erzeugnisse an den Händler (Geldbesitzer) abgenommen, und zwar darum, weil der Händler durch Festhalten des Geldes (ohne unmittelbaren Schaden für sich) den Austausch der Erzeugnisse der Arbeiter untersagen und diesen dadurch einen unmittelbaren, unabwälzbaren Schaden zufügen kann, weil diese Erzeugnisse durchweg und ohne nennenswerte Ausnahmen täglich an Menge und Güte verlieren, dabei noch erhebliche Kosten für Lagerung und Wartung verursachen.

Diesen Geldzins werden wir von jetzt ab "Urzins" nennen.*

3. Die Übertragung des Urzinses auf die Ware.

Eine Ware, die mit Urzins belastet werden soll, muß diese Last natürlich tragen können, d. h. sie muß Marktverhältnisse vorfinden, die ihr gestatten, den Einstandspreis zuzüglich Urzins im Verkaufspreis einzulösen. Die Markt-

---

*) Die Bezeichnung "Urzins" für den Geldzins, im Gegensatz zum Zins der Sachgüter (Häuser usw.), wird es erleichtern, beide Zinsarten auseinander zu halten.

Die Übertragung des Urzinses auf die Ware.

verhältnisse müssen also das Umlaufen des Geldes nach der Formel G.W.G.' gestatten. Das ist klar. Denn wäre es nicht so, so würde das Geld den Tausch nicht vermitteln, und die Verlegenheiten, in die die Warenerzeuger dann gerieten, würden diese veranlassen, die Spannung zwischen dem Einstandspreis der Waren und ihrem Verkaufspreis so zu erweitern, daß in ihr neben allen anderen Handelsunkosten auch noch der Urzins Platz fände.

Das alles geht ganz selbsttätig von statten. Weil also das herkömmliche Geld, unser Tauschmittel, an und für sich ein Kapital ist, das keine Ware ohne seine Brandmarke in den Handel aufnimmt, findet die Ware gesetz- und regelmäßig Marktverhältnisse vor, die die Ware als zinserhebendes Kapital erscheinen läßt, wenigstens für den Verbraucher, denn dieser bezahlt den Preis, den der Erzeuger erhalten hat, zuzüglich Zins. Dem Erzeuger dagegen erscheint die Ware (sein Erzeugnis) als umgekehrtes (negatives) Kapital, denn er erhält den Preis, den der Verbraucher bezahlt, abzüglich Zins. Diesen Teil seines Erzeugnisses hat ihm das Geld abgepreßt. Ein Gegenstand aber, der Zins zahlen muß, darf füglich nicht als Kapital bezeichnet werden. Wenn die Ware Kapital wäre, so müßte sie es auch im Tauschhandel sein, und wie würde man sich da die Erhebung des Zinses vorstellen?* Zwei wirkliche Kapitalien, einander gegenübergestellt, heben sich auf, wie z. B. Rentenland und Geld gegeneinander ohne Zins ausgetauscht werden. Obschon jedes für sich Kapital ist, können sie sich einander gegenüber nicht als Kapital benehmen. Der Ware gegenüber ist aber das Geld immer Kapital.

Übrigens erscheint die Ware dem Verbraucher nur als Kapital. Sieht er näher zu, so findet er bald, daß sie die Beute des Geldkapitals ist.

Jeder Erzeuger ist auch Verbraucher, und wie im Tauschhandel jeder das unverkürzte Erzeugnis des anderen erhält, so muß auch heute jeder Erzeuger den vollen Preis, den der Verbraucher bezahlt, als die Gegenleistung für sein Erzeugnis ansehen. Tut er das, so erscheint ihm die Ware als negatives Kapital. Sie nimmt dann ihre wahre Gestalt an, nämlich die eines einfachen Kassenboten des Geldkapitals. Sie erhebt den Urzins vom Verbraucher der Ware nicht für den Erzeuger, sondern für den Besitzer des Geldes (Tauschmittel) – so etwa wie bei einer Nachnahmesendung. Und die Waffe, womit das Geld seinen Kassenboten ausrüstet, das ist die Unterbrechung der Verbindung zwischen den Warenerzeugern durch Verweigerung des Tauschmittels.

Nimmt man dem Tauschvermittler das Vorrecht, den Austausch der Waren zur Erpressung des Urzinses untersagen zu können, wie es durch das Freigeld erreicht wird, so muß das Geld seine Dienste umsonst leisten, und die Waren werden, genau wie im Tauschhandel, ohne Zinsbelastung gegeneinander ausgetauscht.

Um diese kostenlose Tauschvermittlung herbeizuführen, prägt der Staat die Münzen kostenlos für die Barrenbesitzer, freilich ohne damit seinen Zweck zu erreichen. Wenn der Staat diese kostenfreie Prägung durch einen jährlichen Schlagsatz von 5 % ersetzte, dann würde das Geld die Tauschvermittlung umsonst bewirken.

---

*) Marx allerdings läßt den Kapitalismus aus dem einfachen Tauschhandel keimen. Eine rätselhafte Sache!

4. Die Übertragung des Urzinses auf das sogenannte Realkapital (Sachgut).

Die Ware wird mit Geld gekauft und, mit Urzins belastet, an den Verbraucher gegen Geld wieder verkauft. Und mit dem Verkauf der Ware ist das Geld wieder frei für einen neuen Beutezug.* Das ist der wirkliche Inhalt der Marxschen Formel G.W.G.'
Der Urzins, den das Geld auf solche Weise von den Waren erhebt, ist also keine einmalige Beute. Der Urzins ist eine dauernd sprudelnde Quelle, und die Erfahrung von Jahrtausenden zeigt, daß man mit einer durchschnittlichen Beute von 4 oder 5 % des jährlichen Umsatzes rechnen kann.
Der Zins, den der Kaufmann in unmittelbarem Verkehr mit der Ware von dieser erhebt – das ist der wahre und volle Urzins. Das, was der Kaufmann seinem Gläubiger von diesem Zins abliefert, das ist der Urzins abzüglich Erhebungskosten.** Wie auch das Wegegeld, das der Schlagbaumpächter an den Staat abliefert, nicht das volle Wegegeld ist.
Wenn man nun mit dem Geld Ziegelsteine, Kalk, Träger usw. kauft, nicht, um diese als Ware wieder zu verkaufen, sondern um ein Miethaus zu bauen, so verzichtet man freiwillig auf die Wiederkehr des Geldes, auf die sprudelnde Zinsquelle. Man hat dann wohl ein Haus, aber kein Geld, keine Zinsquelle. Aber auf ein solches Kleinod verzichtet man selbstverständlich nur unter der Bedingung, daß das Miethaus nun seinerseits den Zins einbringen wird, den das zu seinem Bau nötige Geld erfahrungsgemäß jederzeit im Warenhandel einbringt. Kann das Geld von den Waren, aufs Jahr verteilt, 5 % erheben, so muß auch das Haus von den Mietern, das Schiff von den Frachtgütern, die Fabrik von den Löhnen*** die gleiche Abgabe erheben können, sonst bleibt das Geld einfach auf dem Markte bei den Waren und das Haus wird nicht gebaut.
Das Geld stellt also für das Zustandekommen eines Hauses, einer Fabrik usw. die selbstverständliche Bedingung, daß das Haus von den Mietern, die Fabrik von den Arbeitern, das Schiff von den Frachten denselben Zins zu erheben vermag, den es selber von den Waren jederzeit einziehen kann. Kein Zins = kein Geld für Häuser, Fabriken, Schiffe. Und ohne Geld, wie soll da jemand die tausend verschiedenen Gegenstände zusammentragen und zusammen-

---

*) Hiernach müßte der Verbraucher regelmäßig mehr Geld ausgeben, als er als Erzeuger einnimmt. Dieses Mehr, aus dem Urzins bestehend, verschafft sich der Erzeuger dadurch, daß er mehr Ware verfertigt und verkauft, als er kauft. Das Mehr, das so die Erzeuger hervorbringen, wird von den Geldbesitzern für persönlichen Bedarf gekauft, und zwar gerade mit dem Geld, das sie als Zins erheben. Mit den Handelsunkosten, die der Verbraucher bezahlt, verhält es ich ebenso.

**) Wir werden noch sehen, daß diese Erhebungskosten durchaus nicht so gering sind; sie bestehen in der Hauptsache aus den Verwüstungen, die die Krisen in der Volkswirtschaft anrichten.

***) Ich gebrauche diesen Ausdruck ungern, weil er vieldeutig ist. Besser ist es, vom Preis zu sprechen, den der Unternehmer den Arbeitern für ihre Erzeugnisse bezahlt. Denn nur diese, die fertige, greifbare Leistung bezahlt der Unternehmer, nicht die Tätigkeit der Arbeiter.

fügen, die für ein Schiff, eine Fabrik, ein Haus nötig sind? Es ist ganz undenkbar, daß ohne Geld ein Haus usw. zustande komme. Und so besteht auch das Grundkapital jedes kapitalistischen Unternehmens aus einer Summe Geldes. Für alle die Millionen Miethäuser, Fabriken, Schiffe usw. gilt das Wort: Im Anfang war das Geld.

Wenn aber das Geld sich nicht hergibt für den Bau von Häusern, falls diese nicht den gleichen Zins, den das Geld von den Waren erhebt, erzielen können, so ruht die Bautätigkeit, und der alsbald einsetzende Mangel an Häusern treibt dann den Mietzins herauf, genau wie der Mangel an Fabriken den Lohn drückt.

Also muß es gesetzmäßig dahin kommen, daß die Häuser, Schiffe, Fabriken, kurz, das gesamte sogenannte Realkapital den gleichen Zins einträgt, den das Geld dem Warenaustausch als Urzins aufbürden kann.

Die Häuser, Fabriken, Maschinen usw. sind Kapital. Sie erheben den Zins nicht wie die Ware als Kassenbote, um ihn an den Geldbesitzer abzuliefern, sondern für den Besitzer des Hauses. Aber diese Macht stützt sich nicht auf Eigenschaften dieser Dinge, sondern darauf, daß das Geld, genau wie bei den Waren, die Marktlage für die Erhebung des Zinses vorbereitet. Das Verhältnis der Wohnungen zu den Mietern, der Schiffe zu den Frachtgütern, der Arbeiter zu den Fabriken wird vom Geld immer künstlich, gesetz- und zwangsweise so gestaltet, daß die Mieter und Arbeiter (die Nachfrage) einem ungenügenden Angebot (Wohnungen, Fabriken) gegenüberstehen.

Das herkömmliche, vom Staate verfertigte Geld (Tauschmittel) schützt alle vorhandenen Häuser vor einem den Zinsertrag schmälernden Mitbewerb neuer Häuser. Das Geld wacht mit Eifersucht darüber, daß seine Geschöpfe nicht entarten. Geld wird immer nur zum Bauen von so viel Häusern hergegeben, daß deren Zinsertrag nie unter den Urzins fallen kann. Dies wird durch eine jahrtausendelange Erfahrung bestätigt.

Das sogenannte Realkapital (Sachgut) ist also eigentlich nichts weniger als real. Das Geld allein ist das wirkliche Realkapital, das Urkapital. Alle anderen Kapitalgegenstände (Sachgüter) sind durchaus von der Beschaffenheit des Geldes abhängig, sind dessen Geschöpfe, sind vom Geld in den Adel-, in den Kapitalstand erhoben worden. Nimmt man dem Geld das Vorrecht, dem Volk den Bau neuer Häuser zu verbieten, reißt man das Wehr ein, das vom Geld zwischen den Arbeitern und den sogenannten Realkapitalien errichtet wird, so wächst das Angebot dieser Dinge, und sie verlieren ihre Eigenschaft als Kapital.

Es klingt ja fast ungeheuerlich und man muß seiner Sache sicher sein, wenn man die Behauptung aufstellt, daß die Häuser, Fabriken, Schiffe, Eisenbahnen, Theater, Elektrizitätswerke, kurz, das gewaltige, düstere Meer, das man z. B. vom Berliner Kreuzberg aus überschaut, nur darum Kapital ist und Kapital sein muß, weil das Geld Kapital ist. Dieses ungeheure Meer, das sicherlich das Geldkapital 100 mal überragt, brächte nur darum Zins ein, weil das Geld es so will? Das klingt doch gewiß unwahrscheinlich.

Aber das Unwahrscheinliche erscheint uns sofort ganz annehmbar, wenn wir bedenken, daß unser herkömmliches Geld uralt ist, daß es seit 3 – 4000 Jahren ganz selbsttätig und gesetzmäßig den Bau von Häusern usw. immer künstlich so weit beschränkte, daß die Nachfrage stets größer als das Angebot war und so die Häuser Kapital blieben.

Um das Unwahrscheinliche zu begreifen, müssen wir an die wirtschaftliche Eiszeit, als die wir das Mittelalter bezeichneten, an die tausend Wirtschaftskrisen denken, die das Geld seitdem erzwungen hat. Die Milliarden und Abermilliarden an Realkapital, die im Laufe der Zeit durch erzwungene Arbeitslosigkeit nicht erstanden sind, erklären das Unwahrscheinliche.

Der Mangel an Häusern, Schiffen, Fabriken usw., der im Zinsertrag dieser Gegenstände in die Erscheinung tritt, ist das Ergebnis einer seit Jahrtausenden ununterbrochen wirkenden Ursache.

Wenn die Volksmassen während der Krisenjahre 1873 bis 1878 statt zu feiern und zu hungern, Häuser und Maschinen hätten bauen dürfen, ob da nicht unter dem Druck des Angebots der Hauszins gefallen wäre? Und das waren nur fünf Jahre! Dabei darf man nicht vergessen, daß die anderen Ursachen der Wirtschaftskrisen, die wir im ersten Teil des Buches besprachen, unabhängig vom Zins in der gleichen Richtung (Beschränkung und Verhinderung des Tausches) wirken.

Es ist also klar: das sogenannte Realkapital muß Zins abwerfen, weil es nur durch Ausgeben von Geld zustande kommen kann und weil dieses Geld Kapital ist. Das sog. Realkapital besitzt nicht, wie das Geld, eigene zinserpressende Machtmittel. Es handelt sich bei diesen sogenannten Realkapitalien, genau wie bei den Waren, um vom Geld eigens zu diesem Zweck geschaffene und erzwungene Marktverhältnisse, um eine selbsttätig wirkende, künstliche Beschränkung in der Erzeugung sogenannter Realkapitalien, so daß deren Angebot niemals die Nachfrage decken kann.

Gesetzmäßig erzeugt das herkömmliche, vom Staate abgestempelte und verwaltete Geld durch erzwungene Arbeitslosigkeit die besitz- und obdachlose Menge, das Proletariat, dessen Dasein die Voraussetzung für die Kapitaleigenschaft der Häuser, Fabriken, Schiffe ist.

Das Geld ist für das Zustandekommen dieser Sachgüter (Realkapitalien) unentbehrlich, und ohne Zins gibt es kein Geld. Ohne Proletariat* gibt es aber kein Realkapital. Folglich muß auch die Unentbehrlichkeit des Geldes das für den Zins der Realkapitalien und den Umlauf des Geldes unentbehrliche Proletariat erzeugen.

Das Geld schafft das Proletariat, nicht weil die Zinslasten das Volk um Hab und Gut bringen, sondern weil es das Volk gewaltsam daran hindert, sich Hab und Gut zu schaffen.

Man braucht also für die Herkunftserklärung des Proletariats nicht zu dem verzweifelten Ausweg der sogenannten geschichtlichen Erklärung zu greifen,

---

*) Proletariat = die der eigenen Produktionsmittel entblößten Arbeiter.

denn das Proletariat ist eine gesetzmäßig sich einstellende Begleiterscheinung des herkömmlichen Geldes. Ohne Proletariat kein Zins der Realkapitalien, ohne Zins kein Geldumlauf, ohne Geldumlauf kein Warenumsatz und als Folge davon Verarmung. In anderen Zeiten hat das Schwert zweifellos an der Schaffung des Proletariats kräftig mitgewirkt. Auch Thron (Gesetze) und Altar sind fleißig daran beteiligt gewesen. Auch heute noch sucht man die Grundrente unter den Schutz der Gesetze zu stellen und durch Kornzölle dem Volke die Waffen zu entreißen, die es sich für den Kampf gegen die Grundrenten in Form von Schiffen, Eisenbahnen und landwirtschaftlichen Maschinen geschmiedet hat. (Siehe Teil I.) Dem Recht auf Arbeit und Brot stellt man das Recht auf Grundrente entgegen. Aber auch ohne diese Hilfe wäre das Kapital nicht um einen einzigen Proletarier ärmer. Wäre die Hilfe von Schwert und Gesetz ausgeblieben, so hätten wir an deren Stelle ein paar Wirtschaftskrisen, einige tausend überschüssige Arbeiter mehr gehabt. Das Geldkapital braucht nicht Schwert und Gesetz, um das nötige Proletariat für die Realkapitalien zu schaffen; es trägt die dazu nötigen Kräfte in sich selbst. Mit der Wucht einer Naturkraft schafft es sie. Metallgeld und Proletarier sind unzertrennlich.

Das sogenannte Realkapital besteht sicher aus sehr realen und unentbehrlichen Gegenständen, aber als Kapital sind diese Gegenstände nichts weniger als real. Der Zins, den sie heute abwerfen, ist ein Geschöpf des Urkapitals, des Geldes.

5. Vervollständigung der Freigeld-Zinstheorie.

Wir bezeichnen das Geld als das Urkapital, als allgemeinen Wegbereiter des sogenannten Realkapitals, und verknüpfen damit die Behauptung, dieses Realkapital verdankte seine zinszeugende Kraft nur dem Umstande, daß das Geld durch erzwungene Krisen, erzwungene Arbeitslosigkeit, also eigentlich durch Sengen und Brennen dem Realkapital die für die Erhebung eines dem Urzins entsprechenden Zinses nötige Marktlage vorbereitete. Dann müssen wir aber auch nachweisen können, daß der Zins der Realkapitalien vom Urzins derart beherrscht wird, daß er auf diesem immer und gesetzmäßig zurückfallen muß, falls er sich aus irgend einem Grunde von ihm vorübergehend entfernt.

Denn wir sagen, daß Nachfrage und Angebot den Zins des Realkapitals bestimmen, und erkennen damit an, daß der Zins vielen Einflüssen unterworfen ist.

Was wir also sagen, ist, daß, wenn aus anderen Gründen der Zins der Realkapitalien über den Urzins steigt, er aus zwingenden, in der Natur der Dinge selbst liegenden Gründen wieder fallen muß, und zwar bis auf den Urzins. Und umgekehrt muß, wenn der Zins der Realkapitalien unter den Urzins fällt, das Geld ihn selbsttätig wieder auf diese Höhe zurückführen. Hierdurch wird der Urzins der gesetzmäßige Höchst- und Mindestertrag von dem, was man in der Regel vom Realkapital erwarten kann. **Der Urzins ist der Gleichgewichtspunkt, um den der Zins aller Realkapitalien pendelt.**

Wenn das aber so ist, so müssen wir auch wieder nachweisen können, daß, wenn wir die künstlichen Hindernisse beseitigen, die das heutige Geld dem Werden von sogenannten Realkapitalien errichtet, das Angebot solcher Kapitalien durch die nun ungefesselte Arbeit des Volkes und ohne irgend ein anderes Zutun früher oder später die Nachfrage decken wird, und zwar in dem Sinne, daß der Zins in der ganzen Welt, soweit auf ihr Freihandel und Freizügigkeit herrschen, auf Null fallen muß.

Der Kapitalzins ist eine internationale Größe; er kann nicht einseitig für einen einzelnen Staat beseitigt werden. Wenn z. B. die Häuser in Deutschland keinen Zins abwürfen, während man in Frankreich noch solchen Zins erheben kann, so würde man kein Haus mehr in Deutschand bauen. Die deutschen Kapitalisten würden ihre Überschüsse über die Grenze bringen durch Ankauf französischer Wechsel, mit deren Erlös man dann die Häuser in Frankreich bauen würde.

Dazu wird der Nachweis nötig sein, daß

1. es nicht an Kraft und Mitteln fehlt, um das zum Ersäufen des Zinses nötige Meer von Realkapitalien in absehbarer Zeit zu erzeugen;
2. der Reiz oder Wille, Realkapitalien (Mietshäuser, Fabriken, Schiffe) hervorzubringen, nicht erlahmen wird, falls diese keinen Zins mehr abwerfen.

Daß der Zins der Realkapitalien sich jederzeit nach oben sowohl wie nach unten vom Urzins entfernen kann, können wir leicht erkennen, wenn wir uns folgenden Fall vorstellen:

Nehmen wir an, die Pest hätte $3/4$ der Menschheit dahingerafft. Dadurch würde das jetzt zwischen Proletariat und Realkapitalien bestehende Verhältnis auf den Kopf gestellt, und auf jeden Mieter kämen 4 Wohnungen, auf jeden Bauernknecht 4 Pflüge, auf jeden Arbeiterstamm 4 Fabriken. Unter solchen Verhältnissen würden die Realkapitalien keinen Zins mehr abwerfen. Der Wettbewerb der Hausbesitzer würde die Mieten und der Wettbewerb der Unternehmer den Unternehmergewinn so weit herunterdrücken, daß wahrscheinlich nicht einmal die vollen Kosten für Instandhaltung und Abschreibung herausgeschlagen werden könnten.

So konnte man in der Provinzialhauptstadt La Plata in Argentinien in den Krisenjahren 1890 – 1895 die schönsten Häuser umsonst bewohnen. Nicht einmal die Kosten der Instandhaltung konnten die Hausbesitzer erheben.

Unter solchen Verhältnissen würde nur mehr ein einziges Kapital fortbestehen, und zwar das Geld. Während alle übrigen Kapitalgegenstände die zinserzeugende Kraft eingebüßt haben würden, brauchte das Geld auch dann noch nichts von seiner Zinsforderung abzulassen, wenn 99 % der Bevölkerung verschwunden wären. Die Erzeugnisse der zinsfreien Arbeitsmittel, die Waren, müßten für ihren Austausch dem Geld fernerhin den gleichen Zins zahlen – als ob nichts geschehen wäre.

Mit dieser Annahme wird die wahre Natur des Geldes und ihr Verhältnis zu den Realkapitalien sehr gut beleuchtet.

Wenn wir annehmen, daß der Geldbestand durch die Pest nicht verändert worden wäre, so würde das Mißverhältnis zwischen Geld und Waren die Preise stark in die Höhe treiben, aber auf den Zins hätte der verhältnismäßig große Geldbestand keinen Einfluß, da, wie wir gezeigt haben, es niemals einen Wettbewerb unter Geldverleihern geben kann. Der Bruttozins würde durch die Preissteigerung sogar eine Erhöhung erfahren (s. den späteren 7. Abschnitt über die Bestandteile des Bruttozinses).

Unter diesen angenommenen Umständen bleibt es selbstverständlich ausgeschlossen, daß jemand Geld für den Bau einer Fabrik hergeben würde. Dies würde erst dann wieder geschehen, nachdem teils durch Bevölkerungsvermehrung, teils durch Feuersbrünste oder andere Naturereignisse, worunter in erster Linie der Zahn der Zeit zu rechnen ist, das Angebot solcher Realkapitalien sich so weit vermindert hätte, daß das ursprüngliche Verhältnis und damit der Urzins wieder erreicht wäre. Warum das so wäre, ist gesagt.

Der Zins der sogenannten Realkapitalien kann demnach jederzeit infolge außergewöhnlicher Ereignisse unter den Urzins fallen, aber die natürlichen Zerstörungen, denen das Realkapital ausgesetzt ist (s. die Liste der jährlichen Schiffsbrüche und Abtakelungen, der Feuersbrünste, der Abschreibungen aller Fabriken, der Eisenbahnzusammenstöße usw.), zusammen mit dem Umstand, daß das Geld kein Neuschaffen von Realkapital zuläßt, solange der Zins des bestehenden Kapitals nicht die Höhe des Urzinses erreicht, bringen Nachfrage und Angebot von Realkapitalien gesetzmäßig wieder in das ursprüngliche Verhältnis zurück.

Wir schulden aber noch den Beweis, daß der Zins des Realkapitals auch nicht dauernd über dem Urzins stehen kann.

Daß durch besondere Verhältnisse dieser Fall eintreten kann und in manchen Ländern mit vergleichsweise starker Einwanderung sogar jahrzehntelang anhalten kann, wollen wir gleich und freudig anerkennen, denn es ist ein triftiger Beweis für die Richtigkeit der Lehre vom Zins, wonach Angebot und Nachfrage bedingungslos darüber bestimmen, ob und welchen Zins die Realkapitalien abwerfen.

Wieviel Kapital an Wohnung, Arbeitsmitteln, Läden, Eisenbahnen, Kanälen, Hafenanlagen usw. auf eine Arbeiterfamilie in Amerika entfällt, weiß ich nicht. Es mögen 5000, es mögen auch 10 000 Dollars sein. Nehmen wir nur 5000 Dollars an, so müßten die Amerikaner, um für die dort jährlich landenden Einwanderer, etwa 100 000 Familien, Obdach und Arbeitsmittel zu beschaffen, alle Jahre 5000 × 100 000 = 500 Millionen Dollars in neuen Häusern, Fabriken, Eisenbahnen, Schiffen anlegen.

Wenn sämtliche deutschen Arbeiter nach den Vereinigten Staaten auswanderten, so würde es dort an allem mangeln, um diese Massen zu beschäftigen und zu beherbergen. Dieser Mangel an Fabriken, Maschinen, Häusern würde auf die Löhne drücken und gleichzeitig die Wohnungsmieten gewaltig in die Höhe schrauben. Der Zins der Realkapitalien würde hoch über den Urzins steigen.

Dieser Vorgang entzieht sich gewöhnlich der unmittelbaren Beobachtung, weil die Kapitalgegenstände im Preise steigen, wenn der Zinsertrag steigt. Ein Haus, das man für 10 000 Mark verkaufen kann, weil es 500 Mark Zins einbringt, steigt auf 20 000 Mark, wenn der Hauszins auf 1000 Mark steigt.

Rechnerisch wirft das Haus dann nur 5 % ab. Als Maßstab für die Preisbildung gilt eben der Urzins.

Nun müssen wir die Tatsache erklären können, daß aus natürlichen, zwingenden Gründen jede Erhöhung des Realkapitalzinses über den Urzins hinaus selbsttätig ein ständig wachsendes Neuschaffen von Häusern usw. auslöst, unter dessen Druck (Angebot) der Zins dieser Dinge in absehbarer Zeit wieder auf den Urzins als Grenze und Gleichgewichtspunkt fällt, und zwar ebenso selbsttätig, wie er im entgegengesetzten Falle wieder bis an diese Grenze gestiegen war. Es dürfen solchem Geschehen keine Hindernisse wirtschaftlicher und seelischer Art entgegenstehen. Der Arbeitswille, die Arbeitskraft sowie die Unterstützung der Natur müssen ausreichend sein, um das Kapital immer und an allen Orten in einer Menge zu beschaffen, daß dessen Angebot den Zins auf die Grenzen des Urzinses zurückdrücken muß.

Es ist kein Unsinn, wenn Flürscheim* sagt: "Der Zins ist der Vater des Zinses". Womit gesagt wird, daß die Zinslasten das Volk daran hindern, das zur Beseitigung des Zinses nötige Angebot von Realkapital zu erzeugen, ähnlich wie der Pachtzins den Bauern daran hindert, das gepachtete Land zu kaufen und zu bezahlen.

Aber in dem Satze: "Der Zins ist der Vater des Zinses" ist auch die Behauptung eingeschlossen, daß ein steigender Zins auch die Ursache eines unaufhaltsam weiteren Steigens des Zinses sein müßte. Ist das Fallgesetz auf den Zins anwendbar, wenn der Zins fällt, so müßte es auch in umgekehrter Richtung anwendbar sein, wenn der Zins steigt. Mit den von Flürscheim angewendeten Untersuchungsverfahren war dieser Widerspruch nicht zu lösen.

Daß es sich auch wirklich so verhält, erkennen wir an der Tatsache, daß die Vereinigten Staaten von Nordamerika in verhältnismäßig kurzer Zeit auf dem Weltkapitalmarkt von der Nachfrage zum Angebot übergegangen sind, daß sie das Riesenwerk von Panama mit eigenen Mitteln ausführten, daß sie mit der Mitgift ihrer Töchter viele europäische Fürstenhäuser vor dem Verfall retten und auch sonst in der Welt Absatz für ihre Kapitalüberschüsse suchen. Dieser Fall ist um so überzeugender, als dort die gewaltige Einwanderung blutarmer Einwanderer die Nachfrage unnatürlich vermehrt hatte und der Vorgang durch zahlreiche und verheerende Wirtschaftskrisen stark gehemmt wurde.

Dies ist aber nur die Tatsache. Fehlt noch die Erklärung.

Der Zins, den das sogenannte Realkapital abwirft, reizt zur Sparsamkeit, und je höher der Zins, um so größer wird jener Reiz. Freilich, je höher der Zins, um so größer werden die Zinslasten und um so schwerer wird es denen, die den Zins aufbringen, selber durch Sparen ein Kapital zu bilden. Jedoch in der heutigen Ordnung der Dinge sind es nur in geringem Maße die Überschüsse der arbeitenden, zinszahlenden Klassen, mit denen die Neuanlagen von Kapital ausgeführt werden.** In der Hauptsache stammen diese aus den Überschüssen der Kapitalisten, und die Überschüsse wachsen natürlich mit der Vermehrung ihrer Einnahmen, d. h. also mit der Erhöhung des Kapitalzinses.

Hierbei ist nun folgendes zu beachten:

---

*) The Economic Problem by Michael Flürscheim, Xenia, U.S.A. 1910.
**) Die Sparkasseneinlagen, das Kapital des Proletariats, betrugen in Preußen:

Jahr	Anzahl Sparbücher		Einlagen Millionen Mark	Durchschnitt jedes Buch
1913	14 417 642		13 111	Mk. 909
1914	14 935 190	(Auf 100 Einw. 35 Stück.)	13 638	Mk. 913

Das Einkommen der Arbeiter wächst, wenn der Zins des Kapitals fällt; das Einkommen der Rentner wächst, wenn der Zins steigt. Bei den Unternehmern, deren Einkommen sich aus dem eigenen Arbeitslohn und Kapitalzins zusammen setzt, wirken die Zinsänderungen verschieden, je nachdem von diesem Einkommen mehr oder weniger aus Zins oder aus Lohn herrührt.

Die Arbeiter können also besser bei fallendem Zins, die Rentner besser bei steigendem Zins sparen. Doch wäre es ein Trugschluß, daraufhin annehmen zu wollen, es müsse für die allgemeine Spartätigkeit und Kapitalvermehrung gleichgültig sein, wie sich der Zins gestaltet.

Zunächst ist zu beachten, daß beim Rentner eine Vermehrung des Einkommens anders auf die Ausgaben und darum auf die Ersparnisse wirkt als beim Arbeiter. Denn beim Rentner stößt die Vermehrung nicht, wie beim Arbeiter, auf so viele, oft seit Jahrzehnten auf Befriedigung wartende Bedürfnisse. Der Rentner entschließt sich leichter, seine ganze Mehreinnahme zu sparen, während der Spargedanke dem Arbeiter erst nach der Befriedigung anderer Bedürfnisse kommt.

Sodann kann der Rentner für seine Kinder nicht anders sorgen als durch Sparen. Sobald die Zahl seiner Kinder das erste Paar überschreitet, muß der Rentner sein Kapital mehren, sofern er es seinen Kindern ermöglichen will, das Leben fortzuführen, zu dem er sie durch sein Beispiel erzieht. Der Arbeiter hat solche Sorgen nicht, denn seinen Kindern, die durch Arbeit sich ernähren werden, braucht er nichts zu vererben.

Der Kapitalist muß also sparen; er muß sein Kapital vermehren (obschon diese Vermehrung den Zins drückt), um seinem sich mehrenden Geschlecht ein standesgemäßes Leben ohne Arbeit zu ermöglichen. Und wenn er schon der Regel nach sparen muß, so kann man annehmen, daß er auch regelmäßig die durch Zinserhöhung wachsenden Überschüsse zu neuen Kapitalanlagen verwenden wird.

Darum kann man folgern, daß eine Erhöhung des Kapitalzinses, obschon sie immer auf Kosten des arbeitenden Volkes und der kleinen Sparer erfolgt, dennoch die Summe der in einem Lande für neue Realkapitalien verfügbaren Überschüsse eher vermehren als vermindern muß, und daß eine Zinserhöhung darum auch die Kräfte vermehrt, die auf den Zins drücken. Je höher der Zins, desto mehr wächst dieser Druck.

Beispiele freilich kann man hierfür nicht beibringen; ziffernmäßig läßt sich das Gesagte nicht beweisen. Dazu eignen sich die Zahlen nicht, die uns die Goldwährung liefert. Wenn Carnegie seinen Arbeitern 20 oder 50 % mehr Lohn bezahlt hätte, so wäre er wahrscheinlich nie zu der ersten Milliarde gelangt. Ob aber dann alle die Stahlwerke, die Carnegie mit dem Gelde schuf und die nun das Angebot des Realkapitals vermehren, die Löhne in die Höhe treiben und den Zins entsprechend herunterdrücken, durch die Ersparnisse der Arbeiter entstanden sein würden? Ob die Arbeiter jene 20 oder 50 % Lohnerhöhung nicht lieber für eine auskömmliche Ernährung ihrer Kinder, für gesündere Wohnungen, für Seife und Bäder verwendet hätten? Mit anderen Worten: würden die Arbeiter zum Schaffen neuer Stahlwerke zusammen so viele Überschüsse erzielt haben, wie es Carnegie für sich allein bei seinen bescheidenen persönlichen Bedürfnissen möglich war? (Eigentlich hätten die Arbeiter, um das gleiche heute bestehende Verhältnis zwischen Nachfrage nach Arbeitsmitteln und deren Angebot aufrecht zu erhalten, eine bedeutend größere Masse an Realkapitalien schaffen müssen, denn der karge Lohn verursacht heute eine empörende Säuglingssterblichkeit; eine Lohnerhöhung würde diese vermindert und infolgedessen eine starke Vermehrung der Arbeiter und der Nachfrage nach Arbeitsmitteln verursacht haben.)

Wir sind zunächst geneigt, obige Frage rundweg zu verneinen – und irren dabei ganz gewaltig. Denn was hat Carnegie durch die Häufung von Realkapitalien, durch seine persönliche Sparsamkeit erreicht? Er hat den Zins dieser Dinge immer und immer wieder unter den Urzins gedrückt und dadurch Krisen über Krisen herbeigeführt, die ebenso viele Realkapitalien vernichteten oder am Entstehen verhinderten, wie der brave Mann durch sein vernünftiges Wirtschaften zusammenbrachte. Hätte Carnegie die Überschüsse seines Betriebes durch Lohnerhöhung unter die Arbeiter verteilt, so wäre allerdings von diesen Lohnerhöhungen nur ein kleinerer Teil für neue Realkapitalien gespart worden, der größere Teil wäre in Seifen-, Speck- und Bohnen-Schwelgereien verpraßt worden. Demgegenüber aber würden die Zwischenräume von einer Krise zur anderen größer geworden sein. Die Arbeiter hätten infolgedessen weniger durch erzwungene Arbeitslosigkeit verloren und so ihren Mehraufwand wieder ausgeglichen. Der Erfolg wäre für den Zins derselbe geblieben, d. h. ohne die Sparsamkeit Carnegies stände heute das Angebot von Realkapitalien auf gleicher Höhe wie mit dieser Sparsamkeit. Der Unterschied zwischen dem, was Carnegie persönlich sparen konnte und dem, was die Arbeiter weniger gespart haben würden, ist durch Wirtschaftskrisen gesetz- und regelmäßig vernichtet worden.

Der Selbsterhaltungstrieb der Kapitalisten sowie der Umstand, daß der Kapitalist für seine Nachkommen zu sorgen hat, zwingen ihn dazu, Überschüsse zu machen, und zwar zinstragende Überschüsse. Er muß sie sogar dann noch machen, wenn seine Einnahmen zurückgehen, und zwar muß der Selbsterhaltungstrieb den Kapitalisten um so stärker zur Sparsamkeit mahnen, je mehr der Zins fällt. Will z. B. ein Kapitalist den Einnahmeausfall, den er durch das Fallen des Zinses von 5 auf 4 % erleidet, durch Kapitalvermehrung ausgleichen, so muß er sein Kapital durch Ersparnisse an seinen persönlichen Ausgaben um $1/5$ vermehren.

Steigt der Zins, so können die Kapitalisten sparen; fällt er, so müssen sie sparen. Im ersten Falle wird das Ergebnis zwar größer sein als im zweiten Fall, aber das schränkt die Bedeutung dieses Sachverhalts für den Zins nicht ein. Es ändert dies nichts an der Tatsache, daß, je mehr der Zinsfuß fällt, der Kapitalist durch Verringern seiner persönlichen Ausgaben seine Einnahmen für die Vermehrung der Realkapitalien um so stärker heranziehen muß, obschon gerade seine Notlage eine Folge vermehrter Realkapitalien ist.

Uns, die wir behaupten, es liege in der Natur der Dinge, daß die Realkapitalien sich bis zur eigenen Vernichtung, also bis zur billigen Beseitigung des Zinses vermehren, ist die soeben erwähnte Tatsache ein triftiger Beweis für das, was wir noch zu zeigen haben, nämlich daß, wenn der Kapitalzins fällt, der Wille und die Notwendigkeit zu neuen, den Zins erdrückenden Kapitalanlagen nicht fehlen werden – vorausgesetzt, daß wir solchen Kapitalvermehrungen das Hindernis wegräumen, welches das herkömmliche Geld ihrem Werden errichtet. Geht der Zinsfuß von 5 auf 4 % herab, so muß der Kapitalist durch Einschränken seiner persönlichen Ausgaben sein Kapital von 8 auf 10 erhöhen. Weil der Zins von 5 auf 4 % fiel, wird also der Kapitalist den geplanten Bau eines Sommerhauses für die Seinigen nicht ausführen, dafür aber eine Mietskaserne in der Stadt bauen lassen. Und diese neue Mietskaserne wird den Zins des Häuserkapitals noch weiter herabdrücken. Vorteilhafter für das Kapital im allgemeinen wäre es, wenn der Kapitalist das Sommerhaus und nicht die Mietskaserne baute. Aber für den Einzelkapitalisten verhält es sich umgekehrt.

Fällt der Zins weiter (unter dem Drucke der neuen Mietskaserne) von 4 auf 3 %, so muß der Kapitalist sich weiter einschränken und, statt die Schulden eines vorher in Aussicht genommenen fürstlichen Schwiegersohnes zu bezahlen, seine Tochter lieber einem Bauunternehmer geben, der mit der Mitgift Mietskasernen errichtet, die zwar Zins abwerfen, aber auch gleichzeitig auf den Zins drücken. Und so weiter.

Es liegt also in der Natur, im Selbsterhaltungstrieb des Kapitalisten, also gerade in dem Triebe, bei dem der Wille im Menschen am stärksten ist, daß er von seinen Einnahmen einen um so stärkeren Prozentsatz zu neuen, den Zins herabdrückenden Realkapitalien verwenden muß, je mehr der Zins fällt.

In Zahlen ausgedrückt, erhalten wir von dem hier Gesagten folgendes Bild:

Der Zins, den die Arbeiter in Deutschland bei 5 % aufbringen, betrage _____ 20 Milliarden

Davon bestimmen die Kapitalisten für Neuanlagen 50 % und 10 Milliarden
den Rest für persönliche Bedürfnisse.

Nun fällt der Zins von 5 % auf 4 %, und die Zinseinkünfte
fallen entsprechend von 20 auf _____ 16 Milliarden

So verlieren die Kapitalisten _____ 4 Milliarden

Dieser Einnahmeausfall, der einen Kapitalverlust von 100 Milliarden entspricht, zwingt die Kapitalisten, einen größeren Teil ihrer Einkünfte für Neuanlagen zu bestimmen. Statt der früheren 50 % mögen sie jetzt 60 % ihrer von 20 auf 16 Milliarden verminderten Einkünfte für Neuanlagen bestimmen, und anstelle der früheren 10 Milliarden ergeben sich jetzt _____ $9^6/_{10}$ Milliarden

Aber dem Einnahmeausfall der Kapitalisten entspricht eine gleich große Mehreinnahme bei den Arbeitern. Wenn die Arbeiter diese Mehreinnahme durch die Sparkassen unverkürzt neuen zinstragende Anlagen zuführten, so würde durch den Zinsrückgang von _____ 4 Milliarden

die ursprüngliche, von uns oben mit 10 Milliarden angegebene, für Neuanlagen bestimmte Summe nun betragen $13^6/_{10}$ Milliarden

nämlich 4 Milliarden von seiten der Arbeiter und $9^6/_{10}$ Milliarden von seiten der Kapitalisten.

Nehmen wir aber an, daß die Arbeiter nur einen Teil der 4 Milliarden an herabgesetzten Zinslasten sparen würden, etwa nur die Hälfte, so würde immerhin durch den Zinsrückgang von 5 auf 4 % die Summe der jährlichen kapitalistischen Neuanlagen von 10 steigen auf $11\,^6/_{10}$ Milliarden

Und je mehr der Zinsfuß fällt, um so mehr wächst die Summe, die für zinsdrückende und -erdrückende Neuanlagen bestimmt wird – von seiten der Kapitalisten aus Not, von seiten der Arbeiter, weil sie ihrem Spartriebe folgen können. Die Natur der Realkapitalisten treibt ihn also sozusagen zum Selbstmord.

Je mehr der Zins fällt, um so mehr entsteht an Realkapitalien, die auf den Zins drücken, so daß vielleicht das physikalische Fallgesetz auf den Zins anwendbar ein mag – selbstverständlich erst dann, wenn wir das Hindernis beseitigen, welches das herkömmliche Geld dem Zustandekommen solcher Massen von Realkapitalien errichtet.

Man sagt, daß, wenn das Realkapital keinen Zins mehr einbringt, niemand mehr ein Mietshaus, eine Fabrik, einen Ziegelofen usw. bauen wird. Man werde die Ersparnisse lieber in Vergnügungsreisen verausgaben als Mietshäuser zu bauen, nur damit andere darin mietefrei in Saus und Braus leben können.

Aber hier wird mehr behauptet, als das Wort zinsfrei sagt. Die Miete eines Hauses besteht nur zum Teil aus Zins. Die Miete enthält neben dem Zins des Gebäudekapitals auch die Grundrente, die Ausbesserungen, Abschreibungen, Steuern, Versicherung, die Ausgaben für Reinigen, Heizen, Beaufsichtigen, Ausstattung usw.. Oft mag der Zins 70 oder 80 % der Miete ausmachen, oft im Innern der Großstadt auch nur 20 oder 30 %. Wenn also der Zins ganz aus der Miete ausscheidet, so bleibt immer noch ein genügender Rückstand an Ausgaben, um zu verhüten, daß jeder einen Palast für sich beansprucht.

Ebenso verhält es sich mit den übrigen Realkapitalien. Der sie Benutzende muß neben dem Zins noch erhebliche Ausgaben für Instandhaltung, Abschreibungen, Versicherungen, Grundrenten, Steuern usw. gewärtigen, Ausgaben, die meistens den Zins des Kapitals erreichen und übersteigen. Das Häuserkapital steht in dieser Beziehung noch am günstigsten. Von 2 653 deutschen Aktiengesellschaften mit 9 201 313 000 Mark Kapital wurden 1911 439 900 475 Mark abgeschrieben, also etwa 5 % im Durchschnitt. Ohne die jährlichen Erneuerungen (neben den Ausbesserungen) bliebe von obigem Kapital nach 20 Jahren nichts übrig.

Aber auch sonst ist der Einwand nicht richtig, namentlich auch nicht den bisher von ihren Renten lebenden Personen gegenüber.

Denn, werden diese Personen schon durch den Rückgang des Kapitalzinses zu größerer Sparsamkeit gezwungen, so werden sie, wenn der Zins ganz verschwindet, um so mehr darauf bedacht sein, das, was sie haben (und was jetzt kein Kapital mehr ist), möglichst langsam zu verzehren. Und das erreichen sie eben damit, daß sie von den jährlichen Abschreibungen ihres Kapitals nur einen Teil für eigenen Bedarf ausgeben, den Rest aber wieder für den Bau neuer Häuser, Schiffe usw. bestimmen, die ihnen keinen Zins, wohl aber Sicherheit gegen unmittelbaren Verlust bieten. Wenn sie das Geld (Freigeld) behielten, so würden sie nicht nur keinen Zins, sondern noch einen Verlust haben. Durch den Bau neuer Häuser vermeiden sie diesen Verlust.

So wird z. B. ein Aktionär des Norddeutschen Lloyd, der, wie wir annehmen wollen, keine Dividenden mehr zu erwarten hat, nicht verlangen, daß ihm der Betrag der Abschreibungen, womit der Lloyd heute die neuen Schiffe baut, voll ausbezahlt werde. Er wird sich mit einem Teil begnügen, um den Tag möglichst lange hinauszuschieben, an dem ihm der Rest seines Vermögens ausbezahlt wird. So werden also immer wieder neue Schiffe gebaut, trotzdem sie keinen Zins und nur Abschreibungen abwerfen. Freilich würde aber dennoch mit der Zeit das letzte Schiff des Norddeutschen Lloyd in Trümmer fallen, wenn nicht andere an die Stelle des von den Abschreibungen zehrenden, gewesenen Rentners träten, wenn nicht die von den Zinslasten befreiten Arbeiter das tun würden, was die gewesenen Rentner nicht mehr tun können. Den Teil der Abschreibungen, den der gewesene Rentner verzehrt, werden also die Sparer ersetzen, allerdings auch nur, um im Alter von den erwarteten Abschreibungen leben und zehren zu können.

Es ist also nicht nötig, daß die Häuser, Fabriken, Schiffe usw. Zins abwerfen, um die Mittel zu ihrer Herstellung von allen Seiten anzulocken. Diese Dinge erweisen sich nach Einführung des Freigeldes für alle Sparer als das beste Aufbewahrungsmittel für die Ersparnisse. Indem die Sparer die Überschüsse in Häusern, Schiffen, Fabriken anlegen, die keinen Zins eintragen, wohl aber sich in Abschreibungen wieder auflösen, sparen sie die Kosten der Wartung und Lagerung dieser Überschüsse, und zwar vom Tage an, wo der Überschuß gemacht wurde, bis zum Tage, wo er verzehrt werden soll; und da zwischen diesen beiden Tagen oft Jahrzehnte liegen (ein Jüngling, der für sein Alter spart!), so sind es große Vorteile, die die genannten Geldanlagen den Sparern bieten.

Der Zins ist ja sicher ein besonderer Reiz für den Sparer. Aber nötig ist dieser besondere Reiz nicht. Der Spartrieb ist auch ohne diesen Reiz stark genug. Übrigens, so kräftig der Zins als Sparreiz auch wirken mag, so ist er doch keinesfalls stärker als das Hindernis, das der Zins dem Sparer errichtet. Infolge der Zinslasten heißt Sparen heute für die Volksmassen – entsagen, entbehren, hungern, frieren und nach Luft schnappen. Denn gerade durch den Zins, den der Arbeiter erst für andere aufbringen muß, wird der Arbeitsertrag so stark beschnitten, daß in der Regel der Arbeiter an Sparen überhaupt nicht denken kann. Ist also der Zins ein Sparreiz, so ist er in noch stärkerem Grade ein Sparhindernis. Der Zins beschränkt die Sparmöglichkeit auf ganz kleine Kreise, und die Sparfähigkeit auf die Wenigen aus diesen Kreisen, die den nötigen Entsagungsmut dazu haben. Sinkt der Zins auf Null, so steigt der Arbeitsertrag um den vollen Betrag der Zinslasten, und entsprechend erweitert sich die Sparmöglichkeit und Sparfähigkeit. Und es ist doch sicher leichter, von 200 Mark als von 100 Mark 5 Mark zu sparen. Und wahrscheinlich wird derjenige, der durch die Zinsaussichten mitbestimmt wurde, bei 100 Mark sich und seinen Kindern 10 Mark am Munde abzusparen, bei 200 Mark ohne jenen Reiz, aus natürlichen Spartrieben, wenn auch nicht 110 Mark, so doch erheblich mehr als 10 Mark sparen.

In der Natur wird übrigens das Sparen ganz allgemein ohne Aussicht auf Zins geübt. Die Bienen und Hamster sparen, obschon ihnen der gesammelte Vorrat keinen Zins, wohl aber viele Feinde verschafft. Bei den Naturvölkern wird auch gespart, obschon dort von Zins keine Rede ist.* Warum soll nun der Kulturmensch anders geartet sein? Man spart, um sich ein Haus zu bauen, man spart für die Hochzeit, fürs Alter, für Krankheitsfälle, und in Deutschland sparen manche sogar für ihre Totenmesse und für die Begräbniskasse. Und das Begräbnis wirft dem Toten doch keinen Zins ab. Und übrigens, seit wann spart denn der Proletarier für die Sparkasse? Brachte das in den Matratzen verborgene Geld früher Zins ein? Und solche Sparanlagen waren doch noch bis vor 30 Jahren allgemein Sitte. Auch die Wintervorräte bringen keinen Zins ein, dagegen viel Verdruß.**

Sparen heißt, mehr Ware erzeugen als verbrauchen. Aber was macht der Sparer, macht das Volk mit diesen Überschüssen an Waren? Wer verwahrt diese Waren auf, und wer bezahlt die Kosten des Aufbewahrens? Wenn wir hier antworten: der Sparer verkauft seine Erzeugungsüberschüsse, so verlegen wir die Frage vom Verkäufer auf den Käufer, und auf ein Volk als Ganzes ist diese Antwort überhaupt nicht anwendbar.

Wenn nun jemand Ersparnisse macht, d. h. mehr Waren erzeugt als verbraucht, und findet einen, dem er den Überschuß unter der Bedingung verleihen kann, daß ihm seine Ersparnisse ohne Zins, aber auch ohne Verluste, nach Jahr und Tag erstattet werden, so ist das für den Sparer ein außerordentlich vorteilhafter Handel. Spart er doch die Unterhaltungskosten seiner Ersparnisse. Er gibt 100 Tonnen frischen Weizen in seiner Jugend, und im Alter erhält er 100 Tonnen frischen Weizen gleicher Güte zurück. (Siehe die Robinsongeschichte Seite 319 ff.)

Die einfache, zinsfreie Rückerstattung des ausgeliehenen Spargutes enthält also, sobald wir nur das Geld aus dem Spiele lassen, eine recht bedeutende Leistung von seiten des Schuldners oder Borgers, nämlich die Kosten der Aufbewahrung des geliehenen Spargutes. Diese Kosten müßte der Sparer selbst tragen, wenn er niemand fände, der ihm die Ersparnisse abnimmt. Freilich verursachen die geliehenen Güter dem Borger keine Aufbewahrungskosten, weil er diese (z. B. entliehenen Saatweizen) in der Wirtschaft verbraucht, aber diesen Vorteil, der eigentlich ihm selbst gehört, überträgt der Borger im zinsfreien Darlehen ohne Gegenleistung auf den Verleiher. Wären die Verleiher zahlreicher als die Borger, so würden sich die Borger genannten Vorteil in der Form eines Abzuges am Darlehn (negativen Zinses) bezahlen lassen.

Also von welcher Seite man auch das zinsfreie Darlehen betrachtet, Hindernisse natürlicher Ordnung stehen ihm nicht im Wege. Im Gegenteil. Je mehr der Zins fällt, um so eifriger wird an der Vermehrung der Häuser, Fabriken, Schiffe, Kanäle,

---

*) Kein Neger, kein Hottentott, kein Mohikaner hat jemals Zins von seinen Ersparnissen erhoben. Trotzdem wird keiner von ihnen seine Ersparnisse (Vorräte) gegen die Ersparnisse unserer Proletarier (Sparkassenbuch) hergeben wollen.
**) Daß das Zinsverbot der Päpste im Mittelalter keine Geldwirtschaft aufkommen ließ (auch der Mangel an Geldmetall trug dazu bei), zeugt dafür, daß die Sparer auch ohne Zinsgenuß ihrem Spartrieb folgten; sie verschatzten das Geld.

Vervollständigung der Freigeld-Zins- oder Kapitaltheorie.

Eisenbahnen, Theater, Krematorien, Straßenbahnen, Kalköfen, Eisenhütten usw. gearbeitet werden, und den höchsten Grad erreicht die Arbeit, wenn jene Unternehmungen gar keinen Zins mehr abwerfen werden.

Für v. Boehm-Bawerk ist es ganz selbstverständlich, daß ein gegenwärtiges Gut höher eingeschätzt werden muß als ein künftiges, und auf diese Voraussetzung gründet er auch seine neue Zinstheorie. Und warum wäre das selbstverständlich? Darauf gibt er selbst die etwas wunderliche Antwort: weil man Wein kaufen kann, der im Keller jährlich besser und teurer wird. [Vergl. hierüber die Fußnote Seite 326] Weil also der Wein (v. Boehm-Bawerk hat unter allen Waren keine zweite gefunden, die diese wunderbare Eigenschaft besitzt) angeblich von selbst, ohne Arbeit, ohne Kosten irgend welcher Art, also auch ohne Lagerkosten, im Keller jährlich besser wird, darum werden wohl auch die übrigen Waren, Kartoffeln, Mehl, Pulver, Kalk, Häute, Holz, Eisen, Seide, Wolle, Schwefelsäure, Modeartikel usw. jährlich auf Lager besser und teurer? Wenn aber diese Begründung richtig ist, so ist ja die soziale Frage in vollkommenster Weise gelöst. Man braucht nur genügend Ware anzuhäufen (wozu sich ja die unerschöpfliche Ergiebigkeit der heutigen Gütererzeugung und das Heer von Arbeitslosen prächtig eignen), und dann kann das ganze Volk von den Renten leben, die auf Lager immer besser und teurer (ein Unterschied in der Güte läßt sich wirtschaftlich immer auf einen Unterschied in der Menge zurückführen) werdenden Waren ohne Arbeit irgendwelcher Art abwerfen. Übrigens ist nicht einzusehen, warum man dann auch nicht umgekehrt folgern könnte: weil alle Waren, mit Ausnahme des Geldes und des Weines, in kurzer Zeit sich in Schutt und Moder verwandeln, darum verwandeln sich auch Wein und Geld in Moder! Und v. Boehm-Bawerk war bis zu seinem Tode (1914) der angesehenste Zinslehrenforscher, dessen Werke in viele Sprachen übersetzt wurden!

Die Sorgen der Sparer gehen uns nun zwar nichts an, weil wir ja nur eine Grundlehre des Zinses geben wollen, aber es trägt vielleicht zur Klärung dieser Lehre bei, wenn wir uns diese Sorgen näher betrachten.

Nehmen wir also an, daß nach der Entfernung des Goldes aus der Umlaufsbahn der Waren jemand sparen will, um im Alter sorglos ohne Arbeit leben zu können. So ergibt sich gleich die Frage, welche Gestalt er seinen Ersparnissen geben wird. Anhäufung seiner eigenen oder der Erzeugnisse anderer ist von vornherein ausgeschlossen, auch an einen Schatz in Freigeld ist nicht zu denken. Da kämen zinsfreie Darlehn an Unternehmer, Handwerker, Bauern und Kaufleute, die ihre Geschäfte erweitern wollen, in erster Linie in Betracht; je länger das Ziel der Rückzahlung hierbei wäre, um so besser. Freilich läuft dabei unser Sparer die Gefahr, daß seine Schuldner ihm das Darlehen nicht zurückgeben werden. Aber diese Gefahr läßt er sich bezahlen im Gefahrbeitrag (Risikoprämie), um den sich übrigens auch heute der reine Zins jedes ähnlichen Darlehens erhöht. Will aber unser Sparer sich gegen solche Verluste sichern, so baut er mit seinen Ersparnissen ein Mietshaus, und der Mieter bezahlt ihm in den jährlichen Abschreibungen, die auch heute immer im Mietzins enthalten sind, die Kosten des Baues nach und nach zurück. Und die Bauart des Hauses richtet der Sparer nach den Abschreibungen ein, wie er sie zu haben wünscht. Er baut ein steinernes Haus, wenn er sich mit 2 % Abschreibungen jährlich begnügt; er legt seine Ersparnisse in Schiffen an, wenn ihm mit 10 % Abschreibung gedient ist, oder er kauft eine Pulverfabrik, die mit 30 % Abschreibungen rechnen muß. Kurz, er hat die Wahl. Ähnlich wie der Kraftaufwand, den die Kinder Israels im Bau der Pyramiden anhäuften, heute nach 4000 Jahren durch Herabschleudern der Bausteine ohne Verlust wieder lebendig gemacht werden kann, so würden die in einem zinsfreien Hause verbauten Ersparnisse in der Miete in Form von Abschreibungen unverkürzt wieder erscheinen, ohne Zinsen zwar, aber immer noch mit dem ganz unberechenbaren Vorteil, daß der Sparer keine Überschüsse über die Zeit hinweg, wo er sie nicht benötigte, ohne Verlust hinüberleitet in die Zeit, da er sie verbrauchen will.

Wer also eine Mietskaserne mit der Absicht baut, sie zinsfrei zu vermieten, der ist ungefähr in der gleichen Lage, wie jemand, der sein Geld zinsfrei auf Abzahlung gegen Pfand verleiht.

Gewöhnlich wird es aber wohl so kommen, daß Lebensversicherungsgesellschaften den kleinen, weltfremden Sparern alle Sorgen abnehmen, indem sie mit den Geldern der Sparer die Häuser, Schiffe, Fabriken bauen und dann aus den Abschreibungen dieser Dinge den Sparern eine lebenslängliche Rente zahlen: kräftigen Männern 5 % der Einlagen, kränklichen oder älteren Leute 10 oder 20 %. Unter solchen Verhältnissen gäbe es allerdings keine Erbonkel mehr. Mit dem letzten Nagel des Vermögens wird der Sarg zugeschlagen. Der Sparer zehrt von seinem Gute, sowie er zu arbeiten aufhört, und mit dem Tode ist es aufgezehrt. Übrigens braucht auch unter solchen Verhältnissen niemand seine Nachkommen mit einem Erbe auszustatten. Ausstattung genug ist es für alle, wenn man die Arbeit von den Zinslasten befreit. Der von den Zinslasten befreite Mann braucht nichts zu erben, wie auch der Jüngling zu Nain keine Krücken mehr brauchte. Er schafft selber Hab und Gut und mit seinen Überschüssen speist er die Kassen der gedachten Versicherungsgesellschaften, so daß die Abschreibungen an den Häusern, Schiffen usw., die den Alten ausgezahlt werden, mit den Ersparnissen der Jungen immer wieder durch Neubauten ausgefüllt werden. Die Ausgaben für die Alten werden durch die Ersparnisse der Jungen gedeckt.

Ein Arbeiter mag heute an Wohnung, Arbeitsmitteln, Staatsschulden, Eisenbahnen, Schiffen, Läden, Krankenhäusern, Leichenverbrennungshallen usw. ein Kapital von 50 000 Mark verzinsen*, d. h. an Kapitalzins und Grundrente muß er, unmittelbar in Lohnabzügen, mittelbar in den Warenpreisen, 2000 Mark jährlich aufbringen. Ohne den Kapitalzins würde sein Arbeitsertrag sich verdoppeln. Wenn nun ein solcher Arbeiter bei 1000 Mark Lohn heute jährlich 100 Mark spart, so wird er lange Zeit brauchen, ehe er von seinen Renten leben kann. Dies um so mehr, als der durch sein Sparen ja heute die regelmäßig wiederkehrenden Krisen hervorruft, die ihn immer wieder zwingen, seine Ersparnisse anzugreifen, wenn er sie nicht gar in der durch seine Sparsamkeit hervorgerufenen Krise und im Zusammenbruch seiner Bank verliert, wie das ja manchmal vorkommen soll. Hat dagegen der Arbeiter durch die Beseitigung des Zinses doppelte Einnahmen, so kann er in dem angenommenen Fall nicht 100 Mark, sondern 1100 Mark jährlich sparen, und wenn auch das Gesparte sich nicht mehr durch Zins "von selber" vermehrt, so wird doch am Ende der Sparjahre ein solcher Unterschied zwischen dem früher mit Zins und dem

---

*) Deutschland mit etwa 10 Millionen Arbeitern (d. h. allen, die vom Ertrag der Arbeit leben) verzinst ein Kapital von etwa 500 Milliarden (einschließlich des Bodens). Somit verzinst der einzelne Arbeiter durchschnittlich ein Kapital von 50 000 Mark.

jetzt ohne Zins Gespartem bestehen, daß er auf die Zinsen gern verzichten wird. Und dieses Mehr wird nicht einfach sich verhalten wie 100 (+ Zins) zu 1100, sondern bedeutend größer sein, weil der Arbeiter nicht mehr durch arbeitslose Zeiten gezwungen sein wird, seine Ersparnisse anzugreifen.

Noch einen Einwand haben wir zu widerlegen, den man gegen die Möglichkeit des Ausgleichs zwischen Nachfrage und Angebot auf dem Kapitalmarkt erhebt.

Man sagt, daß man mit mehr oder besseren Maschinen billiger arbeiten kann, daß darum jeder Unternehmer ein Sinken des Zinses dazu benutzen wird, seine Fabrik zu erweitern oder zu verbessern. Woraus man dann folgert, der Rückgang des Zinses und besonders die völlige Zinsfreiheit würden eine solche Nachfrage auf dem Kapitalmarkt von seiten der Unternehmer bewirken, daß das Angebot sie niemals decken und deshalb der Zins überhaupt nicht auf Null fallen könnte.

So sagt z. B. Conrad Otto*: "Der Zins kann nie ganz verschwinden. Wenn z. B. ein Lastenaufzug 5 Arbeiter erspart mit einem Jahresverdienst von 4000 Kronen, so darf er bei einem Zinsfuß von 5 % höchstens 80 000 Kronen kosten. Sinkt der Zinsfuß tiefer, z. B. auf $1/100$ %, so würde der Aufzug noch mit Vorteil aufgestellt werden können, wenn er selbst 40 000 000 Kronen kosten würde. Sinkt der Zinsfuß auf den Nullpunkt oder nahe an den Nullpunkt heran, dann würde die Kapitalverwendung einen Grad erreichen, der alle Vorstellung übersteigt. Um die einfachsten Handgriffe zu ersparen, könnten die kompliziertesten und kostspieligsten Maschinen aufgestellt werden. Bei einem Zinsfuß gleich Null müßten unermeßliche, unbegrenzte Kapitalanlagen vorhanden sein. Es bedarf nun wohl keines besonderen Nachweises, daß diese Bedingung heute nicht erfüllt ist und wohl auch in Zukunft niemals erfüllt werden kann."

Zu diesem Einwand gegen die Möglichkeit zinsfreier Darlehen ist folgendes zu bemerken: Die Kapitalanlagen kosten nicht nur Zins, sondern auch Unterhaltungskosten, und diese sind regelmäßig, namentlich bei industriellen Anlagen, sehr hoch. So würde der Lastenaufzug von 40 Millionen allein für seine Instandhaltung und für Abschreibungen sicherlich 4 – 5 Millionen kosten. Das wären aber dann nicht 5 Arbeiter, wie Otto meint, sondern 4000 Arbeiter zu 800 Kronen, die der Aufzug ersparen müßte – auch wenn dieser keinen Pfennig Zinsen beansprucht. Bei 5 % Unterhaltungskosten und 5 % Abschreibung dürfte der Aufzug, der 5 Mann zu 800 Kronen ersparen soll, nur 40 000 (statt 40 Millionen) zinsfreies Geld kosten. Übersteigen die Baukosten diesen Betrag, so deckt er die Unterhaltungskosten nicht mehr; der Aufzug wird nicht gebaut, er hält dann auch keine Nachfrage auf den Anleihenmarkt.

Dort, wo keine oder keine nenneswerten Abschreibungen nötig sind, wie bei gewissen landwirtschaftlichen Geländeverbesserungen dauernder Art, sind es wieder die Lohnforderungen der Arbeiter, die es verhindern würden, daß die Nachfrage nach zinsfreiem Leihgeld ins Ungemessene wachsen könnte. Die Sache geht auch hier in die Grundrentenfrage über. Übrigens wird auch kein Privatmann Felsen sprengen und Wälder ausroden, wenn ihm diese Arbeit keinen Vorteil bringt. Beim Bau einer Fabrik, einer Mietskaserne hat er den Vorteil, daß ihm in den jährlichen Abschreibungen die Auslagen nach und nach

---

*) Jahrbuch für Nationalökonomie und Statistik, Jahrgang 1908 (Kapitalzins S. 325).

erstattet werden. In der Hoffnung auf diese Erstattung baut er das Mietshaus. Er will als Sterblicher vor seinem Tode die Früchte seines Fleißes selber genießen und kann deshalb nur Arbeiten unternehmen, die sich in Abschreibungen wieder auflösen. Wenn er und sein Werk in der Auflösung Schritt halten, dann hat er richtig, d. h. privatwirtschaftlich richtig gerechnet. Arbeiten von Ewigkeitswert sind nicht Sache des Sterblichen, sondern des Ewigen, des Volkes. Das Volk, das ewig lebt, rechnet mit der Ewigkeit und sprengt die Felsen weg, obschon diese Arbeit keinen Zins abwirft und sich auch nicht in Abschreibungen auflöst. Im Tode noch entwirft der alte Staatsförster den Plan für das Aufforsten einer Einöde. Diese Dinge sind Staatsangelegenheiten. Der Staat aber wird solche Arbeiten immer nur in dem Umfange unternehmen, wie ihm dazu Geld zinsfrei zur Verfügung gestellt wird. Solche Unternehmungen stehen infolgedessen der Zinsfreiheit nicht im Wege, sondern liegen in ihrem Rücken.

Wer jenen Einwand erhebt, vergißt auch, daß, wenn es sich um eine einfach Erweiterung des Unternehmens handelt (10 Drehbänke anstelle von 5, 10 Ziegelmaschinen, wo bisher 5 arbeiteten, usw.), diese nicht ohne entsprechend vermehrte Arbeiterzahl ausgenutzt werden kann. Die Nachfrage nach Geld für die Vergrößerung einer Fabrik bedeutet also auch gleichzeitig eine entsprechend vergrößerte Nachfrage nach Arbeitern, die durch erhöhe Lohnforderungen den vom Unternehmer von der Erweiterung seines Unternehmens erwarteten Vorteil wieder zunichte machen. Durch einfaches Vergrößern seiner Fabrik kann also ein Unternehmer keinen besonderen Vorteil von den zinsfreien Darlehen erwarten, und darum wird die Zinsfreiheit ihn nicht reizen, eine grenzenlose Nachfrage nach zinsfreien Darlehen zu halten. Diese Grenze ist durch die Lohnforderungen der Arbeiter gezogen, denen ganz allein die Zinsfreiheit zugute kommt. Und das ist ja auch ganz natürlich, denn das Verhältnis des Unternehmers zum Arbeiter unterscheidet sich im Grunde in nichts von dem Verhältnis, das zwischen Pfandleihern* und Pfandborgern besteht, wobei ein Herabgehen des Zinses auch den Borgern zugutekommt.

Der Unternehmer kauft nicht die Arbeit oder die Arbeitszeit, auch nicht die Arbeitskraft, denn er verkauft auch keine Arbeitskraft. Was er kauft und verkauft, das ist das Arbeitserzeugnis, und der Preis, den er dafür bezahlt, richtet sich nicht nach den Kosten der Aufzucht, Ausbildung und Unterhaltung eines Arbeiters und seiner Nachkommenschaft (der Unternehmer kümmert sich um dergleichen nicht; das erkennt man doch klar genug am Arbeiter selber), sondern einfach nach dem, was der Verbraucher dafür bezahlt. Von diesem Preis zieht der Unternehmer den Zins der Betriebsanlagen, die Kosten der Rohstoffe zuzüglich Zins, und dem Lohn seiner eigenen Arbeit ab. Der Zins entspricht regelmäßig dem Urzins; der Lohn des Unternehmers unterliegt, wie jeder Arbeitslohn, dem Gesetz des Wettbewerbs, und mit dem Rohstoff, den der Unternehmer verarbeiten läßt, handelt der Unternehmer so, wie jeder Krämer mit seinen Waren handelt. Der Unternehmer schießt dem Arbeiter Maschinen und Rohstoffe vor und zieht den darauf ruhenden Zins von Erzeugnis des Arbeiters ab; der Rest ist der sogenannte Lohn, der im Grunde nichts anderes ist, als der Preis der vom Arbeiter gelieferten Ware.

Die Fabriken sind somit nichts anderes als Pfandhäuser. Zwischen einem Pfandhausbesitzer und Krupp ist kein Wert-, sondern nur ein Größenunterschied. Diese Wesens-

---

*) So sagte schon Eugen Dühring irgendwo vor langer Zeit: der Unternehmer vermietet gleichsam die Produktionsanstalten an das Arbeitertum gegen eine Gebühr. Dühring nennt diese Vermietungsgebühr Profit, Marx nennt sie Mehrwert, wir nennen sie schlechthin Zins, Kapitalzins.

art des Betriebs kommt beim Stücklohn ganz nackt zum Vorschein. Stücklohn ist aber im Grunde aller Lohn, denn der Lohn richtet sich nach den Stücken, die der Unternehmer sich vom einzelnen Arbeiter verspricht.

Aber neben der einfachen Vergrößerung der Unternehmung, die die Nachfrage nach Arbeitern vermehrt, gibt es noch eine eigentliche Verbesserung der Arbeitsmittel, die es gestattet, mit der gleichen Anzahl Arbeiter mehr Ware zu erzeugen. Ein Bauer z. B. kann die Zahl seiner Pflüge verdoppeln, aber dann muß er auch die Zahl der Knechte verdoppeln. Kauft er aber einen Dampfpflug, so bebaut er eine doppelte Fläche, ohne die Zahl der Knechte zu verdoppeln.

Solche Verbesserungen der Arbeitsmittel (die immer scharf von der einfachen Vermehrung der Arbeitsmittel zu scheiden sind) werden immer angestrebt. Denn den Unternehmern kommt es ganz allein auf den Reinertrag* an, und dieser ist um so größer, je besser die eigenen Arbeitsmittel sind, verglichen mit denen der Wettbewerber. Daher der Wettlauf der Unternehmer bei der Verbesserung der Arbeitsmittel, daher die Nachfrage nach Darlehensgeldern von Seiten der Unternehmer, die die veraltete Fabrik niederreißen möchten, aber für den Bau der besser ausgestatteten Fabrik nicht genügend eigene Mittel haben.

Dennoch kann man hieraus nicht folgern, daß die Nachfrage nach zinsfreien Darlehen für die Verbesserung der Arbeitsmittel zu jeder Zeit unbegrenzt sein muß, daß also das Angebot niemals die Nachfrage erreichen kann, die sich bei Zinsfreiheit einstellt, und zwar kann man dies deshalb nicht folgern, weil für solche Verbesserungen der Arbeitsmittel das zu ihrer Beschaffung nötige Geld überhaupt erst in zweiter Linie in Betracht kommt.

Jeder, der gelernt hat, einen Besen zu binden, kann auch deren hundert binden. Verlangt man aber von ihm, indem man ihm zinsfreies Geld anbietet, eine Verbesserung seiner Arbeitsmittel, um mehr oder bessere Ware mit gleicher Arbeit zu erzielen, so wird er die Antwort schuldig bleiben. Jede Verbesserung der Arbeitsmittel ist eine Frucht geistiger Arbeit, die man nicht wie Kartoffeln den Zentner zu so und so viel kaufen kann. Man kann sie nicht einfach bestellen, auch mit noch so "billigem" Geld nicht. Ungezählte Millionen könnten die Bürger jederzeit durch Ersinnen patentfähiger Neuerungen einstecken, jedoch fehlt ihnen dazu der Witz.

Es mag sein, daß in 10 oder 100 Jahren die Arbeitsmittel derart verbessert sein werden, daß die Arbeiter durchweg das Doppelte, das Fünf- oder Zehnfache leisten werden. Und jeder Unternehmer hat es dann eilig, sich diese Verbesserungen zuzulegen. Aber heute müssen die Unternehmer die Maschinen gebrauchen, die ihnen unsere rückständige heutige Technik liefert.

Aber davon abgesehen: nehmen wir an, es erfände jemand eine kostspielige Maschine, mit der jeder durchweg seine Leistung verdoppeln könnte, so würde

---

*) Reinertrag – Unternehmerlohn – Arbeitsertrag des Unternehmers usw. ist das, was nach Zahlung aller Betriebsausgaben einschließlich Zins für die Leitung des Unternehmens übrigbleibt und als Profit dieser Leitung anzusehen ist. Es hat mit Zins schlechthin nichts zu tun. Bei Aktiengesellschaften sind es die Patentrechte der Erfinder oder die "unverschämten" Gehalt- und Lohnforderungen besonders tüchtiger und unersetzlicher Direktoren und Arbeiter, die diesen Reinertrag aufnehmen.

eine solche Erfindung alsbald eine riesenhafte Nachfrage nach Darlehen zur Beschaffung der neuen Maschine bewirken; jeder würde sie sich zulegen und die alte beseitigen. Und wenn wir vorher zinsfreie Darlehen hatten, so würde diese neue, gewaltige Nachfrage den Zins wieder zum Vorschein bringen. Der Zins könnte sogar unter den hier angenommenen Verhältnissen (die die gesamten Betriebseinrichtungen zum alten Eisen werfen) eine nie dagewesene Höhe erreichen. Aber das würde nicht lange dauern, denn die durch das neue Arbeitsmittel jetzt um die Hälfte billiger gewordenen Waren (billig nicht im Sinne eines Preisrückganges, sondern billig, weil man mit der gleichen Arbeit jetzt die Warenmenge verdoppelt und mit dieser doppelte Warenmengen eintauschen kann) würden den Bürgern gestatten, außerordentliche Ersparnisse zu machen, deren Angebot die außerordentliche Nachfrage nach Leihgeld bald ein- und überholen würde.

Man kann also sagen, daß jede Nachfrage nach Darlehen, die für die Verbesserung der Arbeitsmittel aufgenommen werden, selber wieder das Angebot zur Deckung dieser Nachfrage mit großem Überschuß herbeiführen muß.

Von welcher Seite wir auch die Deckung der Nachfrage nach Darlehen im Sinne einer durch diese Deckung bewirkten Beseitigung des Zinses betrachten mögen, Hindernisse natürlicher Ordnung stehen einer solchen Deckung nicht im Wege, weder auf seiten der Nachfrage, noch auf seiten des Angebots. Sobald wir das herkömmliche Geld aus dem Spiele lassen, ist die Bahn frei, sowohl für zinsfreie Darlehen, wie für zinsfreie Wohnungen und Arbeitsmittel. Die Beseitigung des Zinses ist ein natürliches Ergebnis der natürlichen Ordnung, wenn diese durch keine künstlichen Eingriffe gestört wird. Alles in der Natur des Menschen, ebenso wie in der Natur der Volkswirtschaft, drängt auf eine unaufhaltsame Vermehrung der sogenannten Realkapitalien (Sachgüter) hin, eine Vermehrung, die nicht einmal beim völligen Wegfall des Zinses innehält. Und als einzigen Störenfried in dieser Ordnung haben wir das herkömmliche Tauschmittel erkannt, das infolge der ihm eigentümlichen, eigenartigen Vorzüge die Möglichkeit bietet, die Nachfrage ohne unmittelbaren Schaden für den Inhaber des Tauschmittels willkürlich hinauszuschieben, während das Angebot durch körperliche Eigenschaften der Waren jedes Zögern mit Bußen aller Art ahndet. Die Privat- wie auch die Volkswirtschaft haben auch heute schon immer ihre Spitze gegen den Zins gerichtet; sie würden ihn auch überwinden, wenn sie in der Entfaltung ihrer Kräfte nicht immer vom Geld gehemmt würden.

Wir haben diese neue Lehre vom Zins jetzt schon von so vielen Seiten kennen gelernt, daß wir nun am Schlusse eine Frage aufwerfen und beantworten können, die eigentlich in natürlicher Rangordnung an die Spitze der Erörterung zu stellen gewesen wäre, die ich aber geflissentlich bisher zurücksetzte, weil zu ihrer richtigen Erfassung Kenntnisse und Umsicht nötig sind, die wir hier am Schlusse natürlich eher voraussetzen können als zu Anfang.

Wir sagten, daß das Geld als Tauschmittel darum Kapital ist, weil es den Warenaustausch unterbinden kann, und folgerichtig müssen wir nun auch sagen können, daß, wenn wir dem Geld durch die vorgeschlagene Umgestaltung die Fähigkeit nehmen, den Warenaustausch zu unterbrechen, das Geld als Tauschmittel kein Kapital mehr sein kann, d. h., daß das Geld den Urzins nicht mehr erheben kann. Gegen diese Folgerung ist nichts einzuwenden; sie stimmt.

Aber wenn man nun weiter folgern und sagen würde: da das Geld von den Waren keinen Zins mehr erheben kann, so wird man auch am Tage der Einführung des Freigeldes schon mit zinsfreien Darlehen rechnen können, so stimmt das nicht.

Als Tauschmittel, unmittelbar den Waren gegenüber (also im Handel) wird das Freigeld kein Kapital sein, ebensowenig wie die Waren einander gegenüber sich als Kapital erweisen können. Mit dem Freigeld werden die Waren frei von Zins ausgetauscht werden. Aber bei seiner Einführung wird das Freigeld Marktverhältnisse antreffen, die sein Vorgänger, das Gold, für den Darlehenszins geschaffen hatte, und solange diese Marktverhältnisse bestehen, d. h. solange Nachfrage und Angebot auf dem Darlehensmarkt (in all seinen Formen) die Erhebung eines Zinses gestatten, wird man auch bei Freigelddarlehen Zins zahlen müssen. Das Freigeld stößt bei seiner Einführung auf die Massenarmut, deren Folge der Zins ist. Diese Armut muß erst verschwinden. Und sie verschwindet nicht von einem Tage zum anderen. Hier heißt es arbeiten. Und solange diese Armut nicht beseitigt ist, werden Arbeitsmittel und Waren in allen Formen der Darlehensgeschäfte (nicht des Tausches) Zins abwerfen. Aber das Freigeld stellt den Zins nicht zur Bedingung seiner Dienstleistungen; es ermöglicht, daß nunmehr die Volkswirtschaft als Folge krisenfreier Arbeit Fett ansetzt, und an diesem Fett soll der Zins zugrunde gehen, wie er auch zweifellos daran zugrunde gehen wird, zugrunde gehen muß. Der Zins frißt Schweiß und Blut des Volkes, aber Fett, d. h. volkswirtschaftlichen Reichtum kann der Zins nicht vertragen. Für den Zins ist Fett einfach Gift.

Es ist ganz unzweifelhaft, daß das den Zins bedingende Mißverhältnis zwischen Nachfrage und Angebot noch nach der Geldreform eine ganze Weile fortbestehen und nur nach und nach verschwinden wird. Die tausendjährige Wirkung des herkömmlichen Geldes, d. h. der Mangel an Sachgütern (Realkapital), kann nicht durch die 24stündige Arbeit einer Papiergelddruckpresse aufgehoben werden. Den Mangel an Häusern, Schiffen, Fabriken kann buntes Geldpapier selbstverständlich nicht beseitigen, entgegen dem von jeher gehegten Wahn der Papiergeld- und Geldpapiergläubigen. Das Freigeld wird den Bau von Häusern, Fabriken, Schiffen in unbegrenzter Menge gestatten; es wird den Volksmassen erlauben, nach Herzenslust zu arbeiten, zu schwitzen und die bettelhafte Armut, die das Gold hinterließ, zu verfluchen. Selbst aber wird es keinen Stein zu den fehlenden Städten liefern. Die Druckpressen, auf denen das Freigeld hergestellt wird, werden an und für sich nicht einen einzigen Tropfen zu dem Meere von Sachgütern (Realkapitalien) liefern, das zur Ersäufung des Kapitalzinses unentbehrlich ist und erst durch jahrelange, unverdrossene und ungedrosselte Arbeit geschaffen werden muß, bevor von Zinsfreiheit die Rede sein kann. Die Freiheit muß immer erkämpft werden, wenn sie von Bestand sein soll, und so muß auch die Zinsfreiheit erkämpft, erarbeitet werden. Schweißtriefend soll das Volk das zinsfreie Haus, die zinsfreie Fabrik betreten, den zinsfreien Zukunftsstaat erobern.

Im übrigen aber wird am Tage, an dem das Gold von seinem Throne gestoßen wird und das Freigeld es übernimmt, den Austausch der Waren zu vermitteln, sich überhaupt nichts Nennenswertes inbezug auf den Zins ereignen. Der Zins der bestehenden Sachgüter (Realkapitalien) bleibt vorläufig unverändert. Und auch die neu hinzukommenden Sachgüter, die das Volk in nun ungehinderter Arbeit schaffen wird, werden Zins abwerfen. Sie werden allerdings auf den Zins drücken, und zwar in dem Maße, wie ihre Menge wachsen wird. Wenn neben einer Stadt wie Berlin, Hamburg, München noch eine zweite und größere Stadt erbaut sein wird, dann wird das Angebot von Wohnungen vielleicht die Nachfrage decken und ihre Verzinsung auf Null senken.

Wenn aber die Realkapitalien noch Zins abwerfen und man mit Geld Waren kaufen kann, die sich zu neuen Realkapitalien vereinigen lassen, die Zins abwerfen, so ist es klar, daß, wenn jemand ein Darlehen in Geld braucht, er dafür den gleichen Zins zahlen muß, den das Realkapital einbringt, und zwar selbstverständlich nach dem Gesetze des Wettbewerbs.

Darlehen in Freigeld werden also so lange verzinst werden müssen, wie die Realkapitalien Zins abwerfen. Wie diese dank ihrer durch das Metallgeld bedingten zu geringen Menge noch eine Zeitlang als Kapital bestehen bleiben, so werden ihre Bestandteile, also Rohstoffe und Geld, auch noch eine Zeitlang Kapital sein.

Bis dahin war der Zins für Realkapitalien abhängig vom Urzins; jetzt ist der Urzins beseitigt, und die Höhe des Darlehenszinses richtet sich genau nach dem Zins des Sachguts. Man wird also bei Gelddarlehen nicht darum Zins zahlen, weil das Geld den Waren eine Abgabe aufbürden kann, sondern weil die Nachfrage nach Darlehen vorläufig noch das Angebot übersteigt.

Der Urzins war kein Darlehenszins; der Tausch des Geldes gegen Ware und die hierbei erhobene Abgabe hatten durchaus nichts gemein mit einem Darlehen. Der Urzins wurde darum auch nicht durch Nachfrage und Angebot bestimmt. Der Erzeuger gab im Tausch für das Geld seine Ware her. Es war ein Tauschgeschäft, und der Urzins wurde dabei erhoben, weil der Geldinhaber den Tausch gestatten oder untersagen konnte. Der Urzins entsprach dem Unterschied im Nutzen, den der Gebrauch des Geldes als Tauschmittel gegenüber dem Geldersatz (Wechsel, Urwirtschaft, Tauschhandel) bot. Kein Angebot von Geld, und mochte es noch so groß sein, vermochte diesen Unterschied und damit den Zins zu beseitigen.

Beim Zins der Sachgüter dagegen handelte es sich nicht um einen Tausch, sondern um ein Darlehen. Der Grundbesitzer verleiht den Boden an den Pächter, der Hausbesitzer verleiht das Haus an den Mieter, der Fabrikant verleiht die Fabrik an die Arbeiter, der Bankmann verleiht das Geld an den Schuldner; aber der Kaufmann, der den Zins von den Waren erhebt, verleiht nichts, er tauscht. Pächter, Mieter, Arbeiter, Schuldner geben zurück, was sie erhalten haben; der Kaufmann erhält für sein Geld etwas vom Gelde ganz Verschiedenes. Darum hat auch der Tausch mit dem Darlehen nichts gemein, darum aber auch wird der Urzins von ganz anderen Umständen beeinflußt, als der Zins der

Vervollständigung der Freigeld-Zins- oder Kapitaltheorie.

Sachgüter. Und eigentlich müßte man ganz davon abgehen, diese beiden so verschiedenen Dinge mit dem gleichen Worte Zins zu bezeichnen.

Der Zins der Sachgüter wird durch Nachfrage und Angebot bestimmt. Er unterliegt dem Gesetze des Wettbewerbes. Er kann durch eine einfache Verschiebung im Verhältnis zwischen Nachfrage und Angebot beseitigt werden. Niemals wäre das möglich beim Urzins. Der Zins der Sachgüter wurde bisher vor einer solchen Verschiebung geschützt, weil die Erzeugung von Sachkapital davon abhängig ist, daß solche Güter Zins in der Höhe des Urzinses erheben können. –

Mit dem Freigeld wird dieser Widerstand gebrochen, aber noch besteht das für den Zins unerläßliche Mißverhältnis zwischen Nachfrage und Angebot von Darlehen jeder Art: Darlehen in Gestalt von Miethäusern, von Fabriken, Maschinen, wie auch in Gestalt von Geld.

Aber der Stoff für den Zins dieser Gelddarlehen kommt jetzt nicht mehr aus dem Handel als G.W.G.', sondern aus der Warenerzeugung. Er ist ein Teil des Erzeugnisses, das der Unternehmer mit Hilfe des Darlehens mit gleichen Kosten mehr hervorbringen kann, und den der Geldverleiher für sich beanspruchen kann, weil Nachfrage und Angebot es ihm gestatten.

Der Urzins wurde außerhalb der Warenerzeugung beim Austausch erhoben. Nicht als Anteil an den mit Hilfe des Darlehens mehr erzeugten Waren, sondern als ein Teil aller Waren überhaupt, die auf das Geld als Tauschmittel angewiesen waren. Er wäre auch erhoben worden, wenn alle Arbeiter mit eigenen, genau gleichen Arbeitsmitteln versehen gewesen, wenn alle Schulden bezahlt worden wären, wenn jeder seine Einkäufe bar bezahlt, jeder im eigenen Hause gewohnt hätte, wenn der Markt für Darlehen geschlossen, wenn alle Anleihen verboten gewesen wären, wenn man das Erheben von Zins kirchlich und gesetzlich untersagt hätte.

Die Nachfrage nach Darlehen, namentlich in Form von Arbeitsmitteln, kommt daher, daß man mit diesen Arbeitsmitteln mehr oder bessere Waren erzielt, als ohne solche. Stößt nun der Arbeiter bei dieser Nachfrage auf ein ungenügendes Angebot, so muß er von dem, was er mit dem gewünschten Arbeitsmittel mehr zu erzeugen hofft, einen Teil an den Verleiher abgeben, und zwar aus keinem anderen Grunde, als weil es das bestehende Verhältnis zwischen Nachfrage und Angebot so will. Und dieses Verhältnis wird nach Einführung der Freigeldreform auch noch eine Zeitlang fortbestehen.

Solange das Arbeitsmittel Kapital ist, ist auch das Arbeitserzeugnis Kapital, aber nicht als Ware, nicht dort, wo um den Preis gehandelt wird. Denn einander gegenübergestellt, würden sich die Zinsrechnungen der Waren aufheben. Aber außerhalb des Warenumlaufs, dort, wo es sich um die Bedingungen eines Darlehens (nicht also um Preise) handelt, nicht den Käufern, sondern den Borgern gegenüber, da kann das Arbeitserzeugnis Kapital sein, und es muß es sogar sein, solange das Arbeitsmittel Kapital ist. Gerade umgekehrt verhält es sich mit dem herkömmlichen Geld. Dieses zieht seinen Zins nicht von den Borgern, sondern aus dem Warenumlauf. Es hat seinen Saugrüssel unmittelbar in die Blutbahn des Volkes gesenkt. Mit dem Freigeld wird dem Tauschmittel dieses Schröpfwerkzeug genommen. Und darum ist das Freigeld an und für sich kein Kapital mehr. Es kann den Zins nicht mehr unter allen Umständen erpressen. Es erleidet das Schicksal der Arbeitsmittel, die auch nur so lange Zins erheben können, wie das Angebot hinter der Nachfrage zurückbleibt. Fällt der Zins des Realkapitals auf Null, so ist auch das zinsfreie Gelddarlehen Tatsache. Mit der Freigeldreform verschwindet der Urzins gleich von dem Augenblick an, wo das Freigeld den Waren entgegentritt. Das Freigeld steht als Tauschmittel auf gleicher Stufe mit den Waren. Es ist, wie wenn wir zwischen Eisen und Weizen als Tauschmittel die Kartoffel eingeschoben hätten. Kann man sich vorstellen, daß die Kartoffel vom Weizen, vom Eisen Zins erhebt? Aber wenn auch mit dem Freigeld der Urzins verschwindet, so ist das kein Grund für das sofortige Verschwinden des Darlehenszinses. Das Freigeld wird nur den zinsfreien Darlehen die Bahn frei machen – mehr kann es nicht leisten.

Hier in dieser Unterscheidung zwischen Urzins und Darlehenszins fließt alles, was wir über den Urzins bisher gesagt hatten, wie in einem Brennpunkt zusammen. Man hat den Urzins bisher nicht gesehen, weil er sich hinter dem gemeinen Darlehenszins (seinem Geschöpf) versteckte. Wenn der Kaufmann Geld borgt und den Zins, den er dafür zahlt, als allgemeine Unkosten auf die Warenpreise schlägt, so ist das, wie man bisher annahm, ein Darlehenszins. Der Kaufmann schießt der Ware das Geld vor, er macht ihr ein Darlehen, und die Warenerzeuger zahlen den Zins dieses Darlehens. So erklärte man die Sache. Man braucht übrigens kein oberflächlicher Denker zu sein, um an diesem Trugschluß achtlos vorbeizugehen. Der Schein ist wirklich hier recht trügerisch. Man muß schon recht genau zusehen, um zu beobachten, daß der Zins, den der Kaufmann für das geliehene Geld zahlt, nicht Ausgangspunkt, sondern Endpunkt der ganzen Handlung ist. Der Kaufmann erhebt mit dem Geld den Urzins von den Waren und liefert, da ihm das Geld nicht gehört, den Urzins an den Geldgeber ab. Er ist hierbei nur einfacher Kassenführer des Geldgebers. Wäre es sein eigenes Geld gewesen, so hätte er genau so gut den Urzins erhoben und ihn in seine eigene Tasche gesteckt. Und dann – wo wäre dann das Darlehen gewesen? Beim Darlehen sind doch Leistung und Gegenleistung zeitlich getrennt. Der Darlehenszins richtet sich ganz nach der Zeitspanne, die zwischen Leistung und Gegenleistung liegt. Aber beim Tausche des Geldes gegen Ware, wo der Urzins erhoben wird, fallen Leistung und Gegenleistung zeitlich vollkommen zusammen. Das Darlehensgeschäft hinterläßt Gläubiger und Schuldner; das Tauschgeschäft läßt nichts zurück. Man geht in den Laden, kauft, bezahlt und geht. Das Geschäft ist restlos erledigt. Jeder gibt und erhält in der Gegenwart das, was er beansprucht. Wo wäre da ein Darlehen? Beim Darlehen kann man in manchen Fällen von Not, Bedürftigkeit, Verschuldung usw. reden, auf alle Fälle von der Unmöglichkeit, das, was man wünscht, gleich zu bezahlen. Wer ein Brot auf Borg kauft, weil er es nicht bar bezahlen kann, erhält ein Darlehen und zahlt im erhöhten Preis den Zins. Aber beim Bauer, der einen Karren voll fetter Schweine zum Markt bringt, um sie gegen Geld zu tauschen, wird man doch von Verschuldung und Bedürftigkeit nicht reden können. Der Darlehensgeber gibt von seinem Überfluß, der Darlehensnehmer nimmt aus Mangel. Aber beim Tausch hat jeder der beiden Beteiligten zugleich Überfluß und Mangel. Mangel an dem, was man verlangt, Überfluß an dem, was man anbietet.

Der Urzins hat also keinerlei Verwandtschaft mit dem Darlehenszins.

Der Urzins ist, wie gesagt, eine Abgabe, eine Steuer, ein Raub, er ist alles mögliche – nur nicht die Gegenleistung eines Darlehens. Der Urzins ist eine Erscheinung eigener Art, die für sich betrachtet werden muß, ein volkswirtschaflicher Grundbegriff. Der Kaufmann ist bereit, für ein Gelddarlehen Zins zu zahlen, weil er weiß, daß er sich dafür an den Waren schadlos halten kann. Fällt der Urzins fort, verliert das Geld die Fähigkeit, Urzins zu erheben, so wird auch der Kaufmann keinen Zins für ein Gelddarlehen anbieten können zum Ankauf von Waren.

Hier wird ein Vergleich mit dem Tauschhandel wieder nützlich sein. Im Tauschhandel werden die Waren ohne Zins gegeneinander ausgetauscht. Wenn aber zur Zeit des Tauschhandels jemand eine Ware nicht in Tausch, sondern als Darlehen begehrte, so kam es ganz allein darauf an, in welchem Verhältnis Nachfrage und Angebot bei Darlehen standen, um festzustellen, ob überhaupt und wieviel Zins gefordert werden konnte. Konnte man ein Haus vermieten, und als Miete mehr als die Abschreibungen erheben, so war es selbstverständlich, daß jeder, der ein Haus in seinen Bestandteilen mietete (also in Form von Darlehen in Holz, Kalk, Eisen usw.), auch Zins dafür zahlen mußte.

Die mancherlei Wiederholungen in diesem Abschnitt waren notwendig, um der Gefahr vorzubeugen, daß der Urzins des Geldes mit dem Darlehenszins verwechselt werde.

6. Wie man den Kapitalzins bisher zu erklären versuchte.

Wer nun weiß, welchen Umständen die Wohnungen, Arbeitsmittel, Schiffe usw. und das Geld ihre Kapitaleigenschaft verdanken, wird auch wissen wollen, wie man bisher den Zins zu erklären versuchte. Wer sich hierüber gründlich unterrichten will, findet die Zinstheorien sehr vollständig dargestellt in v. Boehm-Bawerks Buch "Kapital und Kapitalzins"*. Die hier folgende Aufzählung dieser Theorien entnehme ich diesem Buche. Der Verfasser stellt die Frage: woher und warum empfängt der Kapitalist den Zins, und die Antworten, die er darauf erhält, gliedert er in der Hauptsache in:
 1. Fruktifikationstheorien;
 2. Produktivitätstheorien;
 3. Nutzungstheorien;
 4. Abstinenztheorien;
 5. Arbeitstheorien;
 6. Ausbeutungstheorien.

Da v. Boehm-Bawerk sich nicht darauf beschränkte, diese verschiedenen Theorien zu beurteilen, sondern auch selbst eine eigene Zinstheorie aufstellte, so war es fast unausbleiblich, daß er bei der Beurteilung der fremden Zinstheorien unter dem Einfluß der eigenen Zinstheorie stehen mußte, und daß infolgedessen gerade solche Aussagen, die gegen oder für seine eigene Theorie sprachen, seine Aufmerksamkeit ganz besonders in Anspruch nahmen, vielleicht auf Kosten anderer Aussagen, die von einem anderen Standpunkt aus betrachtet, stark an Bedeutung gewinnen und vielleicht eine gründlichere Behandlung verdienten, als v. Boehm-Bawerk ihnen zukommen ließ. So finde ich z. B. S. 47 folgende Ausführungen:

---

*) Innsbruck; Verlag der Wagnerschen Universitäts-Buchhandlung.

"Sonnenfels*, von Forbonnais beeinflußt**, sieht den Ursprung des Zinses in der Hemmung des Geldumlaufes durch die geldanhäufenden Kapitalisten, aus deren Händen sich das Geld nur durch einen im Zinse dargebotenen Tribut wieder hervorlocken läßt. Er sagt dem Zinse allerlei schädliche Folgen nach; daß er die Ware verteuere, den Gewinn der Emsigkeit (also wohl den Arbeitsertrag) vermindere und den Besitzer von Geld an demselben Teil nehmen lasse. Ja, er bezeichnet die Kapitalisten als die Klasse derjenigen, die nicht arbeiten und sich von dem Schweiße der arbeitenden Klassen nähren."

Für uns wäre nun ein Mann, der solche Ansichten verficht, eine anziehende Persönlichkeit, aber v. Boehm-Bawerk würdigt diese Theorie keiner eingehenden Beurteilung und fertigt den Urheber kurz ab, indem er von "widerspruchsvoller Beredsamkeit" spricht. Und so mag es sein, daß, wer die Schriften über den Zins vom Standpunkt des Urzinses aus betrachtet, manche bemerkenswerte Aussage für den Beweis finden würde, daß die selbständige, zinszeugende Kraft des herkömmlichen Geldes nicht erst jetzt entdeckt und nachgewiesen worden ist.

Wir wollen nun hier in gedrängter Kürze den Inhalt der oben bezeichneten sechs Theorien wiedergeben, und verweisen im übrigen alle, die die Geschichte der Kapitalzinstheorien näher kennen lernen möchten, auf das oben genannte, vorzügliche Werk von v. Boehm-Bawerk.

Eine gründliche Beurteilung dieser Theorien erübrigt sich, da mit Hilfe der Urzinstheorie jeder jetzt in der Lage ist, den Punkt anzugeben, wo die Forscher durch Erlkönigs Töchter vom geraden Wege abgelenkt wurden und sich in Wertsümpfe verirrten.

1. Die Fruktifikationstheorie erklärt den Zins in einem Riesen-Gedankensprung aus der Grundrente. Weil man mit Geld einen Acker kaufen kann, der Zins abwirft, darum muß auch das Geld und alles, was mit Geld gekauft werden kann, Zins abwerfen. Ganz recht, aber diese Theorie sagt überhaupt nichts, da die Erklärung dafür fehlt, warum man mit Geld, das man doch für unfruchtbar erklärt, einen Acker kaufen kann, der Zins abwirft. Unter den Männern, die diese "Theorie" verbreiten, finden wir Turgot und Henry George. Wie diese Braven in diese leichtsinnige Gesellschaft geraten sind, ist unerklärlich. Wahrscheinlich handelt es sich bei ihnen um nichts mehr als einfache Meinungen oder Ansichten, die sie zum besten gaben, um den Widerspruch zu reizen und andere auf das Zinsproblem aufmerksam zu machen.

2. Die Produktivitätstheorie erklärt den Zins damit, daß das Arbeitsmittel (Kapital) die Produktion (Arbeit) unterstützt. Und das ist wahr, denn was vermögen die Proletarier ohne Arbeitsmittel? Aber nun heißt es, daß das Mehr an Erzeugnissen auch dem Besitzer der Arbeitsmittel selbstverständlich und naturgemäß zufließen muß. Und das ist nicht wahr und durchaus nicht selbstverständlich, wie schon daraus ersehen werden kann, daß Arbeit und Arbeitsmittel nicht getrennt werden können, daß man überhaupt nicht angeben kann, welcher Teil des Erzeugnisses auf die Arbeit, welcher auf das Arbeitsmittel entfällt. Wäre der Zins darauf

---

*) Sonnenfels, Handlungswissenschaft, 2. Aufl., Wien 1758.
**) Wie und wo, wird nicht erwähnt.

zurückzuführen, daß der Proletarier mit Arbeitsmittel mehr schaffen kann, als mit bloßen Händen, so würde in den meisten Fällen für den Arbeiter überhaupt nichts übrigbleiben. Denn was kann ein Landarbeiter ohne Pflug und Acker, was kann ein Lokomotivführer ohne Eisenbahnen anfangen? Arbeit und Arbeitsmittel sind überhaupt nicht zu trennen, und die Teilung des Erzeugnisses zwischen dem Besitzer des Arbeitsmittel und dem Arbeiter muß von anderen Umständen bestimmt werden, als von dem Grad der Unterstützung, die die Warenerzeugung durch die Arbeitsmittel erfährt. Wo sind diese Umstände?

Wir sagen: Nachfrage und Angebot von Arbeitsmitteln bestimmen das Verhältnis, in dem sich die Arbeiter mit den Besitzern der Arbeitsmittel in die Erzeugnisse teilen, und zwar ganz unabhängig von der Leistungsfähigkeit der Arbeitsmittel. Das Arbeitsmittel unterstützt die Arbeit – daher die Nachfrage von Seiten des Proletariers; aber diese Nachfrage kann nicht einseitig den Zins bestimmen, sondern auch das Angebot hat ein Wort mitzureden. Es kommt bei der Verteilung des Erzeugnisses zwischen Proletariern und Kapitalisten auf das Verhältnis an, in dem die Nachfrage zum Angebot steht. Einen Zins wird der Kapitalist von seinem Arbeitsmittel nur erwarten können, solange die Nachfrage das Angebot übersteigt. Und je besser, je leistungsfähiger das Arbeitsmittel ist, das der Kapitalist dem Arbeiter zur Verfügung stellt, desto mehr schwillt mit dem Erzeugnis das Angebot von Arbeitsmitteln an, desto niedriger wird der Zins. Nach dieser Produktivitätstheorie müßte es sich aber umgekehrt verhalten: je leistungsfähiger das Produktionsmittel, desto höher der Zins. Wenn man die Leistungsfähigkeit der Produktionsmittel (Arbeitsmittel) allgemein verzehnfachte, so würde daraus (nach der Produktivitätstheorie) dem Kapitalisten ein gewaltiger Gewinn erwachsen, während doch offenbar durch ein solches Ereignis das Angebot die Nachfrage nach Produktionsmitteln bald überholen und der Zins unter dem Drucke des Angebots ganz verschwinden würde (vorausgesetzt, daß das Geld solche Entwicklung nicht verhindern könnte.)

Die Produktivitätstheorie kann den Zins nicht erklären, weil sie das Kapital nicht dynamisch (als Kraft), sondern statisch (als Stoff) betrachtet.* Sie sieht nur die Nachfrage, die die Brauchbarkeit des Arbeitsmittels erzeugt, und läßt das Angebot unbeachtet. Ihr ist das Kapital einfach Stoff, sie sieht die Kräfte nicht, die nötig sind, um den Stoff zu Kapital zu machen.

3. "Die Nutzungstheorien sind ein Abstämmling der Produktivitätstheorien", sagt v. Boehm-Bawerk. Den einfachen Gedanken, der den Produktivitätstheorien zugrunde liegt, verwirrt aber v. Boehm-Bawerk ganz außerordentlich, indem er die Frage in eine Wertfrage verwandelt, ohne dabei die Werttheorie zu nennen, auf die man seine Erklärungen zurückführen muß. Wenn er vom Wert des Produktes spricht, so könnte man an das Tauschverhältnis denken, in dem die Waren gegeneinander ausgetauscht werden. Aber was kann man sich unter dem Ausdruck "Wert der Produktionsmittel" vorstellen? Die

---

*) Siehe Dr. Th. Christen, Absolute Währung. Verlag "Schweizer. Freiland-Freigeldbund", Bern.

Arbeitsmittel werden ja nur ausnahmsweise getauscht; bei ihnen spricht man vom Zinsertrag, nicht mehr vom Preis, und wenn der Ausnahmefall eintritt, daß ein Unternehmer seine Fabrik verkauft, dann richtet sich der Preis nach dem Zinsertrag, wie man das täglich an den Kursschwankungen der Industriepapiere ersehen kann, und daran, daß der Verkaufspreis eines Ackers dem Betrage entspricht, dessen Zinsen der Grundrente gleich sind. Und welche Werttheorie wird man auf einen Acker anwenden? Zerlegt man aber die zum Verkauf gestellte Fabrik in ihre Bestandteile, d. h. in Waren, um ihren "Wert" festzustellen, dann handelt es sich um Waren und Preise und nicht mehr um Arbeitsmittel und Zins. Die Ware wird zum Verkauf hergestellt, das Arbeitsmittel zum eigenen Gebrauch oder als Kapital, um es zu verleihen. Gibt es denn nun eine Werttheorie, die gleichzeitig auf Ware und Arbeitsmittel, auf den Preis und den Zins anwendbar ist? Undurchdringlicher Nebel lagert über dieser Landschaft.

So sagt der Verfasser S. 131:

"Es sollte sich z. B. von selbst verstehen, daß, wenn man eine Fähigkeit des Kapitals, zur Gütererzeugung überhaupt oder zur Erzeugung von mehr Gütern zu dienen, bewiesen hat, man deshalb noch nicht berechtigt ist, eine Kraft des Kapitals zur Erzeugung von mehr Wert, als man sonst hätte erzeugen können*, oder wohl gar von mehr Wert, als es selbst hat**, für bewiesen zu halten. Die letzteren Begriffe (!) im Beweisgang der ersteren unterzuschieben, hätte offenbar den Charakter der Erschleichung eines nicht erbrachten Beweises."

Mag sein, daß sich das hier Gesagte bei all denen von selbst versteht, die vom sogenannten Wert, vom Wertstoff, von der Wertproduktion, von den Wertmaschinen, den Wertkonserven, den Wertspeichern und Wertpetrefakten den selben Begriff haben wie v. Boehm-Bawerk. Aber wie kann er voraussetzen, daß alle Leser in dieser Frage die gleichen Ansichten haben? Besteht dann die Wertfrage nicht mehr? Für sehr viele ist es "selbstverständlich", daß, wo der "Wertbegriff" sich verdichten muß, ganz einfach die Ware bestimmter Güte und Menge gemeint ist, die man eintauschen kann. Wer aber den "Wert" so begreift, der findet es durchaus selbstverständlich, daß die Fähigkeit des Kapitals zur Erzeugung von mehr Gütern auch zugleich die Fähigkeit des Kapitals zur Erzeugung von mehr Wert einschließt. Verdoppelt z. B. der allgemeine Gebrauch der Dampfmaschine allgemein das Arbeitserzeugnis, so wird auch jeder für sein verdoppeltes Erzeugnis doppelt soviel Ware eintauschen. Nennt er nun "Wert" seiner Erzeugnisse das, was er gegen die eigenen Erzeugnisse eintauscht, so tauscht er gegen sein durch die Dampfmaschine verdoppeltes Erzeugnis auch genau den doppelten Wert ein.

4. Die Abstinenz- oder Enthaltsamkeitstheorie von Senior schlägt zwar den richtigen Weg ein zur Erklärung des Zinses aus dem bestehenden Mißverhältnis zwischen Nachfrage und Angebot von Arbeitsmitteln, bleibt aber auf halbem Wege stehen. Senior hält die Menschen durchweg für Verschwender, die lieber einige Tage in Saus und Braus und dann den Rest des Jahres auf Borg leben und Zins zahlen, als daß sie auf unmittelbaren Genuß

---

*) Wieder diese Wertmaschine!
**) Wieder der Wertstoff!

verzichten. Daher der Mangel an Arbeitsmitteln, daher das Mißverhältnis zwischen Angebot und Nachfrage, daher der Zins. Die wenigen Personen, die die Enthaltsamkeit üben, werden für diese seltene Tugend durch den Zins belohnt. Und auch diese wenigen sind nicht deshalb enthaltsam, weil sie den künftigen Genuß der gegenwärtigen Verschwendung vorziehen, nicht, weil sie als Jünglinge für die Hochzeit, als Männer für das Greisenalter, als Väter für die Kinder sparen wollen, sondern nur, weil sie wissen, daß das Gesparte ihnen Zins abwirft. Ohne diesen Tugendpreis würden auch sie von der Hand in den Mund leben, würden auch sie keine Saatkartoffeln aufbewahren, sondern die ganze Kartoffelernte in einem gewaltigen Schmaus vertilgen. Ohne Zins hätte doch niemand einen Beweggrund zur Bildung und Aufbewahrung des Kapitals, und dem künftigen Genuß ist doch der gegenwärtige immer und selbstverständlich vorzuziehen! Weiß doch niemand, ob er überhaupt künftig noch leben und das aufgestapelte Gut verzehren wird!

Bei solcher allgemeinen Wesensart des Menschen (wie enthaltsam erscheinen da der Hamster und die Biene!) fragt man sich, wie das Menschengeschlecht überhaupt noch besteht und wie man überhaupt noch jemand Geld leihen kann. Wer so schlecht mit eigenem Gut wirtschaftet, wird doch erst recht auch fremdem Gut gegenüber der Versuchung nicht widerstehen, dem süßen gegenwärtigen Genuß den künftigen zu opfern; wie will er dann den Zins zahlen und das Kapital zurückerstatten? Und wenn unsere Urelternd die Wintervorräte schon immer im Sommer vertilgt hätten, ob wir uns da wohl jetzt unseres Daseins erfreuen würden? Oder verzichteten unsere Väter auf den unmittelbaren Genuß, weil die Vorräte im Keller Zins abwarfen, d. h. immer wertvoller, besser und größer wurden?

Aber es ist doch etwas Wahres an dieser Seniorschen Theorie. Zweifellos verdankt der Zins dem Mangel an Kapital sein Dasein, und dieser Mangel kann nur von der Verschwendung herrühren. Aber merkwürdigerweise sind nicht die, die den Zins bezahlen, die Verschwender, sondern die, die den Zins erheben. Allerdings ist wieder das, was die Kapitalisten verschwenden, nicht ihr eigenes, sondern fremdes Eigentum, denn die Arbeitslosigkeit, die sie behufs Erpressung des Urzinses durch Unterbrechung des Geldumlaufes hervorrufen, geht auf Kosten anderer. Die Kapitalisten verschwenden fremdes Eigentum, sie verschwenden die Arbeitskraft des fleißigen, sparsamen Volkes, sie lassen auf fremde Kosten die Waren in den Krisen zu Milliarden als Zuvielerzeugung zugrunde gehen, damit es nicht zu einer Zuvielerzeugung an Kapital komme und der Zinsfuß falle. Daher der Mangel an Kapital, daher der Zins. Nicht den Arbeitern, sondern den Kapitalisten müßte man also die Enthaltsamkeit in der Verschwendung der Arbeit predigen. Die Arbeiter haben gezeigt, daß sie Enthaltsamkeit bis zum Hungertode üben können, wenn es heißt, dem Kapital einen geringfügigen Teil der Beute zu entreißen. Sie haben solche heldenhafte Enthaltsamkeit in tausend Streiks gezeigt, und man kann annehmen, daß, wenn es gelänge, den Arbeitern glaubhaft zu machen, daß es zur Beseitigung des Zinses genügt, zu sparen, keinen Tabak zu kaufen, keinen Schnaps zu kaufen, sie solches tun würden. Aber was wäre heute die Folge? Kaum würde der Zins der Realkapitalien unter den Urzins fallen, so bräche auch schon die Krise aus, der wirtschaftliche Krach, der den Arbeitern dieser Früchte seiner Enthaltsamkeit berauben würde.

Auf alle Fälle führt die Enthaltsamkeitstheorie stracks auf folgenden Widerspruch: Arbeitet, rackert euch ab, schwitzt, um viele Waren erzeugen und verkaufen zu können, kauft aber selber nur möglichst wenig. Hungert, friert, enthaltet euch, kauft nichts von alledem, was ihr erzeugt (d. h. selbst für den Verkauf bestimmt habt), um so einen möglichst großen Geldüberschuß für neue Realkapitalien zu gewinnen!

Auf diesen vollkommenen Widerspruch würden die Urheber der Enthaltsamkeitstheorie gestoßen sein, wenn sie den von ihnen betretenen Weg weitergegangen wären, und dann würden sie auf die Mängel des Geldwesens aufmerksam geworden sein, wie wahrscheinlich auch Proudhon auf diesem Wege zur Erkenntnis gelangte, daß das Gold den Waren den Weg zu den Realkapitalien verlegt, daß das Gold die Überleitung der Warenüberproduktion (die auf die Preise drückt und zur Krise führt) in eine Kapitalüberproduktion verhindert (die auf den Zins drückt und den Verkehr belebt).

5. Die Arbeitstheorien erklären den Zins schlankweg als Arbeitsprodukt des Kapitalisten! Den Zinsbezug nennt Rodbertus ein Amt, das Kouponabschneiden erscheint Schäffle als ein volkswirtschaftlicher Beruf, dem er nur nachsagt, daß seine "Dienstleistungen" kostspielig seien, und Wagner nennt Rentner "Funktionäre der Gesamtheit für die Bildung und Beschäftigung des nationalen Produktionsmittelfonds". Und v. Boehm-Bawerk erweist diesen Gelehrten die Ehre, sie zu den Zinstheoretikern zu zählen!

6. Die Ausbeutungstheorien erklären den Zins einfach als einen gewaltsamen Abzug vom Arbeitserzeugnis, den sich die Besitzer der Produktionsmittel erlauben und darum erlauben können, weil die Arbeiter ohne Produktionsmittel nicht arbeiten können, dennoch aber von ihrer Arbeit leben müssen.

Ob nun gerade diese Theorie den Namen "Ausbeutungstheorie" verdient? Beutet etwa der Abstinent (Enthaltsamkeitstheorie) nicht auch die Marktlage aus, wenn er die karge Vertretung des Kapitals auf dem Markte für die Erwirkung eines Zinses benutzt?

Den Abzug vom Arbeitserzeugnis bemißt nach dieser Theorie (deren Hauptvertreter Marx und die Sozialdemokraten sind) der Besitzer der Produktionsmittel nicht nach kaufmännischen Handels- und Börsengrundsätzen, sondern merkwürdigerweise nach historischen und moralischen Gesichtspunkten.

Marx sagt: "Im Gegensatz zu den anderen Waren erhält also die Wertbestimmung der Arbeitskraft ein historisches und moralisches Element". (Kapital, Bd. 1, S. 124, 6. Aufl.)

Was hat aber die Erhaltung der Arbeitskraft mit der Geschichte und der Sittlichkeit zu tun, was mit bestimmten Ländern und bestimmten Zeiten? Der Durchschnittsumkreis der notwendigen Lebensmittel ist doch von der Erhaltung der Arbeitskraft selber gegeben! Dieser mag sich mit der Schwere der Arbeit, mit der Rasse, mit der Stärkung oder Schwächung der Verdauungswerkzeuge ändern, aber niemals aus geschichtlichen und sittlichen Gründen. Läßt man in diesem, für die ganze Marxsche Lehre entscheidenden Punkte die Sittengesetze mitbestimmen, dann handelt es sich bei der "Arbeitskraft" überhaupt nicht mehr um Ware. Mit solch schwammigen Ausdrücken läßt sich alles beweisen.

Der Kapitalist erkundigt sich genau danach, wie sich die Mutter, Großmutter und Urgroßmutter des Arbeiters ernährt haben, was diese Nahrungsstoffe kosten, und wieviel ein Arbeiter für die Aufzucht seiner Kinder an diesen Stoffen verbraucht (denn der Kapitalist zeigt sich sehr darum besorgt, daß nicht nur "seine" Arbeiter, sondern daß die Arbeiter überhaupt recht kräftig und gesund bleiben), und diese Notdurft läßt der Unternehmer dem Arbeiter. Den Rest nimmt er unbesehen für sich in Anspruch.

Diese Verteilung der Arbeitserzeugnisse zwischen Unternehmern und Arbeitern, durch die Marx sich das Zinsproblem überhaupt und auf bequeme Weise vom Hals schaffte, insofern als die Lohntheorie auf diese Weise auch die Zins- und Grundrententheorie (Mehrwert) einschließt, ist der wunde Punkt der Ausbeutungstheorie. Faul ist nicht nur die Voraussetzung dieser Theorie, wonach der Lohn sich nach den Kosten der Aufzucht, Ausbildung und des Unterhalts der Arbeiter und ihrer Nachkommenschaft richtet, sondern auch die Ausrede, daß, so oft der Lohn über oder unter dieser Grenze bleibt, die landläufigen Begriffe über das, was zum Leben des Arbeiters gehört, über die Höhe des Lohnes bestimmen!

"Auf den ostdeutschen Gütern sind in den letzten 5 Jahren die Löhne so stark gestiegen, daß sie sich kaum noch von den westdeutschen Lohnsätzen unterscheiden, und daß die Sachsengängerei stark in der Abnahme begriffen ist." So las man 1907 in den Zeitungen. Wie schnell sich doch die landläufigen Ansichten über das, was der Arbeiter zum Leben braucht, ändern! An der Börse ändern sich die Preise zwar noch etwas schneller, immerhin kann man den Zeitraum von 5 Jahren doch nicht eine "geschichtliche Entwicklung" nennen.

In Japan sind die Löhne in ganz kurzer Zeit um 300 % gestiegen, sicherlich doch nicht, weil die landläufigen Ansichten über hungrig und satt sich so schnell geändert haben. Diese Erklärung der Widersprüche, auf die die Ausbeutungstheorie auf Schritt und Tritt stößt, trägt ganz das Merkmal einer Verlegenheitserklärung. Solche Ausflüchte findet jemand, der in die Enge getrieben ist.

So könnte man mit gleichem Recht der Ausbeutungstheorie auch folgende Fassung geben: Alles, was der Kapitalist braucht, um nach geschichtlichen und landläufigen Begriffen standesgemäß zu leben und um seinen Kindern das nötige Erbe zu hinterlassen, das nimmt er einfach vom Produkt der Arbeiter. Den Rest wirft er ungemessen und ungezählt den Arbeitern hin. Diese Fassung hätte vor der Marxschen manches voraus. Sie klingt auf alle Fälle besser; denn daß der Kapitalist zuerst an sich selber denken wird, ehe er sich erkundigt, ob der Arbeiter auch mit dem Rest auskommt, das hält man doch für selbstverständlich. Durch die Kornzölle wurde übrigens auch der Beweis dieser Selbstverständlichkeit vor der breiten Öffentlichkeit erbracht.

Auch die Herkunft des für den Zins notwendigen Proletariats wird nach dieser Theorie etwas sehr gewaltsam erklärt. Daß der Großbetrieb öfters dem Kleinbetrieb gegenüber im Vorteil ist, begründet nicht, daß dieser Vorteil auch selbstverständlich den Besitzern des Großbetriebes zukommen muß. Dies müßte erst auf Grund einer stichhaltigen Lohntheorie nachgewiesen werden. Heute wirft das Kapital durchschnittlich 4 bis 5 % ab, einerlei, ob es sich um eine Maschine von 10 oder von 10 000 Pferdekräften handelt. Und wenn auch der Großbetrieb durchweg dem Kleinbetrieb gegenüber Vorteile hätte, so würde damit noch gar nicht bewiesen, daß die Besitzer der Kleinbetriebe nun zum Proletariat geworfen werden. So schwerfällig brauchen die Handwerker und Bauern doch nicht immer zu bleiben, und sie sind auch tatsächlich nicht so schwerfällig geblieben, daß sie sich mit verschränkten Armen den Großbetrieb über den Kopf wachsen lassen. Sie wehren sich, legen ihre Kleinbetriebe zu einem Großbetrieb zusammen und verbinden so oft die Vorteile des Großbetriebes (Genossenschaftsmolkerei, genossenschaftliche Dampfdrescherei, Dorfbullen usw.) mit den tausend kleinen Vorzügen des Kleinbetriebes. Es liegt auch durchaus nicht in den Vorteilen des Großbetriebes begründet, daß die Aktien in den Händen der Rentner und nicht im Besitze der Arbeiter sein müssen.

Kurz, so einfach ist die Herkunft des Proletariats nicht zu erklären. Leichter schon geht es, wenn man die Gesetze der Grundrente mit zu Rate zieht und die gewaltsame Enteignung mit dem Schwerte. Aber wie entsteht dann das Proletariat in den Kolonien? Kein Schwert wird dort geführt, und das Freiland liegt dort oft vor den Toren der Städte.

In den deutschen Kolonien in Brasilien (Blumenau, Brusque) sind vielfach Industrien entstanden, namentlich Webereien, und in diesen Fabriken arbeiten die Töchter der deutschen Kolonisten unter elenden Bedingungen bei schlechtem Lohne. Dabei steht den Vätern, Brüdern und Männern dieser Proletarierinnen wunderbarer Boden in unbegrenzter Menge zu Verfügung. Hunderte von Töchtern deutsche Kolonisten sind in Sao Paulo als Dienstboten angestellt.

Es ist nicht so leicht, heute, bei bestehender Freizügigkeit, bei der Leichtigkeit, womit der Proletarier unbewohnte Länder aufsuchen und Land erwerben kann*, bei der Einfachheit, womit auf genossenschaftlichem Wege jeder die Vorteile des Großbetriebes genießen kann, nicht nur den Fortbestand, sondern auch noch die Vermehrung des Proletariats zu erklären, zumal die heutige bürgerliche Gesetzgebung den Proletarier vor Raubrittern zu schützen sich bestrebt zeigt.

Aber es gibt neben dem Schwert, neben den Vorteilen des Großbetriebes und neben den Gesetzen der Grundrenten noch eine Einrichtung, die das Dasein der Proletariermassen erklären kann, die aber von den Zinstheoretikern bisher übersehen wurde. Unser herkömmliches Geld vermag für sich allein die Rolle der Proletarisierung der Volksmassen durchzuführen, es benötigt dazu keinerlei Bundesgenossen. Das Proletariat ist eine notwendige, gesetzmäßig sich einstellende Begleiterscheinung des herkömmlichen Geldes. Ohne Ausflüchte, ohne Gewalt, ohne Wenn und Aber ist das Proletariat von unserem herkömmlichen Gelde unmittelbar abzuleiten. Allgemeine Bettelei muß unser Geld gesetzmäßig begleiten. Das Schwert hat sich in früheren Zeiten vortrefflich bewährt bei der Trennung des Volkes von seinen Arbeitsmitteln, aber das Schwert vermag die Beute nicht festzuhalten. Vom Geld aber ist die Beute unzertrennlich. Fester als Blut- und Grundrente am Schwert, haftet der Zins am Geld.

Kurz, es mögen viele an der Beraubung des Volkes sich beteiligen und sich dabei der verschiedenen Waffen bedienen, aber diese Waffen verrosten,

---

*) Der Nordd. Lloyd nahm im April 1912 für die Überfahrt von Europa nach Argentinien 100 Mark, das ist nur ungefähr ein Wochenlohn bei den Erntearbeiten.

− nur das Gold rostet nicht, nur das Gold darf sich rühmen, daß ihm der Zins durch keine Erbteilungen, durch kein Gesetz, durch keine genossenschaftliche oder kommunistische Ordnung entrissen werden kann. Selbst gegen die Gesetze, ja, sogar gegen die Bannflüche des heiligen Vaters war und ist der Zins des Geldes gefeit. Unter Beibehaltung des Privatgrundbesitzes kann man durch Gesetze (Grundsteuer) die Grundrenten den Staatskassen zuführen, und man hat damit hier und dort schon begonnen − aber durch kein Gesetz ist unserem herkömmlichen Geld auch nur ein Bruchteil des Zinses zu entwinden.

Unser herkömmliches Geld hat also die für die Ausbeutungstheorie unentbehrlichen Proletariermassen geschaffen und diese gegen alle natürlichen Auflösungsmächte wirksam verteidigt. Um vollständig zu sein, muß darum die Ausbeutungstheorie noch einen Schritt weitergreifen und den Zins nicht in der Fabrik, im Privatbesitz der Produktionsmittel, sondern weiter zurück, beim Tausch der Arbeitserzeugnisse gegen Geld suchen. Die Trennung des Volkes von seinen Arbeitsmitteln ist nur eine Folge, nicht die Ursache des Zinses.

7. Die Bestandteile des Brutto-Zinses.
(Urzins, Risikoprämie und Hausseprämie)*

Wer die hier behandelte Zinstheorie auf ihre Richtigkeit mit Hilfe der Zahlen prüfen will, die ihm die Statistik liefert, wird oft genug auf Widersprüche stoßen. Das liegt daran, daß der Zinsfuß neben dem Urzins in der Regel noch andere Bestandteile mit sich führt, die nichts mit dem Zins zu tun haben.

Neben der Risikoprämie (Gefahrbeitrag) enthält er Zinsfuß oft noch einen eigentümlichen, von den Schwankungen im allgemeinen Preisstand der Waren bestimmten Bestandteil, den ich in Anlehnung an seinen fremdnamigen Gefährten und um ihm einen auch für das Ausland brauchbaren Namen zu geben, mit Hausseprämie bezeichne. Diese bedeutet den Gewinnanteil des Geldgebers an der erwarteten Preissteigerung.

Um die Natur dieses Zinsbestandteiles richtig zu erfassen, braucht man sich nur das Benehmen der Geldborger und der Geldverleiher anzusehen, wenn eine allgemeine Preissteigerung erwartet wird. Eine allgemeine Preissteigerung hat das eigentümliche an sich, daß man das geborgte Geld mit einem Teil der Waren, die man mit dem Geld erstanden und dann wieder verkauft hat, zurückerstatten kann; daß also neben dem regelrechten Handelsgewinn noch ein Sondergewinn, ein Mehr, verbleibt. Dieses Mehr muß natürlich die allgemeine Kauflust wecken, und zwar um so stärker, je größer das erwartete Mehr ist, und namentlich je begründeter die Erwartung einer Fortdauer der Preissteigerung erscheint.

Wer mit fremden Geldern arbeitet, vergrößert dann seine Ansprüche an die Banken bis zur äußersten Grenze seines Kredites (der in der Regel mit der Preissteigerung, die die Schuldner begünstigt, wächst), und wer sein Geld bisher

---

*) Dieses Wort "Hausseprämie" setze ich an die Stelle des früher von mir angewandten "Ristorno", weil der Sinn (Gewinnanteil des Geldgebers an erwarteter Preissteigerung) damit besser ausgedrückt wird.

an andere verlieh, sucht selber Geschäfte zu machen und verzichtet nur dann darauf, wenn der Borger ihn mit einer Zinsfußerhöhung an den erwarteten Gewinnen beteiligt.

Durch die allgemeine Preissteigerung (Hochkonjunktur, d. h. geschäftliche Hochflut) droht dem Besitzer von Bargeld und Bargeldforderungen (Staatspapiere, Hypotheken usw.) ein Verlust, der darin besteht, daß er für das Geld immer weniger Waren erhält. Vor diesem Verluste würde sich der Geldbesitzer nur dadurch schützen können, daß er die verlustbedrohten Papiere verkauft und den Erlös zum Ankauf von Aktien, Waren, Häusern verwendet, für welche Dinge allgemein eine Preissteigerung erwartet wird. Nach Erledigung dieses Doppelgeschäftes würde die Hochkonjunktur ihm nichts mehr anhaben können, und den Schaden würde der Käufer der verlustbedrohten Papiere erleiden. Da nun aber auch diesem die Sachlage bekannt ist, so wird er diese Papiere nur entsprechend billiger bezahlen wollen, er zahlt also für die Staatspapiere einen niedrigeren Preis (Kurs) und kauft die Wechsel nur gegen einen größeren Abzug (Diskont). So entsteht eine Art Ausgleich.

Wie aber, wenn Schlaumeier sich sagt: Ich habe zwar selbst kein Geld, doch habe ich Kredit. Ich borge mir gegen Wechsel das nötige Geld, kaufe Waren, Aktien usw., und wenn der Wechsel fällig wird, so verkaufe ich das Gekaufte zu den dann höheren Preisen, bezahle meine Schuld und behalte den Unterschied für mich! Schlaumeier dieser Art gibt es viele, und diese vielen treffen sich an demselben Ort, zur selben Zeit, d. i. im Vorsaal des Geldmannes, der Reichsbank. Die reichsten Männer des Landes stehen da, neben kleinen Fabrikanten und Kaufleuten. Alle zeigen unerstättlichen Geldhunger. Nun sieht der Geldmann den Andrang und erkennt, daß sein Geld nicht reicht, um sie alle zu befriedigen (würde er sie befriedigen, so kämen sie sogleich mir verdoppelten Ansprüchen zurück). So erhöht er, um sich des Andrangs zu erwehren, den Zinsfuß (Diskont), erhöht ihn solange, bis die Schlaumeier im Zweifel sind, ob der vom geplanten Geschäfte erwartete Gewinn noch Deckung für den erhöhten Zinsverlust schafft. Dann ist der Ausgleich geschaffen; der Geldhunger verschwindet, der Vorsaal des Geldmannes leert sich. **Dann ist das, was der Geldbesitzer durch die Preissteigerung der Waren verliert, in den Zinsfuß übergegangen.**

Das also, was durch eine allgemeine Preissteigerung der Waren am Geldkapital verloren geht, muß der Zinsfuß ersetzen. Beträgt z. B. die erwartete Preissteigerung 6 % im Jahr, so muß bei einem Urzins von 3 oder 4 % der Zinsfuß bei Darlehen 8 oder 9 % ausmachen, um das Geldkapital unberührt zu lassen. Zweigt der Kapitalist vom Ertrag dieser 9 % die 5 % ab, die der Preissteigerung entsprechen und legt diese zum Kapital, so ist sein Nutzen derselbe, wie vor der Preiserhöhung, 105 = 100, d. h., für 105 erhält er jetzt so viel Ware wie vorher für 100.

So würde es gar nicht überraschen, wenn bei näherer Untersuchung es sich herausstellte, daß die Kapitalisten in Deutschland (Grundrentner ausgenommen) in den letzten 10 bis 15 Jahren trotz durchschnittlich höherer Dividenden und Zinsen eigentlich einen regelwidrig niedrigen Reinzins bezogen haben. Sind nicht in diesem Zeitraume die Preise durchschnittlich ganz gewaltig gestiegen?

Die Bestandteile des Brutto-Zinses.

Waren vor 15 Jahren 1000 Mark nicht ebensoviel wie heute 1500 oder gar 2000? Und wenn der Kapitalist so rechnet, wo bleibt der Gewinn aus den hohen Dividenden und Kursdifferenzen? Wo bleibt der sogenannte Wertzuwachs? Und er muß doch so rechnen, denn käme es ihm nur auf den ziffernmäßigen Geldbetrag an, so brauchte er nur nach Portugal zu reisen, da wird er vom Millionär gleich zum Milliardär. Schlimm aber steht es mit den Inhabern der festverzinslichen Papiere. Verkaufen sie diese, so haben sie einen Kursverlust; behalten sie ihre Papiere, so erhalten sie für die Zinsen weniger Waren. Hätte man vor 15 Jahren gewußt, daß eine so starke Steigerung der Warenpreise kommen würde, so wäre der Kurs der Konsols noch ganz anders, vielleicht auf 50 gesunken.*

Es ist also klar, daß eine erwartete allgemeine Preissteigerung die Ansprüche an die Geldverleiher vergrößern muß und daß diese dadurch in die Lage versetzt werden, einen höheren Zinsfuß ausbedingen zu können.

Die Erhöhung des Zinsfußes ist somit darauf zurückzuführen, daß nach allgemeiner oder vorherrschender Ansicht eine Preissteigerung im Anzuge ist. Sie beruht in letzter Linie darauf, daß die Borger hoffen, sich ihrer Verbindlichkeiten mit einem Teil der für das geborgte Geld erstandenen Waren entledigen zu können. Mit der Preissteigerung nimmt der Zinsfuß einen fremden Bestandteil auf, der gar nichts mit dem Kapitalzins zu tun hat; es ist das, was wir Hausseprämie nenne, d. h. Gewinnanteil des Geldgebers an der erwarteten Preissteigerung.

Natürlich wird dieser Bestandteil des Zinsfußes sofort verschwinden, sobald die erwartete allgemeine Preissteigerung sich verwirklicht hat; nicht die eingetretene Preissteigerung, sondern die Erwartung einer solchen, die Hoffnung auf einen künftigen, noch nicht zur Tat gewordenen Preisunterschied reizt zum Kauf, zur Anlage des Geldes und bewirkt, daß die Ansprüche an die Banken steigen. Sobald die Hoffnung auf eine weitere Preissteigerung schwindet, fehlt auch der Reiz zum Kauf, und die Gelder kehren zur Bank zurück. Dann fällt der Zinsfuß; die Hausseprämie scheidet aus den Bestandteilen des Zinsfußes aus. Selbstverständlich verschwindet bei einem erwarteten allgemeinen Preisrückgang sofort jede Spur dieser Hausseprämie aus dem Zinsfuß.

Die Höhe der Hausseprämie richtet sich natürlich ganz nach dem Umfang der erwarteten allgemeinen Preissteigerung. Erwartet man eine sprunghafte, schnelle und starke Preissteigerung, so werden die Ansprüche an die Geldinstitute auch gleich in dasselbe Tempo verfallen und der Zinsfuß wird sprungweise schnell und stark steigen.

Als man vor einigen Jahren in Deutschland eine allgemeine Preissteigerung erwartete, stieg der Zinsfuß auf 7 %; kurz darauf erwartete man einen Rückschlag und der Zinsfuß fiel auf 3 %. Den Unterschied können wir hier getrost auf Rechnung der Hausseprämie setzen. In Argentinien stand der Zinsfuß zeitweise auf 15 %, und zwar damals, als die unausgesetzte Vermehrung des Papiergeldbestandes alle Preise sprungweise in die Höhe trieb; nachher, als man anfing, das Papiergeld einzuziehen, fiel der Zinsfuß unter 5 %. Hier haben wir eine Hausseprämie von 10 % zu verzeichnen. In Kalifornien gab es eine

---

*) Dies ist vor dem Kriege geschrieben.

Zeit, wo 2 % für einen Monat nicht als übermäßiger Zinsfuß betrachtet wurde. So berichtet Henry George, und das war damals, als man in Kalifornien massenhaft Gold fand. Da es für eine allgemeine Preissteigerung keine Grenze gibt (für 1 Pf. Kerzen erhielt man in Paris 100 Livres in Assignaten), so kann auch der Hausseprämie keine Grenze gesteckt werden. Es lassen sich ganz gut Verhältnisse denken, unter denen der Zinsfuß bzw. die Hausseprämie auf 20, 50, ja 100 % steigen würde. Es kommt ganz darauf an, wie hoch die allgemeine Preissteigerung geschätzt wird, die man bis zum Fälligkeitstag erwartet. Wenn sich z. B. die Nachricht verbreitete, es sei unter der Eisdecke Sibiriens ein neues Goldfeld entdeckt worden, das alles bisher Dagewesene an Ergiebigkeit überträfe, und würden als Bestätigung dieser Nachricht auch schon große Goldverschiffungen gemeldet, so ist es sicher, daß eine allgemeine Kauflust eintreten und daß die Ansprüche an die Geldverleiher ins Grenzenlose steigen würden. Der Zinsfuß würde infolge dieser Goldfunde eine nie gesehene Höhe erreichen. Bis zur vollen Höhe des von der allgemeinen Preissteigerung erwarteten Mehrs wird die Hausseprämie natürlich nicht steigen können, da ja sonst der erwartete Gewinn durch den Diskont vorweg verschluckt würde. Die Hausseprämie wird dem erwarteten Mehr aber umso näher kommen, je begründeter oder gesicherter die allgemeine Preissteigerung erscheint.

Es sind in verschiedenen Ländern auf Drängen der Gläubiger Gesetze erlassen worden, die darauf zugespitzt waren, die Preise der Waren auf einen niedrigeren, früheren Stand herabzusetzen (durch Einziehung des in Übermaß verausgabten Papiergeldes, durch die Entmünzung des Silbers usw.). Noch vor wenigen Jahren bestand in Argentinien ein solches Gesetz, mit dem der allgemeine Preisstand von 3 auf 1 herabgesetzt werden sollte.

Wenn man heute in irgend einem Lande, den Wünschen der Schuldner nachgebend, umgekehrt die Warenpreise stufenweise durch Vermehrung des Geldumlaufs in die Höhe triebe, und zwar so, daß man mit Bestimmtheit darauf rechnen könnte, in einem Jahre die Preise im allgemeinen 10 % höher zu sehen, so würde die Sicherheit des erwarteten Mehrs die Hausseprämie jenen 10 % sehr nahe bringen.

Die Anerkennung der Hausseprämie als eines besonderen Bestandteiles des Zinsfußes ist für die Erklärung der meisten Erscheinungen auf dem Gebiete des Zinswesens unentbehrlich.

Wie will man, um nur ein Beispiel anzuführen, die Tatsache erklären, daß gewöhnlich Zinsfuß und Sparkasseneinlagen gleichzeitig steigen, wenn man anderseits nicht den Grundsatz fahren lassen will, daß der Zins vom Arbeitsertrag abgezogen wird?

Die Zergliederung des Zinsfußes in Zins, Risiko- und Hausseprämie löst diesen scheinbar unlösbaren Widerspruch auf völlig befriedigende Weise. Von dem Zinsfuß geht nur der reine Kapitalzins vom Arbeitsertrag ab, die Hausseprämie löst sich in den erhöhten Warenpreisen auf. Folglich ist der Arbeiter (dessen Lohn ja auch die Bewegung nach oben mitmacht) an dem erhöhten Zinsfuß völlig unbeteiligt. Er bezahlt erhöhte Warenpreise und erhält entsprechend höheren Lohn; das gleicht sich aus. Der Borger zahlt höheren Zinsfuß und erzielt einen erhöhten Preis; das gleicht sich auch wieder aus. Der Kapitalist erhält sein Geld gestäupt und geschunden zurück, aber dafür einen erhöhten Zins; das gleicht sich nicht minder aus. Nun fehlt noch die Erklärung für die erhöhte Spareinlage. Diese muß man in der Tatsache suchen, daß bei einer allgemeinen Preiserhöhung der Waren, einer geschäftlichen Hochflut (Hochkonjunktur) es niemals an Arbeitsgelegenheiten fehlt.

Also nicht der Zins, sondern nur der Zinsfuß steigt, zusammen mit den Sparkasseneinlagen.

8. Der reine Kapitalzins, eine eherne Größe.

Wir haben soeben gezeigt, daß, solange eine allgemeine Preissteigerung in Aussicht steht (bei geschäftlicher Hochflut, sogenannter Hochkonjunktur), der Zinsfuß zum Kapitalzins und der Risikoprämie (Gefahrbeitrag) noch einen dritten Bestandteil, die Hausseprämie (Anteil des Geldgebers an erwarteter Preissteigerung) aufnimmt. Es ergibt sich daraus, daß, wenn wir die Schwankungen des Kapitalzinses feststellen wollen, die Zinsfußsätze der verschiedenen Zeiträume nicht so ohne weiteres miteinander verglichen werden können. Das würde zu ebenso falschen Schlüssen führen, wie wenn man die Sätze des Geldlohns verschiedener Zeiten oder Länder ohne Rücksicht auf die Warenpreise miteinander vergleichen wollte.

Da aber, wie bemerkt, die Hausseprämie nur zusammen mit einer allgemeinen Aufwärtsbewegung der Warenpreise auftritt und zugleich mit dieser wieder verschwindet, so können wir als sicher voraussetzen, daß der Zinsfuß während der Niedergangszeiten, der sogenannten Baisseperioden, deren die Geschichte mehrere aufweist, nur aus Kapitalzins und etwaiger Risikoprämie besteht. Der Zinsfuß aus solchen Zeiträumen eignet sich also vortrefflich zur Ermittlung der Bewegungen des Kapitalzinses.

Eine solche Periode allgemeinen und unaufhaltsamen Preisrückganges war bekanntlich die Zeit vom 1 Jahrhundert v. Chr. bis etwa zum Jahre 1400*. Während dieser langen Periode war der Geldumlauf ausschließlich auf Gold und Silber beschränkt (Papiergeld und Schinderlinge gab es noch nicht); dabei waren die Fundgruben dieser Metalle, namentlich die spanischen Silberminen, erschöpft; das aus dem Altertum stammende Gold war durch Zinsverbote (wenn auch oft unwirksame) am Umlauf behindert und ging nach und nach verloren. Der allgemeine Preisrückgang ist also durch allgemein anerkannte Tatsachen reichlich begründet und wird auch von keiner Seite bestritten.

In dem Werke Gustav Billeters: "Die Geschichte des Zinsfußes im griechisch-römischen Altertum bis auf Justinian" findet man nun folgende Angaben:

S. 163: "In Rom finden wir für den Zinsfuß seit Sulla (82 bis 79 v. Chr.) schon die wesentlichen Typen fixiert: 4 – 6 %.

S. 164: "Cicero schreibt gegen Ende des Jahres 62: "Solide, zahlungsfähige Leute bekommen zu 6 % Geld in Hülle und Fülle." Billeter fügt

---

*) Die Städte Frankreichs, Italiens und Spaniens, wo der Münzfuß herabgesetzt, sogenannte Münzfälschung betrieben wurde, bilden hier eine Ausnahme.

hier hinzu: "Man sieht, daß darin schon eine Tendenz zum Sinken angedeutet liegt; in der Tat werden wir bald darauf schon einen niedrigeren Satz finden."

S. 167: "Der Zinsfuß war in den Kriegszeiten (um das Jahr 29) 12 %, d. h., selbst solide Leute mußten soviel bezahlen. Von 4 – 6 % war man also zu 12 % gelangt. Nun wurde rasch wieder der ehemalige Stand von 4 % erreicht."

Bemerkung: Der vorübergehende Zinsfuß von 12 % in Kriegszeiten ist vielleicht durch eine besonders große Risikoprämie genügend erklärt. Auch muß mit der Möglichkeit gerechnet werden, daß auch hier und da und dort trotz des allgemeinen Geldmangels, aus vorübergehenden oder örtlichen Gründen die Preise wieder einmal anzogen und der Zinsfuß eine Hausseprämie aufnahm. Eine Änderung in der Schnelligkeit des Geldumlaufes, vielleicht hervorgerufen durch eine neue gesetzliche Handhabung des Zinsverbotes usw. würde ja zur Erklärung solcher Vorgänge genügen.

S. 180: Römische Kaiserzeit vor Justinian: "Für sichere Anlagen finden wir 3 – 15 %, und zwar ist 3 % recht vereinzelt; der Satz erscheint deutlich als der niedrigste, auch bei rentenartigen Anlagen. 15 % ist ganz vereinzelt, 12 % nicht eben selten, aber doch nicht typisch, 10 % vereinzelt. Der eigentliche Typus liegt zwischen 4 – 6 %, wobei innerhalb dieser Sätze sich weder eine zeitliche noch eine örtliche Differenzierung nachweisen läßt, sondern durchweg nur eine solche nach der Art der Anlage, indem 4 % einen niedrigeren Typus, 6 % den ganz normalen, 5 % den dazwischen liegenden Satz für sehr gute Anlagen bzw. auch einen normalen Satz für Anlagen gewöhnliche Sicherheit darstellt. Als ausgesprochen mittlere Zinsrate finden wir ebenfalls 4 – 6 % (nie 12); als Kapitalisierungsrate 4 % und $3\,^1/_2$ %."

S. 314: Die Zeit des Justinian (527 – 565 n. Chr.): "Ziehen wir die Schlußresultate. Wir sehen, daß unter besonderen Umständen die Kapitalisierungsrate bis gegen 8 % ansteigen oder bis auf 2 % oder gegen 3 % sinken kann. Was die mittleren, durchschnittlichen Sätze anbetrifft, so fanden wir 5 % als wahrscheinlich normal, durchschnittlich vielleicht ein wenig zu hoch; 6 – 7 % ebenfalls als mittlere Rate, aber jedenfalls etwas hoch gegriffen, so daß dieser Satz nicht mehr als ganz gewöhnliches Mittel gelten kann. Wir werden also wohl am richtigsten von etwas unter 5 bis gegen 6 % die eigentliche Mittellage ansetzen."

Die Untersuchungen Billeters schließen hier mit der Zeit Justinians ab. Fassen wir kurz die gemachten Angaben zusammen:

Zur Zeit Sullas (82 – 79 v. Chr.) bezahlte man 4 – 6 %. Zur Zeit Ciceros (62 v. Chr.) war zu 6 % Geld in Hülle und Fülle zu haben. Nach einer durch Krieg verursachten kurzen Unterbrechung (29 v. Chr.) behauptete sich wieder der ehemalige Zinsfuß von 4 %. Während der römischen Kaiserzeit vor Justinian berechnete man gewöhnlich 4 – 6 %. Während er Regierung Justinians (527 – 565) betrug der mittlere Zinsfuß 5 – 6 %.

Was bedeuten nun diese Zahlen? Nun, daß während eines Zeitraumes von 600 Jahren der Zinsfuß fast genau den gleichen Stand einnahm wie heute $1\,^1/_2$ Jahrtausend später. Der Zinsfuß stand vielleicht mit $4 – 6\,^1/_2$ eine Kleinigkeit höher als heute, aber diesen Unterschied kann man wohl auf Rechnung der Risikoprämie setzen, die im Altertum und Mittelalter höher angesetzt werden mußte als heute, wo Kirche, Sitte und Gesetz den Zins in Schutz genommen haben.

Diese Zahlen beweisen, daß der Zins unabhängig ist von wirtschaftlichen, politischen und sozialen Verhältnissen; sie schlagen den verschiedenen Zinstheorien und namentlich den Produktivitätstheoreien (den einzigen, die wenigstens noch den Schein für sich haben) geradezu ins Gesicht. Wenn man für neuzeitliche Arbeitsmittel, z. B. Dampfdreschmaschinen, Selbstbinder, Mehrladegewehre, Sprengstoff usw. denselben Zins zahlt, wie vor 2000 Jahren für Sichel, Dreschflegel, Armbrust oder Keil, so beweist dies doch klar genug, daß der Zins nicht von der Nützlichkeit oder Leistungsfähigkeit der Arbeitsmittel (Produktionsmittel) bestimmt wird.

Diese Zahlen bedeuten, daß der Zins Umständen sein Dasein verdankt, die schon vor 2000 Jahren und während eines 6000jährigen Zeitraumes in fast genau der gleichen Stärke wie heute ihren Einfluß ausübten. Welche Umstände, Kräfte, Dinge sind das? Keine einzige der bisherigen Zinstheorien gibt uns auch nur eine Andeutung für die Beantwortung dieser Frage.

Billeters Untersuchungen schließen leider mit Justinian ab, und soweit ich unterrichtet bin, fehlen zuverlässige Untersuchungen über den folgenden Zeitraum bis Kolumbus. Es wäre übrigens wohl auch schwer, für diesen Zeitabschnitt zuverlässige Nachweise zusammenzutragen, wenigstens aus den christlichen Ländern, weil das Zinsverbot immer strenger gehandhabt wurde, weil mit dem fortschreitenden Mangel an Geldmetallen der Geldverkehr und der Handel immer mehr zusammenschrumpften. Von 1400 ab nahmen die Herabsetzungen des Münzfußes größeren Umfang an und lassen den reinen Kapitalzins im Zinsfuß nicht mehr erkennen. Hier hätte dann Billeter seine Untersuchungen mit preisstatistischen Arbeiten verbinden müssen, um die etwaige Hausseprämie vom Zinsfuß zu trennen.

Wenn Papst Clemens V. auf dem Konzil zu Vienne (1311) weltliche Obrigkeiten, welche zinsfreundliche Gesetze erließen, mit dem Kirchenbann bedrohen konnte, so zeigt das, wie schwach der Handel damals war, wie vereinzelt Darlehensgeschäfte vorkamen. Einzelnen Sündern gegenüber konnte der Papst mit Strenge auftreten; wäre der Handel damals lebhafter und die Übertretung des Zinsverbotes eine alltägliche Erscheinung gewesen, so hätte sich der Papst keine solche Drohung erlauben dürfen. Beweis dafür ist die Tatsache, daß mit der Belebung des Verkehrs auch die kirchengesetzliche Gegnerschaft des Zinses sofort abflaute.

Als Beleg für obige Behauptung, daß der reine Zins eine so gut wie unveränderliche, fast eherne Größe ist, mögen die beiden folgenden Zeichnungen dienen, aus denen hervorgeht, daß die Schwankungen des Zinsfußes auf die Schwankungen der Warenpreise (Hausseprämie) zurückzuführen sind. Hätten wir eine unveränderliche Währung gehabt, so wäre der Zinsfuß seit 2000 Jahren unverändert auf 3 – 4 % stehen geblieben.

Mit der Erfindung des Schinderlings im 15. Jahrhundert, der für die Preise von gleicher Bedeutung ist wie die Erfindung des Papiergeldes, und mit dem Erschließen der Silberbergwerke im Harz, in Österreich und Ungarn wird die Geldwirtschaft vielerorts möglich. Und mit der Entdeckung Amerikas begann die große Preisumwälzung des 16. und 17. Jahrhunderts. Die Preise stiegen unaufhaltsam und der Zinsfuß wurde mit einer schweren Hausseprämie belastet. So darf man sich nicht wundern, wenn der Zinsfuß während dieser ganzen Zeit sehr hoch stand.

Der Schrift Adam Smiths "Untersuchung über das Wesen des Reichtums" (Inquiry into the natur of wealth) entlehne ich folgende Zahlen: 1546 wurden 10 % als die gesetzlich zulässige Grenze des Zinsfußes erklärt, 1566 wurde dies Gesetz durch Elisabeth erneuert, und 10 % blieb gesetzlich zulässig bis 1624.

Um diese Zeit war die Preisumwälzung im wesentlichen beendet und die allgemeine Preissteigerung in ein ruhiges Fahrwasser gelangt. Gleichzeitig mit dieser Entwicklung geht dann auch der Zinsfuß zurück: 1624 wurde der Zins auf 8 %, dann, kurz nach der Wiedereinsetzung der Stuarts (1660) auf 6 % herabgesetzt und 1715 auf 5 %.

"Diese verschiedenen gesetzlichen Regelungen scheinen sämtlich dem Zinsfuß im freien Marktverkehr erst gefolgt, nicht aber ihm voraufgegangen zu sein." So Adam Smith.

Seit Königin Anna (1703/14) scheint 5 % eher über als unter der "market rate" (Marktsatz) gewesen zu sein. Natürlich, denn zu dieser Zeit war die Preisumwälzung beendet, und der Zinsfuß bestand jetzt nur noch aus Kapitalzins und Risikoprämie, also aus reinem Geldzins und Gefahrbeitrag.

"Vor dem letzten Krieg (sagt Smith) borgte die Regierung zu 3 % und vertrauenswerte Privatleute in der Hauptstadt sowie in vielen anderen Landesteilen zu $3^1/_2$, 4 und $4^1/_2$ %."

Also genau dieselben Verhältnisse, die wir jetzt haben.

Soll ich noch mehr Nachweise zusammentragen zum Beweis, daß der reine Kapitalzins eine eherne Größe ist, daß der reine Kapitalzins nicht unter 3 % fällt, nicht über 4 – 5 % steigt, daß alle Schwankungen des Zinsfußes nicht auf Schwankungen des Urzinses zurückzuführen sind? Wann ist in der Neuzeit der Zinsfuß gestiegen? Immer nur zusammen mit den Warenpreisen. Nach den kalifornischen Goldfunden stieg der Zinsfuß so hoch, daß die verschuldeten Großgrundbesitzer trotz der erhöhten Getreidepreise über Notstand klagten. Die erhöhten Getreidepreise werden durch erhöhte Lohnforderungen ausgeglichen. Mit der Erschöpfung der Goldminen fielen die Preise, zugleich mit dem Zinsfuß. Dann kamen die Milliarden, hohe Preise, hoher Zinsfuß. Mit dem großen Krach fielen die Preise, fiel auch der Zinsfuß. Während der letzten geschäftlichen Hochflutzeiten (Hochkonjunkturen) 1897 bis 1900 und 1904 bis 1907 war auch der Zinsfuß gestiegen; dann sind die Preise wieder gefallen, und der Zinsfuß war auch wieder niedrig. Jetzt steigen die Preise wieder langsam und auch der Zinsfuß. Kurz, rechnet man überall vom Zinsfuß die auf Rechnung der allgemeinen Preissteigerung zu setzende Hausseprämie ab, so bleibt als Zins eine eherne Größe zurück.

Warum fällt der Zins niemals unter 3, warum geht der Zins nicht auf Null zurück, und wenn es auch nur vorübergehend wäre, einen Tag im Jahre, ein Jahr im Jahrhundert, ein Jahrhundert in zwei Jahrtausenden?

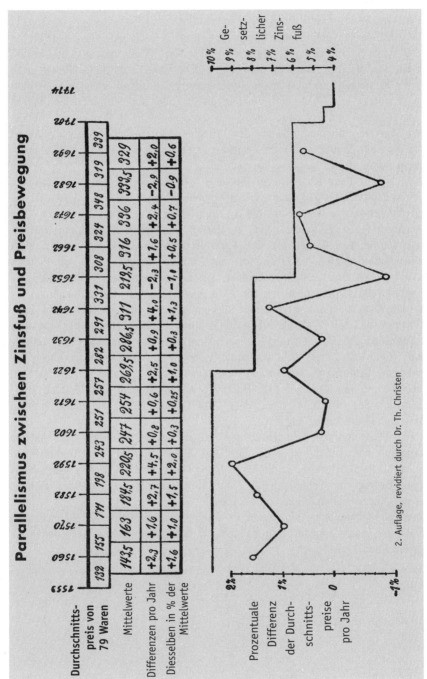

Tafel I (Erklärung S. 378)

Erklärungen zu umstehender Tafel I.

Die Zinslinie in vorstehender Zeichnung habe ich nach den eben angeführten Angaben Adam Smiths gezogen.* Es handelt sich hier um den gesetzlichen Zinsfuß, nicht um den Marktzinsfuß, auf den eigentlich ankommt. Smith behauptet zwar, "daß, wie es scheint, der gesetzliche Zinsfuß den Verhältnissen mit großer Sorgfalt angepaßt worden sei" (made with great propriety), aber aus den plötzlichen Sprüngen von 10 auf 8 und 6 % geht hervor, daß diese gesetzlichen Regelungen wie alle Gesetze zögernd und dann stoßweise den Tatsachen folgten. Der gesetzlich zulässige Zinsfuß war ein Schutz gegen den Wucher, er stand also, wie auch heute noch, durchweg höher als der gemeine Marktzinsfuß.

Die Preislinie habe ich nach der Tabelle S. 376 aus George Wiebes "Geschichte der Preisrevolution des XVI. und XVII. Jahrhunderts" ausgearbeitet. Dieser Tabelle haften die schwersten Fehler an, die S. 155ff. dieses Buches im Abschnitt: "Wie läßt sich der Preis des Geldes genau ermitteln?" angegeben sind. Safran, Muskatblumen, Ingwer beeinflussen hier das Ergebnis genau so stark wie Weizen, Vieh, Gewerbe. Außerdem sind die Erhebungen auf 97 Warengattungen und von 1580 ab sogar auf 57 Warengattungen beschränkt. (Wiebe erwähnt diese Mängel übrigens auch selbst.) Da seine Tabelle nur bis 1713 reicht, habe ich die Verlängerung bis 1764 nach Angaben aus verschiedenen Büchern gezogen, die sämtlich darin übereinstimmten, daß seit 1713 die Preise stetig abwärts gingen. Dies entspricht auch dem Umstand, daß von 1700–1740 nach Soetbeers Berechnungen die Geldgewinnung (Gold und Silber) nicht voranging, während doch mit der wachsenden Bevölkerung der Geldbedarf stieg. In England allein stieg im Zeitraum von 1680–1780 die Bevölkerung von $4^1/_2$ auf $9^1/_2$ Millionen. Außerdem fand von 1640 ab keine Herabsetzung des Münzfußes mehr statt. Also Gründe genug, um einen Preisfall (Baisse) wahrscheinlich zu machen.

Auch muß in Betracht gezogen werden, daß Wiebe alle Preise auf Silbergewicht zurückgeführt hat. Auf die Höhe des Zinsfußes wirken aber nur die ziffernmäßigen Preise, nicht die Silberpreise, da die Rückzahlung der Darlehen sich nach dem zahlenmäßigen Betrag der Schuld richtet. Auf die "Verschlechterung" des Feingehaltes der Münzen nahm Wiebe keine Rücksicht.

Wenn nun obige beide Linien nur im Grundzug übereinstimmen, so muß man die Erklärung in den angedeuteten Mängeln der Unterlagen suchen, nach denen sie gezogen wurden.

---

*) Sie wurde von Dr. Th. Christen einer gründlichen Nachprüfung unterworfen.

Parallelismus zwischen Zinsfuß und Preisbewegung

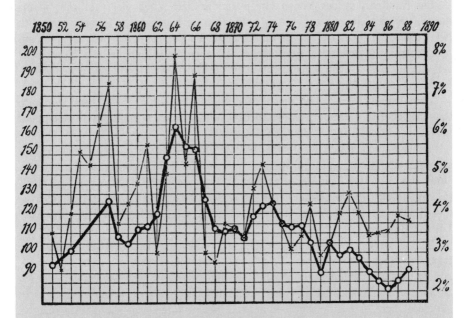

Die mit X bezeichneten Punkte bedeuten die Index numbers, die mit ○ bezeichneten Punkte die Diskontsätze.

2. Auflage, revidiert durch Dr. Th. Christen

Tafel II (Erklärung S. 380)

Erklärungen zu umstehender Tafel II.

Der Parallelismus der beiden Linien springt hier schon viel deutlicher in die Augen, weil die Linien aus besseren Unterlagen gewonnen sind. Einmal nähert sich der Diskontosatz viel mehr dem Marktzinsfuß als die gesetzlich auf Jahre hinaus festgesetzte Wucherzinsrate; dann nähern sich auch die Indexzahlen des "Economist" viel mehr dem wirklichen Durchschnittspreis der Waren, weil hier die vergleichs-mäßige Bedeutung der Waren berücksichtigt wird.

Wenn man erst über völlig zuverlässige Unterlagen verfügen wird, dann wird auch wahrscheinlich der schon jetzt deutlich wahrnehmbare Parallelismus in Kongruenz übergehen; beide Linien werden sich decken.

Bisher entzogen sich die Kräfte, die die Zinsfußrate bestimmen, jeder wissenschaftlichen Nachprüfung. So stimmt Professor Dr. Karl v. Diehl in einer Schrift "Über das Verhältnis von Wert und Preis im ökonomischen System von Karl Marx" (S. 25) diesem zu, wo er sagt, "daß es keine natürliche Rate des Zinses gebe, da die Bildung der Zinsfußrate etwas durchaus Gesetzloses und Willkürliches ist." III, I, S. 341.

Dem ist aber, wie wir uns überzeugten, durchaus nicht so. Bei näherer Betrachtung zeigt sich im Gegenteil, daß hier alles "gesetzmäßig" zugeht. Und "willkürlich" ist die Bildung der Zinsfußrate nur insofern, als man willkürlich die Zinsfußrate von 3 % ab aufwärts auf jede beliebige Höhe treiben kann. Man braucht nur gesetzlich zu bestimmen, daß mittels neuer Notenausgaben die Warenpreise jährlich um 5 – 10 – 15 % heraufgesetzt werden, so wird auch der Zinsfuß auf 8 – 13 – 18 % (3 % + 5, 10, 15 % Hausseprämie) steigen. Eine Sache aber, die sich willkürlich behandeln läßt, ist nicht "gesetzlos", da sie doch den Gesetzen folgt, wonach sich die Handlungen richten. (Übrigens sind die Begriffe "gesetzlos" und "willkürlich" Gegensätze, wenigstens bei diesem Gegenstand.)

Die **Seitenangaben** im nachfolgenden **Namen- und Sachweiser** beziehen sich auf die in eckigen Klammern gesetzten Seitenzahlen.
Die Angaben im **Registerband** beziehen sich auf die nicht eingeklammerten Seitenzahlen.

Namenweiser

Arendt: 115, 121, 140, 144.
Bamberger: 116, 184, 261, 297.
Bebel: 65.
Bendixen: 119.
Billeter: 373, 374, 375.
Bismarck: 151.
Boehm-Bawerk, über gegenwärtiges und zukünftiges Gut: 351.
– über Sonnenfels: 362.
– über die Wertlehre: 124.
– über Zinsfragen: 113, 289, 361, 363.
Brentano: 126.
Carnegie: 345, 346.
Cervantes (Don Quijote): 214.
Chevalier: 115, 141.
Christen: 208, 314, 363, 378.
Clemens V.: 375.
Damaschke: 4.
Diehl: 286, 380.
Dühring: 354.
Engel: 121.
Fisher (Irving): 208, 289.
Flürscheim, sein Irrtum über die Ungefährlichkeit großer Notenausgaben ohne Umlaufzwang: 197 ff.
– über Zinsfragen: 204, 344.
– und Bodenreform: 106.
Fonda: 198.
Forbonnais: 362.
Frankfurth: 4, 32, 33, 94, 263.
Friedrich II.: 191.
George, seine Ungefährlichkeit für die Bodenrente: 4
–, sein Irrtum über die Tragweite der Bodenverstaatlichung: 106.
– über Mutterrente: 92.
– über Zinsfragen: 107, 362, 372.
Gesell, Ausgangspunkt seiner Forschungen: 7.
–, Hinweis auf andere Schriften: 197, 198, 263, 279, 311.
Gottl: 122.
Gresham: 147.
Helfferich: 121, 124.
Hume: 209.
Jevons: 157.
Klüpfel: 94.
Knapp: 119.
Knies: 123.

Landauer: XIV, 7.
Lassalle: 65, 210.
Laveleye: 185, 248.
Law: 148.
Liebknecht: 65.
Liefmann: 119.
Lykurg: 111.
Malthus: 296.
Marshall: 198.
Marx, sein Irrtum über die Quelle des Zinses: 4 ff., 322 ff, 337.
–, seine Ungefährlichkeit für das Kapital: 4.
–, sein Gegensatz zu Proudhon: 5, 324.
–, hat die Theorie des Geldes vernachlässigt: 113.
– über Selbstaustausch der Waren: 131.
– über das Wertätsel: 122, 322.
– und der Zins: 366, 367, 380.
Menger: 103.
Morgan: 216, 332.
Mülberger: 286.
Mulhall: 18.
Nietzsche: XIV.
Otto: 353.
Parsons: 198.
Proudhon, Ausführliches in der Einleitung: 3 ff.
–, Ausgangspunkt seiner Forschungen: 366.
– kam der Lösung des Zinsrätsels am nächsten: 113.
–, sein Gegensatz zu Marx: 5, 324.
–, sein Irrtum: 7, 8, 286, 320.
–, seine Tauschbank: 4, 7, 118.
– über die Kapitaleigenschaft des Geldes: 293.
– über die Sperrnatur des Geldes: 224, 240, 286, 289, 293.
– über die Notwendigkeit eines ungehemmten Gütertausches: 235, 286.
– über die Gegenseitigkeit im Wirtschaftsleben: 286.
Pythagoras: 111, 210.
Rathenau: 69.
Reusch: 191.
Rodbertus: 366.
Roscher: 125, 126.
Rousseau: 66.
Ruhland: 125.

Sauerbeck: 157.
Schäffle: 366.
Schiller: XIV, 55.
Schmoller: 126, 206.
Schopenhauer IV.
Sécretan: XIII.
Senior: 364, 365.
Simons: 94.

Smith: 376, 378.
Soetbeer: 157, 378.
Sombart: 221.
Sonnenfels: 362.
Stirner: XIV.
Swift: 62.

Taft: 60.

Turgot: 362.
Wagner: 366.
Wicksell: 146, 322.
Wiebe: 209, 378.
Wilson: 17, 59, 304.
Wirth: 180.
Zuckerkandl: 124.

Sachweiser
I. Theorie der Güterverteilung.
a) Lohntheorie

Abstinenz: 57.
– -Theorie: 366.
Abwanderung von Industriearbeitern: 38 ff.
Arbeitsertrag, des Auswanderes: 15
–, des Freiländers, in Wechselwirkung mit dem der Industriearbeiter: 29, 35, 37, 41, 46.
–, er verdoppelt sich bei Wegfall des Kapitalzinses: 352 ff.
–, der volle, nur durch gänzliche Beseitigung von Kapitalzins und Grundrente erreichbar: 11-13, 51, 52; – beeinflußt durch die Grundrente: 16; durch die Zölle: 37, 40.
–, Zusammenfassung der Abzüge, die er erleidet: 52
Arbeitserzeugnis, -erlös, -ertrag, ihre Unterscheidung: 10-12, 16.
Arbeitsteilung, beeinflußt durch die Höhe des Geldzinses: 331.
–, ihre Erzeugnisse sind nur zum Tausch bestimmt, im Gegensatz zu denen der Urwirtschaft, die dem unmittelbaren Verbrauch dienen: 132.
–, ihr Segen: 118, 214, 215, 220.
–, mit ihrer Einführung hört die frühere Gemeinwirtschaft auf: XIII.
–, sie ist nur durch Vermittlung des Geldes möglich: 119, 219.
Auswanderung, ihr Einfluß auf Lohn und Grundrente: 14 ff., 30, 39.

Einkommen, arbeitsloses, Irrtum über die Quelle seines Entstehens: 3; – seine Beseitigung das Ziel aller sozialistischen Bestrebungen: 3, 9; – sein Wegfall hebt die Löhne: 12, ist aber nicht mit einem Schlage zu erreichen, sondern muß erkämpft werden, was durch Freigeld erzielt wird: 357, 358.

Einkommen, gemischtes, aus Arbeitserlös und aus Zins: 10.
Erzeugnismittel (Arbeitsmittel): 3 ff., 9.

Frachtsätze, ihr Einfluß auf Lohn und Grundrente: 15-20.
– und Geldzins: 44.
Freiländer, ihr Arbeitsertrag beeinflußt die Löhne: 16, 18, 46; den Pachtertrag: 17; ist abhängig von den Frachtkosten: 17 ff.; von den Zöllen: 37-40.

Gesetze, ihr Einfluß auf Lohn und Rente: 31.
Getreide-Frachten: 17-20, 37.
– -Zölle: 32, 36 ff.; ein glattes Geschenk an die Grundrentner: 37; führen zur Abwanderung von Industriezweigen: 38.

Industrien, Vorteile des Zusammenarbeitens vieler: 49, 50.
– auf dem Lande: 50.

Klassenkampf zwischen Unternehmer und Arbeiter: 61.

Landverteilung und -Besiedelung in Argentinien: 104, in Nordamerika: 104, 105; in Südwestafrika: 103.
Lohn und Bodenverstaatlichung: 95.
Lohngesetz, ehernes: 13, 42, 43, 48.
Lohnschatz: 51, 52, 95.

Ödland: 14 ff., 31, 43 ff.

Privateigentum als Entstehungsursache des Proletariats: 56, 68.
– siehe auch unter I c, III a, III c.
– siehe auch I c Bodenrecht, Bodenverstaatlichung, III c Freiland.

Proletariat (die der eigenen Erzeugnungsmittel entblößten Arbeiter) ist stete Begleiterscheinung des herkömmlichen Geldes, weil dieses das Volk gewaltsam daran hindert, sich Hab und Gut zu schaffen: 340, 341, 368, 369. Vgl. hierzu Sachgüter, Wirtschaftsstockungen.
- und Privatgrundeigentum: 56.

Reinertrag des Unternehmers: 355.

Sozialdemokratie: ihre Vertreter vermeiden seit her jede gründliche Erörterung über Zins und Geld, trotz deren entscheidener Bedeutung: 325.

Sparhand- und Sparland-Bebauung: 14, 16, 24-28, 30, 34, 40, 46.
Streike, ihre Unwirksamkeit: 5, 6.
-, sie verringern das Warenangebot: 169.

Unternehmergewinn: 10.

Wanderarbeiter: 70, 71.
Wissenschaftliche Entdeckungen, ihr Einfluß auf Rente und Lohn: 31.
Wohnungsmiete, Einfluß ihrer Zahlungsfristen: 168.

Zinsfuß, Folgen seines Sinkens: 3, 199 ff.
Zuvielerzeugung an Häusern, vermeintliche: 5, 6.

b) Kapital- oder Zinstheorie

Abschreibungen auf Häuser: 351 ff.
Arbeit, ungehemmte, kann allein den Zins beseitigen: 4 ff.
Arbeiterüberschuß, ist notwendige Begleiterscheinung des herkömmlichen Geldes: 340.
Arbeitsmittel (Produktionsmittel), die Verfügung über sie ist nicht die Quelle des Zinses (Mehrwertes): 3 ff., 9.
-, ihre Verbesserung wirkt anders als ihre Vermehrung: 355.
Arbeitsteilung, sie bildet die einzige Deckung für das Geld: 152.
-, weshalb sie die Urwirtschaft noch nicht allgemein verdrängt hat: 328.

Darlehen, zinsfreie: 320 ff., 349 ff.; ihr Nutzen für den Verleiher liegt darin, daß ihm für die Dauer des Leihvertrages die mit dem Aufbewahren des Spargutes (einschließl. Freigeldes) verbundene Wertminderung vom Entleiher abgenommen wird: 350.
Darlehnszins, seine Verschiedenheit vom Urzins: 358 ff.

Frachtsätze, ihr Einfluß auf Lohn und Grundrente: 15-20.
- und Geldzins: 44.

Gefahrbeitrag (Risikoprämie): 351, 369 ff.
Geldzins (Urzins), wird von den Waren erhoben, und zwar auch von dem mit eigenen Arbeitsmitteln versehenen Arbeiter: 336.
-, ist keine einmalige Einnahme, sondern eine dauernd sprudelnde Quelle: 338.
-, siehe auch Zins.
Gesetze, ihr Einfluß auf Lohn und Rente: 31.
Getreide-Frachten und -Zölle: 17-20, 32, 36 ff.

Hausseprämie (Gewinnanteil des Geldgebers an erwarteter Preissteigerung): 369 ff.

Kapital, in seiner reinsten Form: 322.
-, nicht als Sachgut, sondern als Frucht eines

Marktverhältnisses zu begreifen: 5, 6, 9.
Kapital-Überproduktion, das Mittel zur Beseitigung des Zinses: 3, 4, 6.
Kapitalismus: 195.
-, hat seinen Stützpunkt in den Eigenschaften des Metallgeldes: 326.
Kapitalzins, siehe Zins.

Mehrwert, positiver und negativer: 5.
-, siehe auch arbeitsloses Einkommen; Zins.
Miete: 46, 168.

Notlage, ihre Ausbeutung führt zur Zinsabgabe: 327.

Parallelismus zwischen Zinsfuß und Preisbewegung, mit Zeichnungen: 377-380.
Produktionsmittel, die Verfügung über sie ist nicht die Quelle des Zinses: 3 ff., 324.

Realkapital, siehe Sachgüter.
Risikoprämie (Gefahrbeitrag): 351, 369.

Sachgüter (Realkapitalien), d. h. Häuser, Fabriken, Schiffe usw., werfen aus eigener Kraft keinen Zins ab, sondern vermitteln nur die Zinszahlungen an den Geldverleiher; demgemäß bestimmt der Urzins (reiner Geldzins) auch durchaus den Zins der Sachgüter: 338 ff., wobei sich Schwankungen alsbald wieder ausgleichen: 343 ff.
-, ihre Vermehrung senkt den Zinsfuß und bewirkt, daß kein Geld herkömmlicher Art mehr für neue Anlagen hergegeben wird: 199, 338 ff.; dies ändert sich, wenn die Vorrechte des bisherigen Geldes fortfallen: 348 ff.; dann erweisen sich die Sachgüter für alle Sparer als das beste Aufbewahrungsmittel, auch wenn sie keinen Zins mehr abwerfen: 349 ff.
-, ihre schnelle Vermehrung bewirkte, daß Nordamerika in kurzer Zeit vom Schuldner Europas zu dessen Gläubiger wurde: 344; diese Entwicklung geschah we-

sentlich nur zugunsten der Kapitalisten, nicht der arbeitenden Klassen: 344.
–, ihre unaufhaltsame Vermehrung liegt in der menschlichen Natur und in den volkswirtschaftlichen Gesetzen begründet; sie verbürgt den Aufstieg der Menschheit zu bisher nie erreichter Höhe – nur das bisherige Geldwesen hemmt diese Entwicklung und hält einen großen Teil der Menschheit in unwürdigen Banden: 356.
–, sie werden auch nach Einführung des Freigeldes noch Zins abwerfen, doch geht der Zinsfuß dann ständig zurück: 358.
(Erläuterung: Sachgüter – soweit es sich um Waren handelt – sind nur Zinskassierer des Geldkapitals. Bei den übrigen Gütern (Häuser, Fabriken, Schiffe) ist der Zinsertrag durchaus abhängig vom Geldzins (Urzins) und verschwindet zusammen mit diesem nach Einführung des Freigeldes.)
Sparen, nach Einführung des Freigeldes: 351-353.
Spareinlagen, Ursache ihrer zeitweiligen Steigerung: 373.
Sparmöglichkeit, sie nimmt nach Einführung des Freigeldes in früher ungeahntem Maße zu, weil nunmehr jeder den vollen Ertrag seiner Arbeit erhält und die wirtschaftliche Betätigung nicht mehr durch Stockungen unterbrochen wird: 294.
–, ihre Verschiedenheit für Arbeiter bzw. Rentner und Kapitalisten. 345 ff.
Spartrieb des Kapitalisten, seine Begründung: 346 ff.
– und Zins: 349-351.

Tauschhandel, seine Möglichkeit begrenzt die Zinsabgabe, die das Geld für seine Vermittlung des Warenaustauschs erheben kann: 329, 335, 361.
–, er vermittelt den Kauf von Dingen zu unmittelbarem Verbrauch, im Gegensatz zum Gelde, das dem Warenaustausch dient: 134.
–, sein Einfluß auf den Zinsfuß in wenig entwickelten Ländern: 332.

Urwirtschaft, sie hält sich noch wegen des Zinses, der den Warentausch zu stark belastet: 328, 329.
Urzins (reiner Geldzins) als Grundbestandteil des Bruttozinses: 324 ff., 369 ff.
–, seine Verschiedenheit vom Darlehnszins (Sachgüterzins): 358-361.
–, siehe auch Hausseprämie, Risikoprämie, Zins.

Ware, ist nur scheinbar zinserhebendes Kapital,
in Wirklichkeit nur Kassenbote für das Geldkapital: 337.
Wechsel und Geldzins: 330 ff.
–, werden bei wegfallendem Zins nicht mehr gekauft: 202.
Wechselstempelsteuer, ihr Einfluß: 330.
Wohnungsbau: 191.

Zins ist ein Geschöpf des herkömmlichen Geldwesens: 326, 327.
– für das Verleihen von Geld zu fordern, widerspricht dem Zweck des Geldes, das nur Tauschmittel sein soll: 200, 334.
–, seine Beseitigung wurde immer schon im Geiste gesunden Wirtschaftsbetriebes angestrebt, aber wegen der mißbräuchlichen Rechte des bisherigen Geldes nicht erreicht: 356.
–, sein allmählicher Fortfall infolge verstärkter Gütererzeugung und dadurch vergrößerten Kapitalangebots: 3 ff.; da aber sein Entstehen Jahrtausende zurückliegt, so kann der Zins mit seinem Geschöpf, der Massenarmut, erst nach und nach verschwinden, in dem Maße, wie nach Einführung des Freigeldes sich die Sachgüter (Häuser, Fabriken, Schiffe usw.) vermehren: 357.
–, das herkömmliche, auf Metalldeckung beruhende Geld kann immer die Zinsabgabe erzwingen, auch wenn das Realkapital brachliegt: 342.
–, irrtümliche Auffassung über seine Quelle: 322.
–, er läßt sich nicht besteuern: 38.
–, positiver und negativer = aufschlagender und kürzender: 321.
– und Spartrieb: 349 - 351.
–, siehe auch unter I c und II b.
–, siehe auch Geldwesen, Sachgüter, Urzins, Währung, Zinsfuß.
Zinsfreie Darlehen; der Einwand, daß durch sie eine unbegrenzte Nachfrage nach Sachgütern entstehen würde, ist unrichtig, insofern dabei die Unterhaltungskosten und Lohnforderungen nicht berücksichtigt werden: 353, 354.
Zinsfuß, seine seit Jahrtausenden gleichmäßige Höhe: 327, 335, 338, 340, 373 ff.
–, seine Höhe beeinflußt und begrenzt durch den Wettbewerb von Urwirtschaft, Tauschhandel, Wechsel: 328-336.
–, Folgen seines Sinkens: 3, 199 ff.
Zinstheorien, Erläuterung der verschiedenen –: 361 ff.
Zinsverbote im Mittelalter: 325, 350, 375.

c) Grundrententheorie.

Ausfuhrzoll auf Kohle: 64, 65; – auf Baumwolle: 65
Baugrundrente, bedingt durch das Zusammenarbeiten vieler Industrien: 49.
– in Berlin: 48, 49.
– und Zinsfuß: 46.
– im Freilandbereich: 84, 85.
Bodenrecht, das gegenwärtige als Friedensstörer: 56, 66 ff.
–, siehe auch Grundrente.
Bodenreform Georges und Damaschkes, ungefährlich für die Grundrente: 4, 106, 107.
– und Wertzuwachssteuer: 95.
Bodenschätze: 65 ff.
–, siehe auch Rohstoffquellen.
Bodenverstaatlichung, Ablösung der Eigentumsrechte: 73 ff.
–, Abschätzung der Gebäude: 86 ff.
–, Einrichtung v. Mustermietshäusern: 87, 88.
–, ihre Begründung: 95 ff.
–, ihre wohltätigen Folgen: 81-84, 89-99.
– in der Stadt: 85-88.
–, macht die Volksvertretung bisheriger Zusammensetzung überflüssig: 91.
– und Freizügigkeit: 95 ff.
– und Völkerfriede: 94, 97, 98.
–, Verzinsung des Baukapitals: 87, 88.
–, siehe auch Freiland.
Einfuhrprämien: 35.
Erbschaften verlieren nach Einführung des Freigeldes ihre Bedeutung: 352.
Gemeindeeigentum, seine Nachteile: 78, 79, 96.
Grundrente, beansprucht für sich alle Vorteile, die städtische und ländliche Verhältnisse vor einander voraushaben: 51.
–, ihr Einfluß auf den Arbeitsertrag: 13, 16, 17.
–, ihre Höhe durch verschiedene Einflüsse bestimmt: 13 ff., 23-40, 74, 75.

–, nicht wirksam durch Steuern zu erfassen: 4.
Grundrente und Bodenverstaatlichung: 89, 90.
– und Mutterschutz: IX, 92, 93.
– und Politik: 89 - 91.
– und Manchestertum: VII.
–, siehe auch Bodenverstaatlichung, Pachtgeld.
Grundrentensteuer, ihr Einfluß auf die Grundrente: 32 - 35.
–, abwälzbar oder nicht? 47.
Landwirtschaft, ihre Bindung durch das seitherige Bodenbesitzrecht: 96.
– und Zollpolitik: 36 ff.
– und Währungspolitik: 74.
Mir in Rußland: 78.
Mutterrente: 92, 93.
Pachtzins, siehe Grundrente, Privatgrundeigentum.
Privatgrundeigentum, seine Nachteile: 80, 81.
–, sein Ursprung: 101, 105.
Raubbau im Freilandbereich, seine Verhinderung: 77-79.
Rohstoff-Fundstätten, die ungünstigst gelegenen bestimmen den Preis der Rohstoffe: 48.
– -Quellen, sie müssen allen Völkern zugänglich sein: 66, 72.
Stadt; Vorteile, die sie der Industrie bietet: 49, 50.
Technik, ihr Einfluß auf Rente und Lohn: 28-30.
Vegetarismus: 57.
Verkehrsmittel, ihr Einfluß auf die wirtschaftliche Leistungsfähigkeit: 169-171.
Wertzuwachssteuer: 95.
Wissenschaftliche Entdeckungen, ihr Einfluß auf Rente und Lohn: 31.
Wohnungsmiete und Zinsfuß: 46.
Zins und Ödland-Bebauung: 43, 44.

d) Handelskosten (Profit).

Handelsgewinn: 10, 183, (reiner) 327.
Kaufleute, ihre den Gütertausch vermittelnde Tätigkeit ist unter der Herrschaft der Goldwährung teurer geworden: 207.

II. Theorie des Güteraustausches.
a) Geldtheorie.

Absolute Währung, bezeichnet den Zustand des Gleichgewichts zwischen Angebot und Nachfrage: 314.
Angebot (Ware) und Nachfrage (Geld) müssen einander gleichberechtigt gegenüberstehen,

was nur durch ein mit Umlaufszwang ausgestattetes Geld erreicht wird: 197, 284; – sind oberste Preisrichter: 162 ff., 176, 178.
Angebot und Vorrat decken sich nur bei der Ware, nicht auch beim seitherigen Geld: 208.

Angebot, siehe auch Geldangebot, Warenangebot, Nachfrage.
Arbeitszeit, verkürzte, verringert das Warenangebot: 169.
Auslandszahlungen im Freigeldbereich: 245.

Banknoten, ihre (vermeintliche) Deckung durch Gold: 127; – betrifft nur das umlaufende Geld, nicht auch die viel bedeutenderen Geldlieferungsverträge: 148.
– sind keine Schuldscheine: 128.
–, Unstimmigkeit des Einlösungsversprechens: 141.
Bimetallismus (Doppelwährung): 155, 184, 185, 248.
–, sein Gegensatz zur Goldwährung: 155, 184, 185.

Emission (Notenausgabe): 195 ff.

Feingehalt der Münzen: 114, 115.
Freigeld erfüllt die Forderung, daß Geld nur reines Tauschmittel sein soll; es beseitigt die mißbräuchliche Benutzung des Geldes zum Zinserpressen: 204, 241 ff., 282 ff., 337.
– fördert durch seinen Umlaufszwang den Gütertausch und beseitigt die Wirtschaftsstockungen: 250 ff., 282 ff.
– -Muster: 242, 243; – ihre Erklärung: 244.
– passt sich dem Warenangebot an und schafft feste Durchschnittspreise: 252.
–, sein Ausbieten als zinsfreies Darlehn: 251.
–, seine Beurteilung durch Vertreter verschiedener Berufe: 255-313.
–, seine Einführung: 246 ff.
–, sein Kursverlust: 244, 245, 249.
–, seine Umlaufsgeschwindigkeit: 248, 253.
–, seine Unentbehrlichkeit: 250.
–, seine Verwaltung: 248.
–, Zusammenfassung seines Wirkens: 253 ff.

Geld soll reines Tauschmittel sein, benötigt keine Deckung durch sogenannten "Inneren Wert" und darf keine Vorrechte gegenüber den Waren haben: 8, 9, 118 ff., 143, 236.
–, allgemeine Gleichgültigkeit gegenüber seinen stofflichen Eigenschaften: 143, 216; – diese ist Vorbedingung für sein Wirken als Geld: 216.
–, beschreibt einen Kreislauf, wird, im Gegensatz zur Ware, nicht verbraucht und kehrt zum Ausgangspunkt zurück: 134.
–, das bisherige, auf Metalldeckung beruhende, hat infolge seiner Unveränderlichkeit unbillige Vorrechte gegenüber der Ware, indem es das mißbräuchliche Zurückhalten zum Erpressen von Zins erlaubt: 5-8, 182 ff., 200, 201, 239, 244, 264, 286, 323, 326; – hemmt den Gütertausch, statt ihn zu fördern: 7, 186 ff.

Geld ist der Ware gegenüber stets zinserhebendes Kapital: 337.
– ist unentbehrlich für die Arbeitsteilung und durch diese gedeckt. 132 ff., 151 ff., 214.
–, muß eine gesetzlich genau umgrenzte und vom Staate vollkommen beherrschte Einrichtung werden: 135, 149.
–, seine Anpassung an die Wertverminderung der Waren: 8, 9, 156 ff.
–, seine Beseitigung würde zu allgemeinem Elend führen. 217 ff.
–, seine wirksamen Wettbewerber sind: Wechsel, Tauschhandel, Urwirtschaft: 336.
–, soll den Warentausch sichern, beschleunigen, verbilligen: 238 ff.
–; Tauschgeld und Spargeld sind verschiedene Dinge: 203.
–, überschüssiges, Art seiner Verwendung: 200.
– und Gold sind nicht dasselbe: 196.
–; Unterschied zwischen der Wareneigenschaft des Geldes als Tauschmittel und der zum Verbrauch bestimmten Ware: 164, 165.
–; werden die seitherigen Vorrechte des Geldes gegenüber der Ware beseitigt, so lösen sich alle Widersprüche und Mißbräuche: 241.
–, siehe auch Freigeld, Gold, Papiergeld, Währung.
Geldangebot, unterliegt bis jetzt anderen Gesetzen als das Warenangebot und ist Sache der Willkür: 174-178, 181, 182, 209.
Geldbedarf und Nachfrage nach Geld sind zwei verschiedene Dinge: 163-165.
Geldnachfrage, siehe Warenangebot.
Geldpreis, muß im Durchschnitt unverändert bleiben und läßt sich nur in Waren aus drücken: 154, 155.
–, ziffernmäßige Darstellung seiner Bestandteile: 177.
Geldtheorie, bis jetzt in keinem Staate der Welt Grundlage der Geldverwaltung: 235.
Geldumlauf, wie seine Beschleunigung wirkt: 174-179.
Geldumlaufszwang, um seine Notwendigkeit ein zusehen, ist nur das Aufgeben einer Wahnvorstellung nötig: 241.
Geldvorrat und Geldangebot decken sich beim bisherigen Gelde nicht: 165, 166, 208.
Geldwesen, Gründe für seine mangelhafte Erforschung: 111-113.
–, bisheriges, seine Mängel bewirken, daß Zeiten des Wohlstandes immer mit Zeiten wirtschaftlichen Niedergangs abwechseln: 191; – seine Umgestaltung nötig: 195.
Gold ist arm an stofflich nutzbringenden Eigenschaften und wurde deshalb zu Geldzwecken bevorzugt: 142, 215.
– ist durch seine Natur vor Stoffverlust geschützt: 181.

Gold wird in steigendem Maße gerade dann zu Prunkzwecken verwendet, wenn es am Markte nötig wäre: 189.
– war in Zeiten noch unentwickelter Arbeitsteilung der einzige Naturstoff für Geldzwecke: 216.
–, das Zufällige seiner Förderung: 217, 218, 223.
–, der zunehmende Mangel daran hemmte allmählich die Arbeitsteilung und führte zum Untergang der alten Völker: 218.
–, seine Doppelverwendung als Tausch- und Sparmittel ist Mißbrauch: 224.
– als Ursache des Zinses und Wegbereiter der Bürger- und Völkerkriege: 223 ff.
Golddecke, die zu kurze: 228, 231.
Goldfunde, ihre Steigerung seit 1890: 223.
Goldprägerecht: 115, 144-150.
–, wie nach seiner Beseitigung der Umtausch des Goldes gegen Freigeld bzw. seine Abstoßung erfolgt: 244-247.
Goldpunkt: 21, 310, 311.
Goldwährung; Gold und Geld sind nicht dasselbe: 116 ff., 196.
–, Widersinn der Inschrift auf den Banknoten: 117, 141.
–, ihre falsche Bewertung und ungesunden Wirkungen: 189-191, 205, 206, 224.
–, hat den Gütertausch nicht verbilligt, sondern verteuert: 206, 207, 239.
–, vorteilhaft nur für den Geldinhaber, nicht für den Wareninhaber: 237, 238.
–, eine verräterische Leiter, die den Fortschritt fördert, dann aber versagt: 218.
– und Doppelwährung, ihre Streitigkeiten: 155, 184, 185, 279 ff.
–, siehe auch Banknoten; Prägerecht.
Gresham-Gesetz, seine Erklärung: 147-149.

Handel, gewinnbringender, wird bei drohendem Preisfall unmöglich: 184.
–, siehe auch Goldwährung; Kaufleute.
Handelsbilanzstörungen: 312-316.
Handelseinrichtungen, ihre Verbesserung beschleunigt den Warenaustausch: 169, 170;
– verringert also Warenvorräte und -Angebot; soweit sie aber das Geldwesen betrifft, verkürzt sie die Umlaufszeit des Geldes, vermehrt also dessen Vorrat und Angebot: 174-176, 207.

Index-Zahlen: 157, 379, 380.

Kaurimuscheln als Geld in Innerafrika: 134.
Kreditgeschäfte, ihr Einfluß auf Gütertausch und Nachfrage nach Geld: 171, 186, 187.

Nachfrage nach Ware ist immer durch das Geld vertreten: 165; – hängt vom Geldvorrat ab, deckt sich aber nicht mit ihm: 173; – ihre Stetigkeit beseitigt die Wirtschaftsstockungen: 195, 282 ff.
Nachfrage und Bedarf sind zwei verschiedene Dinge: 165.
–, siehe auch Angebot, Geld, Ware.
Notenausgabe, ihre Neuordnung (Emissionsreform) auf festen Stand (Goldpari) eingerichtet in Argentinien, Brasilien, Indien: 198

Papiergeld, jetzt schon fast überall alleinherrschend: 126, 127.
–, Nachweis seiner Wareneigenschaft und damit seines Nutzens als Tauschmittel: 137, 140.
–, seine Deckung liegt in der Arbeitsteilung: 153, und bedarf keines Einlösungsversprechens: 129, 142, 151, 152, 244.
–, seine Einführung erfordert eine fortgeschrittene Technik, die in früheren Zeiten nicht gegeben war: 216.
–, seine Menge wird nach Bedarf vermehrt oder verringert, dergestalt, daß die Preise im Durchschnitt fest bleiben: 244.
–, seine Möglichkeit: 120, 129, 132.
–, sein Preis bezeichnet das Tauschverhältnis zwischen Geld und Ware: 153; – ist von Wichtigkeit: 153; – soll sich stets gleich bleiben: 154; – Folgen einer Verschiebung im Tauschverhältnis: 154.
–, seine Sicherheit abhängig von seiner geordneten Verwaltung durch den Staat: 149, 150, 153; – größer als die des Metallgeldes: 150, 152.
–, seine Unentbehrlichkeit, sobald der Staat kein anderes Geld anerkennt: 135, 250.
–, seine Vermehrung ohne gleichzeitige staatliche Beherrschung seiner Menge und Umlaufsgeschwindigkeit birgt große Gefahren; die Anpassung an den Warendurchschnittspreis ohne Freigeld unmöglich; 197 ff.
–, seine Verwaltung: 248.
–, siehe auch Banknoten; Geld; III d Freigeld.
Prägerecht, haftet nicht am Geldstoff, sondern kann gesetzlich erteilt und wieder aufgehoben werden: 133.
–, siehe auch Silber.
Preise, siehe Geld, Papiergeld, Warenpreise.
Produktionskostentheorie: 209.

Quantitätstheorie: 208, 209.
–, beruht auf der Erkenntnis, daß durch Mehrung und Minderung des Geldangebots sich der allgemeine Preisstand bei Schwankungen stets auf den Ausgangspunkt zurückführen läßt: 314.

Silber, Aufhebung des Prägerechts: 114, 115, 145, 146, 150, 279 ff.
Tauschbanken Proudhons: 4, 118.
Tauschhandel, nur noch in beschränktem Maße möglich: 118, 132.
Tauschmittel sind für die Arbeitsteilung unentbehrlich: 133.
Währungsfragen, Gründe für ihre mangelhafte Erforschung: 111 ff.
–, siehe auch Geldwesen.
Ware und Gebrauchsgut, ihre Unterscheidung: 118.
–, siehe auch Angebot, Nachfrage, Geld.
Warenangebot, seine Vermehrung durch vielerlei Einflüsse: 166 ff.
–, steigt mit der Warenmenge und deckt sich mit ihr: 166, 181, 208.
–, unterliegt anderen Gesetzen als das Geldangebot: 174 ff., 185.

–, ziffernmäßige Darstellung der Einflüsse, die mehrend und mindernd wirken: 177.
Warenaustausch, setzt die Vermittlung des Geldes voraus: 118.
– und Kredit: 171.
Warenbedarf und Nachfrage nach Ware, ihre Verschiedenheit: 165.
Warenhäuser beschleunigen den Geldumlauf: 176.
Warenpreise, ihre Höhe nur von Marktverhältnissen (Angebot und Nachfrage) abhängig: 130, 131.
–, Wichtigkeit ihrer sich im Durchschnitt gleich bleibenden Höhe: 154.
–, Ermittlung der eintretenden Änderungen: 155–162.
Wert; die Vorstellung, das Geld müsse durch seinen Stoff (Metall) gedeckt sein, d. h. "inneren Wert" haben, ist ein unheilschwerer Wahn gewesen: 120–126, 151, 162.

b) Krisentheorie

Äquivalenz von Geld und Ware: 323 ff.
Assignaten: 202.
Börsenkrach, Neuyorker, von 1907: 332.
Falschmünzerei und Renaissance: 219 ff.
Krisen: 186 ff., 223, 281 ff., 346 (Näheres unter Wirtschaftsstockungen).
Metallgeld, sein Wirken seit dem Altertum: 111.
–, siehe II a Geld, Gold.
Mittelalter, Geldmangel hemmte damals die wirtschaftliche Entfaltung: 325.
Münzverschlechterung, ihr Einfluß auf die Renaissance: 219 ff., 375.
Renaissance und Münzwesen: 219 ff.
Roms Untergang durch die Mängel des Geldwesens (allmählicher Rückgang der Arbeitsteilung) herbeigeführt: 219.
Schinderlinge: 219 ff., 375.

Silberbergbau im 15. Jahrhundert: 222.
Warenpreise, ihr anhaltendes Sinken hindert den menschlichen Fortschritt: 196; – macht den Handel verlustbringend: 224; – dient nur dem Schmarotzertum: 224; – macht den Geldumlauf unmöglich: 334.
–, ihr Steigen und seine Folgen: 203, 331.
Wirtschaftsstockungen (Krisen): 186, 187, 194 ff., 223.
–, es fehlen die ausgleichenden Kräfte zu ihrer Verhütung: 187 ff.
– vernichten ebensoviel an Volkswohlstand wie der Zins: 346.
–, siehe auch unter III b.
Zins; wirft ein Unternehmen weniger Zins ab, so zieht sich das Geld zurück und sucht andere Verwendung: 191.
–, siehe auch unter I b und c.

c) Hochkonjunktur und Flaute.

Hochflut, geschäftliche; ihr ungesunder Ursprung: 188 ff., 203.
–, veranschaulichende Abbildung ihres Einwirkens auf Zinsfuß, Wechseldiskont und Warenpreise: 192, 193.

Sparkasseneinlagen in den Jahren 1913/1914: 344.

d) Valuta.

Weltwährungsverein (Iva), bezweckt, in Verbindung mit der allgemeinen Einführung der absoluten Währung (siehe diese unter II a)

alle Valutaschwankungen zu verhindern: 314, 315.
–, bildliche Darstellung seines Wirkens: 315.

III. Allgemeines.
a) Welt- und Bürgerfriede.

Abrüstung: 59 ff.
Friede (und Krieg): 56 ff., 210 ff.
Handelsstaat, geschlossener: 69.
Kohlenschätze, müssen allen Völkern gleichmäßig zur Verfügung stehen: 65.
Krieg und Frieden; wirtschaftliche Ursachen der Kriege, Völkerrecht, Zusammenhang zwischen Bürgerfrieden und Völkerfrieden, drohender Weltbürgerkrieg: 56 ff., 210 ff.
Massenrecht, beeinträchtigt das Recht des Einzelmenschen: 65.
Menschenrechte, ihr Ausbau wichtiger als Völkerrechte: 64.
Politik, verliert nach der Bodenverstaatlichung ihre bisherige Bedeutung: 89-91.
Privateigentum und Getreidezölle: 74, 80.
– und Politik: 81.
Rassenpolitik: 64.

Säuglingsmassensterben: 61.
Staat, Beschränkung seines Einflusses im Freilandbereich: 69.
Staatliche Hoheitsrechte: 65.
– Schulen als Mittel einseitiger Beeinflussung: 67.
Staatsbetrieb als Hindernis menschlichen Aufstiegs: X.
Völkerfriede, erfordert das Opfern alteingewurzelter Anschauungen: 210.
Völkerrecht, sein Ausbau wirkt schädlich, weil er das Recht des Einzelnen und das der Menschheit beschränkt: 62-65.
–, siehe auch Friede, Krieg.
Wettstreit, wirtschaftlicher, ist etwas Naturgewolltes: III (Vorwort);
– sein Weiterbestehen: 12.
Zölle, ihr Einfluß: 32, 36 ff., 64, 228 ff.

b) Freihandel.

Freihandel, ergibt sich als Folge der Bodenverstaatlichung: 94.
Manchestertum, an sich die richtige Wirtschaftsform, hat nur versagt, weil die für sein segensreiches Wirken nötigen Voraussetzungen bisher nicht erfüllt wurden: VI ff.
Merkantilismus: 196, 228.

Monopole, ihr Wegfall: 70.
Schutzzollpolitik, ihr schädliches Wirken: 228 ff.
Wirtschaftsstockugen (Krisen) entstehen durch die Möglichkeit, das bisherige Geld willkürlich zurückzuhalten: 199, 283 ff.
–, siehe auch II b.

c) Freiland.

Freiland; Allgemeines: 22-25, 97 ff.
–, Anrecht jedes Menschen auf die ganze Erde: 99-101.
– beseitigt für sich allein nicht das ganze arbeitslose Einkommen: 106, 107.
– -Satzungen: 68.
– und Freizügigkeit: 72.
–, siehe auch I c Bodenverstaatlichung, Grundrente, Mutterrente.

Pachtungen im Freilandbereich: a) ländliche: 68, 72, 76-83, 98, 99; b) städtische: 85-88.
Privatgrundeigentum, seine Ablösung: 73, 74.
–, siehe auch unter I a und c und II a.
Wasserkräfte, ihre Verwertung im Freilandbereich: 85.
Zölle, ihr Einfluß: 32, 36 ff., 64, 228 ff.

d) Freigeld.

Freigeld, siehe unter II c.
Umlaufszwang für Papiergeld: 197 ff., 204, 241.
Währungsamt, Zweck und Einrichtung: 246 ff.
Ware, ist durch stete Wertminderung im Nachteil gegenüber dem Geld (bisheriger Art), das nur Tauschmittel sein soll, sich aber infolge seiner Unverwüstlichkeit zum Erpressen von Zins (Mehrwert) zurückhalten läßt: 7, 8, 178-180, 182-184; das Freigeld beseitigt

diese Mißstände (siehe unter II a).
–, ihre Wertabnahme infolge verschiedener Einflüsse: 320 ff., 326; – scheinbare Ausnahmen hiervon: 322, 326.
–, siehe auch unter I b und II a.
Warenangebot, seine Dringlichkeit durch stoffliche Eigenschaften der Waren bedingt: 179-184.
–, siehe auch II a und II b.

e) Kommunismus.

Eigennutz, nicht mit Selbstsucht zu verwechseln,
 ist ein naturgewollter Trieb: IV, V.
Eigenwirtschaft, im Gegensatz zu Gemeinwirtschaft: XIII.
Kommunismus: 3, 12, 211.
–, die Probe auf seine Ausführbarkeit durch die seither schon mögliche Lohngemeinschaft wird nie gemacht: XI ff.

Lohngemeinschaft: XI, XII.
Staatliche Gütererzeugung: XII, 3, 9.
Staatssozialismus: XII, 69.
Wirtschaftsordnung, bisherige hat sich technisch bewährt: V, 211; siehe Manchestertum unter III b.

f) Verschiedenes.

Freiland-Freigeld-Bund, seine Ziele: 231.
Kaufleute, weshalb sie jede wissenschaftliche Erörterung der wirtschaftlichen Grundfragen vermeiden: 125.

Wahrheit und Irrtum: 6.
Ware, nicht Geld ist die Grundlage der Volkswirtschaft: 7.

Anhang

Vorwort zur 2. Auflage
Von **Paulus Klüpfel**.

Die Physiokraten um Quesnay lehrten eine Wirtschaftsauffassung von innerer Wahrheit und wesenhafter Schönheit, die auf alle ideal Gesinnten hinreißend wirken mußte. Aber die geschichtliche Entwicklung des Wirtschaftslebens ging ihren Weg jenseits davon weiter. Mit dem Wirtschaftskrieg stehen wir am unausweichlichen Ende dieses Ablaufes.

Jenes ideale Wirtschaftssystem galt allein über den Wolken. Hier unten aber gilt nur, was wirklich ist. Die "natürliche Wirtschaftsordnung" blieb unwirklich gewiß nicht aus Schwäche und innerem Widerspruch, sondern es fehlten innerhalb der gegebenen Lage die Vorbedingungen zu ihrer Verwirklichung. Das Ideal schauen ist viel, aber nicht alles. Same allein ist nichts, Boden allein ist nichts. Daß Same seinen besten Boden finde, das entscheidet. Und Boden zu bereiten, Möglichkeiten zu schaffen, das ist unsere eigentliche Aufgabe und Arbeit. Daß die Physiokraten ihr Ideal zu rasch mit dem gegebenen Wirtschaftsgetriebe zusammenfallen ließen, das gibt ihnen das Passive ihrer Haltung. Mit Silvio Gesell beginnt die große Wendung zum Aktiven.

Mit seinem bestimmten Namen setzt sich dieses Buch das Ziel, die Verwirklichung der natürlichen Wirtschaftsordnung einzuleiten. Gesell erörtert den Gedanken Quesnays nicht, er setzt ihn überall voraus; es gibt für ihn keinen anderen. Mit der ersten Seite macht er sich entschlossen an die "Bodenbereitung". Die Kritik der gegebenen Wirtschaftslage und die Methode der Umgestaltung des geschichtlich Gewordenen, das ist eine vielverschlungene technische Aufgabe, die Umsicht, Richtsinn und viel Mut verlangt. Was liegt nun in diesem einfachen und geradlinigen Gedanken der natürlichen Wirtschaftsordnung?

Die Fassung: "natürliche Wirtschaftsordnung" ist nicht ganz unverfänglich. Seinem Sinn nach ist das Wirtschaftswesen ein Teilbetrieb der Gesamtkultur. Dabei ist hier von der objektiven Kultur die Rede, jenem Gefüge aus Automatismen, die alle aus dem Willen des Menschen sind und doch ihm gegenüber eine individuelle Selbständigkeit gewinnen mit automatischem Ablauf: das Schulwesen, Bankwesen, Staatswesen, Bücherwesen – Wesen! Da die Naturvorgänge ohne unseren Willen sind und ablaufen, die Kulturbetriebe, die "Wesen", ebenfalls dem Einzelwillen gegenüber selbständig bleiben und ihn mitzwingen (obwohl sie doch nicht ohne Willen sind), leuchtet eine Ähnlichkeit heraus, die dem Worte "natürlich" zu seiner Vieldeutigkeit verhilft. Jedes "Wesen" hat seine eigene Aufgabe und seine Eigengesetzlichkeit bei aller Einordnung in das Gesamtkulturwesen. Das Wirtschaftswesen ist die organisierte Selbsterhaltung. Aus sich heraus hat es sich auszugestalten, nach einer inneren Notwendigkeit – immer durch das Tun des Menschen. Daß wir nicht irgendwie wirtschaftlich verfahren: nach religiösen oder ästhetischen Richtlinien, sondern Wirtschaftliches wirtschaftlich betreiben, sachgemäß, das gibt der Wirtschaft ihre "Natürlichkeit". Besser ist: Wirtschaft hat, wie jeder Betrieb, ihre Eigengesetzlichkeit. Was immer wir tun, wir müssen diese Eigengesetzlichkeit sich frei entfalten lassen. Wirtschaft ist in sich frei: Freiwirtschaft. Deckt sich das mit dem geschichtlichen Wirtschaftsliberalismus? Nein. So wahr die Freiwirtschaft im Ewigkeitssinn ist, so falsch wird sie im Zeitsinn. Die Physiokraten habe eine Vorfrage übersehen und das, was von der reinen Wirtschaft wahr ist, zu rasch von dem gegebenen Wirtschaften ausgesagt. Die Wirtschaft muß frei sein. Aber es gab "die" Wirtschaft noch gar nicht. Wem gab man da seine Freiheit? Wem gestand man seine Eigengesetzlichkeit zu? Wirtschaft ist heute nicht nur Wirtschaft, d. h. organisierte Arbeit zur Selbsterhaltung. Es ist in sie sehr viel wirtschaftlich maskierte Gewalt, Ausbeutung fremder Arbeit mit verflochten. Dessen Freiheit aber ist die Freiheit des Tieres. Alle Gewaltelemente im Wirtschaften haben die Wirkung, den freien, gleichen Wettbewerb auszuschalten. Die freie Konkurrenz aber ist die innere Selbststeuerung des Wirtschaftsbetreibes. Nur mit dieser Selbststeuerung läuft und kreist Arbeit und Tausch mit ständig ausgewogenem Gleichgewicht sicher und störungsfrei weiter. Erst muß also diese Selbststeuerung gesichert sein. Erst müssen also alle Elemente von Gewalt, alles Nichtwirtschaftliche aus der Wirtschaft entfernt werden, dann darf und muß diese reine Wirtschaft ihrer eigenen Rhythmik überlassen werden. Freiheit ist gut, aber was immer wir zu sich befreien, muß erst bei sich sein, muß erst freiheitsfähig werden. Nicht durch moralische Beeinflussung oder polizeiliche Maßnahme, sondern durch Umbau des wirtschaftlichen Räderwerks selbst schaltet Gesell allen Mehrwert aus. Ausbeutung ist nicht "verboten", sondern unmöglich. Darum kann man Gesell nicht widerlegen, nur ablehnen, wenn man gewaltfreie reine Arbeitsverfassung eben nicht will. Die Welt kann ja weiterwirbeln, endlos, sinnlos. Aber sie kann nicht bleiben, wie sie ist und mit dem Ideal in Berührung treten. Gott ist stolz und nicht kompromißfähig. "Man muß sich verändern oder sterben." (Dostojewski.)

Um diese stets von nichtwirtschaftlichen Gewalten durchkreuzte Wirtschaft aufrecht zu erhalten, mußte sie dauernd von außen her gestützt und gesteift werden. Die Kirchen reglementieren religiös, die Staaten rechtlich, und daneben gingen die vielen Versuche der Selbsthilfe der wirtschaftenden Menschen. Die Furchtsamen und Unfreien hatten es leicht, die Freiheit zu widerlegen, da die Freiheit dieses unreinen Wirtschaftsgetriebes sich täglich mehr widerlegte. Sie sagten: Freiheit taugt nicht für die Menschen. Aber vielmehr diese Menschen taugten noch nicht für die Freiheit. Die Freiwirtschaft war schon richtig gewesen, aber nur dieses unreine Getriebe ergab keinen Betrieb. So wurde denn der Weg zu Ende versucht, um allen Hilfen dieses Wirtschaften von außen zu verordnen, bis zu der Zuspitzung, grundsätzlich alle Wirtschaftsfreiheit abzulehnen. Der Sozialismus aller Schattierungen, das ist die Zwangswirtschaft. In ihr steht die Wirtschaft absolut unter Gesetzen, aber unter von außen herangebrachten

Gesetzen. Damit kann wohl ein totes Geordnetsein, eine Statik erreicht werden, aber keine Funktion, kein lebender Rhythmus, keine Dynamik. Das kreisende Leben lebt einzig durch seine Funktion. Es an einem Punkt festnageln, heißt es töten. Es gibt nichts anderes, in der Tat: entweder durchaus Freiheit und Leben oder durchaus Zwang und Tod.

Die Lehre von der natürlichen Wirtschaftsordnung ist also die Lehre von der Eigengesetzlichkeit des Wirtschaftswesens. Frei heißt nicht gesetzlos. Diese Freiheit hat nichts und niemand. Frei heißt: nur seinem Gesetz gehorsam. Es sind nicht Naturgesetze, chemische, biologische oder logische, moralische Gesetze über die Kulturbetriebe, die "Wesen" gesetzt. Auch der "Kampf ums Dasein" als Bekämpfung anderer Menschen ist nicht Wirtschaftsprinzip. Auch die Selbstsucht nicht, wie Gesell fast zugestehen möchte. Selbstsucht ist Selbsterhaltung auf Kosten fremder Arbeit – aber das ist Unwirtschaft. Selbsterhaltung – durch Arbeit allein – erhöht durch optimale Arbeitsteilung und geschmeidigsten Tausch – das ist Wirtschaft. Und wenn der Rhythmus der Arbeit in Differenzierung und Integrierung am reinsten aus sich sich ausschwingen kann, dann ist die "natürliche" Wirtschaftsordnung, die der Wirtschaft natürliche Ordnung gesichert.

Es liegt dem, auf einen Bezirk des Kulturlebens angewendet und in ihm durchgeführt, der gewaltige Gedanke der Allgesetzlichkeit zugrunde. Nichts ist gesetzlos – aber es ist nicht ein monotones Gesetz über allem, sondern Gesetzlichkeit: alles hat sein Gesetz. Es überrascht, daß diese Einsicht Asien zuerst gehört, nicht Europa. Buddha "ist erlöst, denn er hat das Gesetz erkannt." "Das Gesetz" gibt nicht ganz das große "Dharma" wieder. Es ist nicht irgend in Gesetz, sondern die Gesetzlichkeit. Das Tao des fernen Ostens (Laotse) ist dasselbe. In China haben wir geradezu den klassischen Kampf zwischen den Freunden der Eigengesetzlichkeit und der Gesetzgeberei. Laotse und seine Schüler stellen überall die Frage: Soll man die Welt ordnen? Die Antwort ist, allem beflissenen engen Konfutseismus entgegen: Nein. Man solle das Leben zu seiner Ordnung kommen lassen, alles tun, wie es will, nicht wie unsere Willkür möchte. Daß im Grunde des Christentums Christi und aller echten Mystik dieselbe Erkenntnis ruht, ist sicher.

Nun lag begreiflicherweise dem Osten die Gefahr nahe, sich ganz auf die immanente Weltgesetzlichekeit zu verlassen und passiv zu bleiben. Aber das innere Gefüge der Welt arbeitet sich nicht selbst heraus. Es fordert durchaus unser tiefgehorsames Mittun: die Weltarbeit. Der Westen hat das Arbeiten entwickelt, aber die europäische Arbeit ist überall chaotisch, sinnlos, unbeherrscht. Dort fehlt mehr die Arbeit, hier mehr die Gesetzlichkeit. Asien vergaß über der ewig befriedigenden Herrlichkeit des Weltplanes den Weltbaustoff und die Weltarbeit. Europa vergaß die ewige Vorlage über dem Rohmaterial des Lehms und über allem Mühen und Kneten und Formen in ihm. Aber die Gesetzlichkeit ist so wenig ein Problem wie das Chaos. Das Problem liegt darin, beides in eins zu bringen. Das Problem heißt Kosmos: Gestaltung alles Chaotischen aus seiner Notwendigkeit zu seiner Form. Alle unsere Probleme verlaufen nach Satz, Gegensatz und Synthese, wie es am Beispiel des Wirtschaftsproblems anschaulich wird: die Wirtschaft verträgt die Freiheit nicht – die Wirtschaft verträgt die Unfreiheit nicht. Was also? Einige Zeit mag man an die Möglichkeit einer peinlich beachteten "mittleren Linie", die Scheinsynthese, glauben, die Verhältnisse treiben doch immer darüber hinaus zu mehr Zwang oder zu mehr Freiheit: Je stärker aber eines dieser Prinzipien zum Herrschen kommt, desto sicherer versagt es – der vielersehnte Staatssozialismus führt in die Erstarrung, wie der erledigte Wirtschaftsliberalismus zum Chaos führte. Also ist die Aufgabe unlösbar? Antwort: Die Lösung liegt immer in einer erst zu schaffenden neuen Situation, in welcher die Forderung (hier der Freiheit) möglich ist. Dieser Grundgedanke einer Problematik muß das Leitmotiv aller werden, die am Kulturbau mitschaffen. Alles andere Tun ist vertan und führt im Kreise stets wieder vor das Problem zurück. Die Soziologie von heute ist ja wieder ein tieferes Besinnen. Die Arbeit von Ferdinand Tönnies, Leopold von Wiese, F. Müller-Lyer, Alfred Vierkandt ist u. a. hier zu nennen. Asien und Europa – der Lahme und der Blinde sind dabei, sich zu finden.

Überall in dem Buche Silvio Gesells leuchtet das tiefe, frohe Vertrauen auf die Weltgesetzlichkeit durch. Das gibt ihm seine starke Sicherheit und manchmal ironische Überlegenheit gegenüber der heutigen Lage und gegenüber der ungeheuren Unwahrscheinlichkeit seines Unternehmens, das doch das selbstverständliche ist. Alles hat er gegen sich, aber er hat die Notwendigkeit der Sache für sich – und den Glauben an sie. Und seinen Mut hat er für sich und seine unermüdete Arbeit seit fünfundzwanzig Jahren. Er meißelt die ungefügen und ungefügten Blöcke des kommenden Wirtschaftsbaues mit kritischem Meißel zurecht. Sind sie nur erst tatsächlich gefugt, so fügen sie sich auch in den Gesamtkulturbau ein. Denn zuletzt ist alles aufeinander abgepaßt, der tiefe Plan schimmert ferne durch, "und deine kommenden Konturen dämmern" (Rilke).

Immermehr, doch nur durch unsere Weltarbeit, wird die Welt Ausdruck einer Idee. Dieses Buch, bei aller oft ungeschlachten Schönheit, ist Ausdruckskultur in einem sehr vertieften aktiven Sinn. Es ist "aktiver Idealismus" (Eucken), dem die Ideale nicht eine Insel jenseits des Lebens sind, dem aber auch das Leben, wie es ist, nicht genügt. Und dieses Buch zeigt, daß Religion und Mystik nicht tiefer sind als Arbeitsteilung und Fabrik und Geschäft und Geld. Formen wir nur alles aus seiner Tiefe heraus: alles hat seine Tiefe, und Gott ist allem gegenwärtig.

Unser Jahrhundert gehört der wirtschaftlichen Befreiung der Menschen, der Überwindung aller Ausbeutung, dem Ende des Kapitalismus, des Krieges, der Krisen und der Armut. In der aufpeitschenden Not hinter diesen grauenvollen Jahren des entfesselten Wahnsinns wird allen noch Unzerbrochenen der Mut zu den letzten Entschlüssen kommen. Das bittere Muß treibt uns von außen zu dem, was wir von innen immer schon sollen. Die seit Jahrtausenden seufzen und hoffen: die Arbeit mit geschundenen Händen, das Weib mit geschändetem Blut, der Geist mit schuldig gewordenem Herzen – sie werden eines Tages wissen, daß dieses Buch ihnen gehört.

Berlin, August 1916

Vorwort zur 5. Auflage

Bei der Herausgabe dieser 5. Auflage kam ich nicht umhin, auf die Tatsache hinzuweisen, daß dieses Buch, das doch der Öffentlichkeit dient, die Beachtung der Presse immer noch so "hinten herum" erschleichen muß, trotzdem die freiwirtschaftliche Bewegung, die das Buch ins Leben rief, auf dem besten Wege ist, sich zu einer Volksbewegung zu entwickeln.

Die große Presse dient ausnahmslos den Parteien, und außer dieser Parteipresse gibt es so gut wie keine Presse mehr. Wer etwas zu sagen hat, was mehr als Parteipolitik ist, der findet dazu keine Presse im demokratischen Staate. Die wenigen Blätter, die ehrlich sich bemühen, parteilos zu bleiben, stehen dann doch noch im Banne des Klassengeistes. Für Parteien und Klassen ist aber dieses Buch nicht geschrieben, und so kommt es, daß die gesamte Presse des In- und Auslandes mit diesem Buche nichts anzufangen weiß. Sie kann es nicht bekämpfen und darf es auch nicht anerkennen. Bekämpft sie es, so entstehen Schwierigkeiten innerhalb der Partei. Es gibt tatsächlich keine politische Partei, die sich an den Lehrsätzen der "Natürlichen Wirtschaftsordnung" reiben könnte, ohne Schaden an der Geschlossenheit zu nehmen, ja man braucht kein weitsichtiger Politiker zu sein, um vorhersagen zu können, daß an dem Tage, wo die Parteien gezwungen werden, Stellung zu den Lehrsätzen der N. W.-O. zu nehmen, sie sich alle auflösen werden, um dann aus dem Chaos als zwei neue Parteien hervorzugehen, die sich dann bis zur Strecke bekämpfen werden – Gegner und Freunde der natürlichen Wirtschaftsordnung.

Was kann in solcher Lage ein kluger Parteipolitiker tun? Schweigen! Solches Schweigen aber ist das, was man "Totschweigen" nennt. Was kann man heute ohne Presse erreichen? Es heißt doch: Wer die Presse hat, hat auch die Macht.

Und dennoch, es geht auch so, sagt man mir. Es braucht dann halt etwas mehr Zeit. Ganz recht. Aber haben wir jetzt noch so viel Zeit zur Verfügung? Jetzt muß das Geschwätz ein Ende nehmen, und Taten müssen fallen, zielbewußte Taten, wenn das Reich bewahrt werden soll vor sozialer, wirtschaftlicher, politischer Auflösung, wenn wir das große Sterben noch verhindern wollen;

gerade die Taten, die in diesem Buche vorbereitet wurden und für die das Volk aufgerufen wird, scharfkantig abgesetzte Taten.

Was tun? Wie hilflos ist man doch, wenn man sich an die Öffentlichkeit wenden muß und hat keine Presse dazu. Trotzdem. Die Klarheit des erkannten Zieles, die Geradheit des Weges, die opferfreudige Begeisterung aller, die sich für die Verwirklichung der freiwirtschaftlichen Ziele einsetzen, dazu die allgemeine Ratlosigkeit in den Regierungskreisen, der ständig wachsende Druck der Not werden die Hilfe der Presse ersetzen.

Wenn die Zeit nicht so drängte, wenn man mir nicht zurief: "Grollt es nicht in fernen Donnern, siehst du nicht, wie der Himmel ahnungsvoll schweigt und sich trübt?", so würde ich das Buch systematisch umgearbeitet haben, wobei es hätte verkleinert werden können. Doch die letzte Auflage ist vollkommen vergriffen und die Flut der Bestellungen will nicht versiegen. Also lasse ich das Buch so, wie es war. Es wird auch so gehen. Inhaltlich ist auch an dieser Auflage nichts zu ändern. Die neuen Lehrsätze haben auch die Probe bei den Pfuschereien und Experimenten der letzten Zeit bestanden. Und vielleicht ist dies die letzte Auflage, die ich herausgeben muß. Wenn wir einmal die natürliche Wirtschafsordnung erleben, dann braucht man sie nicht mehr in Büchern zu studieren, dann wird alles so klar, so klar, so selbstverständlich. Wie bald wird dann auch die Zeit kommen, wo man den Verfasser bemitleiden wird, nicht aber, wie es heute noch geschieht, weil er solch utopischen Wahngebilden nachstrebt, sondern weil er seine Zeit der Verbreitung einer Lehre widmete, die ja doch nur aus einer Reihe banalster Selbstverständlichkeiten besteht.

Rehbrücke, den 30. November 1921

Silvio Gesell

Vorwort zur 6. Auflage

Das Stadium des Totschweigens, von dem noch im Vorwort zur 5. Auflage die Rede war, ist jetzt überwunden. Es liegen jetzt schon viele Kritiken vor, mehrere in Gestalt starker Broschüren. Und kaum ein Tag vergeht, daß nicht in Zeitungen und Zeitschriften aller Richtungen Abhandlungen über das Freigeld erscheinen. Der Druck von "unten" macht sich bemerkbar. Jedoch die meisten dieser Abhandlungen verraten immer noch einen erschreckenden Mangel an Vorbildung, ganz besonders dann, wenn sie von Akademikern herrühren. Sie liefern den Beweis, daß den deutschen Akademikern die Währungsfrage ein völlig fremdes Gebiet geblieben ist und daß überhaupt die Akademie, die staatlich subventionierte Universität, nicht der Ort ist, wo wissenschaftliche Fragen, die mit so starkem politischen Beigeschmack behaftet sind, förderlich behandelt werden können. Die Tatsache, daß heute, wo die Währungsfrage zum allgemeinen Gesprächsgegenstand geworden ist und alle nach Hilfe schreien und

Aufklärung verlangen, die Akademiker sich ins Mauseloch verkrochen haben, und daß die Regierung sich an ausländische "Sachverständige" wendet, beweist, daß es eine akademische Wissenschaft auf diesem Gebiet in Deutschland nicht gibt. Je eher wir uns überzeugen, daß es so ist und dann auf alle Hilfe von dort einfach verzichten, um so besser wird es sein. Denn dann werden wir einsehen, daß die Währungsfrage vom ganzen Volk studiert werden muß und daß es in einer Demokratie nicht angeht, daß das Volk sich in lebenswichtigen Fragen auf das Urteil von einigen Männern verläßt, namentlich dann nicht, wenn es sich, wie in diesem Falle, um eine hochpolitische Angelegenheit handelt und man immer mit der Möglichkeit rechnen muß, daß das Urteil der "Sachverständigen" durch Privatinteressen getrübt wird. In einer Autokratie genügt es, wenn ein Mann die Währungsfrage studiert. In der Demokratie muß das ganze Volk sich dieser Aufgabe unterziehen, wenn die Demokratie nicht den Demagogen verfallen soll.

Zur Stütze des eben Gesagten will ich hier eine "Kritik" des Heidelberger Universitätsprofessors E. Lederer im Wortlaut folgen lassen, die unter dem Titel "Die Motive des Freigeldes" durch die ganze sozialistische und gewerkschaftliche Presse gegangen ist. Allem Anschein nach wurde sie von der solzialdemokratischen Parteileitung zur Bekämpfung eines "Konkurrenten" bestellt, wobei die Umstände darauf hindeuten, daß die Parteileitung weniger auf den Inhalt der Kritik als auf den Titel des Universitätsprofessors spekulierte, da Lederer in der Währungsliteratur eine völlig unbekannte Größe ist und die Sozialdemokraten gewiß keinen schlechter vorbereiteten Mann für ein fachmännisches Urteil über das Freigeld hätten auftreiben können. Oder halten etwa die Sozialdemokraten solchen Universitätsprofessor für einen Mann, der alles wissen muß?

Die Kritik Prof. E. Lederers, abgedruckt in "Der Freie Angestellte" Nr. 10/1922 lautet:

In Zeiten des zerrütteten Geldwesens treten erfahrungsgemäß immer wieder Projekte in den Vordergrund der Erörterung, welche darauf abzielen, alle wirtschaftlichen Schwierigkeiten der Zeit durch eine Änderung des Geldmechanismus zu beheben. In normalen Zeiten erregen solche Vorschläge geringe Beachtung, weil zu deutlich die Abhängigkeit der wirtschaftlichen Lage von der Produktion und ihren Ergebnissen in Erscheinung tritt. In Zeiten eines rasch schwankenden Geldwertes hingegen treten überraschende Gewinne und Verluste ein, ohne daß die Gewinnenden oder Leidtragenden durch vermehrte oder verminderte Gütererzeugung diese Veränderung ihrer Lage hervorgerufen hätten. Diese Erscheinungen sind uns heute so vertraut, daß sie nicht weiter beschrieben zu werden brauchen. In solchen Zeiten erscheint das Geld als eine dämonische Kraft, welche anscheinend die Gesetze der Produktion und Verteilung verändern kann. Was liegt näher als der Gedanke, sich dieser Kraft zu bedienen, um alle inneren Schwierigkeiten der kapitalistischen Produktion und des Marktmechanismus aufzulösen und die restlose Befriedigung aller berechtigten Bedürfnisse zu gewährleisten.

Der Gedanke, den Mechanismus des Geldwesens zu ändern, taucht ferner besonders leicht in Zeiten der Absatzstockung auf. In solchen ist ja scheinbar für den Industriellen und den Arbeiter die größte Schwierigkeit, seine Ware zu Geld zu machen und dadurch wieder neu produzieren zu können. Gleichzeitig ist aber Geld in den Banken, bei den Kapitalisten vorhanden, und es wird daher aus einer oberflächlichen Betrachtung der Gedanke geboren, die Zirkulation der Waren und damit zugleich die Verbesserung der Marktlage durch eine Veränderung des Geldwesens zu erreichen. Solche Pläne sind sehr alt und schon die Tauschbank von Proudhon geht ja auf eine ähnliche Erwägung zurück.

Durch diese Mittel – wie die Tauschbank oder das Arbeitsgeld oder ähnliches – soll der Absatz aller Produkte und damit immer wieder neue Produktion dauernd automatisch gewährleistet werden.

Es ist nun erstaunlich, daß Verschläge dieser Art, welche in den Zeiten der Krisen entstehen, gerade heute in Deutschland vertreten werden, welches infolge der Valutaentwertung nicht gerade an Absatzstockungen leidet. Aber es wäre nicht das erstemal, daß Utopisten ihre Ideen durch dick und dünn vertreten, auch dann, wenn gerade die Zeiten und die ökonomischen Umstände das Gegenteil der von ihnen verlangten Maßnahmen fordern. So steht es auch mit der Idee Freigeld, welche leider – wie es scheint – in weiten Kreisen der Angestellten und Arbeiter Anhänger gewonnen hat und seinerzeit überraschenderweise sogar von der Münchener Räteregierung aufgenommen worden war. Daß diese Gedankengänge in bürgerlich orientierten Kreisen der Arbeitnehmer Anklang finden, kann wenig verwundern, weil diese, ohne eine feste wirtschaftspolitische Linie, die Lehren der ökonomischen Theorie verachtend, solchen Utopien leichter zum Opfer fallen, während die theoretisch-ökonomische Betrachtung, auf welche der wissenschaftliche Sozialismus fußt, unschwer die Sinnlosigkeit solcher Vorschläge erkennen läßt.

*

Der Grundgedanke der Vorschläge von Silvio Gesell – Anmerkung der Schriftleitung: mit denen der Gewerkschaftsbund der Angestellten liebäugelt – beruht bekanntlich darauf, daß das Geld in seiner Kaufkraft im Laufe der Zeit einbüßen soll, so daß der Besitzer eines 100-Mark-Scheines an diesem Papier etwa im Laufe eines Jahres 5–6 Mark einbüßt und dasselbe, wenn er es ein Jahr im Portefeuille trägt, nur mit 94 oder 95 in Zahlung geben kann. Der Zweck des Vorschlages beruht offensichtlich darin, den Besitzer von Papiergeld zu veranlassen, sein Zahlungsmittel möglichst bald wieder auszugeben, sei es für Waren oder als Kapitalanlage (es muß hervorgehoben werden, daß dieser Vorschlag nur auf Papiergeld Anwendung finden kann, weil ein goldenes Zwanzigmarkstück eben immer ein Zwanzigmarkstück bleibt. Daraus ergibt sich schon, daß die Vorschläge, soweit sie vor dem Kriege vertreten wurden, damals den Übergang zu einer Papierwährung in sich schlossen).

Wenn wir diesen Vorschlag von Gesell in den Ausdrücken der ökonomischen Theorie kennzeichnen wollen, so müssen wir sagen, daß das Kapital, soweit es Geldform hat, einen negativen Zins tragen soll.

Es sei hier nicht versucht, die technischen Unmöglichkeiten dieses Vorschlages darzulegen – es seien nur seine ökonomischen Wirkungen betrachtet. Die Folge einer solchen Maßnahme wäre zunächst die, daß jeder Besitzer von Geldzeichen trachtet, diese möglichst bald in Waren umzusetzen. Das geschah aber auch schon vor dem Kriege: die überwiegende Masse von Geld befindet sich in den Händen der Lohnempfänger, welche diese innerhalb der Lohnperiode ausgeben, also meist nur wenige Tage in der Tasche tragen. Die Kapitalisten, Landbesitzer usw. verfügen gleichfalls über geringe Kassenbestände und lassen das überflüssige Geld, welches sie für Konsumgüter nicht benötigen, in ihrem Unternehmen selbst oder in den Sammelstellen für Geld, in den Banken, für sich arbeiten. Aber auch in den Unternehmungen und in den Banken wird das Geld nicht in größeren Mengen angehäuft und aufgehortet, sondern zum Ankauf von Produktionsmitteln, Bezahlung von Löhnen usw. verwendet. Jeder ABC-Schüler der Volkswirtschaft weiß, daß die entwickelte kapitalistische Verkehrswirtschaft mit erstaunlich geringen Mengen von Geldzeichen das Auslangen findet, weil große Wertübertragungen ohne Zuhilfenahme von Geld zustandekommen und das Geld selbst eine große Umlaufgeschwindigkeit hat. Auch bedarf es eines solchen negativen Zinses nicht, um den Besitzer von Geldzeichen zur Anlage seines Geldes zu veranlassen, denn da für Sparmittel Zins gezahlt wird, so hat er ja bereits einen effektiven Verlust, wenn er das Geld hortet. Der Vorschlag von Gesell erhöht nur diesen Verlust um einige Prozent. Selbst in normalen Zeiten bedeutet also der Vorschlag von Gesell keine wesentliche Änderung der in der Volkswirtschaft wirkenden Kräfte. In Zeiten der Absatzkrise bringt er keine Vorteile, denn in diesen hält sich der Käufer zurück, weil er mit dem weiteren Sinken der Preise rechnet. Soweit ihm der Ereignisse recht geben, wird ihn ein kleiner negativer Zins daran nicht hindern, mit dem Einkauf der Ware noch etwas zu warten, zumal er ja die Möglichkeit der zinsbringenden Anlage in der Zwischenzeit behält. Der Vorschlag des Freigeldes hätte nur insofern einen Sinn, als der Zins selbst in Frage gestellt oder abgeschafft werden könnte. Es ist aber nicht ersichtlich, wie das geschehen soll und überdies ist zu bemerken, daß im Rahmen einer freien, auf Privateigentum beruhenden Verkehrswirtschaft eine Abschaffung des Zinses nicht möglich ist, weil dadurch die Akkumulation des Kapitals, und das ist zugleich die Erweiterung der Produktionsmittelbasis, in Frage gestellt würde.

Völlig unerfindlich ist aber, welchen Zweck die Durchführung dieser Maßnahme gegenwärtig in Deutschland haben sollte: seit dem Jahre 1914 zeigt der Geldwert, von kleinen Rückschlägen abgesehen, eine stark sinkende Tendenz. Nach den Indexziffern der "Frankfurter Zeitung" haben sich z. B. die Preise vom Januar bis Dezember 1920 nach dem Index des Statistischen Reichsamts wie von 100 auf 182, d. h. um 82 Prozent, gesteigert, bis Dezember 1921 wie von 100 auf 275 (nach Calwer sogar auf nahezu 400). Diese Ziffern zeigen schon, daß der Umsatz von Geld in Ware durch die wirtschaftlichen Verhältnisse selbst gegenwärtig mit einer geradezu enormen Prämie ausgestattet ist. Wer wird so unvernünftig sein, sein Geld, das ihm unter der Hand zerrinnt, zu horten, und wer wird, wenn er es doch tut, sich durch einen kleinen Verlust daran hindern lassen? Aufschatzung von Geld kommt höchstens als Form der Steuerhinterziehung in wirtschaftlich rückständigen, meist landwirtschaftlichen Betrieben in Betracht – diese würden sich auch durch einen – dem Vorschlag nach – mäßigen negativen Zins davon nicht abhalten lassen. Die wirtschaftliche Wirkung einer solchen Hortung ist, wenn man von Steuerhinterziehung absieht, keine ungünstige, denn die Hortung ist ja nichts anderes als ein zinsfreies Darlehen an das Reich.

Wenn wir zusammenfassen, so kann gesagt werden, daß die Einführung der Maßnahmen, welche Silvio Gesell vorschlägt, in das Wirtschaftsleben nur Verwirrung hineinbringen würde, ohne der Produktion neue Kräfte hinzuführen.

Prof. E. Lederer – Heidelberg.

Ich überlasse es dem Leser dieses Buches, die Frage zu beantworten, ob es möglich ist, über das Freigeld eine einfältigere Kritik zu schreiben, als sie hier von Lederer "verbrochen" wurde. Offenbar kennt L. vom Freigeld nichts mehr als das Wort, das er irgendeinem Flugblatt entnommen hat. Aber noch offenbarer ist, daß L. vom Geld und von der Währungsfrage überhaupt nicht die geringste Kenntnis hat.

Auf keinem höheren Niveau stehen die Kritiken, die die Professoren: Diehl, Furlan, Kellenberger, Gygax, Liefmann, Sieveking in der Schweizer "Zeitschrift für Schweizerische Statistik" veröffentlichen. Die Geschäftsstelle des

Schweizer Freiland-Freigeld-Bundes veröffentlichte die Antwort auf diese Kritik in einer Broschüre, die durch den Freiland-Freigeld-Verlag in Bern und Berlin zu beziehen ist.

Im "Industriebeamten-Verlag" G.m.b.H., Berlin NW. 52, erschien neuerdings eine Broschüre: "Das Freigeld – eine Kritik" von Dr. Oskar Stillich, Dozent an der Humboldt-Hochschule, 80 S. Sie ist in der Zeitschrift des Freiwirtschaftsbundes: "Die Freiwirtschaft", eingehend besprochen worden.

Bisher haben die an den Theorien der "Natürlichen Wirtschaftsordnung" geübten Kritiken nicht die Notwendigkeit gezeigt, irgend etwas an diesen Theorien zu ändern. Diese Auflage ist darum auch ein unveränderter Nachdruck der vorangehenden. Da es sich im Grunde um ganz einfache und kontrollierbare Dinge handelt, so ist anzunehmen, daß auch in Zukunft am Grundsätzlichen nichts geändert zu werden braucht.

Rehbrücke, den 20. Juni 1923

Silvio Gesell

Vorwort zur 7. Auflage
(Fragment)

Der Ratlosigkeit der führenden deutschen Kreise steht die Hoffnungslosigkeit der breiten Massen gegenüber. Die Regierung, die Parteien, die Wissenschaftler, voran die Professoren, sind am Ende ihres Lateins, das offenbar nie etwas anderes als Schwindel gewesen ist.

Die Wirtschaftsordnung, die Gesellschaftsordnung, der Staat sind, das sieht man jetzt endlich ein, auf dem Geldwesen, auf der Währung aufgebaut. Mit der Währung steht und fällt der Staat, und zwar nicht nur der Staat, wie ihn die herrschende Schicht zu Herrschaftszwecken errichtet hat, sondern der Staat schlechthin, der Staat der Bürokraten, der Sozialisten, sogar der "Staat" der Anarchisten. Denn mit dem Sturz der Währung hört jedes höhere Gesellschaftsleben einfach auf, und wir fallen in die Barbarei zurück, wo es keinen Streit um Staatsformen gibt.

Für das, was uns bevorsteht, wenn nicht noch etwas Außergewöhnliches, Unerwartetes geschieht, gebraucht man heute vielfach den Ausdruck "Zusammenbruch", worunter, dem Wortlaut entsprechend, sich viele einen plötzlichen, kurzen und darum schmerzlosen Vorgang vorstellen, eine Verallgemeinerung des Endes, das viele unserer Altersrentner heute für sich als Lösung des Problems wählen. Aber so beruhigend der Gedanke an einen solchen Zusammenbruch auch ist: es geht nicht an, wir müssen einen solchen "süßen" Traum zerstören und die, die sich ihm überlassen, mit rauher Stimme wachrufen. Das ist auch das einzige Mittel, um die Kräfte, die das Rettungswerk benötigt, anzuspornen, zu sammeln und zu mehren. Die Hoffnung auf den Zusammenbruch soll einem Schreck vor dem Zusammenbruch Platz machen, und das wird geschehen, wenn wir den Kopf aus dem Sand ziehen und mit offenen Augen die Entwicklung der

Dinge betrachten, wie sie zwangsläufig vor sich gehen wird. Denn was wir von der Zukunft zu erwarten haben, wenn wir weiter wie bisher dem Geschehen tatenlos zuschauen, das ist nicht der Zusammenbruch, wohl aber die Schwindsucht, auch Auszehrung genannt, mit all ihren Schrecken, die, wenn die Vorsehung uns gnädig ist, die galoppierende Form annehmen kann, sonst aber den Todesweg mit einer langen, langen Reihe von Leidensstationen und Martersteinen zu begleiten pflegt.

Wenn wir unfähig bleiben, die Aufgabe, die uns gestellt wurde, zu lösen, so werden wir Stück um Stück unserer staatlichen Selbständigkeit verlieren; die Empörungen und Verzweiflungstaten, die nicht ausbleiben können, werden immer größere Kreise umfassen und immer größere Opfer verlangen, die Hungerrevolten werden kein Ende mehr nehmen, die Regierung wird von links nach rechts und von rechts nach links pendeln, und jeder Pendelschlag wird nur die Verwirrung, die Hilf- und Ratlosigkeit vermehren ...

Silvio Gesell.

Nachwort zur 1. englischen und zur 8. deutschen Auflage

Ich bin am Ende, nicht meines Lateins, doch mache ich Schluß. Aber noch tänzelt der letzte Strahl der untergehenden Sonne auf der noch frischen Tinte dieses Schlußpunktes, da stürmen schon tausend Fragesteller auf mich ein. Es gäbe hundert Bände von der Stärke dieses Buches und wäre doch kein Ende. Ich muß darauf verzichten, ihnen einzeln zu antworten. Für mich konnte es sich nur darum handeln, die Formeln zu liefern, mit denen allen auftauchenden, volkswirtschaftlichen Problemen eine einheitliche, widerspruchsfreie Lösung gegeben werden kann. Bis jetzt ist mir noch nie eine Frage gestellt worden, die nicht im Rahmen dieser Formeln eine glatte Lösung zuließe.

Wer dennoch auf Schwierigkeiten stoßen mag, der frage sich in erster Linie, ob er nicht etwa zu der zahlreichen Klasse von Bürgern gehört, die zu sagen pflegen: Ich hasse den Streit, ich hasse den Krieg, den Bürgerkrieg wie den Völkerkrieg. Ich triefe von Friedensliebe und kann mir nichts Schöneres denken, als im Frieden mit dem ganzen Volk und der Welt meine Zinsen und Grundrenten zu verzehren.

Diesen braven Menschen muß ich betrübten Herzens sagen: Ihr werdet mir tausend Fragen stellen, und nachdem ich sie alle zu eurer Zufriedenheit beantwortet habe, werdet ihr von vorne anfangen. Denn ihr sucht einen Ausweg, den es nicht gibt. Alles, was ich euch sage, dringt nicht ein; persönliche, mit der Natur der Dinge unvereinbare Wünsche drängen euch immer und immer wieder vom geraden Weg der Erkenntnis ab. Ein unkritisch orientierter Selbsterhaltungstrieb sperrt bei euch den Weg zu Selbstverantwortung eurer Fragen. Denkt an den Jüngling, zu dem Jesus sprach: Willst du mir folgen, so verteile deine Güter unter die Armen. Da drehte sich der Jüngling um und weinte. Denn er hatte viele Güter.

Ja natürlich! Wer möchte nicht die köstlichen Güter des Bürgerfriedens und des Völkerfriedens genießen und dabei von den Zinsen seiner Kapitalien leben! Wer aber erkannt hat, daß solcher Wunsch eine Phantasterei ist, an dessen Erfüllung nur ganz naive Menschen glauben können, da Zinsen und Krieg Zwillingsschwestern sind, und wer nun vor der Alternative steht: entweder Zinsen und Krieg oder lohnende Arbeit und Frieden, der wird, wenn er wirklich christlich-friedlichen Sinnes ist, jubilierend für das letztere sich entscheiden. Er ist dann auch innerlich für diese neue Volkswirtschaftslehre vorbereitet und wird selbst die Lösungen für alle sich ihm etwa in den Weg stellenden Fragen finden. Für diese Menschen ist dieses Buch geschrieben, und sie werden auch die Reformen, die es fordert, gegen alle Gewalten durchsetzen.

Willy Hess:
Die Wandlungen der 3.-9. Auflage der NWO

a) Einteilung und Grundsätzliches

In der 3. Auflage ist das Wort "Reformgeld" endgültig durch "Freigeld" ersetzt und der Sammeltitel "Die neue Lehre vom Geld und Zins" für den Geldteil fallen gelassen. Ebenso fehlt von nun an im Haupttitel der Hinweis auf die beiden Vorläufer des Werkes. Neu hinzugekommen ist ein Namen- und Sachregister, das in den folgenden Auflagen dauernd weiter ausgebaut wird. Ebenso sind zum ersten Mal die beiden Vorträge "Freiland, die eherne Forderung des Friedens" und "Gold und Frieden?" dem Werke eingefügt, der erstere als 22. Kapitel des Freilandteiles, der letztere als Schluss-Stück des II. Teiles (Metall- und Papiergeld. Das Geld wie es ist). Die beiden Geldteile sind also schon hier umgestellt: "Das Geld, wie es sein soll" kommt an 2. Stelle.

Die 4. Auflage zeigt das seither beibehaltene Bild. Der Freilandteil erscheint in zwei Teile aufgegliedert: I. Die Güterverteilung, II. Freiland, der Freiland-Vortrag als Einleitung dieses Abschnittes. Die Geldteile haben nunmehr die Überschriften: III. Metall- und Papiergeld. Das Geld, wie es ist. IV. Freigeld: Das Geld, wie es sein soll und sein kann. V. Die Freigeld, Zins- oder Kapitaltheorie. Ab hier auch ein Schriftenverzeichnis.

Zugefügte und weggelassene Kapitel:

I. Teil: Kapitel 1 (Ziel und Weg) kam in der 3. Auflage neu hinzu.

II. Teil: Das Kapitel "Der Zweck der Bodenverstaatlichung" ist ab der 3. Auflage weggelassen.

III. Teil (Das Geld wie es ist): In der 7. Auflage wurde das Kapitel "Bargeldloser Verkehr" eingefügt, von Karl Walker in der 9. Auflage in den Anhang versetzt und als inhaltlich anfechtbar bezeichnet. Walkers Angabe, Landmann habe diesen Artikel aus nachgelassenen Papieren Gesells hier erstveröffentlicht, ist ein Irrtum. Der Aufsatz erschien bereits im Dezember 1920 in "Die Freiwirtschaft" und wurde verschiedentlich nachgedruckt. Gesell hatte ihn offenbar anerkannt, da er in der 8. Auflage stehen blieb, über deren Gestaltung sich Gesell mit Fritz Schwarz beriet (siehe unten).

IV. Teil (Freigeld): Das Kapitel "Das Reformgeld und der Außenhandel" ist ab der 3. Auflage gänzlich gestrichen, nicht ohne Grund, denn das Befürworten der importierten Inflation oder Deflation zugunsten fester Wechselkurse ist verhängnisvoll, was Gesell wohl selber eingesehen hat. Dafür ist in der 7. Auflage der Artikel "Die statistischen Grundlagen der absoluten Währung" aus "Die Freiwirtschaft" Februar 1921 eingefügt (in 8. Auflage weggelassen, in 9. wieder zugesetzt). – Im Kapitel "Wie das Freigeld beurteilt wird" sind die Teile "Der Kaufmann", "Der Soldat", "Der Einbrecher" und "Der Werttheoretiker" ab der 3. Auflage gänzlich gestrichen. Auf das Weglassen des "Werttheoretikers" ist jedoch in einer kurzen Notiz hingewiesen (in der 8. Auflage ganz weggelassen). Neu hinzugekommen ist ab der 3. Auflage "Der Wechselagent" und als neues Kapitel des IV. Teiles "Der Weltwährungsverein".

V. Teil: Nur in Einzelheiten Änderungen, siehe unten.

Anhang: Christens "Sparland, Sparhand, Grundrente und Lohn" ab 3. Auflage gestrichen. In der 9. Auflage neben dem "Bargeldlosen Verkehr" neu eingefügt: "Unterliegen die Bankdepositen dem Einfluß des Freigeldes?" (Die Freiwirtschaft, Mai 1921), "Der bargeldlose Verkehr und das Freigeld" (Die Freiwirtschaft, März 1923), sowie Anmerkungen des Herausgebers, Karl Walker.

b) Einzelheiten

Da die allermeisten Veränderungen bereits in der 3. Auflage erfolgten, so sind im folgenden stets die Unterschiede der 2. und 3. Auflage gemeint, wenn nicht ausdrücklich etwas anderes angegeben ist. Die Angabe "S. (S = Seite) 7, Zeilen 26-31 sind neu formuliert" heißt also: S. 7, Zeilen 26-31 der 2. Auflage sind ab 3. Auflage neu formuliert. Es versteht sich von selbst, daß nur das Wesentlichere erwähnt werden kann, da die Konkordanz sonst ins Uferlose führen würde. Typisch ist das radikale Verdeutschen aller Fremdwörter der 2. Auflage in der dritten und den folgenden – nicht immer zum Vorteil des Werkes. Es gibt Fremdwörter, die für unser Empfinden eine ganz bestimmte Nuance haben, die man schwerlich ins Deutsche übertragen kann. Wie soll man beispielsweise "Profitgier" übersetzen? "Gewinngier" ist für uns nicht dasselbe, indem wir den "Gewinn" des Kaufmanns als ehrlichen Lohn betrachten, während am "Profit" zweifellos etwas Unsauberes klebt.

I. Teil (Güterverteilung)

S. 7, Zeilen 26 - 31 sind neu formuliert.

S. 19 der 3. Auflage ist eine ausführliche und typische Fußnote beigefügt.

Kapitel "Einfluß des Kulturzustandes auf Lohn und Rente" ab 4. Auflage: "Einfluß der Lebensverhältnisse auf Lohn und Rente".

S. 13, Zeilen 11-12: Passus über Hindenburg und Mackensen gestrichen, dafür am Schluß des Abschnittchens der typische Gesell-Satz hinzugefügt: "Im Heimweh steckt die Pfahlwurzel der Grundrente".

"Einfluß der Technik auf Rente und Lohn". Ab 4. Auflage: "Einfluß von Betriebsverbesserungen auf Rente und Lohn".

Anmerkungen und Fußnoten von S. 30, 33, 38, 44 und 48 der 3. Auflage sind neu hinzugekommen.

Seite 36, Zeilen 10-16 sind gestrichen.

Die Zeichnung S. 47 der 3. Auflage ist neu, bleibt bis in die 7. Auflage, fehlt in der 8. und ist in der 9. neu gezeichnet.

S. 47: Die letzten 5 Zeilen sind durch einen knappen Satz ersetzt.

II. Teil (Freiland)

S. 65 der 4. und 5. Auflage: Der 1. Satz der ersten Anmerkung kam in der 3. Auflage schon hinzu, in der 4. die zweite Anmerkung und in der 5. die Erweiterung der ersten Anmerkung. Dies ist der einzige Unterschied zwischen der 4. und 5. Auflage, die wie oben angeführt vom selben Satz abgezogen scheinen.

Anstelle des sehr kurzen Kapitels "Die Freilandbewegung" trat das Kapitel "Der Sinn des Wortes Freiland".

"Die Finanzen der Bodenverstaatlichung". Umgeändert in "Die Freiland-Finanzen". Die beiden Anmerkungen S. 73 der 4. Auflage dort neu hinzugekommen. In der 8. wieder weggelassen, in der 9. wieder dazugesetzt.

Anmerkung S. 57 der 3. Auflage ist neu.

S. 50 Zeilen 26-32 gestrichen, ebenso S. 51 Zeilen 10-12 samt Anmerkung dieser Seite.

Die letzten 7 Zeilen des Kapitels "Die Finanzen der Bodenverstaatlichung" erst ab 4. Auflage gestrichen.

"Bodenverstaatlichung in der Praxis", umgeändert in "Freiland in der Praxis", ab 4. Auflage "Freiland im wirklichen Leben".

---

*) Gliederung des Stoffes in Übereinstimmung mit der jetzigen Einteilung der NWO, nicht mit jener der 1. bis 3. Auflage.

S. 63: Der Satz über die Bagdadbahn ist in der 8. Auflage gestrichen.

"Die Wirkung der Bodenverstaatlichung". Ab 4. Auflage: "Wie die Bodenverstaatlichung wirkt."

Je ein Satz wurde eingeschoben S. 68 nach Zeile 14 und S. 72 nach Zeile 14. Ebenso kamen neu hinzu S. 77 Zeilen 15-24 der 3. Auflage.

Anmerkung S. 70 in 8. Auflage gestrichen, in der 9. wie immer wieder eingefügt.

S. 77 Zeilen 24/25 ab 4. Auflage gestrichen. Schon ab 3. Auflage fielen weg gleiche Seite Zeilen 7-16, wurden ersetzt durch den einen Satz "Freiland antwortet auf diese Frage."

Es fielen weiter weg S. 78 Zeilen 17-25, S. 79 Zeilen 8-12, sowie 11 bis 13 von unten. Ferner S. 81 Zeilen 1-4.

Fußnote S. 97 der 3. Auflage ist neu.

III. Teil (Metall- und Papiergeld)

"Der Unterschied zwischen Geld und Geldstoff", geändert in "Wie sich uns das Dasein des Geldes offenbart".

Die große Fußnote S. 116-117 der 3. Auflage ist neu. In 8. Auflage gestrichen, in 9. wieder eingefügt.

1. Fußnote S. 122 der 3. Auflage ist neu.

S. 235 Zeilen 9-19 von unten ab 4. Auflage gestrichen.

S. 263, Zeilen 1-5 ab 4. Auflage gestrichen.

S. 265; Zeilen 19-22 und die beiden letzten Kapitel gestrichen.

"Wie der Preis des Geldes mit Genauigkeit ermittelt werden kann." kleine Änderung des Titels ab 4. Auflage, zugefügte Fußnote schon ab der dritten Auflage.

S. 271 Zeilen 7-16 sind gestrichen.

S. 276 Zeile 14 bis S. 280 Zeile 7 sind durch viel kürzeren Text ersetzt.

S. 280 Zeilen 18-21 von unten, S. 281 Zeilen 5-24 samt Fußnote und Satz zwischen Zeilen 12-15 von unten sind gestrichen.

S. 282 bis 285, 7. Zeile, gestrichen und durch ein paar wenige neue Sätze ersetzt.

S. 288 Zeilen 16-17 ab 4. Auflage gestrichen, schade! Gerade der gestrichene Satz mit dem "Hahnenschrei" ist so typisch Gesell!

S. 292 Zeilen 1-17 von unten bis S. 293 Zeile 13, S. 197 Zeilen 13 bis 21 und Fußnote S. 296 sind gestrichen.

Die Tabellen S. 191/192 der 3. Auflage sind neu, in der 8. Auflage fehlt die erste, in der 9. in neuer Zeichnung wieder eingefügt.

Fußnote S. 193 der 3. Auflage ist neu hinzugekommen.

S. 322 Zeilen 3-5 gestrichen, sehr schade, da eine typische Gesellsche Bemerkung. Er stellt nämlich die Frage, wo wir heute wohl in wissenschaftlicher, technischer und religiöser Hinsicht angelangt wären, wenn nicht die durch die fehlenden Goldfunde erzwungene mittelalterliche Eiszeit von eineinhalb Jahrtausenden gefolgt wäre und beantwortet diese Frage also: "Sicherlich säßen wir jetzt auf dem Throne Gottes und ließen das All im Kreis an unserem Finger laufen." Weitere Streichungen in diesem Kapitel: S. 326 Zeile 8-21 von unten, S. 327 Zeilen 16-18 von unten, S. 329 Zeilen 17-20, S. 330 Zeilen 19-24.

S. 338 Zeile 17 von unten bis Ende des Kapitels (S. 341) sind gestrichen und durch 5 neue Zeilen und den Vortrag "Gold und Frieden" ersetzt, der in der 8. Auflage fehlt.

IV. Teil (Freigeld)

Die letzten 8 Zeilen des Vorwortes fielen infolge der Umstellung der beiden Geldteile hinweg.

"Geldreform und Reformgeld" umgeändert in "Freigeld".

S. 94 Zeilen 23-28, sowie 6-9 von unten sind gestrichen.

S. 95 wurde einiges neu gefasst und zwei Anmerkungen gestrichen.

Ab S. 98 bis Ende des Kapitels wurde alles völlig neu geschrieben und farbige Freigeldmuster zugefügt, die in der 9. Auflage durch zwei neue Schwarzweiß-Bilder ersetzt wurden. 8. Auflage siehe unten.

S. 106, Zeilen 10-27 ab 4. Auflage verkürzt und verändert. S. 107 Zeile 18 von unten bis Ende des Kapitels (ab 3. Auflage, wie immer, wenn nichts anderes angegeben) gestrichen. 1. Anmerkung S. 247 der 3. Auflage kam neu hinzu. Der ganze Text des Kapitels in Einzelheiten dauernd verändert.

S. 108 Zeile 13 von unten bis S. 109 Zeile 25 sind gestrichen. Nach S. 109 Zeile 12 von unten fügt 3. Auflage einen Satz hinzu, streicht dann aber das Folgende bis S. 110 Zeile 2.

S. 123 Zeile 2 bis Ende (S. 128) des Kapitels sind gestrichen und durch ein paar wenige Sätze ergänzt. Statt "Staat" steht überall "Das Währungsamt".

S. 128: Statt "Überschlag" die Überschrift "Zusammenfassung".

S. 133 bis 134 Zeile 15 von unten sind gestrichen, dafür nach S. 135, Zeile 10 ein kleiner Zusatz eingeschoben. Gestrichen sind ferner S. 136 Zeile 3 von unten bis s. 139 Zeile 13 von unten. S. 140 Zeilen 20-22 handelten von den beiden infolge der Geldreform entlassenen Buchhaltern, sie lauten: "Glücklicherweise hatten beide die Schwindsucht und sie werden wohl bald sterben. Um sie für die Entlassung zu trösten, versprach ich ihnen ein anständiges Begräbnis auf meine Kosten." Typisch

Gesellscher Humor, leider ebenfalls gestrichen. Rest des Kapitels wurde leicht geändert.

S. 143 Zeilen 6-9 sind gestrichen. Sonst nur unbedeutende Änderungen in diesem Kapitel.*

S. 144 Zeilen 1-17 etwas zusammengezogen. Schade, daß die Bemerkung wegen dem Bier dadurch aufgeopfert wurde! Es fehlen ferner S. 146 Zeilen 15-23. Sonst nur Kleinigkeiten geändert oder gestrichen in diesem Kapitel.

S. 148 Zeilen 10-13 des Kapitels, sowie S. 149 der gesperrte Satz Zeilen 17-19 von unten, S. 150 Zeilen 15-22 und Zeile 25 bis S. 151 Zeile 17 sind gestrichen. Schade für den Satz "Jedes Volk hat die Einrichtungen, die es sich gibt. Ein Biervolk eine Bierwährung".

S. 162 3. Zeile von unten bis 1. Zeile S. 163 sind gestrichen. 2. Anmerkung S. 273 der 3. Auflage kam neu hinzu, ebenso S. 274 Zeile 14 von unten bis Ende des Kapitels.

Zeile 9-18 von S. 276 der 3. Auflage sind neu eingefügt, dafür fielen Zeilen 17-19 S. 165 der 2. Auflage weg.

S. 169 Zeilen 14 von unten bis S. 170 Zeile 7, sowie S. 170 Zeile 18 bis S. 171 Zeile 13 sind gestrichen.

"Der Agrarier" (Der Schuldner): Letzter Satz der 3. Auflage ist neu, ebenso letzter Satz des folgenden Kapitels.*

"Der Mutualist", ab 3. Auflage "Der Vertreter der Gegenseitigekitslehre". 8. Auflage ohne die Anmerkungen.

"Der Lohntheoretiker": Typische kleine Änderung zu Beginn: statt "vaterländischer Schmutz" wird nun "vaterländischer Staub" von den Schuhen geschüttelt. S. 207 sind die drei klein gesetzten Zeilen gestrichen. S. 208 statt "Existenzminimum" die Verdeutschung "Mindestmaß für den Lebensunterhalt". Solche Verdeutschungen sind ausgesprochen unglücklich. Gestrichen S. 208 Zeilen 14-16. S. 303 der 3. Auflage kam Fußnote über das Alkoholverbot in den USA neu hinzu, in der 8. gestrichen, in der 9. wie immer wieder eingefügt.

"Der Bankier" (Bankmann): Ab 3. Auflage eine Tabelle eingefügt über Wechselkurse und Handelsbilanz. Dafür ist S. 216 (Verschleißkraft-Messer) der 2. Auflage gestrichen. In der 8. Auflage sind die Zeichnungen neu und verkleinert, in der 9. die früheren wiederhergestellt.

"Der Weltwährungsverein": neu ab 3. Auflage, Zeichnung in 3. bis 7. Auflage gleich, in 8. und 9. jeweils neu.

---

*) Die Kapitelüberschriften sind der Raumersparnis wegen nicht eigens angeführt, ergeben sich aber ohne weiteres durch das Nachschlagen der angegebenen Seitenzahlen der 2. Auflage.

V. Teil (Zins- oder Kapitaltheorie)

Die "Robinsonade" hatte in der 2. Auflage den Titel "Die neue Lehre vom Zins (Mehrwert)". Ab 3. Auflage textlich gestrafft und zu Beginn gekürzt. Die kleingedruckte "Vorbemerkung" kam in der 3. Auflage neu hinzu, dafür fiel die Fußnote S. 349 der zweiten weg.

Die Kapitel "Der Urzins" und "Die Grenzen des Geldzinses" wurden zusammengezogen und als neue Kapitel "Der Urzins" völlig neu geschrieben.

Anmerkung S. 237 der 3. Auflage ist neu.

Anmerkung S. 368 doppelt: Als Anmerkung und im Text! In 3. Auflage berichtigt.

Anmerkung 2 S. 338 der 3. Auflage ist neu.

S. 370 Zeilen 14-21, sowie die letzten 4 Zeilen bis S. 371 2. Zeile sind gestrichen. S. 371 sind Zeilen 27-33 in der 4. Auflage um einen Satz gekürzt. Die zu diesem Satz in der 3. Auflage hinzugefügte Anmerkung verschwand wieder mit diesem Satz.

"Vervollständigung der Theorie", neu: "Vervollständigung der neuen Lehre vom Zins", 4. Auflage "der Freigeld-Zinstheorie". S. 374 wieder eine typische Stelle geändert: Statt "Nehmen wir an, die Pest hätte Dreiviertel der Menschheit von ihrem Dasein erlöst", wird in "dahingerafft" verwässert. Solche Änderungen hat es massenhaft. S. 375 die beiden letzten Abschnittchen und S. 376 letzter Abschnitt straffer gefasst, ebenso S. 377 Zeile 14 bis S. 378 Zeile 22 teil kürzer formuliert, teils ganz gestrichen. Fußnote 2 Seite 344 der 3. Auflage ist neu, ebenso Anmerkung S. 350.

Fußnote S. 380 ist gestrichen, S. 390 heißt es "jedoch melden sich diese Bierphilister nicht", in 4. Auflage geändert in "jedoch fehlt ihnen dazu der Witz".

Ob alle diese Verwässerungen wirklich von Gesell stammen? Vergl. "Die Freiwirtschaft", Anhang zum 2. Maiheft 1924, wo Gesell sich über die Änderungen in der 3. Auflage der NWO äußert und bemerkt, diese stammen von seinem Bruder Roman. Was natürlich auch wieder nicht wörtlich zu nehmen ist. – Gestrichen sind ferner S. 392 Zeilen 7-12; neu hinzugekommen sind S. 356 Zeilen 7-10 von unten der 3. Auflage.

Gestrichen sind S. 403 das Proudhon-Zitat Zeilen 14-16 und die Habsburg-Bemerkung S. 406 Zeilen 22-24.

"Die Bestandteile des Brutto-Zinses": Statt Zins, Risikoprämie und Ristorno", setzt Gesell "Urzins, Risikoprämie und Hausseprämie" und begründet in einer Fußnote diese Änderung. Ein Beweis dafür, wie sorgfältig er seine Ausdrücke abwog. – Statt des Ausdrucks "Ristorno" S. 407, Zeilen 11-12 ist ab 4. Auflage der Satz eingeschoben: Diese (Hausseprämie) bedeutet den Gewinnanteil des Geldgebers an der erwarteten Preissteigerung". Letztes Abschnittchen von S. 407 bis S. 408 Zeile 7 ist ab 4. Auflage straffer gefaßt.

"Bemerkung" S. 412 ab 4. Auflage stark erweitert. Neu hinzu kamen in 3. Auflage Fußnote S. 373 und die Bemerkung über den Schinderling S. 375 Zeilen 9-12 von unten. S. 415 Zeilen 1-12 (der 2. Auflage) ab dritter leicht erweitert, die letzten 5 Zeilen von S. 415 dagegen gestrichen.

c) Sonderfall der 8. Auflage

Die in der 3. und ab und zu auch in der 4. Auflage angebrachten Kürzungen, Zusätze und Änderungen blieben selbstverständlich in allen weiteren Auflagen beibehalten. Einzig die in der Schweiz erschienene achte Auflage nimmt da eine Sonderstellung ein. Wie Fritz Schwarz in der "Freiwirtschaftlichen Zeitung" (Bern) vom 29. Dezember 1937 berichtet, hatte er mit Gesell die für die englische Ausgabe von Philip Pye vorzunehmenden Änderungen durchgesprochen und diese Änderungen nun auch in der 8. deutschen Auflage angebracht. Es ist also unrichtig, Schwarz (wie das vorgekommen ist) Vorwürfe zu machen, er habe die NWO "verdorben". Die Eingriffe gehen auf Gesell selber zurück. Sie wurden von Karl Walker in Unkenntnis dieser Tatsache in der 9. Auflage sämtlich wieder rückgängig gemacht: die 9. Auflage schließt sich textlich der 7. an, was an bestimmten Einzelheiten, besonders im Hinblick auf das zugesetzte und von Walker wieder gestrichene Nachwort Gesells sehr zu bedauern ist.

Soweit die Abweichungen nicht bereits erwähnt wurden, seien sie im Folgenden kurz zusammengestellt (wie immer nur das Wesentlichste):

Die beiden Vorträge (Gold und Frieden – Freiland, die eherne Forderung des Friedens) sind nicht mit aufgenommen worden.

S. 237 (2. Auflage) Zeilen 4-8 gestrichen.* S. 273 bis Zeile 23 von S. 275 sind gestrichen, und das schon ab 3. Auflage verkürzte Kapitel schießt ab mit der Fußnote S. 158 der 3. Auflage.

S. 334: diese statistische Tabelle wurde schon in 3. Auflage leicht erweitert, in 8. jedoch vereinfacht.

---

*) Auch hier halten wir uns an die Reihenfolge der 5 Teile, wie sie ab der 4. Auflage endgültig festgestellt wurden. Daher die z. T. umgekehrte Größenfolge der zitierten Seitenzahlen der 2. Auflage.

Das Freigeldmuster (S. 249 der 8. Auflage) ist als farbige Beilage eingeklebt und auf Schweizer Verhältnisse umgeändert, d. h. Franken statt Reichsmark, mit dem Bilde von Dr. Theophil Christen. Dem ersten Kapitel ("Freigeld") sind die 7 letzten Zeilen des 5. Kapitels abschließend beigefügt, das 5. Kapitel ("Zusammenfassung") selber ist weggelassen. (Kapitelzählung nach der 3. Auflage).

Mit dem "Lohntheoretiker" schließt der Abschnitt "Wie das Freigeld beurteilt wird", und es folgt als neues Kapitel 6 "Der internationale Handel", 1. Teil: "Der Mechanismus des internationalen Warenaustausches" (identisch mit "Der Bankmann" im vorigen Kapitel der anderen Auflagen, mit verkleinerter und etwas veränderter Tabelle), 2. Teil: "Die Stabilisierung der Wechselkurse" (identisch mit "Der Wechselagent" und "Der Weltwährungsverein", S. 311-316 der 3. Auflage, die Zeichnung neu und verkleinert).

Die Robinsonade: In 8. Auflage einiges im Sinne der 2. Auflage rekonstruiert, andererseits S. 323 Zeilen 10-21 von unten (der 3. Auflage) gestrichen.

Zugefügt wurden die Fußnoten S. 400 und 402 sowie das Schlusswort S. 406 ab Zeile 12 (nicht erst ab Zeile 13). Der Anhang der anderen Auflagen ist weggelassen.

WERNER ONKEN:
Silvio Gesell und die Natürliche Wirtschaftsordnung
Eine Einführung in Leben und Werk
194 Seiten ▪ Pb. ▪ ISBN 3-87998-439-5 ▪ EUR 14,90 ▪ SFR 29,80

Dieses Buch enthält die überarbeiteten und aktualisierten Vorworte, die Werner Onken zu den 18 Bänden von Gesells "Gesammelten Werken" verfaßt hat.
Die Vorworte waren von vornherein so konzipiert, daß sie auch für sich genommen ein eigenständiges Buch ergeben, das jene bislang häufig vermißte systematische Einführung in Gesells Gedankenwelt bietet.
Mit Hilfe dieses Leitfadens können sich darin nunmehr Wirtschafts- und Sozialwissenschaftler, Rechts- und Politikwissenschaftler, Historiker, Theologen, Philosophen und nicht zuletzt interessierte Nichtfachleute orientieren.
Das Buch enthält auch eine Fülle von Anregungen für eine Weiterentwicklung der Bodenrechts- und Geldreformtheorien.

GAUKE GMBH
24319 LÜTJENBURG
GERMANY
FAX 04381-7013
e-mail: info@gauke.de
www.sozialoekonomie.de

ZfSÖ
ZEITSCHRIFT FÜR SOZIALÖKONOMIE

"Der Wunsch vieler Menschen nach einem Abbau der sozialen, militärischen und ökologischen Spannungen löst eine Suche nach neuen Grundsätzen für die Ordnung der Wirtschaft und das Verhältnis des Menschen zur Natur aus.
Die Zeitschrift für Sozialökonomie will an der Suche nach den Voraussetzungen einer humaneren Wirtschafts- und Gesellschaftsordnung mitwirken.
Die Zeitschrift für Sozialökonomie will ein Forum sein für die Diskussion wirtschafts- und sozialreformerischer Ideen, die der persönlichen Freiheit und sozialen Gerechtigkeit verpflichtet sind.
Sie richtet ihr Augenmerk besonders auf das bestehende Geldwesen und das geltende Bodenrecht. Durch die Monopole Geld und Boden können die Selbstheilungskräfte des Marktes nicht zur Geltung kommen. Eine freiheitliche Demokratie braucht jedoch als ihre Entsprechung eine monopol- und damit kapitalismusfreie Marktwirtschaft."
(Gekürzt aus: Das Parlament)

Eine Themenauswahl:

- Die Frauenfrage in der männlichen Ökonomie
- Bodenrechtsreform – Von den Anfängen bis zur Gegenwart
- Globalisierung, Wachstum und nachhaltige Entwicklung
- Gibt es eine gerechte Besteuerung?
- Umrisse einer solaren Weltgesellschaft
- Wirtschaftliche Triebkräfte von Rüstung und Krieg
- Aufschwung durch lokales Nebengeld?
- Wirtschaft und Evolution
- Das Geld(tabu) und die menschliche Seele
- IWF und Weltbank – Anspruch und Wirklichkeit
- Deflation – ein Gespenst geht um
- Die gegenwärtige Situation der Landwirtschaft und Perspektiven einer Agrarwende
- Großgrundbesitz und Landlosenbewegung in Brasilien
- Aufstieg und Niedergang der Technokratie

Fordern Sie zwei kostenlose Probehefte an:
GAUKE GMBH
D-24319 LÜTJENBURG

VERLAG FÜR SOZIALÖKONOMIE

Fax: (++49) (0) 4381-7013
eMail: info@gauke.de
Internet: www.sozialoekonomie.de

Englische und spanische
Übersetzungen der
"Natürlichen
Wirtschaftsordnung"
gibt es im Internet auf der
Website
www.systemfehler.de.

Eine **japanische Übersetzung**
von einzelnen Kapiteln
erschien in den Nummern
26 und 27/2003 sowie
28/2004
der Zeitschrift
"Jiyuu Keizai Kenkyuu"
("Studie of Free Economy").
Internet: www.alles.or.jp
und
www3.plala.or.jp

Die **"Gesammelten Werke"** von **Silvio Gesell** werden auch auf **CD-ROM** erscheinen und dann einen schnellen und günstigen Zugang zum kompletten Inhalt aller 18 Bände incl. umfangreichem Register ermöglichen. | Eine BetaVersion wird etwa Anfang 2005 erscheinen.

Gern senden wir Ihnen zu gegebener Zeit ausführlichere Informationen.
Schreiben, faxen oder mailen Sie uns:
GAUKE GMBH – D-24319 LÜTJENBURG
Fax: (++49) (0) 4381-7013
eMail: info@gauke.de | www.sozialoekonomie.de

| BasisInfos - auch in div. Fremdsprachen |
| ZfSÖ aktuell | Veranstaltungen |
| Bildberichte über Tagungen |
| PinnWand |

www.sozialoekonomie.info

www.sozialoekonomie.de

| Das komplette Buchangebot des Verlags für Sozialökonomie |
| Zeitschrift für Sozialökonomie – alle lieferbaren Folgen im Überblick |
| Antiquariat, Extra-Tipps & SonderpreisAktionen |

VERLAG FÜR
SOZIAL
ÖKONOMIE

| info@gauke.de |